市民法学の歴史的・思想的展開

市民法学の歴史的・思想的展開

——原島重義先生傘寿——

河内　宏　大久保憲章　采女博文
児玉　寛　川角由和　田中教雄　編

信山社

DEUTSCH
LATEINISCH
Rummel
2. Band
岩
学習に実務に
家庭にこの一冊
辞典
第四版
新伊和辞典
日本史年表
ローマ法

原島重義先生　近影

謹んで傘寿をお祝いし
原島重義先生に捧げます

執筆者一同

執筆者一覧（掲載順©2006）

清水　誠（しみず　まこと）　東京都立大学名誉教授

篠原敏雄（しのはら　としお）　国士舘大学

高橋　眞（たかはし　まこと）　大阪市立大学

田中教雄（たなか　のりお）　九州大学

五十嵐清（いがらし　きよし）　北海学園大学

石部雅亮（いしべ　まさすけ）　大阪国際大学

野田龍一（のだ　りゅういち）　福岡大学

児玉　寛（こだま　ひろし）　龍谷大学

赤松秀岳（あかまつ　ひでたけ）　岡山大学

河内　宏（こうち　ひろし）　九州大学

大久保憲章（おおくぼ　のりあき）　広島修道大学

鹿野菜穂子（かの　なおこ）　慶応義塾大学

川角由和（かわすみ　よしかず）　龍谷大学

遠藤　歩（えんどう　あゆむ）　東京都立大学

上村一則（うえむら　かずのり）　久留米大学

大河純夫（おおかわ　すみお）　立命館大学

采女博文（うねめ　ひろふみ）　鹿児島大学

篠森大輔（しのもり　だいすけ）　神奈川大学

Joachim Rückert（ヨアーヒム　リュッケルト）　フランクフルト大学

はしがき

原島重義先生は、二〇〇五年一月二六日に傘寿を迎えられました。

わたくしどもは、それぞれに、先生が一九六一年から定年退官の一九八八年まで担当された九州大学大学院法学研究科民法第一講座に在籍し、厳しくもまた暖かいご指導を賜りました。その学恩にいささかなりとも報いるべく、傘寿を記念して本書を編み、献呈させていただくこととしました。

先生の還暦にさいしては九州大学法政学会から、また、古稀にあたっては久留米大学法学会から、祝賀論文集が献呈されております。加えて、『近代私法学の形成と現代法理論』（九州大学出版会・一九八八年）という、もうひとつの還暦記念論文集があります。その「編者はしがき」で、先生はつぎのように述べておられます。

「本書の成立にはつぎのような経緯があった。

その端緒は、十数年まえにわたくしが九州大学法学部の院生諸君と始めた読書会に遡る。ドイツ近代私法学の出発点に位置する法学者サヴィニー（一七七九―一八六一）の『現代ローマ法体系』をテクストにしたこの読書会は、その参加者に異動があったものの、その第一巻から順にじっくりと読み進めながら連綿として今日に至っている。……その間、一九八三年度には、この読書会を母体にして、文部省科学研究費助成により『近代私法学の出発点としてのサヴィニー学説の再検討――現代的視点からするその総合的解釈学的研究』と題する研究会が三年間にわたって組織された。……この科研費助成研究の最終年度がたまたまわたくしの還暦の年にあたったため、参加者のなかにこの研究成果をまとめて還暦記念論集として出版し、わが国のサヴィニー研究にささやかではあっても一里塚を立てようという企画がもちあがった。そこで、このようにしてわたくしにはことのほか意味深いものとなるこの企画に、わたくしはよろこんで執筆者としても参加することにした。」

爾来、二〇年。先生は、二〇〇二年には『法的判断とは何か』(創文社)を上梓され、現在は、実に瑞々しい感覚をもって自撰論文集の編集作業を進めておられます。そのお姿に接したわたくしどもは、本書に「執筆者として参加する」ことをお願いするには憚られましたので、それに代えて、古稀の年に作成された自著「解題」(「概要」欄)にその後のものを追加して「研究業績一覧」とともに巻末に掲げることとしました。

先生が率いられた研究組織は、その後、一方では石部雅亮編『ドイツ民法典の編纂と法学』(一九九九年、九州大学出版会)、他方では西村重雄・児玉寛編『日本民法典と西欧法伝統――日本民法典百年記念国際シンポジウム』(二〇〇〇年、九州大学出版会)へと成長しました。また、「近代私法学の形成と現代法理論」という課題設定は、「市民法論」あるいは「市民法学」をめぐる論議のなかで深められつつあります。そしてサヴィニー研究会では、一九八〇年世代の参加を得て、『体系』第四巻の半ばまで読み進めております。

わたくしどもは、以上のような先生の学統につらなる者たちのみならず、広義のコレーグに当られる五十嵐清、石部雅亮、大河純夫、清水誠、ヨアーヒム・リュッケルトという諸先生から寄せられた論考を、『市民法学の歴史的・思想的展開』という標題のもとに、第一部「市民法学の基礎理論」、第二部「市民法学の諸問題」としてまとめました。執筆期間や紙幅などの制約にもかかわらず、力のこもった論考をお寄せくださった執筆者各位に心からお礼申し上げます。

昭和史を経験された先生は、繰り返し、ファシズムの恐怖を説き、研究と教育の分離に異を唱えてこられました。二〇〇四年に発足した法科大学院制度のもとでの法学部・大学院を含めた研究・教育の再構築は、後進に課された大きなそして喫緊の宿題です。わたくしどもは、本書がファシズムの抵抗体としての法律学を構想し、また、新たな法学教育を展望するうえでの一助となることを願っております。

本書の出版は、来栖三郎博士を介して先生のお仕事に関心を寄せられた信山社の袖山貴さんにお願いしました。また、その編集には同社の今井守さんの懇切なお力添えをいただきました。厚くお礼申し上げます。

二〇〇六年三月

編　者
河内　宏
大久保憲章
采女博文
児玉　寛
川角由和
田中教雄

市民法学の歴史的・思想的展開　目次

第一部　市民法学の基礎理論

第二部　市民法学の諸問題

市民法学の歴史的・思想的展開

第一部　市民法学の基礎理論

市民法の劣化を憂える

——民法の「現代用語化」その他——

清水誠

河内宏・大久保憲章・采女博文・
児玉寛・川角由和・田中教雄 編
『市民法学の歴史的・思想的展開』
二〇〇六年八月 信山社1

序

「市民法の劣化」という、聞きなれない奇異なテーマについては、なにをもって「劣化」というか、その基準をはじめに示す必要があろう。(1)

(1)　基準の基本には、近代市民社会と近代市民法の歴史的意義に関する私見がある。

それは、近代市民社会とは、一方において社会理念としての近代市民社会の理念、したがって近代市民法の理念があり、それについての世界の人民の承認・了解・支持がほぼ成立しているという状況と、他方においてそれに対応しての資本主義経済が成立しているという状況の両者が存在する社会と考えるものである。前者の成立は後者の成立を前提条件とし、後者の存在発展は前者の尊重を自己の存立条件とするというように、両者は相互依存の関係にある。資本主義経済が市民法の理念を踏みにじるようなことがあれば、それは資本主義経済の腐敗を意味し、その病状が改善されなければ、歴史の舞台からの退場が必然となる。

(2)　近代市民社会、したがって市民法の理念とは、すべての人が自由・平等（対等）・友愛（協同・互助・連帯）の関係によって結ばれているということである。そこではすべての人の人格、生命、人生、一生は等価値である、と表現してもよい。そこに差別を設けることは、市民法にとっての劣化である。われわれは市民法の劣化を心して食い止めなければならない。市民法の劣化はまた資本主義を必ず劣悪化する。また、放任されて劣悪化した資本主義は市民法の劣化を求める。したがって、市民法の劣化現象が生み出されているということは、資本主義が腐敗していることの症候でもある。

(3)　以上のようにいっても、近代市民社会の現実的な歩みは複雑で、紆余曲折を辿る。そこでは、歴史的観点がとりわけ重要である（権威的、宗教的社会では歴史は平然として虚構扱いがされるが、近代市民社会では嘘は許されない）。そして、そこでは、国家（とりわけ近代において重要性をもつ不可思議な観念、そしてその観念に基づく現実存在である）の役割が大きな意味をもつ。自由平等な市民によって構成される市民社会においては共同社会を維持するための共同事務が必要不可欠であり、そのために形成される国家は市民国家として観念される（実際には、純粋な市民国家といえる歴史的存在は稀有であり、宗教的・軍事的・経済的支配者や世襲権力者が支配する属僚的・強圧的国家がのさばる）。理想的な近代市民社会・市民法・市民国家の存在は世界的に未実現であるが、それを目指しての人びとの営為は営々として続く（そのなかで、一八六八年以後、第二次大戦前の日本は、列強のなかで資本主義経済を進めるための擬似的市民社会・市民法・市民国家であった。真の市民社会、市民法、市民国家の実現を目指す人々の努力はつねに迫害されたことが、そのこと、すなわち擬似性を証明する、と私は考える）。

(4)　以上のような見解からすると、市民法の成立・発展における学説、判例に対する尊重（学問・思想の自由、裁判の独立への志向、努力）が重要な要請であることが明らかであろう。法が市民の意志の積み上げによって作られるのでなく、権威によってご託宣のように言い渡されるのは、近代市民法にとってはもっとも望ましくない形態であり、劣化である。

(5)　それと関連して、法が市民にとって分かりやすいということの重要性はいくら強調しても足りない。最高裁判事であった河合伸一氏が、会社法についてであるが、法律が分かり難くなったという指摘をされているのは、極めて時宜を得た重要な問題提起であると思われる(2)。ことは会社法に限らず、法律が大量化し、また、準用、引用、読み替えによって法律専門家にとっても読みにくいものとなっている。それは、とくに市民法においては量的劣化現象といってもよい域に達していると思われる。市民にとって理解困難な市民法（さらには、消費者に理解困難な消費者法）ほど、滑稽なものはない。以下に取り上げる法律にも、この観点から見ての問題がかなりある。

以上の基準から考えて、二一世紀に入る前後から登場した民事立法――もっとも、かなり以前からその兆候ないし初期現象は生じていたといえるのだが、これについては別論とする(3)――には、見逃せない劣化現象が認められると思うのである。それを以下において取り上げ、検討したい（一九九九年の成年後見制度を設けた改正、二〇〇三年の担保制度の改正はいずれも通常の改正に属するといえるので、個々の点についての批判はあっても、ここでは取り上げない）。

（1） 以下の(1)～(3)は拙稿「市民法学から見た二一世紀」神奈川法学三六巻三号所収、で述べたことである。(4)・(5)は本稿で初めて挙げる観点である。

（2） 河合伸一・『私法』六六号五八頁以下、シンポジウムでの発言。「普通の弁護士が普通に読んで、大体のことは理解し、大体のことは返事ができるようにしてもらいたいと願う」といっておられる。

（3） 拙著『時代に挑む法律学』三二一頁で論じたことがある。

一 民法の「現代用語化」

第一に挙げられるのは、二〇〇四年一二月一日の法律一四七号「民法の一部を改正する法律」による民法全体の改正である（二〇〇五年四月一日施行）。その大部分は、民法の「現代用語化」（主に法務省における検討過程を通じて、またそれに倣う学界・実務界において、「現代語化」と称することが多いが、この言葉には、疑問がある。「現代語」という観念がはたして存在するのであろうか。公布時の平成一六年一二月一日官報号外二六二号二頁における解説において用いられ、また、一九九五年の刑法改正のときにも用いられた用語は「現代用語化」である。「現代用語化」という言葉は、本来は、口語化・平仮名化・現代仮名遣いおよび送り仮名化、句読点、濁点・半濁点の追加、を意味すると考えられる。ただ、二〇〇四年における民法改正はこの意味をさまざまに逸脱している。ただし、本稿においては、この改正のことを呼ぶものとして、この言葉を用いる[(4)]。

この「現代用語化」については、つぎのような多岐にわたる問題が存在すると考える。

1　経　緯

今回の改正の直接のきっかけは、二〇〇三年三月二八日に閣議決定された「規制改革推進三か年計画(再改定)」の1（法務関係）イ（商法・民法の見直し）の第二三項目である（元の三か年計画は二〇〇一年三月三〇日に閣議決定された。しかし、この項目については、二〇〇一年度から二〇〇三年度までの実施予定は単に「検討」とされており、その間の動きは分からない）。

㉓　民法の平仮名・口語化を含めた財産法制の抜本的見直し（法務省）

社会の変化や経済の発展に伴い、新たな形態の取引が登場してきていること等にかんがみ、民法の契約に関する規定を現代社会に一層適合したものとする等、契約法制を中心に債権債務関係規定の一層の合理化を図るとともに、民法（第一編から第三編まで）を平仮名・口語体とする。

この項目の「講ぜられた措置の概要等」としては、

（法務省）平成一六年度を目途に法案を提出するため、法務省内で検討中。

と述べられていた。

こうして、この改正は、規制緩和路線の一環として、法制審議会にも諮られることなく、法律となったのである。なお、法案の検討が、一九九一年に法務省に設けられた民法典現代語化研究会以来行われたという説明が行われることがあるが、妥当ではない。同研究会の案（一九九六年）について、その時から公開討議が行われていれば、もっとましな法案を作り上げることができただろうと思う。実際には、二〇〇四年八月に法務省の「パブリック・コメント（のために提示された――筆者追加）案」なるものが公表され、いわゆるパブリック・コメントが求められたにすぎない。

2 全体的な問題点

⑴ まず、最初に、今回の改正が民法の第四編・第五編をも含み、民法全体に関するという問題がある。私は、⑵で述べるように、今回の改正は「現代用語化」を要する第一編～第三編に限って行われるべきであり、すでに「現代用語化」されている第四編・第五編はそのままとし、民法全体を含む全体的な検討・整備は、もっと時間をかけて慎重に行われるべきであったと考える。

それはともあれ、今回の改正では、従来明治二九年四月二七日法律八九号と明治三一年六月二一日法律九号によって制定されていた民法が一つの法律に一本化されたことになっている。これに関して、法務当局によって行われている、民法制定以来の経過および今回の一本化の形式についての説明には、疑問を感じる。(5)

⑵ 最大の問題は、改正の目的・趣旨である。私は、いわゆる「現代用語化」のための改正は、一八九八年の民法典が、文語体、片仮名、旧漢字、旧仮名遣い、旧送り仮名で書かれているのを、口語体、平仮名、現在の漢字、（口語体ということに含まれるかもしれないが）現代仮名遣い・送り仮名、句読点・濁点・半濁点付加、に改めるというものであるべきであり、かつそのことに極力限定すべきものであると考える。私はこの意味における「現代用語化」に反対する者ではなく、むしろ、第二次大戦後できるだけ早く、遅くとも占領終了後には作業が開

始されて実現されるべきだったと思う。ところが、今回の改正は、右の目的を大きく逸脱し、その趣旨も中途半端で不明瞭なものになってしまったと考える。

右の目的・趣旨であれば、この法改正は例の少ないものである（前述した刑法改正がその例であった）。その意味で、その立法上の扱いも、たとえば、「民法第一編、第二編、第三編の口語化のための修正及びそれに伴う法令の整備に関する法律」ともいうべき法律により（保証についての改正は、四で述べるように、特別法によるべきである）、民法の体裁および意味については、変更をしないという原則に徹するべきであったと考える。成立した改正法では、個々の条文についても、いったい意味の変更があったのか、なかったのか、改正があったのか、なかったのか、が分からなくなっていると思われるのである。関連して、経過規定である附則二条にも疑問を生じる。同条は、新規定の遡及的適用を規定するが、意味が変わっていなければ、遡及的適用といっても意味がないし、意味が変わっているのであれば、そのことが問題になる（刑法改正では遡及効がないこともあり、問題はなかった）。

(3)　民法全体の体裁のかなり大幅な変更がある。具体的にいくつかの点を例示すれば、章の新設（第一編第一章として「通則」。適切ではない）、章のずれ（第一編の章がすべて繰り下がった）、款・目の新設（略）、条番号のずれ（一条～五条・一二条～一三条・三五条・八四条～八四条の三・九八条・九八条の二・一五八条・一五九条・三二〇条～三二三条　三七四条～三八一条・三九八条の八～三九八条の一〇・六二一条）、条文の合体（三条・五条・一三条・八四条の三・一五八条・三九八条の七）、条文の分離（旧三二四条、旧三七三条）、項・号の変更（四八条・一七二条・三二二条・三二六条・三三〇条・三九八条の三・四一九条・五〇一条・六五三条・六六六条）、肯定否定の裏返し（五〇一条。元の形には十分理由がある）、本文中の文言のただし書化（五四三条。五四一条との関連がある）、などである。そのどれについても、元の形を維持しておいた方がよかったという感が強い（引用、照合などに著しく不便を感じる。民法の条文を引用している不動産登記法八八条・九〇条などでもさっそく改正が必要になった）。

(4)「スルコトヲ要ス」という表現を「しなければならない」に直している個所が多数にのぼる。前者は要件規定であり、後者は義務規定である。少なくとも財産法に関しては、このニュアンスの違いを無視したくないと思う。

(5)「但」を「ただし」と「この場合において」の二通りに直している。民法起草者は、ただし書を例外・限定・敷衍などの場合にわりに広く用いている。しかし、他方で、「此場合ニ於テハ」も、一一三条・三四八条・三五四条・三六七条・四二〇条・四九六条・五八五条・六二七条・六三一条・六四二条などにおいて用いており、決していい加減に使い分けているわけではない。現在の感覚でおいそれと書き換えてよいものであろうか。

(6)「準用」条文に、「その性質に反しない限り」を入れた場合（二七三条・三四一条・三六一条・三六二条・五五三条・五五四条（元は「従フ」）の各条）と入れない場合（準用先の条文が特定されている場合がそうだが、それだけではない）とがある。準用が事の性質に反しないかぎり行われるのは当然のことであり、この区別をしたことは納得がいかない（三二九条などは相当に難しい準用規定であり、準用に当たっての慎重な解釈が必要だが、「その性質に反しない限り」の注意書きはない。その性質に反してもかまわないという意味なのかと、首を傾げたくなる）。

3 個別的な問題点

(1) 内容的な疑義

(ア) 以下に挙げる変更はいずれも極めて疑問で、条文は従来のままにして、解釈（学説・判例）に委ねるべきものだったと考える。それぞれについて確定した判例・通説になっているからという説明が行われるが、そうであることとこれを条文上明記することとの間には大きな違いがある。条文化は、制定以来積み重ねられてきた解釈論議の結論をつまみ食いするだけで、長年の検討の内容および価値を無にするに等しいことにもなる。この条文化をアメリカにおけるRestatementと同視する向きもあるが、判例法の国におけるRestatementは全くその意義・機能を異にするので、これと類比するのは誤りである。

① 一〇八条「及び本人が予め許諾した行為」の追加。解釈に任せてよい。事後の許諾はどうかなどの無用な疑義が生じる。

② 一〇九条「ただし、第三者が、その他人が代理権を与えられていないことを知り、又は過失によって知らなかったときは、この限りでない。」の追加。解釈で足りる。

③ 一三二条「不法行為」→「不法な行為」。解釈で足りる。

④ 一九二条「取引行為によって」の追加。このことをめぐる学説の努力が重要であって、語句の追加で片付くことではない。「取引行為」という用語も厳密ではなく、疑問である。また、この条文自体の位置付け（占有の効果か、物権変動における公信の原則か。規定の場所にも影響する）という問題も関連している。

⑤ 四一六条「債務の不履行」の位置の変更。主語を変更することになり、不要であったと思う。

⑥ 四六一条ほか　賠償 → 償還。解釈に委ねるべきである。

⑦ 四七八条「かつ、過失がなかったとき」の追加。解釈に委ねるべきである。他の善意要件を規定している三二条・五四条・九四条・九六条三項・一九四条・一九五条・四六三条・四六六条・四七二条・四七七条・五〇五条・五六三条などの解釈に影響しないだろうか。

⑧ 五五〇条「取消」を「撤回」に変更。他の例（⑶㈠ⓐ⑦参照）は別として、本条が定めるものが撤回で

あるかどうかは、学問的に難解な問題である。

⑨ 七〇九条・七一四条「又は法律上保護される利益」の追加。権利侵害論に関わり、語句の追加で片付く問題ではない。

⑩ 七一四条「又はその義務を怠らなくても損害を生ずべきであったときは」の追加。解釈に任せればよく、不要である。

(イ) つぎのものは、内容に変更があり、疑問である。

① 三四条「祭祀、宗教、慈善、学術、技芸其他」を「学術、技芸、慈善、祭祀、宗教その他」に変更。民法起草者の価値観を、現在の立法担当者の一存による価値観で修正すべきではない。

② 四四条「議決」を「決議」に変更。意味を異にする（六四条・六六条・六九条参照）。

③ 一七七条「登記法」を「不動産登記法（平成十六年法律第百二十三号）その他の登記に関する法律」に変更。せいぜい「登記に関する法律」と改めたかった。市民法の基本である民法では、こういう表現も許されてもよいと思う。

④ 二二〇条・二二八五条「家用」を「生活用」と「自家用」に修正。両者は意味が違う。

⑤ 二四〇条「特別法」を「遺失物法（明治三三一年法律八七号）」に変更。関連する特別法は他にもありうる。「特別法」のままでよい。二四一条も同じ。③参照。

⑥ 二八七条「委棄」を「放棄」に変更。単なる放棄ではなく、学問的術語であるので、「委棄」を残したい。

⑦ 二七一条「永久ノ」を「回復することのできない」に変更。無用の言い換えではないか。

⑧　三四八条「転質ヲ為ササレハ生セサルヘキ不可抗力ニ因ル損失」を「転質をしたことによって生じた損失については、不可抗力によるものであっても」に変更。文章の意味は漠然となった。
⑨　四〇二条「特種ノ」を「特定の種類の」に変更。語義としては、特種は特別の種類の意味である。
⑩　四五五条「保証人ノ請求」を「保証人の請求または証明」に変更。検索の抗弁権の要件は、証明だが、その行使は、単なる証明行為ではなく、それに基づく請求行為である。原条文の方が正しい。
⑪　四八七条・五〇三条「債権証書」を「債権に関する証書」に変更。両者は、明らかに意味を異にし、原条文は使い分けている。七〇七条も参照。
⑫　五六六条「其他ノ場合ニ於テハ」を「この場合において、契約の解除をすることができないときは」に変更。変更文では、買主悪意の場合も含んでしまう。
⑬　五八七条「品等」を「品質」に変更。両者の語義は異なる。従来どおり、同種同等同量の物を返還するとした方が適切であり、同種同質同量は適切でない。五九二条・六六六条も関係する。
⑭　六二四条以下「労務」「労務者」を「労働」「労働者」に変更。民法のレベルで労働者の概念を用いてよいかは理論的に問題がある。条文自体は旧態依然のままであるにもかかわらず、言葉のみ変えるのは無神経である。
⑮　七一八条　保管→管理。

(ウ)　削除規定についての扱いが、無神経であると思う。第〇〇条削除として形を留めている場合(二〇八条、三六八条、六二二条。ただし、最後のものは、旧六二二条削除であったものが、そのまま条番号が変わった)と全く姿を消している場合(下記のほか三八一条)とがある。原則としては、原形を留めるべきであると思う。とくに姿を消したつぎのものには、問題があると思う。

① 旧三五条（営利法人の規定） 削除 民法は、法人に関する基本的規定を設けているものであるから、この規定も、営利法人との関連を定める規定として決して無用なものではない。

② 旧三二〇条（公吏保証金の先取特権の規定） 削除 この規定は、民法上債権に対する先取特権を規定する唯一の条文であった。特別法上の債権の上の先取特権は多数存在するのであるから、本条の適用例はなくなったからといって、まったく抹消するのではなく、削除の形は留めておきたかった。

⑵ 表現に関する疑義

㈠ 常用漢字がらみで語句が変更された場合がある。この点では、なるべく元の語句を残したかったというのが私の気持である。常用漢字以外の漢字を用いている例（条文表題または本文の初出の個所で振り仮名を振っている。わずらわしいが、やむをえないか）もあるのであるから、その扱いは恣意的であるように感じられる。

失踪（三〇条以下）、祭祀（三四条）、按分（三九二条）、瑕疵（一〇一条・一二〇条・五七〇条・六三四〜六三八条）、毀損（七二三条）などが残されているのならば、毀損（→損傷）（三〇四条ほか多数）毀滅（→滅失又は損傷）（七〇七条）もそのままでよかろう。欠缺（→不存在）もそのままでよい。瑕疵を欠陥、欠缺を欠如とするのなら分からないでもないが。

出捐（→財産 四四二条ほか多数、→費用を支出して 五六七条）は学問的にも有用な言葉であるから残したかった。斟酌（→考慮して、定める 二六八条・四一八条・七二二条）、旧民法以来、過失による不作為を意味した由緒ある懈怠（→過失 五〇四条）、顛末（→経過及び結果 六四五条）も残してよい言葉であったろう。

㈡ つぎに、表現の変更によって意味はほとんど変わらないとは思うが、強いて変更する必要があったのか、疑問と感じられる例を挙げる。これらの場合、条文は改正されたのか、それとも実質的になんら変更がないので、改正ではないと説明するのかという疑問も浮かぶ。

① 一条 遵フ ↓ 適合しなければならない。

② 四条 満二十年 ↓ 年齢二十歳 年齢二十歳は、一年間存続する状態であるから、「年齢二十歳に達したとき」あるいは「年齢二十歳以後」としないと正確でないのではないか。

③ 三一二条以下 先取特権について、「(債権) ニ付キ」「(物) ノ上ニ」が「(債権) に関し」「(物) について」と直されているが、元の表現の方がよい。

④ 五二二条 延着セサリシモノ ↓ 期間内に到達したもの

⑤ 五三一条 分割ニ不便ナルトキ ↓ 分割に適しないとき

⑥ 五五四条 規定ニ従フ ↓ その性質の反しない限り、……規定を準用する。

⑦ 六一八条 一方又ハ各自カ ↓ 一方又は双方が

⑧ 六五五条「其委任者ニ出テタルト受任者ニ出タルトヲ問ハス」を削った。

(ウ) つぎに挙げるのは、単なる用語の変更の例示である(他にもある)。無意味な言葉の言い換えではないか。こうまでして、明治の先人が起草した文章を添削しなければならないのか、いったい現代語とはなになのか、という思いを禁じえない。

① 四六条ほか 他人 ↓ 第三者 ② 四九条・四五八条 適用 ↓ 準用 ③ 六二一条「会日より」の追加 ④ 九六条二項 或人 ↓ 相手方 ⑤ 一八七条 前主 ↓ 前の占有者 ⑥ 一九〇条 強暴 ↓ 暴行若しくは強迫 隠秘↓隠匿 ⑥ 二三九条 無主ノ ↓ 所有者のない ⑦ 二六七条 推定 ↓ 規定 ⑧ 三三三条

第三取得者→その第三取得者 ⑨三五五条 数個ノ債権ヲ担保スル為メ→数個の質権が ⑩三六七条 対スル→対応する ⑪三七三条 数個ノ債権ヲ担保スル為メ→数個の抵当権が ⑫三九二条 ニ準シテ→に応じて ⑬四六八条 異議ヲ留メスシテ→異議をとどめないで（重要な言葉なので、「留めないで」と漢字を用いたかった） 取返シ→取り戻し ⑭四七二条 原債権者→その指図債権の譲渡前の債権 ⑮五二四条 相当ナル期間→相当な期間（他はすべて、「相当ノ期間」→「相当の期間」。「正当ノ事由」→「正当な事由」と不揃いである） ⑯五三五条二・三項 物→停止条件付双務契約の目的物 ⑰六五一条「その当事者の一方は、」の追加 ⑱六九三条 死亡→「第六百八十九条に規定する死亡」

(エ) つぎのものは、余計な変更ではなかったかと思う。

① 三八三条「但既ニ消滅シタル権利ニ関スル登記ハ之ヲ掲クルコトヲ要セス」を「（現に効力を有すると登記事項のすべてを証明したものに限る。）」に変更。

② 三八八条「競売ノ場合ニ付キ」を「その実行により所有者を異にするに至ったときは、」に変更。

③ 三九八条の一三条「一部譲渡」のあとに「（譲渡人が譲受人と根抵当権を共有するためにこれを分割しないで譲り渡すことをいう。以下この節において同じ）」を追加。

(3) 妥当な修正と不修正

以上では、かなり辛口の批判を加えたが、以下には、今回の改正案には妥当と思われる修正と不修正もあることを述べておきたい。ただし、その妥当性の判断は私なりの基準（それはかなり主観的のものであり、そのことは自認している）によるものである。

(ア) 妥当といってよい修正

(a)　内容に関する変更で、以下のものは私としても異存のない、根拠のあるものである。

①　一二二条　「初ヨリ有効ナリシモノト看做ス」　→　「取消すことができない。」

②　一六二条　不動産→物

③　三八三条以下　送達→送付

④　五一三条二項後段　為替手形の規定の削除

⑤　五四三条　ただし書にした。

⑥　六六〇条　「仮差押え若しくは仮処分」を追加

⑦　四〇七条・五二一条　取消→撤回（ただし、五五〇条を除く）

(b)　用語に関する、つぎのものは妥当である。これ以外にも「現代用語化」に伴う妥当といってもよい修正が多数あるのはもちろんである。左記は例示である。

①　一七〇条以下の短期消滅時効関係のいくつかの用語

②　二〇九条以下の相隣関係に関係するいくつかの用語

③　三一〇条以下の先取特権関係のいくつかの用語

④　その他、個別的につぎのものが挙げられる。

事跡→事由　地主→土地の所有者　用方→用法　定著物→定着物　能力→行為能力　無能力者→責任無能力者　結了→完了（一二六三条。七三条以下はなぜか結了のまま）　抛棄→放棄　竣成→完成　妨碍→障害　体様→態様　現時→現在　捺印→押印　賃金・借賃→賃料　受寄物・寄託物→寄託物　雇人→使用人　爾後→以後・その後　飼養→飼育　飼養主→飼主　竣成→完成　余剰→残余、など

(イ) 妥当といってよい不修正もある。原条文にも多少の問題はあるが、原形をなるべくとどめるという考えからすると、元のままでよいと考える。

① 法人の「代表」関係の用語は元のままであるが、解釈に任せればよい。一〇七条も。
② 債務不履行関係もほぼ原形であり、よい。
③ 瑕疵はそのままであり、よい ⑵(ア)参照。欠歓もそのままでよかった)。
④ 一三一条三項は、無意味な規定であるが、そのままでよい。
⑤ 二九〇条の「消滅時効」は正しくないが、解釈に委ねてよい。
⑥ 三一九条の「一九五条」は誤りであるが、このままでよい。
⑦ 三八九条などにある「主タル債務者」という表現は物的担保ではおかしいのだが、そのままでよい。
⑧ 四四九条の「債務者の不履行」は無意味な規定とされているが、そのままでよい。
⑨ 四六八条に善意・無過失条件を追加していないが、解釈に任せてよい。
⑩ 四九五条三項の供託通知は実際上必要なくなっているが、そのままでよい。
⑪ 五四八条の「行為若しくは過失」、「行為又は過失」。そのままでよい。
⑫ 七〇七条二項の「求償権」。そのままでよい。

4 評価

重箱の隅をほじるような詮索を加えてきたようにも思われるかもしれないが、以上のように眺めてくると、今回の「現代用語化」が拙速かつ杜撰なものであったという感を否めないのである。今回の「現代用語化」においては、できるだけ変更を加えることを抑制して、内容的な改正の課題は今後の実質的検討に託し、時間をかけて慎重に事を進めていくべきだったと考える。

（4）　官報平成七年五月一二日号外八七号二頁。なお、この改正は、瘖唖（いんあ）者規定（四〇条）・尊属加重規定（二〇〇条・二〇五条二項・二一八条二項・二二〇条二項）の削除という、当然と評価できる改正のほかは、条文の内容を実質的に変更する改正は行わないという方針を堅持し、体裁にも変更を加えなかった（2⑵参照）。

（5）　一九九九年の成年後見制度に関する民法改正のさいに、民法を明治二九年法律八九号とのみ表示する法案に対して、広中俊雄氏によって疑義が呈されたが（同「民法改正立法の過誤」法律時報一九九九年五月号一二〇頁、同「民法改正立法の過誤（再論）――政府見解の誤謬について」法律時報二〇〇〇年三月号九三頁）、その疑義は、受け入れられなかった。このときの国会での質疑を踏まえて「政府の見解を要約」した小林昭彦・原司「平成一一年民法一部改正法等の解説」法曹時報二〇〇〇年八月号三八頁以下によれば、民法は「明治二十九年法律第八十九号」で特定すべきであり、明治三一年法律第九号を明治二九年法律第八九号の一部改正法と解することで、法制上も整合的に説明できるというのである。そして、そう解すれば、前者の改正内容（第四編及び第五編の追加）は、既に後者の中に溶け込んでおり、前者は意味のあるものとしては存在していないことになり、形式的にも、民法は全体として一個の法律であり、制定当初の法律番号である「明治二十九年法律八十九号」として引用されるべきである、というのである。そして、この仕方は、戦後の民法改正における慣例となっているとする。しかし、この説明は、人を納得させるものであろうか。民法は明治二九年法律八九号と明治三一年法律九号によって定められていたものであるというのが従来の一般的理解であって、明治三一年法を明治二九年法の改正法と考えるという慣例がいつどのようにして成立したのであろうか。法務当局の実務的取扱いがそのように行われたというのならいざ知らず、慣例を理由として正当化するのははなはだ疑問である。なお、この問題については、髙橋良彰「〈研究ノート〉民法典のテキストクリティーク論――二〇〇四年意見書の紹介を通じて」、山形大学人文学部研究年報第三号、二〇〇六年三月、で述べられている意見が参考に価する。

改正の沿革を振り返ると、戦前の七回の民法改正の文言は、「民法中左ノ通改正ス」というもので、この「民法」には明治二九年法律八九号と明治三一年法律九号が含まれていたことは明らかである。戦後の民法改正においては、①戦前と同様に「民法」とのみ表記するもの（昭和二二年二二二号、昭和三七年六九号、平成一年九一号、平成一一年二二五号、平成一三年四一号、平成一五年一〇九号）、②「他の法律」とのみ表記するもの（昭和二二年六一号）、③財産法部分のみの改正について、「民法（明治二九年法律第八九号）」と表記するもの（昭和二四年一一五号はじめ一九件がある）、④家族法部分のみの改正について、「民法（明治三一年法律九号）」と表記するもの（昭和五一年六六号）、⑤財産法と家族法を含む改正について、「民法（明治二九年法律第八九号）」とのみ表記するもの（昭和二三年二六〇号、昭和三七年四〇号、平成一一年一四九号）、⑥家族法のみの改正について、「民法（明治二九年法律八九号）」と表記するもの（昭和二四年一四一号、昭和二五年一二三号、昭和五五年五一号、昭和六二年一〇一号、平成一年二七号）、の六種類がある。①〜④は正しいが、⑤は不適切であったと思う。その最初の昭和二三年二六〇号において、「民法（明治二九年法律八九号及び明治三一年法律九号）」という表示がされていたら、その後の混乱は生じなかったのではないかと思われる。⑥は誤りであったと思う。

今回の改正法の冒頭部分が、「民法（明治二十九年法律第八十九号）の一部を次のように改正する。題名及び目次（明治三十一年法律第九号において付されたものを含む）を削る。次の題名及び目次を付する。」となっているのは、前記の慣例なるものの尾を引きずっているものである。

これをもし、「民法（明治二十九年法律第八十九号及び明治三十一年法律第九号）の一部を次のように改正する。題名及び目次を削る。次の題名及び目次を付する。」とすれば、この問題にいちおうの片をつけ、民法が今回の法律によって一本化されることになったという趣旨をともかくも明確にすることができたのではないかと思われる。

二　意思表示に関する特例

二〇〇一年の「電子消費者契約及び電子承諾通知に関する民法の特例に関する法律」（平成一三年法律九五号）は、電子消費者契約における申込み・承諾について、民法九五条ただし書（重大な過失のある錯誤者は無効を主張できない）の適用を除外し、電子承諾通知について、民法五二六条一項・五二七条（契約の成立に関する）の適用を除外した。しかし、このような新しい情報技術による新しい通信技術については、これまでも、民法の条文の（上記の錯誤についていえば、重大な過失かどうかに関する）解釈によって対応してきたので、民法の意思表示をめぐる基本的規範自体に改変を加える（重大な過失があっても、錯誤を主張できるとする）ことは適切とは思えない。

三　動産譲渡の対抗要件に関する特例

1　二〇〇四年一二月一日の改正（平成一六年法律一四八号）により五で紹介する一九九八年の法律が「動産及び債権の譲渡の対抗要件に関する民法の特例等に関する法律」と改称され、債権譲渡と同じ仕組みが動産譲渡についても適用されることとなった。この法律も、つぎの引用に見られるように、前述した規制緩和路線の一環であるが、いちおう法制審議会には諮っている。

規制緩和推進三か年計画（再改定）二〇〇三年三月二八日閣議決定
1法務関係　イ商法・民法の見直し
㉔　動産・債権担保法制の整備による資金調達の円滑化
事業者の資金調達の円滑化を支援する観点を踏まえ、動産担保法制及び債権担保法制の整備に関するニーズの有無、問題点の洗い出し等について検討を行う。

この項目についての「講ぜられた措置の概要等」は、（法務省）動産譲渡及び債権譲渡を公示する制度の整備については、現在、法制審議会動産・債権担保法部会において審議が行われている。今後は、法制審議会の答申を得た上で、平成一六年度中に関係法案を提出する予定である。

2　その概略は、(a)　法人がその所有する動産を他人（法人に限らない）に譲渡する場合に適用し、(b)　指定登記所（政令により定められる。多分、東京法務局）に「動産譲渡登記ファイル」を備え、譲渡人と譲受人の共同申請（書面またはいわゆるオンライン申請による）があれば、これに一定の事項を記録するものとし、(c)　この「動産譲渡登記」があれば、当該動産について民法一七八条の引渡しがあったとみなし、(d) 譲渡人の本店所在地の登記所に「登記事項概要ファイル」を備え、その利用によって、第三者への公示を可能にし、(e) 動産譲渡登記の存続期間は一〇年以内とする、というものである。

3 このような制度には、基本的に、①目的物の存在および同一性についての保障の不存在、②権利主体である法人についての人的検索に頼らざるをえないことによる公示方法としての不完全、③民法における公示の原則および公信の原則との調整の不十分、という危惧がある。この危惧を基本として、事柄が動産に関するだけに、それ以上の大きな問題点が蔵されている。それは、動産の場合には、目的物は現実に有体的存在を有し、しかも転々移動が可能であり、その間に、多数の法主体の間で占有をはじめとする多くの権利関係が形成されるからである。若干の疑問点を挙げてみる。

(i) 貨物引換証などのいわゆる物権証券に表象されている動産や、建設機械などの別の法律で登記・登録されている動産に適用されないことは明らかであるが、これらの動産について動産譲渡登記がされることは防げないし、逆に動産譲渡登記がされた動産がこれらの動産に該当することになることもある。これらの場合は、どうなるのであろうか。

(ii) 架空の動産についての動産譲渡登記、あるいは不特定物である動産についての複数の動産譲渡登記（不動産登記ではありえないことであるが）などの問題をどうクリアするか？ 要するに、動産の特定性の確保には限界があるということである。

(iii) 動産譲渡登記がされた動産が転々譲渡されることも考えられるが、これについては、種々の問題が予想される。その動産（多くの場合、集合動産であることが予想されているが）の範囲が変化したら、どうなるか。動産譲渡登記があれば占有改定もあったと解釈するのは無理であるが、その動産について、それ以後に民法による占有移転の対抗要件はどうなるのであろうか。

（iv）動産譲渡登記がされた動産について、その前または後に譲渡や質権設定を受けた第三者が占有移転による対抗要件を備えた場合、その日については確定日付はないものであるから、登記より前か、後かはどうやって判別するのであろうか（譲渡人と二重譲受人が通謀して、登記以前に占有改定があったと主張することを防げるか？）。

（v）動産譲渡登記がされても、占有が譲渡人にある場合、譲受人の債権者はこれを差押えることはできない。すなわち、その動産は、譲受人の責任財産に属したとはいえない（登記された動産譲受人ということからすれば奇異である）。その他、譲渡人または譲受人に対する債権者との関係で種々の問題を生じよう。

（vi）動産譲渡登記がされた動産を譲渡人が他の善意・無過失の者に譲渡し、占有を移転すれば、その者はそれを善意取得する。動産譲渡登記の存在をもっても、この善意取得を防ぐことは無理であろう。

（vii）動産譲渡担保のために動産譲渡登記がなされた場合、その債務者（動産譲渡担保の設定者）は、それが完全な譲渡ではなくて、譲渡担保であることを譲受人に対抗できるであろうか。従来の不動産登記に関する理論からすれば多分否定されるであろうが、これだけの制度が（譲渡担保にむしろ主眼を置いたものとして）作られて、その程度の公示力も認められないということには抵抗感がある。

4　以上の疑問は、帰するところ、動産はその有体的存在、したがってその占有と切り離しては考えられない（むしろそれに頼って法律関係を構成する）ことに由来するのである。

そもそも、不特定の動産にせよ、将来取得する動産にせよ、それにつき当事者間において譲渡その他の処分をすることは自由である（内容によっては、公序良俗の問題を生じることはありうるが。その場合には、また別途困難な問題が起きる）。処分者がその処分に反する行為をしないという信頼関係があれば、問題は生じない（いいかえれば、信頼関係がそもそもこのような取引の前提条件なのである）。問題は、その信頼に反した行為、すなわち二重譲渡などが行われたときに生じる。そのためにこそ対抗要件、すなわち取引安全のための公示の原則が必要になるのである（動産、とくに集合動産、将来動産についてどこまで公示の原則の実現が可能かについて、従来の民法学は苦心してきた）。そして、動産占有の公示力は弱いので、それをカバーする公信の原則、すなわち善意取得が必要になるのである。この民法の仕組みのなかに、上記のような動産譲渡登記を占有と同列の公示方法として並べようとすることに無理がある。実務界がコンピューターの利用による効率化を志向することも理解できないではないが、それにはあくまで当事者間の契約の証拠の保全ないし一定程度の公証的意義という補助的機能を認めるにとどまるべきであり、公示機能までを認めるべきではない。もしそれを認めようとするなら、民法の原則を前提とし、それに忠実に従った数多くの工夫が必要になるはずなのである。

さらにさかのぼれば、法人と自然人の法律関係を民法上異別に扱うことについての根本的な問題も伏在しているように思われる。

四　保証制度の改正

1　二〇〇四年の法律一四七号は、一で論じた「現代用語化」のほかに、民法の保証債務に関する規定に改正を加えた。このような実質的な改正を「現代用語化」と一緒にして行ったことは適切とは思えない（一 2 (1)参照）。また、そのその内容にははなはだ疑問を感じる。手続的には、いちおう法制審議会を通している。

2　保証契約における書面要件の追加

新しい四四六条二項は、保証契約について、書面によることを有効要件と定め、三項は、その書面は電子的方式などによるものでもよいとした。

この改正は、保証人の保証意思の確認、保証内容の明確化を図ることによって、保証人を保護することを意図したものと思われるが、この規定では、その趣旨は全くといってよいほど達せられないと考えられる。なぜなら、従来、保証人の保護が不十分であったのは、保証契約に書面が存在しなかったからではない。ほとんどの保証契約において、書面は存在し、ただ、債権者と債務者間の契約書の末尾に保証人が保証人または連帯保証人の肩書で署名押印をしたような不十分なものが多かったのである。このような場合に保証人が保証意思の不存在を主張して、争いになることが多かった。従来、判例は、署名押印の存在をもって安易に保証意思の存在を肯定していたが、最近では、保証否認の主張を認めるものも増してきた。単に書面を有効要件とするだけでは、むしろ、署名押印があれば保証否認の主張が難しくなるという結果を生じかねない。

大事なのは、保証契約においてどのような事項について合意内容を明確にしなければならないかであり、それには消費者立法や各種業法などで用いられている契約の必要的記載事項を明確にする手法を用いるほかない。ドイツ民法七六六条が最初から書面を要件としており（それにより保証契約の観念が確立している）、かつ電子的方式は認めていないことが参考になろう。

3　貸金等根保証契約に関する規定の追加

新設された第二目の四六五条の二～五によって定められた「貸金等根保証契約」についても疑問がある。

もし保証に関する改正をするならば、まず、根保証の法律関係についての補強が必要であったろう。これについての規定がなされていないので、たとえば、根保証一般について、極度額の定めが必要なのか、担保される債権はどのようにして確定するか、などの重要な事項が明らかでない。また、さらに新しく特別に規定が設けられた「貸金等根保証契約」の概念は明確でない。自然人が保証人である場合に限るという規定が民法のなかに登場することの適切性が疑問である。元本確定期日という根抵当に用いられた概念がここで応用されているが、これも適切とは思われない。債権者・債務者間の取引契約と分離した元本確定期日という物権的概念をここに流用して、結果的に債務者の確定請求権を拘束することになる。いずれにしろ、このような内容の立法は、消費者保護法に類する特別法によるのが妥当だったのではないかと思われる。なお、原民法では、契約という言葉は債権総則では極力用いないという配慮がなされていた。そのような起草者の美的感覚も尊重すべきだと思う。

五　債権譲渡の対抗要件に関する特例

1　まず、一九九二年の「特定債権等に係る事業の規制に関する法律」（平成四年法律七七号）が登場して、人を驚かした。これは、クレジット会社、リース会社などの特定事業者が有する特定債権を特定債権譲受業者に譲渡する場合には、一定の「公告」をすれば、民法四六七条二項による確定日付を有する対抗要件を備えたものとするものである（同法七条）。この法律は、さすがに、二〇〇四年一二月に廃止され（平成一六年法律一五四号）、姿を消した。

2　つぎに登場したのが、一九九八年の「債権譲渡の対抗要件に関する民法の特例等に関する法律」（平成一〇年法律一〇四号）である（二〇〇四年一二月一日の平成一六年法律一四八号により、「動産及び債権の譲渡の対抗要件に関する民法の特例等に関する法律」と改称された。三**1**参照）。

(1)　その仕組みは動産譲渡登記とほぼ同様であり、その概略は、(a)　法人がその有する、金銭を目的とする指名債権を他人（法人に限らない）に譲渡する場合に適用し、(b) 指定登記所（東京法務局）に「債権譲渡登記ファイル」を備え、譲渡人と譲受人の共同申請（書面またはいわゆるオンライン申請による）があれば、これに一定の事項を記録するものとし、(c) この「債権譲渡登記」があれば、債務者以外の第三者に対してその登記の日付をもって確定日付とする民法四六七条二項の対抗要件を備えたものとし、(d) 債権の譲渡人または譲受人が登記事項証明書を債務者に交付すれば、債務者に対する対抗要件を備えたことになり、(e)譲渡人の本店所在地の登記所に「登記事項概要ファイル」を備え、その利用によって、第三者への公示を可能にし（これは二〇〇四年の改正によるもので、それまでは法人登記簿への記載だった）、(f) 債権譲渡登記の記載事項（とくに多数の集合・将来債権が問題と思われる）は政令で定められ（二〇〇四年の改正で、債務者不特定でもよいとされた）、(g) 債権譲渡登記の存続期間は、債務者が特定している場合は五〇年以内、それ以外は一〇年とする、というものである。

(2)　このような制度には、基本的に、動産譲渡登記と共通する危惧があるが（二2参照）、さらに、指名債権について民法の定める法律関係を考えると、大きな疑問が存在すると思われる。

(ⅰ)　譲渡禁止の特約のある債権についての対応は十分であるか。

(ⅱ)　指名債権の特定性の確保の限界については、すべての限定要素が同一である債権が複数成立した場合（たとえば、同一契約から同日に一〇〇万円の債権が一〇個成立した場合）を考えればよい。

(ⅲ)　民法上の指名債権譲渡の対抗要件は、債務者に対する対抗要件（通知または承諾。正確には、請求要件というべきだが）を基本として、それによる債務者の認識を根拠にその他の第三者に対する対抗要件が組み立てられているものである。ところが、この債権譲渡登記の仕組みは、債務者に対する対抗要件は二の次で、これを備えないでも第三者に対する対抗力を認めるという構造となっている。登記事項証明書の交付がされるまでは、債務者が債権譲渡人に弁済しても、善意弁済の助けを借りるまでもなくその弁済は有効になると考えられる。

（iv）登記事項証明書を債務者に交付すれば、債務者に通知したことになり、または債務者も承諾しうるとされているが、通知はともかく、これに対する承諾を民法が予定している承諾と同視することは無理である。民法四六八条の一項の「異議をとどめない承諾」の適用を認めることはできないと考えられる。

（v）目的債権の記載の仕方によっては、どの債権が譲渡されたかが不明確になる可能性がある。債権特定の標準が⑴(f)のように緩やかなものとなれば、譲渡人が他の譲受人へさらに債権譲渡をして、その目的債権の判別が困難なようなときは、収拾つかない状況を生じるであろう。それは、民法による対抗要件にも波及することであるから、耐え難い混乱にもなりかねない。

（vi）債権譲渡登記がされた指名債権について、善意の第三者に二重譲渡がされ、債務者がこれに異議をとどめないで承諾をしたときには、どうなるか。民法四七八条一項の解釈としては、対第三者対抗要件において対抗力を取得した譲受人に対しては、善意譲受人も債権取得を主張しえない（同項によって対抗できなくなる事由には含まれない）という解釈が有力だが、債権譲渡登記による対抗力は、民法の規定による善意取得に対しては、優位性をもたないと解する余地が大きいのではなかろうか。

⑶　以上の危惧は、動産とも異なり、債権がそもそも観念的な存在であり、その譲渡に排他的効力を認めることについての民法の苦心を軽視して、この制度のような公示制度（の名にも値しないようなもの）を民法の対抗要件と同列なものとして位置づけたことから生じたことである。三において述べたように、将来あるいは債務者不特定の債権について譲渡人と譲受人の当事者がどのような合意をしても自由であるが、相互の信頼により、その同意が守られればそれでよいことである。問題は、それが守られない場合に、その合意の効力を対外的に主張する

ことがどういう場合に認められるが、公示の原則の根幹なのである。債権譲渡登記のような制度を設ける以上は、これを民法の対抗要件と同列に置くのではなく、民法の原則を土台とした、いくつもの慎重な規定が必要ではないかと思われる。

法人と自然人の法律関係を民法上異別に扱うことについての疑問は、動産譲渡登記におけると同様である。

六 不動産登記制度の変更

1 二〇〇四年の不動産登記法の全面改正(平成一六年法律一二三号、二〇〇五年三月七日施行)により、わが国の不動産登記制度に大掛かりな変更が加えられた。一言でいえば、登記のコンピューター化であるが、制度の全面的な変更まではかなりの時日を要し、準備の整った登記所から逐次移行するものとされている。

2 詳論は避けて、新制度の中心点だけを摘記すると、(a) 土地登記簿と建物登記簿の区別はなくなり、いずれも磁気ディスクをもって調製され、(b) 登記とは、登記官が登記簿に「登記事項」を「登記記録」することをいい、(c) 登記の申請は、原則として登記義務者と登記権利者の共同申請によるが、書面申請とオンライン申請の二方法が認められ、書面申請の場合の出頭主義は廃され、郵送申請が可能になり、(d) 登記の申請は、「申請情報」と「登記原因証明情報」を提供するという行為であり、(申請書という言葉は使われない)。(e) 従来の申請書副本、登記済証、保証書は廃され、登記義務者の同一性確認は、一二桁の暗証番号を用いた「登記識別情報」によって行われる(それを補完する制度として、通知制度、司法書士らによる本人確認情報提供制度、公証人による公証、登記官による本人確認の実質的審査権が定められている)、というものである。

3 ここでは、この新制度に対する根本的疑念だけを述べるにとどめておきたい。そもそも、不動産登記制度において、もっとも肝心な事柄は、①権利処分者の同一性の確認と、②その者の物権変動意思の真正の確認である。従来の登記実務は、①については、市区町村の責任における印鑑登録証明制度（法人では、法人登記）および主として司法書士による本人およびその権利の確認に依存し、②については、その多くを司法書士による意思確認（いわゆる立会いなどの実務による）に依存してきたものである。私には、今度の新制度は、登記のコンピューター化に目を奪われて、従来の実務、実態を軽視ないし無視するものと思われてならない。コンピューター化による便宜の促進は、あくまで、登記制度という制度の本旨とその運用の実態を踏まえて考案されるべきものである。観念的に構築されたコンピューター化制度を前提として、実態がそれにどう順応できるかを二の次に考えるのは、順逆を誤ったものと考えざるをえない。

結　び

以上の考察を踏まえて、総括的な所感を述べておきたい。

(1)　なによりも、民法に対する尊敬の念が薄弱であることが気になる。

市民法の基本である民法は、諸法のなかでもとくに重要な扱いをすることが必要である。諸外国でも、特別に民法典という名称が用いられている例が多い（フランスでCode civil、ドイツでBürgerliches Gesetzbuch、スイスでZivilgesetzbuchなど）。日本でも、基本的に重要な法律には、二文字の名称が付されるという感覚が存した（他に、憲法、商法、刑法、法例など）。「現代用語化」された民法は、原法典がもっていた風格が失われて、普通の法律の一つになってしまったという感を否めない。

そのことと関連して、民法の元来の姿との連絡が不明確にされているということの問題性を指摘したい。それは、制定以来の歴史の軽視、とりわけ、旧規定をめぐって長年行われてきた学説・実務・判例による解釈のための厖大な努力に対する尊重の念の欠如ということにもつながると思うのである。

⑵　このようなことになったのには、立法の手続・手順における拙速・杜撰ということが影響していると思われる。その主な推進力は経済界からの実際的要請（規制緩和！）であり、それに応える法律界における効率主義的・技術主義的な志向であった。

この点で、盛んに登場するコンピューターの利用という問題に留意する必要がある。コンピューターの利用によって能率化をすることに反対はしない。しかし、それはあくまで、基本的な原理とそれを運用する実務を前提とし、もしそれが不完全であれば、その整備をしたうえで、それにマッチしたコンピューターの活用を工夫するべきである。原理と実態を無視して、コンピューター利用による便宜だけが先行するような制度いじりには大いに問題があるといわざるをえない。

⑶　効率化の志向の背後、というよりはむしろその中枢にあるものはなにかについての考察は、不可欠のことである。私の能力を越えるが、試みざるをえない。

今日における経済社会を特徴づけているのは、弱肉強食とマネーゲームであるといってよかろう。そのいずれもが、市民法の理念とは、厳しい緊張関係にあることを認識する必要がある。民法のルールである公序良俗規範に反する問題を蔵した行動が横行している。

(a)　企業の乗っ取りなどで強い企業が弱い企業（その財産・従業員など）を食い物にして利益を得る現象はどこまでも無限に続けられるものではない。環境や消費者の生活を踏みにじって、要するに弱者の犠牲のうえに利益を上げる行為も許されるものではない。また、債権者による支配強化のみが考慮されていることも問題である。(6)

(b) 金銭に関していえば、金銭価値不滅の法則という虚構の上に成り立っている金銭債権というものは、今日じつに不可思議なものとなっている。(7) 現在の金銭は、そのほとんどが実体のない電子信号としてしか存在しないものである。その金銭価値を表象する通貨も頼りないものである。ドルを例にとれば、ドルが崩壊すれば（価値ゼロになる必要はない。僅かな破綻でもあれば）、アメリカ経済は壊滅し、ドルの価値も消滅する。ドルの価値を軍事力で支えるというのは幻想であり、通貨の価値は信頼（信用）によってのみ維持されるものである。

このような状態における、国内大資本・外国資本に有利な規制緩和とそのための能率主義の優先、強調が現在の社会状況に溢れている。それが市民法にまで入り込んでくれば、すなわち、強者にとって有利で便宜なルールが民法規範になれば、それは、まさに市民法の劣化と評さざるをえない事態である。

(6) 拙稿「二一世紀の始めに、環境破壊を考える——一〇〇年の視程で本質を捉える」月刊保団連七九三号（二〇〇三年）所収、参照。

(7) 拙稿「金銭債権、この不可思議なもの」（続・市民法の目 一九回）法時七二巻一一号（二〇〇〇年）所収、参照。

〈追　記〉

原島さんの傘寿を祝うべく、もともとは「市民法学の実践的契機」という題での論文執筆を予定していた。原島先生の厳密な理論的研究から学びながら、それと実践的課題との結び付きということを終始意識してきた者として、このテーマに関する考えをまとめることはどうしても果たさなければならない任務と感じていたのである。しかし、その作業は、古典的市民法論者における実践の側面の検討、市民法論が本質上実践的なものであるという命題の根拠づけ、今日の現実的諸問題と原島理論の関わりなどについて難渋しているうちに、本稿が取り上げるいくつかの民法立法が登場した。これに対する緊急の対応が必要になり、まさに市民法学にとっての実践的課題と考えられる事態が突発したと考えるので、急遽表記のテーマに変更させていただくことにした。上記の本来の課題については、今後の宿題とすることをお許しいただきたいと思う。

市民法学の法哲学的基礎

——市民社会論と自由の実現——

篠原敏雄

河内宏・大久保憲章・采女博文・
児玉寛・川角由和・田中教雄 編
『市民法学の歴史的・思想的展開』
二〇〇六年八月 信山社2

一　はじめに

もう数年前のことになるが、本書が捧げられる原島重義先生より頂いた年賀状の中に、つぎのような趣旨の文章があったことを、今でも鮮烈に覚えている。それは、「民法の分野で、もうヘーゲルやカントが語られるような時代ではなくなったのか」という慨嘆の文章であった。

原島先生は、著書『法的判断とは何か――民法の基礎理論』（創文社）においても論じられているように、ヘーゲルやカントの諸著作に触れられて、ご自分の所説を展開しておられる。丸山眞男『日本の思想』（岩波新書）も指摘しているように、日本の学問は、「たこつぼ型」であり、さまざまな学問と横の相互の連関なく行われてきたし、さらに、専門の中でも、思想的伝統と関係なく流行の思想の紹介で営まれてきた傾向がある。このことは、法律学の世界にもあてはまるのではないだろうか。そうだとすれば、原島先生の試みは、法学の分野において貴重なものと言えるだろう。

原島先生の学問的方法は、わたしには、基礎法学（法哲学、法社会学等）と内的に密接に連繋しながらの民法学である、と思われる。こうした学問的方法は、わたしの市民法学の学問的方法でもある。

本稿は、こうした市民法学の観点から、法解釈学に内的に密接に連繫する基礎法学の有り様について検討することにする。この検討は、換言すれば、市民法学（法解釈学と基礎法学から成る）を、基礎法学（特に法哲学）に即して明らかにし、法解釈学と内的に結びつく基本線を明示するということでもある。その意味で、まさに、市民法学の法哲学的基礎づけ、ということである。

二　山口定『市民社会論』（有斐閣）に寄せて

以下においては、以上に述べた観点から、近時の市民社会論を扱った山口定氏の論稿を取り上げ、市民法学の持つ理論的可能性を論じることにしたいが、その前に、ポストモダンに対する市民法学の基本的スタンスについて触れておきたい。それによって、市民法学の理論的布置が、カテゴリカルに明瞭となるであろう。

1　現代の法哲学の分野においては、哲学の動向ないし流行と連動して、たとえば、ロールズ『正義論』をめぐる諸論議、また、ポストモダンの思想に関する様々な議論が行われている。こうした論調は、法哲学の分野だけでなく、法社会学の分野でも見い出されるのである。『正義論』を主著とするロールズの考え方は、わたしの目から見れば、カント、ヘーゲルなど、まさにモダンの思想と真摯に取り組み、その論理的軌道の延長線上で、自説を展開しようとしているように見える。これに反して、ポストモダンの思想は、カント、ヘーゲル、マルクスの思想が前提としていた、モダンの基本的枠組を相対化させ、ひいては、現代の政治制度、経済制度、法制度を流動化させ、結局、反政治制度、反経済制度、反法制度へと行き着く傾向を内在化させている。

ポストモダンの思想を使った法哲学の論稿を、試みに見てみよう。住吉雅美氏は、「『近代法』の地平を超えて――ポストモダン法理論の素描」（長谷川・角田編『ブリッジブック法哲学』（信山社、二〇〇四年））の中で、ポストモダン哲学の第一人者としてデリダを挙げ、デリダの法学における考え方を、つぎのように述べる。「デリダはこの考え方を法学の領域にも適用した。それによると、法もまた根拠なき暴力からはじまり、その暴力が言語や文章によって法典化され、目指すべき何らかの理想的状態があるかのような見せかけを示す」（二二四頁）。「法は暴力より生まれる」というのである。しかし、近代法は、前近代法やスターリン体制下およびファシズム体制下の法とは決定的に異なり、法＝暴力ではない。それは、権力と暴力との関係におけるのと同一である。すなわち、権力＝暴力ではなく、権力と暴力とは対立するのであり、また、暴力は権力を破壊することはできるけれども、権力を創造することはできないのである。法もまた暴力とは対立するのであり、暴力は法を破壊することはできるけれども、法を創造することはできないのである。

また、住吉氏は、デリダの他、セルトーの「支配される人は『密猟』によってこそ、支配者をうまく出し抜く技を生産する」という考え方を紹介し、国民の行動を規制する法律を、それを作ったわけではない人々が逆用し、新たな活路を切りひらくための武器とすること、すなわち「法の密猟」を推奨する。そして、その例として、『ヴェニスの商人』での裁判官の行動を挙げる。シャイロックを絶句させた「裁判官の、法律と契約内容を逆用しての、死から生への見事などんでん返し、これこそ『法の密猟』の最適例と言える」（二三〇頁）。しかしながら、これがポストモダンの法思想だと言われると、そのような法思想はいらないと、わたしには思われる。なぜなら、そもそも裁判官は契約の履行を迫るシャイロックに対して「当法廷はそれを許す。国法がそれを与える」と判決をしているのであり、他方で、その履行にあたって、「血を流してはならぬ」というのは、その判決を自ら否定しているからである。法＝権利の意義を無視しているからである。劇としては面白いが、嬉しがらせて、後ろからバッサリというのは、近代法以前のやり方である。そもそも、「法の密猟」を裁判官がするというのは、本末転倒なのである。

2　さて、以上のとおり、ポストモダンとの対比で市民法学の理論的布置あるいはその一端が明らかになったと思われる。以下では、山口定氏の市民社会論（『市民社会論——歴史的遺産と新展開』（有斐閣、二〇〇四年））を検討する中で、市民法学の法哲学的基礎を明らかにしていきたいと思う。そうすることによって、市民法学の理論的布置が一層明瞭のものとなるであろう。

(1)　近年、わたしの見るところ、「市民社会」という用語は、さまざまの場所で使われてきているように思われ、一九七〇年代より、市民社会という用語で、物事を捉えてきたわたしの立場からすれば、慶賀すべき状況となってきている。

「市民社会」という用語が、日本の知識層に広く浸透することになったのは、一九六九年に出版された平田清明氏の『市民社会と社会主義』（岩波書店）という著作である。この点につき、山口氏も、つぎのように述べている。「この本には今なお鮮烈な記憶がある。当時、チェコの『プラハの春』の挫折を頂点にして、ソビエト・マルクス主義の破綻が明らかになりつつあったが、この本は、……平田の思想を、マルクス解釈の変遷とその原典の解読を通じて鮮明にしたものとして、わが国の広範な知識層の間に大きな衝撃を与えた」（一〇六頁）。そして、現在では、この平田市民社会論は、「世界的な『市民社会論ブーム』の先駆けとしての平田清明」（一一一頁）と位置づけられるのである。

わたし自身は、その頃（七十年代初期）、法＝市民法の存在構造を探求するために、その基礎にある「国家」・「市民社会」・「歴史」の存在構造の探求を行っていたのであるが、その市民社会の研究にあたって『ドイツ・イデオロギー』を参看していたところ、当時の古在由重訳の岩波文庫版が、マルクス達の草稿を切り刻み、ソ連編集者にとって都合のよいように配置替えされたものであることを確認したのであった。『ドイツ・イデオロギー』と言えば、市民社会研究の一級の文献である。それが、偽書にも等しいと知った時の怒りは、今でも忘れることはできない。その同じ頃、平田清明氏の研究が、今までの史的唯物論、『資本論』研究にあたって失われた範疇として「市民社会」概念を提出したのであった。ここにおいて、わたし自身の研究において、「法＝市民法」概念と「市民社会」概念とが、理論的にクロスすることとなり、爾後、わたしの研究において「市民社会」概念は理論内在的に不可欠なものとなったのである。

以上のことからすれば、山口氏が、市民社会論を、「第一部　『市民社会』論と戦後社会科学の遺産」、「第二部　『新しい市民社会』論の特徴と研究動向」、「第三部　『新しい市民社会』論と人文・社会科学の課題」と展開していく理論的軌跡は、市民法学の観点から、きわめて魅力あるものと映じるのである。そこで、以下では、この山口氏の所説を市民法学の視点から検討することにしたい。

⑵　この山口氏の著作は、現時点での、おそらく最も包括的に文献渉猟がなされている市民社会論と評することができる。山口氏の専門である政治学の分野のみならず、哲学、経済学、社会学の分野が広くサーヴェイされており、その点でも有益なものである。そして、われわれにとって興味深く、検討に値するのは、法律学の分野にもそのサーヴェイの手が伸びており、「市民社会論」との関わりで位置づけがなされている点である。

山口氏は、第一部の「第二章　戦後第一期の市民社会論」の「第三節　川島武宜と『市民法学』の可能性」の個所で、「川島法学の基本的性格」、「問題の発見──資本主義経済と市民法理念との緊張関係」、「明治以降の日本法の基本構造」、「市民法学の現在──星野英一の到達点」というふうに、論を進めていく。この議論の過程で、わたしの市民法学が取り上げられることになる。わたしは、以下で、二つのことを論じようと思う。一つは、山口氏による星野英一氏に関する評価である。もう一つは、山口氏によるわたしの市民法学に関する評価である。

まず、第一の、山口氏による星野英一氏に関する評価であるが、山口氏は、星野英一氏の『民法のすすめ』（岩波新書、一九九八）に関して、つぎのように述べている。「今回の『市民社会』論に関係する法学関係の論文の渉猟を通じて発見した文献の中で、私が自分の問題意識に最も近いと感じたのは、……星野英一の到達点であった」（七六頁）。法学の分野に身を置いている者として、市民法学・市民法論の現在での到達点が、星野英一氏であるとする山口氏の所説は、まるで予想され得ないまとめ方である。これは、星野氏のこの著作の内容云々を問うて言っているのではない。それは別のことである。そうではなくて、法学の理論的流派からすれば、星野氏を市民法学・市民法論の到達点と位置付ける仕方が、唐突なのである。この感想は、恐らく、法学者のほとんどが同意するであろう。星野氏自身も、恐らく同じ感想を持つのではないか。星野氏の学問的営為が、市民法学・市民法論とは全く別の理論的潮流の中で行われてきたことは、法学界において周知のことであろう。再度言うが、こう確認したからと言って、星野氏の著作が意義が無いなどということにはならない。それは、別の問題である。市民法学の観点からすれば、理論的流派として異なった位置にあった星野氏が、市民法学が開拓してきた市民社会論、市民法論の理論的成果を吸収・評価されようとするのは、たとえ、その吸収・評価において問題性をはらんでいたとしても（これについては後述する）、基本的には、歓迎すべきことと観じられるのである（わたしは、別の機会に、わたしの市民法学の観点から、星野英一『民法のすすめ』における市民社会論の問題性について検討したことがあるので参看を請いたい（篠原敏雄「ヘーゲル法哲学・市民社会・市民法学」（清水誠先生古稀記念論集『市民法学の課題と展望』（日本評論社、二〇〇〇年）、所収））。

第二の論点に移ろう。すなわち、山口氏によるわたしの市民法学についての評価に関してである。

その際、キー概念となっているのは、「ヘーゲル＝マルクス主義的系譜」というものである。この「ヘーゲル＝マルクス主義的系譜」という用語は、山口氏のこの著作において、九回登場させられている。そのいくつかを挙げてみる。まず、「ヘーゲル＝マルクス主義的系譜」は、「『市民社会』を『ブルジョア社会』として否定的に見る議論（ヘーゲル＝マルクス的『市民社会』論）」と表現されている（五六頁）。また、同じように、「『市民社会』概念そのものはヘーゲル＝マルクス主義的系譜に沿って『ブルジョア社会』と理解し、基本的にネガティブな評価の対象とする姿勢」（六一頁）。さらに、「ヘーゲル＝マルクス的な『国家と市民社会の二分論』に立った伝統からの離脱ができない広範な研究者たち」（一四七頁）。それから、「『ヘーゲル＝マルクス主義的系譜』においては、『市民社会』は、『人倫』の共同体としてその上位に位置する『国家』によって止揚されるべきものという基本的な位置づけがある」（一五一頁）。すなわち、以上のところから「ヘーゲル＝マルクス主義的系譜」という用語に山口氏によって込められている意義は、「市民社会」概念を否定的に見る観方、というものであり、総じてあまり良くないもの、というニュアンスであろう。

さて、このような観方を前提にして、山口氏は、わたしの市民法学に対して、つぎのように言われるのである。「篠原のこの労作（勁草書房の『市民法学の可能性』—引用者）は、日本の法律学における立遅れを克服しようとするものと解しうるが、政治学者の目からみると、この労作は、日本の法律学者たちの『市民社会』論が孕むもう一つの問題点をあらためて露呈させた形になっているのではないかと思われる。すなわち、現在の国際的な市民社会論の理論潮流の中には『ヘーゲル＝マルクス主義的系譜からの離脱』を特徴としているとされる有力な流れがあるのだが、篠原の近著はこれとは逆に、『本書の視角からすれば、ヘーゲルおよびマルクスが、基本的に重要とされる』としているのである」（七二頁）。この個所から読み取れることは、端的に言えば、篠原『市民法学の可能性』は、「ヘーゲル＝マルクス主義的系譜」に在るもの、という評価である。

率直に言えば、この山口氏の評価は、皮相的である。ないしは、誤解である。わたしの市民法学においては、「市民社会」を「ブルジョア社会」として、それに否定的な意義しか見い出さない、という認識は、全く存在しないからである。そうした個所があるなら、指摘していただきたいが、無いはずである。なぜなら、わたしの市民法学においては、「市民社会」を「ブルジョア社会」として、それに否定的な意義を付与するという手法を、換言すれば、山口氏の言われる「ヘーゲル＝マルクス主義的系譜」を、まさに徹底的に原理的に批判してきたからである。その批判に当たって、わたしは、確かに、ヘーゲル、マルクスの思想を基軸にしようとしてきた。しかし、その、ヘーゲル、マルクスの思想は、山口氏が想像するような「ヘーゲル＝マルクス主義的系譜」に沿うものでは、決してあり得ない。そうではなく、ヘーゲルその人の思想を、そのプロブレマティークにおいて捉えること、また、マルクスも同様に、マルクス自身の思想圏をその内的論理において捉えること、という作業に即して捉えられたヘーゲル像、マルクス像なのである（この作業の中身については、篠原敏雄『市民法学の基礎理論――理論法学の軌跡』（勁草書房、一九九五年）を是非とも参照していただきたい）。

こうしたヘーゲル像、マルクス像について言えば、ヘーゲル像は、まさに、山口氏が第三部・「第七章　ヘーゲル哲学研究の新動向から学べること」で検討しているヘーゲル像と接合するのであり、マルクス像は、内田義彦、平田清明、ハーバーマス等の議論によって発掘され、再定義されたマルクス像と接合するのである。こうした、わたしの市民法学における論理を見逃すことは、結局、山口氏の「ヘーゲル＝マルクス主義的系譜」なる用語およびその内容が不十分なものであることを表しているのである。

わたしは、種々の政治的党派やさまざまな思想によってねじ曲げられてきたヘーゲルその人、マルクスその人の理論に立ち返ることによって、ヘーゲル、マルクスの理論の現代的意義が確かめられる、と考えている。その作業を行うことが、市民法学を一層豊饒なものにできることに繋がるのである。この意味で、ヘーゲル、マルクスにあって枢要な位置を占める「市民社会」を、単純に否定的に捉えるなどということは論理的にあり得ない。

わたしは、以上のことをさらにはっきりさせるために、今村仁司氏の近時の著作に即して、以下に説明したいと思う。

(3) 今村仁司氏は、「マルクスは忘れてはならないひとである」（『マルクス入門』（ちくま新書、二〇〇五年）、七頁）と述べ、現代においても重要な意義を持つ論点としていくつか提出する。一つは、「マルクスは古代ギリシア世界の政治的構成と芸術的達成に対して心情の奥底から深い憧憬を抱いていたこと」（六六頁）、したがって、マルクスの政治的共同体論は、この憧憬に基づいて、「来るべき共同体はその本性においてギリシア的になるべきであろう」（六七頁）とする。一つは、その来るべき共同体の構想はつぎのようなものであること、すなわち「原初の直接的共同体を解体した近代の歴史的経験は、それ以前にはなかった『自由な個人』（古代の自由人とは違うタイプ）を生産した。だから、未来の分裂なき共同体は、この近代の成果としての自由な個人と共同体の再結合となる」（一二八頁）。一つは、『資本論』を準備する草稿の中で、「資本主義の構造分析（資本の生産構造の一般理論）と同時に歴史哲学を結合する試みをしていたことは大変重要である」（一三四頁）として、その歴史哲学の中身を、「人と人の社会的関係を従属か自由かの視点を設定することによって、人類史を三つの段階に区切っている」（一三五頁）と説明する。

以上の三つの論点は、既に拙著『市民法学の基礎理論』、『市民法学の可能性』において述べてきたものであり、この点で、わたしにも今村氏の議論は妥当なものであると思われる。重要なのは、今村氏にあっても、また、わたしにあっても、このようなマルクス像は、さまざまな党派によって主張されたマルクス像、特に「マルクス＝レーニン主義」（実際はスターリン主義）でのマルクス像を壊すために主張されているものである、ということである。

「マルクス＝レーニン主義」でのマルクス像とは、今村氏の言う「経済中心史観」のことである。「経済中心史観」によれば、「経済は社会全体の土台（基礎）であるから、社会内のあらゆる現象は、経済生活によって因果的に決定される。因果関係は、結果のなかに原因が含まれる、あるいは原因は必然的に結果を産出するという意味であるから、経済中心の見解は必然的に、すべての現象がその原因を経済生活または物質的生産のなかに見いだすことになる。この論理をつきつめるなら、政治と法律、文化や思想の観念的構築物などのいっさいは、経済から『発生する』、あるいは経済によって『生産される』という結論が引き出される」（一九―二〇頁）。これは、「反映論的経済史観」すなわち「経済的土台が上部構造に反映するという経済史観」（二二頁）でもあるし、ロシア・マルクス主義がつくった「弁証法的唯物論」を内在させているものである。付け加えておけば、以上の「マルクス＝レーニン主義」、「経済中心史観」こそ、日本の「マルクス主義法学」の基礎だったのである。

この経済中心史観（唯物史観でもある）の理論的欠陥は、今村氏がつぎのように適切に指摘しているとおりである。「土台としての経済過程は経験上の第一次的重要性である。それが横すべりして認識面での第一次性にすりかえられた。直観的にわかりやすいせいか、この思想はその後の社会科学のなかで猛威をふるうことになった」（二三頁）。

(4)　今村氏は、こうして、「なぜマルクスは忘れてはならないひとであるといえるのか。彼のどこにアクチュアルな意味があるのだろうか」と問い、「それはマルクスが一生をかけて研究した資本制経済の理論のなかに、さらに資本制経済がすみずみまで浸透する市民社会の理論のなかにある」（九頁）と答える。

さて、その「市民社会論」であるが、上記の山口氏の所説の問題性を考える上でも重要であるので、紹介しておきたい。

今村氏によれば、「十九世紀になると、ドイツ語の市民社会（Die bürgerliche Gesellschaft）は、公民共同体と経済的私人の社会との二重の意味を帯び始め、ついには経済的私人の社会（ブルジョワ社会）に一元化していく」（一二二頁）、という経過をたどる。

こうした経過を背景にしながらヘーゲル『法の哲学』は書かれるのであるが、「この二重性は、ヘーゲルの『法哲学』のなかの用法にも反映している。ヘーゲルは『市民社会』を、一方では『欲求の体系』（分業の社会）として定義し、他方では『外部的国家』として描いている。ヘーゲルにおいて市民社会はまだ公民共同体の意味合いを温存させている」（一二二―一二三頁）。見られるように、ヘーゲルにおいては、市民社会は、単純にブルジョア社会と捉えられているのではないことを、今村氏は指摘している。この指摘は、ヘーゲル『法の哲学』に素直に即してみれば、間違ってはいない。

さらに、では、マルクスの市民社会論はどうか、と言うと、マルクスにおいてもヘーゲルと同様、市民社会という圏域を、二つに分けて理解しているのである、と今村氏は論証する（今村氏は、マルクスの『ルイ・ボナパルトのブリュメール一八日』に即して論証しているが、その詳細はここでは省略する）。すなわち、「公共空間としての市民社会」であり「私人のブルジョワ社会」である（一二二―一二三頁）。そして、マルクスは、「万人が同等の公民社会を復権したいと願っていた。それだけが分裂なき共同体であったからだ。そのためには、公民的市民社会の実現を阻止する、あるいは解体させているブルジョワ社会（資本制社会）とその所有体制を変革することが不可欠の課題になる」（一二六頁）。

わたしは、ヘーゲルとマルクスを検討するなかで、「市民社会」を「経済的次元での市民社会」、「社会的次元での市民社会」、「政治的次元での市民社会」、「法的次元での市民社会」と分け、この「経済的次元での市民社会」を理論的に解剖したのが『資本論』であった、と論じた（篠原敏雄『市民法学の可能性――自由の実現とヘーゲル、マルクス』（勁草書房、二〇〇三年）、二〇七頁）が、この把握は、上記の今村氏の把握と関連させれば、「公共空間としての市民社会」に相当するのが「社会的次元での市民社会」、「政治的次元での市民社会」、「法的次元での市民社会」であるし、「私人のブルジョワ社会」は「経済的次元での市民社会」に相当するものである。

以上のところで、結局、ヘーゲル、マルクスにおいては、『市民社会』を『ブルジョア社会』として否定的にみる議論（ヘーゲル＝マルクス的『市民社会』論）」という山口定氏の論定は、見出だされないことがはっきりするであろう。したがって、山口氏の言う「ヘーゲル＝マルクス主義的系譜」というのは、全く説得的ではない、ということも明瞭であろう。

⑸　さて、以上のことを踏まえれば、星野英一『民法のすすめ』における市民社会論の問題性も明らかとなるであろう（既に、上記の拙稿［篠原敏雄「ヘーゲル法哲学・市民社会・市民法学」（清水誠先生古希記念論集『市民法学の課題と展望』（日本評論社、二〇〇〇年）、所収）］でも、市民社会に関する星野氏の所説について検討したので参照されたい）。

星野氏によれば、こうである。「ヘーゲルは、『人倫の弁証法的体系』を構想した。それは、直接的・自然的な人倫性の現われである家族（正）に始まり、人倫性の完成である国家（合）に至るが、中間に位するのが市民社会（反）であり、それは『欲望の体系』であるとする。……マルクスはさらに、市民社会を「ブルジョア社会」とする。それは、『ブルジョアとしての人間』の『利己的な精神』の支配する『欲求と労働と私的利益と私的権利の世界』であって、政治的存在である国家とまったく分離されたものとする」（一一二―一一三頁）。そして、ヘーゲル、マルクスにあっては、「『市民社会』は、資本主義市場経済社会という事実の説明としては的確なものであるとしても、評価としては必ずしも高い評価の伴った観念ではなかった」（一一三頁）と述べるのである。

しかしながら、すでに上記のところで説明したとおり、ヘーゲル、マルクスにおいては、その市民社会論は、「欲望の体系」、「ブルジョア社会」とだけ単純に捉えられるものではない。それは、ヘーゲルの『法の哲学』を一瞥するだけで明瞭である。ヘーゲル『法哲学』第一八八節には、こう書いてある。「市民社会は三つの契機を含む。A、個々人の労働によって、また他のすべての人々の労働と欲求の満足とによって、欲求を媒介し、個々人を満足させること――欲求の体系。B、この体系に含まれている自由という普遍的なものの現実性、すなわち所有を司法活動によって保護すること。C、右の両体系のなかに残存している偶然性に対してあらかじめ配慮すること、そして福祉行政と職業団体によって、特殊的利益を一つの共同的なものとして配慮し管理すること」、と。「欲望の体系」は、市民社会の三つ契機の一つであって、その全てではないことは一目瞭然である。この文章を読んで、「ヘーゲルの市民社会は、欲望の体系である」とは決して言えないだろう。また、マルクスに関しても、彼の『ドイツ・イデオロギー』、『経済学批判要綱』、『資本論』等を読めば明瞭である（その論証として、前掲篠原『市民法学の基礎理論』の第一部「第三章　若きマルクスと市民法論――『ヘーゲル国法論批判』・「ユダヤ人問題のために」・「ヘーゲル法哲学批判序論」に即して」、「第二章　若きマルクスと市民法論――『経済学・哲学草稿』と「ミル評注」に即して」、前掲篠原『市民法学の可能性』の第一部「第三章　マルクス歴史理論における自由な個体と社会」でのマルクスに関する個所を参照のこと）。

さらに、ヘーゲル、マルクスの市民社会論は、かれらの歴史哲学・歴史理論において、ネガティヴ、ポジティヴの両面にわたってその意義を確かめられねばならない、きわめて重要な圏域に関する理論なのであって、「必ずしも高い評価の伴った観念ではなかった」などと簡単に言われ得るようなものでは全く無く、市民社会に対してポジティヴな評価を加えているのである。すなわち、ヘーゲルにあっては、市民社会は主体性の原理の涵養の圏域として、マルクスにあっては、市民社会は人類史の三段階把握における自由人の形成の圏域として、捉えられているのである。

こうした理解を基礎にした上での、『民法のすすめ』における星野氏の市民社会論についての一層の検討はここではもうしないが、ここまでても、星野氏の所論を、市民法学の到達点などとする山口氏の判断は、到底是認し得ないものと言えるであろう。

三　自由の実現とヘーゲル

さて、本稿は、わたしの基本的立場である市民法学の観点から、法解釈学に内的に密接に連繋する基礎法学のありようについてを検討すること、言葉を換えて言えば、市民法学（法解釈学と基礎法学から成る）を、基礎法学（特に法哲学）に即して明らかにし、法解釈学と内的に結びつく基本線を明示することを目的とする、と上記のところで述べたが、ここでは、その目的を、自由の実現とヘーゲル、という論点に即して検討することにしたい。

ところで、市民法学における根本的で基礎的な原理、すなわち、現代の法学を市民法体系という形で再編成する際の基本となる法原理、換言すれば、市民法原理は、二つある。一つは、現代法を支える諸個人が自由、平等、独立な主体であるということ、一つは、そのような自由な個人が相互に友愛的、連帯的な共同性を形成すること、というものである。

この市民法原理のなかに、はっきりとあるように、「自由」という言葉は、市民法学にとって、きわめて重要なものである。他方、自由という言葉で頭の中に思い浮べる内容は、あるいは、人それぞれであるかもしれない。

そこで、わたしの基本的立場である市民法学にとっての「自由」というものを、ヘーゲルの思想の中で明らかにしてみたい。この、自由の実現とヘーゲル、というのは、前掲拙著『市民法学の可能性』の副題の中にもあり（副題の全部は、自由の実現とヘーゲル、マルクス、というものである）、この本の理論的背景を示しているものでもある。

1　自由とは何か、については、ヘーゲルの全業績の最も中心となるテーマの一つであり、たとえば、彼の最初の哲学での著作『精神現象学』（一八〇七年）は、人間の精神の展開の有り様を逐一概念的に追跡していくが、そこでのテーマは、まさに、人間の自由というものの実現の過程そのものであると言ってよいのである。本稿では、しかし、考察の対象を、彼の『法の哲学』（一八二一年）にしぼっておきたい。

ヘーゲルは、法哲学の講義を、ハイデルベルク大学で一度、ベルリン大学に移ってから六回行っている。彼の一八二一年の『法の哲学』(Grundlinien der Philosophie des Rechts) は、その講義のために書かれたものである。それは、ベルリン大学での第三回目（一八二二〜一八二三年）の講義の時に用意されたものである。彼は、この『法の哲学』をもとにして、これをふくらませたり、いろいろな話をまぜて、講義を行った。

したがって、この『法の哲学』こそ、ヘーゲルの思想を知るのに重要である（これは、主文と注解の二つからなっていて、翻訳でいうと、たとえば、中公クラシックス版『法の哲学』Ⅰ・Ⅱ（藤野・赤沢訳、中央公論社、二〇〇一年）では、主文の後に注解が一字落とされて訳されている）ことは、もちろんのことであるが、ヘーゲルがそれをもとにして、どのような講義を行ったのかということを知ることも興味深いところである。その講義録を読めば、ヘーゲルの生き生きとした語り口の中で、講義用著書『法の哲学』の文言の意味解読にもきわめて資することがあるからである。

今までの翻訳では、その一部しか為されていなかった、その講義録のいくつかが、近時わが国でもその全体が翻訳されて紹介されることになった。本稿では、第六回目の一八二四〜二五年の講義を受けた者の講義録（聴講生グリースハイムの講義録）を使って（長谷川宏訳『ヘーゲル法哲学講義』（作品社、二〇〇〇年））、『法の哲学』の文言を考察していくことにしたい（以降、『講義』の翻訳は、長谷川訳で、『法の哲学』の翻訳は、中公クラシックス版を持っている方が多いことを考慮して、同版による。必要な頁数は、本文中に示す。訳を変える場合がある）。

2　ヘーゲル『法の哲学』は、種々の読み方があるだろうが、最も重要なのは、人間の自由、および、その実現についての考察である。法律を学ぶものにとって、枢要なのは、このことを認識することである。近代・現代において、自由なくして法＝権利なく、法＝権利なしに自由はない。自由は恣意ではなく、法は自由を制限するものではない。言ってしまえば、このように簡単なことが、ヘーゲル『法の哲学』で語られているのである。しかしながら、このような簡単なことが、われわれの社会では、それほど常識となっているわけではない。自由とは、各人が好むままに生き、したいことをする、という捉え方の方が、青少年にはポピュラーなのではないか。また、法とは、そのような自由を抑圧し、行動を制限するもの、と捉えられているのではないか。もし、そうだとすれば、ヘーゲル『法の哲学』は、現代においても大いに語られなければならない書物である（紙数の関係で、本稿では、緒論（Einleitung）が主となる）。

ここで、『法の哲学』の目次を示しておこう（中公クラシックス版による）。

序文、緒論（Einleitung）、第一部　抽象的な権利ないし法（第一章 自分のものとしての所有、第二章 契約、第三章 不法）、第二部　道徳（第一章 企図と責任、第二章 意図と福祉、第三章 善と良心）、第三部　倫理（第一

章 家族、第二章 市民社会、第三章 国家)。

(1) 『法の哲学』・緒論 (Einleitung) ［第一節〜第三三節から成る］・第二節に関連して、ヘーゲルは講義において、つぎのように語っている。

講義用テキストである『法の哲学』第二節・主文に書かれていることを、まず、つぎに掲げておきたい。

法学は、哲学の一部分である。それゆえに法学は理念を、──これがおよそ対象と言われるものの理性なのだから、──概念から展開しなければならない。あるいは、こういっても同じことだが、ことがらそのものの内在的な発展をよく追って見てゆかなければならない。哲学の一部分として法学には一定の開始点がある。この開始点は、法学に先行する部分の成果かつ真理であるところのものである。そしてこの先行する部分がその開始点のいわゆる証明をなしている。したがって法の概念は生成の面では法の学の外にあることになり、法の概念の演繹は法の学では前提されているので、──与えられたものとして受け入れられねばならない。

以上の文章に関して、ヘーゲルは、つぎのように講義において述べている。

……ここで問題とすべき第三点は、哲学における考察の進めかたはどうあるべきか、ということです。哲学では、問題となる内容が、それ自体で必然性をもってあらわれねばなりません。人間を定義するとき、人間は生きて、自己意識をもち、思考する、自由な存在 (ein Lebendiges, ein selbstbewusstes Lebendiges, mithin denkendes Lebendiges, mithin freies Lebendiges) でなければならない。つまり、自由の必然性がそれ自体必然的なものとして示されねばならないし、加えて、自由がみずからを実現し、自由な世界と自由な体系を作り出し、外へと出ていって目に見えるものとならねばならない。それが、わたしたちの必要とする絶対的に必然的な内容であって、それの展開していくさまが哲学のうちに示されねばならない。ここにわたしたちの出発点があります（二八頁、S.99.［引用は、G. W. F. Hegel, Philosophie des Rechts nach der Vorlesungsnachschrift K. G. v. Griesheims 1824/25, herausge. v. K. -H. Ilting。以下同書からの引用は、本文中に示す］）

以上のようにヘーゲルが述べていることは、講義手引書『法の哲学』に書かれているものに較べて、意味はきわめて明瞭であろう。『法の哲学』は難解だ、と言われてきたが、このようにヘーゲル自身によって解説されると、その意味するところは、われわれにとって容易に了解可能なものとなる。

法、法制度を担うのは、人間でしかあり得ないが、近代にあっては、その人間は、まさに、「生きて、自己意識をもち、思考する、自由な存在」（ein Lebendiges, ein selbstbewusstes Lebendiges, mithin denkendes Lebendiges, mithin freies Lebendiges）なのである。確かに、人間は、生まれて直ぐには自由な存在ではない。まずは、両親、家族、学校、世間など、自分のまわりの環境のルールの中で生きていく。しかし、大体十二〜十五歳くらいになると、今まで無意識的に従ってきたそのようなルールに対して、疑問に思ったり、批判的に考えたりして、「自分」というものを次第に強く意識し始める。「自我の芽生え」である。「自分は自分である」。誰しも、この経験は共通であろう。ヘーゲルは、この共通の経験を出発点にする。ここに、ヘーゲルの論理の強みがあることが見てとれよう。すなわち、何か訳の分からぬ衒学的な抽象的なことがらを出発点とするのではなく、われわれの日常的に理解可能なところから出発するので、説得的なのである（ヘーゲルは、大体十二〜十五歳に「自分は自分である」といった意識を持った若者たちが、さらに行き着く意識の型を、『精神現象学』において論じている。すなわち、「ストア主義」、「懐疑主義」、「不幸な意識」の三類型である。ここでは、立ち入らないでおくが、この議論もとても興味深いものであり、大人の目からすれば、なるほどと頷ける内容の展開となっている)。

「生きて、自己意識をもち、思考する、自由な存在」としての人間というものから導かれるのが、真なる法＝権利なのである。だから、法＝権利の理論は、「全体として、本質的な内容が実際の法律のうちにどう生かされ、どう展開されているかをあきらかにするもの」なのである（これは、市民法原理の具体的展開としての市民法学の方法論でもある)。

このようなスタンスからすれば、つぎのような結論になる。すなわち、たとえ「奴隷制を法とする世界にあっても、わたしたちは、自由に基礎を置く法律こそ真の法律だと主張します」。すなわち、自由に基礎を置く法という「本質的な内容に一致しない法のイメージがあったとしても、そんなものにわずらわされず、本質的な法を堅持する必要があって、つぎになすべきは、本質と外れたイメージの不当性、非真理性をいうことです」（二九頁、S.100.)。

以上のこと、すなわち、「自己意識を持つ自由な人間」こそ、近代法の世界の出発点に据えられるべきである、ということは、第四節において、一層はっきり定式化される。

法の地盤は総じて精神的なものであって、それのもっと精確な場所と開始点は意志である。これは自由な意志である。したがって自由が法の実体と規定をなす。そして法の体系は、実現された自由の王国であり、精神自身から生み出された、第二の自然としての、精神の世界である。

聴講者用の手引書『法の哲学』のこの個所に関して、ヘーゲルは、「出発点にあるのは自由を本体とする意志です」と、明快に書き出して、つぎのように解説・講義している。

自由は普遍的なものであり、自由なものが意志です。自由なき意志は空虚なことばであり、また、観念としての自由は現実の存在ではなく、意志（Wille）として、主体（Subjekt）としての自由（Freiheit）のみが現実的（wirklich）です。同時に、理性も、その本質からして精神たらざるをえず、この理性的な運動体、この活動的な主体（thätige Subjektivität）として存在します。これが法哲学の土台をなす精神的なものであり、もっといえば実践的な精神（das Praktische im Geistigen）であって、わたしたちが対象とするのは、実践の世界を動く意志なのです（三〇頁、S.102.）。

ここには、人間（と言っても、子供ではなく、大人の人間であるが）が、現実の世界のなかへ、自由な意志の主体として、実践の主体として関わっていくことこそが重要であって、その関わりのなかで、自由は現実的なものとなる、ということが語られている。

すなわち、ヘーゲルにあっては、一方で、頭のなかだけで、心のなかだけで、「自分は自分である」とするような自己意識は自由とは言えず（これは、つぎの⑵で述べるカント道徳哲学に対する批判となる）、他方で、現実の世界において自由は実現されてこそはじめて自由が成就される（これは、以下の⑶で検討するヘーゲル法哲学の意義につながる）、という立場を述べているのである。

⑵　ヘーゲルは、二十代の若い時期、カントの思想圏内で、思考を重ねていた（この詳細については、前掲篠原『市民法学の基礎理論』の第一部「第一章　若きヘーゲルと市民法論――神学論稿に即して」を参照されたい）。しかし、

ヘーゲルは、『精神現象学』を書き上げる途上で、カントの思想のポジティヴな要素を十分引き受けながら、カントの思想圏域を脱出していくことになる。そして、ここに、ヘーゲルの独自の思想圏が成立するのである。すなわち、われわれの知るヘーゲルとなったのである。

ヘーゲルが五十代となったこの講義の時期は、カントに対する批判は、きわめて明快である。さきに紹介した『法の哲学』第四節に関する講義のところで、ヘーゲルは、つぎのように、カントについて述べる。

意志の自由が出発点となる原理です。法（das Recht）とは、自由なる意志の実現（die Verwirklichung des Willens）にほかならないのですから。法の土台が自由です。カントも同じ考えをもっていましたが、それにつけくわえて、法の世界ではただちに自由の制限がおこなわれるので、法というとすぐにも自由の制限が問題となる、としました。この考えはわたしたちの主張と対立します。自由が法の世界で実現されるというのは、そこで自由が制約されることはない、ということです。法の内容は自由を否定したり制約したりするものではなく、法は自由を肯定し、自由は法のうちに十全のすがたをあらわします（三七頁、S.109.）。

ヘーゲルの以上のような考え方は、カントの意志の自由の原理を基本的に認容した上で、さらに、そのカント的原理の限界を指摘し、自由の具体的実現に向けて理論構成を行っているのである。法は、自由の制約と見なされるべきではなく、自由の実現とみなされなければならない。こうした考え方は、講義用手引書『法の哲学』の第二九節・主文、すなわち、「およそ現存在が、自由な意志の現存在であるということ、これが法ないし権利である。──法ないし権利はそれゆえ総じて自由であり、理念としてある」に関する講義・解説においても明瞭である。ヘーゲルは、つぎのように述べる。

自由（Freiheit）こそがわたしたちの眼目であり、自由は実現されねばならず、この実現（Realisation）が法（Recht）です。……自由が社会的にすがたをあらわすことこそが必然であり、それが必然的な内容なのですから。……カントのいうところでは、各人の自由の基準にかなない、各人の自由にもとづき、共同体の法律にしたがってなされる行動が、法です。さまざまな個人の「わがまま」（Willkür）が全体として調整されねばならないが、「わがまま」はたがいにうまく折りあうものではないから、調整するには共同体の法律が必要です。わがままをそのままゆるす、というわけにはいかないのですから。いわれていることは一面では正しく、一面ではまちがっている。……（第一に）法は、わがままという形の自由を基礎とするのではなく、理性的（vernünftig）で社会的な（sittlich）自由を基礎とするのです。……（第二に）さまざまなわがままが共同体の一般的な法律によって調整さるべきだということで、となると、一般的なものが手段と見なされることになる。これは正しくない。わたしのわがままのうちにも、一般的な原理としての自由がふくまれるので、これが基礎となり、そのことこそが強調されねばならない。……（第三に）わたしのわがままを他人の都合に合わせて制限するというのは正しいが、わたしの自由を他人の自由に合わせて制限するというのはまちがっている。自由は制限できるものでも制限すべきものでもなく、実現すべき絶対的なものなのですから。自由を制限することは、どこから見ても正しくない。それは、自由を社会に登場させず、社会から奪いさることですから。自由以上に価値あるものはなく、自由こそが社会を充実させる共同体の原理であって、それを制限し、それを否定するものなど、どこにもないのです（七三—七四頁、S.149—150. 括弧は引用者）。

この個所はカントの法哲学である『人倫の形而上学』（一七九七）の「第一部　法論の形而上学的諸原理」の「法の普遍的原理」を念頭においた上での講義である。あらためて敷衍する必要がないほど、ヘーゲルの論旨は明快である。彼にあっては、ひとりひとりの人間の「自己意識の自由」を基礎にするという認識、そして、「自由はそれ自体が社会的な存在（Dasein）」であるという認識、この二つが決して手放されることはないのである（なお、カント法哲学・実践哲学とヘーゲル法哲学との関連についての詳細な研究は、別稿に委ねる）。

⑶　以上のように、ヘーゲルにあっては、ひとりひとりの人間の自由が、「社会を充実させる共同体の原理」となって、自由が個人において実現されながら、同時に社会全体においても自由が実現されるということが目指されることになるが、この両者を結びつける論理を、『法の哲学』第三二節に関する講義において、彼は、つぎのように明らかにする。

第三二節・主文は、つぎのようなものである。「概念の発展におけるもろもろの規定は、一面ではそれ自身、もろもろの概念である。他面では、概念が本質的に理念としてあるがゆえに、それらの規定は現存在の形式においてある。したがって、右の発展のなかで生じてくるそれらのもろもろの概念の系列は、同時にもろもろの形態化されたあり方の系列なのである。それらは学においてそのように考察されるべきである」。これだけを読んで、なるほどと得心する人は、たとえヘーゲル好きの人であっても、きわめて稀であろう。しかし、「自由の実現」というテーマを念頭において、ヘーゲル自身による以下の解説を読めば、杞憂は氷解する（このような効用があるからこそ、『講義』は読まれるべきなのである）。

たとえば、自由が最初に素朴にあらわれたものが、人格の自由で、それは主観のもとにある自由です。……自由の第一段階が、人格（Persönlichkeit）の形をとる自由だとすると、人格のつぎの段階は、道徳（Moralität）と名づけられるものです。……人格としてのわたしは、自由になにかを意志するが、道徳的人格としてのわたしは、善なるもの（das Gute）を意志します。……人格は自由の概念の第一段階をなすが、この人格が存在の形をとったものが所有（Eigenthum）です。……道徳は、概念としてある場合には、自由な人間の自己反省です。……それが現実の形態としてあらわれたものは、わたしが主観的な意志であり、自分の行動を自覚し、法律を知り、幸福を目的とする、といった事態です。……最後に、共同体の倫理（Sittlichkeit）にもふれておきます。共同体の倫理には二つの要素があります。一つは意志の概念、意志の本性、共同的な意志であり、もう一つが……主観性（Subjektivität）そのものです。……共同体の倫理とは、上の二つの要素の統一体であって、主観性が共同性を獲得して概念となり、概念が抽象的な共同体を否定して主観性と一体化したものです。共同体の倫理のうちには、主観性と共同性（die Subjektivität und die Allgemeinheit）という、ばらばらにすれば概念の二つの柱となるような要素がふくまれます。主観性が概念にとどまっているのが「人格」であり、共同性が抽象的に独立しているのが「道徳」です（八二―八三頁、S.159-161.）。

こうして、自由が個人において実現されながら、同時に社会全体においても自由が実現されるということを繋ぐ論理が示されることになる。この論理のさらに具体的な展開が、『法の哲学』の第三部なのである。この第三部において、共同体の倫理は、「家族」、「市民社会（die bürgerliche Gesellschaft）」、「国家（der Staat）」という形態の変遷をたどることになる。

この具体的な概要について、ヘーゲルは、『法の哲学』第一三三節において示しており、これについてつぎのように講義している。「家族」にあっては、「何人かの別々の人格がそこで一体化され、たがいに愛するなかで、各人が他人の意志にもなり、自分の意志を放棄することで自由になる。その自由は、特殊で特定の個人の自由ではなく、共同の自由（allgemeine Freiheit）です」（八九頁、S.167.）。「市民社会」では、そこに生きる主観は、それぞれ独立の主観であり、共同の自由の場であった「家族」から身を引き離し、飛び出してきた者達である。そして、個人は「自分自身が目的で、他人は手段ですが、他人は他人でそれぞれ自分を目的とし、自分のことに配慮をめぐらす。このように、対立しつつ結びつくのが市民社会です」（九〇頁、S.168.）。そして、「国家」においては、個々人は、一方で、「市民社会の原理を踏まえた独立の人格」であり、他方で、「個人は、自然なままに生き動きまわるだけでなく、自由な個人として存在し、自由な個人として、その知識をもとに共同（das Allgemeine）の行為に参与します。それがもっとも自由な共同体の倫理です」（九〇頁、S.169.）。

以上のところで、⑴自己意識を持つ自由な人間、⑵カントへの批判的検討、⑶自由と共同体の倫理との関係に即して、ヘーゲルの論理をたどってきた。『法の哲学』の第一部以下の本論の検討は別の機会に譲らなければならないが、いままでの検討のところで、ヘーゲル法哲学における自由の実現ということの基本的骨格は明らかになったことと思われる。

四　おわりに

以上に述べてきたように、市民法学においては、自由の実現ということこそ、その骨格であり、心臓であり、魂である。しかし、わたしたちの身の周りでは、人間の自由を侵害する事態が止むことはない。日本国内、また、わたしたちの身近でのことは、今は措き、外国を見てみよう。例えば、カン・チョルファン（姜哲煥）『平壌の水槽――北朝鮮　地獄の強制収容所』（ポプラ社、二〇〇三年）を読んでみる。そこには、著者が体験した苛酷ですさまじいとしか言えない耀徳強制収容所の実態が描かれている。その実態は読んでいただく以外ないが、わたしの目に止まったのは、つぎの文章である。「人が獣と区別されるのは良心があるからだと信じていたが、それは必ずしも真実を伝えていないことをわたしは耀徳で知った」（一九〇頁）。「良心」こそ、カント、ヘーゲルの哲学の要諦だったのではないか。近代法の基礎ではないのか。また、D・チャンドラー『ポル・ポト　死の監獄S21――クメール・ルージュと大量虐殺』（白揚社、二〇〇二年）は、拷問で自白させられ、太い丸太で撲殺される囚人達の運命を克明に記録している。「人身の自由」こそ、近代の法＝権利の基礎なのではないのか。

現在、本当に、世界の様々なところで、自由の侵害はある。こうして本稿を綴ることが、市民法学を論ずることが、自由の実現につながるのだろうか。わたしは、深いところでつながるということを確信しつつ、本稿を閉じることにしたい。

［参考文献］（本稿では紙数の関係で註を省いた。以下の私の文献を参考にして頂きたい。）

篠原敏雄『市民法の基礎構造――法・国家・市民社会』（論創社、一九八六年）
篠原敏雄『市民法学の基礎理論――理論法学の可能性』（勁草書房、一九九五年）
篠原敏雄『市民法学の可能性――自由の実現とヘーゲル、マルクス』（勁草書房、二〇〇三年）
篠原敏雄「ヘーゲル法哲学・市民社会・市民法学」清水誠先生古稀記念論集『市民法学の課題と展望』（日本評論社、二〇〇〇年）所収
篠原敏雄「基礎法を学ぶ魅力」法学セミナー二〇〇四年一〇月号
篠原敏雄「沼田稲次郎『労働法論序説――労働法原理の論理的構造――』を読む――市民法学の視座から」横井芳弘・篠原敏雄・辻

昌昭編著『市民社会の変容と労働法』（信山社、二〇〇五年）所収

民法学と弁証法

——山中康雄『市民社会と民法』をめぐって——

高橋　眞

河内宏・大久保憲章・采女博文・
児玉寛・川角由和・田中教雄 編
『市民法学の歴史的・思想的展開』
二〇〇六年八月　信山社3

一　はじめに——法律学上の概念・範疇相互間の関係を研究する意義

(1)　原島先生の講演のひとつに「私の見た九大教授山中康雄の法律学」がある。この講演の初めの部分で、原島先生は、山中博士が京城帝国大学に在任していた時期の論文の中に表れる「相互移行の関連」の意味について次のように述べられる。

「現代法の出発点であるローマ法は、問答契約や文書契約（……）のように抽象的なものであった。これが歴史的な展開によって次第に具体的なものになっていく。このことはたんに変化する、ということではない。それが展開を遂げるごとに、出発点になったものにははね返る。出発点になったものが現実との矛盾によって、これに対応し、より具体的なものに変るけれども、出発点になったものを別のものと比較して、これは古くなった、と捨て去るようなことではない。出発点に立ち帰り、これを見直すことによってあらたなものになっていく。矛盾を克服することであらたなものはより具体的になっていくが、出発点であったものも、このより具体的なものの基礎を成しているのであって、あらたなものを産み出しただけより豊かな内容をもつことになる。これが『相互移行の関連』といわれる意味ではないでしょうか[1]。」

ここでいう「相互移行の関連」は、博士自身の次の言葉に示されるとおり、弁証法そのものである。山中博士は、『市民社会と民法』のはしがきにおいて「私はかねがね、法律学上のあらゆる範疇や概念相互間に相互移行あるひは否定・止揚の弁証法的関連が存在することを確信し、この点につき、諸範疇や諸概念を相互に無媒介的に絶縁し峻別しさるを常とするドイツ法流の考へ方に対して不満を感じてゐた。私の今日までの法的研究は、すべてかかる考へかたの打破にむけられてゐたといってよい」とした上で、「解除の遡及効」（法学協会雑誌五五巻一号、二号、三号)、「弁済代用の供託の本質」(法曹会雑誌一九巻五号、六号、七号、八号)、「純粋構造形式より見たる債権関係の二型態」(法学会論集(京城帝大)一三冊一号)、「双方的債権関係における等価的牽連性の二実現方式」(法学会論集(京城帝大)一五冊二号)の四論文を挙げ、これらは「いづれも、私が平素抱懐せる上述の如き考へかたを、個々の概念なり範疇について論証せんとしたものにほかならぬ」と述べる[2]。

(2)　右に述べられているように、山中博士の弁証法は、実用法学と不可分に結びつき、実用法学の実作の中で展開されている。実用法学との関連で、原島先生は、「法社会学論争」におけるマルクス主義法学者の姿勢について山中博士が次のような危虞を抱いていたことを紹介し、その姿勢がマルクス主義法学者だけの問題ではないことを指摘される。

> 『論争』当時、山中先生がわたくしに洩らしていた述懐を想い出します。それはこうです。自分を批判するマルクス主義法学者は法廷闘争という主戦場をけっきょく敵方に明け渡すことにならないだろうか。法が政治闘争の道具にすぎないとすれば、労働者階級のために、という目的さえはっきりしておればいいのであって、法はこれだ、と語ること、それは手段にすぎないから、それが昨日と今日とで矛盾していても、一向に構わないことになってしまう。これでは、むき出しの力による戦いになって、法律上の論争をやり通すことはできないのではないか。ましてや、法律学の実践にはならないだろう、というのでした。
>
> このあと、わが国では六〇年代の半ばを過ぎると、いわゆる『利益衡量論』が実用法学を急速に支配するようになりました。それによると、決め手はそのいうところの『利益衡量』であって、規範・ルールの形をとる法的構成は、『利益衡量』の結果について説得するための道具にすぎません。いわば抽き出しがいくつかあって、その中から適当な道具を見繕って取り出すのに似ています。抽き出しは単純なメカニズムをもち、道具相互間の関係

はかくべつ問題とならないことになります。法の道具視、法についての機能一点張りの見方、という点で、『利益衡量論』はかつての『マルクス主義法学』と似ていないでしょうか。残るのは『目的』の違いだけ、ということになりかねません。かりに『マルクス主義法学』が『利益衡量論』に『論争』を挑んでも、『イデオロギーの違い』と一蹴されることになりかねないでしょう。[3]」

(3) 原島先生が「道具相互間の関係」と表現される問題――概念・範疇相互間の関係の軽視は、川島武宜博士の次のような議論にも見られる。すなわち、川島博士はその問題意識と一般理論の追求の試みという点で、山中博士の『市民社会と民法』に深く共感しつつ、次のように重要な相違点があると述べている。

「〔山中〕教授の研究の目標は、法律上の範疇および概念であるが、私にとっては、それらはRechtsdogmatikたる『法律学』の所産であり、或いは制定法の条文における言語的構成物であり（……）、何れにしても市民社会における『争い』conflictを処理するための手段の一つとしての裁判規範の構成部分として『構成』されたものである。それらの範疇や概念が最単純・最抽象的のものから、より複雑・より具体的なものへの論理的関係において構成されているのは、私の考えるところによれば、裁判上の処理をコントロールするための手段とするためであり、それゆえ、それらの範疇や概念が高度に論理的に体系化されていることには、『裁判規範の構成』という特殊な技術的作業に内在する合目的的考慮――政策的考慮と言いかえてもよい――や法技術のsophisticationと深く結びついており、したがってそれらの間の論理的関係のすべてを、法律上の範疇や概念に本来的に内在する論理の自己発展としてのみ捉えることには、私は賛成できないのである。私の考えるところでは、『民法』のドグマの体系ないしDogmatikにおいて諸概念の間のそのような『一般理論』的な論理的関係が成り立ち得たのは、近代市民社会ないし資本主義経済の現実の基本的な社会関係に関するかぎりその基礎があったからであり（そのことが、私の『所有権法の理論』における論点なのであった）、且つそのような基礎の上において西欧大陸の法律学が何世紀にもわたってそれらの範疇や概念を試行錯誤的に構成してきたからであった。」「私の言う意味での一般理論は、分析の道具としての理論であり、そこではその範疇や概念の間の関係は分析のための合理性のみによって決定され構成されるべきであり、それ以外の要素——特に政策的考慮——が入りこむことは許されないのである。[4]」

川島博士がここでいう「分析」とは何か。川島博士は『所有権法の理論』の意図は『所有権』として法律的に現象してくるところの近代的所有権について、その規範論理的意味〔それは『法律学』の作業対象であるが〕をではなくして、その現実的な社会現象としての構造を分析することである。そうして、そのことは、法律の世界において『所有権』として現象してくるところのものの現実的な諸関係——終局的には、社会的個人相互の間の諸関係——をあきらかにし、〔そのことをとおして〕法的現象を現実的な社会的個人の間の諸関係に還元することを意味する」と述べる。[5]

(4) それでは、「還元」した上でどうするか。法的な概念によって覆い隠されていた現実的な諸関係を明らかにした上で、諸個人の自由な活動に支えられたルールある経済社会を作るためには、有効な法的規律が不可欠である。法は概念によって構成され、現実へのその適用によって実際的な役割を果たすのであるから、概念・範疇の性質や用法に関する研究が必要であることは自明であるように思われる。しかし、その問題に関する「一般理論」の可能性に対して、川島博士は疑問をもつ。右の引用部分に限定してまとめるならば、次のような疑問であると推測される。

すなわち、実用法学の概念は、その目的である裁判上の処理と不可分に結びついているため、裁判に伴う価値判断、さらにその価値判断の基礎にある政策的考慮が入り込むことは避けられず、社会的現実の客観的な把握に基づく一般理論の対象とはならない。〔法の解釈も人間の行為という現実に係わるものであるから、それに相応しい一般理論がありうるとしても〕法律学の概念・範疇の間の論理的な関係のすべてを、それらに内在する論理の自己発展としてのみ捉えることには賛成できない、と。

法概念や範疇に内在する論理の客観性を強調することが、実用法学において実際には行われている価値判断の要素を無視する結果になってはならないというのが、川島博士の疑問の主旨であったと思われる。しかし逆に、⑵で紹介した原島先生の指摘に見られるように、実用法学の価値判断的要素を重視する立場が広くとられている状況のもとで、法概念・範疇の発展について、あたかも「論理の自己発展」であるかのような形式において表れる側面を論ずることに積極的な意味が全くないかどうか。

さらに、川島博士が、民法理論の諸概念の間に一般理論的な論理的関係が成り立ちえたのは、近代市民社会ないし資本主義経済の現実にその基礎があったからであると述べている点についても、第一に、このことは山中博士の『市民社会と民法』の中でどのような位置を与えられているか、第二に、川島博士は「西欧社会の法律学が……試行錯誤的に構成してきた」と表現しているが、その過程を単に偶然的な試行錯誤として済ませて良いかどうかが問題となる。

（1） 原島重義「私の見た九大教授山中康雄の法律学」小竹一彰編『アジアを知る、九州を知る（久留米大学公開講座8）』（九州大学出版会、一九九六年）五三頁。
（2） 山中康雄『市民社会と民法』（日本評論社、一九四七年）はしがき二～三頁。
（3） 原島・前掲注（1）七〇～七一頁。
（4） 川島武宜「解題」『所有権法の理論〔新版〕』（岩波書店、一九八七年）三二五～三二八頁。

(5)　川島・前掲注(4)三二〇～三二一頁。

二　法概念の発展と弁証法

1　山中博士の『市民社会と民法』を読む

山中博士の『市民社会と民法』は、博士の「はしがき」に示されていたように、実用法学の研究と不可分のものである。したがって、一般理論としての『市民社会と民法』とともに、「はしがき」に挙げられた諸論文を読むことが有益であると考えられる。ここでは、その中の「解除の遡及効」を改稿した「解除論」(6)を素材として、山中博士が法概念や範疇に内在する論理をどのように解明しようとしたかを見ることとする。

2　実用法学における本質論の問題

(1)　山中博士は、直接効果説・間接効果説・折衷説のいずれも、解除により原状回復の債権関係が生ずることについては異論がないことを確かめた後、折衷説論者が解除による契約の遡及的消滅を否定する理由を検討するにあたり、本質論に及ぶ研究の必要性を強調する。

(a)　遡及効を認める明文の規定がないという理由に対し、山中博士は、原状回復義務の発生を、理論的には契約の遡及的消滅以外に根拠づけえないとするならば、明文がなくとも遡及的消滅を認めなければならないと述べた上で、このような考え方に対しては、原状回復債権関係の発生が法の明文によって認められている以上、さらにその根拠を説明する必要はないという反駁があるかも知れないが、「解除による契約の遡及的消滅ということを、解除の本質にまでさかのぼって、その根拠をあきらかにすることにこそ、法学の科学としての使命があるのであり、立法者の意思表示たる法条に、そう書いてあるということを指摘するだけにとどまって、それ以上の探求をおこたることは、右の使命をみずから放棄したものとの批難をまぬかれぬ」[7]と述べる。

(b) 解除条件成就の効果は遡及しないのが原則であるのに対して、解除権留保の場合には当然に遡及効ありとするのは実質論からも不均衡であり、さらに法定解除の場合、契約は完全に成立しているのであるから、爾後の債務不履行によって遡及的消滅とするのはなおさら不当であるという見解に対し、博士は次のように述べる。すなわち、解除条件と解除とは異なる制度であるから、遡及・不遡及の効果の違いは、単なる権衡論だけではその不当を証明しえず、両制度の本質論からの論証が必要である。解除条件と解除との間に密接な関係があるのは確かであるが、両者が近代になって範疇を異にするようになったこと、またフランスのように解除を解除条件の範疇で捉える所でも、固有の解除条件と、解除としての解除条件との間にある程度の分化が生じていることは、本質の点で、両者に何らかの相違があることを暗示する、[8]と。

(c) 日本民法五四五条三項において、解除とともに債務不履行による損害賠償請求権が認められていることは、遡及的消滅論に反対する有力な根拠となる。これについて、原状回復の債権関係を発生せしめる限りで契約の遡及的消滅の効果が生じ、債務不履行による損害賠償請求権を発生せしめる限度で遡及的消滅の効果が生じないという論理が立てられるが、これは詭弁であるとした上で、博士は次のように述べる。すなわち、解除の場合に債務不履行による損害賠償請求権を認めることが、事柄の本質上公平妥当であるとすれば、それは解除の本質が契約の遡及的消滅でないことを暗示する最も有力な徴表である、[9]と。

(2) また、契約によって既に給付された物がある場合、解除の効力が第三者に及ぶかという問題がある。山中博士は、ドイツ法の下では物権行為の形式主義と無因性のゆえに、解除と取消しについて同一の理論構成をしても破綻は免れうるが、意思主義と有因性の原理をとる日本法の場合には、取消しと解除につき、法律行為の遡及的消滅として同じ理論構成をすることには絶対に反省が必要であるとした上で、次のように述べる。すなわち、日本民法五四五条一項但書が、第三者の権利を害しえない旨を定めていること自体が、民法上解除と取消しの理論構成が同じであることの証拠であるという反駁がありうる。しかし、立法者が法条の中に定立した理論は、単に学説以上の効力を持ちうるものではなく、学者はより一層真理的な理論をもって反対しうる権利を持つ。また単なる条文の語句の議論よりも、解除を契約当事者間だけのこととして規定せざるをえなかったことに表れる解除の本質構造を問題にしたい、(10)と。

さらに、ドイツ民法の立法に際しては、第一草案で間接効果説をとりながら、第二草案から成案に至るまで、どの学説によるべきかについては規定を設けなかった。博士は、これは起草者たちが解除の本質については学説に委ね、立法的決定を避けたものであるが、極めて賢明な態度である、「けだし、ことがらの本質がなんであるかということは、真理探求の問題であって、立法者の帝王的権威をもって左右できることではないのだからである」(11)と評価する。

(3)　以上のように、「解除論」の中だけでも、山中博士は様々な角度から本質論の研究の必要を強調している。これらの諸点から浮かび上がるのは、次のような問題提起である。すなわち、(1)の(c)のような立論はともかく、(a)・(b)のような文言解釈がそれだけで十分な根拠となりうるためには、当該法文ないしその法文に籠められている立法者の判断が、形式的な操作によって十分にその価値判断を引き出しうるほどに、規律の対象となる問題をその構造をも含めて全面的に捉えたものでなければならない。ところが、(2)の後段に示したように、立法者は必須の事項だけを規定して、問題の構造把握と制度の本質規定を学説に委ねることがある。その場合には、学者はその本質について全面的な検討をする使命を有するのであって、本質論を避け、立法者が行った表現（法文）の限度内で議論をするのでは、その使命を果たすことにはならない、と。

それでは制度や概念の本質を明らかにする意義はどこにあるか。学理上の意義は別としても、実用法学上、少なくとも類推適用の可否が問題となる場面では、法文の構造の検討だけでは答えを得ることはできず、本質の理解が不可欠である[12]。したがって、本質論には実用法学上も大きな実益があるといわなければならない。

概念の本質を把握するための手掛かりを、山中博士は、その概念が実際にどのような形で使用されるか（たとえば(1)(b)で示される範疇の分化。具体的には3(a)参照）、あるいはある価値判断が社会的に異論のないものとして受け入れられるという現象（(1)(c)で示される債務不履行による損害賠償請求権の承認、(2)前段で見られる解除の物権的効力の否定）等に求める。法概念は、一定の目的を実現するために、それによって社会的な問題に働きかける技術という側面を有する。しかし技術が技術として有効であるためには、第一には目的に適合していること[13]、第二にはそれによって働きかける対象に適合していること、第三には一定の訓練をすれば誰でも利用しうるような体系性を有していることが必要である。法概念は、川島博士が指摘したように、立法者・解釈者の目的に即して利用されるものであると同時に、それが問題――個別的・偶然的なものでなく、当事者を異にしつつ繰り返し生ずるもの――の解決に有効性を発揮することにより、人々の社会的な行動の客観的基礎となる。そのようなものとして有効に機能することに、その法概念の本質が最もよく表れるということができよう。

3 解除概念の確立と間接効果説の役割

山中博士の解除論において、1(1)で見た「弁証法的関連」は、以下に示すように、解除が条件の範疇を脱して独自の範疇となる経過に見出される。

(a) すなわち、当初、解除は当事者が約定によって付する附款である「解除条件」として表れた（ローマ法における lex commissoria）。しかし実際には、解除と解除条件との分化が見られる。「解除条件ならば、条件成就によって、当然に効力を生ずるが、解除においては、とくに解除の意思表示を必要とする。また解除条件ならば遡及効がないが、解除においては、すでに払った代金には、受取の時から利息をつけて返さねばならぬとか、受取った家屋ならば、受取の時から賃料相当額の支払をつけて、返さねばならぬというような意味での、遡及効がある。ところが、フランス法における解除に相当する解除条件においては、まさに右の解除にみとめられているようなことが、みとめられているのであり、しかも他方において、右の場合における固有の意義の解除条件もみとめられているために、解除条件には二種類あるということになっている。そしてドイツ民法制定前のドイツにおいても、当時のゲマイネス・レヒトは、また、右のフランス法とおなじ結果に到来していた。ところで解除条件に右のように、本質的な相違したものが二つ生じたときに、本来の意義の解除条件とは異る別個の解除条件が、解除条件範疇たることをやめて、独立の範疇となるべきであることは、いうまでもない。[14]」

(b)　また、すべての売買契約において lex commissoria の黙示の特約がなされているものと推定するという規範原理が立てられるようになると、それは単なる附款としての解除条件たることをやめて、契約自体の本質的構造の一部をなすようになる。フランス民法は売買契約について右のような推定をすることを規定し、ドイツ民法制定前におけるゲマイネス・レヒトの解除条件についても、この点までの規範原理の発展が既になされていた。「こうなれば、それは、特約としてなされうる lex commissoria とおなじ効果を生ずるものという意義においてのみ、lex commissoria という解除条件の名にあたいするのみであり、しかし真実には、それは、すでに条件という名でよばるべきものではないものになってしまっているといわねばならぬ。[15]」

(c)　解除に関する間接効果説は、契約関係の消滅を根拠づけることができず、未履行債務については抗弁権が生ずるのみとするため、実際上、重大な不都合が生ずること、また解除による原状回復の関係が生ずる根拠について、そもそも説明の試みさえしていないこと（直接効果説では、契約の遡及的消滅と不当利得返還請求権による説明を試みたが、不当利得の返還と原状回復とは異なる点について十分な説明ができず、説明としては成功していない）から、理論的には採ることができない。しかし間接効果説――それはドイツ民法第一草案四二七条において示されたものである――は、解除が解除条件の範疇を脱するのに、大きな役割を果たした。

すなわち、間接効果説は、従来存在しなかった範疇形式を示したものであるが、「其は決して立法者の単なる頭脳の産物に非ずして、立法者が立法に於いて正しく認識せんとした所の客観的な法的実体の存在を我々は否定し得ぬ[16]」のである。ドイツ民法制定時、「ゲマイネス・レヒトの条件の効力に於いて取引安全の理想に適はざるものとして其の物権的効力（……）が指摘せられ、之の点を修正して Wandelungsklage の債権的効力の模倣の下に債権的効力に規定し、ここに、その範疇形式は、ゲマイネス・レヒトの其の如く解除条件範疇形式（蓋し其は物権的効力を本質とする）を採り得ざるに至り、ここに条件と分離し独立した範疇としての解除（……）が出現する事になったのであり、その効果は債権的効力（……）となったのであった。而して、之の解除の債権的効力を『解除に依りて新たに生ずる原状回復の債権関係』として法律構成し、更に解除を解除条件より独立の範疇として把握した最初の理論こそ、独逸民法第一草案に化体せられた間接効果説であった。[17]」

(d) このように、間接効果説は、結局採用はされなかったが、解除条件では把握しえない独立のものとして解除が成立していたという「客観的な法的実体」を、沿革的な形式である解除条件から解放し、その実体に相応しい範疇を与えることに大きな貢献をした。

山中博士は、一般に行われているように間接効果説を他の直接効果説・折衷説と平面的に並べて紹介することの不当性を次のように指摘する。すなわち、そのような紹介は、普通法における解除条件とは別の範疇としての解除の概念を樹立し、解除の債権的効力の内容を原状回復と規定したという間接効果説の理論的業績を無視して、その誤りの側面のみを紹介することになるだけでなく、債権的効力と原状回復が何故解除の本質に妥当するのか等、間接効果説の暗示する理論的問題を無視し、解除の本質論があたかも契約の遡及的消滅の有無という点にあるかのように扱うことによって、解除の本質的問題の所在を見失わせることになる、と。[18]

４　解除の本質と双方的債権関係

(1)　間接効果説には、３(c)で見たような重大な欠陥があるが、直接効果説も、本質上不当利得の返還義務であるべきものが、何故その返還義務の範囲を拡張されて原状回復の債権関係となっているのかを説明しえておらず、解除による契約の遡及的消滅という説明は、原状回復の債権関係を根拠づけることに成功しえていない。[19] ２(2)で見たように、ドイツ民法の起草者は、その本質の解明を学説に委ねたものと見るべきである。それでは、山中博士は解除による原状回復の債権関係をどのように説明するか。

博士は、「契約債権関係にあらわれたかたちの給付については、これを履行――契約の履行という正の方向――ではなく、はじめからまったく履行しなかったのとおなじ状態――いわば負の方向――の実現をめざす債権関係が発生するというように、原状回復ということの内容を理論構成することも可能である。……この場合には、契約があたかもはじめからまったく締結せられなかったのと、おなじ状態を実現しようというのでないから、債務不履行上の損害賠償債権が解除の場合にも成立しうることを、肯定できるわけである」と述べる。[20] 直接効果説が法律関係を契約締結以前の状態へと戻すのに対して、博士の見解では、契約の有効な存立を維持した上で、双方の履行がない状態へと戻すものである。したがって、自己の既履行給付については現実に返還請求権が生じ、未履行給付については右返還請求権が既に履行されたと同じこととなってもはや履行は問題とならない[21]。他方、解除の相手方については履行がなく、また契約が有効なのであるから、その不履行責任を追及することができることになる。

⑵　山中博士は、解除によって右のような原状回復の債権関係が生ずる根拠について、双方的債権関係、すなわち「交換関係にたつ給付と反対給付の実現について相互のあいだに等価的均衡の実現を志向する規範原理の妥当している債権関係」における「両個の給付間の等価的均衡実現の志向が、債務不履行上の関係においてあらわれたのがわが民法五四〇条以下の解除にほかならない[22]」と述べる。

ここでは「双方的債権関係」という用語で等価的均衡の原理が表されているが、その成立について、博士は次のように説明する。すなわち、債権の最も古い形態は一方的債権関係であり、それは甲が乙に対して一個の給付請求権を持つという、最も簡単な存在形態であった。この段階では、一個の経済的事実としての商品交換行為は、法的には二個の、しかも相互に別個の法律行為によってなされた（そのような一方的債権関係は、始原的なものにおいては、無因性・抽象性・厳格性をその重要な特色とする）。しかし、経済的な実質においては一つの商品交換であるものが、法的現象形式としては別個独立の二個の一方的債権関係として表れることは矛盾であり、商品取引の円滑な発展を阻む桎梏となる。かくして二つの一方的債権関係の間に様々の牽連関係が設定されざるをえない[23]、と。

解除も、当初はその牽連関係を、一方の一方的債権関係における債務不履行という事件を他方の一方的債権関係の解除条件とするという形で認識し、解除条件成就による契約の遡及的消滅という形で表れざるをえなかったが[24]、実際の必要との間に齟齬が生じたことは前述の通りである。通説たる直接効果説は、解除そのものにせよ、それによって生ずる原状回復の債権関係にせよ、一方的債権関係の概念で説明しようとしたが、それには範疇としての限界がある。

法概念は生きた社会に対して働きかける技術としての意味を有するのであるから、それが有効であるためには、社会の変化を受けて、その内容を反映することが必要となる（この点、数学のように形式論理のみによって新たな命題を獲得する理論活動とは異なる）。従来の範疇が法的実体――ここでは双方的債権関係――を十分に反映していない場合、既存の概念のみを用いて説明することは困難である。その場合には、既存の概念・範疇を使うことができない理由を明確にした上で、法的実体に対応する範疇をもって説明しなければならない。山中博士の解除論は、解除に関してその作業を行ったものである。

(6)　山中康雄「解除論」法学志林四八巻二号・三号・四九巻二号（一九五〇年～五一年）。博士は、自説については旧稿たる「解除の遡及効」ではなく、「解除論」を参照するよう付記している（「解除論（完）」法学志林四九巻二号六三頁）。
(7)　山中「解除論」法学志林四八巻二号五～六頁。
(8)　山中・前掲注(7)二号六頁。
(9)　山中・前掲注(7)九～一〇頁。
(10)　山中・前掲注(7)一八～一九頁。
(11)　山中「解除論（二）」法学志林四八巻三号三九～四〇頁。
(12)　一例を挙げるならば、受託保証人の事前求償権の規定（日本民法四六〇条）が物上保証人にも類推適用されるべきか否かという問題は、四六〇条の条文の構造だけからは判断しえないのであって、保証の委託・物上保証の委託並びに事前求償権の概念について、その本質を解明することが必要である。
(13)　但し、労働法に典型的に表れているように、当事者間において第一次的な目的それ自体に鋭い対立がある場合もある。その場合には、法制度を一方の目的にのみ適合したものとした場合に、社会全体にどのような影響が生ずるかを見極め、より高次の目的を設定することが必要となる。その際には、その目的の設定を導く理念が明らかにされなければならない。

(14) 山中・前掲注(11)三二一～三三頁。
(15) 山中・前掲注(11)三三頁。
(16) 山中康雄「解除の遡及効（一）」法学協会雑誌五五巻一号八九頁（一九三七年）。
(17) 山中「解除の遡及効（一）」法学協会雑誌五五巻一号九一頁。
(18) 山中・前掲注(17)一号九八～九九頁。
(19) 山中・前掲注(7)一六頁。
(20) 山中・前掲注(7)二一頁。
(21) 山中・前掲注(11)四六頁。
(22) 山中・前掲注(11)四七頁。
(23) 山中・前掲注(11)四八～四九頁。
(24) 山中・前掲注(11)四九頁。

三 『市民社会と民法』について

1 客観的実在としての法秩序――山中博士の立場

(1) 解除論に示されたのは、既存の概念・範疇を使うことができない場合に、法的実体を的確に反映する範疇を創り出す作業であった。それは、客観的に存在する法的実体を前提し、これを認識する作業の上に成り立つ。『市民社会と民法』の第一章第一節は「客観的実在としての法秩序」と名づけられ、社会構造における法秩序の位置を検討する場となっている。

原島先生によれば、マルクス主義法学からの山中博士に対する批判の重点は、法は支配階級の武器であり、支配階級の意思の表現である、『法的範疇の発展』というが、法範疇は支配者の意識を権力によって固定化した主観的形式にすぎないのであって、客観的存在ではない（……）。またそれは、法意識が社会的に決定されることと矛盾し（……）、法の発展を仮象としてのイデオロギーそのものの発展として、下部構造の社会・経済関係から遊離して見ることである（……）。こうして山中法学は唯物論的立場から離れて観念的弁証法におちいる可能性がある」ということにあった[25]。

右の批判においては、支配＝被支配の関係がアプリオリに前提されているが、マルクス・エンゲルスの見解によれば、前近代社会においても、支配者が公共的な事務を有効に管理しうるのでなければ、その支配の社会的正当性は認められない[26]。すなわち、当然のことながら、支配には社会の存在が先行するのであるが、その社会において法・政治・経済の三者はいかなる関係にあるか。山中博士は次のように述べる。

「法と政治と経済の三者は、社会構造的には、法秩序がその基礎構造をなし経済と政治にかんする諸現象はその土台のうへに展開される社会的いとなみである……。経済と政治に関する諸現象は、法秩序のなかに規範づけられ位置づけられてある人によって、かつそこに展開されてゐる規範に拘束されつつ――社会の現存法秩序を全部的に否定せんがために行動するいはゆる社会革命家らも、実は自己が拘束されてあるが故に、革命家になってゐるのである――いとなまれるのである。経済と政治にかんする諸現象がたえず法秩序を沈殿凝固せしめてゆくといふことは、実は、それらがたえず自己のよってたつべき地盤なり基礎を作りつつあることを意味するものにほかならぬ。経済も政治も、法秩序内の人が、法規範にのっとりつつ行為することによっていとなまれるのであり、いはゆる経済行為も政治行為も、個々的に見ればいづれも法的な（適法ないし違法な）行為にほかならぬ。すなはち人々の財産法的な行為によって社会の経済現象が成立するのであり、また人々の法権力的な（権力の行使ないしそれへの反対）行為によって政治現象が成立するのである。

右に述べたところが真なりとすれば、社会構造的には、基礎土台をなすものは法秩序であり、政治・経済はそいふことがいはれてゐる。しかしこれは社会発展のうへにおいて起動力をなすものの所在するところを、基礎土台といひたるまでのことであって、社会構造を問題にしてゐるのではないと私は解する。また基礎土台とか上層建築とかいふ表現を用ひても、法といふ建築のうへに経済と政治といふ二個の建築が、上層建築としてつみかさなってのってゐるといふごとく機械的に考へてはならぬのであって、それらはあくまで比喩としていはれてゐるのみなることを、忘れてはならぬのである。既述のごとく、たとへば企業にかんする全体現象は、それ自身はひとつであるにかかはらず、種々異る角度から眺められるとき、法的な存在とも見え、また政治的あるひは経済的なものとして見えることになるのである。」(27)

⑵　支配が直接の人身支配の形をとるときには、支配＝被支配の関係において法は問題とならない。前近代社会においても、法による支配（全面的ではなくとも）が問題となる限りでは、程度の差はあれ、支配者もそれを無視しえない。また支配＝被支配の関係にない者の間で法が問題となるときには、両者ともそれを前提とした上で自己の正当性を主張することになる。すなわち、政治的行為であれ、経済的行為であれ、行為をする者にとって外的な存在である法を前提として活動がなされる場合、それは客観的法秩序として、社会の中における人々の行為の基礎となり、また反復して行われる人々の行為が、その基礎たる法秩序に影響を及ぼすことになる。経済も、大量現象として観察する場合に個々人の行為の具体的態様が捨象されるとしても、大量に行われる個々人の行為が客観的法秩序を基礎としている限り、法秩序を土台とするということができる。そうであればこそ、独占の弊害や不公正な取引に対して働きかける経済法が、その役割を果たしうるのである。

山中博士の右の見解は、直接の人身支配を通じて分業が行われる社会ではなく、社会的分業において法が意味を持つ程度に発達した社会について、その構造を問題とするものである。博士は第一章第一節の結論的な考察として、まず「第一は、客観的法秩序は人の意識するとせざるとにかかはらず独立固有の存在をもつものである。これに対して従来一般に法のもっとも典型的なものと見られてゐた成文法や判例法等一般の裁判規範のごときは、実は、客観的法秩序を人が認識して得た主観的成果たるにすぎない(28)」と述べる。しかしこれは同時に、これらの主観的成果は、場合によっては正確さを欠くとしても、その認識を通じて客観的法秩序――さらに客観的法秩序の中に実在する矛盾――を反映していることを示すものである。誤りを含む学説は、時にして誤りの基礎となった客観的矛盾の姿を明確に反映することにより、単なる正解よりも価値のある財産を提供することがある。その誤りを創造的に生かすことが、学説史研究の一目的であり、実用法学における弁証法の実践である。

さらに山中博士は、「第二は、法秩序は、法範疇や法概念によって構成せられてゐる独特の世界だといふことである。したがってたとへば、政治や経済の諸現象や運動法則をもって、ただちに法秩序に強制するがごときことはけっして許されぬことである。法秩序は、法概念や法範疇の論理的発展を通じて展開されてゆくものであって、右論理的発展の起動力こそ法の世界においてではなく経済や政治の世界においてもとめられねばならぬとはいへ、法秩序の歴史的発展それじたいは、いつも法の世界に固有独特な表現形式をとってあらはれねばならぬものなのである(29)」と述べる。社会において、政治的・経済的行為が客観的に存在する法を基礎として行われるのと同様、客観的法秩序の認識行為も、個々の認識者にとっては客観的に存在する法範疇・法概念を用いて行われる。そして客観的法秩序に対して有効に働きかけるために、適切な法範疇・法概念が創り出されることは、二で解除論について見た通りである。経済発展の時代区分が、その道具の体系によって示されるといわれるのと同様、法秩序の歴史的発展も、法範疇・法概念の発展という形で表現される。

2 『行為』・意思表示・客観的法秩序

(1) それでは、法範疇・法概念の発展という形で、法秩序の歴史的発展はどのように叙述されるか。山中博士は『市民社会と民法』において、最も端緒的な範疇を出発点とし、商品交換を法範疇化する過程から、それによって可能となった企業の法範疇化（＝資本制社会の成立）、さらに社会立法の成立からいわゆる国家独占資本主義段階の分析を行い、計画経済法秩序の検討にまで進む。価値を出発点として商品交換に進み、その中から剰余価値を産みだす資本主義システムが生まれる過程と、その運動法則の分析に至る『資本論』の叙述と平行する展開であるが、たとえば「かつて、ファシズム統制経済法秩序建設にあたり、経営共同体理論が主張されたことがある」が、「資本の私有が、極力擁護されてゐたのであるから、『人』の、うすい待遇に甘んじての、長時間労働による利潤は、だれのポケットにはいったのであらうか[30]」、「計画経済法秩序建設の課題は、一見統制経済法秩序建設といはれた、ファシズム資本主義国家体制建設のそれに酷似する外観をあたへられる。しかし前者が『人』による資本にたいする独裁であるのにたいし、後者は、資本の『人』にたいする独裁であり、両者正反対の基本的性格をしめす[31]」というように、直近の経験をも含めて現在進行形での考察を続けている点も重要な特徴である。

(2) ここでは、民法解釈学に直接関連する部分について見ることとする。まず、最も端緒的な範疇について、山中博士は次のように述べる。すなわち、資本制社会における財産関係の法秩序は、商品交換を直接間接に目的とする法律行為（静的には法律関係）の厖大な集積として現象する。したがって、市民社会的法秩序のもつ財産法体系の端緒は、まず商品交換を経済的に（法として成立する前の事実として）成立させるための手段を提供し、しかもこれに法的保証を与えるような法範疇にこれを求めなければならない。その範疇の第一は、交換の客体たる「物」であり、第二は右の「物」の魂たり手足たる存在として右交換を実現すべき「人」であり、第三は右交換を実現すべき「行為」である。[32]

しかし「行為」は交換そのものではない。「人」「物」「行為」はそれぞれ商品所有者・商品・交換を含みうるが、右の三つの範疇は、財産法体系の端緒たる一般的な範疇である。「商品・商品所有者・交換といふ具体的・特殊的な法範疇が『物』『人』『行為』といふ抽象的・一般的な法範疇より抽出せられて独立するにいたるのは、要するに財産法体系のより高次の発展によって、商品・商品所有者・交換が、それぞれ他の『物』『人』『行為』一般より区別せらるべき特殊の規範原理を展開し、したがって一般的・抽象的な『物』『人』『行為』範疇によりてはとうてい包摂しえられざるがごとき特殊性・具体性を内包すること、いひかへれば、のちの三範疇のなかにそれぞれ胎生せられたまへの三範疇が、母胎たる範疇とのあひだの矛盾をふかめつつ成長することによって、質的な範疇飛躍を可能ならしめられることによって、はじめて可能となり、実現せられることなのである。一般的・抽象的・普遍的なるものにしてはじめて、それに対立するものとしての特殊的・具体的なるものの母胎たりうるといふ関係がここに支配するのである」と。博士は例として、近代法においては双方的行為とされている交換が、その端緒の形態においては一方的行為にすぎないものであり、それが「既存の一般的・抽象的概念たる一方的行為によりては、包容しきれぬやうな豊富な内容を身につけ、それ故に、それが一方的行為より区別せらるべき特殊的・具体的な存在をなすにいたるまでの、ヨリ高次の体系的発展」をすることによってはじめて、双方的な行為が法的にも双方的行為として表れうると説く。[33]

(3)　民法の基本的な概念としての、意思表示・法律行為についても、その範疇としての発展を、山中博士は次のように分析する。

(a)　意思表示を「行為」より抽出して独立の法律要件化する現象は、「行為」ではなく、意思をもって法律「行為」の効力発生根拠とすることを法認識するに至ったものであって、高次の範疇発展段階の所産である。すなわち、「行為」がそれ自体効果の発生根拠となっている始原の段階では、「行為」自身がその目的に応じて自然的・物理的に決定される形式態容を最小限の形式として持つと同時に、「行為」の法的効果も、右の「行為」形式が持つ自然的・物理的形式に制約され、それ以上には及びえない。たとえば、「物」の支配権を移転する「行為」は、現実に「物」を引き渡し、相手方をしてその「物」に対する支配者たらしめる「行為」として表れなければならず、その形式態容は、「物」を譲渡するという目的によって、「物」の引渡しとか委付という現実の「行為」であることが最小限度に要求される。同時に、その効果は、単に「行為」の形式態容たる「物」の引渡しや委付が持ちうる意味である支配権の移転以上の法的内容を持ちえない。[34]

しかし商品交換社会の発展は、「行為」の要式性を桎梏とするに至り、自由な形式態容の「行為」を生み出す。「形式態容の自由とは、すなはち、行為目的により自然的・物理的に決定せられる形式態容より自由なる、といふことを意味するのであり、かやうな自由は、現在特定の『物』の交換より将来不特定の財貨の交換へと経済が発展するにいたって、けだし、後者について引渡とか委付といふ現実的行為がなされることは不可能なるが故に、生みいだされるのである。」[35] このような「行為」においては、その内容・効果は「行為」の形式態容のみからは明らかにならない。「ここにはじめて『行為』は『行為』のなされたことじたいによって効果を生ずるのではなく、かやうな『行為』をなした当事者が一致して欲するところなるが故に、効果を生ずるといふことへの転換がおこなはれる。またそれとともに『行為』につき、当事者の一致して欲することがらはなんであるか、当事者の意思してゐるところははたしてどこにあるのか、を探究すべき意思表示解釈の問題が生ずるのであり、また『行為』より、とくにその構成要件として、意思表示を抽出すべきこととなるのである。」[36]

(b)「行為」の始原的なあり方が右のように自然的・物理的に制約されたものであるならば、そこには代理、条件・期限、無効・取消し等の観念が入る余地はない。

「『行為』の効果は、その『行為』のなされたことじたいによりて、当該行為者の『行為』としての効果を発生しうるのみであり、その効果が右行為者におよばずして、第三者について生ずるといふがごときことは、不可能である。けだしそれは、あくまで直接には当該行為者の『行為』としてその者を中心として効果を生ずるにとどまり、ただ間接に右行為者が処分の客体（第三者の財産たる）にたいする処分権を有するといふことの反射的効果として、第三者にも効果がおよぶにすぎぬからである。したがってそれは直接に第三者に効果をおよぼすところの代理ではありえない。代理は、効果の発生根拠が『行為』より意思表示へと移行するにいたって……意思表示の内容に、効果の帰属主体は当該行為者にあらずして第三者である、といふ趣旨をもりこむことが可能となり、はじめて直接に代理的な効果を『行為』にあたへるみちがひらかれるのである。」[37]

「『行為』の効果の発生や消滅を、特定の事実の発生や期限の到来にかからしむるごときことは、その自然的・物理的形式態容によりて、効果発生の範囲を狭隘に制約せられてゐる始原的な『行為』においては、とうていなしえざることあきらかである。すなはち『行為』よりものちの時日の到来に、または特定の事実の成就に、効果の発生がかからしめられる必要のある場合には、そのときにいたってはじめて『行為』がなされることを要するのであり、同様にまた、のちの時日の到来に、または特定の事実の成就により、いったん発生せる効果を消滅せしめる必要のある場合には、そのときにいたって、反対『行為』がなされることを要するのである。……附款は、効果発生根拠が『行為』じたいより意思表示にうつることによりて、『行為』の自然的・物理的形式態容に拘束せられざる効果を実現しうべき段階に到達することによって、はじめて可能となるものである。」[38]

『行為』じたいがその効果の発生根拠としてとどまってゐるかぎり、『行為』のいったんなされたといふ事実じたいは、永久に消されあたはぬものであるから、いったんなされた『行為』はただちにその効果を発生するとともに、効果たる法的関係がその目的を成就して消滅しないかぎりは、効果を失効せしめられることなきものである。故にたとへばここでは、効果発生根拠が意思表示になってゐてはじめておこりうるところの、意思と表示の不一致の問題は生じえないし、また詐欺・強迫にもとづきなされたことの故をもって『行為』の効果を否定すべき必要の存するときにも、直接に『行為』の効果を失効せしめる方法によって、これをなすことは不可能なのである。すなはちたとひそれが詐欺･強迫によるものであるにせよ、そこに『行為』が存する以上、『行為』のもつ法的効果はただちに発生せざるをえない。効果発生根拠が『行為』より意思表示に移行することによって、ここにはじめて取消の意思表示によりてはじめの『行為』の効果を失はしめうべきみちがひらかれるのであり、また意思と表示の不一致の問題もおこりうるのである。」(39)

⑷ さらに、債権という範疇の生成と、それが商品交換における客観的法秩序の形成に至る過程について、次のように分析する。

ⓐ 財産法体系の発展についても、商品交換の拡大発展が起動力となる。商品交換が可能となるためには、「人」が「物」の支配権を有し、これを交換に投入する法主体として現れなければならない。そこで「人」の「物」に対する関係概念として「所有権」が財産法体系の端緒範疇として成立する。(40)

「所有権」は、「人」「物」「行為」の範疇的生成のときにおいて、既に現実態であるが、「債権は、『人』『物』『行為』の範疇的生成のときにありては、なほ可能態たるにとどまる。債権においては、『人』と『物』の結合は直接的ではなく、間接に、『行為』の背後にかくれてであるにすぎないからである。すなはち債権においては、他

『人』が『物』をその『人』に提供する『行為』をなすべきことが、権利の目的とせられてゐるのであって、それは直接的には『人』と『行為』との相関的関連にすぎず、ただあらゆる『行為』は究極においては『物』すなはち交換価値の獲得を自己目的とする範疇であるといふ意味において、『物』が『人』と『行為』の結合の背後にかくれて存在してゐるにすぎない。」(41)

(b)　債権は、範疇発展関係においては物権よりも高次の位置にあり、それは商品交換の発展と多大の関係を有する。『物』と『人』との相関概念としての所有権ないし物権は、『物』が現存・特定の状態においてあるにあらざれば、成立不能の範疇であり、現存・特定の状態においてなきものは『物』ではありえぬから、物権『行為』としての商品交換は、その客体たる『物』が現存・特定のものであること、いひかへればそれは現存・特定の財貨、現在の財貨の交換であること、現物交換であることを意味する。……しかるに、経済社会取引の発展とともに、将来・不特定の財貨『物』があらはれるにいたって、それが物権行為概念をもってしてはとうてい包摂しえざるものなることよりして、新たに債権『行為』――それは同時に『行為』より意思表示への効果発生根拠の移行を実現し、『行為』の意思表示化・契約化をともなふものである――といふ範疇を発生せしめるのである。すなはち将来・不特定の財貨のうへには物権はぜんぜん成立しえざること、前述のごとくなるが故に、かかる財貨の移転契約においては、契約の目的を直接に物権『行為』概念をもって把握するをえないのであり、つまるところ将来・不特定の財貨を将来約束の時点において特定し提供せしむべき『人』の『行為』に、契約の目的をおかねばならぬこととなる」。

かくして債権という新しい法範疇が誕生するが、それにより、「人」は「債権者・債務者といふ特殊具体的存在として、さらには、売主・買主――売買の客体が『物』であるか、労働力であるか、『物』の使用価値の利用権であるか、それとも交換価値の利用権であるか、仕事の成果であるか、等によって、それはさらに、使用者・被傭者、賃貸人・賃借人、消費貸借上の貸主・借主、注文者・請負人等へのヨリ一層の具体化をとげてゆく」[42]。

(c) 債権は、契約目的を自由に決定しうる可能性に基づいて、それ自身、同時に複数の債権が複合することにより、一個の包括的な債権関係を形成しうべき可能性を有する[43]。「債権関係は、それが主たる契約目的達成のために両当事者が相協力すべき権利義務づけを内包することによりて、それ自身に固有の規範原理を内在する法秩序としての自己を完成する」[44]。このことは、当事者の表示する意思が契約の内容をその全ての点において決定するという建前に立脚した契約概念に対する、ひとつの飛躍を可能ならしめる。

すなわち、ここでは、当事者の意思には必ずしも表れない内容を持ち、したがって当事者の意思にとっては外的なものである権利義務づけが、債権契約によって設定された契約目的達成のために、法秩序自体の中から直接に派生して、いわば制度が生まれてきている。「たとへば双方的債権関係のもつ、債務不履行による契約解除、瑕疵担保、同時履行の抗弁権、危険負担の問題等にかんするもろもろの規範原理は、双方的債権関係といふ法秩序がもってゐるところの、二個の一方的債権関係が対価的牽連関係において結合してゐるといふ客観的構造から直接的にあたへられる規範原理であって、契約当事者の表示する意思にもとづいて右の効果が直接に決定せられてゐるのではないのである」。当事者の意思表示すること以外には何らの権利義務づけを認めえないというドグマのもとでは、黙示の意思表示を擬制することも行われるが、契約当事者、裁判官・学者・立法者の主観的法認識（価値的法認識が重要である）が実践されることによって客観的法秩序が形成・維持されるという制度的規範原理が機能していることを意味する。かくして、契約自由の原則の支配が、法秩序の持つ契約目的完全達成の理念によってある程度排除される場合が生ずる[45]。

(5)　「解除論」においては、解除条件の範疇と客観的な法実体との矛盾を媒介として、独自の解除の範疇が成立する経緯が分析された。『市民社会と民法』においては、客観的な法実体の変化に伴ってこれに対する法認識・法範疇が発展するメカニズムとともに、法範疇発展の弁証法の全体像が示されている。すなわち第一に、「物」における変化が「行為」の具体化、さらに「人」の具体化へと展開する等、範疇間の相互作用が描かれ、第二に、意思表示が端緒的な「行為」範疇から抽出され、効果発生根拠の中心たる位置を占めた後に、その意思の尊重故に、かえって直接には意思に基づかない取引法上の客観的法秩序が形成されるという展開が示されている。川島博士の危惧した「政策的考慮」ないし価値判断の要素（一⑶⑷参照）をも、右の展開におけるその役割を客観的に位置づけ、対象化した一般理論を展開したものである。形式の上では「論理の自己発展」とするように見えるが、その発展を進めるものは何かについても明確に指摘しているのであるから（範疇と法実体との矛盾、さらに起動力としての経済）、概念の神秘化に陥ってはいない。

(25)　原島・前掲注（1）六八～六九頁。
(26)　高橋眞『日本的法意識論再考』（ミネルヴァ書房、二〇〇二年）一九〇～一九一頁参照。
(27)　山中・前掲注（2）四四～四五頁。
(28)　山中・前掲注（2）五五頁。
(29)　山中・前掲注（2）五六頁。
(30)　山中・前掲注（2）二一九頁。
(31)　山中・前掲注（2）二四二頁。
(32)　山中・前掲注（2）八六頁。
(33)　山中・前掲注（2）八七～八九頁。
(34)　山中・前掲注（2）一一九頁。

(35) 山中・前掲注(2)一二〇頁。
(36) 山中・前掲注(2)一二一〜一二二頁。
(37) 山中・前掲注(2)一二四〜一二五頁。
(38) 山中・前掲注(2)一二五〜一二六頁。
(39) 山中・前掲注(2)一二七頁。
(40) 山中・前掲注(2)九六頁。
(41) 山中・前掲注(2)一三〇〜一三一頁。
(42) 山中・前掲注(2)一三二〜一三四頁。
(43) 山中・前掲注(2)一三七頁。
(44) 山中・前掲注(2)一三九頁。
(45) 山中・前掲注(2)一四〇〜一四二頁。

四 むすびに代えて

実用法学の立場から、このような方法論がいかなる意味を有するか。三2(4)(b)で見た意思表示の意義に関連して一例を挙げるならば、『市民社会と民法』が書かれた後に論じられた「意思主義の復権」も、単なる原点復帰として評価するのではなく、それまで意思表示の客観的側面が重視されてきたことの、理論的・実際的理由は何か、それが現在、どのような矛盾を生じ、「意思主義の復権」の主張はその矛盾をどのように克服しようとしているかを見なければならない。様々な法概念が、長期間において法実体の矛盾を反映しながら役割を変えてきた経緯の中で、現在いかなる矛盾を反映するか、また法概念・法範疇と法実体との矛盾を直視し、法概念・法範疇の発展を追求することが法認識の能力をどのように高めうるものかを評価するために、このような方法は不可欠であろう。川島博士のいう「試行錯誤」は、（誤りを含む）経験を消化し、これを方法化する過程であり、『市民社会と民法』はその基本的な法則を示したものである。
また川島博士が、民法理論の諸概念の間に一般理論的な論理的関係が成り立ちえたのは、近代市民社会ないし資本主義経済の現実にその基礎があったからであると述べているとおり、財産法の範疇・体系は近代において全面的に発展した。しかしその理論活動のための範疇・概念は近代以前のそれを引き継いで継続形成されたものである。また、資本主義の矛盾を克服した社会を展望する場合、その法秩序は近代資本主義社会において形成・展開されたものを引き継いで作ってゆくことになる。近代資本主義社会を完成したものとみなし、その法秩序と経済の静的な構造を分析するだけでは、実用法学との結合を図ることはできない。

現在でも、学説史的な研究は、意識的・無意識的に弁証法を用いて行われている。また解釈学においても、たとえば新しい義務を「信義則」と宣言するだけで根拠づけることはできない。それまでの範疇・概念を検討し、それがそのまま使えないことを確認した上で、義務づけの構造を明らかにする必要がある。その結果、究極的な根拠を信義則に置くことになったとしても、右の範疇・概念は、その構造を解明するためになお大きな意味を持つ。

法的な諸範疇・概念は、客観的に存在する社会の動きを反映して発展し、その発展の全体像は諸範疇・概念の相互作用的な発展として表れる。したがって、発展の中で何を克服してきたかの記憶は、先に進むために、時に価値ある役割を果たす。『市民社会と民法』は、これを単に方法論の文献として批評するのではなく、実用法学の営為の中で十分意識化せずに用いている方法を明確に把握し、自覚的に使うための触媒として活用することが生産的であると考える。

わが国における概念法学批判と民法の適用における法的三段論法の役割——ひとつの覚書——

田中教雄

河内宏・大久保憲章・采女博文・児玉寛・川角由和・田中教雄 編
『市民法学の歴史的・思想的展開』
二〇〇六年八月 信山社4

一　はじめに

法の解釈・適用が何であるかを明らかにすることは、法学の研究・教育にとって不可欠なことである。それは、法哲学において取り上げられることが多いが[1]、原島先生も御著書『法的判断とは何か』において検討を加えられており[2]、そこでは哲学にも及ぶ詳細な議論が展開されている。それらを理解し検討を加えることは、民法を専攻する私の能力をはるかに超えているが、幸いなことに、いわゆる法解釈論争に関する論考をはじめとして、民法学者によって、いくつかの論考が公表されている[3]。そこで、本論考では、これらを手がかりにして、法の解釈・適用について若干の考察を加えることにしたい。

ところで、これらの論考においては、法的三段論法に代表されるような演繹・形式論理による判断は、概念法学として批判されている。概念法学は、「具体的な法的事件の決定を既存の法体系から「論理的操作」（logische Operation）を媒介として論理的に導出されるものと理解し、したがってまたかような論理的演繹の前提をなす「法体系」（ここではそれは、「普遍的法概念の論理的組織の体系」ein logish gefügtes System allgemeiner Rechtsbegriffe として現われる）の「完結性」（Geschlossenheit des Rechtssystems）と「無欠缺性」（Lückenlosigkeit）を想定するという基本的な論理構造を持って」いるとされるが[4]、それは資本主義の経済的自由と予測可能性の要求に対応するものであり、そこでは具体的な社会関係から切断された抽象的な規範が前提にされている[5]。以上のような民法規範の抽象的性格を基礎とする概念法学は、わが国においては、末弘厳太郎が具体的論理を覆い隠した「形式的論理」であると批判して以来[6]、一貫して批判されてきており、このことに異論はないであろう。

しかし、その一方で、法学には論理的思考が不可欠であるとされ、法科大学院の入学者全員に受験が要求されている適性試験においても論理的思考能力を問う問題が出題されている。いったい民法の適用において論理、とりわけ法的三段論法はどのような役割を果たすのであろうか。本論考では、この問題について、覚書に留まらざるを得ないのであるが、自分なりの検討をしたい。

（１）　田中成明『法理学講義』（有斐閣、一九九四年）三〇〇頁以下、平野仁彦・亀本洋・服部高宏『法哲学』（有斐閣、二〇〇二年）一八九頁以下、笹倉秀夫『法哲学講義』（東京大学出版会、二〇〇二年）三五九頁以下。また、法社会学の観点から法の解釈の問題を取り上げるものとして棚瀬孝雄「現代法理論と法の解釈」法学教室二六七号（二〇〇二年）七二頁以下。しかし、日本では、法解釈の方法について、ドイツに比べて明確化されていないようである。山口聡「法学方法論の自己理解とその法理論的変容」国学院法学三四巻四号（一九九七年）二頁以下、同「法の解釈・適用方法における「結果指向（Folgenorientierung）」をめぐって」阪大法学五二巻三・四号（二〇〇二年）一〇五一頁以下、山本敬三「民法における動的システム論の検討」法学論叢一三八巻一・二・三号（一九九五年）二〇九頁以下参照。

（２）　原島重義『法的判断とは何か』（創文社、二〇〇二年）。

（３）　これらの諸論考を概観するものとして、瀬川信久「民法の解釈」星野英一編集代表『民法講座　別巻１』（有斐閣、一九九〇年）一頁以下、田中成明「戦後日本の法解釈論争」同編『現代理論法学入門』（法律文化社、一九九三年）一三六頁以下、同・前掲注（１）三五五頁以下、山本敬三「法的思考の構造と特質」『岩波講座　現代の法15』（岩波書店、一九九七年）二三二頁以下。

なお、本論考において参照し得た文献は、網羅的でも系統的でもなく、まったくの芋づる式であり、また多くを入門書や翻訳・解説に依拠している。誤解している点も多いと思われ、それぞれの専門家からの指摘を受けたいと思っている。

（４）　磯村哲『社会法学の展開と構造』（日本評論社、一九七五年）四頁。

（５）　磯村・前掲注（４）六頁以下、二二頁以下、原島重義「民法規範の抽象的性格」法政研究二九巻一〜三合併号（一九六三年）三三頁以下。この抽象的な規範は、その抽象性ゆえに、半封建的諸関係を維持することをも許容してしまう。磯村・前掲注（４）二二頁、六九頁以下。それは、さらに、資本主義の高度化により具体的な社会関係が変質しているにもかかわらず、市民法が妥当しているように見せかけることも可能にする。原島・前掲二六頁以下。

（６）　民法判例研究会『判例民法⑴　大正十年度』（有斐閣、一九二三年）序六頁。執筆者名は記載されていないが、大正十年度と十一年度の序文は、末弘厳太郎が書いたとされている。日本評論社編集局編『日本の法学』（日本評論社、一九五〇年）一〇八頁

［平野義太郎発言］参照。

二　法的判断における基準をめぐる法解釈論の展開

概念法学批判によって明らかにされたように形式論理によって法的判断が下されているのではないとすれば、法的判断には基準がないことになるのか。また、法的概念や論理は、法的判断の基準とならないのか。これらの点について、末弘以後の法解釈論の展開の中でも、かならずしも一致があるわけではないように思われる。まず、それぞれの論者に即してこの点を確認してみたい。

1　末弘厳太郎

末弘の見解については、磯村哲の研究が存在するので、ここでは主にそれに依拠しながら紹介したい。

末弘の概念法学批判の動機は、「労働者・農民階級の生存権の確立を媒介とする市民的権利関係の貫徹と国家的権力の法的コントロール」であったとされている(7)。それが、慣習法・法曹法という「非制定法」の独自的存在の承認、法律学の法形成作用の承認や「法律学」の性格・方法の「社会学化」などを招いたとされる(8)。このように末弘は、概念法学を批判し、「要するに、事実を事実として見れば、裁判所も亦創造者である。法は決して憲法上の立法機関のみに依つて作らるるのではなく、裁判所に依つても亦作られるのである」として、裁判所による法規範の創造を承認する(9)。しかし、法的判断における基準の存在を要求し、法規範による判断（「法律に依る判断」）を放棄してはいない。すなわち、「法律的判断とは与へられたる社会関係を規律すべき法律規範を発見し、其規範の適用として与へられたる社会関係に関する問題に対して解答を与えることを意味する」としている。そのために行うべき作業としては、まず「法律的判断の対象として与えられた社会関係に関して之を規律する高次の法律規範が存在するや否やを探求すること」、それが存在しない場合に「自ら之を創造すること」とされているが、この創造も、まったく自由なのではなく、やはり「法律的判断」であるためには、「法律規範」を創造し、その一適用として判断すべきこと、すなわち、同じ事件があれば同じ判断をすることを予期しながら判断するべきであるとされている[(10)]。そのために、判断を迫られている事件における社会関係を定型化して認識すること、そのようにして確定された社会関係について、社会的法律規範の有無を審査し、それが存在する場合には、法律的判断者の立場から批判を加えたうえで、価値ありとするものを判断の規準とし、そうでない場合には、関係の特質を考えたうえで自由に、しかし、高次の規範があればそれに羈束され、かつ、ほかの法規範との均衡を考慮しながら、法規範を創造することが要求されている[(11)]。

以上のように、末弘においては、既存の法律だけに拘泥することが批判され、法規範の創造が認められながらも、その創造には多くの制約が課されている。このような制約の根拠としては、「法的安全」があげられている[(12)]。近代的な抽象的規範からの形式的論理に対抗して、具体的な社会関係に注目して主張されているはずの法規範の創造において「法的安全」という近代的要請が貫かれているのは、末弘の主張に捻れがあるからであると考えられる。すなわち、抽象的規範に隠された前近代的体系に対する労働者・農民階級の近代的要求が、抽象的規範である近代的体系に対する生存権の主張という形をとって現われているのである[(13)]。

2　我妻　栄

末弘の考えに接して、あるべき解釈論について悩んだ我妻は[(14)]、「私法の方法論に関する一考察」と題する論文において、解釈論を提示している。

我妻は、社会事情の著しい変遷の結果、見事な論理的体系である「譲られた体系」と「現時の新しい倫理観念」

との矛盾が生じたと理解したうえで[15]、なお、法律の中心的機能は裁判することにあるとし、裁判を中心とする考察を採用する[16]。そして、①具体的価値判断の理想的な標準（基準）を探求すること、②「法律がこの事件を処理するときは、その処理を受けた結果は、更に、その後の因果の過程における新しい一現象となって、他の現象との間に、更に因果の関係を続けてゆく」のであり、「妥当な結果」を得るために、規律される生活関係とそれが含まれる社会生活の過程における多くのファクターとの関係を明らかにすること、③理想的な標準によって処理された判断を、現行法を基礎として法律的に構成すること、が必要であるとしている。そして、「法律的判断が、現行法を基礎として法律的に構成せられるとは、畢竟、その判断が、現行法の抽象的一般的な法律規則を大前提とし、判断せらるべき具体的事件を小前提とし、論理的に帰結されたものとしての構成を与へられることである」（傍点省略）とする[17]。

我妻においては、法的判断において使用される「法律的構成」に期待されている役割が末弘とは異なっているように思われる。我妻においても、「法律的構成」の必要性は、資本主義経済が要請する法的安全に求められている[18]。しかし、我妻の場合、この「法律的構成」は、すでに「出来上がった判断」に、「三段論法の法律適用の形式を与へること」である[19]。ここでは、三段論法の大前提である「抽象的一般的な法律規則」は、具体的価値判断の基準としての役割を持たず、「法律的構成」は、いわば後からの説明と理解されている。もちろん我妻も、現行法の体系がまったく無意味であるとするのではない。しかし、ある程度の制約を与えることを認めるものの[20]、基本的には、具体的な妥当な判断に確実性を与える役割しか認められておらず[21]、それは、末弘が「法律規範」を創造し、その一適用として判断すべきとしていることとは異なっている。末弘が、社会関係を重視しての法規範の創造を認めつつも、「法律に依る裁判」を要求し、高次の規範などによる様々な制約を認めているのに対して、我妻は、法規範にこのような拘束力を認めていない。具体的価値判断における理想的標準は、法的判断とは別の倫理的なものであり、「出来上がった判断」に付けられる、後からの説明としての「法律的構成」は、概念法学における「論理的操作」に近いように思われる。

3 来栖三郎

法的判断において法規範に重要な役割を認めない我妻の立場をさらに押し進める結果となったのは、戦後の法解釈論争のきっかけを与えたとされる来栖である。

来栖は、法解釈が法規から論理的に導かれるものではないこと、客観的に唯一の解釈があるのではなく、解釈者個人の主観的な価値判断であることを指摘した。[22] そして、末弘と同じように、法的判断が抽象的な法規から論理的に導かれているように装う概念法学を批判している。[23]

そのうえで、来栖は、「それなら、法律家の従うべき正しい法の解釈の方法はどうなくてはならぬか。それは末弘先生における「嘘の効用」より「法律解釈における理論と政策」(民法雑考)への発展のうちに示されているように思われる。一言で言えば、法規範を実定法の規定からの論理的演繹によってではなく、現実の社会関係の観察・分析によってその中から汲みとるべきである」とする。[24] ここでは、法規範を実定法の規定からの論理的演繹によって獲得することを否定しているものの、来栖自身が末弘を引用しているように、「法規範」による判断(「法律に依る判断」)を予定しているのであり、それは法的判断において法規範に重要な役割を認めない我妻の立場とは異なっている。それゆえにこそ、主観的な価値判断(法規範の創造)でありながらも、論理的な判断であることを可能にしていると思われる。[25] すなわち、制定法・既存の法規から形式論理的に結論が引き出されることには批判的な態度をとりながら(概念法学批判)、法源を制定法以外のもの・現実の社会関係へと拡大し(法規範の創造)、形式論理的ではないものの、なお法規範による制約の中で、法的判断が行なわれるのである。

しかし、概念法学を批判し、法解釈を主観的な価値判断であると理解することは、後にみるように、来栖の意図に反して、結果として、法的判断における法規範——制定法に限られない——の役割を否定する立場を押し進めることになった。

4　川島武宜―その1

川島の見解には変遷があり、いくつかの時期に区分することができるとされているが、ここでは戦後の法解釈論争とその後の利益衡量論に影響を与えたと考えられる時期のものを取り上げたい(26)。

川島は、法解釈が価値判断であり、結論が論理的推論だけでは出てこないことを前提に、法的価値判断の基準は、社会に存在している諸々の価値のうち、「法によって保障されているもの、或は法によって保障されるに値しまたその必要があると考えられているもの」、すなわち法的価値であるとしている。法的価値判断は、「裁判官が奉仕すべき価値体系を支えている人々の範囲だけの客観性」を持つとされているが、それは、裁判官の個人的な恣意的な判断ではないという意味での客観性であるとされ、価値判断であることは否定されていない(27)。

このように法解釈が価値判断であることを前提としたうえで、それを合理化するために、価値判断の基準となるべき法的価値の内容と体系構造を明らかにすること、社会へのはたらきかけを効果的なものとするために社会関係の分析をすることを要求している(28)。そして、法律学の任務として、「価値判断の内容を明らかにし、これを批判し、社会的技術としての法を有効適切ならしめること」、具体的には、「価値判断の基準となるところの諸の価値とその相互関係——すなわち価値体系——とを明らかにすること、「立法および裁判の具体的価値判断の内容」を明らかにすること（「法的価値判断という立場からの・社会関係の社会学的な分析」と「それについての価値判断の分析」)、「一定の社会関係に対してなされた法的価値判断と価値体系との関係、および価値判断相互の関係を明らかにすること」(傍点は原文。以下、同じ)が挙げられている。そして、「価値判断と価値との体系、価値と価値体系との関係」、「価値体系の社会的＝経済的＝政治的基礎」、「社会の発展法則に基いてどの価値体系が将来支配的のものとなるであろうか」などは、経験的事実によって検証できるものとして、科学の任務であるとする。[29]このような川島の立場は、我妻が、理想的な標準を探求すること、社会生活の過程における多くのファクターとの関係を明らかにすることを要求したことと対応するように思われる。ただし、我妻の理想的な標準が「法的」なものではなく「倫理的」なものでしかなかったのに対し、川島においては「法的」価値とされている。

法的価値判断とならぶ法の要素である「概念および論理によって構成されたことば的技術」は、「価値判断にもとづいて人々に一定の行動を要求し社会秩序を維持形成していくための手段」、法的価値の確保・実現という目的に対する手段とされている。[30]それは、法的価値体系を基準として法的価値判断がなされる際の「思考の手段(道具)」であるとともに、「伝達の手段」であると理解されている。そこでは、「解釈」の機能として、①「裁判と制定法および判例法とを論理的に結びつけること」、②将来の同種の事件に対する同種の解決を示すために、「その具体的事件に対する個別的価値判断のみならず、それの根拠となっているところの・価値判断の普遍的な原理を明らかにする」ことという二つのものが認められている。[31]そして、この「ことば的技術」も、「法律学に固有の性格を与える研究対象」とされている。[32]この「ことば的技術」の研究は、「概念の内容を定着し、法技術的な目的に適合した概念を分化させること」、「個々の法的価値判断を説明し、これを相互に関係づけ、その相互の間の有機的関連を示すようなことば的技術(「論理構成」・「法律構成」)を明確にしまた構成すること」とされ、「立法および裁判に対し指導的な役割を果たし、立法権や裁判権の濫用を防ぐことに貢献する」こと、「単に法的価値判断を説明しその相互の体系的有機的関連を明らかとするだけでなく、同時に、その結果が将来の法的価値判断（立法・裁判）の手段となり得るように、立法者又は裁判官に明確に容易に伝達され得るようなことば的技術にまで構成すること」が期待されている。[33] このように「ことば的技術」は、法的価値判断との関係では目的に対する手段とされているが、価値判断の普遍的な原理を表現し、立法・裁判を指導する役割を果たすことが認められている。

5 川島――その2

「ことば的技術」の研究は、後に――一九五八年以降――重視されなくなったように思われる。「ことば的技術」が立法・裁判に対して持っている役割は強調されず、説得の技術としての側面のみが強調されるようになっている。すなわち、近代において要請されている、裁判が「法による」ものであることを示し、かつこれを人々に納得させる必要」を充たすために、「すべての実践的解釈においては、すでにその権威が承認されていることば的表現（特に書かれたもの）が前提されており、ある実践的決断の正当性を根拠づけるために、それがそのことば的表現によって、すでに意味されているということを証明する、という操作が行われる」点に、「法律解釈」の機能を求め、概念および論理の構成（法律におけることばの構成）は、「ある解釈的結論を正当化するための論理的操作」、「当該の解釈的結論の正当化（説得）のための論理的手段」であるとし、その教義学としての性質を指摘する。[34] これは、「法律的構成」を後からの説明と理解する我妻とほぼ同じ立場に立ったことを意味する。ここではもはや「ことば」（概念・論理構成）に後の判断を制約する役割は認められていない。

このような、概念や論理の構成に実質的な意味を認めない立場から、川島は、解釈学的ではない法律学の可能性を追求し、「裁判の先例を素材として将来の裁判の予見を行うことを目的とする」予見的法律学を提唱する。[35] その基礎には、「法的判断の基準となる価値体系」は、「現実に生きている人々の頭の中にあって人々の行動を規定するという意味で――言いかえれば経験的に証明し得られる、という意味で――」客観的であるとする川島の理解があると考えられ[36]、それは、末弘が判例研究において重視した「法的安全」と関連している[37]。

川島は、主観的な価値観としての「市民社会的な態度」、そこから要請される「司法権の優越」、「裁判先例の拘束性」を前提にしたうえで、予見的法律学は、「裁判官の裁判行動を規定している諸要因――裁判行動についての経験法則――を明らかにすることに努めなければならない」とする。そこでは、「先例的裁判が示すところの法的構成」は重視されない。それは概念法学批判に際して問題にされたような「形式的論理」であるから無意味であるというだけでない。「裁判の法的構成の論理的一貫性とか解釈者（解釈法学者）の価値体系と矛盾するかどうか」ということよりも、「先例的裁判の中のどのような部分が、後の裁判行動の規定的要因となるかということ」が重要なのである[38]。ここでは、「ことば」や「法的構成」の持つ機能は、「思考の手段」「伝達の手段」から「説明の手段」へと低くなり、概念法学批判において問題とされた形式的論理に近づいている[39]。

川島は、資本主義の要請する予測可能性を根拠に、具体的な裁判の中に経験法則が存在しているとし、それを認識することを実用法学（予見的法律学）の課題として重視している。そこには末弘に見られた「定型」への着目がある。しかし、予見のために経験法則を認識することに重点があり、経験法則が将来の裁判において維持されることは、事実としては前提としているものの、維持されるべきであるとはしていない[40]。

この予見的法律学においても、「ことばによる表現」に一定の意味が認められているが、それは解釈学における「法的判断を制定法との関係で正当化すること」ではなく、「「法的判断の規準（判断わく組み）」をことばで表現し定着する」ことにある。以前には「ことば」や「法的構成」には、法的価値判断をする際の「思考の手段」「伝達手段」としての役割が認められていたのに対して、ここでは、すでになされた法的価値判断に、後から見つけ出された「経験的法則」を表現する手段としての役割しか認められていない[41]。しかも、現実には予見が困難であることが指摘されている[42]。このように、経験法則の客観的認識とその表現に重点があるのは、この時期の川島の関心が、法社会学のほうにあるためであると考えられる[43]。

6 小括

法的判断における法規範・法的構成の役割に関しては、末弘の影響を受けながら概念法学を批判する形で展開された議論の中で、二つの立場が存在しているように思われる[44]。

ひとつは、末弘の法解釈についての見解から来栖、そして、社会関係の位置付けなどやや曖昧な点はあるものの川島その1に受け継がれている立場であり、それは法解釈において法規範が創造されることを認めながらも、ほかの法規範との関係に制約されながら法規範を定立し、それとの関係で法的判断をすることを要求する。ここでは、新しく創造されたものとはいえ、一般的な法規範との関係で法的判断をすることは維持されている。

それに対して、もうひとつは、末弘の判例研究についての見解から、我妻、そして、川島その2に受け継がれている立場であり、法規範とは関係のないところで判断がなされ、「法律的構成」に主に後からの説明としての意味しか認めない立場である。ここでの川島は、具体的な裁判の中に経験法則が見いだされるとするものの、それは後から見いだされるものであり、見いだされた経験法則が具体的な裁判を拘束するという視点を持っていない。

いずれの立場でも、法的判断において、抽象的な法規ではなく具体的な社会関係が重視されるが、その意味は異なっているように思われる。すなわち、前者では、法規範を創造する際の単位となり（定型化）、また、その社会関係に関する社会的法律規範の存否・妥当性を検討する単位として重視されており、判断基準の基礎となるものである。それに対して、後者では、判断の基準は「理想的な標準」が提供するか、あるいは、実用法学の課題としては注目されず、社会関係は、法的判断が「妥当な結果」を得るため、「社会へのはたらきかけを効果的なもの」とするため、言い換えれば、すでに決定されている目的を効果的に実現するために、あるいは、予見の基礎となる事実関係として重視されているにすぎない。

この二つの立場のうち、後者の立場、すなわち、法的価値判断において法規範・法的構成に実質的な意味を認めない立場が、その後の利益衡（考）量論に受け継がれている。

7　利益衡(考)量論――加藤一郎・星野英一

来栖・川島の論文を契機として、いわゆる戦後法解釈論争が展開されることになるが、この論争を受け、後の民法の解釈方法に対して大きな影響をもつのが、利益衡量論である。

利益衡量論を代表する論者の一人である加藤は、「裁判における現実の判断が、決して概念法学の考えるような三段論法の形をとってなされないこと」を指摘するリアリズム法学の批判を前提に、法規に代わって判断の基準となるものとして、「事実をくわしく分析し、探求すること」が必要であるとし、分析された利益の比較衡量の中から妥当な結論が生み出されるとする。そして、「法規（制定法）の万能性を否定するとともに、他方で法の完結性を否定し、法の欠缺を当然のこととして認めていく」「自由法学」を支持し、「判断過程においては、法規を除外して、具体的事実の中から、その事件をどう処理すべきかという結論を探し求める努力をすべきである」とする。相互のバランスと思考経済のための類型化の必要は指摘されているものの、「法規による理論構成」は、理由づけるためであり、結論の（正しさではなく）妥当性を検証するのに役に立つとともに、それを通じて結論の適用範囲（射程距離）が明らかにされるという[45]。要するに、法的判断は、基本的にカズイスティックなものとされ、

「法規による理論構成」は、後からの説明、せいぜい検証にすぎない。また、社会関係は、事実の分析において顧慮されるにすぎない。基本的に我妻の見解の延長線上にあると考えられるが、「理想的な基準」は意識されておらず、社会関係も、目的の効果的な実現のため重視されているわけでもなく、まして川島のように予見の基礎とも理解されない。予測可能性・法的安全の要請は、わずかにカズイスティクになされる利益考量の「相互のバランス」という点に認めることができるだけである(46)。

利益衡量(考)論を代表するもう一人の論者である星野は、利益考量や価値判断の面においては、法律家に特に権威があるわけではなく、法律家であっても、一市民・一人間としての資格においてしかできないとし、「解釈の決め手になるのは、今日においてどのような価値をどのように実現し、どのような利益をどのように保護すべきかという判断である」とする。文理解釈・論理解釈、立法者ないし起草者の意思は基礎的作業として必要とされているが、それは、「素人の感覚・期待に合致するような解釈をする」ため、あるいは「説得力」があるからとされているにすぎない(47)。

また、価値判断・利益考量による解釈において、社会問題の類型化や社会関係への言及があり、さらに、選択した解釈によって実現・保護される価値や利益を突き止めることが必要とされているが、いずれも価値判断の前提となる認識のためのものとされているにすぎない(48)。それは、我妻が「妥当な結果」を得るために社会関係を重視するのと同じであるように思われる。

実現されるべき価値が何かを決めるのは、最終的には「価値判断（感）によってきまる」とされている。民法や私法の「原理」のうち価値基準であるものを価値の序列（ヒエラルヒア）に従って整理する必要があるとされているが、それは今後の課題とされている。また、客観的に妥当な（「正しい」）価値判断が存在するとしつつも、それは具体的な問題についての解釈においては実現されないとされている。[49] したがって、具体的な価値判断をする際には、従うべき基準はないことになる。

法規範への拘束との関係で重視されてきた法的安定性については、それは常に考慮されるべきものであるとされている。また、価値判断の予備的作業として、類似の状況に対して適用される規定の要件・効果を比較し、解釈の調和をはかることや、利益状態の異同に即して民法の制度を横断的に整理することが要求されている。しかし、法的安定のために「文理解釈ないし体系的解釈がどれほど役に立つであろうかは、著しく疑問である」とされ、法的安定性への配慮は、末弘のように法規範を定立することとは結びついていないようである。[50]

８　平井宜雄

次に、加藤・星野の利益衡（考）量論、ならびに、その前提となった川島の見解を批判して、「議論」という視点を導入し、再び論争を引き起こした平井の見解を見てみたい。

平井は、「法の解釈」論は、裁判官を受け取り手として想定し、「具体的紛争当事者のみを種々の視点から比較し、それぞれの視点において「平等」ないし「均衡のとれた」取り扱いがなされているかどうかを判断する」「法＝正義」思考様式に即して捉えられなければならないとする。従来の議論は、社会一般を対象とした価値判断を考え、「価値のヒエラルヒア」や「近代社会のあり方」という定立された一定の基準に適合的な価値判断によって紛争当事者の財の分配を判断しなければならないという前提を採っており、それは「一定の目的を遂行するために、他の者（配下）の行動をコントロールできる資源――年長、権力、威信、宗教的・呪術的カリスマ等――を有する者が、配下を操作して目的を遂行する場合に依拠する思考様式」である「目的＝手段」思考様式に立脚しているとする。[51]

法の解釈は「より高次の価値に奉仕する」ものではないという、以上の理解を前提にしていると思われるが、平井は、戦後法解釈論（特に、来栖・川島の理論）がもたらす非合理主義を批判する。すなわち、戦後法解釈論は、法の解釈が主観的価値判断であるとすることから、結局は、解釈の争いは、「お互いに肩をすくめて別れる」ことになるとし、「いかなる相手であっても、相手方の主張する内容自体に敬意を払い、事実と論理とにもとづいて反論し、再反論し合うという法律家の仕事と精神とから、このような帰結は、最も遠いものではあるまいか」とする。(52)

非合理主義へのこのような批判は、法的価値判断において法規範・法的構成に実質的な意味を認めず、結局は基準のない判断を容認することになった我妻・川島その2・星野・加藤の流れに対する批判として理解することができるであろう。しかし、末弘・来栖・川島その1の流れとの関係では、少し留保が必要である。平井は、来栖も「発見のプロセス」と「正当化のプロセス」が分化されていない心理主義などとして批判している。(53)たしかに、来栖において、結論をどのようにして見いだすかということ（「発見のプロセス」）と、結論を論証すること（「正当化のプロセス」）とは意識的に区別されておらず、結論を出す際に論理過程と違ったもの（決断）が入り込んでいることが指摘されつつ、実質的理由づけ（正当化）が要求されている。(54)平井は、これを心理的問題と論理的問題とが分化されていないものとして批判する。しかし、法の解釈に、論理につきない決断という側面が存在することを認めながらも、なお、そこに「理由づけ」を求める点は、本論考で確認した、形式的論理（「客観」と装うこと）に批判的でありつつも、「主観的価値判断」においても法規範による判断を重視していることと共通性を持っている。たしかに、いかにして結論（仮説）にいたったかということと結論（仮説）の論証とは無関係であり、ある結論を導いた解釈者の心の中の過程を明らかにしても、それは結論の正当化とは関係がない。しかし、得られた結論と論証とは無関係なものではなく、また、論証は論理につきないのである。結論を導く際に、その結論が論証できるかどうかを考えることは通常のことであり、来栖の言明は、論証が論理につきないことを指摘したものと理解すべきであろう。

平井は、非合理主義を克服するために、「議論」に注目すべきことを提唱する。(55)「議論」の一般的構造から導かれる命題として、①言明は言明によってのみ基礎づけられ、または正当化されること、②発見のプロセスと正当化のプロセスが区別されること、③正当化には、ある言明を形式論理学的（演繹論理的）な推論のテストにさらすことによって正当化すること（ミクロ正当化）と、このテストの前提となる言明そのものの正当化（マクロ正当化）があることの三つを指摘し、この議論の一般的構造が法律論にも適用されるとする。「いつでもふたたび反論され、問われる可能性がある」ことから、「やはりどこまで行っても「水かけ論」にすぎず、「科学」と異なり、「きめ手」が存在しないのではないか」という疑問に対しては、「「法律学」も「科学」も、「議論」（批判的討論）に収斂することによって、「客観性」を獲得しようと工夫するのである」とし、問題は「「客観性」を保証する社会的制度すなわち、「議論」、「法律論」または「相互主観的な批判的討論」を確保する場という、制度的枠組を維持拡充すること、およびそれを支える規範を発展させること」、「「科学」を志向することにあるのではなく、「議論」によって問題を解決する法律家特有の問題処理のしかたの性格と構造を認識し、それを理論化し、精緻化し、伝達可能な形に高めることにある」とする。(56)

平井の議論は、いままでの議論の流れとは根本的に異なっているように思われる。来栖や川島が問題にした価値観の対立は、平井においては政策的な問題とされ、法の解釈は、「法＝正義」思考様式に即して捉えられなければならないとされている。そこでは、判断の基準を与える基礎という意味でも、目的を効果的に実現したり、予見の基礎としたりする意味でも、社会関係は注目されていない。また、「法＝正義」思考では、「議論」における「正当化」に注目することから、「法律論」において最も重要な核心的地位を占めるものは「法律構成」であるとされる。[57]

要するに、従来からの二つの立場のうち、我妻・川島その2から利益衡量論へといたる、法的価値判断において法規範・法的構成に実質的な意味を認めない立場を非合理主義と批判し、「議論」における「正当化」に注目する立場を採っている。「議論」における「正当化」という新しい視点が持ち込まれているものの、この立場は、もう一つの、忘れ去られたかに見える、法的判断における法の創造を承認しつつも、そこに法規範や法的構成による制約を認める立場とも相容れないように思われる。というのも、「ミクロ正当化」は、「マクロ正当化」によって正当化された一般的言明を前提にした「もっぱら論理的推論によって行なわれる作業」として、[58]形式論理と理解され、また、「マクロ正当化」においても、法的規範の創造において重視され、法規範や法的構成の基礎となる社会関係が重視されていないからである。特に「ミクロ正当化」については、若干の検討が必要である。たしかに「マクロ正当化」に注目することによって、「ミクロ正当化」の前提となる命題（「保証」）の正しさを話題にする可能性が開かれており、その点で、命題の真偽には踏み込まない形式論理による判断とは異なっている。[59]また、規範的・道徳的言明が関わることから、経験的に真偽を決定できる言明の場合とは区別して、「形式論理学的」「演繹論理的」という表現が使用されてもいる。[60]しかし、ミクロ正当化におけるデータ、保証、結論は、それぞれ法的三段論法における小前提、大前提、結論に対応させることが可能であり、[61]この部分が「論理的推論」とされるとき、このミクロ正当化と形式論理との違いは明確ではない。[62]それらが同じものであるとすれば、概念法学批判によって明らかにされた、形式論理によって法的判断が下されているのではない——来栖への批判にみたように、この表現が「心理主義」とされるのであれば、形式論理によって法的判断が正当化されるものではない、といいかえることもできる――とされてきたこととの関係が問題になる。

(7)　磯村・前掲注（4）二九頁、石田眞「末弘法学の軌跡と特質」法律時報七〇巻一二号（一九九八年）一五頁以下。

(8)　磯村・前掲注（4）三二頁。

(9)　前掲注（6）判例民法⑴序三頁。末弘厳太郎『嘘の効用』（日本評論社、一九五四年・初出一九二二年）三五頁以下、同『民法講話上巻』（岩波書店、一九二六年）三五頁以下。なお、本論考においては、引用に際して旧字を新字に改めている。

(10)　末弘厳太郎『民法雑考』（日本評論社、一九三二年）一六頁以下、同『続民法雑記帳』（日本評論社、一九四九年）一五頁、同『末弘著作集Ⅰ・法学入門』（日本評論社、第二版一九八〇年・初出一九三四年）一〇四頁以下、一三〇頁以下。

(11)　末弘・前掲注（10）民法雑考二六頁以下。磯村・前掲注（4）九六頁以下、石田・前掲注（7）一四頁以下参照。末弘・前掲注（9）民法講話上四八頁以下では、公平と正義を重視し、それを担保する手段として「概念法学」の論理と技術が評価されている。それは一見したところ、条文の技巧的な解釈を肯定しているかのようであるが、「勿論、徒に法条の文字にのみ拘泥し形式論理と古き概念との機械的取扱をのみ事とするが如きは、決して裁判の公平を維持すべき合理的の方法ではない」（四八頁）としている以上、そのように理解すべきではない。

(12)　末弘・前掲注（9）嘘の効用二九頁以下、同・前掲注（10）続民法雑記帳一七頁、民法判例研究会『判例民法⑵　大正十一年度』（有斐閣、一九二四年）序六頁（前出注（6）参照）。
　法的安全は、法解釈においてだけでなく、判例研究においても重視されている。前掲・判例民法⑵序五頁以下、前掲注（10）続民法雑記帳一八頁以下。

(13)　前出注（7）で引用の文献ならびに注（5）参照。

(14)　我妻栄『近代法における債権の優越的地位』（有斐閣、一九五三年）序九頁以下。

(15)　我妻・前掲注（14）四七七頁以下。

(16)　我妻・前掲注（14）四八二頁以下。

(17)　我妻・前掲注（14）四九一頁、四九二頁以下、五〇五頁以下、五三三頁以下。

(18)　我妻・前掲注（14）五四〇頁以下。

(19)　我妻・前掲注（14）五三四頁以下。いわゆる「正当化のプロセス」がほとんど重視されていない。

(20) 我妻・前掲注（14）五五四頁、五五九頁以下。
(21) 我妻・前掲注（14）五五三頁。
(22) 来栖三郎「法の解釈適用と法の遵守（一）」法学協会雑誌六八巻五号（一九五〇年）四三〇頁以下＝『来栖三郎著作集Ⅰ 法律家・法の解釈・財産法』（信山社、二〇〇四年）一頁以下（以下、来栖著作集Ⅰと略す）、同「法の解釈と法律家」私法一一号（一九五三年）一八頁以下＝『来栖著作集Ⅰ』七五頁以下、さらに、「法解釈学の「科学性」」法律時報二六巻四号（一九五四年）五一頁、五八頁〔来栖三郎発言〕＝『来栖著作集Ⅰ』八七頁以下参照。
(23) 来栖三郎「法律家」浅井清信編集代表『末川先生還暦記念 民事法の諸問題』（有斐閣、一九五三年）二三八頁以下＝『来栖著作集Ⅰ』五〇頁以下、同・注（22）「法の解釈と法律家」二〇頁＝『来栖著作集Ⅰ』七八頁以下。同『法とフィクション』（東京大学出版会、一九九九年）三六頁＝『来栖著作集Ⅰ』一〇四頁は、「法（判決）と法源（制定法）の矛盾にも拘らず、両者が一致するかのように推論するテクニックが（広い意味での）「擬制」である」とし、後に、このような「擬制」が行われる理由を探求する中で、「擬制」に、「裁判所は法をつくっていない外観を維持せんとする」ことに限られない、積極的な意義を見出している。同・前掲・法とフィクション九九頁以下＝『来栖著作集Ⅰ』一一三頁以下。
(24) 来栖・注（22）「法の解釈と法律家」二三頁＝『来栖著作集Ⅰ』八一頁。
(25) 来栖・注（22）「法の解釈と法律家」一三頁以下（「法的安定性ということは単に形式的に考えるべきでない」「つまり主観を客観と装わなくてもよくなることによって、法の解釈を一層論理的たらしめ得るであろう」）＝『来栖著作集Ⅰ』八三頁以下、同・前掲注（23）民事法の諸問題二三八頁＝『来栖著作集Ⅰ』五〇頁、同・前掲注（23）法とフィクション三五頁以下（「法の解釈とは、制定法の解釈が問題となっている場合にも、法源としての制定法の意味の確定にとどまらず、何が法たるべきかの確定を目的としている」「必ずしも恣意的ではないのである」）＝『来栖著作集Ⅰ』一〇四頁（傍点は原文。以下、同じ）。
(26) 川島武宜『ある法学者の軌跡』（有斐閣、一九七八年）三〇五頁以下、瀬川・前掲注（3）三四頁以下、田中・前掲注（3）一四一頁以下、同・前掲注（1）三五九頁以下、山本・前掲注（3）二六二頁注（20）。
(27) 川島武宜「科学としての法律学」（初出一九五三年）『科学としての法律学』（弘文堂、一九五五年・新版一九六四年）二四頁以下、七四頁以下、「法律への不信」（初出一九五四年・新版では「法律解釈の客観性」）同書一一三頁以下。ただし、「科学としての法律学」における「客観性」と「法律への不信」における「客観性」はその意味が少し異なっているように思われる。後者では、「現実に生きている人々の頭の中にあって人々の行動を規定するという意味で――言いかえれば経験的に証明し得られる、という意味で――」客観的であるとされている。川島自身は両者を明確に区別していないようであるが、前者は、価値体系を支持する人々の範囲に対応する「客観性」であるに対して、後者は、経験的に証明される「客観性」である。前者はもちろんのこと、後者の場合でも、価値体系の「正しさ」が、経験的に証明されるものではない。この点で川島は一貫している。この「客観性」の意味の曖昧さに対応していると思われるが、「主観的」についても、個人的・恣意的な意味での「主観的」である場合と、真理が経験的に証明されないという意味での「主観的」である場合との両方が含まれているようである。

なお、法解釈が価値判断であることを認めることによって必然的に問題になる諸価値観の間の調整は、労働者・農民階級の近代的要求が生存権の主張という捻じれた形をとって現われていた末弘においては、曖昧なままであったが、来栖においては、服従しないものに対する国家権力の制裁の問題と理解され（来栖三郎「法の解釈適用と法の遵守（二）」法学協会雑誌六八巻七号（一九五一年）七六三頁以下＝『来栖著作集Ｉ』三三三頁以下）、川島においても、「優先選択 preference という実践行動であって、現実の生活の中で何れが勝つかは、実践行動が決定する」、「どの社会にも、広汎な人々が支える価値体系が存在している。「国家の法」というのは、そのような価値体系を国家権力で支持し強行する現象である」、「ある価値体系が支配的なものとして安定するためには、力による戦いが必要である」とされている（川島・前掲七五頁以下、一一五頁、一二六頁）。川島は、「西欧ブルジョア革命の当時においては社会の大部分が市民社会の価値体系を支持した。ところが、後に資本家と労働者という階級対立が大規模に且つ明確になってきた結果、社会における価値体系の矛盾対抗も激化し、裁判の究極の基準たる価値の客観性の程度もそれだけせばめられるに至った」（一二六頁）としている（五九頁以下も参照）。

(28)　川島「科学としての法律学」前掲注(27)三二頁以下。

(29)　川島「科学としての法律学」前掲注(27)五八頁以下、七六頁以下、前掲注(22)「科学性」五二頁以下〔川島武宜発言〕。

(30)　川島「科学としての法律学」前掲注(27)一九頁以下、三七頁。

(31)　川島「科学としての法律学」前掲注(27)四三頁以下、五三頁以下。①の機能は、説得の技術としての側面のようである。

(32)　川島「科学としての法律学」前掲注(27)七八頁以下。「ことば的技術」の研究は、ドイツ法律学の成果として「過去の法律学の遺産の重要部分」とされている（七九頁）。それ以前に発表された、川島武宜『民法解釈学の諸問題』（弘文堂、一九四九年）はしがき五頁以下においては、法律学が「一定の目的に奉仕するところの手段、すなわち人間の合目的的活動の所産としてのひとつの技術として意味をもつところの論理・論理的関連」の認識・分析と「法律や裁判が合理的な理由をもっているということを、ひとびとに確認させるための説得の技術」とに区別され、それぞれに科学的実用法学と教養学的法律学（実践的技術的実用法学）が対応させられている。そして、科学的実用法学と、教養学としてのドイツ式法律学との区別が強調されている。したがって、単なる「説得の技術」としての法律学が重視されていないことは明らかである。しかし、「法律概念・論理構成の内容、その相互関連、その発展の過程等々の客観的認識および分析」は、科学的実用法学の任務とされ（前掲・はしがき四頁）、ことば的技術（法律概念・論理構成）は認識の対象でしかないようであり、その位置づけは曖昧である。前掲注(22)「科学性」五三頁

〔川島発言〕も参照。

(33) 川島「科学としての法律学」前掲注(27)七九頁以下。

(34) 川島「市民的実用法学の方法と課題」(初出一九五八年)前掲注(27)新版一一五頁以下、一一九頁以下、「判例研究の方法」(初出一九六二年)同書一八一頁以下、同「権利濫用」(初出一九六二年)『川島武宜著作集 第六巻』(岩波書店、一九八二年)一二二頁以下。

(35) 川島「市民的実用法学の方法と課題」前掲注(27)新版一三五頁以下、「判例研究の方法」同書一八二頁。

(36) 川島「法律への不信」前掲注(27)一一四頁。前出注(27)参照。

(37) 川島「市民的実用法学の方法と課題」前掲注(27)新版一三七頁以下、「判例と判決例」(初出一九七〇年)『川島武宜著作集 第五巻』(岩波書店、一九八二年)二〇一頁以下。

(38) 川島「市民的実用法学の方法と課題」前掲注(27)新版一四〇頁以下、「判例研究の方法」同書一八二頁以下、一八七頁以下、二〇〇頁以下、二〇三頁。

(39) 川島「市民的実用法学の方法と課題」前掲注(27)新版一六四頁以下、「判例研究の方法」同書一九五頁以下。

(40) 川島「判例研究の方法」前掲注(34)新版二一六頁以下。

(41) 川島「市民的実用法学の方法と課題」前掲注(27)新版一四四頁以下。

(42) 川島「市民的実用法学の方法と課題」前掲注(27)新版一五二頁以下、「判例研究の方法」同書二三九頁。

(43) 川島「法的構成」(初出一九七五年)前掲注(37)三四一頁、「解題」同書三七〇頁以下、同「権利濫用」前掲注(34)一二〇頁以下。これらの叙述からすれば、将来の裁判を拘束する「法的構成」(以前的構成)の視点を捨てたのではなく、重点が移ったために、明確に表現されなかっただけと言えるかもしれない。実際に、川島は、裁判をコントロールするための法教義学、あるいは、裁判をコントロールする手段としての法律の解釈と、裁判を正当化するための法教義学・法律の解釈とを区別するようになる。川島「「法律学」の現代的問題点」(初出一九六八年—七〇年)前掲注(37)二一三頁以下、同「法的コミュニケイションにおける記号的技術」(初出一九六六年)前掲注(34)一四八頁以下、一七五頁以下、「「法的推論」の基礎理論」(初出一九七四年)同書一九八頁、二〇四頁以下、二〇八頁、二二一頁、同「法的構成としての「法人」」(初出一九七五年)前掲注(34)七〇頁以下、七七頁以下参照。ここで、川島がいうところの正当化のための法律解釈は、末弘が批判した概念法学と同じく、形式的論理でしかないと思われる。それに対して、コントロールの手段としての法律解釈については、それが価値判断であることを認めながらも、「ことばの「核心的意味」からあまり離れないものであることが、期待されている」(「「法律学」の現代的問題点」前掲二一八頁)、あるいは、「解釈者は、すでに存在している法律が承認し選択している価値を、尊重することを期待されている」（「「法律学」の現代的問題点(1)」法学セミナー一四六号九頁。ただし、前掲注（37）二二三頁では、修正されている）としている。これは、川島その１に見られた見解に共通していると思われる。田中・前掲注（3）一四五頁以下参照。しかし、将来の裁判を拘束する「法的構成」に再度着目した時には、川島には不本意であったかもしれないが、それ以前の議論に影響された利益衡量論が主張されはじめていたことになる。

(44)　水本浩『現代民法学の方法と体系』（創文社、一九九六年）一一二頁以下。川島自身も、「法的構成」前掲注（37）三三六頁において、「将来の裁判に対する裁判規範の構成を目的」とした末弘と、「既に決定された判決に「後から着せる衣」としての法的構成を技術的に完成することを目的」とした我妻を明確に区別している。

(45)　加藤一郎「法解釈学における論理と利益衡量」（初出一九六六年）『民法における論理と利益衡量』（有斐閣、一九七四年）一四頁以下、二〇頁、二七頁、三一頁。

(46)　概念法学と法的安定性との関係、ならびに、自由法学と現代社会の多様性・発展性との関係については、加藤・前掲注（45）一〇頁以下、二二頁、三五頁参照。

(47)　星野英一「民法解釈論序説」日本法哲学会編『法の解釈と運用』（有斐閣、一九六八年）八一頁、八四頁以下＝『民法論集第一巻』（有斐閣、一九七〇年）七頁、一一頁以下、同「〔書評〕幾代＝鈴木＝広中「民法の基礎知識」」（初出一九六五年）『民法論集第一巻』三二八頁以下。また、同「日本民法典に与えたフランス民法の影響」（初出一九六五年）『民法論集第一巻』七一頁以下でも、民法の研究ないし解釈にとっては、フランス民法とのつながりを考慮することが望ましいことが指摘され、「日本民法の各制度・各規定の本来の、というのは起草者によって与えられた、意味・趣旨を明らかにすることは、民法学のために基礎的・不可欠の出発点である」と述べられている。論理的三段論法（「形式的」問題・見地）、文理・論理は、重視されず、注目されているのは、立法者の価値判断・「実質的」見地である（特に八〇頁以下の諸注参照）。しかし、立法者の価値判断（あるいは定立された法規範）に拘束されるという視点はなく、それは利益考量の際の重要ではあるが、資料にすぎないとされているようである。同「民法の解釈のしかたとその背景」『民法論集第八巻』（有斐閣、一九九六年）二〇二頁以下も参照。なお、解釈の「決め手」を論じている部分だけを取り上げることについては、同「民法の解釈をめぐる論争についての中間的覚書」加藤一郎・水本浩編『民法・信託法理論の展開』（弘文堂、一九八六年）五頁以下に、法律解釈の方法論全般という見地からは、一部のみを捉えた議論であったと評さざるをえないのである、とされている。しかし、そこでも指摘されているとおり、価値判断による解釈は、「法解釈論争」の中心問題であり、その後の議論との関係からも、この点に注目して紹介したい。

(48)　星野「民法解釈論序説」前掲注（47）八九頁以下、一〇七頁以下＝『民法論集第一巻』一五頁以下、三四頁以下。

(49)　星野「民法解釈論序説」前掲注（47）一〇〇頁以下、一〇四頁、一〇八頁以下、一一八頁＝『民法論集第一巻』二四頁以下、三一頁、三六頁以下、四六頁、さらに、「「民法解釈論序説」補論」（初出一九七〇年）『民法論集第一巻』五六頁以下、「〔書評〕幾代＝鈴木＝広中『民法の基礎知識』」（初出一九六四年）同書三五二頁以下。

(50) 星野「民法解釈論序説」前掲注(47)八二頁、九八頁以下＝『民法論集第一巻』八頁以下、二五頁以下。同「「民法解釈論序説」補論」『民法論集第一巻』五一頁、六二頁も参照。

(51) 平井宜雄「「法の解釈」論覚書」加藤一郎編『民法学の歴史と課題』（東京大学出版会、一九八二年）八五頁以下、八九頁、思考様式については、七七頁以下。

(52) 平井宜雄「戦後法解釈論の批判的考察(4)」ジュリスト九二七号（一九八九年）九三頁以下。

(53) 平井宜雄「戦後法解釈論の批判的考察(1)」ジュリスト九一一号（一九八八年）八一頁以下。

(54) 前掲注(22)「科学性」五二頁〔来栖三郎発言〕＝『来栖著作集Ⅰ』八八頁以下。なお、前出注(25)参照。

(55) 平井宜雄「法解釈論の合理主義的基礎づけ」法学協会雑誌一〇七巻五号（一九九〇年）七二七頁以下。

(56) 平井宜雄「「議論」の構造と「法律論」の性質(1)」ジュリスト九一九号七四頁以下、七七頁、「「議論」の構造と「法律論」の性質(2)」九二〇号八六頁、さらに、同・前掲注(52)「批判的考察(4)」九三頁も参照。

(57) 平井宜雄「戦後日本における法解釈論の再検討(2)」ジュリスト九一八号一〇七頁以下。来栖・川島を社会学主義として批判している（同・前掲注(53)「批判的考察(1)」八三頁）。

(58) 平井・前掲注(56)「性質(1)」七六頁以下、七八頁注(21)。

(59) 平井・前掲注(56)「性質(1)」七一頁以下、亀本洋「法的議論と論理学」山下正男編『法的思考の研究』（京都大学人文科学研究所、一九九三年）五六頁以下、六二頁以下、六七頁、七八頁以下。本文三1(3)参照。

(60) 平井・前掲注(56)「性質(1)」七六頁以下。

(61) 平井・前掲注(56)「性質(1)」七三頁注(11)、亀本・前掲注(59)五八頁以下。

(62) 「ミニ・シンポジウム・法解釈論と法学教育」ジュリスト九四〇号（一九八九年）四一頁以下〔平井宜雄発言〕。瀬川信久「民法解釈論の今日的位相」同編『私法学の再構築』（北海道大学図書刊行会、一九九九年）二〇頁以下、山口・前掲注(1)「法理論的変容」二一頁以下も参照。平井・前掲注(52)「批判的考察(4)」九一頁の具体例を見ると、大前提の形式論理的な操作をミクロ正当化としているようでもある。この場合、大前提それ自体のマクロ正当化と、大前提の形式論理的操作（ミクロ正当化）は区別されるが、このミクロ正当化は、三段論法とは区別されることになる。三段論法には小前提が含まれているため、大前提のミクロ正当化だけでは、三段論法の結論は正当化されない。

三　法的判断について

法規範を社会関係から切り離して抽象的に理解したのでは、法規範や法的論理は実質的な判断基準としては機能せず、結論を外見的に正当化するためだけに使用されることになってしまう。概念法学がまさしくこのような形式的論理を駆使したのであり、そのことが一貫して批判されている。

それでは、法的判断に基準はないのか。ひとつの考え方は、我妻のように、倫理的なものでしかない「理想的な標準」や、川島その2のように後から見いだされる「経験法則」はあっても、法的判断を拘束する基準はないとする見解である。利益衡量論もこの立場に立っている。

それに対して、もうひとつの立場が存在しているのではないか、というのが本論考におけるこれまでの検討結果である。すなわち、末弘から来栖、川島その1につながる流れの中に示されている立場であり、法的判断が法規範の創造であることを認めながらも、なお法規範による判断であるとする立場である。法規範の創造において、制定法の文言それ自体は重視されないものの、その創造にまったく基準がないのではない。将来生起するであろう同種（同類型）の事件に適用されることをも予想して判断するべきであるとされ、そのために、判断をせまられている社会関係を定型化し、それについての社会的規範を批判的に検討すること、あるいは、そのような規範がない場合には、高次の規範やほかの法規範を考慮しながら創造することが要求されている。概念法学のように制定法の文言のみに拘泥することなく、法規範の創造を認めながらも、その法規範は、将来の事件までも見越した一般的な法規範であり、この一般的な法規範に拘束された判断が予定されている。なお、平井も、法規範による判断を重視することは疑いなく、また、「マクロ正当化」を問題にすることで形式論理だけによる判断に批判的である。

しかし、そもそも法規範は法的判断を拘束できるのであろうか。概念法学批判は、形式論理によって法的判断が下されているのではないことを明らかにしたが、そのことは同時に法規範の拘束力に対する疑いを生じさせる。もし仮に拘束力がないのであれば、法規範を創造し、その適用として法的判断をすることは無意味になるはずである。このことが、利益衡量論を支えているといってもよいであろう。

概念法学のように形式的論理に陥ることなく、しかしなお法規範による判断をすることは如何にして可能であろうか。以下では、形式論理の問題点を明らかにするために、まったく初歩的なものではあるが、法的三段論法のもつ限界を明らかにすることからはじめたい。そのうえで、形式的論理でない形で法規範に拘束された法的判断をする可能性について検討したい。なお、法規範を創造する局面は、以下での直接の考察対象としていないことをあらかじめ断っておきたい。

1　法的三段論法とは何か

(1)　法的三段論法

まず、法学入門の代表的な教科書に依拠して、いわゆる法的三段論法について確認したい。そこでは、次のように説明されている(63)。

「裁判における法の適用は、形式的には三段論法の形でなされる。たとえば、医療事故による損害賠償請求の訴訟においては、大前提として、「故意又は過失によって他人の権利又は法律上保護される利益を侵害した者は、これによって生じた損害を賠償する責任を負う」（民法七〇九条）という適用法規が定まり、小前提として、被告の過失によって原告の病状が悪化したという事実が確定されれば、「AはBなり」、「CはAなり」、「ゆえにCはBなり」という三段論法に従って、「被告は原告に何万円を支払え」という結論が、判決としてでてくることになる。この場合に、裁判官としてなすべき仕事は、第１に事実認定、すなわち事実関係を確定することであり、第２にその事実関係に適用すべき法規とその意味を明らかにすることである。」

法の適用において使用されている三段論法は、より正確に述べると、次のようなものである。[64]

すべてのAはBである。
ある特定のCはAである。
ゆえに、ある特定のCはBである。

(2)　概念の一義性

正しい三段論法であるためには、そこで使用されているA、B、Cという概念が一義的なものでなければならない。[65] このことはA、B、Cという記号である場合には問題がない。しかし、たとえば「すべての人は人権を持つ」「会社は人である」「ゆえに、会社は人権を持つ」という「三段論法」を考えてみると、実はこの三段論法においては、大前提における「人」は自然人、小前提における「人」は法人格を意味している。[66] 記号化すれば、「すべてのA′はBである」「CはA″である」「ゆえに、CはBである」となっている。A（「人」）という概念の多義性（A′でもA″でもある）に隠れて三段論法の形が取られているが、A′（「自然人」）とA″（「法人格」）が異なっている以上、「CはBである」を導くことはできない。[67] このように、概念が多義的に使用された場合、三段論法は推論の正しさを保証しない。

⑶　推論の正しさと命題の正しさ

三段論法が推論形式それ自体として正しいことは疑いない。しかし、このことは、命題間の「関係」の正しさを示しているだけで、命題の正しさを示しているわけではない[68]。大前提「すべてのAはBである」、小前提「CはAである」が、命題それ自体として正しいものではないとしても、これらの前提から結論「CはBである」を導く推論それ自体は正しいのである。しかし、推論それ自体が正しいことは結論「CはBである」が正しいことを保証するものではない。「誤った」前提から「正しく」推論された結論が「正しい」とは限らない。法的三段論法という推論形式それ自体の正しさは、結論の正しさを保証するものではなく、結論の正しさは、大前提と小前提の正しさに依拠しているのである。

推論の正しさ（形式論理としての「ミクロ正当化」）を検証する必要は、単純な法的三段論法においては、ほとんどない。先の教科書で挙げられている民法七〇九条を例にとれば、大前提で使用されている「権利又は法律上保護される利益」と、小前提で使用されている「権利又は法律上保護される利益」が同じである（同じでなければならない）ことは、検討するまでもなく明白であり、形式論理的な関係を検討する必要はない。もちろん、小前提を補助するような命題が複雑に絡み合っている場合には、それぞれの命題相互間の形式論理的な関係を検討する必要があるかもしれない。たとえば「過失によって原告の病状を悪化させた被告は「故意又は過失によって他人の権利又は法律上保護される利益を侵害した者」である」という小前提について、「病状の悪化は人格権の侵害である」、「人格権は「他人の権利又は法律上保護される利益」である」という補助的な命題を導入した場合には、それらの相互の関係を検討することが考えられる。しかし、いずれにしても、これらの命題相互の関係の正しさは、命題そのものの正しさとは関係がない。それは、いかに命題の数が増え複雑になったとしても、命題相互の関係についての形式論理による判断でしかない[69]。

2 大前提における判断と小前提における判断の交錯

(1) 大前提における一般化

大前提である法規範は、個別的な事件の判断を基礎にして、それを一般化したものである[70]。このことは慣習法や判例法では当然であるが、制定法の場合でも変わらない。というのも、立法の多くが、過去の個別的な事件における判断や具体的な社会関係における判断を基礎にしているというだけでなく、立法は常に、将来の具体的な事件における判断を想定しているからである[71]。しかし、個別的な事件における判断から自動的に法規範が導かれるわけではない。一般化には、個別的な事件を構成する多様な要素から重要と思われる部分を選び出し、普遍化する作業が前提されている[72]。ある個別的事件を、個別的事件がもつ具体的な多様な事情から切り離し、類似する事件をまとめて「同じである」と表現できるように、重要ではない事情を切り捨て、重要と思われる事情を取り出す作業が行なわれる。そこには、多様な個別的な事件を「同じである」（したがって同時に「同じに判断すべきである」）とする観点が存在している[73]。

(2) 小前提の正しさ

先に触れたように、結論の正しさは、大前提の正しさと小前提の正しさに依拠している。命題の正しさのうち、大前提の正当化は、「マクロ正当化」の問題として注目されているようであるが、そもそも小前提が正しいのでなければ、大前提の正しさを議論することには意味がない。仮に「マクロ正当化」によって「保証」を正当化しても、「データ」が正しいのでなければ、結論は正当化できない。法的三段論法における小前提が事実認定であることからすれば、小前提が一般的言明であるといえるかどうかは疑問であるが、「前提」の正当化という意味では、小前提の「マクロ正当化」が必要である。大前提が正しければ、あとは形式論理によって、結論が正当化されるわけではない[74]。

小前提「CはAである」は、法的三段論法においては事実認定である。すなわち、「C」は事実であり、「A」は法規範である大前提「AはBである」で使用されている概念である。この事実認定は、事実と関係することなしには、その正しさを明らかにすることができないものである。事実と概念とが同一であることが、どのようにして保証されるのかは難しい問題であるが、いずれにしても、概念の意味は、それが使用されている脈絡によって決定される[75]。このことは法的概念についても認められる。法的三段論法の事実認定で行われている判断は、厳密にいえば異なっている「C」と「A」を、何らかの観点の下で同一視する作業である[76]。この同一視の正しさを判断するには、「A」の意味を明らかにしなければならないが、そのためには「A」がどういう脈絡・状況で使用されているのかに注目しなければならない[77]。

(3) 小前提における判断と大前提における判断の交錯

先に確認したように、小前提における「A」は、大前提における「A」であり、三段論法が正しい推論であるためには両者の「A」が同じ意味でなければならない。したがって、小前提において「C」と「A」を同一視する際には、大前提で使用されている「A」の意味を明らかにすることがどうしても必要になる[78]。それは、大前提において「A」が使用されている脈絡・状況、したがって、大前提の基礎になっている具体的な事件とその一般化の作業、すなわち大前提における同一性の判断を明らかにすることである[79]。

しかし、小前提における同一性の判断が、大前提における同一性の判断から論理的に帰結するわけではない[80]。それは、大前提「すべてのAはBである」を支えている、「同一である」という判断を、「CはAである」という形で目の前の具体的な事件において繰り返すことである。そして、この同一性の判断は、同時にその結果である結論「CはBである」を妥当なものとし、それを大前提の基礎となる判断の一つにすることでもある。いいかえれば、「CはAである」と判断することは、大前提「すべてAはBである」の基礎にある個別的な事件における判断と、「CはBである」とすることが、ある観点において「同じである」と判断することであり、それはまた「CはBである」を妥当であると判断し、それが大前提の基礎にある個別的な事件における判断の一つとして、さらに、将来予想される事件の解決（そこでの小前提・結論の判断）に生かされるということである。

このように、小前提（と同時に結論）における判断は、大前提の基礎にある個別的な事件についての判断と、それらの個別的な事件についての判断を同一であるとする判断とを、目の前の具体的な事件について、今ここで再度「新たに」行うこと――大前提の基礎にある個別的な事件と同じ判断をしてよく、また、それらの事件と同一であるとすること――であるが、このような判断が可能であり、かつ、恣意的なものでないためには、大前提の基礎にある個別的な事件における判断の中に、大前提の基礎となりうる一般化・普遍化可能なものが存在し、それが目の前の具体的な事件においても見いだされる必要がある。[81] 目の前にある具体的な事件は、大前提を支えている同一性の判断（注目されている観点）に添った形で判断されなければならず、しかも、それは、一般化・普遍化された大前提を抽象的に理解してではなく、その基礎にある個別的な事件における判断を考慮し、それらの個別的な事件における判断と目の前にある具体的な事件における判断とを比較しながら行われなければならない。そのためには、それらの個別的な事件相互間、ならびにそれらと目の前の具体的な事件との間に何らかの共通するものがあることが前提とならざるをえないのである。以上のように、大前提を支えている判断を、具体的事件を前にして繰り返し、かつ、将来の事件においてもそれが繰り返されることを予定しているという意味において、法的三段論法における判断は制約されている。

(63) 伊藤正己・加藤一郎編『現代法学入門〔第四版〕』(有斐閣、二〇〇五年)六六頁〔加藤一郎〕。

(64) この推論の正しさについては、沢田允茂『現代論理学入門』(岩波書店、一九六二年)一四二頁以下、野矢茂樹『論理学』(東京大学出版会、一九九四年)一一六頁参照。

(65) さらに、大前提や小前提を構成している命題が、「真か偽のいずれかである」という二値的なものでなければならない。沢田・前掲注(64)五六頁以下、野矢・前掲注(64)三〇頁。

(66) 八幡製鉄政治献金事件(最高裁判所大法廷判決昭四五年六月二四日民集二四巻六号六二五頁)参照。

(67) 沢田・前掲注(64)一六八頁以下、Arthur Kaufmann, Das Verfahren der Rechtsgewinnung, Eine rationale Analyse, München 1999, S. 45 = アルトゥール・カウフマン／上田健二訳『法概念と法思考』(昭和堂、二〇〇一年)一八四頁以下。

(68) 前出注(59)で引用した文献参照。沢田・前掲注(64)五六頁以下、Ulfrid Neumann, Juristische Argumentationslehre, Darmstadt 1986, S. 19ff., S. 30 = ウルフリット・ノイマン／亀本洋ほか訳『法的議論の理論』(法律文化社、一九九七年)二一頁以下、三三頁、田中・前掲注(1)三〇七頁。

(69) これらの補助的な命題は、小前提の正しさに全く関係しないわけではない。すなわち、小前提において問題になっている「病状の悪化」が「権利又は法律上保護される利益」の侵害であるとは直ちにいえないために(これは小前提の正しさの問題である)、その間をつなぐ「病状の悪化は人格権の侵害である」、「人格権は権利又は法律上保護される利益である」という補助的な命題が持ち出されているのである。

(70) Eugen Ehrlich, Die juristische Logik, Tübingen 1918, S. 269ff. = E・エールリッヒ／河上倫逸ほか訳『法律的論理』(みすず書房、一九八七年)二四八頁以下、Neumann, a. a. O. (Anm. 68), S. 22, S. 76 = 前掲書二五頁、八一頁以下、川島「科学としての法律学」前掲注(27)四八頁以下、五四頁以下＝新版四〇頁以下、四五頁以下。

(71) 磯村・前掲注(4)一六七頁以下、二〇八頁以下、三一三頁以下、Arthur Kaufmann, Analogie und „Natur der Sache", Zugleich ein Beitrag zur Lehre vom Typus, 2. Aufl., Heidelberg u. a. 1982, S. 42f. = 初版(一九六五年)の訳であるアルトゥール・カウフマン／宮沢浩一ほか訳編『現代法哲学の諸問題』(慶應義塾大学法学研究会、一九六八年)二六三頁以下。なお、判例の法源性については、広中俊雄「判例の法源性をめぐる論議について」判例時報一三九九号(一九九一年)三頁以下、同『民法綱要　第一巻　総論　上』(創文社、一九八九年)四三頁以下参照。本論考で判例法という場合、判例を、法規範を取り出すべき法源とする意味ではなく、判例という形で確認（形成）された法規範という意味で使用している。

(72) Ehrlich, a. a. O. (Anm. 70), S. 270 ＝前掲書二四九頁。

(73) Kaufmann, a. a. O. (Anm. 71), S. 36 ＝前掲書二五四頁、Kaufmann, a. a. O. (Anm. 67), S. 6, S. 25 ＝前掲書一五四頁以下、一七五頁。

(74) Neumann, a. a. O. (Anm. 68), S. 19ff. ＝前掲書二一頁以下。

(75) 門脇俊介『現代哲学』（産業図書、一九九六年）二九頁以下、九三頁以下、一〇九頁以下。

(76) Kaufmann, a. a. O. (Anm. 71), S. 21ff., S. 33, S. 37ff. ＝前掲書二三八頁以下、二五一頁、二五七頁以下。

(77) Ehrlich, a. a. O. (Anm. 70), S. 132f. ＝前掲書一二五頁以下、Kaufmann, a. a. O. (Anm. 71), S. 18ff. ＝前掲書二三五頁以下。

(78) Kaufmann, a. a. O. (Anm. 71), S. 37ff. ＝前掲書二五七頁以下。平井・前掲注（56）「性質（1）」七一頁に示されているトゥールミンの例「（データ）ハリーはバミューダに生れた。（主張）ハリーはイギリス国民である。（保証）バミューダ生れの人はイギリス国民であるから」に即していえば、「データ」において「ハリーはバミューダに生れた」ということができるためには、「保証」にある「バミューダ生れ」の意味が明確になっていなければならない。ちなみに、末弘・前掲注（10）法学入門九五頁、九七頁以下は、法律判断の前提である「事実」を選択・構成する標準は法律判断を決定する標準と同一であることを指摘している。

(79) Neumann, a. a. O. (Anm. 68), S. 24 ＝前掲書二七頁、亀本・前掲注（59）六三頁以下。形式論理においては、記号が使用されていることからも解るように、大前提と小前提で使用されている概念（記号）の多義性は問題にならないため、その一致・不一致は意識されることはない。また、多義的な概念であっても、その言葉上の一致――同じ言葉が使用されていること――に関する限り、同じである（本文三1⑵参照）。しかし、多義的な概念の場合、小前提における「意味」と大前提における「意味」とが一致していることを確認するためには、小前提と大前提それぞれにおける実質的な判断を明らかにしなければならない。

(80) Kaufmann, a. a. O. (Anm. 71), S. 16f. ＝前掲書二三三頁、ders., a. a. O. (Anm. 67), S. 59f. ＝前掲書二二三頁、Neumann, a. a. O. (Anm. 68), S. 16ff. ＝前掲書一八頁以下。

(81) Kaufmann, a. a. O. (Anm. 71), S. 10f., S. 18f., S. 37f., S. 44ff. ＝前掲書二二七頁以下、二三五頁以下、二五七頁以下、二六六頁以下。原島・前掲注（2）八〇頁以下、九八頁、さらに末弘・前掲注（10）法学入門一〇八頁以下ならびに磯村・前掲注（4）九一頁以下の末弘についての叙述も参照。また、このような判断の仕方と類型的思考との関係については、Kaufmann, a. a. O. (Anm. 71), S. 47f. ＝前掲書二六八頁以下、藤原正則「法ドグマティークの伝統と発展」瀬川編・前掲書注（62）五三頁以下参照。このような判断の仕方とは全く異なるものとして星野「民法解釈論序説」前掲注（47）八七頁＝『民法論集第一巻』一三頁以下。

普遍化可能なものが、認識の対象である「素材」の中にすでに存在しているのか（Kaufmann, a. a. O. (Anm. 71), S. 55ff. ＝前掲書二七八頁以下)、それとも「解釈者」によって創造されるのか(Ehrlich, a. a. O. (Anm. 70), S. 142f. ＝前掲書一三四頁以下、来栖・前掲注(22)「法の解釈と法律家」二〇頁＝『来栖著作集Ⅰ』七八頁、同・前掲注(23)法とフィクション一〇六頁以下、一五一頁のファイヒンガーの紹介部分も参照)は、検討を必要とする問題である(原島・前掲注(2)二三三頁以下、二四〇頁、二五三頁、ヤン・シュレーダー／石部雅亮編訳『トーピク・類推・衡平』(信山社、二〇〇〇年)七五頁以下〔児玉寛訳〕)。しかし、仮に解釈者によって創造されるものであるとしても、それは社会によって規定され、また、何らかの形で統一的なものとして創造せざるを得ない点で、それは無制約(あるいは非合理)なものではないだろう(磯村・前掲注(4)九九頁以下、二五九頁、二八八頁以下、三二四頁以下。さらに松浦好治「法的推論」長尾龍一・田中成明編『現代法哲学第一巻　法理論』(東京大学出版会、一九八三年)一八一頁以下も参照)。

さらに、法規の意味を確定する解釈と法規が欠缺する場合に使用される類推とが区別できるかどうかも、検討を必要とする(藤原・前掲四七頁以下参照。Kaufmann, a. a. O. (Anm. 71), S. 37 ＝前掲書二五七頁以下は区別しないようである。それに対して、Ehrlich, a. a. O. (Anm. 70), S. 282f. ＝前掲書二五九頁以下は区別している。磯村・前掲注(4)三一九頁、三二七頁以下ならびに原島・前掲注(2)二九六頁以下参照)。具体的な事件に同一のものはないとすれば、それは法規にとっては常に予定外のもの(法規の欠缺)となるが、たとえば立法者の予想した範囲――それが明確であるかは問題である――を基準とすれば、予想した範囲の事件については法規に欠缺はないことになる。

四　むすびに代えて

法的三段論法は形式論理を使用しているが、形式論理それ自体は結論の正しさを保証するものではない。また、大前提の正しさを前提にすれば、後は形式論理で結論が正当化されるというものでもない。小前提の正しさも必要なのであり、その小前提の正しさの判断は、同時に大前提の意味内容に踏み込む実質的な判断である。それは、大前提の基礎にある個別的な事件についての判断の中に、普遍的なもの・一般化可能なものを見出し、それを目の前にある具体的な事件において繰り返すものである。それは、形式論理ではないものの、無制約・恣意的・非合理な判断なのではなく、普遍的なもの・一般化可能なものと、目の前にある個別的な事件における判断との「同一性」によって制約された判断である。このような形で、形式論理による判断ではないが、恣意的でもない判断をすることが可能になると考えられる。

大前提の基礎にある判断が持っているこのような制約を意識せずに、大前提に含まれている一般的な概念を操作して抽象的な概念を形成し、それに基づいて法的判断を行なったのが概念法学である。そこでは実際には、抽象的概念から具体的な判断が導かれているのではなく、具体的判断に合わせて抽象的概念が形成されているにすぎず、具体的な判断はその正当性を大前提から得ることができていない。[82] したがって、概念法学に対する批判は正当なものである。しかし、わが国の法解釈論争において見られたように、概念法学を批判するあまり、法的判断には基準がないとすることは行き過ぎである。[83] 概念法学において問題であったのは、形式論理（法的三段論法）そのものではなく、大前提の正当化ならびにそれと不可分の小前提の正当化の仕方であり、大前提（法規範）が内在させている実質的な判断の無視である。[84] もちろん、大前提が内在させている実質的な判断に、盲目的に従うことが要求されるわけではない。大前提が内在させている実質的な判断がそもそも何かについて争いが生じうるが、三権分立ということからすれば、立法者の判断が明確になる限り、それに従わなければならないであろう。しかし、立法者の判断が明確であったとしても、先に述べたように、具体的事実に完全に同じものはありえないことを強調すれば、それと異なる判断をする余地は常に存在する。また、立法者の判断に反する判断をすることも――それが法解釈の範囲内に止まっているか否かについては疑問があるが――当然に否定されるものではない。[85] これらは、大前提の正当化（「マクロ正当化」）の問題でもあり、平井が提示した「議論」が重要な役割を果たすと考えられるが、今後の課題としたい。

（82） Ehrlich, a. a. O.（Anm. 70）, S. 252, S. 259, S. 275＝前掲書二三三頁、二三九頁、二五三頁、Kaufmann, a. a. O.（Anm. 71）, S. 14ff., S. 32＝前掲書二三一頁以下、二五〇頁、来栖・前掲注（22）「法の解釈と法律家」二〇頁＝『来栖著作集Ⅰ』七八頁以下、さらに、磯村・前掲注（4）九七頁、一一一頁における末弘の紹介参照。
（83） 原島・前掲注（2）一一七頁以下。
（84） 法の欠缺の場合の大前提の正当化について、Kaufmann, a. a. O.（Anm. 71）, S. 43＝前掲書二六四頁、磯村・前掲注（4）三一八頁以下参照。
（85） 星野・前掲注（47）民法・信託法理論の展開一一頁以下参照。

ローマ法の継受

五十嵐　清

河内宏・大久保憲章・采女博文・
児玉寛・川角由和・田中教雄 編
『市民法学の歴史的・思想的展開』
二〇〇六年八月　信山社5

一 序 説

1 ヨーロッパ大陸法におけるローマ法継受の意義(1)

近世ヨーロッパ大陸諸国は、多かれ少なかれローマ法の影響を受けて発達した。とくにドイツにおいては、一五世紀後半より一六世紀にかけて、ローマ法が普通法として適用されるにいたり、その状態はドイツの多くの地域では一九世紀末まで続いた。他の大陸法諸国においては、ドイツほどではないが、それぞれローマ法の影響を無視することはできない。そしてローマ法の影響の程度の差が、大陸法内で、ドイツ法群、ロマン法群、北欧法群の差となって現れている。その意味で、ローマ法の継受の問題は、ドイツだけでなく、ヨーロッパ大陸法全体にとってきわめて重要である。

2 法の継受の意義(2)

従来、法の「継受（Rezeption, réception）」といえば、中世末期より近世初期にかけてのローマ法の継受を意味していたが、同種の現象はいたるところに見られるのであり、たとえば、一九世紀におけるナポレオン法典の継受や、二〇世紀におけるドイツ・スイス民法典の継受が見られるし、またイギリス・コモンローの植民地への継受(transplant)も重要である。そこで、法の継受とは何かが問題となるが、それは広義では法文化が異なる社会へ移転すること一般を意味しよう。しかし、それでは広すぎるので、ここでは、一国の法制度の全部または一部が他の国に包括的に適用される現象を指すこととしたい(3)。そうすると、ドイツにおけるローマ法の継受はまさに継受であるが、他の国、とくにフランスやスペインでは、たんにローマ法の影響（または摂取）というべきかもしれない。いずれにせよ、ヨーロッパ大陸諸国における広義のローマ法の継受の問題は、研究がもっとも進んでいるということもあって、法の継受の問題一般の解明に寄与するところが大である。

（1） ヨーロッパ大陸におけるローマ法の継受を論じた基本的文献は、Koschaker, Europa und das römische Recht, 3. Aufl. München 1958 である。全体を概観するものとして、ヘルムート・コーイング／河上倫逸訳「ヨーロッパにおけるローマ法＝カノン法の継受」法学論叢一〇三巻四号（一九七八年）［上山安敏監訳『ヨーロッパ法文化の流れ』（ミネルヴァ書房、一九八三年）所収］参照。なお、本稿は拙稿「大陸法序説」「大陸法の基礎」（いずれも五十嵐清『現代比較法学の諸相』（信山社、二〇〇二年）所収）に続くものであり、二十年以上前に一応脱稿したのであるが、今回若干の補正を加えて、公表することにした。

（2） 法の継受一般については、沢木敬郎「法の継受」立教法学三号（一九六一年）、同「法の継受」『岩波講座現代法14外国法と日本法』（岩波書店、一九六六年）所収、北川善太郎「法の継受」川島武宜編『法社会学講座7』（岩波書店、一九七三年）所収など参照。なお、「法の継受と比較法」については、できれば別稿で詳しく論じたい。

（3） より厳密な定義としては、北川・前掲注(2)二〇三頁参照。

二 フランスにおけるローマ法の継受(4)

1 ガリア・ローマ法

フランスがローマ法と関係をもったのは、すでに古くガリア時代にカエサルにより征服されたときに始まる。その結果、ガリア人にもローマ法が適用されることになった。その後、五世紀のゲルマン民族の侵入により、フランスの地はフランク族の支配に服したが、そこに住むローマ人（ガリア・ローマ人）にはいぜんローマ法が適用された。しかし、当時のローマ法は膨大なものであったので、アラリック二世により五〇六年に公布された「アラリック簡単書」が主要法源とされた。これは四三八年のテオドシウス法典（Codex Theodosianus）を簡素化したものである。これに対し、フランク部族に対しては、ゲルマン古代以来の慣習法が適用された。それらは六世紀から八世紀にかけて「サリカ法典」および「リブアリア法典」として編纂されたが、これらの法典編纂に対するローマ法の影響は乏しい(5)。

2　中世フランスにおけるローマ法(6)

イタリアで興った注釈学派は、隣接する南フランス一帯に直ちに影響を及ぼした。一二世紀後半に、注釈学派の一人プラケンティーヌスがモンペリエでローマ法を講じたことが有名だが、他の大学でもローマ法が研究・教育されるようになった。とくに南フランスでは、一二世紀以来、ローマ法は次第に慣習法の一つとして、他の慣習法のない場合に補充的に適用されるようになった（普通法）。これに対し北部フランスでは、従来の慣習法がいぜんとして支配し続けたが、一三世紀になると、パリやオルレアンを中心としてローマ法が研究・教育されるようになり、大学でローマ法を学んだ法律家（レジスト légiste）が裁判を通じて法実務に関与しはじめた。当時のフランス王権（カペー王朝）にとっては、王権の権威を高め、合理的な行政・司法を営むためにレジストが必要であった。他面において、フランス王権と対立していた神聖ローマ皇帝（ドイツ皇帝）もその権威をローマ法に由来させていたので、ローマ法の無条件導入は、フランス国王の権威を弱めるおそれがあった。そのため、フランス国王は教皇ホノリウス三世を動かし、一二一九年にパリ大学でのローマ法の研究・教育を禁止する教令を出させた。しかし、他の大学ではいぜんとしてローマ法が講ぜられ、とくにパリの近くのオルレアン大学は、当時のフランスだけでなく、ヨーロッパにおけるローマ法研究の中心となった(7)。

中世盛期におけるフランスのローマ法研究は、基本的にはイタリア注釈学派および注解学派の影響下にあったが、近世（一六世紀）に入ると人文主義の影響を受けて、ローマ法を実用を離れ文献学的に研究する学派が誕生した。その代表的学者はコナン（François de Conan, 1508-1551）、キュージャス（Jacques Cujas, 1522-1590）、ドノー（Hugues Doneau, 1527-1591）などであり、[8] 彼らは人文主義学派（復古学派、Humanistes）といわれ、その学風は実用主義的な「イタリア風 mos italicus」学問に対し、「フランス風 mos gallicus」学問と称された。人文主義そのものは、近世初期における全ヨーロッパ的風潮であるが、とくにフランスでこの種の法学が発達したのは、フランスには（ドイツと違い）ローマ法の継受がなかったため、ローマ法は現行法ではなく、純粋に学問の対象となしえたからだといわれる[9]（これに対し近世初期のドイツでは、法学者はローマ法の現代的慣用に従事した）。

3　慣習法の発展

フランスでは一三世紀の半ば頃より、ローマ法が普通法として適用される南部の成文法地方と、中部から北部にかけての慣習法地方との対立が生じた。この対立は一六世紀にはかなり明確な地理的区分となり、その状態はフランス革命まで続いた。このような慣習法地方の存在が、フランス法をドイツ法と区別する大きな根拠となっているので、以下、フランスにおける慣習法の発展について概観したい。

慣習法は本来自生的地域的なものであるが、そのままでは適用に不便であり、その編纂が必要となる。このため、一三世紀になると、多くの地方で私人による慣習法の編纂がなされた。なかでも有名なのが、ボーマノアール（Philippe Beaumanoir 一二九六年頃死亡）による「ボーヴェジ慣習法書（一二八〇年頃）である。[10] この編纂自体にローマ法の影響が見られる。そして、このような慣習法の編纂を通じて、フランス慣習法は次第に統一の方向へ向かっていった。

さて近世初期のフランスでは、次第に絶対王政が確立されていったが、その過程のなかで、一四五四年国王の命令（王令 Ordonannce）により、慣習法の公式の編纂がなされることとなった。[11] この編纂事業は各地域ごとに行われ、一六世紀中に完成した。なかでも重要な地位を占めるのは、一五一〇年に成立し、一五八〇年に改正されたパリ慣習法であり、以後この慣習法は北部慣習法地方の普通法として、慣習法の統一に貢献することとなった。学者のなかにも、ローマ法以外に、慣習法を研究対象とし、その統一のために努力する者が現れるようになった。その代表は、ギュムーラン（Charles Du Moulin, 1500-1566）である。[12]

以上のような慣習法の発展と統一が、フランスにおいてローマ法の侵入を阻止した最大の要因であったことはいうまでもない。しかし、取引法の分野のように、もともと慣習法上の素材に乏しいところでは、ローマ法が慣習法として取り入れられており、また法を運用する人たちがローマ法の素養を有しているため、北部慣習法地方はけっしてローマ法と無縁ではなく、両者が協調しながら法を発展させた面の存することは否定できない。他方、南部においても、ローマ法は慣習法の一つとして適用されたといわれ、それに優先する地方的慣習法の存在も認められているので、南北両法域の差を絶対視するのも行き過ぎであることが指摘されている。[13]

（4）フランス法史の概説として、野田良之『フランス法概論上巻〔再版〕』（有斐閣、一九七四年）、山口俊夫『概説フランス法上』（東大出版会、一九七八年）、滝沢正『フランス法〔第二版〕』（三省堂、二〇〇二年）参照。概説書、入門書の邦訳としては、オリヴィエ・マルタン／塙浩訳『フランス法制史概説』（創文社、一九八六年）、アンベール／三井哲夫他訳『フランス法制史』（白水社、一九七四年）がある。最後のものは、家族法の歴史を中心としている。

（5）久保正幡訳『サリカ法典』『リブアリア法典』（いずれも創文社、復刊、一九七七年）参照。

（6）大久保泰甫「フランス中世王権とロオマ法」法制史研究二三号（一九七三年）参照。

（7）大久保泰甫「第一三世紀のオルレアン大学について」名大法政論集三六・四〇号（一九六六—六七年）参照。

（8）コナンについては、小川浩三「F・コナンの契約理論」北法三五巻六号、三八巻一号（一九八五、八七年〔未完〕）、キュージャスについては、西村隆誉志「キュジャスと『法の歴史学』——覚書」愛媛法学会雑誌一九巻一号（一九九二年）など、ドノー（ドネルス Donellus）については、とくに西村隆誉志『ヨーロッパ近代法学形成史の研究——16世紀フランスの知識社会とドノーの法律学』（成文堂、一九九九年）参照。

（9）　人文主義法学についての一般的文献としては、久保正幡「法学の mos Italicus と mos Gallicus」法協百周年記念論文集1（有斐閣、一九八三年）所収、大木雅夫「法学におけるルネサンス――イタリア学風とガリア学風」ソフィア四三巻一号（一九九四年）、同「フランスにおける人文主義法学点描」上智法学論集三七巻三号（一九九四年）、同「フランス人文主義法学の夜明け」北村一郎編集代表『現代ヨーロッパ法の展望』（東大出版会、一九九八年）所収など参照。

（10）　本慣習法の邦訳として、ボマノワール／塙浩訳『ボヴェジ慣習法書』（信山社、一九九二年）という労作がある。

（11）　この王令の内容と解説について、久保正幡先生還暦記念『西洋法制史料選Ⅲ近世・近代』（創文社、一九七九年）三頁以下（大久保泰甫執筆）参照。

（12）　デュムーランについての邦語文献としては、国宗知子「デュムランの利益論研究のために」中央大学大学院研究年報一二号Ⅰ―二（一九八三年）、大川四郎「シャルル・デュムウランの利息論についての考察（1）」名法一二九号（一九九〇年）などがある。後者には、デュムーランの簡単な評伝がある。

（13）　野田・前掲注（4）二七四頁、関口晃「フランス近世私法に関する一試論」『法典編纂史の基本的諸問題――近代』（創文社、一九六四年）九二頁など参照。

三　ドイツにおけるローマ法の継受（14）

1　ローマ法継受のプロセス

ドイツでは一五世紀半ば以降、ローマ法に基づいて裁判がなされるようになった。通常この現象をローマ法の実務的継受と称するが、ローマ法はそれ以前にドイツに継受されたといわれる。まず、すでにフランク時代の部族法典のなかにローマ法の影響が見られる。これをローマ法の早期継受と称する見解があるが、しかしこのローマ法は卑俗法であり、後の市民法大全の継受と直接の関係は見られないので、この見解は今日では否定されるべきであろう（15）。

つぎに一二世紀になると、歴代のドイツ皇帝がローマ帝国の後継者としてドイツにローマ法の適用を認めたといわれる（とくにロタール伝説）。これをローマ法の理論的継受と称するが、そのような歴史的事実はなく、フリートリッヒ・バルバロッサなどが皇帝の権威を高めるためにローマ法を利用したことがあるにすぎず、これまた本来のローマ法の継受と区別されるべきである。(16)

ドイツにおいても、一三世紀以来北イタリアの大学への留学が行われるようになったが、当初は聖職者が中心であり、主としてカノン法が学ばれた。一四世紀の半ば以後ドイツ国内に大学が創られるようになったが、そこでもカノン法の教育が優位を占めていた。ドイツで本格的なローマ法の教育が行われるようになったのは、一五世紀中ごろからである。かくしてローマ法の教育を受けた法学識者は、帝国、領邦、都市それぞれのレベルで、行政および司法にたずさわるようになり、彼らを通じて法実務のうえでローマ法が導入された。これをローマ法の実務的継受と称する。(17)

このような実務的継受を完成させたできごとが、一四九五年の帝室裁判所規則（Reichskammergerichtsordnung）の制定である。この新たに創設された帝国の裁判所においては、一六人の判決人のうち半数はローマ法に通じた学識者であることが要求され（一条）、そこでの裁判は、地方的特別法や慣習法のほか、帝国普通法（ローマ法のこと）に従ってなされることが命ぜられた（三条）。これにより、ローマ法はドイツに包括的に継受されたのである。(18) 以上の過程から明らかなように、ドイツにおけるローマ法の継受は、一九世紀以後の法の継受が立法によって行われたのに対し、司法による継受であった点に特色がある。

2 継受されたローマ法

継受されたローマ法は市民法大全に集成されたローマ法であるが、市民法大全そのものでなく、それに注釈学派、とりわけ注解学派の注釈付きのものであった。そのほか、カノン法や、さらには中世の諸法源、とくにランゴバルト封建法書（Libri feudorum）も継受の対象となった[19]。

しかし他方において、市民法大全のすべてが継受されたわけではなかった。まず、ローマの国家組織法は、皇帝や領邦君主の地位を強化するために利用されたが、そのままの形では継受されなかった。刑法については、市民法大全は未発達のものであり、注解学派により刑法学に高められ、それが継受された。手続法も同様であり、継受されたのはローマ法の民事手続きではなく、カノン法の影響を受け、イタリアで発達した民事手続きであった。これに対し、私法においては、まさに市民法大全が全面的に継受された（もっとも、注解学派の注釈や助言付きであるが）。しかし私法においても、婚姻法や動産遺言法では、カノン法が継受され、商法の分野では中世商慣習法が適用され、物権法、とくに物権取引法の面では、ローマ法は時代遅れのため、無視されることが多かった。したがって、継受された私法は債権法が中心であり、それに相続法が加わった[20]。

継受されたローマ法の効力は、ドイツでも補充的なものと解された（普通法）。つまり、地方特別法や慣習法があれば、そのほうが優先するものとされた。しかし、ローマ法の素養のある裁判官が全面的に進出したので、特別法は無視されることが多く、事実上もローマ法が大幅に適用されたといわれる。さらに後述のように、継受時代になされた立法には、ローマ法の影響の強いものが多く、この点でも、ローマ法の優位は明らかである。

3　ローマ法の継受の原因[21]

ヨーロッパにおいてローマ法の全面的継受が見られたのはドイツ（およびオランダ）に限られるため、なぜドイツにおいてローマ法継受が行われたのか、ということが問題となる。この問題は、ドイツでは古くからローマ法継受の原因論として議論されている。代表的な原因論には、以下のようなものがある。

(1) 帝国理念

ドイツ帝国（神聖ローマ帝国）はローマ帝国の後継者であり、したがってローマ法はドイツ帝国の法でもあるべきだとする理念が、ドイツにおけるローマ法継受をもたらしたとする見解である。これは、前述のように、ローマ法の理論的継受と結びつく見解であるが、歴史的事実としては、一二世紀から一四世紀にかけてのドイツ帝国の法はローマ法の影響を受けることが乏しく、帝国理念はせいぜい継受現象の思想的背景として理解されるべきである。[22]

(2) 人文主義

近世初期の人文主義がローマ法の継受を促進したという見解であり、コーイング（Helmut Coing）などの主張するところである。[23] しかし、中世イタリアのローマ法学は人文主義より以前に発達したものであり、両者（ローマ法学と人文主義）はドイツにおいてはむしろ敵対的であったといわれる。また、人文主義の高度に発達したイギリスやスイスでは、ローマ法の実務的継受は見られず、したがって両者は無関係であるという説が有力である。[24]

(3) 法学識者による行政と司法の独占

イタリアまたはドイツの大学でローマ法を習得した者（法学識者）によって行政と司法の要職が占められたことが、ローマ法継受の原因であるという説。これは、ドイツにおける実務的継受を意味するが、しかし、フランスやスペインでは、同じような法学識者の支配が必ずしもローマ法の全面的継受をもたらさなかったので、これだけを原因とするわけにはいかない。

(4) 経済的要因

ドイツの固有法は未発達で、中世末期から近世初期にかけて取引の需要に応ずることができず、このためローマ法が継受されざるをえなかったとする説。(25) しかし、ユ帝法の内容はむしろ初期資本主義の発展を阻害する要素を含んでいるし、他方、イギリス、北フランス、ハンザ諸都市などでは、ローマ法の継受なしに近代的経済段階に達したことからいって、経済的要因のみを継受の原因と考えることはできない。

(5)　政治的要因

イギリス（イングランド）ではノルマン王朝が当初から中央主権を確立させ、フランスでも比較的早く国王の中央集権が成立し、それが慣習法の近代化を可能にしたのに対し、ドイツでは、帝国は有名無実の存在であり、実権は各地の領邦君主の手に帰し、中央集権化は望むべくもなかった。このため固有の慣習法の近代化、統一化ができず、そこでドイツにおける司法の近代化のためローマ法が継受された、というのがこの説であり、いまのところ通説的見解である。ヴィアッカーも、「継受が近世国家の形成と不可分に結びついていたこと、換言すれば、継受は主として国制史上の事件であったことが、確認される」と結んでいる。(26)

4　法学者の役割

前述のように、継受期のドイツにおいては、ローマ法を修めた法学識者が大きな役割を果たした。彼らは帝国、領邦、都市のそれぞれの行政および司法の要職を独占した。さらに国内の大学において、法学の講義を行うようになった（当初は外国人教師が担当した）。近世初期のドイツを代表する法学者はツァジウス（Ulrich Zasius, 1461-1535）である。かれは、ローマ法を修め、南ドイツのフライブルクで裁判所書記として司法実務に関与するとともに、大学でローマ法を教え、さらに立法者としてフライブルク都市法の制定に当たった。かれはまたエラスムス（Erasmus）など当時の代表的な人文主義者と交流し、ドイツでは数少ない人文主義法学者であった（もっとも、フランスの人文主義法学者にくらべると、本質的にはバルトリスト［バルトールスの徒］であったといわれる）。またかれは、多くの弟子を養成したことでも知られる[27]。

ドイツにおける法学者の優位を示すものは、大学法学部への訴訟記録送付（Aktenversendung）の制度である。この制度はすでに十五世紀に現れ、一六世紀初頭に一般化したといわれるが、現実の裁判にさいし、難問に遭遇したときに、裁判所から法学部に訴訟記録を送り、教授団の鑑定または判決をえて、それに従って判決をすることをいう。この制度は、ドイツの一部では、一九世紀後半まで続いたが、法の形成に対し大学教授が主導権を有するというドイツ型は、すでに近世初頭に成立したのである[28]。

5 継受時代の立法[29]

ローマ法の継受は司法的継受であり、この時期には立法は二次的役割を果たすにすぎなかったが、それでも種々のレベルで特別法が制定された。特別法はローマ法に優先するので、この時代の立法を見ることは、ローマ法継受の現実を明らかにすることになる。

(1) 改革都市法[30]

この時期にドイツの各都市で改革都市法（Reformation）が制定された。中世の都市法が慣習を収録するだけであったのに対し、継受期の都市法には、立法によって法生活を発展させようとする意欲が見られた。具体的には、それはローマ法を取り入れることによって行われた。もっとも、ローマ法の影響の度合いは、都市により、さらに時代により異なった。ローマ法の影響の少ないほうから示すと、ケルン（一四三七年）、ハンブルク（一四九七年、一六〇三年より五年にかけて改訂）、リューベック（一五〇九年、一五八六年改訂）、ニュールンベルク（一四七九年）、フライブルク・イム・ブライスガウ（一五二〇年）、フランクフルト・アム・マイン（一五〇九年、一五七八年および一六一一年に改訂）、ウォルムス（一四九九年）の順である[31]。

このなかでとくに注目されるのは、フライブルクとフランクフルトの都市法である。フライブルク都市法はツァジウスの手になるものであり、ローマ法にうち都市の生活に不要のものは除き、固有法のうち価値のある制度（たとえば、公信の原則）は保存しており、ローマ法と固有法をたくみに調和させた傑作である。この都市法は、かれの弟子を通じて他の改革都市法に影響を与えるとともに、フライブルクでは十九世紀にいたるまで通用した。改訂フランクフルト都市法（一五七八年）は、ツァジウスの弟子、フィッヒァルト（Johann Fichard, 1512-1581）の手になり、フライブルク都市法の影響を受けること大であるが、その他の立法例もひろく考慮し、その「完全性、体系性、近代的文体という点で、立法史における一里塚」と評される。(32)

(2)　領邦法(33)

近世初期のドイツでは、帝国を構成する諸領邦（Territorial、またはラントLand）が次第に独立国家に自己を高めていったが、その過程で、領邦単位の立法も若干見られた。代表的なものは、バイエルン改革ラント法（Bayerische Landrechtsreformation, 一五一八年）、ヴュルテンベルク・ラント法（Württembergisches Landrecht, 一五五五年）、クールザクセン基本諸法（Kursächsische Konstitutionen, 一五七二年）などである。バイエルン・ラント法は固有法を多く採録し、当時のものとしては最も保守的であった。これに対し、ヴュルテンベルク・ラント法は、固有法の分裂に災いされて、大幅にローマ法を取り入れたものであったが、他の立法に対し大きな影響を与えた。ザクセンの立法は、これらと趣を異にしている。この地方ではザクセン・シュピーゲルが普通法であり、そこに存する矛盾や問題点の解決の結論を集大成したものが、前記基本諸法である。(34)

(3)　警察条令（Polizeiordnung）(35)

当時の法生活に対してローマ法がどれだけ影響を及ぼしたかを知るためには、帝国やラントのレベルで制定された警察条令を無視することができない。ここでいう警察（ポリツァイ Polizei）とは狭義の警察ではなく、行政一般を示す語であるが[36]、警察条令は公法だけでなく私法も規制した。すなわち、それは経済法や労働法の分野を規制するほか、純粋の私法の分野でも、後見、相続、債権、不動産について規制を加えたが、その内容はローマ法を修正するものであり、したがって警察条令の制定はローマ法継受の限界を示すものであった。

以上、継受期における立法について概観したが、立法の存在はローマ法適用の限界を示すものとして重要な意義を有する。しかし、都市法や領邦法の多くに見られるように、そのなかにローマ法を取り入れることにより、ローマ法継受を促進する役割を果たした面のあることも否定できない。

6 ローマ法継受の意義

さいごに、ドイツにおけるローマ法継受の意義について考えてみたい。ローマ法の継受はドイツ法を全面的にローマ法化したわけではなく、固有法の相当部分が維持された。そこで、第二次大戦後ヴィアッカーなどは、ローマ法の継受の意義を、法の素材のローマ化ではなく、ドイツの法生活の学問化、近代化の一環と捉えている[37]。こうなると、ローマ法継受はドイツだけの問題ではなく、全ヨーロッパ的現象と見られるべきである。フランスとドイツの間で、一方がローマ法を継受せず、他方が継受したとして区別するのは、むしろイデオロギーにとらわれた解釈ではなかろうか。とくにフランス南部の成文法地方とドイツとの間には質的差異はなく、程度の差が存するにすぎないと解すべきであろう。ヨーロッパ大陸法の一体性の根拠は、まさにそこに見られるのである[38]。

（14） この問題については、「Rezeption の素描」一橋大学研究年報法学研究四（一九六二年）にはじまる勝田有恒の一連の研究が参照されるべきである（その研究成果の概観として、勝田有恒ほか編『概説西洋法制史』（ミネルヴァ書房、二〇〇四年）一五八頁以下［勝田執筆］参照）。そのほか、本稿ではとくにヴィアッカー／鈴木禄弥訳『近世私法史』（創文社、一九六一年）一二一頁以下（F. Wieacker, Privatrechtsgeschichte der Neuzeit, 2. Aufl. 1967, S. 124 ff.）に依拠するところが多い。

(15) 本文の意味での早期継受については、久保正幡「ゲルマン法史上におけるローマ法の継受」同『西洋法制史研究』（岩波書店、一九五二年）所収参照。しかし、今日のドイツの学界では、早期継受（Frührezeption）という概念は、ドイツ人が一四・一五世紀にイタリアの法学校でカノン法やローマ法の勉学することによる両法の影響を指すものとされる。Wieacker（Anm. 14），S.115 ff. H・シュロッサー／大木雅夫訳『近世私法史要論』（有信堂、一九九三年）五一頁など参照。なお、この点については小川浩三氏のご教示をえた。

(16) 詳細は、勝田「フリートリッヒ・バルバロッサといわゆる『ローマ法の理論的継受』」一橋大学研究年報法学研究六（一九六六年）参照。なおロタール伝説（一一三五年にロタール皇帝がローマ法を帝国の法律をもって明示的に継承したという伝説）については、勝田「ドイツにおける中世的普通法理念の高揚と凋落」一橋大学研究年報法学研究九（一九七五年）一一頁以下参照。

(17) ドイツにおける法律家層の形成過程については、上山安敏『法社会史』（みすず書房、一九六六年）三一頁以下、ハンス・ティーメ／佐々木有司訳「一六世紀ドイツ社会における法学博士（Doctores legum）の役割」ティーメ／久保正幡監訳『ヨーロッパ法の歴史と理念』（岩波書店、一九七八年）所収参照。ちなみに、ティーメ論文の冒頭に、ゲーテの『ゲッツ・フォン・ベルリヒンゲン』に登場する法学識者オレアリウスを通じて、十六世紀の実務的継受の状況を表徴的に表現している場面が、紹介されている（『ゲッツ』の邦訳として、『ゲーテ全集4』潮出版社、一九七九年、九四頁以下参照）。

(18) 勝田有恒「帝室裁判所規則（一四九五年）の成立」一橋論叢六八巻四号（一九七二年）参照。一五二一年の帝室裁判所規則では、残りの半数の騎士階級出身の判決人にも法学識が要求された。なお、帝室裁判所の管轄権は限られたものであったが、各領邦の上級裁判所も同様な規則を作ったので、ローマ法はドイツ全域に継受された。帝室裁判所をふくめ、近世初期のドイツの裁判所に関するその後の邦語文献として、ディーステルカンプ／文字浩紹介「一六世紀の法生活における帝国カンマー裁判所（1）」南山法学九巻二号（一九八五年）、同／村上裕・田中実訳「成立期から十八世紀末までのドイツ国民の神聖ローマ帝国における最高裁判権」関東学院法学一巻二号（一九九二年）、同／西川洋一訳「ドイツにおける法治国思想の成立と実現に対する帝国最高法院の寄与――官房司法の禁止」海老原明夫編『法の近代とポストモダン』（東大出版会、一九九三年）所収、文字浩「カンマー裁判所法（一四七一年）、カンマー裁判所法等族草案（一四八六年）、帝国カンマー裁判所法（一四九五年）」南山法学一五巻三・四号（一九九二年）、同「帝国カンマー裁判所法（一五五五年）」南山法学一六巻一・二号、三・四号、一七巻一号二号三号、二一巻三号（一九九二―九七年）、同「旧帝国における帝国最上級裁判所について」南山法学二二巻四号（一九九八年）など参照

（文字の最後の論稿は全体の概観を与えてくれる）。さらに、ローマ法継受以前のドイツの裁判所については、田口正樹「中世後期ドイツの国王裁判所——最近の研究によるその再評価について」北大法学論集四四巻四号（一九九三年）参照。
(19) 封建法書については、京都大学西洋法史研究会「封建法書（Libri feudorum）邦訳」法学論叢六二巻五号、六三巻一号、二号、三号（一九五六—五七年）があるほか、久保正幡先生還暦記念『西洋法制史料選Ⅱ中世』（創文社、一九七八年）一一〇頁以下にも、塙浩による抄訳がある。
(20) 私法のどの部分が継受されたかについての詳細は、ヴィアッカー・前掲注(14)二三九頁以下(Wieacker [Anm. 14], S. 227 ff.)参照。
(21) ヴィアッカー・前掲注(14)一四〇頁以下（Wieacker, [Fn. 14], S. 143 ff.）、三戸壽「ドイツにおけるローマ法継受の原因」［同『近代法成立史序説』（国立書院、一九四八年）所収］、勝田有恒「一九世紀末に至る普通法論的 Rezeption 論」一橋論叢四九巻三号（一九六三年）、同「Rezeption 論・視角の展開」一橋論叢五〇巻六号（一九六三年）など参照。本文は主としてヴィアッカーによる。
(22) 逆に、フランスのように、王権が神聖ローマ帝国と対立したことがローマ法の進入を妨げる理由になった（前述）。さらにスイスでは、神聖ローマ帝国と戦うことにより独立を勝ちえたことが、ローマ法を包括的に継受しなかった一因とされている。Zweigert u. Kötz, Einführung in die Rechtsvergleichung, 3. Aufl. Tübingen 1996, S. 166.
(23) H. Coing, Die Rezeption des römischen Rechts in Frankfurt am Main, 2. Aufl. Frankfurt a. M. 1962, S. 187 ff. ただし、コーイングが戦後もこの見解を維持したかどうかは不明。コーイング・前掲注(1)には、この問題についての言及がない。
(24) 詳しくは、勝田「Rezeption の素描」（前掲注(14)）二四九頁以下参照。なお、人文主義とイギリス法学の関係については、深尾裕造「チューダー期イングランド法学の形成とその展開過程」法学論叢一〇五巻一号、三号、六号、一〇六巻一号（一九七九年）が注目すべき研究である。
(25) わが国では、三戸・前掲注(21)一五二頁がこの説を主張している。
(26) ヴィアッカー・前掲注(14)一四九頁（なお、Wieacker [Anm. 14], S. 152 参照）。
(27) ツァジウスについては、勝田有恒「フライブルグのツァジウス」一橋論叢四八巻四号（一九六二年）、同「一人の法律家」一橋論叢六三巻四号（一九七〇年）、同「ウールリッヒ・ツァジウスの『人文主義的』法律学について」一橋大学人文科学研究一五（一九七五年）、小野秀誠「ツァシウスとフライブルク市法の改革」一橋論叢一二一巻一号（一九九九年）［同『大学と法曹養成制度』（信山社、二〇〇一年）二七五頁以下］など参照。最近におけるドイツでの評価として、K.-P. Schroeder, Ulrich Zasius (1461-1535)——Ein deutscher Rechtsgelehrter im Zeitalter des Humanismus, JuS 1995, 97 参照（そこでは、イタリア学風との違いが強調されている。S. 100)。

(28) 訴訟記録送付についての詳細は、飯野靖夫「ハレにおける法科大学判決団――絶対主義ブランデンブルグ・プロイセンの学識裁判」法学論叢一三一巻三号、一三三巻三号（一九九二―九三年）、荒井真「訴訟書類送付手続における学識性と不偏不党性」上智法学四三巻二号（一九九九年）参照。後者はゲッチンゲン大学を中心とする研究である。

(29) 以下も、主としてヴィアッカー・前掲注(14)二〇一頁以下（Wieacker [Anm. 14], S. 189-203）による。

(30) 前注のほか、勝田「Rezeption の素描」（前掲注(14)）二二五頁以下、ティーメ／石川武・勝田有恒訳「ローマ法継受時代の立法」[ティーメ／久保監訳『ヨーロッパ法の歴史と理念』（前掲注(17)）所収参照。

(31) 以上のうち、ニュールンベルク、ウォルムス、フランクフルト（一五〇九年）、フライブルクの都市法は、Kunkel, Quellen zur Neueren Privatrechtsgeschichte Deutschlands, 1. Bd, 1. Halbbd. Weimar 1936 に収録されている。また、ハンブルク都市法については、フランク・アイヒラー／和田卓朗訳「ハンブルク都市法――端緒から1603/05年まで」法雑四九巻四号（二〇〇三年）参照。

(32) ティーメ・前掲注(30)七二頁。なお、フィッヒァルトの生涯については、小倉欣一「ヨハン・フィッヒァルト小伝――近世都市フランクフルト・アム・マインの法律家」佐藤篤士先生還暦記念『歴史における法の諸相』（敬文堂、一九九四年）一九五頁以下が詳しい。

(33) ヴィアッカー・前掲注(14)二〇八頁以下のほか、勝田「Rezeption の素描」（前掲注(14)）二二〇頁以下、および同「ラント立法と法学者――16世紀ブランデンブルグの一例」一橋論叢七二巻四号（一九七四年）参照。

(34) 三法典は、Kunkel (Anm. 31), 1. Bd. 2. Halbbd. 1938 に収録されている。

(35) ヴィアッカー・前掲注(14)二一四頁以下参照。近時、警察条令に関し多くの邦語文献が発表されているが、ここではミヒャエル・シュトライス／和田卓朗訳「初期近代［=近世］のポリツァイ条令における『規範の現実的運用』とは何を意味するのか」法雑四九巻二号（二〇〇二年）、および松本尚子「ポリツァイ（条令）」『歴史学事典第９巻法と秩序』（弘文堂、二〇〇二年）五七八頁以下をあげるにとどめる。なお、当時の警察条令の主要なものは、Schmelzeisen, Polizei- und Landesordnungen, Quellen zur Neueren Privatrechtsgeschichte Deutschlands, II/1 und 2, Weimar 1968, 69 に収録されている。

(36) 石部雅亮「外国法の学び方――ドイツ法３」法学セミナー一九七四年二月号一五三頁参照。

(37) ヴィアッカー・前掲注(14)一四八頁、および二五五頁参照。

(38) H・コーイング／佐々木有司訳『ヨーロッパ法史論』（創文社、一九八〇年）一〇頁以下参照。

啓蒙期自然法学から歴史法学へ

――一八世紀ドイツの法学教育の改革との関連において――

石部雅亮

河内宏・大久保憲章・采女博文・
児玉寛・川角由和・田中教雄 編
『市民法学の歴史的・思想的展開』
二〇〇六年八月　信山社6

一 はじめに

1

法科大学院の発足は、法学教育の内容と方法に変革を迫る点で、法学教育にこれまで経験したことのないような巨大なインパクトを与えた。ながい間伏流にあったものが、いまや地表を覆い始めたかのようである。法学教育の改革は、第二次世界大戦後からいたるところで議論がおこなわれてきたが、最近のグローバル化の進展と国際間の競争の激化に伴って、加速度的にその進行を早め、いまや新しい局面に入ったかにみえる。しかも、これはわが国のみならず、欧米においても共通の現象である。その流れはとどまることをしらない(1)。

歴史的にみても、法学が大学教育と結びついて発展したことは、明らかである。ヨーロッパでは、一二世紀に北イタリアはボローニアの大学で法学教育が始められて以来、この伝統は連綿としていまに続いている。これと対照的なのはイギリスの法曹養成であったが、マックス・ヴェーバーは、その『法社会学』において、イギリスの「実務家による法の経験的手工業的教育」を「法学校および合理的に体系化された書物による法の理論的教育」に対比させている(2)。ヨーロッパやわが国では、法の合理主義的理論教育が、ときに異議申し立てや破産宣告さえなされながら、現在もなお存続している。目下進行中の改革にみられる、弁護士養成に向けた実務重視の方向、あるいは弁論術、文書作成術、交渉術などの復権が、今後伝統的な法学をどのように変えていくことになるか、注目に値しよう。

近代合理主義に対する批判が、ただちに法の合理主義的理論教育の否定を意味するものではあるまい。法理論の伝統に培われてきたものを一挙に廃棄することはもちろんできない。重要なことは、近代合理主義の歴史的相対化を試みることであって、そのうえで、法学教育においても、それがどのような歴史的条件の制約のもとで形成され、それと異なった現代の歴史的条件のもとにあっては、どのような修正が必要であるか、を冷静に検討してみることではあるまいか。

2　以下、本稿では、啓蒙期ドイツの法学教育の改革を考察の対象として取り上げ、近代の合理主義的な法学教育がどのように形成されてきたかを素描することにしたい。ドイツ法学史の叙述において、この過程は、自然法学の時代から、歴史法学による根本的転換を経て、パンデクテン法学に結実する、もっとも重要な一章を形づくっている。法学史の研究をみると、ドイツでも、わが国でも、歴史法学やパンデクテン法学についての業績は多いが、自然法学の研究が比較的手薄であることは否めない。これを補うことが、本稿の目的の一つである。

大学は研究と教育が不可分に結びついている組織であるから、この両者は相互に影響を及ぼすことになるのは当然である。従来は学問研究を中心とする考察が主であったが、教育の側面もまた無視することはできない。そこで、本稿は、啓蒙期の法学を法学教育の改革の視点から見直すことを課題とする。この時代の大学改革で著名なものは、一六九四年創設のハレと一七三七年創設のゲッティンゲンの大学改革であろう。前者は別稿で扱うことにして、ここでは後者に目を向ける。ハレとゲッティンゲンの法学の新しい方向は、それ自体として注目すべきであるが、サヴィニーと歴史法学の形成の問題を考える場合にも、その前史として重要な意味をもつ(3)。真の意味で近代的な法学が歴史法学を起点とすると考えれば、それが前代からなにを受け継ぎ、なにを新たに創り出したかを明らかにする必要があろう。

3　ところで、当時の法学部の講義目録には、「法のエンツュクロペディーとメトドロギー」(Enzyklopädie und Methodologie des Rechts) というタイトルの講義があるのが普通で、そのために使用される同名の教科書も挙げられている。ゲッティンゲンではこの講義の担当者ないし教科書の執筆者は、ピュッター (J. S. Pütter) に始まり、それがライテマイアー（J. F. Reitemeier）およびフーゴー（G. Hugo）と承け継がれる。ここでは、これらの講義および文献を題材に選ぶことにする。本来は、上記の法学者のひとりひとりにつき考察すべきであるが、紙幅の制約上、今回はピュッターを中心にし、その他については、簡単に言及するか、示唆するにとどめたい。サヴィニーとの対比についても、同様であり、その詳論は他日を期したい。

（1） 拙稿「法科大学院構想と法学教育改革―ドイツ法学史の視点から見た場合」法時七二巻一一号（二〇〇〇年）七五頁―七八頁、および「法科大学院における理論教育と実務教育―ドイツの歴史的経験をふまえて」法雑五一巻二号（二〇〇四年）二一頁―二八頁。

（2） M. Weber, Rechtssoziologie (Soziologische Texte 2), hrsg. v. H. Maus und F. Fürstenberg, Neuwied am Rhein u. Berlin 1967, S. 238.

（3） かつて拙稿「法律の解釈―サヴィニーの解釈理論の理解のために」原島重義編『近代私法の形成と現代法理論』（九州大学出版会、一九八八年）六〇頁において、サヴィニーの理論形成における前史と後史の研究という二方面作戦を展開する必要性を述べたことがある。本稿は前史の研究の一環をなすものである。

二　ゲッティンゲン大学の創設と法学部

1　ハーノーファー選帝侯国の都市ゲッティンゲンに、一七三七年新しい大学が創設された。創設者である選帝侯ゲオルグ・アウグストの名をとってゲオルギア・アウグスタ（Georgia Augusta）と呼ばれた。ハーノーファーはイギリスと同君連合であり、選帝侯はイギリス国王ジョージ二世としてロンドンから統治をおこなったから、大学の創設と運営は、実質的にはミュンヒハウゼン（G. A. Münchhausen）の手にゆだねられた。

ゲッティンゲン大学は、当時の先端を切っていたハレ大学に対する王朝間の対抗意識から設立されたが、みずからハレに学んでグントリング（N. H. Gundling）の弟子を自認していたミュンヒハウゼンは、ハレをモデルにしながら、その長所を取り、短所を避けて、新大学を構想した。制度改革においては、教授人事における極端な宗教色の排除、教授の自由の保障と神学部による検閲の廃止、教授の報酬の増額、図書館、天文台、実験室のような研究設備の充実などの新機軸を打ち出した。

他方、多数の富裕な学生、とりわけ帝国の貴族身分の子弟を集めることに意を用いた。学生の誘致の目的で、その生活が快適になるような「都市づくり」をおこなった。その背後には、領邦の臣民の子弟が自国の大学で学ぶようになれば、それによって国内にとどまる金は一〇万ターラーにもなり、さらに外国から学生がやって来れば、落とす金はその二倍、三倍にもなるというグルバー（J. D. Gruber）の意見にみられるように、大学設立によって領邦経済を活性化させようとする重商主義的計算が働いていたことも事実である。

新大学は、高邁な識見をもった理事者ミュンヒハウゼンの督励と庇護によって、たちまち頭角を現し、すでに凋落の兆しを示していたハレを追い越して、一八世紀ドイツのもっともモダンな先進的な大学となった(4)。

2　啓蒙期の大学の目的は、世俗国家と教会における官僚の養成にある(5)。大学はもはや宗教的教説の宣布の場ではなく、官僚の養成機関とみなされた。ゲッティンゲンは、帝国と領邦とを問わず、将来その公的分野で活躍を期待しうる人材、とくに貴族の子弟を集めることを創立の方針とした。そのような課題に応じて、とくに法学部が重視され、神学部に代って、法学部が第一学部の地位を占めるようになった。

法学部教授の人事にあたって、ミュンヒハウゼンは、法学者の三つの種類を区別している(6)。第一は、「みずから法学を解釈する努力をせず、他の学者のいったことや書いたことをそのまま鵜呑みにする」実際家である。第二は、法律の理論と解釈にのみ興味を示し、「それが裁判所で用いられるかどうか」一向に構わない理論家である。しかし、本当に必要なのは第三の種類の法学者である。すなわち、「堅実な理論とローマ・ゲルマンの古事学研究を実務に結びつけ、法律の根拠を尋ね、ドイツの国情に適用しうるものを示し、しかもとくにゲルマンの古事学から自国の法を説明し、その場合自然法を究明し、市民法に定めのない事件が生じたならば、この法に基づいて裁判する」たぐいの人物である。ミュンヒハウゼンは、この第三の種類の人々をゲッティンゲンにふさわしいと考え、教授として任命しようとした。「実際家は、学生にとって法の学習を容易にするので、大学にはそのような人々が必要であるけれども、その学派からは中途半端な学識者しか生まれてこない。そのような学識者は、あれこれの法学者がどのような意見をもっているか、ということしかいうことができず、しかしそのような意見が根拠のあるものかどうかをいえない。したがって、彼らは、ある事件が他の事件によって明確に決定されていないことが分かると、もうどうすることもできないのである。第二の種類の法学者は、必要以上に批判に時間を費やす。とくにドイツにおいて公法と私法のもっとも重要な問題は、ローマ法からでなく、ドイツ法と慣習に基づいて裁判しなければならないからなおさらである」。ミュンヒハウゼンが法学の教授に期待するのは、いわゆる「パンデクテンの現代的慣用」に通暁し、さらにローマ法とゲルマン法の歴史や自然法にも詳しく、しかも理論と実務の能力を兼備した学者であるとみることができる。

それとともに、法学部にどのような科目を置くかが、問題となる。創立のさい、参考意見を提出したシュマウス（J. J. Schmaus）によれば、「健全な理性、ローマ国家の国制およびドイツ諸法を顧慮することなく、グロッサトーレンに従って、ユース・キヴィーレを教える古い流儀は、（新しい流儀とは）著しい相違を生み出し、ほとんど二つの別個の学問をなしているほどである」と述べ、必要な科目として、自然法と国際法、ドイツ私法、シュヴァーベンとザクセンのレーエン法、公法、ヨーロッパ国家学を挙げている。(7)

引用から明らかなように、当時、旧態依然としたローマ法の科目と新興の科目がまさに競合していた。継受されたローマ法は、これまで一体として教えられてきたが、一六世紀以来、そこから刑法、刑事訴訟法、民事訴訟法、さらにレーエン法、ドイツ法、公法、それに自然法・国際法が分化する。(8) 公法の登場は、神聖ローマ帝国の権力構造の変動によって浮上してきた種々の問題を背景に脚光を浴びるようになる。ハレもゲッティンゲンも公法を重視したのである。公法はまた歴史と密接に結びつく。帝国国制の歴史的発展を理解することなく、公法の学問的研究はおこなうことは不可能だからである。公法の理論はまた自然法やドイツ法を基礎としている。公法の重視は、しかし、ただちに私法の重要性の否認には至らない。というのは、国家の公的な権力が、多くのところで私的な権原を根拠にしており、その場合には、公法と私法とは不可分に結びついているからである。

私法と公法の関係について、ミュンヒハウゼンは、「ドイツにおいては、ユース・キヴィーレが深く根を下ろしていて、公法の教授が、その知識なしに職責を果たすことは難しく、それに由来する帝国法律や帝国議会議決を理解することはできない」と述べている。(9) ゲッティンゲンは、この点で、公法に対する私法の影響をさほど認めず、公法を別個独立の問題として扱おうとしたハレの支配的見解を越えるものであったと評されている。(10) ローマ法はほとんど私法と範囲を同じくするようになった。その私法においても、帝国法やラント法の公法的規制やポリツアイ立法の後見的介入が混じりこんでいるのであるから、問題は複雑である。(11)

法の領域が広がり、新たに学問の対象になってくると、その方法も変わる。それが大学の学科として採り入れられる場合、その科目は従来とは異なった形態をとる。これまではイタリア風に、コルプス・ユーリス・キヴィリスの法文を、巻、章、節と、法典の叙述の順序に従って講義していたが、その方法で講義をすれば、修了までにきわめて長い時間を要する。ディゲスタとコーデックスでは、前者がローマ法曹の学説集であるのに対し、後者は皇帝の勅法集であって、性質が異なり、そのうえ重複する部分もある。それゆえ、法典の順序から離れて、新たな体系的秩序を模索する試みがなされてきた。また、個々の法文をひとつひとつ注釈するやり方に代って、原理・原則を立て、そこから個々の法文を説明するやり方も工夫された。とりわけ、ガリレオやデカルトによる合理主義的思考方法が法学の領域にも摂取され、「幾何学的方法」（mos geometricus）として、ドイツでは、ハレのヴォルフ（Chr. Wolff）やネッテルブラット（D. Nettelbladt）に見られるように、公理から演繹的に法命題を導出する方法が広まってきたのである。(12)

3　このようにコルプス・ユーリス・キヴィリスの統一性が破綻し、新しい法の領域が開け、法の認識方法も多様となり、大学で新旧の科目が脈絡なしに講義されている状態に直面し、ミュンヒハウゼンは、法学をこれから学ぼうとする学生に、まず法学の全体を概観し、これをどのように秩序立てて、能率的に学習すべきかを示す必要のあることを痛感した。そこで、法学入門の講義の開設が必要となるが、そのような講義をおこなうことを、彼はすべての教授に要望したのである。これを受けて、一七三七年から、シュマウスが「法学予備門講義」（Collegium juris praeparatorium）を何度かおこなった。しかし、これはたいした成果を収めえなかったようである。そこで、ミュンヒハウゼンは、一七五七年あらためてこの講義の開設を指令し、しかもこれを全学部にまで及ぼした。法学部で、この講義の担当を託されたのは、最年少の教授、ピュッターであった。シュマウスはとくに教科書を用意しなかったが、ピュッターの方は、早速『法学エンツュクロペディー講義案』（Entwurf einer juristischen Encyclopädie）を作成し、さらに一七六七年には、その改訂版として『法学エンツュクロペディーおよびメトドロギー試論』（Neuer Versuch einer Juristischen Encyclopädie und Methodologie）を刊行した。(13)以後ゲッティンゲンはもとより、ドイツの他の大学でもつぎつぎとこの種の講義がおこなわれ、教科書も多数出版されるようになった。そして、一九世紀末に「法学入門」(Einführung in die Rechtswissenschaft) に取って代わられるまで存続する。その発端は、ゲッティンゲン大学のピュッターの講義にあるといってよい。

(4) ゲッティンゲン大学の創設については、E. F. Rössler (hrsg.), Gründung der Universität Göttingen, Göttingen 1855, Neudruck Aalen 1987 ; G v. Selle, Die Georg=August=Universität zu Göttingen, Göttingen 1939 ; E. Gundelach, Die Verfassung der Göttinger Universität in drei Jahrhunderten, Göttingen 1955 ; N. Hammerstein, Jus und Historie, Göttingen 1972. わが国の文献としては、三成美保「大学の貴族化と法学部—ゲッティンゲン大学の創設をめぐって」前川和也編著『ステイタスと職業』(ミネルヴァ書房、一九九七年)二六三頁—二九〇頁、荒井真「啓蒙期ドイツにおける大学改革の目的とその成果—ゲッティンゲン大学を中心にして(1)—(5)」法時八七巻三、四、七、八、九号(一九九六年)、エンゲルハルト・ヴァイゲル/三島憲一、宮田敦子訳『啓蒙の都市周辺』(岩波書店、二〇〇三年)を参照されたい。ハレがゲティンゲンに凌駕された原因について、Jan Schröder, Zur Entwicklung der juristischen Fakultäten in nachfriderizianischen Preußen (1786-1806), in: H. Hattenhauer/G. Landwehr (Hrsg.), Das nachfriderizianische Preußen 1786-1806, Heidelberg 1988, S. 259-303.

(5) 啓蒙期における大学教育の改革について、前掲の文献のほか、N. Hammerstein, Die deutschen Universitäten im Zeitalter der Aufklärung, Zeitschrift für Historische Forschung, 1/83, S. 73-89 ; H. Coing, Die Rechtsschulen der Aufklärung, Comparative Law Review of Nippon University, XXI-2, 1987, p. 1-43.

(6) 前掲注(4)の Rössler S. 34 f.; Selle, S. 28 ; Hammerstein S. 315 f.

(7) W. Ebel, Zur Geschichte der juristischen Fakultät und des Rechtsstudiums an der Georgia Augusta, Göttingen 1960, S. 13 ; Selle, S. 21.; Hammerstein S. 324.

(8) 近世における法学科目の変遷について、H. Coing, Die juristische Fakultät und ihr Lehrprogramm, in : derselbe, Handbuch der Quellen und Literatur der neueren europäischen Privatrechtsgeschichte II, München 1977, S. 3-102 : H. Peter, Die juristische Fakultät und ihre Lehrfächer in historischer Sicht, JuS (1966) H. 1, S. 11-17 ; G. Köbler, Zur Geschichte der juristischen Ausbildung in Deutschland, JZ (1972) 26-23/24, S. 768-773. なお、栗城寿夫「ドイツにおける法律学科目の講義の歴史(1)」法雑二一巻三号、一頁—五一頁。

(9) Hammerstein, Jus und Historie, S. 320.

(10) Hammerstein, Jus und Historie, S. 319 f.

(11) W. Ebel, Geschichte der Gesetzgebung in Deutschland, Göttingen 1958, S. 65. 西川洋一訳『ドイツ立法史』(東京大学出版会、一九八五年)一一〇頁以下。エーベルは、ここでラント・ポリツァイ条例(法命令)のさまざまな規定が、「パンデクテンの現代的慣用」の名の下にローマ法に採り入れられ、これを変容させたと指摘する。

(12) Coing, Handbuch, II. S. 14 f.「幾何学的方法」というのは、ユークリッドの幾何学の意味で解されるべきではなく、精密自然科学の意味で、分析的構成的方法であることにつき、W. Röd, Geometrischer Geist und Naturrecht, München 1970, S. 10.

(13) エンツュクロペディーの講義・教科書の成立事情について、Pütter, Neuer Versuch, Vorrede. 一八世紀後半以後、多数のエンツュクロペディーが公刊される。本稿で引用される若干のものを挙げれば、A. F. Schott, Entwurf einer juristischen Encyclopädie und Methodologie, Leipzig 1772 : J. F. Geldemeister, Juristische Encyclopädie und Methodologie, Duisburg 1783 ; R. F. Terlinden, Versuch einer Vorbereitung zu der heutigen positiven in Deutschland üblichen gemeinen Rechtsgelehrsamkeit für angehende Rechtsgelehrte, Münster u. Osnabrück 1787 ; A. F. J. Thibaut, Juristische Encyclopädie und Methodologie zum eignen Studio für Anfänger und zum Gebrauch academischer Vorlesungen entworfen, Altona 1797.

三　法のエンツュクロペディー

1　そもそもエンツュクロペディーとはなにか。この言葉の語源は、ギリシャ語の enkyklios paideia にあり、円環をなす教育、あらゆる学芸を集大成した教育の謂いと説明されている。わが国では、明治の初年西周が「百学連環」という見事な訳語を工夫したが、いまは「百科全書」という訳が一般的である。啓蒙の時代、宗教から解放され、経験的人間知を集大成し、アルファベット順で叙述しようとする事典がイギリスやフランスで計画され、出版された(14)。ここでいうゲッティンゲンのエンツュクロペディーもこのような一般的な思想と出版の状況から影響を受けていることはいうまでもない。だが、これは、大学における諸学の領域を確定し、その連関を明らかにする目的をもつもので、体系性において特徴がある。

エンツュクロペディーが古代ギリシャに始まるとしても、この語およびそのような文献が定着したのは、一八世紀になってからだということができる。ピュッターは、エンツュクロペディーを定義して、「全体としてあらゆる真理、そしてまた、あらゆる学問が、遠近の差はあっても、相互になんらかの結びつきをもつように、ありとあらゆる学科および学問の学識の全体を区別し、したがってまたそれらを全体の一部として関連づけることが考えられる。これが学識の一部としてのエンツュクロペディーの概念であり、そこでは複数の学問が相互にもつところの関連が展開される」と述べている。(15)

このような内容でいえば、エンツュクロペディーのタイトルこそもたないものの、ライプニッツの若き日の著作『法学の研究と教育の新しい方法』(Nova methodus discendae docendaeque jurisprudentiae ex artis didacticae principiis, 1667) が、法と法学の全体を体系的に叙述するものとして、この種の文献の先駆をなすということができる。ピュッターも、「エンツュクロペディーおよびメトドロギー」の文献一覧の冒頭に、一七四八年ヴォルフが序文を付して出版したライプニッツの著書を挙げているのである。(16) したがって、ピュッターについて述べる前に、ライプニッツのこの書物を一瞥しておくことにしよう。

2　伝えられるところでは、この論文は、彼がマインツ選定侯にコルプス・ユーリス・キヴィリスの改訂を勧めるために、ニュルンベルクからマインツへの旅行の途中、フランクフルトの宿で、文献も参照することなく倉皇のうちに書き上げたものだという。(17) 彼はアルトドルフの大学で博士の学位を取得したばかりであり、彼自身が受けてきた法学教育の不満をぶちまけるかのように、この著書で、大学の授業および法学教育をはげしく論難し、大胆な改革を提案したのである。一七世紀という時代は、すでに述べたように、ガリレオが、数学的方法を自然認識に応用し、ベーコンがこれらの原理をふまえアリストテレスの伝統から離れた新しい認識方法を発展させ、さらにデカルトが哲学においてもこの方法を厳密に用いる試みをおこなった時代である。数学以外の領域にも、数学的証明方法を取り入れ、真理の発見と論証を数学的確実さの基盤のうえに立て直すことが重要な課題となっていた。いうところの「幾何学的方法」の導入である。

ライプニッツも、このような新しい認識方法を用いて、法学の学習と体系を改革し、まったく新しい法学の学習プランを提案しようとした[18]。彼は、法学の学習を構想するにあたり、法または法学の概念規定ではなく、学習の概念規定から始めている。それによると、学習とは理性の状態に到達することであり、理性的に行為する能力を獲得することである。さらに、それは三つの能力に区分される。記憶力（memoria）、創造力（inventio）、判断力（iudicium）である。そこから、これらの能力の開発を目標とする理論、基本学（didactica）なるものがまず先頭に立つことになる。その理論は、理性の三能力に応じて、記憶、発見、判断の理論、ars mnemonica, ars topica, ars analytica から構成される。ライプニッツは、このほか、理性の能力の全体を性質に応じて、理論能力と実践能力とを区別している[19]。まず理論能力が問題となるが、それは、個別の観念、一般的観念、必然的に一般的観念の形成にかかわるから、それぞれを対象とするものは、歴史（historia）、つぎに自然認識としての観察（observatio）、最後に言葉の厳格な意味における科学（scientia）とに分けられる。したがって、ライプニッツにおいて、学問はつぎの四つのグループよりなる。すなわち、基本学、歴史、経験的認識および厳密科学である[20]。

ライプニッツによれば、法学（Jurisprudentia）は、想定された、または事実上存在する事件における法についての学（scientia）とされているが、それは厳格な意味での科学にはなりえない。なぜなら、そこには、歴史や経験的認識も加わるからである。したがって、法学は、基本法学（jurisprudentia didactica）、歴史法学（jurisprudentia historica）、釈義法学（jurisprudentia exegetica）、討議法学（jurisprudentia polemica）に区別される[21]。

最初のゼメスターに割り当てられる基本法学では、実定法の全体についての概観が与えられる。しかし、そこでは、どのような内容かというより、どのような仕方で教えるかに重点が置かれている。つまり体系が問題であるが、それは、もはやローマ法の編別によらないで、法学の概念、理性の能力から明らかになる体系である。基本法学では、権利と義務、法の主体と客体、法律行為、訴権などの概念の分類表をつくり、それぞれの概念の定義を掲げ、それに実定法の規定や法原則を関係づける。さらに法史は、内史と外史に区別される。内史は、世界のすべての法の史的概観であり、普遍法史を目指している。これに対して、外史というのは、実定法がその時々に依存している外的条件の歴史のことであって、その理解は実定法の理解の前提とさるべきものとされる外史は、法律制定のさいの立法者の観念を解明するのに役立つという点で、法学にはきわめて重要な意味をもつ。[22]つぎのゼメスターで履修する二つの科目（釈義法学と討議法学）は、法認識の方法と関係する。釈義法学が対象とするのは、成文法規の基礎にある観念を探求する方法である。その一つは釈義であって、個々のテキストの意味を、文法、ディアレクティクやレトリクを用いて解明する（法学的文献学）である。もう一つの、解釈（interpretatio）はたんに個々のテキストばかりでなく、いろいろなテキストをまとめて一つの全体とする体系的な作業である（法論理学）。[23]最後に、討議法学は、法律に規定されていない事件の実際的な解決のための方法を扱う。この場合、ライプニッツは、諸事例を集め、類似性の原則および自然法から理性の諸原則を定立し、それに従って裁判すべきであるとする。しかも、この諸原則に基づき、重要な事案とその解決を集めて概観し、この集成を現行法の一種のパンデクテンとして使用することができるようにしなければならないと考えているのである。[24]

ライプニッツの説くところ、実際にはさほど新しいものではないとみられている。彼が用いる名称の背後には、法学とその学習の伝統的な対象、たとえば、インスティッティオーネンやパンデクテン、法史や法の解釈学、そして ius controversum などが見え隠れしている。そして、法学学習のための提案もそれまで法学者によりしばしばなされていた。法学の四分類（基本・歴史・釈義・討議法学）さえも神学に依拠したものである。[25] これに対して、ライプニッツの新しい点は、一方で、人間の理性的能力、他方で法学およびその学習を厳格な論理で結びつけようとしたこと、法学の対象の体系を理性能力から直接に論理的に導出しようとしたことにある。歴史的に形成されてきた法学の雑然とした状態に代って、理性とその能力から導出された自己完結的な学の体系、そこには法学の科目が論理的体系的に結びつけられ、論理的体系的全体の一部となっているような学の体系を構想したことにある。要するに法学を一つの合理的な学問として提示したことにあるといえる。[26]

法学学習の二年目は実務訓練に当てられる。ここでは、一年間にわたり一人の教授の主宰のもと法的問題を学生が討論するのであるが、一日一二題、一月三〇〇題、一年では三六〇〇題を議論することにされている。このような実務訓練自体もけっして新しいことではないが、とにかく理論的体系的学習の一年に続いて、その成果をふまえ、後の一年を実務訓練で全部満たし、実践的教育が大いに強調されている。[27]

いずれにせよ、これまで五年以上を要していた法学の学習期間を、一挙に二年に短縮したラディカルさは、[28] ライプニッツが従来の学習の長さに憤懣やるかたない思いを抱いていたことを表しているが、他方で、それが一般的に実行可能なものかどうか、疑問を抱かせることになったのも無理ではなかろう。

ライプニッツの法学および法学教育の改革案は、一八世紀半ば、「演繹的方法」を採用するヴォルフ学派によって注目される。ヴォルフがライプニッツの著書を出版した翌年、一七四九年に、彼の弟子、ネッテルブラットが『自然法学と市民法学の現在の状態についての鄙見』を公刊しているが、法と法学の全体の体系的叙述を目的とするもので、ライプニッツの計画の継承と見ることができる。ピュッターもまたこれを関連文献として挙げているのである。[29]

(14) 西周稿『百学連環』では、エンツュクロペディーを「童子を輪の中に入れて教育をなすの意なり」と説明しているという。大久保利謙「西周の歴史観──百学連環における歴史の問題」明治史研究叢書X「近代思想の形成」(改装版、一九七八年)二四一頁─二八二頁参照。現『西周全集』第一巻(西周記念会)には「百学連環」は収録されていない。桑原武夫編『フランス百科全書の研究』(岩波書店、一九五四年)。

(15) Pütter, Neuer Versuch, § 3 S. 2.

(16) Pütter, Neuer Versuch, § 7 S. 4.

(17) Stintzing-Landsberg, Geschichte der deutschen Rechtswissenschaft, Abt. 3, Halbband, München 1898, Neudruck Aalen 1978, S. 24 ; A. Buschmann, Enzyklopädie und Jurisprudenz, Archiv für Kulturgeschichte (1969) 51, S. 301. ライプニッツのこの書は、彼の若書きであり、それは改革の提案の無鉄砲さ、後期の円熟した見方に対する幾多の矛盾、ベーコンの „Novum Organum“ への依存に見ることができるとされる。

(18) Stintzing-Landsberg および Buschmann のほか、E. Heymann, Leibniz' Plan einer juristischen Studienreform vom Jahre 1667, Berlin 1931, H-P. Schneider, Der Plan einer “Jurisprudentia Rationalis” bei Leibniz, ARSP LII-4 (1966) S. 553-575 ; M. Herberger, Dogmatik, Ius Commune Sonderheft, Frankfurt 1981, S. 306-318 ; A. Buschmann, Leibniz als juristischer Reformer in Mainz 1667-1672, in : P. C. Hartmann (Hrsg.) Die Mainzer Kurfürsten des Hauses Schönborn als Reichskanzler und Landesherren, Bern 2003, S. 159-186.

(19) G. W. Leibniz, Nova methodus discendae docendaeque iurisprudentiae, Leipzig u. Halle 1748, Neudruck Glashütten im Taunus 1974, I, § 22-25, S. 10-12.

(20) Leibniz, Nova methodus I, § 32, S. 16 f.

(21) Leibniz, Nova methodus II, § 2, S. 26 法学のこのような区分については、神学の学科区分が参考にされている。

(22) 基本法学について、Leibniz, Nova methodus II, § 6-28, S. 30-53 法史について、II, § 29-40, S. 53-67.

(23) Leibniz, Nova metodus II. § 41-69, S. 68-98.

(24) Leibniz, Nova methodus II, § 70-90, S. 100-128.

(25) Leibniz, Nova methodus II, § 4, S. 27.

(26) Buschmann, Leibniz, S. 172. また Heymann, Leibniz' Plan, S. 13 は、ライプニッツで新しいのは、自然法的色彩をもった体系学の枠内で概念的なものを強調し、ラミストの硬直した二分法と釈義学者の骨の折れるカズイスティクに対し闘争を挑んだ点であるという。Schneider, Der Plan, S. 559 は、これと異なり、ケースローの教育的意義と問題に即して法的判断力を訓練することの効用を認識したことにライプニッツの功績をみる。
(27) Buschmann, Leibniz, S. 173 ; Heymann, Leibniz' Plan, S. 14.
(28) Buschmann, Leibniz, S. 174 ; Heymann, Leibniz' Plan, S. 16.
(29) Pütter, Neuer Versuch, § 7, S. 4.

四　法のメトドロギー

『法のエンツュクロペディーとメトドロギー』というタイトルからして、エンツュクロペディーとメトドロギーの結びつきにも触れておかねばならない。

ピュッターは、まずエンツュクロペディーの効用について、つぎのように述べる。「①複数の、相互に関連する学問を、ひとつの全体として概観できるようになる、②ある学問と他の学問の関係、とくにどの学問でもそれが他の学問から分離される境界を詳しく知ることができるようになる、③それにかかわる利点としてはさらに、学問の専攻する部分に欠落がないことを確信することができる、④どの部分も、他の部分にもっとも自然に先行したり、後続したりする順序で論述することができる」。その後のところで、「この最後の点においてエンツュクロペディーは、メトドロギーのつぎの部分と直接的な関係にある原則を含んでいる。その部分では、講述の仕方やここの命題の証明の仕方というよりは、むしろ学問全体の序列が述べられる」という[30]。すなわち、個々の学問の領域を確定し、他の諸学問との間の相互の連関を示し、学問全体の体系を創りあげ、その場合に秩序ないし序列（Ordnung）を問題にするところに、エンチュクロペディーとメトドロギーの連結点があるとされている[31]。

メトーヅス（methodus）という言葉は、古代以来の用語法では、きわめて多義的に用いられるが、一七・一八世紀には、真理の認識および伝達の手続きのみならず、学問の素材およびその領域の秩序づけという意味をも含んでいた。ライプニッツでは、methodologia は ars dispondendi とも置き換えられる。[32]それが示しているように、ピュッターにおいても、メトドロギーは、諸学問の体系を形成することを目的とする。

そのような体系形成においてかならず遵守すべき原則、「学問におけるすべての秩序の原則」は、第一に、その前提となる部分、すなわち補助手段およびその根拠となる学問が予め叙述されないうちには、いかなる部分をも扱わないことであり、第二に、学問の範囲を厳密に守り、完全・適切に配列することであり、第三にどの学問も主要な部分・章節に分けて順番に、あるものが他のものの証明・説明になるように、自然の秩序で進んでいくことである。[33]これは要するに、科目の配列の仕方、講義の仕方ならびに教科書執筆の仕方の基本原則にあたる。ひいてはまた履修課程・カリキュラムの作成のための教育上の基本方針でもある。

ピュッターは、法学にこの原則を適用して、法学とその補助学（歴史その他の基礎科目）、自然法と実定法、公法（国法）と私法、旧法と新法、普通法と特別法、ローマ法とドイツ法などを論じる。以下では、これらの関係を、ピュッターがどのように考えていたかを見ていくことにする。

(30)　Pütter, Neuer Versuch, § 5, S. 3 f. u. § 6, S. 4.
(31)　Mohnhaupt, Methode, S. 92.
(32)　Leibniz, Nova methodus, I, § 26 S. 13, II, § 8, S. 31. Mohnhaupt, Methode, S. 85 ff. によると、Methodus の概念は古来多義的不明確であったが、一七・一八世紀に真理の認識の手続きのみならず、その伝達・教授ならびに科目の配置の合理的な仕方を意味し、Ordnung の概念と結びつくようになる。
(33)　Pütter, Neuer Versuch, § 117, S. 66 f.

五　自然法と実定法

1　ゲッティンゲン大学創設のころ、自然法は当時の学問の新しい傾向を代表する科目であった。講義目録の調査の結果、一八世紀を通じて（一七三五―一七九九年）、ドイツの大学の法学部では、自然法の講義が三％強ないし六％弱の比率で開かれていることが、明らかにされている。同じ時期に、哲学部における自然法の講義の開講率は、一一％弱ないし一四％弱であった。両学部とも、一七四〇年から一七五〇年の間に最高潮の時期を迎え、法学部ではそれから漸次的な退潮がみられるが、他方、哲学部では一八〇〇年から一八一〇年の間に、もうひとつの絶頂期がある。これは主としてカント哲学の影響によるものと推測される。この比率を他との比較でみると、一八世紀に重要視され愛好されたといわれる「実務法学」の開講率が九％程度であり、現在の法学部で法哲学の開講が一％程度であることからして、自然法は、法学部の諸科目の中で相当の比重をもっていたということができる。(34) ゲッティンゲンでは、アッヘンヴァールが講義を担当した。一七五〇年には、アッヘンヴァールとピュッターの共著（のちにはアッヘンヴァールの単著となる）『自然法要綱』が公刊され、この教科書は他の大学でも広く用いられた。(35)

さて、ピュッターは、法学の出発点をつぎのように定める。「すべての法学の本来の対象は、権利・義務であり、しかもより厳密な意味でいえばその履行のために強制手段が用いられるところの権利・義務（jura et obligationes perfectae）である(36)」。法は強制可能な権利・義務、すなわち完全な権利・義務の総体である。ここには道徳と法の分離を説いたトマジウス（Chr. Thomasius）の立場が継承されている。

そして「何人をも害することなかれ」、「各人に各人のものを」という原則が、法の唯一の淵源であり、法学の領域を真に確定するものである。「人間はその生命・身体・行動の自由およびみずから適法に取得したものを〈自己の所有〉とよび、その所有に対して彼の同意または責任なしに、他の人がそれを要求することは許されず、かえって要求を受けた当の人間はあらゆる侵害に対して強制手段を行使することができる。しかしまた同胞に対してもその財産を尊重する義務があり、他人が自己の財産を侵害から強制手段で防衛する場合には、それを受け入れねばならない」(37)。ここから展開される権利・義務の命題が、自然法の素材となる。そこでまず、人間の始原的な状態が想定される。それは、国家も社会もその他の任意の結合もない、「二人か、それ以上の人間がいて、一切結合関係に立たない」孤立して生活している状態である。そのような状態で、ある者が他の者に対して、なおなんらの拘束力をもった行為をおこなわないで、どのような権利義務を有するかを論ずる。その後、そのような行為がどのような新しい権利・義務をもたらすかを規定する。そしてこのような原初的な自然状態において、人間は、その権利を維持するため、侵害に対して自己の安全を確保するために、どのような権利と手段をもっているかを考究する。最初の自然状態のつぎに、社会状態へと移る。「社会をつくることによって変更された人間の状態と、とくに婚姻、父権、主人権および家の自然的な権利・義務を検討する」(38)。そのほか、いろいろの構成の社会がつくられるが、なかでも家族が拡大して、諸民族となり、一つの民族全体がその福祉を共同で維持し増進するために相互に結合し、共通の最高権力に服することがある。国家の成立はこのように説明される。「自然法および社会の法を国家概念にただ応用するだけで、最高権力に帰属する権利・義務が一般的な原則のかたちで規定される。これが一般国法といわれるものである。他方、国家の臣民が相互の関係において有する権利・義務は、一般国家法（市民法）を形成する。しかし、その一部は自然法と社会の法がもたらすものにとどまるが、一部はすべてそれぞれの国家の特殊事情、主に立法者の任意の処置に基づいている」。私法には、いろいろの種類があって、市民状態においては変更を常とするが、これをすでに承認されたある種の概念や命題に従って一般化し、とりわけ特定の題材、たとえば後見、相続、時効、裁判所などを一般原則のかたちで詳細に展開するよう努めなければならないと説く(39)。

こうして自然状態、社会状態および国家状態への移行とそれに伴う人間と法のあり方の変化が説明されるが、これは単純に、前の段階を清算して、まったく異質の、後の段階に移るというような飛躍的変化と見るべきではない。後の段階になっても、前の段階の状態が依然として存続する。国家状態に入ると、すでに実定法、とくに立法者の命令が主要な役割を果たすようになるけれども、そこにはなお自然の法と前国家的な社会の法が部分的に残っている。したがって、最終の国家状態は自然状態から漸次的移行によって成立すると同時に、それ以前の状態を包み込む重層的構造をもつものと理解しなければならない。自然状態と社会状態は、それ自体で一つの完備した法のシステムをなしており、個人および社会に固有の強制力があり、平和侵害の場合に、強制あるいは制裁が加えられることが認められる。不法な侵害に対しては、実力による防衛が許される法的世界である。自然状態において、人間は自由平等であり、生命、身体、精神、行為など生得の権利を有する。つぎに、その行為（たとえば不法行為や契約など）を通じて、新たな権利義務を取得することになる（後得の権利）。

社会状態では、純粋自然状態における個人の自然的な自由と平等はかならずしもそのまま維持されるわけではない。婚姻、親子および主人・奉公人の社会が現われるとともに、それに対応して夫権、父権および主人権の上下関係・支配関係が形成される。要するに、ブルンナー（O. Brunner）のいう「全体としての家」（das ganze Haus）、家長の権力によって統率される家共同体が、この社会の中核をなす。妻、子および奉公人は、家長の支配に服する限りで、自由と平等を制限される。家は、もろもろの社会形成体のなかでもっとも基底的な社会で、これを単位として、すなわち家長の間の契約を通じて国家がつくられるのである。

このような構図は、けっしてたんなる観念的な構築物ではなく、一八世紀のドイツの政治状態をある程度反映しているといってよい(40)。この時代について、近代的な意味での国家と社会の分離をまだ語ることはできない。国家はなおあらゆる強制力を集中し独占することのできる段階に至っていない。一八世紀中葉のドイツでは、領主制やシュテンデ制が存続し、国家はこのような前国家的、自生的な権力をなお容認しなければならなかったから、そのような国家の権力独占は不可能というべきであった。一八世紀に、絶対主義的改革を遂行した国家のなかで、もっとも先進的であったプロイセンですら、シュテンデ議会の国制的意義を否定しても、身分制を社会的制度として残さざるをえず、その根底にあるグーツヘルシャフトを廃棄しえなかったことを考えれば、このことは容易に理解できよう。

2　このほかに、絶対的自然法と仮説的・相対的自然法の区別がある。そして、これがまた原初的自然の法、社会の法、国家の法の区別と重なる。絶対的自然法は、人間その自体に帰属する強制的な権利・義務をいうのであるが、それに対して仮説的自然法は、特段の事情（たとえば約束・契約）に基づいて生ずる強制的権利・義務の総体を指す。後者は、社会のない段階のものと、社会（国家も含む）形成後のものとに区別される。ピュッターやその他一八世紀後半の自然法論では、所有権ならびにその取得・譲渡・廃棄、さらに契約・不法行為などをこの部分で扱い、つづいて家やその他の社会および国家の形成に及び、それらの諸条件のもとで自然法の命題を展開することになる。

仮説的・相対的自然法の概念は、ストア哲学においてすでに用いられており、けっして新しいものではなかった。また、プーフェンドルフにも、この定義はみられる。この概念によって自然法論は、かつてのような簡単な断章としての自然法ではなく、幅広く、所有・契約および家族その他、人間社会の全般にわたる論述をおこなう。一八世紀末の自然法概念として、ティボーの定義を引用しよう。それによると、自然法は、絶対的自然法と仮説的自然法とに区別されるが、「後者は、特別に前提された事情のもとで（たとえば契約ないし約束に基づいて）生ずる強制的権利・義務にのみかかわるものである」。そして私法の場合に、「後者（私法）は自然的、絶対的および仮説的私法を含む。これは特定の国家において、そして特定の事情のもとにおいて理性的に臣民に帰属する法である。仮説的自然法は、また市民法または私法立法の哲学ともよばれ、その内容は、当然すべての仮説的理論と同様に、限定されない」とされる。(41) このような自然法は、別の言葉で普遍法・理性法とよばれるのである。

仮説的自然法は、人間性に内在する法の基本原理から出発し、特定の社会・国家の歴史的条件による制約のもとで人間理性に適合的なものとして展開される法である。したがって、内容において、ごく少数の基本原理にとどまるものではなく、一層の具体性をもって、歴史的現実としての実定法に接近していくことになる。すでにヴォルフやネッテルブラットなどは、自然法原理から演繹的に実定法の命題を根拠づけることが可能であると考え、自然法の完全な体系を創り上げようと試みた。もちろんそのさい、自然法のなかに実定法の命題を暗黙裡に取り込まざるをえなかったのであるが。

これと関連して、ティーメの「後期自然法の時代」に触れねばならない。彼は、一八世紀後半、ゲッティンゲン学派を中心に、モンテスキューの影響を受け、自然法の経験的・歴史的・実際的な方向が生じてきたこと、それと対応してこの仮説的・相対的自然法の概念に対する関心が高まってきたことを指摘し、この時代の自然法学の特徴を浮き彫りにした。(42) この見解自体は注目に値するが、仮説的・相対的自然法への関心の高まりと経験的・歴史的・実際的方法への変化とは直接的な関連はないのではないかと思われる。というのは、仮説的自然法による自然法概念の拡大は、すでにそれ以前からおこなわれており、形而上の公理からの演繹によっても展開されていたからである。新たに生じた変化は、むしろ一般的法原理の形成の方法の問題、すなわち数学的演繹的方法から歴史的経験的方法への変化という問題にかかわるものである。ピュッターによれば、一般法原理は、すべての法律、慣習法およびとくに法学のなかに含まれる。実定法の基礎にあるこの原理を発見するには、法律や慣習法によって決定されているばらばらの事例を集めて比較をおこない、法命題の原因・動機を探求し、その効果を検討し、さらにその場合、豊富な経験と観察を利用することが必要である。この帰納的方法で発見された一般的方原理には自然科学にみられるような仮説の役割が与えられるのであり、絶対的真理としてではなく、後に誤りであることが証明されるまで、暫定的に妥当するにすぎない。「一般的法原理なくしては、学問の名に値する完璧な法体系はありえないのである(43)」。また、ライテマイアーによると、法律の精神を明らかにするには、哲学的抽象的法の一般原理の認識のみでは不十分であり、「実定法の大部分についてはその根拠を、あるいは全部あるいは一部、現実の国家の個別的な事情と制度から説明すべきである」と指摘される。社会を形成しない段階では、自然的一般的法、自由と平等の法が妥当するが、家族や市民社会が形成されると、「これらの社会の地域的特性、規模、富裕度、国制、宗教、習俗および文化の相違に応じて、不平等で、しかも不断に変化してやまない諸状況と諸関係が、まさにそれゆえにまた不平等で変化する法律が形成される。これらの法律は必ずしも一般的抽象的法の諸原則に従って規定しうるものとはかぎらず、個々の状況のその時々の性質に応じて、またこの状況に適合した政治の準則に応じて作成されねばならない。この実定法の原因の探求には、歴史と政治に対する幅広い、かつ深い洞察が必要であるが、その結果は、一般原理の探求が法律の精神を遠方から解明するのに対してこれを最も近いところから解明することになる」と説かれるのである(44)。こうして、哲学的一般的原理と実定法の根拠の歴史的経験的解明の両面から、法律の精神の探求に向かうのである。そこには、ゲッティンゲン学派の標榜する経験主義・帰納主義の方法論の率直な表現が示されており、法学が一般法理論のみならず、立法学、比較法および普遍法史へと展開し拡大する端緒が見出される。

3　このように一方で自然法の概念を維持しつつ、他方で実定法への傾斜が強まってくると、その両者の乖離をどのように調整するかが、問題となる。自然法と実定法の関係について、[45] ドイツの自然法論は、一七世紀中葉以来、絶対主義国家権力、とくに君主の立法権力の基礎づけに力を注いだ。そのさい、自然法は実定法に優先する（「自然法は実定法を破る」）という、これまで漫然と認められてきた命題を、実定法優位の方向に転換するという困難な課題に直面した。だが、プーフェンドルフは、ホッブズ（T. Hobbes）のラディカルな実定法中心主義を批判しながらも、立法者は、「国家による黙認」によって、自然法の命令・禁止を実際には無効にすることができるとして、類似の結論に到達した。[46] さらに、ヴォルフは、これを「国家目的」論と結びつけ、実定法は国家の福祉を実現するための手段であるから、その目的のために、立法者は自然法の命令・禁止に反することを黙認し、刑罰を科さないこともできるとした。[47] やがてこの黙認もたんに国家の恩恵でなく、真の許可と考えられるようになり、最終的には、ヘップナー（L. J. F. Höpfner）が説くように、「公共の福祉のため、またより大なる悪を防止するために、自然法が関心をもたないこと、自然法が禁止し、または許容することを、立法者が命令し、許可し、または禁止することができ、このことは、万人に承認されている」とされるに至った。[48] 理論的に実定法は自然法に反し得ないとされることはあっても、実際上は、実定法が自然法に反する規定をもちうることはほとんど承認されていたといってよい。自然法の国家論で、主権者の意思とされる実定法と、自然の理性である自然法とは、古くからの位階構造をなお維持しているにせよ、もはや異質の領域として、併存する関係としてとらえざるをえなくなる。一八世紀においては、自然法は立法者への助言、政策的提言にすぎないと見られ、裁判官はもっぱら法律に忠実であることを求められた。ネッテルブラットは、「法学の教師は、法律を現にあるままにしておく義務がある。その変更はお上に期待しなければならない」という。彼は自然法の実定法に対する影響をまず実質的に、実定法を自然法の理論によってより明確に説明すること、および実定法によって裁定されていない事件を自然法の根拠に基づいて裁定することにあると指摘する。形式的影響としては、術語が自然法学の意味において解されねばならないこと、実定法の真理の明確・完全な認識に役立つような命題が立てられねばならないこと、理論の相互の配列に秩序が守られねばならず、この秩序は実定法においても守られねばならないことを挙げる。[49]自然法に説明と補充の機能を見ることは、ピュッターもまた同様である。「法律と慣習法が欠けていて、類推もできない場合においては、実定法ですらしばしば自然法の一般原理によって補充されねばならない。しかし、なんらかのことが法律または慣習法から説明できるかぎり、法律または慣習法が主要なものであり、仮定された概念や教義命題によって排除されてはならない」という。また、「実定法が正しい概念と命題の体系にもたらされるようになればなるほど、実定法は完成に近づく」と述べる。[50]実定法の解釈、実定法の欠缺の場合における補充（二次的法源）ならびに実定法の形式的体系化に自然法学の役割が求められているのである。

近時の研究によれば、[51]一八世紀末から一九世紀の初頭にかけての自然法論には、アメリカやフランスの人権宣言に刺激され、かつカント哲学の影響を受けて、自然的自由の全体が、あるいはその一部が不可譲の権利であると唱える論者が現れた。国家目的の理論も変化し、国家の目的は、公共の福祉の増進でなく、治安の維持であると狭く理解されるようになる。それに対応して、立法者はもはや不可譲の権利を奪うことができず、ただ国家における秩序を維持するために、その行使の仕方を定めることができるだけであると説かれるようになる。自然法の主張は、具体的にはライプアイゲンシャフトや奴隷制に対する批判、支配権力の制限の要求として表現された。

けれども、法学部における自然法論の主流は、このような自然権の絶対的妥当の要求にはむしろ批判的であった。ティボーは、カントに多く学びながら、カント主義者と呼ばれることを拒否し、哲学と歴史を結びつける独自の立場を主張した。彼の法理論的立場は経験と歴史に傾斜し、ほとんど法律実証主義に近いところにあるが、それでも法の理想としての自然法の観念を捨てたわけではなかった。(52) しかし、自然法論の現状にはすこぶる懐疑的であり、「この学問がその信奉者によって軽々しく扱われ、同時代的な世界の出来事にすぐさま判断できるために、主要原則の確定をどうでもよいこととして扱い、証明する代わりに、その信条を公衆に披瀝することが多くなればなるほど」、批判的懐疑的な者の数が増加すると憂慮する。そして「自然法はもはや学問としては存在しない」とまでいう。(53) さらに、カント哲学を法学の経験化・歴史化の方向において徹底させたフーゴーでは、自然法は「実定私法の哲学」となる。それは、経験的な法人間学を基礎にして、実定法が可能であることを証明し、それらの可能性を相互に比較し、そこから最善のものはなにか、最善なものたりうる条件はなにか、を比較し、認識することを課題とする。(54) そこではもや自然法から将来の社会・国家の期待像ないし政治的内容が失われ——革命や戦争を正当化するものでも、現代ローマ法を演繹するものでもない、また誤った先験的原理によって実定法を審査するものでもない——、これまで自然法と密接に結びついていた国法学は、いま政治学や倫理学の領域にゆだねられ、自然法学は、私法の哲学にその視野を狭めるのである。

（34） J. Schröder, Vorlesungsverzeichnisse, als rechtsgeschichtliche Quelle, in : M. Solleis（Hrsg.）Die Bedeutung der Wörter, FS S.

Gagnér, München 1991, S. 383-401, u. a. S. 394 ff.; J. Schröder u. I. Pielemeier, Naturrecht als Lehrfach an den deutschen Universitäten des 18. und 19. Jahrhunderts, in : O. Dann, D. Klippel (Hrsg.), Naturrecht–Spätaufklärung–Revolution, Hamburg 1995, S. 255-269.

(35) G. Achenwall und J. S. Pütter, Anfangsgründe des Naturrechts (Elementa iuris naturae), herausgegeben und übersetzt von J. Schröder, Frankfurt a. M. 1995.

(36) Pütter, Neuer Versuch, § 8, S. 6 f.; Schott, Entwurf, § 26, S. 15 f.; Geldemeister, Encyclopädie, § 21 u. § 22, S. 19.

(37) Pütter, Neuer Versuch, § 12, S. 8 ; Schott, Entwurf, § 27 u. § 28, S. 16.; Geldemeister, Encyclopädie, § 21 u. § 22, S. 19-20 ; Terlinden, Versuch, § 71, S. 164 f.

(38) Pütter, Neuer Versuch, § 14 u. § 15, S. 8 f. 当時の見解では、一般に、社会形成前の自然法で、ある行為（契約や不法行為）によって生じたものと社会形成後の自然法とを区別するが、いずれも仮説的自然法である。ほかに二次的、取得された、伝来的自然法(ius naturae hypothetici, secundarii, adquisiti, adventitii)とも呼ばれる。Schott, Entwurf, § 30 u. § 31, S. 27 f.; Geldemeister, Encyclopädie, § 24, S. 20-21,; Terlinden, Versuch, § 71, S. 166.

(39) Pütter, Neuer Versuch, § 16, § 17 u. § 18, S. 9 f.

(40) Achenwall und Pütter (Schröder), S. 336.

(41) Thibaut, Encyclopädie, § 14, S. 19 f., § 25, S. 34 f.

(42) H. Thieme, Die Zeit des späten Naturrechts, SZ GA. Bd. 56, 1936, S. 202-263.

(43) Pütter, Von dem Werthe richtig bestimmter allgemeiner Grundsätze oder auch blosser Hypothesen in der Rechtsgelehrsamkeit, in : Beiträge zum Teutschen Staats- und Fürstenrechte, Göttingen 1777, S. 1-14.

(44) J. F. Reitemeier, Enzykolopädie und Geschichte der Rechte in Deutschland, Göttingen 1785, S. 249 f., ライテマイアーについて、すでにStintzing-Landsberg, Thieme, Ebelなどの前掲書・論文が取り上げているが、最近のものとしてはH-U. Stühler, Diskussion; A. Buschmann, Enzyklopädie und Recht. Johann Friedrich Reitemeiers, Enzyklopädie und Geschichte der Rechte in Deutschland, in : G. Köbler (Hrsg.) Wege europäischer Rechtsgeschichte, Rechtshistorischer Reihe 60, FS Kroeschell, Frankfurt/Bern/New York. Paris 1987, S. 29-51.

(45) J. Schröder, “Naturrecht bricht positives Recht” in der Rechtstheorie des 18. Jahrhunderts?, in : D. Schwab u. a. (Hrsg.) Staat, Kirche, Wissenschaft in einer pluralistischen Gesellschaft, Berlin 1989, S. 419-433 ; derselbe, Recht als Wissenschaft, München 2001, S. 110-112.

（46） S. Pufendorf, De Jure naturae et gentium, libri VIII, 2. Ausg. Frankfurt a. M. 1684, Lib. 8, Cap 1, 3, S. 1122-1125.
（47） Chr. Wolff, Ius naturae, methodo scientifica pertractatum, Pars VIII, Halle 1748, § 973-976, S. 748-751.
（48） L. J. F. Höpfner, Naturrecht des einzelnen Menschen, der Gesellschaften und der Völker, 3. Aufl. Giesen 1785, S. 168, Anm. 4.
（49） D. Nettelbladt, Unvorgreifliche Gedanken von dem heutigen Zustand der bürgerlichen und natürlichen Rechtsgelehrtheit in Deutschland, Halle 1749, S. 113 f.
（50） Pütter, Neuer Versuch, § 120, S. 68 f.
（51） D. Klippel, Politische Freiheit und Freiheitsrechte im deutschen Naturrecht des 18. Jahrhunderts, Padeborn 1976, S. 178 ff.; Schröder, Naturrecht, S. 424 f., S. 430 f.
（52） Thibaut, Über den Einfluss der Philosophie auf die Auslegung der positiven Gesetze, in : Versuche über einzelne Teile der Theorie des Rechts, Jena 1817, S. 124-173. ゲッティンゲンの歴史家、シュレッツァー（A. L. Schlözer）やシュピットラー（L. T. Spittler）が、法学者とちがって、身分的特権の廃止や不可譲の人権を主張し、新しい市民社会への展望をもっていたことについて、G. G. Iggers, Die Göttinger Historiker und die Geschichtswissenschaft des 18. Jahrhunderts, in : Mentalitäten und Lebensverhältnisse, FS R. Vierhaus, Göttingen 1982, S. 385-398.
（53） Thibaut, Encyclopädie, § 13, S. 18.
（54） G. Hugo, Lehrbuch des Naturrechts als einer Philosophie des positiven Rechts, Berlin 1798. フーゴー研究の現状については、J. Rückert, "...Dass dies nicht das Feld war, auf dem er seine Rosen pflücken konnte...."? Gustav Hugos Beitrag zur Juristisch-Philosophischen Grundlagendiskussion nach 1789, in Rechtspositivismus und Wertbezug des Rechts,（hrsg. v. R. Dreier）Stuttgart 1990, S. 94-128 を参照されたい。フーゴーについては、なお別の論稿を準備したいと考えている。

六　公法と私法

1　一八世紀における公法と私法の概念は、独特の用語法に基づいており、今日の意味で理解することはできない。公法（ius publicum）というのは、多くの場合国法（Staatsrecht）と同義である。ピュッターは、国家私法（bürgerliche Privatgesetze）と国家の基本法（Grundgesetze des Staates）とを対置する。「国法とは、すべて実在の国家において、全体国家またはその最高権力の権利義務について定めているものをいう。国家の臣民について定めているその他一切の権利義務は、私法に属している」[55]。国法は、形式的には支配者と国民の契約・合意に基づき、その内容は、国家権力の設定・移譲、国家目的、立法権、執行権、裁判権、国王大権、その他国家の権利義務よりなるが、それは国家の存在をぬきにして考えることができない。私法は国法を除く臣民の一切の権利義務である。「国家行為でないもの、したがって国家とその最高権力に関しないものは、私的な行為である。私的行為のすべての権利義務が私法を形づくる。いま私法行為とよぶ人間相互のそのような行為は、国家がなくともおこなわれるであろう」[56]。売買、夫権および父権の行使などを考えればよい。逆に国家は実定私法がなくとも存在しうる。自然法にとどまり、家族や町村の自治に委ねれば、それで足る場合もありうるからである。私法の重要な部分は、国家形成以前にすでに存在している。ピュッターの説明からすると、公法と私法のこのような区別は、国家（市民）状態と自然・社会状態の区別とその段階的形成との対応において考えられているといえる。

2　実体私法のみならず、民事訴訟や強制執行も私法の領域に割り当てられる。自然状態においてすでに人間に強制的権利義務が帰属し、権利が侵害され、義務が履行されない場合には、実力で権利を防衛し、義務の履行を強制することが認められている。自力救済のほかに、仲裁人に紛争の解決をゆだねることもあるが、国家を設立し、「最高権力が裁判所を通じて中立的な審理をおこない、それに基づき紛争を裁判し、判決を執行する権利をもつ」ことが必要になる[57]。刑事法もまた私法に属するとされる[58]。自然状態・社会状態において違法な行為、刑罰・制裁が存在するからである。要は、国家以前の状態における民・刑事法、訴訟法の現実的存在が承認され、それが国家成立後の実定法の基礎にあるとされているのである。このことは、絶対主義の国家において、国家自体がなお強制力の集中独占を成し遂げることができず、自生的諸権力を容認し、それに支えられた存在であったことの法学的表現にほかならない。アッヘンヴァール・ピュッターが，一方で一般国法の章で国家の裁判権，裁判所の組織およびその手続きの必要，ならびに公的刑法の存在に触れながら，他方一般私法の章で，裁判所による国家裁判権の代理行使，管轄，裁判，法の事実への適用，証拠および執行，ならびに私的刑法について述べる，そのような論述の仕方は，国家への権力集中の過渡期段階にあることの体系的表現である(59)。

しかし，次第に国家があらゆる強制手段を独占した権利保護の制度であるという認識が明確になるにつれ，この見方に変化が生ずる。新しい観念は，カントの法理論に表現された。それによると，自然状態では個人の自由と安全を確保することができず（provisorisch 暫定的状態），国家（市民）状態においてはじめて法的規則のもと人間が自己のものと汝のものを確保することができるとされる（peremtorisch 確定的状態）。自然状態に対するのは，カントでは，社会状態ではなく，国家（市民）状態である。そして自然法が私法に，国家（市民）的法が公法と名づけられる。この定義によれば，民事訴訟法も刑法も公法に属することになろう。カントにおける暫定的状態と確定的状態の区別は形式的区別である。自然状態における人間相互の権利義務（私法）は，国家（市民）法においても，実質は異ならない。公法は人間の共同生活の法形式のみに関するものだからである。この説明では，もろもろの小社会が自生的権力を保有した社会状態が消失し――ただし，家族や任意的な社会は自然状態においてなお存在する――，自然状態の自由に対して，それを保護するために権力を集中した国家が対峙する構造となる(60)。この自然法論の根本的な構造変化に刺激され，民事訴訟法や刑法の位置づけも，動揺する(61)。ティボーでは，国法を憲法と統治法に区別し，国家高権とその行使を扱う統治法に民・刑事裁判と訴訟法を組み入れる(62)。フーゴーは，司法法と訴訟法を公法の一部である統治法に属するとしている(63)。

3　公私法二分説からすれば，民事訴訟法や刑法のみならず，その他の諸法も難点を抱えた。レーエン法については「封主と封臣または複数の封臣相互間、またはその他の人々に対する権利義務について、独自の私的レーエン法が生ずるばかりでなく、レーエン制度に対する国家の関係から国法の特別の部分も生じてくる」といわれる。(64) この時代にレーエン制は、すでに封に対する分割所有権関係と捉えられ、物化が進んでいたが、なおそれが国家との関係において国制の要素であることも忘れられていない。さらに、諸身分法（君侯、貴族、市民、農民、ユダヤ人などの法）、商法、手形法、鉱山法、森林法、狩猟法など、いずれも主として私法の領域に属するとされたが、実は公私法の「中間領域」を形成する。(65) 諸身分的共同体の自治によるところの多いこれらの法を公私法二分説に立って整理することは、きわめて困難なことであった。

（55） Pütter, Neuer Versuch, § 26-32, S. 15-18. この時代の公法と私法について Jan Schröder, Privatrecht und öffentliches Recht, in: Festschrift für Gernhuber zu seinem 70. Geburtstag ; ders. Einteilung des Rechts in öffentliches Recht und Privatrecht—Ein naturrechtliches Theoriebildung?, in : Rattshistorika Studir, Band XIX, 1993, S. 179-191.

（56） Pütter, Neuer Versuch, § 29, S. 16, § 33-35, S. 18 f.

（57） Pütter, Neuer Versuch, § 37, S. 19 f.「法的事件の裁判上の審理、裁決、執行のさいに生ずる裁判所と当事者の権利義務、訴訟の素材を提供する法律」は訴訟法であるが、これを、ピュッターは、「これはその他の理論的でない部分と区別する」という。訴訟法と訴訟実務を区別する必要があるという意味であろうが、ピュッターにおける理論と実務の関係は別の研究が必要である。

（58） Pütter, Neuer Versuch, § 38, S. 20 f.

（59） Achenwall u. Pütter, Anfangsgründe, 2. Kap., 1. Tit. § 716, S. 233, 3. Kap., 4. Tit., § 871-881, S. 291, 5. Tit., § 882-894 S. 293 ff.,

（60） Kant, Die Metaphysik der Sitten, Metaphysische Anfangsgründe der Rechtslehre, Königsberg 1797, 1. Teil. Das Privatrecht. 3. Hauptstück, § 41 u. 42, I. Kants Werke, Bd. VII, hrsg, v. B. Kellermann, Hildesheim 1973, S. 112-114. 加藤新平・三島淑臣訳（カント・世界の名著）三六八頁、四四四頁以下。

（61） カントに触発された公私法の体系の転換について、Schröder, Privatrecht, S. 969. 同時に、W. K. Nörr, Naturrecht und Zivilprozess, Tübingen 1976,（上田徹一郎、田中実、石田秀博による紹介、法と政治、一七七頁以下）。カントの影響によって民事訴訟＝私法説への転換が促されたようにいわれているが、この点についてカントの見方自体かならずしも明瞭でない。たしかに民事訴訟法の原理、たとえば弁論主義や処分権主義が、市民の Dein と Mein の関係を基礎にしていることは疑いないが。

(62) Thibaut, Encyclopädie, 66-69, S. 88-96, 74-80, S. 102-116.

(63) Hugo, Encyclopädie, § 5, S. 4 f. フーゴーによると、「公法と私法の間に第三のものが存在し、これは統治法、私法のように扱われる公法である、ということができよう。そこから、なぜ統治法がこれまでしばしば私法に数えられたか、なぜカントが刑法を公法に入れたことを非難したかは、明らかになる。しかし、ただ、このこと（刑法が公法とされる）をまったく新しいものと考えたことは、もちろんこれでは説明されない」とされる。また、私法の区分はアプリオリであるが、統治法の諸部分は経験的に列挙されているのみだという。これに対して Encyclopädie, 3. Aufl. 1806, § 7, S. 8 では、刑法を、統治法中の訴訟法の例外をなすものとしているが、すべての法の分類は経験的だとする。サヴィニーは、公私法二分説をとり、国法（Staatrecht）に代り、民事訴訟や刑事法をも含めたより広い公法（öffentliches Recht）の概念を用いることを提案する。F. C. v. Savigny, System des heutigen Römischen Recht, Bd. 1, Berlin 1840, S. 21-32. 当時の法学者の体系についての提案は、L. Björne, Deutsche Rechtssysteme im 19. Jahrhundert, Ebelsbach 1984 に詳しい。

(64) Pütter, Neuer Versuch, § 41, S. 21.

(65) Ebel, Pütter, S. 67.

七　ローマ法とゲルマン法

1　ドイツの大学で法学の講義の中心をなしていたのは、ローマ法である。「パンデクテンの現代的慣用」なるものは、ローマ法のほかに、カノン法、ドイツ古法、ザクセン法、帝国法律、ラント法、国法、レーエン法などの入り混じった巨大な合成物であった。これを体系的に整理して効率的に教授できるようにすることは、法学教育の喫緊の課題であった。ピュッターは、『エンツュクロペディー』で次のような提案をしている。すなわち、ローマ法の教え方の改善策は、①「ローマ法をまったく独立のもの、ローマだけの混じりけのない純正のものとして講ずること」②「まず古ローマ法を独自の体系として論じ、それからユスティニアーヌス法へと移ること」、

③「古ローマ私法にその時代のローマ国法を前置し、ユスティニアーヌス法の前に帝政期のローマ国法を配置すること」、④「ローマ法の講義のいずれかでも首尾よくおこなうことができるには、ローマ国家史の必要が大きいこと」である。この提案に従って、ユスティニアーヌス法の講義に先立って、①古ローマ国家史、国法、私法、②帝政期のローマ国家史、国法、私法の半年講義が設けられ、そこにこれまでパンデクテンの講義のなかで講じられていた節や法文がかなり移される。こうすることでこの講義の負担が軽減される。

ローマ法の講義は、中世以来の伝統的な教え方では、ユスティニアーヌス法典の章節に沿って法文ごとに注釈をするという仕方で進められるのであるが、体系的原理的な傾向が強まると、ある一節の題材ごとにまとめて体系的に講述するパラティトラという方式がとられた。またコーデックスやノヴェレをディゲスタに組み込むやり方もおこなわれた。ピュッターは、インスティツティオーネンとパンデクテンの二本立て講義にも疑問を持つ。この二つの講義はいずれもユスティニアーヌス法のみを対象にしており、内容が重複するからである。そこで体系的入門講義であるインスティツティオーネンをやめて、体系的に整理されていないパンデクテンそのものを体系化すべきであると提案する。そして優れた体系の完成を将来の法学に求めるが、彼自身、体系形成における幾つかの提言をおこなっている。すなわち、普通法と特殊な身分または職業の特別法（貴族法や商法など）を区別すること、民法と刑法を区別し、民法を刑法の前に置くこと、実体法と訴訟法を区別することがそれである。とりわけ重要なのは、総論と各論に分けて、総論の部分で、人およびその自然的市民的状態、権利義務の対象である物の規定、ローマ私法に固有な権利義務の一般的原則を論ずること、という提言である(66)。

ピュッター自身は、ローマ法学者ではなく、国法学者である。それにもかかわらず、パンデクテンを中心にして、純粋ローマ私法＝民法の体系化、しかも総則の形成までふくめて提案したことは、注目すべきことである。

実際にピュッターの志は、ライテマイアーやフーゴーによって受け継がれていくのであり、後代への影響は極めて大きい(67)。その検討は留保して、ここでは体系的パンデクテン法学形成への助走が始まっていることを指摘するにとどめる。

2　ローマ法とドイツ法の合成である「現代的慣用」から、純粋ローマ法を分離し析出するのと同様の体系的作業が、ドイツ固有法についても提案される。ピュッターによると、「またローマ・ユ帝法において最上のものである秩序が、ドイツ固有法でも少なくとも主要な著作において維持しうるのは当然である。したがって、第一に厳密な意味でいわゆる民法が、物と人の法の一般原則を前置し、ついで特則を論ずるという仕方で扱われる」。さらに、一般（普通）私法のほかに、無数の自国法、さまざまな身分の法、保険、海商、手形、森林、鉱山法、都市法、農村法などもあるが、これらは普通法に対する特別法に収められることになる(68)。

ローマ法と結びついて現実に妥当しているドイツ固有法の研究を促進することは、当時喫緊の実際的課題であったことは、疑いない。トマジウス以来おこなわれてきたドイツ法・ゲルマン法の科目で、すでに多数の法源が収集され、蓄積されていた。しかし、その体系化は、これらの法源の性質上、ローマ法とちがった難しさをともなった。すなわち、帝国法律の乏しいのに対して、無数の特別法が存在し、しかも、制定法の法規は不完全で、地域慣習法も不安定で不確実であった。このような法源状況に直面して、いかにこれを体系化するかは、ドイツ私法という科目の死活問題であったといえる。

この問題についてのピュッターは、注目すべき洞察を示している。それによれば、本来、ローマ法と並ぶもうひとつのドイツ共通私法が存在する。しかし、ドイツの現実には、特別私法、ローマ法と混交した特別私法、特別の立法、慣習法があるにすぎない。それを体系化することが最大の課題であるが、ひとつの共通ドイツ私法を求めて、努力しても無駄である。けれども、きわめて多くの場合に、おどろくべき共通性がみられる。全ドイツに等しく妥当する共通私法は、ほとんど存在しないとしても、少なくとも理論的にはドイツ固有の私法体系を織りあげることができる。その構成のもっとも重要な手段は、個々の法源の実定法規から一般的に妥当する法規および制度を推論する「類推」の方法である。(69) こうしてピュッターにより、ローマ法からの付加物を取り除き、ローマ法継受がなかったとしたら存続したであろう普通ドイツ私法を体系化する理論的枠組みが準備された。後にローマ私法とドイツ私法が車の両輪として支える法学の学科編成がここに予告されたのである。

ピュッターの弟子であったルンデは、一九世紀前半まで広く用いられた『普通ドイツ私法原理』を著わした。(70) ルンデは、ドイツ普通私法に裁判に役立つ実際的意味をもたせようとした。ピュッターがドイツ普通私法の根拠を多数の個別実定法の共通性に求め、控えめにそれを理論的叙述として主張したにすぎないのに対し、ルンデは、そのような共通性に対して懐疑的である。規範の共通性から、ただちにその法的拘束力を導き出すことはできない。一般的拘束力をもつドイツ私法は、帝国の制定法、ドイツに共通の慣習法よりなるが、そのような実定法規範がない場合、「事物の性質、すなわち法律、慣習および私人相互の契約から正しく推論された、ドイツ人に固有の法制度の性質」を根拠として形成される。新たな規範を導き出す事物の性質は、ここでまた「健全なる理性」ないし「仮説的自然法」と同視されるのである。(71) ルンデこそゲルマニストのティーメのいう後期自然法の思想をもっともよく体現しているように思われる。

(66)　Pütter, Neuer Versuch, § 130-146, S. 75-86.
(67)　フーゴーがローマ法の体系化のため、種々の試みをしたことはよく知られている。彼が編集した Civilistisches Magazin Bd.

1, S. 35-48 に „Herr GJRath Pütter über die Art das Römische Recht zu lehren" の表題で、ピュッターの Neuer Versuch からの抜粋を掲載したことに、ローマ法の体系化の努力における両者の共通の志向をみてとることができよう。また同じ巻に、J. G. Schlosser, Über das Studium des reinen römischen Rechts, S. 20-55 も収録されている。

(68) Pütter, Neuer Versuch, § 157-163, S. 93-97 なお Ebel, Pütter, S. 85-97.; M. Lipp, Historisches Argument und deutsches Privatrechts : Zur Funktion der Geschichte in Johann Stephan Pütters „Elementa iuris Germanici", in : M. Senn und C. Soliva (Hrsg.) Rechtsgeschichte & Interdisziplinarität, Bern 2001, S. 109-120.

(69) Thieme, Das späte Naturrecht, S. 252 f.; Ebel, Pütter, S. 89 f. いずれも Eementa iuris Germanici privati hodierni in usum auditorium 1748, II. Aufl. 1756, III. Aufl. 1776 に依拠しているが、筆者は未見。なお共通法の存在とその証明の根拠についてEncyclopädie, § 159, S. 95 f. ピュッターは、Encyclopädie, S. 112-254 に、ドイツ私法の基礎になる法源、都市法、ラント法その他の法令を集めて、その暦年表を付している。

(70) J. F. Runde, Grundsätze des gemeinen deutschen Privatrechts, 1. Aufl., Göttingen 1791., II. Aufl.

(71) Thieme, ebenda, S. 253 ; Ebel, ebenda, S. 90. ピュッターとルンデを含め、「ドイツ私法」の形成史を考察するのに重要なのは Gerber, Das wissenschaftliche Prinzip des gemeinen deutschen Privatrechts, Jena 1846, S. 40-87. である。比較的最近のものとして、K. Kroeschell, Zielsetzung und Arbeitsweise der Wissenschaft vom gemeinen deutschen Privatrecht, in : H. Coing und W. Wilhelm (hrsg.), Wissenschaft und Kodifikation des Privatrechts im 19. Jahrhundert, Frankfurt a M. 1974, S. 249-276.

八　歴史と法学

1　さて、ピュッターにおける歴史の役割はどのようなものであったか。法や慣習をその根拠・原因から説明するために、私法においても公法においても、「その法が問題になっている国家をそれにかかわる諸事情によって知ることが必要である。大部分国家のその時々のあり方に根拠・原因をもっていない法律は希だからである。その全体を現在だけに目を向けて把握することは容易でない。一般に国家それ自体がそれまでに多くの変化を蒙ってきているのであり、全体として後の変化を理解するのに、先行する変化を知ることが必要である。それゆえに、ある実定法を認識するのに、まず当該国家の歴史を知ることが必要でないような実定法があると考えることは難しい[72]」。歴史科目としては、①このような国家史と並んで、さらに②法史、③法学史または文献史が挙げられる。ピュッターにおいて、歴史の任務は、実定法を認識するための根拠・原因を明らかにすることであり、歴史は実定法の理解と説明のための手段である。物事の原因を尋ね、それとの連関において認識するという点において、このような歴史は、「プラグマーティシュな歴史」である[73]。

ちなみに、専門の法学の周辺には、古代史（ギリシャ史、ローマ史、ヘブライ史）、ヨーロッパ諸国史や教会史、それに加えて学問史、自然史など歴史補助科目がある。これに加えて、歴史的補助科目として、地理学、年代学、系譜学、貨幣学が挙げられる。これら教養科目には、なお哲学、論理学、数学、物理学など多数の科目が属している[74]。いずれも啓蒙期の官僚による国家統治に不可欠の教養として、これら数多くの科目の学習が推奨されるのである。

2 他の『エンツュクロペディー』の著者も歴史についてほぼ同様の見方である。ティボーを例にとってみよう。彼はいう[75]。法学者は、法律の言葉ばかりでなく、立法者の意図を明らかにしなければならない。しかるに、われわれの法典は一人の頭で創られたものではなく、ながい経験の成果である。「その材料は徐々に成立したものであり、より古い概念はより新しい概念に連なり、より古い規定はより新しい規定によって制限されたり、拡張されたりする。したがって、現行法の精神は、それが漸次的に形成される歴史のなかに見出される。歴史を知らなければ、法律の学習は、死せる作品の、精神の欠けた理解であり、法律知識は、空虚な、関連性のない知である」、「法律のあり方、法の学問的な状態は、国制、文化、生活様式、民族性、国民の政治的状況、もろもろの偶然の事情と密接に関連する。とりあえず歴史そのもの、および通常古事学といわれるものを知らずして、法史は理解できない。両者が法史に対する関係は、法史の現行法に対する関係と同じく、目的に対する手段の関係に立っている」。ティボーにとって、法史は、法学識者にとって「適用しうる法がそれによって光明と生気を与えられるという点でのみ有用なのである」。法史は法認識の手段であり、それゆえ、補助学、予備学とみなされるのである。

3　歴史法学の先駆者または創始者ともされるフーゴーは、学問（Wissenschaft）の理解において、特異な観念を提示している。彼の著名な法学学習の三分説によると[76]、法学では、①なにが正しいか、②それが正しいのは、理性に根拠づけられているか、③どのようにして正しいものとなったのか、が問題になる。第一の領域に属するのは、法ドグマーティクであり、これは実際的な、職人的な仕事である。第二は法の哲学、第三は法の歴史の領分となる。「(第一のものに)学問的なものはただ形式のみである。これに対して後の二つは、学問的な、リベラルな、人文的な法学である。それには典雅法学という名称があったが、濫用されたため、あまりにも不適切なものになった。法哲学と法史を通じて、われわれの学習は、哲学と歴史と、つまり学問的な教養をもった人間を特色づける一切のものと密接に関連するのである」。フーゴーにとって、法哲学と法史こそが学問である。それゆえ大学でこれらの学問が軽視され、パンのための学問に限定される傾向があることを慨嘆する。彼はいう。法史を学ばずとも、すぐれて有用な実務家になることができる。だが、「今日、他の学問が一層興味深いものになっているから、歴史と哲学とに結びつけないならば、実際的な真理を学び、それを好きになることはきわめて困難である。なお、たんなる職人的な仕事が与えることができる以上に高貴な精神の仕事に素質と欲求をもっていればいるほど、困難になる。歴史と哲学のない実定法は、たんなる職人仕事であり、そうありつづける。すぐれた頭脳の持ち主はそれに興味をもたないであろう[77]」。このような学問観の成立とその背景は、また別の個所で考察したい。

法学（Jurisprudenz）は、フーゴーによると、一つは、不断の訓練と実務の研修によって、もう一つは学問的理論的研究によって学ばれる。第一の方法は、通常大学外においてもおこなわれる。しかし、大学において学んだはずの者たちが、第二の事柄を軽視し、たんなるルーチンの仕事に堕していることが、彼には不満なのである。そのような者は両者を備えた学問的法律家でなければならない。

（72）Pütter, Neuer Versuch, § 122, S. 69 f.
（73）Pütter, Neuer Versuch, § 123, S. 70.
（74）Pütter, Neuer Versuch, § 104-116 S. 60-65.
（75）Thibaut, Encyclopädie, § 139-141, S. 227-230.
（76）Hugo, Encyclopädie, 2. Aufl. § 16, S. 15, 3. Aufl. § 17 u. § 18, S. 20 f.
（77）Hugo, Lehrbuch der Geschichte des Römischen Rechts, Berlin 1799, § 20, S. 12.

九　サヴィニーの Methodologie との関連において

1

一八世紀末の『エンツュクロペディーとメトドロギー』にかんする以上の考察を前提にしてみるならば、サヴィニーのいわゆる『メトドロギー』（一八〇二・三年）は、法学史の上でどのような位置づけを与えられるのか。マールブルク大学におけるこの講義は、一九三三年カントロヴィッツがグリムの筆記ノートによる公刊を予告しながら、一九五一年になってヴェーゼンベルクの手によってやっと出版されたものである。それには „Juristische Methodenlehre“ という表題がついている。(78) しかし、注意しなければならないのは、現代の法学者が著わす『法学方法論』と異なり、マールブルク大学所蔵の「サヴィニーの遺稿」に含まれる原稿の表書きは、„Methodologie“であり、(79)しかも講義の題目は、„Anleitung zu einem eigenen Studium der Jurisprudenz“であるという点である。この講義は、いうなれば法学入門または法学学習の手引きなのであり、したがって、一八世紀後半の『エンツュクロペディー』文献の系列に入れて比較考察することには、十分な理由があると考えられる。けれども、サヴィニーの独自性はどこにあるのだろうか。この講義では、エンツュクロペディーの部分が脱落しており、メトドロギーに限定されているのは明白であるが、それはなぜか、という疑問も生ずる。

これに対しては、つぎのような推測が可能であろう。エンツュクロペディーは、ローマ法、カノン法、ドイツ諸法を一体として捉えていた混沌たる法源状況から脱却して、それぞれ法領域を区別し、分別されたものを相互に関連づけ、法学の科目として体系化することを課題にした。法学科目の再編成にさいして、まず自然法、それも道徳的規範から切り離された強制可能の権利義務規範から出発し、そこから実定法の諸科目の連関を基礎づけたのである。『エンツュクロペディー』の創設者ともいえるピュッターは、そのような編成作業のなかで、とくに国法に重点を置いた。けれども、フーゴーにいたっては、すでに『エンツュクロペディー』の主要部分は、私法およびその歴史を対象にするようになってきた。サヴィニーの『メトドロギー』では、エンツュクロペディーは、もはや独立した部分としては存在しない。しかし、それまでの学科編成の議論を前提していることは疑いなく、第一部の冒頭のところに、かすかにその余映をみることができる。(80)そこでは、存在するものとしての国家と行為するものとしての国家を区別し、法学の目的を「国家の立法作用を歴史的に叙述すること」であると定義する。サヴィニーは、本来の立法を私法と刑法とに限定し、国法を法学の概念より除外する。「国法は国家をただ存在するものとして前提し、法律学は国家を行為するものとして前提するからである。両者は相互に指示し合うが、一つの概念に収められない」。国法の学習への関心は無視しえないが、「国法の大部分はいま私法と類似の仕方で扱われねばならない。たとえば、グーツヘルはすべての他の私権と同様に裁判権をもっている。──近時の国家にはどこにもわが国法より古い関係が存在する：レーエン制：むかしの国法はより純粋であった」という。[81] この言説もエンツュクロペディー文献にみられる公・私法の区分から理解することができよう。そこでは、近世における国家形成以前の法的諸関係は、例示されている領主裁判権やレーエン制のように、私法に属すると扱われた。当時領主裁判権は対物権の、またレーエン関係は分割所有権の概念でもって把握されていたのである。サヴィニーのこの私法概念は、なお旧体制下のこのような伝統的諸関係をも表現するものとみるべきである。それに対して、国法は、存在する国家を対象とするという以上、本来は憲法を指すことになるが、国家の作用は今日公私法の入り混じった統治法のような領域にまで拡大された。したがってもはや国法は「純粋」ではないのである。[82]

2　国家の行為としての立法から出発することによって、サヴィニーは社会契約による国家（市民）状態の形成という自然法論的論証を叙述から排除した。社会契約論の否定は、法律に優先する契約の否定に通ずる。それでは、法律は国家の立法権により導き出されるとして、主権者である君主の主観的意思そのものかというと、そうではない。サヴィニーによると、法律は「完全に客観的、全く独立した、個人の確信から切り離されたもの」である。法律は君主の恣意に、また裁判官の恣意によっても左右さるべきでない。個人の意思支配を制限する中立的介在者の役割を果たす。主観的・偶然的な存在ではなく、客観的・必然的存在という法律のこのような性質規定に、サヴィニーにおける新しい法観念の萌芽をみることができるかもしれない。ここでいう法律が、「個人が他人の意思から自由な存在であり独立していること」を確保するものという性質もつとすれば、それはむしろ客観的法を意味するであろう。[83] フーゴーは、すでにそれ以前に法律と法を明確に区別し、法を言語や習俗との比較において慣習法に基礎づけ、さらに法学を法律学とよぶことの誤りを指摘していた。[84] しかし、サヴィニーは、ほとんど法律を法と置き換えてさしつかえないところに到達しているにせよ、なお法律の用語を維持している。そして、後の「民族の法的確信」といった法成立論の新しい基礎づけは、この時点でまだ現れてはいないのである。

3 それでは、このような対象を扱う法律学とは、どのような学問であるのか。すでにみたように、サヴィニーでは、法律は客観的に与えられたものと規定される。そのような客観的な所与にかんする知はすべて、「歴史的な知」とよばれる。したがって、「法律学の全性格は歴史的であり、すなわちそれはまた①本来の意味において歴史的であり、②文献学的でなければならない」とされるのである(85)。客観的な所与にかんする知が歴史的であるという点に、なお歴史の伝統的な意味が受け継がれているといえようが、しかし、「本来の意味における歴史」というのは、どのようなことか。それは、法律を時系列的に並べて考察することであり、結局は法史の概念に帰着する。この法史なるものは、国家と諸民族の歴史と密接に関連する。さらに、法史は、ピュッターが提案したところの、内史と外史に区別される。サヴィニーのいうには、これまでは法史と称して国家史の一部を研究し、その変化を語っていたにすぎない。これは、有用ではあるが、十分でないとして、「法の体系をつねに進展するものと考え、個々の法的問題を研究するのみならず、すべてをそれに結びつけなければならない」。こうして内史に重点を置くのである(86)。

『エンツュクロペディー』の文献では、国家と法の歴史は現行の法を理解するための前提であるとみられた。国家史と法史は、実定法の前に置かれ、その徹底した認識がなければ実定法も理解できないといわれた(87)。だが、サヴィニーの歴史の見方は、それにとどまらない。彼は、そのような見方を乗り越えて、歴史に独自の価値を認めているとみなければならない。サヴィニーは、マールブルクで、フーゴーの『法史』の教科書を使って「法史」

の講義をおこなっているが、ここでは一八〇一年冬学期と一八〇三年夏学期の講義原稿をみてみよう(88)。

ここで彼は、まず法と立法について二つの見方、すなわち体系的見方と歴史的な見方がある、と述べた後、法史の定義を、「一定の期間における立法の継続的形成ないし変化の叙述」であるとする。そしてその詳細な概念規定として、つぎのように記す(89)。

「1.　外に向けて――体系に対する歴史の関係、または法のエンツュクロペディー的な見方＝法学全体の観点からみた歴史。全面的な革命によって産み出されたために、従来の歴史が全く要らない立法、例――立法が新しいにもかかわらず、立法によって規定される対象、すなわち法制度を介する間接的な影響のゆえに、歴史が重要である立法――例――ユスティニアーヌスのローマ法の、全く別の関係、これはそれ自体形式において歴史的である、ここでは法史と体系は一体である。ただちがった側面から眺められるにすぎない、そして歴史はこの場合体系の分析にすぎない。――これが法史のエンツュクロペディー的な見方であり、法学で語ることのできる唯一の効用である」（第六六葉）

他方で、ローマ法を人類の精神史の実験とみる政治的な見方やローマ史の一部としてみる歴史的な見方があるが、これは外からの見方であり、効用であるとされる。それに対して、「外に向けて」では、歴史の、法学または法体系に対する関係が問題にされ、法史は法学の観点からすると、体系の分析にすぎないものとなる。これがエンツュクロペディー的見方であるとするならば、サヴィニーは、法史の独自性をどのようにみているのか。それをはっきりさせるために、彼の「フーゴー著『ローマ法史教科書』書評」の一節の助けを借りよう。「この全体（法史と法古事学の結合を指す）は、本来の学問の予備知識としかみられなかった。これを教えやすく、学びやすくするために研究したにすぎなかった。（フーゴーの）本書の根底にはもっと優れた思想がある。それはすなわち、法学全体が法史にほかならず、したがって法史を特別に研究するのが、他の法学研究から区別されうるとすれば、それは光と影の配分のちがった仕方によるにすぎない、という考えである」[90]。多くの『エンツュクロペディー』作者のように、法史を法学に役立つものとして、「体系の観点からそのためのたんなる準備」（第六五葉）[91]としてとらえるのではない。法体系と法史は一体であるが、どちらの側から光を当てるか、というちがいになってくる。観点によって法史と法学では表と裏が逆転することになる。法史は、実定法の体系を不断に進展するものとして時系列的関連において考察し、その変化を歴史的に叙述するものである。そのような見方から、サヴィニーはフーゴーを高く評価するのである。この問題は、さらに一般的な歴史観の変化を考慮に入れて検討する必要があるが、ともかくフーゴーとサヴィニーにおいて法史に独自の意味が与えられたのであり、ここに法学がまさに「歴史法学」というべきものに転化する契機をみることができるのである。

法学が歴史的であるといわれる場合、文献学的であるという意味で語られることがある。歴史的研究と文献学的研究は近似し、同格であるゆえ、両者を合わせて歴史的研究とよび、体系的研究と対置するのであるが、サヴィニーにおいては、まず個々の法文の文献学的釈義的研究がとくに重視される。そのうえで、文献学的研究の成果と体系的概念が接合されるのであるが、それでは、体系とはどのようなものか。

「早くからすでに法学の体系的研究の試みがみられた。そのような取り扱いがたんなる木組み建築、材料の寄せ集めのようなものを提供するだけであれば、価値はきわめて低いものであろう。その場合、たんに記憶を容易にするだけであろう。体系的研究が真の功績をあげるとすれば、内面的な連関が一つの統一体を産み出さねばならない。そのような統一体のためには、法学にとって一般的内容、一般的課題が存在しなければならない。いやいかなる偶然にも服さない一般的立法が存在しなければならない。民・刑事立法の概念にすでにそのような一般的課題が含まれていて、したがって法学のそのような体系的研究が可能である。しかし、そのようなものがあるとすれば、法学は直接に哲学と境を接するのであり、哲学は完全な演繹によってすべての範囲の一般的課題を述べなければならないものだからである。つまり法学は哲学的学問である」(92)。

サヴィニーの批判は、従来の研究は、教育目的のため、とくに記憶を容易にするための外面的な整理にとどまり、内面的な連関を作り出すようなものではないという点にある。『エンツュクロペディー』文献を含めて、一八世紀の研究では、シュレダーが明らかにしたように(93)、System の概念は、なお「教科書 Lehrbuch」、教育の便宜ための整理ないし秩序づけの意味を残している。ピュッターにおいて、たしかに抽象的内面的連関という体系の新しい観念への志向がみられるとはいえ、それはきわめて部分的で、全体としては教育目的のために素材を加工し整理するという古い観念が維持されているのである。ピュッターの段階では、ローマ法にも種々雑多なものが含まれていて、ひとつの体系的連関にまとめあげるのは、至難な状態にあったといわねばならない。サヴィニーの場合、個々の法文の徹底的な釈義的文献学的研究がおこなわれると同時に、その個々のものが体系的研究では、一つの全体をなすものと考えられ、また法学の体系的な見方もその要素に分解されることができることになる。「法学の研究は、したがって、解釈的研究と哲学的研究の条件を備えていなければならない」のである(94)。サヴィニーのこの主張は、一八世紀末における文献学および哲学の発展という背景を念頭において考える必要があるが、ここで少なくとも述べておかねばならないのは、つぎの点である。すなわち、サヴィニーの方法的特色としてしばしば語られる「哲学的方法と歴史的方法の結合」は、一八世紀の法学においてすでに登場しており、けっして新しいものではない。しかし、それは、サヴィニーにおいて独特の内的連関をもって述べられており、歴史と哲学の結合というテーゼは、まさに歴史的文脈において明らかにされねばならないのである。

4　一八世紀後半の法学教育のなかから生れた『エンツュクロペディー』文献は、法学生に対して法学の学び方を、あわせて教師に対しても教え方を指南する役割をもっていた。だが、それは同時に混沌とした法学諸科目を分別し、それぞれの領域を定め、相互の連関を明らかにして、法学全体の再編成を目指すものであった。しかも、そこには、自然法からの実定法の分離、法律と法の分離、公法と私法の分離、法学諸科目の整序、体系と歴史の方法的結合など、のちに全面的に展開する法の理論的問題が提起されていた。法学は、これらの分別と相互連関を明らかにすることによって、他のシステムから独立した実定法のシステムを形成していくのである。それが、一九世紀におけるサヴィニーおよび歴史法学が取り組むべき課題となる。

(78)　F. K. v. Savigny, Juristische Methodenlehre, hrsg. G. Wesenberg, Stuttgart 1951.

(79)　マールブルクのこの原稿は、F. C. v. Savigny, Vorlesungen über juristische Methodologie, herausgegeben. u. eingeleitet. von A. Mazzacane, Ius Commune Sonderheft 63, Savigniana 2, Frankfurt/M. 1993として公刊された。

(80)　Savigny, Methodologie（Mazzacane）S. 84 f. によれば、一八〇二年に書かれたPlan zu einem Cursus des Civilrechts があり、サヴィニーがフーゴーのLehrbuch eines civilistischen Cursus に含まれている講義と同じものにしようと考えていたことが分かる。そして、法の歴史、法源論、体系という内容の構成をとることが予定されていた。一八〇九年のMethodologieは、すでにパンデクテンの講義の序論とされている。

(81)　Savigny, Methodenlehre（Wesenberg）S. 13; Methodologie（Mazzacane）S. 87.

(82)　「むかしの国法はより純粋であった」の文意は不明瞭である。H. H. Jacobs, Die Begründung der geschichtlichen Rechtswissenschaft, Paderborn/München/Wien/Zürich 1992, S. 271. Anm. 82は、「むかしの国法はより純粋であった。それは、個人が権利をもたない、個人が無である国法であった」と解するが、ここでいう国法は、そもそも私的な個人とは関係しない国家の存在を対象にするところの憲法の意味であって、ヤーコブスがいうような全体主義国家を思わせるようなものではない。

(83)　Savigny, Methodenlehre（Wesenberg）S, 14. サヴィニーが法律および立法学という言葉を用いたからといって、法律実証主義に組み入れるのは早急である。J. Rückert, Idealismus, Jurisprudenz und Politik, Ebelsbach 1984, S. 101は、法＝客観的に所与の

ものが、偶然的でなく、必然的なものと理解することに、客観的イデアリスムスの方向を指示するシグナルをみる。リュッケルトとは別にシュレーダーも、フーゴーなどカント主義者が、法学の素材、実定法を偶然的、恣意的なものとみたのに対して、サヴィニーは、実定法に必然的性格を与え、それゆえにフーゴーとちがって、法学をより実践的、より学問的にすることに成功したと評価する。J. Schröder, Wissenschaftstheorie und Lehre der „praktischen Jurisprudenz“ auf deutschen Universitäten an der Wende zum 19. Jahrhundert, Frankfurt/M 1979, S. 161-167. 法の成立および法の性質の必然性についての言及は、たとえば一八一二年の方法論講義にみられる。Savigny, Methodologie（Mazzacane）, S. 182 f. また『使命』や『体系』の法源論も参照されたい。

(84) G. Hugo, Zur Zivilistischen Bücherkenntnis, I, 1790, S. 110, S. 205, S. 209 ; Encyclopädie, 3. Aufl. 1806, S. 9 f. とくにサヴィニーの『使命』との関係で重要なのは、G. Hugo, Die Gesetze sind nicht die einzige Quelle der juristischen Wahrheiten, CM Bd. 4.1812, S. 89-135.

(85) Savigny, Methodenlehre（Wesenberg）, S. 16.

(86) Savigny, Methodenlehre（Wesenberg）, S. 16 f.

(87) Pütter, Neuer Versuch, § 124, S. 69 f.

(88) サヴィニーの「法史」講義は、マールブルク所蔵の「遺稿」中にあるものや学生の講義録などから内容を知ることができるが、これらの資料は、リュッケルトと赤松秀岳の両氏によって解読され、出版される予定ときいている。筆者は、マールブルクの原稿を閲読したことがあり、本稿では、そのさい筆記したノートを利用した。サヴィニーの原稿はいわばキーワードまたは断片的な叙述であり、理解に苦しむところが多い。赤松氏の好意によって、本記念論文集に寄せられた同氏の論稿をみせていただいたが、それでも釈然としないところが残る。今後の研究の進展によって補正することを留保しつつ、ここでは筆者の「読み」を示した。赤松氏のご厚意にここで感謝の意を表したい。

(89) UB Marburg, Ms. 925/33, Bl. 66-67.

(90) Savigny, Recenzion des Lehrbuchs der Geschichte des Römischen Rechts von Gustav Hugo, 2. Aus., Berlin 1799, 3. Aus., Berlin 1806（1806）, in : Vermischte Schriften V., Berlin 1850, S. 2.

(91) UB Marburg, Ms. 925/33, Bl. 65.

(92) Savigny, Methodenlehre（Wesenberg）, S. 15 f.

(93) Schröder, Wissenschaftslehre, S. 105 ff.

(94) Savigny, Methodenlehre（Wesenberg）, S. 16 f.

本稿は、科学研究費補助金（基盤研究(B)(2)「法学部における理論教育と実務教育　一八世紀から現在に至るドイツの歴史的経験と比較」（課題番号一六三三〇〇〇五）による研究成果の一つである。

十九世紀初頭ドイツにおける理論と実務
――シュテーデル美術館事件をめぐって――

野田龍一

河内宏・大久保憲章・采女博文・
児玉寛・川角由和・田中教雄 編
『市民法学の歴史的・思想的展開』
二〇〇六年八月 信山社7

はじめに

十九世紀ドイツ私法学は、概念法学の典型であり、もっぱら批判・克服されるべき負の遺産として解されることが多い。これに対し、否そこにあっても実質的な判断や利益衡量がおこなわれた、と反駁されることがある(1)。概念法学か、利益衡量か。この議論を教条的に繰り返しても、さして生産的ではあるまい。むしろ、当時発生した具体的法律問題に即して、かの時代における法解釈の一斑をあきらかにする。これこそが、困難ではあるが、われわれ法制史学徒のはたすべき課題ではなかろうか。

小稿では、具体的一法律問題としてシュテーデル美術館事件を取り上げたい。ある遺言者が、遺言で、美術館を設立すると同時に、その設立されるべき美術館を、自己の相続人に指定した。この遺言は有効か。この法律問題が、十九世紀ドイツにあって、一大論争を引き起こしたこと、その後、ドイツ民法典が、擬制的規定でもってこの論争に決着をつけたこと、日本民法典第四二条第二項もまたドイツ民法典規定をひとつの範としたことは、周知のところである(2)。しかし、先行研究(3)の蓄積にもかかわらず、シュテーデル美術館事件をめぐる論争の実相はなおあきらかではない。とくに、論争が裁判過程における各大学法学部判決団の判決案なり、鑑定意見なりの応酬というかたちで展開したにもかかわらず、「大学法学部の司法への参加」の全貌は、依然解明されてはいない。シュテーデル美術館事件に即し裁判にかかわった各大学法学部判決団ないし構成員の見解をてがかりにその実相に立ち入り、背景にある法解釈に関する基本的態度を究明したい。

小稿は、九州大学サヴィニー研究会での報告(4)に端を発する。サヴィニー『現代ローマ法体系』を「読む」ためにも、その前史を対象とする小稿がなにほどか役立つならば、幸いである。

（1）　たとえば、村上淳一『権利のための闘争を読む』（岩波書店、一九八三年）二三一以下参照。
（2）　原田慶吉『日本民法典の史的素描』（創文社、一九五四年）二一頁・二六―二七頁。
（3）　最近の研究からは、Hans Kiefner, Das Städel'sche Kunstinstitut. Zugleich zu C. F. Mühlenbruchs Beurteilung eines berühmten Rechtsfalls in: Ideal wird, was Natur war, Bibliotheca Eruditorum, Bd. 21, Goldbach 1997, S. 339-397; Hans-Jürgen Becker, Der Städel-Paragraph（§ 84 BGB）in: Festschrift für Hans Hübner zum 70. Geburtstag, Berlin-New York 1984, S. 21-33; Ulrich Falk, Ein Gelehrter wie Windscheid, Erkunden auf den Felden der sogenannten Begriffsjurisprudenz, Frankfurt am Main 1989, S. 77-109.
（4）　一九九〇年四月二三日研究会。席上、原島重義先生は、さきのファルクの研究を紹介なさってパンデクテン法学の豊かな内実を指摘なさった。また、河内宏先生は、信託的財団に関するイングランド法の発想を紹介してくださった。さらに、西村重雄先生は、C. 1. 3. 46. につき、大月康弘『帝国と慈善　ビザンツ』（創文社、二〇〇五年）に結実する研究成果をふまえて、ビザンツ帝国における教会の意義をご教示くださった。

一　シュテーデルの遺言と訴訟の経過

1　シュテーデルの遺言

ヨーハン＝フリードリヒ＝シュテーデルは、一七二八年一一月一日、神聖ローマ帝国直属都市フランクフルト＝アム＝マインに生を享けた。(5) 商人・銀行家として財を成したかれは、美術品の蒐集家としても有名であった。ゲーテもフランクフルトでその蒐集を実見し賛嘆している。(6)

シュテーデルは、一七九三年一月二六日に遺言を作成していた。その後、フランクフルトは、フランクフルト大公国の一部となった。大公国では、一八一一年一月一日以降、ナポレオン法典が施行された。おそらくはそのためであろうか、シュテーデルは、一八一一年一一月二一日に、ナポレオン民法典第九一〇条により大公カールの認許をえたうえで、一八一二年一月一八日、あらためて遺言を作成した。ナポレオンが没落した結果、フランクフルトにおいては、一八一四年二月一日以降、ナポレオン法典が廃止され、従前の普通法およびフランクフルト都市条例（フランクフルト改革都市法典）が復活した(7)。そこで、一八一五年三月一五日、シュテーデルは三度目の遺言を作成した。シュテーデルは、その後、同年三月二二日、七月一日、一〇月三〇日、それに翌一八一六年六月四日に、付録を追加した。この最後の遺言および付録については、原本が現在フランクフルト都市史研究所（旧フランクフルト都市文書館）に保管されている(8)。わたくしはその複写を入手・参看できた。

一八一五年の遺言は、前文および本文全九条から成る。まずはその内容を概観しよう。

前文では、遺言作成の経緯を述べる。シュテーデルは、フランクフルトの都市および市民団のために、蒐集した美術品を、特定遺贈を除く全財産と一緒に、特別の独立した、シュテーデルの名を冠する美術館の設立に捧げる決意を永年来いだいてきた。そのために、かれは、さきに遺言を作成した。しかし、フランクフルトは自治を回復し、フランス法が廃止され、普通法および都市条例が復活した。シュテーデルは、従前の遺言を破棄したうえで、普通法の方式を遵守しつつ、あらためて遺言を作成した。

第一条は、シュテーデルの蒐集した美術品が、フランクフルトの都市および市民団のために本遺言でもって設立するべきシュテーデル美術館の基礎である、と定めた。そのうえで、この美術館を、シュテーデルの包括相続人に指定した。

第二条は、シュテーデル美術館の目的について規定した。美術品交換などによる蒐集内容の改善、美術品の無償での一般公開のほか、無資力の市民の子らへの、絵画・数学・建築などに関する無償での教育実施を、目的とした。

第三条は、美術館の資産管理運営に関して規定し、つづく第四条は、シュテーデル美術館の理事兼遺言執行者に関して規定した。理事兼遺言執行者としては五名を指名した。このうちヨーハン＝カール＝シュテーデルは、遺言者存命中に逝去した。そのため、一八一五年七月一日の付録が、カール＝フェルディナンド＝ケルナーをかわりに指名した。これらの理事兼遺言執行者は、シュテーデル逝去後、裁判所で宣誓をし、シュテーデル美術館の代表者として遺産占有委付を申請し、特定遺贈を執行するものとされた。かれらは、管理につき責任を負わない。理事に欠員が生じたときは、フランクフルト市民団の中から欠員を補充する。重要事件が発生したときは、第二市長にして都市裁判所長であるヨーハン＝ヴィルヘルム＝メッツラーのところに相談にゆくように、定めた。

第五条は、理事による美術館管理につき、ガイドラインを規定した。シュテーデル美術館は、独立して存在し、他のいかなる美術館ないし施設とも合併されてはならない。美術館への贈与は、シュテーデル美術館の精神およびシュテーデルの表示された意思に反しないかぎりで、これを認める。美術館の所蔵する美術品の貸与は、これを禁止する。美術品のうち、シュテーデル美術館にふさわしくないものを排除せねばならない。

第六条は、永年仕えてきた家僕らをシュテーデル美術館へ任用することを規定し、さらに、第七条は、シュテーデル美術館の代表理事に無制限の権限を授与することを規定した。

第八条は、シュテーデル美術館の会計監査に関する規定である。シュテーデルは、常任の会計監査役として、具体的に人名を明示せず、フランクフルトの都市官庁の役職（シュルトハイスなど）を指定し、これらの監査役への帳簿提出を理事に義務付けた。

最後に、第九条は、小書付約款である。本遺言が、正規の遺言としては無効であったとしても、依然なお、小書付として有効とされるべきことが規定された。

既述のとおり、遺言本体に、四回にわたって、付録が付け加わった。これらの付録では、とくに、シュトラースブールなる母方の故伯（叔）父クルストフ＝フリードリヒ＝シュテーデルの子ら、すなわち、遺言者の甥姪（甥姪が死亡しているときはその子ら）・使用人・救貧院などの各施設・シュテーデル美術館理事らへの、金銭での多数の特定遺贈をおこなった。

一八一六年一二月二日、シュテーデルは、八八年一月に及ぶ生涯を閉じた。シュテーデルが逝去した日の翌一二月三日、遺言は、フランクフルト都市裁判所において開封のうえ朗読された。一二月五日、遺言で理事兼遺言執行者に指名されていた五名が、都市裁判所に相続の申請をおこなった。一二月六日、都市裁判所は、シュテーデル美術館が国家における倫理的人格 persona moralis として見られることに関するフランクフルト都市参事会の認許を提出するよう命じた。一二月一〇日、都市参事会はこれを認許した。(9) 約一三〇万グルテンにも及ぶシュテーデルの遺産をめぐり、いろいろな流言蜚語が、巷で飛びかったようである。そのなかで、ゲーテに美術館の管理を一任する話も一時浮上した。(10)

2　訴訟の経過

一八一七年三月一〇日、都市裁判所はシュテーデル美術館を遺産占有に委付した。(11) これに対して、同年九月一一日、シュトラースブールなるカタリーヌ＝シドニー＝ブルグブルおよびシャルロッテ＝サロメ＝ド＝ラプラス（いずれも旧姓シュテーデル）が、亡きシュテーデルの法定相続人として、(12) シュテーデル美術館の理事らを相手取り、フランクフルト都市裁判所に訴えを提起した。請求は、シュテーデルの遺言を無効であるとして法定相続人である原告らへの遺産引渡を求めるものであった。九月一八日には、パリなるルードヴィヒ＝ジギスムント＝シュテーデルがこの訴訟に原告として加わった。

本権訴訟 petitorium に先立って、占有訴訟 possessorium がおこなわれた。法定相続人らは、都市裁判所に、自分たちへの遺産占有委付を申し立てた。都市裁判所は、これを棄却した。法定相続人らは、フランクフルト都市控訴裁判所に控訴した。同控訴裁判所は、ランズフート・イェーナ両大学の法学部判決団に意見を求めた。いずれも控訴棄却の意見をだしたので、控訴裁判所は控訴を棄却した。法定相続人らは、リューベック上級控訴裁判所に上告した。同上級控訴裁判所は、一八二二年六月四日、上告を棄却し、本権訴訟に関する判決のために、フランクフルト都市裁判所に返送した。

同都市裁判所は、一八二三年二月二四日に、法定相続人らの本権請求を棄却した。法定相続人らは、この判決に異議を申し立て、フランクフルト外の、利害関係なき裁判機関による判決を希望した。これをうけて、一件書類は、ディレンスブルク宮廷＝控訴裁判所の仲介により、テュービンゲン大学法学部判決団に送付された。この大学法学部判決団は、同年一〇月二九日、フランクフルト都市裁判所の判決を破棄し、フランクフルト外の裁判機関での判決を命じた。シュテーデル美術館の理事らは、リューベック上級控訴裁判所に上告した。同上級控訴裁判所は、テュービンゲン大学法学部判決団の判決を破棄し、都市裁判所判決を復活させたうえで、フランクフルト外の判決団への一件書類送付を命じた。

法定相続人らは、フランクフルト都市控訴裁判所に控訴した。同控訴裁判所は、ヴィースバーデン宮廷裁判所の仲介により、ボン大学法学部判決団に一件書類を送付し、判決作成を委託した。同年一二月七日、同大学法学部判決団の判決がでた。これにもとづいて、フランクフルト都市控訴裁判所は、一六日、法定相続人らの控訴を棄却する判決を言渡した。法定相続人らは、リューベック上級控訴裁判所に上告した。法定相続人らは、ライプツィヒ・ゲッティンゲン・キールの三大学法学部判決団に上告人側鑑定意見の作成を依頼した。シュテーデル美術館の理事らは、これに対抗して、ベルリン・ギーセン・ハイデルベルク・ミュンヘンの四大学法学部判決団に被上告人側鑑定意見の作成を依頼した。

リューベック上級控訴裁判所は、一件書類を、ハレ大学法学部判決団に送付し、判決作成を委託した。(13) ハレ大学法学部判決団はシュテーデル美術館に不利な判決を作成しつつあるという情報を、何者かが喧伝した。ハレ大学法学部判決団は、判決作成を返上することにして、一件書類をリューベック上級控訴裁判所に返送した。その後、本件訴訟は和解でもって終了した、と伝えられる。(14) ただし、和解内容は不明である。

（5） Allgemeine Deutsche Biographie(ADB), Bd. 35, S. 358.

（6） Johann Wolfgang Goethe, Tag- und Jahreshefte 1815, in: Gedenkausgabe, Bd. 11, Zürich u. Stuttgart, 2. Aufl. 1962, S. 870.

（7） 革命＝復古期におけるフランクフルトへのナポレオン法典の導入と廃止につき、Paul Neumann u. Ernst Levi, Frankfurter Privatrecht, Frankfurt 1897, S. VIII-IX.

（8） Institut für Stadtgeschichte（ehemal. Stadtarchiv）Frankfurt a. M., 請求番号 Verträge der Freien Stadt Frankfurt, Nr. 415-417. Nr. 415は、遺言本体、Nr. 146は、表書、Nr. 417は、付録。原本の所在につき Becker, Festsch. H. Hübner z. 70. Gt., S. 23. n. 9を参照。複写につき、同研究所所員ミヒャエル＝マトイス博士のご厚意に浴した。

（9） Frankfurter Stadtgerichts-Decret v. 6. 12. 1816; Auszug des Protocolls des großen Raths. Frankfurt den 10. 12. 1816, in: Christinan Friederich Elvers, Theoretisch-praktische Erörterungen aus der Lehre von der testamentarischen Erbfähigkeit, insbesondere juristischer Personen, Göttingen 1827, reprint. ed. Marburg 1998, Beilage II. u. III.

（10） Goethe, Brief an Karl Ludwig v. Knebel v. 15. 2. 1817, in: Gedenkausgabe, Bd. 21, S. 214.

（11） 以下の訴訟経過につき、Entscheidungsgründe Bonner Juristenfacultät, in: Actenstücke und Rechtliche Gutachten in Sachen der Städelschen Intestat-Erben gegen die Administration des Städelschen Kunst-Instituts, Frankfurt am Main 1827, S. 32-36（キール大学図書館所蔵本・請求番号 A-8956）を参考にした。

（12） これらのうち、シャルロッテ＝サロメ＝ド＝ラプラスは、シュテーデルの一八一五年三月二二日付け遺言付録第九番に、シュテーデルの姪の一人として登場する。同女は、そこで、生涯にわたり年一〇〇グルテンずつを遺贈として与えられていた。

（13） 上告後の経過については、Christian Friedrich Mühlenbruch, Rechtliche Beurtheilung des Städelschen Beerbungsfalles, Halle

1828,（福岡大学所蔵本・請求番号 322. 3-C. MU 21-1）Vorrede, S. VI-X に詳しい。
（14）　Glück-Mühlenbruch, Ausführliche Erläuterung der Pandecten, Th. 40, Erlangen 1838, S. 105, n. 62. すでに Kiefner, Ideal wird, S. 386, n. 168 に指摘あり。

二　各大学法学部判決団の争い

1　各大学法学部判決団の関与

以上の訴訟経過を一瞥しただけでも、ドイツの各大学法学部判決団がいかに本件訴訟にかかわったかを知る。わたくしが、これまでに参看できたのは、つぎのとおりである。

①一八一八年一二月一六日・ランズフート大学法学部判決団意見。(15)

②一八二一年五月七日・イェーナ大学法学部判決団意見。(16)

③一八二三年二月二四日・フランクフルト都市裁判所判決。(17)

④一八二五年一二月七日・ボン大学法学部判決団による判決理由。(18)　これを作成したのは、クレメンス＝アウグスト＝フォン＝ドロステであった。(19)　かれは、一八二七年、その作成した判決理由を正当化するために、論文を発表した。(20)

⑤一八二六年七月・ライプツィヒ大学法学部判決団による鑑定意見。(21)　これは、カール＝フリードリヒ＝クリスティアン＝ヴェンク(22)によって作成された。法定相続人側訴訟代理人＝弁護士ヤッソイはこの鑑定意見の一部を勝手に削除したうえで公刊した。(23)　ヴェンクは、これを補う意図もあって、一八二八年、自身の論文を公刊した。(24)

⑥一八二六年九月・ゲッティンゲン大学法学部判決団による鑑定意見。(25)　ニーダーザクセン州＝大学図書館所蔵

本から、アントン＝バウアー(26)が作成者であることを知る。同判決団の一構成員であったクリスティアン＝フリーデリヒ＝エルファス(27)は、この鑑定意見に反対して、一八二七年、著書公刊のかたちで、自説をおおやけにした(28)。

⑦一八二六年・キール大学法学部判決団による鑑定意見(29)。

⑧一八二七年・ベルリン大学法学部による鑑定意見(30)。その作成者は、従来不明とされてきた。しかし、マールブルク大学図書館所蔵サヴィニー・パンデクテン相続法講義草稿(31)により、作成者は、ベトマン＝ホルヴェク(32)であることが、判明した。

⑨一八二七年・ギーセン大学法学部判決団による鑑定意見(33)。

⑩一八二七年・ハイデルベルク大学法学部判決団による鑑定意見(34)。作成者は、カール＝サロモン＝ツァハリアエ(35)である。同年、かれは、独自の論文を発表した(36)。

⑪一八二七年・ミュンヘン大学法学部判決団による鑑定意見(37)。

⑫一八二八年・ハレ大学法学部判決団報告担当クリスティアン＝フリードリヒ＝ミューレンブルフ(38)による著書。その判決案は、前述の事情により、実を結ばなかった。

なお、紙幅を節約するため、以下、これらの引用は、番号①②③……による。

シュテーデルによる相続人指定を有効とするのは、①②③④⑧⑨⑩⑪である。⑤も有効説を採ったが歪曲して公表された。これを無効とするのは、⑥⑦である。⑫は、相続人指定を無効としたが、小書付約款の有効性を認めた。以下、主な論点について考察しよう。

2　相続人に指定されたのは、だれか

第一の論点は、シュテーデルが遺言でいったいだれを相続人に指定したか、であった。

(1) ③④⑧⑨⑪は、フランクフルトなる都市および市民団こそが、シュテーデルによって指定された相続人であると主張した。[39] シュテーデルは、その遺言において、再三にわたり「フランクフルトなる都市および市民団の誇りと利益のために」という表現をもちいた。シュテーデルは、たんにシュテーデル美術館を相続人に指定したのではなく都市および市民団の利益のためにという目的限定付きで「この」美術館を相続人に指定した。[40] ここから、シュテーデルの意図を、都市および市民団を相続人に指定し、そのさい、この相続人にシュテーデル美術館の設立・維持という負担を課すものと解した。遺言を解釈するさいには、文言よりも意思をむしろ尊重するべきであり、[41] 遺言の片言隻語ではなくて遺言全体を通観するべきである。[42] シュテーデルの遺言についてはこう解釈できる。シュテーデルは、なるほど、文言のうえでは、設立されるべきシュテーデル美術館を相続人に指定した。しかし、これは、いわば非本来的相続人である。これに対して、シュテーデルの意思からすれば、本来的相続人は、都市および市民団であった。[43] 意思と文言とが食い違っていても、意思を確定できるときには、それと相違する文言は「不実表示は害せず」準則により意思の妥当を妨げるものではない。[44] あるいは、こう説明される。シュテーデル美術館は、財産の集合体である。財産の集合体は、いわば客体である。シュテーデルは、この財産の集合体である客体を、都市および市民団という主体の利益のために供した。たとえば甲が乙の利益のために、丙財団を、甲の相続人に指定したのと同じである。丙財団は、乙の利益のための客体であり、利益の享有者である乙こそが、甲の相続人である。[45] さらに、地役権との類推がおこなわれた。地役権は客体であり、その利益を享有する主体は、要役地の所有権者である。これと同様に、財団は、利益の客体であり、その利益を享有する主体は、都市および市民団である。[46] あるいは、たとえば、だれかが、デンマーク王国の利益のために、デンマークの艦隊を相続人に指定した、としよう。相続人であるのは、財産の集合体である艦隊ではなく、デンマーク王国で

ある。(47)

都市および市民団こそが、本来的な相続人であるという主張は、遺言内外のつぎの諸点に、根拠をもつと説かれた。まず、遺言ではシュテーデル美術館がつねに都市および市民団に関係付けられていることである。美術館理事は、都市官庁へ宣誓義務を負わせられ、重要事項については、相談せねばならない。美術館は、毎年、都市の一定の役職者に対して会計報告義務を負っている。無資力の市民の子らには無償で芸術などの教育を受ける機会が与えられる。これも市民の子らに限定されている。なるほど、遺言では、美術館理事らの独立性が強調されている。これは、美術館という専門性の高い施設の管理を信頼できる人物に委ねる意向のあらわれにすぎない。また、シュテーデルの逝去後美術館理事らは一貫して美術館を代表して手続きをおこなってきたけれども、美術館は都市および市民団の一施設だから、間接的には都市の代表と解される。(48) シュテーデル自身、このように負担付き相続人指定という構成でしか遺言を有効とする方途はないことを聞かされたならばよろこんでこれに賛成したであろう、とも説かれた。(49)

(2) しかし、⑤⑥⑦⑫は、シュテーデルが相続人に指定したのはほかでもないシュテーデル美術館であると主張した。(50) シュテーデルの遺言でははっきりと美術館が相続人に指定されている。遺言の文言があきらかであるかぎり、解釈は許されない。(51) なるほど、シュテーデルは、その遺言で、再三、フランクフルトの都市および市民団のためにと述べている。しかし、これは、遺言の処分的文言ではなく、たんなる説明的文言にすぎず、意思ではなく、たんなる動機の表示にとどまる。(52) かりに、シュテーデルが都市および市民団を相続人に指定することを意欲しながら美術館を相続人に指定すると表示したのであれば、意思と表示との間に齟齬がある。表示（美術館）については、意欲されていないから無効であり、意思（都市および市民団）については、表示されていないから同じ

く無効ということになり、つまるところ、この相続人指定全体が無効となろう、と言う。(53)

シュテーデル美術館こそが相続人に指定された、という主張の根拠として援用されたのは、遺言内外のつぎの諸点だった。シュテーデルは、その遺言で、美術館の管理・運営につき、極力、都市官庁の介入を排除し、理事らの独立性・無答責性を強調した。また、シュテーデル逝去後にあって、理事らは、一貫して、都市および市民団ではなく、美術館を代表して行為しており、さらに、一八一六年一二月一〇日の都市参事会議決ほか都市それ自体が、美術館に独自の倫理的人格を承認した。(54) かりに美術館ではなく都市および市民団が相続人に指定されたとすれば、どうなるか。都市に負担として課された美術館設立を履行しないとき、だれがその履行を求めて訴えることができようか。(55) また、都市が美術館の所有権者ということになれば、フランクフルトで認められている美術館への課税は、ありえないことになろう。あるいは、こうも主張された。利益の享有者が本来の相続人というが、いったいだれが利益の享有者かは、あいまいである。フランクフルト市民のみならず、美術館の被用者・美術館を訪れる芸術愛好家ですら、利益の享有者にかわりはない。たとえば、ある者が（当時なお分裂状態にあった）祖国ドイツのために、美術館を設立し、この美術館を相続人に指定した、と仮定しよう。祖国ドイツが相続人に指定されることになろうか。(56) シュテーデルの遺言では美術館に対する都市のコントロール（会計監査など）が規定されている。しかし、これは都市の美術館に対する監督権のあらわれにすぎないであって、都市が美術館に対して所有権をもっていることにはならない。(57)

3　シュテーデル美術館の相続能力と認許

シュテーデルの遺言において相続人に指定されたのが遺言によって設立されるべきシュテーデル美術館であったとすれば、この相続人指定は、有効か。

(1)　①②③④⑧⑨⑩⑪は、有効だと主張した。[58] ローマ法源で国家の認許を倫理的人格ないし法人の設立要件とするのは、社団に関してである。反面、ピア＝カウサ pia causa（敬虔目的）ないし公益慈善財団に関しては、認許の必要性は、どこにも述べられていない。[59] このことは、実務ないし経験からも説明がつく。社団の設立はいわば「国家の中での国家」の設立である。それは、ときとして、国家にとっては危険なものでありうる。国家が認許の付与・拒絶でもってこれを統制するのは、当然である。だがしかし、公益慈善財団についてはこうした危険性はない。社団と公益慈善財団との間には、理由の同一性がない。理由の同一性がないのに、社団に関する認許の必要性を、公益慈善財団に類推により持ち込むのは、法解釈の準則に反する。[60]

ローマ法文 C. 1. 3. 46. によれば、すでに設立された公益慈善財団のみならず、将来設立されるべき公益慈善財団に関しても、これを相続人に指定することが認められている。なるほど C. 1. 3. 46. は、近世にいたってはじめて「復元された法文」であって、注釈が付されていない。注釈が付されていない法文は、普通法上の法源でありえないかもしれない。しかし、立法の精神の把握や他の法文の解釈のためには、援用することが許される。[61]

ドイツの各裁判所での慣行も、公益慈善財団の認許が不要であることを証明すると説かれた。[62]

すくなくともユースティーニアーヌス帝法では、後生児を相続人に指定することが、認められた。しかも、後生児は、遺言作成時に、懐胎されている必要がなかった。遺言作成の時点では存在しないが将来発生する点では、将来設立されるべき公益慈善財団と後生児との間には共通点がある。後生児に関する準則が公益慈善財団にも類推適用されるべきである。[63]

シュテーデル美術館は、公益慈善財団と見られるべきである。なるほど、ローマ法ではピア＝カウサという概念は、宗教、とくに教会に関するものであった。しかし近世にいたって、その概念は拡張され、教育・芸術に関するものにも及ぶ。シュテーデル美術館は、芸術に関するのみならず、子らへの芸術などの教育育成をも目的とする。[64] シュテーデル美術館所蔵の絵画には、宗教絵画が多数あり、この点にかんがみても、シュテーデル美術館が宗教とは無縁とは言えない、という主張もあった。[65]

シュテーデル美術館をピア＝カウサないし公益慈善財団と考え、あるいは後生児からの類推をおこなって、公権力の認許がなくとも法人として権利能力をもち、したがって相続能力をもちうる、という主張は、生の実質的利益衡量にも支えられていた。かりに認許をうけていないからシュテーデル美術館には相続能力がなく、同美術館を相続人に指定したシュテーデルの遺言が無効だとするとどうなるか。シュテーデルの巨万の富は、フランス在住の法定相続人に流れてしまう。これこそ国家にとって不利益だ、[66] というのである。

(2)　だがしかし、⑤⑥⑦⑫は、シュテーデルによる美術館の相続人指定を無効だと主張した。[67] 普通法上ピア＝カウサとは、宗教ないし教会と関係するものに限定されていた。ピア＝カウサは、ローマ皇帝が個別に特権を付与することにより設立された変則法 iura singularia に属する。変則法については、拡張解釈も、類推解釈もおこなうことができない。[68] ローマ法のピア＝カウサをシュテーデル美術館に適用することはできない。なぜなら、同美術館の主たる目的は、美術品の蒐集・展示であって、宗教ないし教会とは無関係だからである。[69]

かりにシュテーデル美術館がピア＝カウサないし公益慈善財団であるとしても、だからといって国家による認許なしには設立されることができない。ピア＝カウサが国家の認許なしに設立されうることに関する根拠だとされる C. 1. 3. 46. は、近世になって「復元された法文」であって、注釈が付されていない。注釈が付されていない法文は、普通法上の法源たりえない。[70] また、ローマ法源論を別としても、実務ないし経験からすれば、たとえ、公益慈善財団であっても、社団同様、国家の認許を要する。法人は、国家社会の中での実定法による擬制にすぎない。法人概念は、国家社会の外では考えることができない。国家は、法人一般に対して、それが公益慈善財団であっても、自然人に対してより詳細で直接的な利害関係をもつ。公益慈善目的だから野放しでよいわけではない。むしろ公益慈善財団のもつ種々の特権ゆえに、自由な取引を妨げ公益に反する可能性がある。(71)

ドイツの諸裁判所の慣行が論拠として援用されるが、それは、証明されていない。(72) 実際にも、フランクフルト都市裁判所は、都市参事会議決によるシュテーデル美術館の倫理的人格としての承認を要求した。これは、フランクフルトにおいては、公益慈善財団であっても国家による認許を必要としたことに関するなによりの証拠ではなかったか。(73)

ローマ法によれば、相続人に指定できるためには、被指定者は遺言作成時および遺言者死亡時において、存在していることが必要であった。シュテーデル美術館は、これらいずれの時点においても存在しなかった。なるほど、後生児の類推からシュテーデル美術館の相続能力を認める考え方がある。しかし、この類推は許されない。後生児の懐胎は、偶然的事象である。しかるに美術館の設立は、純粋に自由意思による行為である。また、後生児は、すくなくとも遺言作成時において、母親の胎内で懐胎されており、そのかぎりで存在している。これにひきかえ、シュテーデル美術館は、遺言作成時には、まったく存在しなかった。シュテーデル美術館が遺言作成時にすでに確定的に相続人となったとすれば、シュテーデルは、遺言作成後遺言をいっさい撤回できないことになる。これは、遺言者死亡までの遺言撤回の自由の原則に反することになろう。(74) シュテーデルは、認許をうけていないどころか、そもそも遺言書の紙の上でしか仮想されていない美術館を相続人に指定した。それは、有効な相続人指定だ、という錯覚によるものであった。無効な相続人指定の責を負うべきであるのは、シュテーデル自身である。(75)

４　一八一一年一一月二一日フランクフルト大公デクレの効力

シュテーデルは、一八一二年一月一八日の遺言を作成するに先立ち、当時、フランクフルト大公国において現行法であったナポレオン民法典第九一〇条[76]にもとづき、大公に「フランクフルトなる都市および市民団の利益のために、終意によって設立されるべき、シュテーデル美術館の名を冠する、固有にして独立の美術館に遺贈をし、この美術館に、その設立、維持およびいっそうの拡充のため、その財産の相当部分を出損する…[77]」ことについて許可を申請した。一八一一年一一月二一日、大公は「フランクフルトのヨーハン＝フリードリヒ＝シュテーデルに関し、一美術館をその包括受遺者に指定するための、当該美術館設立についての許可デクレ[78]」という表題をもつデクレを発した。

かりに、シュテーデル美術館設立のためには、国家による認許を要するとすれば、一八一二年の遺言を破棄して、普通法およびフランクフルト都市条例にもとづいて作成された一八一五年の遺言について、この一八一一年一一月二一日デクレをもって、国家による認許があった、と解することは、はたして、可能であろうか。

(1)　第一に争われたのは、デクレの形式をめぐってであった。

(a)　④⑧⑨⑩⑪は、デクレが大臣の副署を欠いたにせよ、副署の欠如はデクレを無効としないと主張した[79]。フランクフルト大公国の法令によれば、副署を要するのは国家参議院が事前に審議したときにかぎられるところ、本件デクレについては、国家参議院のそうした事前審議はおこなわれていない[80]。デクレ一般について副署が必要であるにせよ、副署がないデクレが無効となるとは規定されていない。その他の方法でデクレの真正さがあきらかなときは、副署の欠如は問題にならない。副署が必要なのは、君主の不正で不衡平な手続きを阻止するためである。本件においては、これはあてはまらない。衡平によるならば、副署の欠如という形式上の瑕疵はデクレを無効とはしない。[81]

(b) 反対に、⑤⑥⑦⑫は、副署を欠くがゆえにデクレは無効だ、と主張した。[82] そもそも、副署を要する、という規定がある以上、副署を欠けば無効、というのは当然のことである。[83] フランクフルト大公国では、ナポレオン民法典に対して、ローマ法が補充的に適用された。ローマ法（Nov. 114. c. 1.）は、副署を欠如する勅法を無効とした。[84] 副署はなぜ必要か。それは、差し出された文書の正しいことを統治者が確信するためであり、副署をなす者が、送付の正しさについて責任を負うためであり、上級国家官吏が文書の事案内容について答責的となるためであり、統治者の署名僭窃を防ぐためである。副署は、すべてのデクレにとって必要であり、本件デクレも例外ではない。[85]

(2) 第二に、かのナポレオン民法典にもとづくデクレを普通法にもとづく一八一五年の遺言に適用できるかが、争われた。すでに見たように、デクレは、ナポレオン民法典第九一〇条にもとづいて、表題からすれば、シュテーデル美術館への包括遺贈を、しかし、その内容からすれば、包括名義での遺贈を認許した。これに対して、一八一五年の遺言は、普通法＝ローマ法によって、シュテーデル美術館を、包括相続人に指定したのであった。

(a) ⑧⑨⑩⑪は、ナポレオン民法典か、普通法（ローマ法）か、にかかわらず、デクレを一八一五年の遺言に適用できる、と主張した。[86] すくなくとも、デクレの表題からすれば、それが認許したのは、包括遺贈であった。この包括遺贈はローマ法における包括相続人指定と変わりない。これに対して、「相当な部分」の遺贈という、デクレの内容に見える表現はきわめてあいまいである。[87] また、遺贈であれ、相続人指定であれ、シュテーデルの意図は、美術館の設立であった。そのかぎりでは、かのデクレは、一八一五年の遺言にも適用できる、[88] というのである。

(b)　しかし、⑤⑥⑦⑫は、デクレを普通法下の遺言へ適用することに反対した。[89] デクレは、なるほど、表題からすれば、包括遺贈とあるが、しかし、内容からすれば、包括名義での遺贈である。包括名義での遺贈の認許は、これを包括相続人指定に適用することができない。後者は、前者の範囲をはるかに逸脱し重なることがない。[90]

(3)　第三に、つぎの点が争われた。フランクフルト大公国はその後崩壊し、かわりに自由都市フランクフルトが成立した。それにともない、従来のナポレオン民法典ほかフランスの法制度が廃止され、普通法およびフランクフルト条例法が、復活した。フランクフルト大公の統治下ナポレオン民法典にもとづいて出たデクレは、当然に失効しないのか。

(a)　①②④⑧⑨⑩⑪は、デクレが自由都市フランクフルトにあっても適用されると主張した。[91] かのデクレは、法律そのものではなく、法律にもとづく行政行為である。行政行為は、政体や法源の変更にかかわらず存続する。[92] デクレがシュテーデルに付与したのは一種の既得権であり、既得権は明示的な廃止なき以上存続するとも説かれた。[93]

(b)　反対に、⑤⑥⑦⑫は、デクレの失効を主張した。ナポレオン民法典第九一〇条は、死手（たとえば公益施設）への贈与・遺贈禁止という原則に対し、君主の許可を要件として例外を認めるものである。デクレは、この例外をシュテーデルに許可したものである。デクレは、ナポレオン民法典を前提とする。したがって、ナポレオン民法典が失効するときには、デクレも失効する。[94] また、ナポレオン民法典の廃止を規定したフランクフルトの法令[95]によっては、大公時代のデクレも廃止されている。デクレとは、およそ法律を執行するための決定である。

この意味では、本件におけるフランクフルト大公のデクレもまた廃止の対象となるべきである、というのであった。(96)

(4)　第四の争点は、こうであった。シュテーデル自身が本件デクレにもとづく一八一二年の遺言を、一八一五年の遺言でもって破棄したことが問題とされた。さきの遺言を破棄することは、その前提とされる本件デクレをも破棄することにはならないのか。

(a)　①⑧⑨⑩⑪は、破棄したことにはならず依然効力をもちつづける、と主張した。(97)遺言の破棄は私人の行為であり、これと独立している行政行為であるデクレに影響を及ぼさない。(98)ナポレオン民法典下であれ普通法下であれシュテーデルの意図は、一貫して美術館の設立と美術館への出損にある。この意図に関するかぎり、デクレは普通法下でも効力をもちつづける。(99)

(b)　しかし、⑤⑥⑦⑫は、シュテーデルがさきの遺言を破棄したことにより、かのデクレも破棄されたと、主張した。(100)デクレはさきの遺言の付録ないし前提とされており、シュテーデルは、この付録ないし前提をも破棄した。(101)シュテーデルには遺言撤回の自由が逝去までとどまる。かれは美術館設立をいっさい取り止めることもできた。デクレが、いったんだされたうえは私人であるシュテーデルの意思とは無関係に効力をもちつづけるとすれば、シュテーデルは、その意に反して美術館を設立せざるをえなくなる。これは、遺言撤回の自由を否定することを意味するであろう、と言う。(102)

5　一八一六年一二月一〇日都市参事会議決の効力

一八一六年一二月六日、フランクフルト都市裁判所は、シュテーデル美術館の理事らに対し、シュテーデルの設立した美術館という財団が「国家における倫理的人格」として見られることに関して、フランクフルト都市参事会の認許を提出するように命じた。[103] 同月一〇日、都市参事会は「亡き商人ヨーハン＝フリードリヒ＝シュテーデルによって、当地の都市および市民団の利益のために、かれの追憶をおおいに称賛される方法で永久のものとする慈恵行為でもって設立された財団は、これをもって正式に承認される」[104] ことを議決した。この都市参事会議決にはいかなる効力が認められるべきか。

(1)　④⑤⑧⑩⑪は、都市参事会議決でもってシュテーデル美術館が正式に相続能力あるものとして認許され、その効力は遺言作成時にさかのぼる、と説いた。[105] ⑧は、シュテーデルの遺言による終意処分それ自体こそが、シュテーデル美術館という財団法人の真の設立事由であって、公権力による認許は、そのたんなる確認にすぎない、と説いた。公権力による認許は、遺言作成の前後を問わず生じることができる。都市参事会議決は、シュテーデル逝去後における認許である。これは、無権代理行為における本人の追認と同様に、シュテーデルの遺言作成時に遡及する。むろん、認許が拒否されたときには財団法人は存在しなかったものとなる。[106]

さらに、シュテーデルは、遡及効をもつ認許が下りることを、「シュテーデル美術館が認許されるならば」という黙示の条件として遺言に付加していた、とも解された。[107]

また、⑪は、都市参事会議決を、相続人指定の有効・無効判断の第三者への委託によるものと解した。遺言者が、その遺言で相続人指定をおこない、しかも、その相続人指定が有効か無効かを、遺言者逝去後における第三者（たとえば司教）の判断に委ねることは、カノン法（X. 3. 26. c. 13.）で有効とされていた。同様に、シュテーデルの遺言は、フランクフルト都市参事会という第三者に、その相続人指定の有効・無効の判断を委託したものと解することができる、というのである。[108]

(2)　しかし、⑥⑦⑫は、都市参事会議決の認許について、その遡及効を否定した。[109] 公権力による認許があれば、遺言による相続人指定は遡及的に有効になるという命題があてはまるのは、すでに設立されている団体に遺贈をおこなったときであって、しかも遺言者逝去後に公権力が必要な認許を付与する場合に限定される[110]。そもそも、本件にあっては、遺言作成時にもシュテーデル逝去時にも、シュテーデル美術館は存在していなかった。よって、シュテーデルの相続人指定は、無効であった。ローマ法によれば、当初無効である相続人指定は、その後、時の経過によって有効になることはありえない（いわゆるカトーの準則）。シュテーデルの逝去後にでた都市参事会議決がシュテーデル美術館を承認しても、相続人指定が有効になることはありえない[111]。

シュテーデルの遺言には、逝去後「シュテーデル美術館が認許されるならば」という黙示の条件が付加されていた、という解釈に対しても、批判があった。黙示の条件とは、なにか。ひとつには、黙示的に内在する条件とも呼ばれるものである。たとえば敵国で捕虜になっている者を遺言で相続人に指定するとき、当該人物が、帰国権を獲得するならば、という条件を付加する場合である。しかし、こうした条件は真の条件ではない。それはむしろ法が当然前提とする要件であるにすぎない。いまひとつには、本来の意味での黙示の条件である。この意味での黙示の条件は、擬制されるのではなくて、一定の事情から推断されるものである。シュテーデルの遺言については、どうか。シュテーデル美術館が、のちに認許をうけるならば、ということは、遺言における相続人指定に当然に内在することではない。また、シュテーデルは、その相続人指定にあたり、公権力による認許をうけることは不必要である、と考えていたからこそ、認許については、遺言では触れなかった。シュテーデルが、本来の意味での黙示の条件を付加していた、と読み込むのは、法律に無縁な神通力を与える身勝手な手続きであって、もはや解釈ではない[112]。

都市参事会議決を、相続人指定の有効・無効の第三者へ委託された判断として見る主張に対しても批判があった。もしもこれを認めるならば、遺言による処分は、公権力による処分に「換骨奪胎」verstellen されてしまうことになろう(113)、と批判された。

6　小書付約款の効力

シュテーデルは、その遺言の第九条で、万一その遺言が、遺言としては無効とされることがあっても、小書付として有効な信託遺贈に転換されるように、といういわゆる小書付約款を付加していた。この小書付約款は、効力をもつか。

(1)　⑧は、シュテーデルによる相続人指定を有効として認めながら、重ねて、予備的にこの小書付約款をも有効と説いた(114)。⑫は、シュテーデルの相続人指定それ自体は、これを無効としながら小書付約款により法定相続人への信託として有効な処分に転換されたと解した(115)。この⑫によるならば、その後の手続きは、以下のようになる。まず、シュテーデル美術館の理事らは、シュテーデルの全遺産を、すべての属具および利息とあわせて、法定相続人に引き渡さねばならない。この利息の起算日は、理事らが遺産占有を受け取った日である。ただし、理事らは、そのさい、確定された、許される使用および保管費用を控除できる。ついで、法定相続人が、シュテーデル美術館の認許を都市官公庁に申請する。そのさい、美術館の設立と管理に関し、シュテーデルが遺言で定めた指示が基礎におかれる。さらに、認許が下りると、法定相続人は、シュテーデルの遺産を、シュテーデル美術館の理事らに返還する。ただし、そのさい、法定相続人は、トレベリウス元老院議決にもとづき、遺産全体の四分の一を、自身のために控除することができる。この控除後、理事らは、シュテーデルの遺言どおりに、美術館を運営することとなる。このように、小書付約款による法定相続人への信託と解釈するときには、相続人指定それ自体を有効としたときと、いかなる相違が具体的にでてくるか。それは、法定相続人がトレベリウス元老院議決にもとづく四分の一を受け取ることができるか否かにあった(116)。

(2) しかし、ゾイフェルト(117)およびツィンメルン(118)が、信託のさいの、美術館の権利能力欠如を理由に、小書付約款の効力をも否定した。なお、⑥⑦は、すでに述べたように、遺言全体を無効であると主張したが、小書付約款の効力には触れていない。

(15) Ansichten von der Landshuter Juristenfacultät, in: Actenstücke, S. 11-18.
(16) Ansichten von der Jenaer Juristen-Facultät, in: Actenstücke, S. 19-22.
(17) Erkenntniß Stadtgerichts v. 24. 2. 1823, in: Actenstücke, S. 23-29.
(18) Entscheidungsgründe der Juristenfacultät［Bonn］, in: Actenstücke, S. 32-55.
(19) Clemens August von Droste-Hülshoff（1793-1832）, ADB, Bd. 5, S. 417-420.
(20) C. A. v. Droste, Rechtfertigung des von der Bonner Juristen-Facultät... erlassenen Urtheils... vom Verfasser der Entscheidungsgründe, Bonn 1827.
(21) Rechtliche Gutachten［der Juristen-Facultät Leipzig］in: Jassoy, Rechtliche Belehrungen, 出版地・出版年不明 S. 1-6.（福岡大学図書館所蔵本・請求番号 322. 3-C. R. 22-3-1。これは⑦をも併載。福岡大学所蔵本はさらに⑥を合本）。
(22) Karl Friedrich Christian Wenck（1784-1828）, ADB, Bd. 44, S. 478-479.
(23) この経緯につき、Kiefner, Ideal wird, S. 351-352.
(24) Wenck, Beitrag zur rechtlichen Beurtheilung des Städelschen Beerbungsfalles, Leipzig 1828.
(25) Rechtliches Gutachten über den Rechtsstreit... Testaments-Anfechtung betreffend, Straßburg 1826.（福岡大学所蔵本・請求番号322. 3-C. R. 22-3-1）。
(26) 請求番号 2 J DEC 546/89 の表紙には、Verfasser A. Bauer とある。Anton Bauer（1772-1843, ADB, Bd. 2, S. 139-140）は、サヴィニーの師であった。
(27) Christian Friedrich Elvers（1797-1858）, ADB, Bd. 6, S. 75-76.
(28) 前掲注（9）参照。その経緯につき、S. IX.
(29) Gutachten［der Kieler Juristen-Facultät］, in: Jassoy, Rechtliche Belehrungen, S. 7-28. キーフナーは、その論文で⑤⑥⑦未看を

遺憾とする。Ideal wird, S. 352.

（30）Rechtliches Gutachten der Juristenfacultät zu Berlin... Frankfurt am Main 1827, in: Actenstücke,［Beilage］B. S. 1-25.

（31）Friedrich Carl von Savigny, Pandecten, Erbrecht, Marburg UB, 自筆草稿 Ms 925/35, fol. 11 verso. この草稿を探求する意義につき、Kiefner, Ideal wird, S. 353, n. 39.

（32）Moriz August von Bethmann-Hollweg（1795-1877）, ADB, Bd. 12, S. 762-773.

（33）Rechtliches Gutachten der Juristenfacultät zu Gießen, Frankfurt am Main 1827, in: Actenstücke,［Beilage］C. S. 1-50.

（34）Rechtliches Gutachten der Juristenfacultät zu Heidelberg, Frankfurt am Main 1827, in: Actenstücke,［Beilage］D. S. 1-26.

（35）Karl Salomo Zachariae（1769-1843）, ADB, Bd. 44, S. 646-652.

（36）Ueber den das Städelsche Kunstinstitut zu Frankfurt betreffenden Rechtsstreit, Heidelberg 1827. Heidelberger Jahrbücher der Literatur からの抜刷本。

（37）Rechtliches Gutachten der Juristenfacultät zu München, Frankfurt am Main 1827, in: Actenstücke,［Beilage］E. S. 1-41.

（38）Christian Friedrich Mühlenbruch（1785-1843）, ADB, Bd. 22, S. 463-467. その著書については、前掲注（13）参照。その紹介がキーフナー論文の中核を成す。

（39）Stadtgericht, S. 28 f. ; Bonn, S. 42 ff. ; Berlin, S. 22 f. ; Gießen, S. 46 ff., Heidelberg, S. 13 ff. ; Zachariae, S. 7 ff. ; München, S. 14 ff. ; Elvers, S. 128. ff., とくに S. 152.

（40）Gießen, S. 46; Zachariae, S. 9.

（41）Stadtgericht, S. 28; Bonn, S. 43; Droste, S. 28 ff. ; Gießen, S. 48; Zachariae, S. 9; Elvers, S. 50-82.

（42）Bonn, S. 42.

（43）本来的相続人と非本来的相続人との区別につき、Bonn, S. 42-43; Droste, S. 25.

（44）Berlin, S. 22; Gießen, S. 48.

（45）主体と客体との区別につき、Stadtgericht, S. 28; Heidelberg, S. 13; München, S. 14 f. ; Elvers, S. 140 ff.

（46）地役権との類推につき、Heidelberg, S. 13.

（47）デンマーク艦隊の例は、Elvers, S. 142 に見える。

（48）Droste, S. 64; Berlin, S. 22-23; Gießen, S. 48-50; Zachariae, S. 9-12; München, S. 18 f. ; Elvers, S. 146-156.

（49）これは、Droste, S. 22-23 に見える。

（50）Leipzig, S. 4 ff. ; Göttingen, S. 7-13; Kiel, S. 12-15; Mühlenbruch, S. 61-139.

(51) Leipzig, S. 4; Göttingen, S. 11; Kiel, S. 12; Mühlenbruch, S. 31, 83-84.
(52) 明確には、Göttingen, S. 11-12; Mühlenbruch, S. 105.
(53) Leipzig, S. 3; Göttingen, S. 13; Kiel, S. 13; Mühlenbruch, S. 125-126.
(54) Leipzig, S. 4-5; Göttingen, S. 8-9, S. 12-14; Kiel, S. 15; Mühlenbruch, S. 128-139.
(55) この点につき、Kiel, S. 14; Mühlenbruch, S. 131-133.
(56) 「利益」概念のあいまいさを指摘するのは、Göttingen, S. 13. 「祖国ドイツのために」という事例を持ち出すのは、Kiel, S. 13. さらに、Mühlenbruch, S. 89-94 参照。
(57) Leipzig, S. 4; Göttingen, S. 14; Kiel, S. 15; Mühlenbruch, S. 79-80.
(58) Landshut, S. 12-13 ; Jena, S. 22 ; Stadtgericht, S. 29 ; Bonn, S. 52-53 ; Droste, S. 41-43 ; Berlin, S. 9-12 ; Gießen, S. 7-21 ; Heidelberg, S. 10-14, S. 25 ; Zahariae, S. 13-21 ; München, S. 36-38 ; Elvers, S. 157-247 ; Wenck, S. 9-14, S. 32-33.
(59) Landshut, S. 12-13 ; Droste, S. 37-38 ; Berlin, S. 11 ; Gießen, S. 16-17 ; Heidelberg, S. 10-11 ; Zachariae, S. 23-24 ; München, S. 36 ; Elvers, S. 157-163.
(60) Landshut, S. 12-13 ; Bonn, S. 37-38 ; Berlin, S. 11-12 ; Heidelberg, S. 10-11 ; München, S. 36 ; Elvers, S. 197-198.
(61) Droste, S. 69 ; München, S. 39 が、明確にそう述べる。
(62) Bonn, S. 53 ; Droste, S. 70-71.
(63) Gießen, S. 14-15 ; Elvers, S. 120-121 ; Wenck, S. 30-31.
(64) Jena, S. 22 ; Stadtgericht, S. 29 ; Droste, S. 66-67 ; Berlin, S. 9-10 ; Gießen, S. 21-22 ; Heidelberg, S. 13-15 ; Zachariae, S. 14-16; München, S. 40 ; Elvers, S.215-231 ; Wenck, S. 10-11.
(65) とくに Elvers, S. 222-223.
(66) Elvers, S. 204-205 に見える主張である。
(67) Leipzig, S. 4 ff. ; Göttingen, S. 16 ff. ; Kiel, S. 16 ff. ; Mühlenbruch, S. 140-214.
(68) Göttingen, S. 21 ; Mühlenbruch, S. 141.
(69) Göttingen, S. 21 ; Kiel, S. 20-21 ; Mühlenbruch, S. 141-144.
(70) Mühlenbruch, S. 182-185 が、とくにこの点を詳述する。
(71) Göttingen, S. 22 ; Kiel, S. 18 ; Mühlenbruch, S. 153-214, とくに S. 212-214.
(72) Kiel, S. 23.

(73)　Göttingen, S. 20 ; Mühlenbruch, S. 209. この参事会議決については、後述参照。
(74)　Göttingen, S. 18 ; Kiel, S. 17.
(75)　Göttingen, S. 17.
(76)　ナポレオン民法典第九一〇条「施療院 hospices、市町村の貧困者 pauvres または公益施設 établissemens d'utilité publique のための生存者間の、または遺言による処分は、皇帝のデクレ décret impérial が許可するかぎりにおいてのみ、その効果を有する」。テキストは、Code Napoléon, Paris 1807, p. 184-185 に拠った。
(77)　この申請文言は、Genehmigungs-Decret des Großherzogs von Frankfurt vom 21. 11. 1811, in : Elvers, Beilage IV, S. 19 に見える。
(78)　Elvers, Beilage IV, S. 20.
(79)　Bonn, S. 49-50 ; Droste, S. 43 ; Berlin, S. 17 ; Gießen, S. 36-37 ; Heidelberg, S. 16-17 ; Zachariae, S. 26-27 ; München, S. 30 ; Elvers, S. 233-236.
(80)　Berlin, S. 17; Zachariae, S. 26.
(81)　Heidelberg, S. 16 ; Zachariae, S. 26 は、手数料領収証から、本件のデクレが真正であることが証明できると説く。衡平を援用するのは、Elvers, S. 235.
(82)　Leipzig, S. 5 ; Göttingen, S. 23 ; Kiel, S. 25 ; Mühlenbruch, S. 215-225.
(83)　Göttingen, S. 23.
(84)　Kiel, S. 25 ; Mühlenbruch, S. 215.
(85)　Mühlenbruch, S. 221-222.
(86)　Berlin, S. 16-19 ; Gießen, S. 17-19 ; Heidelberg, S. 39 ; Zachariae, S. 27 ; München, S. 31-32 ; Elvers, S. 240-241.
(87)　Gießen, S. 39.
(88)　Berlin, S. 19 ; Heidelberg, S. 19.
(89)　Leipzig, S. 5 ; Göttingen, S. 23-24 ; Kiel, S. 27 ; Mühlenbruch, S. 231-247.
(90)　Leipzig, S. 5 ; Göttingen, S. 24 ; Kiel, S. 27 ; Mühlenbruch, S. 246-247.
(91)　Landshut, S. 16 ; Jena, S. 20 ; Bonn, S. 49-50 ; Droste, S. 46 ; Berlin, S. 17 ; Gießen, S. 42 ; Heidelberg, S. 17-18 ; Zachariae, S. 27-29 ; München, S. 32 ; Elvers, S. 242. エルファスは、加えて、一八一五年六月九日のヴィーン議定書成立までは、フランクフルト大公国が存続していたことをも、根拠としている。

(92) Landshut, S. 16 ; Jena, S. 20 ; Bonn, S. 49 ; Droste, S. 46-47 ; Gießen, S. 42 ; Zachariae, S. 29 ; München, S. 32 ; Elvers, S. 237.
(93) 既得権説に立つのは、Berlin, S. 17 ; Heidelberg, S. 18 ; Elvers, S. 238.
(94) Leipzig, S. 5 ; Göttingen, S. 23 ; Kiel, S. 25-27.
(95) 一八一四年一月一六日の総政府布告（未見）。Gießen, S. 42 に掲載あり。「ナポレオン民法典、フランスの刑法典および民・刑事訴訟手続を規定する、一八一三年一月一日以来施行された訴訟法典は、これらのフランスの立法にかんがみ、それらの施行以来公布され、かつそれらと関連するすべての法令、規定およびデクレとともに、今年二月一日をもって、フランクフルト大公領において失効する。この時点以降は、ナポレオン民法典施行前にそれぞれの地方で効力をもち適用されていた、旧来の法、法令、規定、慣習法および訴訟手続規範が、復活して効力をもつ」。
(96) Mühlenbruch, S. 262-263.
(97) Landshut, S. 17 ; Droste, S. 72-74 ; Berlin, S. 19 ; Gießen, S. 45 ; München, S. 33-34.
(98) Landhut, S. 17 ; Droste, S. 72-73 ; Gießen, S. 44 ; München, S. 33.
(99) Berlin, S. 19 が、そのように説いた。
(100) Leipzig, S. 5-6 ; Göttingen, S. 23 ; Kiel, S. 26 ; Mühlenbruch, S. 259-261.
(101) 付録 Leipzig, S. 5. 前提 Kiel, S. 26 ; Mühlenbruch, S. 260-261.
(102) この見解は、Leipzig, S. 5-6 に見える。
(103) Frankfurter Stadtgerichts-Decret vom 6. 12. 1816, in : Elvers, Beilage II, S. 16.
(104) Auszug des Protocolls des großen Raths. Frankfurt den 10. 12. 1816, in : Elvers, Beilage III, S. 17-18. 引用部分は、S. 17.
(105) Bonn, S. 47, S. 51 ; Droste, S. 47-50 ; Berlin, S. 14-16 ; Heidelberg, S. 24-26 ; Zachariae, S. 25-26 ; München, S. 34-35 ; Elvers, S. 244-246 ; Wenck, S. 32-36. この点が、ライプツィヒの鑑定意見のうちでヤッソイによって削除された部分か。
(106) 以上につき、Berlin, S. 14-15.
(107) Heidelberg, S. 24-26. とくに S. 26 ; Elvers, S. 245 ; Wenck, S. 32-36. 範となったのは、フランスの Jean Baptiste Furgole (1690-1761, ed. H. & B. Dwyer, Index Biographique Français, tom. 2, London etc. 1993, p. 893), Traité des testaments, tom. 2, Paris 1777, p. 200（原典未見）。Heidelberg, S. 24 によれば「相続人指定およびその他の遺言による処分が、未設立である死手団体 corps de main-mort の設立を準備するためにおこなわれるとき、それらの処分は無効ではない。なぜなら、それらの処分は『その設立が許可されるならば』という黙示の条件を含むからである」とある。
(108) これを主張するのは、München, S. 34-35.

(109) Göttingen, S. 25-27 ; Kiel, S. 19-20 ; Mühlenbruch, S. 264-277.

(110) Göttingen, S. 27 の説くところである。

(111) Göttingen, S. 26 ; Kiel, S. 19 ; Mühlenbruch, S. 266.

(112) 法律に無縁な神通力 Göttingen, S. 29; 身勝手な手続き Mühlenbruch, S. 271.

(113) Mühlenbruch, S. 273-274.

(114) Berlin, S. 23-25 ; Elvers, S. 246-247 ; Wenck, S. 13-14.

(115) Mühlenbruch, S. 277-289. 以下の論述につき Kiefner, Ideal wird, S. 381-384.

(116) トレベリウス元老院議決による四分の一控除はピア＝カウサないし公益慈善財団には認められないと説くのが、Berlin, S. 24-25. 認められると説くのが、Mühlenbruch, S. 284-288 ; Wenck, S. 14. エルファスは判断を避ける。Elvers, S. 247.

(117) Johann Adam Seuffert（1794-1857, ADB, Bd. 34, S. 58-64）, Einige Bemerkungen über die Codicillarclausel und die Auslegung letzter Willen, Würzburg 1828, S. 26-27. ミューレンブルフは、遺言作成時および遺言者死亡時においては権利主体としての美術館が存在しないと説く。しかし、権利主体が存在しないならば小書付約款でもって信託遺贈を有効にしても、原状回復請求の権利主体（美術館）は、依然欠如する、というのが、ゾイフェルトの主張である。

(118) Siegmund Wilhelm Zimmern（1796-1830, ADB, Bd. 45, S. 302）, Rezensionen und Anzeigen, in : Jahrbücher der gesammten deutschen juristischen Literatur, Bd. 7, Heft 3, Erlangen 1828, S. 273-276. かれによれば、信託遺贈による相続がすべての法人に付与されうるにせよ本件では小書付約款によっては法人それ自体の存在は実現されえない。

三 法解釈に関する基本的態度の相違

シュテーデル美術館事件をめぐる主要な論点について、各大学法学部判決団ないしその構成員の所説を見た。それぞれの所説の根底には、法解釈一般に関して、いかなる基本的態度があったのか。この総論のレベルでも、われわれは、二つの立場の対立を見いだす。おもな論点は、法的判断をおこなうさいの裁判官の在り方いかんであった。

1　実質的利益と衡平の重視

一方の立場は、エルファス・ヴェンクに代表された。そこでは、まず、裁判官に対し、法律家であるよりもむしろ人間 Mensch であることが求められた[119]。遺言者シュテーデルの意図ははっきりしていた。それは、法定相続人を排除し設立されるべき美術館に財産を残したい、という意図であった。裁判官は、人間として、シュテーデルの、このすばらしい、公共の利益となる意図を実現せねばならない。神聖な義務は、美術館を次世代のために完全に維持することである。裁判官は、人間ならどんなしろうとでもわかるシュテーデルの企図を、なにがしかの小理屈と形式を口実に無にしてはならない。裁判官には人間としての悟性が求められた[120]。人間としての悟性によれば、シュテーデルの遺言を有効にしたときに見込まれる公共にとっての利益とそれを無効にしたときに見込まれるその不利益とはあきらかであった。裁判官は、論理的法律的事情のみならず、政治的事情(たとえば、公益財団設立への熱意の変遷)をもまた顧慮すべし、とも説かれた[121]。

では、人間の悟性に立つ裁判官は、いかに法を適用するべきか。なるほど、裁判官は、いわゆる法原理 Rechtsgesetze にもとづいて判断する。しかし、この法原理は、厳格で独自の規定とならんで、より自由な自然的法を許す。このより自由な自然的法こそ、衡平である。裁判官は、厳格法が証明できないとき、それが衡平に反するとき、または、厳格法の理由があきらかではないときには、ローマ法からしても、また条理 Natur der Sache からしても、衡平を救済手段として行使せねばならないのである[122]。遺言の字面だけを見て公益的な意図を実現できないと断じるのは、嘆かわしいと主張された[123]。

この立場は、当時の実務をどう見ていたのか。エルファスによれば、約三〇年ほど前に衡平を排除する理論が出現し、この理論が多くの裁判官を厳格さにみちびき、その結果、現今の実務では、衡平が無視されがちである、と考えられた(124)。

2 法の形式性・安定性の重視

しかし、他方において、これに真っ向から反対する立場があった。とくに注目したいのは、かのエルファスと同じ⑥(ゲッティンゲン大学法学部判決団)の一員でありながら、シュテーデル美術館事件に関しては、袂を分かったアントン＝バウアーの所説(125)である。まず裁判官の法解釈に関する態度についてである。本件において、シュテーデルの遺言が無効となれば、かれが意図した公益的でフランクフルトの都市と市民団の誇りとなる美術館の設立と巨万の富の美術館への移転は台無しになる。これは、美術館に賛成している公衆の世論を敵にまわすことになろう。だからといって、裁判官は美術館の公益性や公衆の世論から影響をうけてはならない。裁判官がシュテーデルの遺言の有効・無効を判断するのは、もっぱら法原理 Rechtsgesetze にもとづいてである。「裁判官は、自分自身に中にある『裁判官・法律家』を、『人間』でもって追っ払わせてはならない(126)」のである。

裁判官による法の解釈は、法原理を維持することを目的とする。そして、法原理を維持する、ということは、美術館よりももっとより重要である。シュテーデル美術館は、なるほどこのうえもなく有益な施設である。こうした施設ですら、それが価値をもつのは、それを法原理でもって設立したときにかぎられる。法的に見て無効である遺言であっても、それが有益な美術館の設立および巨万の富の移転を含むときには、衡平でもって有効になると、反対論者は言う。しかし、そうであるならば、遺言の有効・無効の基準は、相続財産の額がいくらで、そのうちのどれだけが公共施設に帰属するかということになろう。普通法(ローマ法)法源は、こうした生の実質的利益の衡平による斟酌を知らないのである。

バウアーは、言い切る。シュテーデルは、一二〇年以上もの間、美術館設立をその胸中にいだいてきた。かれは、その間、美術館設立に関する法的に有効な要件について、法的な助言をうけるためには十分な時間と資金とをもっていた。それなのに、かれが、法的に無効なかたちでその巨万の富を処分したとすれば、その責はかれ自身にかかる。[127]

以上のバウアーの所説は、これまで注目されることがなかった。しかし、これこそが、ミューレンブルフの所説の先駆であった。ミューレンブルフの所説については、すでに先学による詳細な紹介がある。[128] 小稿の関心が及ぶ範囲に限定して紹介したい。

ミューレンブルフは、当時の実務の現況を、かのエルファスとはことなって見た。ミューレンブルフの二〇年におよぶ実務経験からすれば、実務は、法の厳格な適用を離れて、ますます漠然とした一般性やあいまいな衡平の方向につき進んでいるのであった。[129]

しかし、法の実定的部分におけるしっかりした諸原理とそれらの厳格な遵守なしには、より確実な司法を考えることができない。法の諸原理をないがしろにすれば、法の安定性は、勝手気侭に破壊されよう。法の安定性を保障するのが、実定法である。

法解釈ないし法の適用にあって、その指導原理を、たんに衡平やそのたぐいのものに求めるとすれば、ついには、すべてのしっかりした法原理が消え去り、場当たり的で、はっきりしない、揺れ動く法感情や衡平感情がそれにとってかわることになろう。裁判官は、法を超えるものになってしまうであろう。法解釈に関する法原理を、立法論的批判と混同してはならず、法が要らないとか、目的にかなっていないとか、という理由でもって、法を適用できないと宣告してしまってはならないのである。[130]

最後に、ミューレンブルフは、法解釈に関する、つぎの二つの準則を示した。[131] 第一準則は、こうである。法概念または法の根本原理がそれ自体として適用可能であると見えるときには、法律的な反証がないかぎりそれを適用しなければならない。さらに、第二準則は、こうである。裁判官は、衡平を振り回すことであたらしい法を創造するのではない。裁判官は、その適用するべき法が厳格だからといって、その法を無視したり、他の法と取り替えてはならない。さもなければ、裁判官はその権限を逸脱することになろう。たとえば、甲には、遠縁の、名も知らない親族乙がいた。甲にはまた刎頸の友丙がいた。甲は、丙に全財産を残すことを意図していたし、常日頃、周囲の人々にそう告げていた。しかし、甲は、遺言を作成する前に突然逝去した。あるいは、甲は、遺言を作成したが、その作成した遺言は、形式の点で瑕疵があり、法的に無効であった。このケースでは、甲の遺産は、遠縁の親族乙に帰属し、乙は、いわゆる笑う法定相続人となる。裁判官は、乙に遺産が帰属し、甲の意図が実現できないことに直面して、いかにも忿懣やるかたないかもしれない。しかし、裁判官は甲ないし丙を救済するわけにはゆかない。「きわめて苛酷ではあるが法律はそう書かれている[132]」と言わねばならない。

以上をふまえて、ミューレンブルフは、最後に、シュテーデル美術館事件に関する四つの基本的態度を、法解釈の覚え書きとして示した[133]。

第一に、衡平や便益 utilitas の原理を援用できるのは、実定法がこうした衡平や便益を認めているときに限定され、しかも実定法の制約の枠組みの中においてのみである。たとえば、さきに挙げた相続事例にあっては、普通のしろうとの人間の悟性では、被相続人甲の、友人丙への遺贈という意図が、生前からはっきりしているのに、たんなる法形式上の理由からどうして実現されえないのか、皆目理解できないということになろう。しかし裁判官はこの意図を実現できない。同様に、シュテーデルの法定相続人の排除および美術館への遺産の帰属を希む意図が、いかにはっきりしているにせよ、裁判官は衡平をたてにこれを実現することはできないのである。

第二に、普通法（ローマ法）法源とことなる、よりあたらしい習俗・慣行・実務などがあるにせよ、立証されることができないかぎり、それを援用してはならない。遺言作成時および遺言者死亡時において存在しない相続人を指定することができない、というのがローマ法の原理だとするならば、これらのいずれの時点においても存在しないときであっても相続人に指定できるという習俗・慣行・実務については、立証を要する。

第三に、変則法および特権を、論理的解釈でもって拡張してはならない。それらを厳格に解釈し、正規の法ius commune からできるだけ違背しないようにせねばならない。ピア＝カウサに関する変則法および特権を拡張解釈し、シュテーデル美術館に適用してはならない。近世においてビザンツ法から復元されたC. 1. 3. 46. は、普通法法源としては認められない。このC. 1. 3. 46. をよりどころに未設立のシュテーデル美術館の相続能力を主張してはならない。

第四に、法を離れた生の利益ないし実質的利益でもって判断してはならない。なるほどシュテーデル美術館の実現はすばらしい。ミューレンブルフもまたその実現を願望する。しかし、裁判官は、法解釈にあっては願望を無視せねばならない。シュテーデルの意図のすばらしさ、公益性あるいはその巨万の富に目を奪われて判断してはならない。「世界中のすべての美術館よりももっとより高い目的がある。それは、法である」(134)。法がある目的のために曲げられ、恣意・冗談・頭の切れの良さの戯れとなるとき、芸術が人間に提供する文化とはなにか。法律に対する畏敬の念が消え去るとき、法自体に関する意識も抹殺されよう。この損失は、美術館で芸術作品を鑑賞できるようになるからといって、埋合わせられるものではない。シュテーデル美術館事件を法的に判断するにあたり、美術館の目的は、法的性質をもつものをそこから認識できないかぎり、影響を与えてはならない。遺言の有効・無効を判断するとき、法律の前ではシュテーデル美術館のような慈善財団が相続人に指定されたのか無名の一個人が相続人に指定されたのかでは相違はない(135)。

いま、われわれは、シュテーデル美術館事件から出発して、法的判断のさいの裁判官の在り方、という法解釈論一般にかかわる問題にたどりついたわけである。では、以上の考察は、二十一世紀の日本に生きるわれわれ自身にとっていかなる意味をもつであろうか。

(119) Elvers, S. 1 ; Wenck, S. 8.
(120) Elvers, S. 1-2 ; Wenck, S. 8-9.
(121) Zachariae, S. 8.
(122) Elvers, S. 2, S. 49, S. 78 ; Wenck, S. 9.
(123) Wenck, S. 8.
(124) Elvers, S. 3. 当時の衡平につき、ヤン＝シュレーダー著／石部雅亮編訳『トーピク・類推・衡平』「初期近代における衡平と法体系」八九—一四九頁を参照。
(125) Göttingen, S. 6-7.
(126) なお、これは、Christoph Reinhard Dietrich Martin（1772-1857, ADB, Bd. 20, S. 485-489）, Lehrbuch des Teutschen gemeinen bürgerlichen Processes, 10. Ausg., Heidelberg 1827, S. 102 に見えることばである。
(127) Göttingen, S. 31.
(128) Kiefner, Ideal wird, S. 364-390. とくに S. 387-390 を参照されたい。
(129) Mühlenbruch, S. 9, n. 2.
(130) Mühlenbruch, S. 10-11.
(131) Mühlenbruch, S. 12-30.
(132) D. 40. 9. 12. §. 1. シュレーダー・前掲注（124）一四八頁以下を参照。
(133) Mühlenbruch, S. 53-61.
(134) Mühlenbruch, S. 60.
(135) Mühlenbruch, S. 60.

むすび

シュテーデル美術館事件は、日本民法典各条の沿革として意味をもつばかりではない。それは、十九世紀初頭ドイツという、時代的にも地域的にもかぎられた範囲においてであれ、実務と理論とにまたがる法解釈のひとこまを、なまなましく伝えるものであった。

シュテーデルの遺言の解釈をひとつの試金石として浮かび上がってきたのは、つぎの対立の構図である。一方では、衡平の名のもとに、ローマ法源を度外視し、シュテーデルの意図、なかんずく美術館設立維持、という称賛されるべき目的という具体的事実を、法律家ならぬ「人間」の目線で重視することから出発すべし、という実質的利益判断の立場があった。他方では、シュテーデルの遺言が法律問題たりうるのは、法原理 Rechtsgesetze（バウアー）[136]あるいは実定法 das positive Recht（ミューレンブルフ）[137]の枠内であって、衡平も法原理ないし法秩序の認めるかぎりでしか、法的判断の対象たりえないと説く、法的判断のことなる立場があった。後者の立場（具体的にはミューレンブルフ）は、のちにイェーリンクによって、ものごとを一面的にしかとらえない「形式法学」であって「目的」という要因を度外視していると非難された[138]。しかし、目的・意図・動機・利益といった、実質的利益判断重視の立場が強調する要因は、曖昧模糊としている。この立場をつきつめてゆけば、「漠然とした一般性」（一般条項）や「あいまいな衡平」（生の利益衡量）で実務では十分で、法規範は結論を理屈付ける道具にすぎないことになろう。

わが国の法学の現況[139]を目のあたりにするとき、シュテーデル美術館事件におけるかの実質的利益衡量説との類似を思わざるをえない。反面、個々のローマ法源の射程距離つまり個々の法規範のもつ価値を見極め、シュテーデルの遺言を、法原理ないし実定法の枠内で検討してゆく立場に対し共感を覚える。十九世紀ドイツ私法学の意義は、実質的利益判断を忘れなかった点にあるのではなく、法原理ないし実定法のもつ価値を強調し、実質的利益判断もまた、法秩序の認める枠組みの中でしかおこなわれえないとした点にあるのではないか。さもなければ、十九世紀ドイツ私法学については、結局のところ、実質的利益判断をおこなった側面のみが評価され、それ以外は、従来、わが国で説かれてきたのと同様、負の遺産であり、研究に値しない、ということになろう。

十九世紀初頭ドイツの理論と実務は、干涸びた負の遺産ではけっしてない。それどころか、われわれがそこから積極的に学ぶべきものを内蔵している宝庫である。このことに気付いたのは、一九七八年一一月八日に原島重義先生が設立なさり、爾来「つぶれないだけが取り柄の研究会」と揶揄されながらも連綿と続いてきたサヴィニー研究会のおかげである。会員一同、初心を忘れず『現代ローマ法体系』[140]全巻読了を期したい。

(136) Rechtsgesetze を「法規」と訳すのは誤解である。Anton Bauer, Lehrbuch des Naturrechts, 3. Ausg., Göttingen 1825, §. 37, S. 50 では「最高法原理 das höchste Rechtsprincip (Rechtsgesetz) とは、すべての法の普遍的認識および規定根拠を含む命題 Satz である。この命題は、なにが法概念に包摂されうるかを、認識させる一般的メクルマールを与え、したがって、法律学の存在のためにはまったく必要である」とある。この命題の中で統合される属性は、「理性から由来し、絶対的であり、すなわち、いかなるより上級の原則にも従属せず、形式的で、普遍的で、実践的で、そして、おしまいに自然法 Naturrecht に特有のものである」。

(137) das positive Recht「実定法」も、法規そのものではない。C. F. Mühlenbruch, Lehrbuch des Pandekten-Rechts, Theil 1, 3. Aufl., Halle 1839, S. 82-83 や Christian Friedrich Callisen (1777-1861, ADB, Bd. 3, S. 709-710), Was heißt positives Recht?, in : Karl Grolman, Magazin für die Philosophie und Geschichte des Rechts und der Gesetzgebung, Bd. 1, 2, Gießen und Darmstadt 1800, reprint. ed. Glashütten im Taunus 1972, S. 124-131 参照。それによれば、法は、自然的法(哲学的法論)と実定法とに大別される。実定法とは、定められたもの quod positum est、すなわち、現実に導入され、なんらかの時代に、ある国家において、現実に存在する法である。このうち、実定法は、さらに、自然状態では名称や概念が欠けている関係を必然的に規範化する必然的部分

（自然的法の補完）と、かの自然的法を立法政策 legislative Politik の事由から変更制限する恣意的部分から成る。たとえば、遺言作成のさいに証人の立会が必要だというのは、実定法のうちの必然的部分である。これに対して、その証人の数が、七名なのか八名なのかの定めは、恣意的部分である。この恣意的部分は、狭義の positives Recht・ganz positiv な法（政策法）と呼ばれる。Rechtsgesetz ないし das positive Recht とは、フルーメの言う法秩序に相当するであろう。原島重義「なぜ、いまサヴィニーか」『近代私法学の形成と現代法理論』（九州大学出版会、一九八八年）一二頁以下。Werner Flume, Rechtsgeschäft und Privatautonomie, in: Hundert Jahre deutsches Rechtsleben, Karlsruhe 1960, S. 136-153. これは、一九七七年一一月二〇日より一九八二年二月一二日まで、原島重義先生による大学院民法演習のテキストであった。秋霜烈日の教えを受けた日々を想起しつつ、ここに特記する。

(138) Rudolf von Jhering, Geist des römischen Rechts, Bd. 3, 9. Aufl., 1906, S. 359, n. 468 ; Ludwig Kuhlenbeck, Von den Pandenkten zum BGB, Bd. 1, Berlin 1898, S. 253 も、ミューレンブルフを「すこぶる形式主義的に思考する」として批判する。

(139) わが国の利益衡量論につき、原島重義『法的判断とは何か』（創文社、二〇〇二年）一一〇頁以下参照。

(140) 二〇〇五年一〇月二二日をもって、ようやく第四巻一六五頁に達した。

サヴィニーと「法律解釈の一義的明断性ルール」・断章Ⅰ※

児玉　寛

河内宏・大久保憲章・采女博文・
児玉寛・川角由和・田中教雄 編
『市民法学の歴史的・思想的展開』
二〇〇六年八月　信山社8

一 はじめに

1 さきごろ届いた『丸山眞男手帖』第三六号に、ある録音テープから復元された記録が掲載されている。それは、編者によれば、(1) 一九九三年四月二四日午後、丸山眞男（一九一四—一九九六）が、東京大学政治学研究会主催の自著『忠誠と反逆——転形期日本の精神史的位相』（筑摩書房、一九九二年）の合評会で行ったコメントであり、「自らの生涯と著作についての歴史的位置づけを明確にしておきたいという丸山の希望もあって行われたものである」（一頁）。丸山が「私は論文を書く時には、自分の経験、自分の生きてきた時代、それから得た自分の直観、そういうものに非常に大きく左右されます」（四頁）と前置きして述べたことは、つぎの三つの規定要因として要約できる。

第一に、規範性。これは、旧制高等学校時代に読んだ新カント派から「徹底的に習った」刻印である。「単に自然に存在するものと規範とは、違うんだということ。……真理と事実は違うということを初めて教わった。真理というのは価値なんだ、それによって事実を裁く価値なんだということ。だから事実、事実と言って、それは事実じゃないとか言っても、事実をいくら堆積しても、それは事実であって、そこから価値は生まれない。だから学問的真理というのは、それを真理価値に従って多様な素材というものを構成し、そしてひとつのセオリーにまとめる」（七頁）。別言すれば、「規範と現実、規範性を内面にしっかり持っていない者は、必ず流される」（一一頁）。

第二に、歴史性。これは、マルクス主義の発展段階論とは別問題の、「歴史の本質」にかかわる規定要因である。「歴史というのは、いつも『何から何へ』ということを問題にする。……どうしてAからBになったのか、という疑問〔から出発する研究〕が非常に少なくなっている。……『何から何へ』というものを離れて、その歴史からある時代だけを取り出して、その時代の思想を取り出して、その時代の思想をそれ自身として論ずるのは、少なくも『思想史』とは言えない」（一五頁）。

第三に、党派性。これは、マルクス主義が丸山を「震撼」させたドグマである。「学問とは必ず自分にはね返ってくる。ということは、現実に対するコミットメントなしに、いかなる精緻な論文もあり得ない、というドグマです、私の。……ただそれは、私が特定の党派とか、あるいは野党に立つとか、在野、在朝とか、そういう意味ではなく、少なくも人文・社会の問題を対象とする時には、主体から離れた対象として、そこにあるものを自由に随意に研究する、というものではない。それはやはり、主体の世界または社会への関わり方が、そこでは問われている」（二二頁）。

いささか長い前口上を受けて、これらの規定要因をドイツ語で表記すれば、規範性＝Normativität、歴史性＝Geschichtlichkeit、党派性＝Parteilichkeit となろう。そして、それらの頭文字を並べ替えると、GNP。口幅ったい物言いではあるが、私にとって原島重義『法的判断とは何か』（創文社、二〇〇二年）(2) の魅力は、丸山の作品がそうであるのと同様に、このGNPの値ないし度合いが非常に高いということにある。

同書の「はしがき」について見ても、「わが国で実際に行われている法的判断についてわたくしが感じる不安を打ち明けること」から出発するという〔党派性P〕、さらに、「自然や社会の変化・発展の中に理に適ったルールが内在すると期待し、これをあくことなく探究した」サヴィニーに、「わたくしは、一種の明るさ、大らかさ、そしてまた力強さを感ずる」という〔規範性N〕、そして、「サヴィニーの法的判断論を理解するのに、カントを介して、ヘーゲルを参照しよう」と試みる〔歴史性G〕が、三位一体となって表明されている。

2　「読む人を納得させ、その心を動かす」という著者の願いは、この高いGNP値を背景とする叙述によって、その先を考えるようにと誘う。「第十章　サヴィニーの法的判断論」の〔一二〕から〔一五〕、拡大解釈・縮小解釈・類推の関係ついての検討は断章Ⅱに譲り、本稿では、同じく第十章〔一三〕のつぎの箇所に潜む、サヴィニーの法解釈方法論の土台ともいえる問題を取り上げることにする。

「法律というものは言葉でもってある中身を表現している。思想の表現 Gedankenausdruck だ、というようにサヴィニーは言っている。その中身を、まず、解釈する場合には、生き生きと想い起こすという言い方をしている。生き生きとですよ、それは死んだものではない、生きものだ。だからサヴィニーにとっては、法律の解釈は法律に内在する思想の再構成だ、となります。ですから、法律の解釈は、裁判官にとって常に必要なんです。それは法律の自由な解釈と言ってもいい。

と言うのは、ティボーも含めて当時は、法律の中身が分からん、明晰ではない場合にのみ裁判官は解釈する必要がある、と考えていた。ところが、サヴィニーは、〈そうではない。法律は一つの思想表現なんで、その表現を通して根底にある思想を生き生きと蘇らせる、再構成する、これが法律の解釈だから、解釈は常に必要だ〉と言った。ところが、当時のプロイセンは啓蒙的絶対主義と言われる体制ですから、裁判官に自由な解釈はないと考えられていた。そういう状況の中でサヴィニーは、原則として裁判官は解釈を必要とするし、しなくちゃいかん、ということを言った。」〔同書二七三頁〕

そこで言われている「明晰ではない場合にのみ裁判官は解釈する必要がある」という見解は、本稿の標題に掲げた「一義的明晰性ルール」と密接な関係にある。このルールは、後述するように、ヨーロッパの普通法に由来し、「解釈は、一義的に明晰な場合には行われない。Interpretatio cessat in claris.」とか、「一義的に明晰な場合には、それ以外の解釈は存在しない。In claris cessat alia interpretatio.」と定式化されてきた（以下、一義的明断性ルール又はＩＣルールと表記する）(3)。現代でもこのルールは、ドイツ語圏では Eindeutlichkeitsregel、また、フランス語圏では sens clair doctrine、さらに英語圏では clair meaning-rule, plain meaning-rule, in claris verbis-rule, Vattels-maxim などと呼ばれ、法律の解釈のみならず意思表示(4)や条約の解釈においても、一定の指針として維持されている(5)。

3　もっとも、現代のドイツ語圏の法解釈方法論の主流は、このルールを斥ける。そこに至る過程について、まず、ショットⅠの結論を引用しよう。

「このルールは、十七世紀と十八世紀に最高潮に達したのち、十九世紀に凋落する。その原因は、ヘルメノイティクの観念が変質したことにあるのみならず、法律専門職の自己理解が転換したことにもある。法学者も裁判官も弁護士も、市民社会では、法律に忠実にしてかつ国家を担う構成要素となったのである。〔かれらは絶対主義国家におけるのとは異なり〕前もって紀律化される必要はなかったし、また、不真面目な職務執行の廉で非難されようと欲してもいなかった。このことに、法律学方法論の新たな構築は対応しているのであり、その方法論はと言えば、言語という現象に対するいっそう深い知見に依拠しているのであった。その一つの帰結として、解釈の概念が理解の過程の全域に拡張され、その結果、これまで〔解釈にとって〕不可欠とされてきた不確かさとか不明瞭さ（Dubium und Obscurum）(6)といった要件が欠落するに至る。かくして、より新しい方法論を代表する二人のもっとも重要な人物、つまり、ティボーとサヴィニーは、『不明瞭さ Dunkelheit』は解釈の概念にとって無用であるという点で、一致をみているのである。」〔一八七頁〕

本論の問題設定に入る前に、まず検討すべきは、ティボーの位置づけである。それは、ショットⅠと原島・前掲箇所とでは正反対となっている。ティボーは、『ローマ法の論理的解釈の理論』（第二版・一八〇六年）の第一節で、[7]「言語表現の趣旨（Sinn der Rede）を諸々の根拠から解きほぐすこと（entwickelt）を、解釈（Auslegung）と呼ぶ。」と述べて、〈die Rede sey nun an sich dunkel, und insofern einer Erklärung bedürftig, oder nicht.〉と続ける。これは、直訳すれば「言語表現がそもそも不明瞭なこともあるので、その場合には、〔まずもって〕闡明が必要であるが、そうでない場合には〔闡明は〕必要ではない。」であり、意訳すれば「解釈の要否にとって、言語表現そのものが不明瞭であるかどうかは問題とならない。ただし、不明瞭な場合には、闡明が必要である。」となろう（闡明という訳語については、第二節**1**を参照）。

ティボーは、この箇所で、Ulp. D.25,4,1,11「法務官の告示が明々白々たる場合でも、にもかかわらず、その解釈が等閑にされてはならない。Quamvis sit manifestissimum edictum praetoris, attamen non est neglegenda interpretatio eius.」を引用する。また、同書二五頁の脚注qでは、「ひとは、不明瞭で両義的な（dunkeln, zweydeutigen）法律についてだけ解釈が必要であるという理念（Idee）を想定しているが、それは、本書第一節で述べたことから して誤りである」と明言している。したがって、ティボーもサヴィニーも結論的には異ならない（原稿整理に携わった者としてその不明をお詫びする）。

4　さて問題は、サヴィニーである。現代のドイツ語圏の法解釈方法論では、つぎのように言われている。「法テクストは、それがとくに『不可解 dunkel』とか『不明瞭 unklar』とか『矛盾している widersprüchlich』と思われる場合にだけ解釈を必要とするのではなくて、むしろ、原則として、法テクストは解釈される資格を有するし、解釈を必要としているのである[8]」。そしてそのような資格や必要性は、法テクストをかたちづくっている言語に――数字などを別にすれば――語義の幅（Bedeutungsspielraum）が必然的につきまとう点に求められている。

しかし、果たしてサヴィニーも同様の理由でＩＣルールを斥けたのか。そもそもサヴィニーが斥けたＩＣルールとはなにか。斥けることでサヴィニーが護ろうとしたものはなにか。それは、たしかに原島・前掲箇所が指摘するように、「裁判官の自由な解釈」であろう。しかし、なぜそのような自由を確保する必要があるのか。比喩的に言えば、ＩＣルールの排斥という作戦を支えている大きな戦略が、私にとってまさに unklar なのである。そこで本稿では、サヴィニーの戦略をいくぶんなりとも明らかにすることを課題とする。

なお、中世いらいのＩＣルールの展開過程は、ショットⅠが指摘する前述の諸要因のみならず、各論者が念頭においている法源状況や法テクストの明証性の度合いとも絡んで実に複雑である。本稿は、第二節**1**で示すサヴィニーによるＩＣルール批判を理解するのに必要な限度で要点を切り取るにすぎない。

※　本祝賀論文集の企画がもちあがった二〇〇四年十一月から、「カントの反省的判断力論の法学的射程について」を準備したが、前提となる議論だけで、与えられた紙幅を著しく超過してしまった。並行して執筆中の論考（以下、「別稿」と記す）から題材を断片的に取って本稿を用意したが、その過程で、同じ時期に締切日を設定された『廣中俊雄先生傘寿記念論集』（創文社、二〇〇六年十月刊行予定）のための、これまた紙幅オーバーの論考「サヴィニーの類推論について」と内容面で一部重複をきたした。そこで両者間に調整を施したうえ、その刊行時期から本稿を断章Ⅰとし、後者を断章Ⅱとすることとした。原島重義先生、廣中俊雄先生はもとより、読者諸賢には、私の不勉強と不手際をお詫びする。「割れても末に逢わんとぞ思う」という素志を汲んでお読みいただければ幸いである。

（１）　「『忠誠と反逆』合評会コメント」『丸山眞男手帖』第三六号（二〇〇六年）一―三七頁。以下、（　）内は同誌の頁を、また、〔　〕内は編者による補充を示す。なお、『丸山眞男集』別巻（岩波書店、一九九七年）八五頁では、「東京大学法学部政治学研究会主催」となっている。

（２）　書評として、赤松秀岳・法の科学三三号（二〇〇三年）一八一―一八五頁、松岡久和・法時七六巻八号（二〇〇四年）一〇二―一〇六頁。

（3） 以下では、〔 〕内の表記で引用する。Clausdieter Schott, „Interpretatio cessat in claris“ — Auslegungsfähigkeit und Auslegungsbedürftigkeit in der juristischen Hermeneutik, in: Jan Schröder (Hg.), Theorie der Interpretation vom Humanismus bis zur Romantik — Rechtswissenschaft, Philosophie, Theologie, 2001, SS. 155-189〔ショットⅠ〕; derselbe, Gesetzesinterpretation im Usus modernus, ZNR 21 (1999), SS. 45-84〔ショットⅡ〕; derselbe, Juristische Methodenlehre im 18. Jahrhundert, in: Daniel Trohler et al., (Hg.), Der historische Kontext von Pestalozzis „Methode“: Konzepte und Erwartungen im 18. Jahrhundert, 2002, SS. 47-64〔ショットⅢ〕; Maximiliane Kriechbaum, Verba und mens in den Interpretationslehre des Humanismus, in: Schröder (Hg.), a. a. O., SS. 47-72〔クリーヒバウムⅡ〕; dieselbe, Zur juristischen Interpretationslehre im Mittelalter, in: dieselbe (Hg.), Festschrift für Sten Gagnér, 1996, SS. 73-109〔クリーヒバウムⅠ〕; Stephan Meder, Mißverstehen und Verstehen Savignys Grundlegung der juristischen Hermeneutik, 2004〔メーダー『誤解』〕; Stefan Vogenauer, Die Auslegung von Gesetzen in England und auf dem Kontinent, Bd. I, 2001, SS. 51ff., 465ff.〔ヴォゲナウアー『法律解釈Ⅰ』〕。なお、ショット〔石部雅亮訳〕「現代的慣用の方法試論」法学雑誌四一巻四号（一九九五年）七五一―七七二頁も参照。また、本稿の課題と紙幅に鑑みて、中世や近世の文献は、原則として前記の諸論考から引用し、諸版の異同の検討には及ばない。

（4） 契約の解釈におけるこのルールについては、北村一郎「契約の解釈に対するフランス破毀院のコントロオル（一）」法協九三巻一二号一頁～六四頁、（二）同九四巻一号六九頁～一二〇頁を参照。

（5） Stephan Meder, Die Kreditkartenzahlung im Internet und Mail-Order-Verfahren, WM 40 (2002), 1993-1998 (1994, Fn.13). なお、メーダー教授の二〇〇五年九月二五日付け私信によれば、同論文の注16に掲記の、Meder, Auslegung als Rechtserzeugung. Savignys Idee der “Reconstruction” von Rechtstexten und seine Kritik der Sens clair-doctrine, in: International Business Transactions at the Crossroads, hrsg. v. L. Mistelis und K. Suhr (erscheint Anfang 2003) はいまだに出版の目処がたっていないが、この論考の趣旨はメーダー『誤解』で詳論したとのことである。

（6） ショットⅠ一六九頁によれば、法テクストの了解可能性の欠如を示す表現として〈dubium/ambiguum/obscurum〉などがあるが、通常はほぼ同義で代替可能なものとして用いられていたとされる。麻生健ほか『羅独―独羅学術語彙辞典』（哲学書房、一九八九年）によれば、dubium には〈Ungewißheit, Zweifel, Zweifelhaft〉、ambiguum には〈Zweideutig, Zweifelhaftes Wort〉、obscurum には〈Dunkel, Unverständlich〉というドイツ語が当てられている。ショットⅠ一七六頁は、obscurum=Dunkelheit, dubium=Zweifelhaftigkeit と訳している。

（7） Thibaut, Theorie der logischen Auslegung der Römischen Rechts, 2. Aufl., 1806, S. 11.

（8） Karl Larenz, Claus-Wilhelm Canaris, Methodenlehre der Rechtswissenschaft, 3. neu bearbeitete Aufl., 1995, S. 26.

二　拡大解釈・縮小解釈と一義的明晰性ルール

1　まず、本稿の結論を述べて、論証すべき問題を設定しよう。サヴィニーの『現代ローマ法体系』の第一編第四章は、その第一巻の第三二節から第五一節を占める。そのうち、第三三節から第四一節が「A　個々の法律の解釈」に当てられていて、拡大解釈と縮小解釈は第三七節に登場する。そして第四二節から第四六節が「B　全体としての法律の解釈」であり、類推論は第四六節に位置する。私見によれば、この編成に込められたサヴィニーの構想は、一方において、ユ帝法の一元的かつ多元的な法源構造によって、他方において、ＩＣルール批判によって深く規定されている。管見のかぎりでは、いずれも従来のサヴィニー研究では見落とされてきたようである。前者の検討を断章Ⅱに譲り、本稿では後者の論証を課題とする。(9)

ＩＣルールを採用する場合には、解釈とは「不明瞭な法律の闡明〈Erklärung dunkler Gesetze〉」ということになる。しかしサヴィニーは、そのような狭い解釈概念を主要には二点にわたって批判した〔メーダー『誤解』二三頁〕。

「第一に、病的な状態がそこへと連れ戻されるべき健全な状態の考察が基礎に置かれていない場合には、病的な状態の徹底的な余すところのない取り扱いが、不可能である。第二に、〔解釈の〕概念を〔前述のように間違って〕理解すると、解釈のもっとも高貴で実りの多い利用が、われわれのもとから消えてしまう。そのような利用こそは、欠陥のない、それゆえに不明瞭ではない法文（Stelle）について、その内容と諸関連という豊かさの全体を明るみにだすことを目標としているのである。これこそが、とくにディゲスタではきわめて大きな重要性を有する手続なのである。」〔『体系』第一巻三二九頁〕

中世いらい「解釈 interpretatio」の区分は多々あるが、もっとも基本的な区分は、「①闡明 declarativa（＝explicativa）、②拡張・縮減 extensiva, restrictiva」である[10]。①を「宣言的解釈」と訳すこともあるが、近世までの用語法に鑑みて、「はっきりしていなかった意味を明らかにする」という趣旨を込めて、「闡明」と訳す。これに対してサヴィニーの区分によれば、「❶『拡大』・『縮小』、❷類推、❸継続的法形成」となる。両者は、つぎの二点で異なっている。なお、「拡張・縮減」と「拡大・縮小」という訳語の差異については、後述する。

第一に、サヴィニーにおける「❶『拡大』・『縮小』」は、伝統的区分における①のなかに、「②拡張・縮減」の一部を取り込んだ概念である。上述の第一の論拠によるICルール批判は、この問題にかかわる。本節では、この仮説を論証する。第二に、サヴィニーは、前述の取り込みのあとに残った伝統的区分における「②拡張・縮減」の残部を、「❷類推」と「❸継続的法形成」とに二分割した。そして❸を「真の解釈」から区別し、かかる法形成権限を裁判官に付与することを原則として禁じた。上述の第二の論拠によるICルール批判は、この問題にかかわる。この仮説の論証は、次節でおこなう。いずれの論証に際してもキーワードは、「読む人、書く人、作る人」である。

2　伝統的区分の理解を助ける趣旨で、ラートブルフによる教室設例[11]を修正した例をもとにして見取り図を作ろう。駅の待合室に「シェパード同伴の入室を禁ず」という掲示があるとする。これを「読む人」には、「シェパード」という文言（verba）について、そういう固有名詞の人物のことか、特定の犬種のことか、およそ犬のことか、他の動物を含む例示かといった、その趣旨（mens）についての様々な疑問が生ずる。そういう疑問を生むテクストは、「不明瞭」である。しかし、「読む人」は、「入室を禁ず」という有意味な文言がある以上、「シェパード」が何を指すのかを了解する作業を行うことはできる。つまり、「読む人」は、このテクストを解釈する資格を有する（interpretationsfähig）と同時に、このテクストは「読む人」による解釈を必要としている（interpretationsbedürftig）。ここでの「解釈」が「①闡明」であり、それは、文言が何を指すのかを「読む人」が特定する作業を指す。

これに対して、掲示の「を禁ず」という部分が破り取られていて「シェパード同伴の入室」で切れている場合には、述語部分についてそもそも有意味な文言がないのだから、「を禁ず」なのか「を許す」なのか、「読む人」には判断がつかない、解釈のしようがない。そのテクストは、「読む人」が「解釈する資格」を有しないほど「不明瞭」である。この掲示を「作る人＝駅長」に照会するしかない（「作る人」による闡明）[12]。

ＩＣルールを適用するには、「テクストは一義的に明断である」との確認が前提となる。この確認作業が「闡明」という「解釈」である。ＩＣルールは、この確認がなされたにもかかわらず、さらに「解釈」を続けることを禁止するのである。したがって、前者の局面での「解釈」と後者の局面での「解釈」とは、その実質が異なる。

ともあれ、「シェパードとは、人物の固有名詞ではなくて、犬種のシェパードを指す」と闡明した「読む人＝駅員A」が監視中に、「シェパードの仔犬」を抱いた客が入室しようとした、あるいは、「セントバーナード」を連れた客が入室しようとした、あるいは、「警察犬のシェパード」を連れて捜査中の警察官が入室しようとしたとする。いまやAは、入室を禁ずべきか許すべきかの判断を迫られ、裁判官と同様に、「判決」を「書く人」の役回りとなる。この判断は、もはや「闡明」ではなくて、「闡明」によって確定済みのテクストの趣旨を操作する作業である。「セントバーナード」の入室も禁じるという判断は、「闡明」された趣旨を広げるという意味で「②拡張」である。「警察犬のシェパード」の入室を許すという判断は、「闡明」された趣旨を狭めるという意味で「②縮減」である。猫はどうか、豚はどうか、ニシキヘビはどうか。「判断」を迫る事案は、どこまでも多様である。

3　以上の見取り図を裏づける法律家の証言を、ショットⅠから引用してみよう。すでにバルトルス（一三一三／一四－一三五七）は、「解釈とは語をはっきりと指し示すことにほかならない旨を、知っておかなければならない。〈Et est sciendum, quod interpretatio nihil aliud est quam aperta verbi significatio.〉」と述べる[13]。ここから『標準註釈 Glossa ordinaria』は、「解釈という単語は、本来の意味では、語をはっきりと指し示すことである。しかしながらここでは広い意味において、訂正・限定・延長について用いられる。〈Verbum interpretationis in proprio sensu denotat vocabuli apertam significationem, hic tamen largius ponitur pro correctione, arctatione et prorogatione.〉」とする[14]。つまり、「①闡明」は〈significatio〉にかかわり、「②拡張・縮減」とは区別される。

では、語の何を「指し示す significare」のか。バルドゥス（一三一九／二七－一四〇〇）は、つぎのように言う。「significatio とは、知性によってあるいは立法者の規則によって付与されているとおりの、言明の本来的にして真なる意味のことである。なぜなら、発案者あるいは立法者の権威が語の真にして本来の意味を提供するからである。しかし、必ずしもつねに厳格な語義に立ち返る必要はない。なぜなら、拡張される場合もあれば、縮減される場合もあるからである。その場合には、もはや significatio ではなくて interpretatio である。〈Significatio est proprius et verus sensus dictionis ab intellectu vel statuto legislatoris attributus, authoritas enim inventoris vel legislatoris dedit vera et propria significata vocabuli …. Non tamen semper ad strictam significationem recurrendum est. Nam quandoque dilatatur seu extenditur, quandoque coarctatur seu restringitur, et ista non dicitur significatio, sed interpretatio.〉」[15]。

中世の法律家の言語観に立ち入る能力を持ち合わせないので、詳しくはクリーヒバウムⅠ・Ⅱに譲り、私が理解しえたかぎりでの結論のみを示そう。右の傍線部によれば、言語表現とその意味とが対置ないし切断されており、significare は、両者を「意味」によって統合する作業であるということになる。ならば、「読む人」はこの「意味」をどのようにして確認するのか。それは、一般的な語用規則によってである。以上の脈絡を、ショットＩはつぎのように言う。

「significatio という意味での interpretatio declarativa は言語ゲームの復元ないしコミュニケーションの表面上の完璧さの復元にしか役立たない。obscurum と dubium は、立法者の側で言語による表現に客観的な欠陥があるために、あるいは、名宛人の側でそれを受容するについての主観的な困難さがあるために、(16)『意味 mens』が十分に捕捉されえないという点にある。そのような欠陥が除去されたのちに、mens と verba との対応関係が納得のいくものとなる。そして言語使用者は、いまや、mens への直接的なアクセスを手に入れる。そこからの帰結は、interpretatio declarativa はつねに第一次的に言語に方向づけられたものとして理解されるということである。」〔一七五頁以下〕。

前述の言語観によれば significatio のメカニズムは、つぎのように要約できよう。「作る人」と「読む人」とが共通の一般的な語用規則に従うがゆえに、言語表現と意味とは一致しているという前提のもとで、〈「作る人」は法テクストの趣旨を語に託す〉、〈「読む人」は託された趣旨をその語から了解する〉、〈「作る人」と「読む人」は、その語を媒介にして、意味を共有する〉。ショットＩが言う「通訳者ないし翻訳者モデル（語の置き換え）」〔一七五頁〕は、こういうことであろう。一般的な語用規則による「①闡明」は、現代風に言えば、文理解釈に相当する〔同・一七六頁〕。

４　このように見ると、私見によれば、ＩＣルールの採用は二つの局面で問題となりうる。第一に、一般的な語用規則によって mens と verba との対応関係が確認された局面で「①闡明」それ自体を停止する。第二に、どういう解釈規則によってであれ「①闡明」を終えた局面で「解釈」を停止し、「②拡張・縮減」に進まない。後者の検討を次節に譲り、ここでは、第一の局面を検討する。

解釈規則を一般的な語用規則に限定してICルールを採用すると「①闡明」と「②拡張・縮減」との間に過不足が生じるであろう。前述の例でいえば、一般的な語用規則に従うかぎり、掲示の「シェパード」は、「犬種のシェパード」として理解すべきことになる。しかし、「作る人」が「犬一般」を念頭においていたとすれば、「セントバーナード」の例は、「②拡張」ではなくて「①闡明」で処理すべきであったことになる。つまり、significatio の段階での「犬種のシェパード」という理解では不足しており、「犬一般」にまで「拡大」すべきであった。また逆に、「作る人」が「大型のシェパード」だけを念頭においていたとすれば、「シェパードの仔犬」の例は、「②縮減」ではなくて「①闡明」で処理すべきであったことになる。つまり、significatio の段階での「シェパード」という理解では過剰であり、「大型のシェパード」にまで「縮小」すべきであった。要するに、一般的な語用規則だけでは、理解をめぐって「作る人」と「読む人」との間に齟齬が生まれるのである。(17)

ショットⅠは、この論点に気づいた数少ない論者として、リヴィヌスとベルマンによる学位授与討論（一七五二年）を引用する。すなわち、「interpretatio declarativa では、存在しているとおりの語は、たしかに闡明されるにとどまり、拡張されたり縮減されたりすべきではないが、にもかかわらず、この闡明は話し手又は書き手の趣旨と意図にしたがって、かつ、定評のある解釈規則を遵守して、単に部分のみならず法律全体あるいは著作物全体を顧慮して行われなければならず、そして、不明瞭さや両義性が除去されなければならない。〈Licet igitur in interpretatione declarativa verba, prout iacent, explicentur neque extendantur neque restringantur, debet tamen haec explanatio secundum mentem et intentionem loquentis vel scribentis observatis regulis bonae interpretationis, tota lege vel scriptura perspecta, non una aliqua particula eius proposita fieri et obscuritas vel ambiguitas tolli.〉」[18]。

この見解は、interpretatio declarativa それ自体のなかに、一般的な語用規則以外の解釈規則[19]を持ち込み、「①闡明」の領域それ自体を広げることにより、前述の齟齬を防止しようとする。これに対して、一般的な語用規則による「①闡明」を維持しながら、それと「②拡張・縮減」との間隙に①′を組み込む見解が、すでに一六四五年には見られる。すなわち、「明示的であれ黙示的であれ承認された理性から導き出される解釈は、知性的解釈と呼ばれるのであって、拡張解釈ではない。〈Et haec quidem interpretatio, quae deducitur ex ratione expressa vel tacite intellecta, dicitur intellectiva, non extensiva.〉」[20]。

いずれにせよ、一般的な語用規則だけによる「①闡明」でもって足りるとしてＩＣルールを導入する見解は、十七世紀以降、凋落するのである。第一節**3**で引用したショットⅠが「解釈の概念が理解の過程の全域に拡張され〔た〕」と言うのは、この事態を指すであろう。

5　それでは、前項で確認した解釈概念の拡張はなぜ生じたのか。同じ箇所でショットは、新たな法律学方法論は「言語という現象に対するいっそう深い知見に依拠している」とも言う。しかしその実相に立ち入ってはいない。私見によれば、少なくもサヴィニーによるＩＣルール批判の第一の論拠は、言語観の変質とも関係しているようである。詳しくは「別稿」に譲るとして、最後にこの点を略述しよう。

クリーヒバウムⅡは、人文主義法律家のアルチャート（一四九二―一五五〇）やドネルス（一五二七―一五九一）において、verba と sensus との関係の理解が変質するという。

「〔かれらもまた、中世の法律家と同様に、アリストテレス＝スコラ流のヘルメノイティクから〕語とは概念や思想を指し示すものであるという観念を、かれらの解釈教説に取り込むのだが、新しい仕方によってである。解釈に関するかれらの見解の原理は、〔バルドゥスにおけるように〕語が〔語の外部にある〕思想を表現したり趣旨を媒介するというものではなくて、逆に、表明の趣旨は語からしか出てこないのであり、語に対して何らかの固有のものとか自立的なものを叙述する趣旨なるものは、なんら存在しえないというものである。」〔七一頁以下〕

中世の法律家においては、significatio ＝「①闡明」と interpretatio ＝「②拡張・縮減」とが区別されていた。これに対して人文主義法学では、この区別が消去され、「解釈」の過程で「拡大・縮小」が行われる。しかしそのためには、言明の趣旨が語から十全なかたちで取り出されていなければならない。とは言え、なぜ取り出すことができるのか。この点についてクリーヒバウムⅡは、Celsus D.1,3,17についてのドネルス『市民法註解第一編第一三章第三項』の説明を引く。「しかし語というものは、話者の思想や見解が認識されるという目的を有しており、そのことのために案出されている。したがって、語の力と作用は、語の意味それ自体のなかに存するのであり、そしてそれゆえに、語によって表現されている法律の見解や思想のなかに存するのである。〈Verba autem hoc valent, et ad hoc sunt inventa, ut mens et sententia loquentis intelligatur. proinde verborum vis et potestas in hac ipsa significatione est, eoque in sententia et mente legis, quae verbis exprimitur.〉」[21]。

その趣旨は、思想を認識させる力と作用は、語の「意味」それ自体において存するのであり、それを確認することが、同時に法律の思想を確認することにほかならない、というものであろう。つまり、「語の力＝語の意味＝法律の思想」という等式が成立する。D.1,3,17は、ドネルスの理解では、「法律を知るとは、その文言ではなくて、語の意味そして法律の趣旨を把握することである。〈Scire leges non hoc est verba earum tenere, sed vim ac potestatem.〉」と読むことになろう。たしかにクリーヒバウムⅡも指摘するように、人文主義法学には「健全／

病理、gesund/krank」という二項対立表現そのものは見られない。しかし実質的には、ドネルスの言語観によれば、法テクストの言語表現を起点にして到達した思想こそがそのテクストの「健全な状態」であり、この「思想」に照らして「表現」に過不足があれば、それは「病理状態」であり、「表現」を訂正する必要がある。

6　他方サヴィニーは、本節**1**で引用したようにICルールを批判して、「病的な状態がそこへと連れ戻されるべき健全な状態の考察が基礎に置かれていない場合には、病的な状態の徹底的な余すところのない取り扱いが、不可能である」という。そして「病的な状態」の扱いのひとつの局面である「間違った表現」について、つぎのように述べている。

「表現はたんなる手段にすぎず、思想が目的であるから、思想が優先し、表現が思想にしたがって訂正されなければならないことは、疑いない。……表現と思想との論理的関係は、表現が思想よりも少ないか多いかである。表現の訂正は、〔表現が思想よりも狭い場合には〕拡大解釈（ausdehnende Auslegung）によってなされ、〔表現が思想よりも広い場合には〕縮小解釈によってなされる。」〔『体系』第一巻二三〇頁以下〕

サヴィニーは、この箇所の注としてD.1,3,17を引用する。この点についてリュッケルトは、D.1,3,17をめぐるドネルスの論述をふまえて、つぎのように述べる[22]。

「ドネルスのテクストは、なかんずくサヴィニーとは違って、『法律の完成された表現』から出発してはいない。というのも、〔サヴィニーがそうするのは〕あくまでも〔完成された表現における思想と表現との〕ズレが、サヴィニーの言葉で言えば『法律の欠陥のある状態』が、かれの議論の対象だからである。とは言え、〔ドネルス『市民法註解』の〕第一編第一三章では、sententia あるいは mens と vera とのズレが論じられている。だから、そこで引用されているディゲスタの有名な法文〔D.1,3,17〕……をサヴィニーが『間違った表現』という問題について利用しているのも、適切なのである。」

しかし、前述のようにドネルスにおいて、ズレを確認する前提には、「語の力＝語の意味＝法律の思想」という等式がある。これに、サヴィニーにおける「完成された表現」は対応するとも解される。リュッケルトは、「健全な状態」と「病的な状態」とのズレに着目するサヴィニーの解釈理論を、（客観的）観念論の枠組みのもとにおこうとする（断章Ⅱ第一節2）[23]。しかし、ドネルスからの系譜も否定できないであろうし、また、「健全／病理」の構図はゲーテ（一七四九―一八三二）の世界観の基軸の一つでもある[24]。サヴィニーにおけるこの構図の精神史的系譜は、なお検討を要すると思われる。

（9）Savigny, System des heutigen römischen Rechts, Bd. I, 1840. 小橋一郎訳『現代ローマ法体系』第一巻（成文堂、一九九三年）。以下、『体系』第△巻として引用する。

（10）一八〇〇年代に入るまで、類推と解釈とは明確に区別されていない。ショット「法における類推の歴史と正当性について」〔訳・児玉寛〕同著／石部雅亮編訳『トーピク・類推・衡平　法解釈方法論史の基本概念』（信山社、二〇〇〇年）四九―八八頁。この論文では明確ではないが、両者の区別の過程は、法律実証主義の確立と連動させて理解する必要がある。断章Ⅱを参照。

（11）碧海純一『新版法哲学概論』（弘文堂、一九六八年）一八五頁は、「ある待合室に『犬の入室を禁ず』という掲示がしてあった。ところが、ある日のこと、熊使いが熊をつれてあらわれた。このばあい、類推を用いれば、熊も犬と同じく動物だから当然に入室できないことになるが、反対解釈をとれば、熊は熊であって犬ではないから、犬に対する禁止はこのばあいにあてはまらない、ということになる」という例として引用する。なお、現代のドイツ語圏の方法論は、この例を、類推の一事例としての「小から大への推論〈a minori ad maius〉」として扱う。Ernst A. Kramer, Juristische Methodenlehre, 2. Aufl., 2005, S. 180f. und S. 54f.

（12）ここでは「解釈は、完全に不可解な場合には行われない。〈Interpretatio cessat in omnino obscuris.〉」が妥当し、初期近世の支配的見解は、立法者への照会とその有権的解釈（authentische Interpretation）に委ねる〔ショットⅠ・一七二頁〕。Vgl., Bernadette Droste-Lehnen, Die authentische Interpretation Dogmengeschichtliche Entwicklung und aktuelle Bedeutung, 1990.

（13）Bartolus, Comm. ad D.39,4,15（Opera 5, Ausgabe Lyon 1550, fol. 58 v）。ショットⅠ・一七五頁注83。

(14) Gl. Ord. ad D.1,2,1 v: interpretationem（Ausgabe Venedig 1501, fol. 5 v)。ショットⅠ・一七五頁注82。その後、「延長」は「拡張 extensiva」に、「限定」は「縮減 restrictiva」と言い換えられ、「訂正」は「拡張」の下位概念へと吸収される〔ショットⅡ・七〇頁〕。

(15) Baldus, Comm. ad C.6,38（Ausgabe Lyon 1561, fol. 128 v)。ショットⅠ・一七五頁注85。なお、バルドゥスを引用するロゲリウスの講義（一四六三年）については、田中実「一五世紀普通法学の法解釈方法論の一端——コンスタンティヌス・ロゲリウス『法解釈論』覚書」、金山直樹編『法における歴史と解釈』（法政大学出版局、二〇〇三年）四一—九二頁（四七頁）を参照。

(16) 論者は、第一節3で引用したUlp.D.25,4,1,11をこの脈絡で援用する。

(17) Josef Esser, Grundsatz und Norm in richterlichen Fortbildung des Privatrechts, 1956, S. 123f. のつぎの指摘は、この点にかかわる。「〔ICルールの前提は〕『何が「明晰に」表現されているのか』、そして、『「一義的に明晰な意味（sens clair）なるものを判定する際に、何を引証することが許されるのか」』について、合意が成立していることである。ところが、この点がまさに完全に『不明確』なのである。その結果、『一義的に明晰な意味』というドクトリンは矛盾を孕んだままとなる」。Vgl., Karl Engisch, Einführung in das juristische Denken, 6. Aufl., 1975, S. 218, Note 74a.

(18) Andreas Florens Rivinus（Präses）/ Franz Friedrich Bellmann（Resp.), De benigna Jurisconsultorum interpretatione, Wittenberg 1752, §V. ショットⅠ・一七七頁。

(19) これと、クリーヒバウムⅠ・七八頁がトマス・アクィナスについて言う「文法学や論理学に含まれている相応の規則」とがどのような関係に立つのか。なお検討を要する。

(20) Franciscus Mantica, Vaticanae Lucubrationes de tacitis et ambiguis conventionibus I, 1645, S. 37, Nr. 12.　ショットⅠ・一七八頁以下。

(21) Donellus, Commentaria de jure covili, lib. I, cap.13. III（Hugonis Donelli Opera omnia, Florenz 1840, Bd. I, Sp. 95). クリーヒバウムⅡ・五六頁。

(22) Joachim Rückert, Savignys Hermneutik——Kernstück einer Jurisprudenz ohne Pathologie, in: Jan Schröder (Hg.), Theorie der Interpretation vom Humanismus bis zur Romantik——Rechtswissenschaft, Philosophie, Theologie, 2001, SS. 287-327 (309). 耳野健二による苦心の訳として、ヨアヒム・リュッケルト「サヴィニーの解釈学——病理なき法律学の核心部」『比較法史研究⑫』（未来社、二〇〇四年）九七—一五一頁があるが、本文引用箇所の訳文（一二二頁）は、私と理解を異にする。リュッケルト論文を前提とする論考として、耳野健二「思想の再構成としての解釈——サヴィニーにおける解釈の概念」『比較法史研究⑬』（未来社、二〇〇五年）一七二—二三〇頁がある。

(23) Rückert, Idealismus, Jurisprudenz und Politik bei Friedrich Carl von Savigny, 1984, S. 351.
(24) Hans-Dietrich Dahnke, Gesundheit/Krankheit, in: Bernd Witte et al.（Hg.）, Goethe Handbuch, Bd. 4/1, 2004, SS. 383-386.

三 類推・継続的法形成と一義的明晰性ルール

1 第二節**4**で述べたように、ＩＣルールの採用が問題となる第二の本来的な局面は、どういう解釈規則によってであれ「①闡明」を終えた局面である。ここでＩＣルールを採用しないとすれば、それは、ショットＩによれば、つぎのことを意味する。

「拡張解釈と縮減解釈では、闡明の場合とは異なり、文言は明晰であるがその帰結が気に入らないものであるとか歓迎されないものであると想定されている。その結果、衡平によって（per aequitatem）言語による表現を拡張したり縮減したりして理解することが命じられることになる。それゆえ、闡明と対立して、拡張解釈と縮減解釈は許された衡平の現象形式なのである。」〔一八〇頁〕

第一節**3**でショットＩから引用したように、この局面でのＩＣルールの採用が「十七世紀と十八世紀に最高潮に達したのち、十九世紀に凋落する」(25)。しかしその採否の手法は、そう単純ではない。まずショットＩから、一五三三年のカロリーナ刑事裁判令一一一条「偽りの貨幣を造る者どもは……慣習により、また法の規定により、火をもって生から死へと罰せらるべし」(26)をめぐる論議を紹介しよう〔一八一頁以下〕。

カルプツォフ（一五九五―一六六六）(27)は、行為の重大さで刑を区別し、小額貨幣の偽造や偽造額が小さい場合には笞刑に処して所払いにすれば足りると解して、その根拠法文のひとつとして、「裁判所は些細な事件に煩わされない」と縮約されるD.4,1,4(28)を引用する〔Nr.54〕。これを批判して、シュトリューク（一六四〇―一七一〇）の指導にかかる一六九七年四月の学位授与討論はつぎのように述べる。

「上記の法律〔D.4,1,4〕がここで適用をみないことは、理解するに難くない。自分勝手な衡平にしたがって判断を下すことは、法学者には許されていない。なぜなら、学理による解釈は、法律の意味が明瞭である場合には行われないからである。むしろかれは、単純明瞭な解釈を用いなければならず、法律の指令にとどまらなければならない。それがどんなに過酷であろうとも。〈Verum cum cuilibet facile pateat, quod dicta lex huc non quadret; Jurisconsulto vero non liceat juxta aequitatem cerebrinam pronunciare, cum doctrinalis interpretatio cesset, quando mens legum est clara, sed ipse simplici interpretatione uti et legum dispositioni insistere debeat, licet aliquando durae videantur;〉」(29)。

この批判にも登場する「自分勝手な衡平 aequitas cerebrina」という概念は、同じくショットの考証によれば(30)、ファーバー（一五五七―一六二四）の一五八七年の作品を契機に流布したとされる。これは、「②拡張・縮減」を正当化しうる衡平とそうでない衡平とを区分する立場につながる。その一例がツィーグラー（一六二一―一六九〇）である(31)。ショットの要約によれば、「コンスタンティーヌス帝の二つの勅法の矛盾という古くからの問題を、ツィーグラーは、『内在的衡平 aequitas intrinseca』と『外在的衡平 aequitas extrinseca』とを区別することで解消する。前者で念頭におかれているのは、類推と法律の根拠（ratio legis）に基づく論証という普通の方法論上の手段を用いる法律解釈である。『内在的衡平』は、法律の枠内にとどまっており、それゆえに、判決作成活動の固有のメルクマールである。これに対して『外在的衡平』では、正義考量に基づいて、既存の規定が完全に廃棄されたり別の規定で置き換えられたりするので、結果的に、新しい一般的規律が成立する。この事例だけが、C.1,14,1により立法者の権限に留保される」。他方でツィーグラーは、前述の学位授与討論と同じく、ＩＣルールを採用している〔ショットⅠ・一八四頁〕。したがってツィーグラーは、「内在的衡平」による「②拡張・縮減」を解釈として承認する点では I C ルールを採用しないが、「外在的衡平」による「②拡張・縮減」を立法者に留保する点で I C ルールを採用するということになる。これは、一見すると、第二節**1**で示したサヴィニーによる区分に似ている。以下、この類似性について検討する。

2　前項で言及した「コンスタンティーヌス帝の二つの勅法」は、C.3,1,8「すべての点において、厳格法の理由よりも正義と衡平の理由の方が優れていると一般に考えられている。〈Placuit, in omnibus rebus praecipuam esse justitiae aequitatisque, quam stricti juris rationem.〉（三一四年。以下、第八法文）」と、C.1,14,1「朕だけに、衡平と法との間に生ずる解釈を顧慮することが課されており、かつ、許されている。〈Inter aequitatem jusque interpositam interpretationem nobis solis et oportet et licet inspicere.〉（三一六年。以下、第一法文）」である〔原文は『体系』第一巻二二八頁注(f)による〕。〈厳格法に反して衡平を持ち込む解釈が、第八法文では裁判官にも認められているのに対して、第一法文では皇帝にしか許されていない〉と読めば、両法文は矛盾していることになる。これに対してサヴィニーは、注(f)で、先人による矛盾の解消案を批判したうえで二つの案を提示する。これに私見を加えて敷衍すれば、つぎのようになる。

サヴィニーは、第八法文を、「両義的な法律にあって、一方の闡明（Erklärung）が厳格法に合致し、他方の〔闡明〕が衡平に合致しているときは、後者が優先すべきである。」と訳す。第二節**6**で述べた構図で言えば、「衡平に合致している闡明」が「健全な状態」であり、「厳格法に合致している闡明」が「病的な状態」ということになろう。これは、「思想」によって「表現」を訂正する場面であり、第八法文が訂正の必要性を一般的に指摘したかのように読むことになろう。そして第一法文を、そのような訂正は「およそ衡平を理由とするものであって（wegen der bloßen aequitas）、裁判官には許されるべきではない」としたと読む。このような関係づけによって、法文間の矛盾は「遠ざけられた entfernt」ことになる。しかしサヴィニーは、この案を採らない。すなわち、「〔第二〕法文は、解釈についてではなくて、法の継続的形成についてのものであると解すべきであり、そうすることで、第八法文との一切の矛盾が完全に消滅する。〔第一法文中の〕interpretatio という表現は、そう解するうえで障害とはならない」と述べて、第四七節の参照を指示する。そこでは、つぎのように言われている。

> 「〔第一法文は〕『解釈によって衡平に基づく何らかの命題が厳格法に反して新たに導入されるべき場合には、そのことは皇帝自身によってだけ行われてよい』というのである。明らかに、ここで話題になっているのは、純粋な解釈ではなくて、継続的形成、しかも、これまで妥当している厳格法の領域での衡平の侵略なのである。かつては正規には法務官の告示に発し、また非常に頻繁に法律家にも発したこの手続は、いまや皇帝に留保されるのである。」〔『体系』第一巻三〇〇頁〕

ふたつの解消案の違いはどこにあるのか。第一法文を「解釈」に位置づける案は、第八法文にいう「両義的な法律」における解釈権限をも法律家から奪って皇帝に委ねることに他ならない。この論理構造は、ツィーグラーよりも後退して、およそ衡平による「解釈」全般についてＩＣルールを採用したのと同じことになる。「このルールは十七世紀と十八世紀に最高潮に達した」というショットＩの指摘は、「国民は、立法権力を委譲した相手に、同時に解釈権能をも委譲した」という絶対主義的憲法理論[32]とＩＣルールとの親和性を十分に推測させる。

これに対してサヴィニーは、私見によれば、衡平の観念が第八法文と第一法文とで異なると解する。前者では、「法律の内容がそれにこそ依存しているような衡平」を指しており、厳格法による闡明とこの衡平による闡明とが成り立ちうる場合には、裁判官として、衡平による闡明を優先する解釈を選択すべきである〔『体系』第一巻二二八頁〕。後者では、前述のように、「これまで妥当している厳格法の領域での衡平の侵略」である。これは、既存の法を否定して「新しい法」を創ることであるから、その権能は立法者たる皇帝に留保される。このように両法文で衡平の観念が異なると理解すれば、両者は次元を異にする法文であるから、「一切の矛盾が完全に消滅する」のである。しかし、第一法文を法の継続的形成に関する法文と解するうえで、なぜ「interpretatio という表現は障害とはならない」のか。それは、「ローマ人は、……法の継続的形成を純粋な解釈から必ずしもつねに区別しているわけではない」〔『体系』第一巻二九四頁〕からである。

3　第二節**6**で述べたように、サヴィニーは、旧来の区分では「①闡明」に相当する局面で「❶拡大・縮小」を行う。そこで動員される解釈規則が、文法的・論理的・歴史的・体系的という四つの要素である。これらの解釈カノンによって表現から再構成（Rekonstruktion）された思想を基準にして、拡大解釈や縮小解釈がなされる〔『体系』第一巻二一三頁〕[33]。そうだとすれば、もはやそれ以上の解釈は不要である、としてICルールを導入しても構わないとも解されよう。にもかかわらず、サヴィニーがICルールを批判するのは、なぜか。

それは、結論から言えば、「❷類推」という手続を「解釈」として裁判官に留保するためである。この手続は、第二節**2**の「シェパード」の例で言えば、法テクストについてなんらかの解釈規則によって「①闡明」を終えた「読む人」が、事案の解決として判断を下す場合の、つまり「書く人」の役に回った場合の「解釈」＝「実践 Praxis」にほかならない。「①闡明」を終えた局面でICルールを採用すると、「思想」を間違って確認していた場合は格別、確認された「思想」を直接適用できない事案が出現した場合には、欠缺となり、つねに「作る人」に照会しなければならなくなる。これを不要とするためにツィーグラーは、「内在的衡平」による「②拡張・縮減」を解釈として承認し、ICルールを採用しなかった。その後の論者は、「普遍的標準法ないし自然法〈ein allgemeines

Normalrecht（Naturrecht）〉」による欠缺補充に向かう。しかしサヴィニーは、そのような法を斥けて、実定法に内在する有機的な形成力（eine organisch bildende Kraft）を類推による欠缺補充の基礎に据える〔『体系』第一巻二九〇頁、五二頁以下。メーダー『誤解』一五二頁以下〕。

他方サヴィニーによれば、第二節1で引用したように、「〔解釈の〕概念を〔間違って、不明瞭な法律の闡明に限定して〕理解すると、解釈のもっとも高貴で実りの多い利用が、われわれのもとから消えてしまう。そのような利用こそは、欠陥のない、それゆえに不明瞭ではない法文について、その内容と諸関連という豊かさの全体を明るみにだすことを目標としているのである。これこそが、とくにディゲスタではきわめて大きな重要性を有する手続なのである」〔『体系』第一巻三二九頁〕。これと同様のＩＣルール批判の第二の論拠は、すでに一八〇九年の『方法論講義』[34]にも見られる。

「解釈の間違った概念とは、『不明瞭な法律の闡明』ということ。―この概念では、解釈は単なる偶然的な事柄になる。申し分のない法律では解釈はまったく行われえないことになろう。実はその逆で、申し分のない法律にあってこそ、解釈はもっとも活躍しもっとも実り豊かなものであるのに。」〔初版一四五頁＝第二版二二二頁〕

「申し分のない法律 ein trefflliches Gesetz」とは、この時期のサヴィニーがディゲスタをも「法律」として扱っていたことによる表現であり、実質的には、ディゲスタを指す（断章Ⅱ第二節1）。サヴィニーによれば、ディゲスタの主要部分は、勅法集（Codex）に含まれる皇帝の勅裁（Rescripten）とともに、具体的な事案の解決として提示され、「その当時に存在していた法についての証言であり、そのかぎりで、その性格は学問的なものである」〔『体系』第一巻二五三頁、『方法論講義』初版一四四頁＝第二版二二〇頁〕。

私見によれば、サヴィニーによるＩＣルール批判の第二の論拠は、ディゲスタの豊かさを媒介とする類推による欠缺補充という構想と表裏一体の関係にある。その類推論の詳細は、原島『法的判断とは何か』〔二七八頁以下〕と断章Ⅱに譲り、以下では、類推におけるディゲスタの位置づけのみを取り上げる。

4　法の適用では、「この事案における法とは何か」という「法問題 Rechtsfrage」に決着をつける必要がある。法秩序は、サヴィニーによれば法制度の有機的なネットワークであるから、(35) 法制度がすでに存在している場合には、法問題の決着は既存の法制度を介して行われる。たとえば、「私が、その動物が亀であることを知らずに、スッポンと思って買った場合、どのように解すべきか」という法問題では、裁判官は、ディゲスタのなかで錯誤ないし性状錯誤という法制度に含まれている法命題（Rechtssätze）について、直接適用できるものを探す。しかしサヴィニーによれば、「異なった動物の種類が問題となっている」本件に直接適用できる法は、ユ帝法の法源に含まれていない〔『体系』第三巻二八三頁以下〕。この法問題については欠缺がある。そこで裁判官は、「この制度に属している諸々の法命題の内面的な類縁性にしたがって答える」ことになる〔『体系』第一巻二九一頁〕。このように、「所与のもの」から欠缺事案のための法命題を案出する作業が、サヴィニーのいう類推である。

ところで、「所与のもの」は、個々の特定の法律である可能性もあるが、「はるかに頻繁に、法理論の諸々の構成部分に含まれているであろう。それらの部分は、〔ユ帝法からの〕抽象という技芸的なやり方でそれ自体すでに成立している」〔『体系』第一巻二九二頁〕。この点を例解しよう。サヴィニーは、『体系』第三巻第一三七節で、「われわれの課題は、物の性状に関する錯誤が客体における錯誤〔＝本質的錯誤〕と同様の効果〔＝契約の無効〕をもたらす個々の事例を〔ユ帝法から〕探し出して、できうれば、それらを共通の規則（Regel）に還元することである」と述べて、ディゲスタの一連の法文を検討したうえで、つぎのように述べる。

「われわれがこれらすべての適用をまとめると、そこから以下の一般概念（allgemeiner Begriff）が形成される。物の性状に関する錯誤が本質的錯誤となるのは、誤って前提とされた性状のために、実際の取引において支配的な理解からすれば、その物が、それが実際に属しているのとは別の種類に編入されざるをえないであろうような場合である。……私は、いまや、この概念を、〔ユ帝法の〕法源では言及されていない若干の場合の判断のために適用してみたい。」〔二八三頁〕

このようにして、「異なった動物の種類が問題となっている」本件について、「亀であることを知らずに、スッポンと思って買った場合、買主の錯誤は本質的錯誤であり、契約は無効である」という法命題が案出されることになる。

5　ところで、管見のかぎり、従来の内外の研究で全く看過されている問題のひとつに、パンデクテン法学における Rechtsregel（法規則）・Rechtssatz（法命題）・Rechtsprinzip（法原理）の用語法という問題がある。それは、縮約して流布した Paul. D.50,17,1「法は規則から取り出されるのではなくて、既存の法から規則が作られる。〈Non ex regula jus sumatur, sed ex jure quod est, regula fiat.〉」[36]の理解とも絡んで、論者によって著しく異なる。たとえば、一方で商法学者テェール（一八〇七—一八八四）は、「法規則は決して適用することができない。それは〔D.50,17,1が警告しているように、jus という〕的を射ていることもあれば、そうでないこともある。したがって、法規則と法命題を同義で用いることを止めるべきである」と言うが、他方でイェーリンク（一八一八—一八九二）は、「法が現実において登場する通常の現象形態は、法規則という形態である。その一般性が高い場合には法原理という表現を用い、特殊性や限定性が高い場合には法命題という表現を用いるのがふつうである」と言う。[37]しかしD・ネルも指摘するように、イェーリンクのこの用語法はサヴィニーとは異なる。[38]

私見によれば、サヴィニーの用語法にほぼ忠実なのは、ドイツ民法典の編纂方針を定めた一八七四年六月九日の連邦参議院司法制度委員会による『報告書』である。その起草者は、一八四八年のドイツ一般手形条例の立案に参画したリーベ（Friedrich August Gottlob von Liebe, 1809-1885）である。(39)

「法それ自体は、個々の法命題から成り立っているのではない。そうではなくて、これらの個々の法命題が、実践（praktisch）の局面で存在している諸事情と結びつきながらも、諸々の法制度へと秩序だって結集しているのである。これらの〔法制度〕を鋭く把握して、個別〔事件〕のための諸規範がそこから導出されるような指導的原理（die leitenden Prinzipien）を与えることが、作業全体の技術的な部分の主要課題である。」

サヴィニーにおける法命題とは、端的にはディゲスタの事例法文や勅法集の勅裁を指し、いわば日本の最高裁民事判決に付された判決要旨に似た法規範である。かりにディゲスタに、「トラの仔であることを知らずに、ネコの仔と思って買った場合、買主の錯誤は本質的錯誤であり、契約は無効である。」という法命題が存在しても、そのような法文に限定された「闡明」の結論は、おおくの場合、その法命題の同語反復に終わり、「トラの仔」や「ネコの仔」という表現を「亀」とか「スッポン」に置き換えることはできない。したがって、この法命題を「亀／スッポン」の事案に適用することはできない。そこで、ディゲスタの多様な法文から性状錯誤という法制度を構成して、その一般概念ないし指導的原理を抽象化する。その場合には、個別的な解釈では抑制されていた「個々の法律の根拠に対する正しい洞察が非常に重要となるであろう」〔『体系』第一巻二九二頁〕。この抽象化の産物が法規則〔参照・『体系』第一巻一一頁〕であり、それに基づいて「亀／スッポン」の事案のための前述の法命題を案出する。

このようにユ帝法に含まれていない事案に対処するためには、ディゲスタの法文を、個別的に闡明するのみならず、それが属する法制度とそのネットワークのなかで解釈することが、決定的に重要である。したがって、サヴィニーの構想からすれば、闡明を終えた局面でICルールを採用することは、ディゲスタの豊かさを無視することになり、一般概念ないし指導的原理を形成する途を閉ざしてしまうことになる。

6　類推において案出された法命題は、一方では「所与のもの」に直接的な形で含まれていない点で、その拡大（Ausdehnung）ではなくて、その拡張（Erweiterung）である。断章Ⅱで述べるように、カント『純粋理性批判』〔第二版・一七八七年〕の序論Ⅳ「分析的判断と綜合的判断との区別について」の用語法によれば、Erweiterungとは主語と述語との非連続性を指す。しかし他方では、その法命題は、「所与のもの」の解釈による一般概念を経由して獲得された点で、「所与のもの」との連続性を担保されている。

これに対して「所与のもの」との一切の連続性をもたない法命題を案出した場合、もはやそれは全くの拡張であり、解釈の域を超えて、法の継続的形成となる。それを解釈に含めることを、サヴィニーは批判して、つぎのように述べている。

「最後に、われわれが、現代の状況のもとで現代の需要にとってなにが当をえているかを問うなら、各裁判官に〔❶「拡大・縮小」、❷類推という〕真の解釈を自由に行使させ、解釈と誤解されてきたにすぎないもの〔❸継続的法形成〕を原則として禁じることであるように思われる。しかしながら、個別事案では純粋な解釈と法の本来的な継続的形成との境界線がしばしば疑わしいことがありうるので、両方の権能が一体として行使され、それゆえに、その活動が境界線に関する疑念によって妨げられないような、なんらかの高位の権力が存在することが望ましい。」〔『体系』第一巻三三〇頁〕

サヴィニーがそのような権力として展望したものは、フランスの破毀院型なのか、プロイセンの法律委員会型なのか、それとも第三の機関か(40)。これを論じることは、本稿の範囲を超える。

(25) ヴォゲナウアー『法律解釈Ⅰ』によれば、注釈学派からパンデクテンの現代的慣用に至るまでの法律家が、ＩＣルールを建前としながらも、まさに「衡平」による「②拡張・縮減」を承認し、そうすることで市民法大全の諸規定をきわめて柔軟に取り扱っていたのに対して、十八世紀末いらい、この像に変化が生じて、大陸全土においてＩＣルールが第一順位の規則にまで高められる〔四七二―四七五頁〕。しかしこの構図は、事態の進行を単純化しすぎているように思われる。

(26) 〈Welche falsche Müntz machen ..., die sollen nach gewohnheyt, auch satzung der recht mit dem fewer vom leben zum todt gestrafft warden.〉参照・塙浩訳「カルル五世刑事裁判令」同『著作集４　フランス・ドイツ刑事法史』（信山社、一九九二年）一九二頁。

(27) Benedikt Carpzov, Practica Nova Saxonica rerum criminalium, Pars I, quaest. 42, Nr. 46ff., ND der Ausgabe Wittenberg, 1635. Ps. 2, 1996, S. 351.

(28) 〈Minima non curat praetor.〉vgl., Detlef Liebs, Lateinische Rechtsregeln und Rechtssprichwörter, 6. Aufl., 1998, M 47.

(29) Samuel Stryk（Präses）/Stephan Christoph Harpprecht（Respondent）, De temperatoribus juris monetandi, 1697, in: Samuel Stryk, Opera omnia VII, Frankfurt 1745, SS. 294-304（300）.

(30) Claudieter Schott, AEQUITAS CEREBRINA, in: Rechtshistorische Studien: Hans Thieme zum 70. Geb. zugeeignet von seinen Schülern, 1977, SS. 132-160. Antonius Faber, Coniecturae lib. XI, cap. IX, num. 2.

(31) Schott, supra note 30, S. 148ff. Casper Ziegler, De Juribus Majestatis, 1668.

(32) 詳細は「別稿」に譲るが、さしあたり、ショット「現代的慣用の方法試論」（前注(3)）七五五頁以下を参照。

(33) 石部雅亮「法律の解釈について―サヴィニーの解釈理論の理解のために」原島重義編『近代私法学の形成と現代法理論』（九州大学出版会、一九八八年）五七―一一七頁（一〇五頁以下）、原島重義『法的判断とは何か』（創文社、二〇〇二年）一七四頁以下。

(34) Savigny, Vorlesungen über juristische Methodologie 1802-1842, Aldo Mazzacane（Hg.）, 1. Aufl., 1993; 2. Aufl., 2004. 以下では、その訳文『方法論講義』として引用する。この箇所は、前掲注(22)のリュッケルト論文（原文三一九頁）でも引用されているが、一三四頁は、私と理解を異にする。なお、児玉寛「サヴィニーの《法制度論》」村上淳一編『法律家の歴史的素養』（東京大学出版会、二〇〇三年）二九―五六頁（五〇頁以下）も参照。

(35) サヴィニーの類推論は、その法制度論と不可分である。詳しくは「別稿」に譲り、さしあたり、前注掲記の拙稿を参照。

(36) Liebs, supra note 28, N 115.

(37) Heinrich Thöl, Einleitung in das deutsche Privatrecht, 1851, S. 142; Rudolf Jhering, Unsere Aufgabe, JJ Bd. 1 (1856), S. 8f. 大塚滋訳「我々の任務（上）」東海法学五号（一九九〇年）一五六頁。なお、『イェーリンク雑誌』のこの巻頭論文は、すでに一九七五年にGagnérが指摘したように、一八五六年に同誌の第一分冊として公刊され翌年に合本されたために、間違って一八五七年刊として引用されてきた。Vgl., Hans-Peter Haferkamp, Georg Friedrich Puchta und die »Begriffsjurisprudenz«, 2004, S. 40 Fn. 74.

(38) Dieter Nörr, Savignys philosophische Lehrjahre, 1994, S. 274 Fn. 74.

(39) Werner Schubert, Materialien zur Entstehungsgeschichte des BGB, 1978, S. 186 Fn. 1 und S. 195. Vgl., Horst Heinrich Jakobs, Wissenschaft und Gesetzgebung im bürgerlichen Recht nach der Rechtsquellenlehre des 19. Jahrhunderts, 1983, S. 127f.

(40) Matthias Miersch, Der sogenannte référé législatif. Eine Untersuchung zum Verhältnis Gesetzgeber, Gesetz und Richteramt seit dem 18. Jahrhundert, 2000; Matthias Albrecht, Die Methode der preußischen Richter in der Anwendung des preußischen Allgemeinen Landrechts von 1794, 2005.

河内宏・大久保憲章・采女博文・
児玉寛・川角由和・田中教雄 編
『市民法学の歴史的・思想的展開』
二〇〇六年八月 信山社 9

サヴィニーの法史学講義

赤 松 秀 岳

一　はじめに

本稿ではサヴィニーの法史学講義について検討したい。これはサヴィニーの遺稿中いまだ十分に研究されていない手稿の一つである。

法史学講義については、いくつかの資料がある。まずマールブルク大学のサヴィニー遺稿には、「法史学講義原稿一八〇一年から一八四一年」と題されたファイルが残されている[1]。これはサヴィニー自身による講義原稿である（以下たんに講義原稿と称することがある）。一八〇一年から一八四一年まで、つまりサヴィニーが二二歳から六二歳の時までなされ、サヴィニーにより修正と補充を繰り返されたこの講義原稿は、後に見るようにサヴィニーの思想形成の過程をたどるための格好の資料でもある[2]。

また法史学講義については、いくつかの学生による講義ノートが残されている。まず、ベルリン国立図書館に所蔵されているヤーコプ・グリムによるノートがある。「フーゴーによるローマ法史講義。一八〇三年五月九日から九月九日まで」がそれである（以下、一八〇三年グリムノート）[3]。さらに、ミュンヘン大学図書館には、「一八〇八／九年冬学期のランヅフートにおける法史学講義」が残されている[4]。これは作成者不明（Anonymus）のノートである（以下、一八〇八／九年匿名ノート）。このランヅフート大学での法史学講義は、後に『立法と法学に対する現代の使命について』（一八一四年）の執筆資料となった「政治。最近の諸立法」というファイルに収められているサヴィニー自身による講義プラン「告知済み　1）ローマ法の提要およびエンツィクロペディー、週五時間　2）フーゴーによるローマ法の歴史、週四時間」に対応するものと思われる[5]。以下本稿で参照するのは、以上の三つの資料である。

なお、そのほかでは、後述のように、ハンス・ティーメが〔第二次世界大戦前に〕資料として利用したフリードリッヒ・グルンヅ（Friedirch Grunds）による一八一四年の講義のノートがグライフスヴァルト大学法学部に所蔵されていたことが伝えられている。[6] しかし、旧東ドイツ時代に、グライフスヴァルト大学の図書館が解体されたため、今日では、このノートは所在不明とのことである。[7]

（1）UB Marburg Ms.925/33.

（2）講義原稿をみる限り、マールブルクとランヅフートでは独立の法史学講義として、一八一〇年以降、つまりベルリンでは、法学提要および法史学（あるいは法史学および法学提要）として講じられたようである。Vgl. Franz Joseph Hölzl *Friedrich Carl von Savignys Lehre von der Stellvertretung. Ein Blick in seine juristische Werkstatt* 2002, S. 92, Anm. 438.

（3）Staatsbibliothek Preußischer Kulturbesitz, Ms. Germ. qu. 964.

（4）UB München 4 Cod. ms. 891.

（5）Hidetake Akamatsu/Joachim Rückert（Hrsg.）*Politik und Neuere Legislationen. Materialien zum „Geist der Gesetzgebung"* IUS COMMUNE Sonderheft 135, Savignyana 5, 2000, S. 150（Bl. 96v).

（6）Hans Thieme *Savigny und das deutsche Recht* (=Vortrag im Jahr 1962) in : *Ideengeschichte und Rechtsgeschichte*, Bd. 2, 1986, S. 1088.

（7）グライフスヴァルト大学図書館からの赤松宛て二〇〇一年六月八日付けの手紙。Rückert *Idealismus, Jurisprudenz und Politik bei Friedrich Carl von Savigny*, 1984, S. 63f. では、所在は不確かとされていた。

二　法史学講義の全体像

ここでは、まず、講義の目的、講義の体系、および頻繁に書き換えられた講義の導入のための序論について、サヴィニーの法史学講義の全体像を概観しておきたい。

1　法史学講義の目的――法史と体系の一致

フーゴーを教科書としてなされたこの講義の目的は、果たして何であったのか。サヴィニー自身の講義原稿によれば、一八〇一年および一八〇三年の講義では、この点について、次のように記されている。

「法学の全体の観点から見た歴史。「過去の」歴史をまったく必要としない立法、なぜなら完全なる革命から産み出されたものであるから。例　―他の、その立法が新しいものである［にもかかわらず?］、―歴史が重要な立法、というのはその立法により規制される対象、つまり法制度の間接的な作用により。例　―ユスティニアヌスによるローマ法の全く別の関係。それ自体その形態としても歴史的である。ここでは法史と体系は一である、異なる側面から叙述されるものにすぎない、ここでは歴史は体系の分析にすぎない。」（六六葉表裏）

一方には、過去の法とは無縁にまったく新しい法を定立する革命の立法がある。その対極に過去から受け継がれてきた法制度を規制する立法があり、そこでは規制対象自体に引き寄せられて歴史的であるほかはない。これらに対して、立法の第三のあり方であるユ帝法では「法史と体系が一である」とされる。これに対応すると思われるのが、一八〇三年グリムノート一頁の次の部分である。

「すべての立法は、個々の事実である。これらの個々の事実は、歴史的全体のひとつの関連としてのみ把握されうる。ここから立法が考察されねばならないこと。われわれは、われわれの法の法源として過去の歴史におけるローマ法をみいだす。そしてまた、新しい法をその後の歴史に中にみいだす。これらは必然的に区別される。われわれは、古い法のみについて語る。ローマ法とはわれわれにとってユスティニアヌスの立法である。この立法は歴史的にのみ説明される。この立法は細部においては個々の事実として根拠付けることができる―しかし、ここで講義されるものは、歴史的全体からのみ説明されうる。ここから歴史的展開―そして、細部における

歴史的叙述。」（一頁）

「〔ユ帝の〕この立法は歴史的にのみ説明される」。つまり、ローマ法がサヴィニーの時代まで伝えられているのは、ユ帝法を通じてであるが、ユ帝法は、法典といっても、過去から断絶したところで、立法者が定め置く法ではなく、歴史的に形成されてきた法〔その主要部分では法学者の見解の形で〕の集成である。その意味で、ユ帝の法典においては、体系と歴史が一致する（「ここでは法史と体系は一である」）。後述のように、やがて直ぐに、サヴィニーは、近代法典の研究に取り組み、ユ帝法に認められるこのような歴史的性格は、実は、プロイセン・ラント法やフランス民法典など、一見すると新しい法を立法者が定立するかのように見える法典の属性でもあり、近代の法典編纂も法の生成の歴史と断絶することはできない。法典編纂とは、新しい法を定めるようにみえても、歴史的に形成されてきた法の集成、採録でしかありえない、という見解に至る。しかし、マールブルクでの講義原稿においては、なお、「過去の歴史をまったく必要としない立法」、「完全なる革命から産み出された」立法なるものがありうることが前提とされている点が興味深い（もっともそこで具体的にどのような立法が念頭に置かれていたかは、サヴィニーの講義原稿にも示されていないし、ヤーコプ・グリムの講義ノートからもうかがい知ることはできない）。

また、一八〇八／九年冬のランヅフートにおける講義では、ローマ法の状態を起源からユスティニアヌス帝までのさまざまな時代について叙述するものとされ、法史を勉強する意義について、次のように語られている。

「……ローマ法が最盛期にある時代について、われわれにとって資料が欠けており、ユスティニアヌスの集成は、ローマ法が衰退してしまった後の時代になってやっと成立したものである。

より重要なのは、今やユスティニアヌスの集成が、体系的な概観のためにわれわれにとって残されていることである、それはきわめて多くの貴重な古典期の法律学の残滓を含んでいる、その実際的な有用性は今日のわれわれにとっても継続している。

同様にユスティニアヌスの集成は、歴史的観点でも、つまり、われわれが、ある一定の時代においてそれがどのように発展してきたかについて、ローマ法を叙述しようと思うならば、重要である。」

「ローマ法の根本的な知識は、法史なしには、不可能である、そして法史自体が真の勉学のためには不可欠である。というのは、この法は今なお現行法律としての効力をわれわれにとってももっているからである。」（匿名ノート五葉表～六葉表）

以上を要するに、ローマ法がその形を通じて全体としてドイツに継受された、ユ帝法は、立法・法典といっても、過去の法の集大成であり、歴史的にのみ理解される。そして、ユ帝法が現行法である以上、法史なしには現行法を修得することもできない。このように、法史学講義といっても、歴史科学としての法史を講じるだけではなく、現行法のための法発見という実際的目的をも伴うものであった。

使いこなすのには法史の知識が必要な法典がユ帝法であり、しかもそれは現行法の法源でもある。これが法史と体系の一致の意味である。そして、かかる歴史的知見を身につけた法曹だけが、ユ帝法の中を自在に動き回り、現行法として最も適切な法を発見してくることができる。そのための基礎的素養を学ぶための講義がこの法史学講義であるということと思われる。

2　法史学講義における体系

それでは、法史と体系の一致を前提とする法史学講義では、どのように体系的な整理をして講義がなされているのであろうか。この点、サヴィニーは、基本的な考え方としては、フーゴーに依拠している。一八〇八／九年匿名ノートでは、法は体系として理解されねばならない。ある時期における体系として同時的に、そして継時的に語られねばならない、とされ、同時的な叙述についてフーゴーの大きな功績を指摘している（一一葉表）。

より具体的には、サヴィニーは、ローマ建国からユスティニアヌス帝までの時期を、さらに四つの時代に区分するとともに（継時的）、それぞれの時代区分の最後の時点における法を体系的に整理して論じている（同時的）。後述のように、それぞれの時代区分の中で法を整理する体系は、私法の部分について、いわゆる近代パンデクテン体系ではなく、家族法、財産法（物権法、債務法）という体系である点が目をひく。(8) たとえば、一八〇三年冬のグリムノートでは、第一期（八節―六八節）、第二期（六九節―一二二節）、第三期（一二三節―一五一節）、第四期（一五二節―一八二節）と時代区分がなされ（ここで八節―六八節などの指示は、教科書であるフーゴーを指すものである）、それぞれの時期が、さらに、基本的には、Ⅰ私法（家族法、物権法、債務法、〔相続法〕）、Ⅱ民事訴訟、Ⅲ刑法、Ⅳ刑事訴訟に細分されている。

一八〇八／九年匿名ノートでは、第一期　最も古い時代から一二表法まで、U. C. [Urbe Cordita] 一―五三三、第二期　一二表法からキケロまで、第三期　キケロからアレクサンダー・セヴェルス、第四期　アレクサンダー・セヴェルスからユスティアヌスと、時代区分がよりわかりやすく明記されている。ここでも、それぞれの時期の中で、私法、民事訴訟、刑法、刑事訴訟に区分され、さらに私法の部分が、基本的には常に、家族法（婚姻、父権、血族）、物権法、債務法に細分されている。

以上の体系は、フーゴーの教科書におけるものとは、異なっている。時代区分はフーゴーの叙述でも、やはり四期に分けられる。すなわち、第一期　最古の時代より一二表法まで、第二期　一二表法からローマ紀六五〇年まで、第三期　ローマ紀六五〇年からセヴェルス・アレクサンダーまで、第四期　セヴェルス・アレクサンダーからユスティニアヌスまで。しかしそれぞれの期が、フーゴーでは、私法（人について、物について、債務について）、公法（国法、公法上の個々に制度に関する学説）、に細分されている。(9) このように、サヴィニーとフーゴーの違いは、とくに各時期における法を叙述する体系において認められる。

まず、サヴィニーは、フーゴーとは異なり、国法を対象から排除し、市民法と刑法の叙述に限定している。この点、一八〇八／九年匿名ノートでは、その理由を次のように述べる。

「二二節について「体系の歴史」

すなわち、法学の概念に属するものは、立法によって与えられる。つまり私法と刑法である。これらは唯一の純粋に法的な原理である。というのは、発生的に見ると、本来の立法はこれらのみに属しているからである。国法（Staatsgesetz）は、本来的ではない表現である。憲法（Constitution）が前提とされ、それがはじめて立法権を与える。すべての立法は、裁判官の権限とその行使に関わる。しかし、民事および刑事裁判官は同一である。ローマ人もそう考えていた。国法はすべての市民が知らねばならないが、法曹は私法を知っていればよい。(10) 宗教法（jus sacrum）は国法に属する。戦争法も同じである。訴訟は私法の一部をなす。刑法と刑事訴訟も同じである。財政及び警察法は国法に属する。フーゴーの一体系は、したがってサヴィニーによれば、適切ではない。サヴィニーは、法史の講義にふさわしい対象だけを示す。1)民法と民事訴訟、2)刑法と刑事訴訟である。ティボーのパンデクテン体系第一部二四三頁および四四頁、第二版を参照せよ。(11) そこでは、別の体系が基礎に置かれている。」（一二葉表裏）

この点、サヴィニー自身の講義原稿では次の通りである。

「二一、内的法史、つまりそれぞれの時期の終わりにおける体系、「正しい見解　それぞれの時期の内容、法学、つまり民法と刑法、唯一の純粋に法的な原理（証明　1)立法権力への発生論的関係　2)適用する裁判官との実務的な関係……さらに、行為するもの（立法するもの）としての国家、〔二字削除〕さらに存在するものとしての国家（国法）、法学の一部ではない――最後に法源）」（七〇葉裏）

サヴィニーがフーゴーとは異なり国法を法学の対象から除外するのは、法学は立法権の行使によって定立された法規範のみを対象とする学問であるという前提にもとづく（「法学の概念に属するものは、立法によって与えられる」）。これに対して、法学にとって立法権・立法をする国家の存在は、所与のものではあるが、対象ではない（「存在するものとしての国家（国法）、法学の一部ではない」）。[12]

もっとも、サヴィニーの講義においても、私法上の地位に関連する限りでは、国法上の問題にも言及されている。たとえば、一八〇八／九年匿名ノートの八六葉以下（第二期　一二表法からキケロまでの冒頭部分）では、municipium, colonia などについて、詳細な叙述がある。ここでは、八六葉―九一葉でかなり詳細にサヴィニー自身による叙述がなされ、ようやく九一葉よりフーゴーの教科書に戻っている。[13] また、匿名ノートの第四期　アレクサンダー・セヴェルスからユスティニアヌスまで（一三七葉裏以下）では、「この期の終わりにおける国家に関する講義〔フーゴーはこの点では不十分〕」とされ、やはりサヴィニーによる叙述がなされている。

講義の体系をめぐって、ここでとくに注目したいのは、家族法、物権法、債務法という私法の分類である。[14] サヴィニーは、法史学講義に関する限り、私法についていわゆる近代パンデクテン体系ではなく、家族法、財産法（物権法、債務法）という体系を一八〇一年から一八四一年まで維持しているのである。そして、この点でも、教科書であるフーゴーとは異なっている。フーゴーは前述のように、私法を人、物、債務に分類していた。これらの問題について、一八〇八／九年匿名ノートでは、次のように筆記されている。

「サヴィニーの見解によれば、私法は人の法、物の法および「諸」債務の法に分類するのではなくて、家族法と財産法に分類すべきである。というのは、従来の分類で非難されるのは、人の法の表題の下で、三つの地位を予備的な理論（Präliminarlehre）として扱い、私法の主要な部分である家族の地位を、予備的な理論に収め込んでしまうからである、家族の地位をこの予備的な理論の主要部分として扱うにせよ。……家族と財産という主要分類は、最も自然で、あらゆる私法に固有のものである。1)というのは、家族共同体は、自然的関係から生ずるものであり、それと私法の立法は実定法を結びつけることができる。2)財産に関しては、それは物および債権「等」において存する。」（三四葉表裏）

要するに人の法、物の法、債務の法という分類では、家族が人の法の中に不自然な形で押し込められて扱われることになる。これに対して、「自然的関係から生ずる」家族に正当な位置を与えるために、サヴィニーは、フーゴーに従わず、家族法と財産法という体系を立てるのである。また、債務法と家族法および物権法の関係について、サヴィニーは次のように述べている。

「立法者が家族法と物権法のみを認めるとしたら、それぞれの家族は孤立させられており、個々の家族の間には何らの結合も存しない。他人の行為に対する権利がなければならない、それは、法律によって認められるものであり、それによって、一かの結合が拘束力をもつものとなる。それゆえ人の法とは、他人の特定の行為に対する特定の権利である。〔債権〕

それは家族法と類似性をもつ。夫と妻、父親と息子の関係は特定のものである。債務も同様である。

所有は、二人の人の間の関係ではなく、人と物との間の関係である。それゆえ、債務は家族法により近い。しかし、家族法は、普遍的で必然的なものを基礎にもっており、所有のように恣意的なものを基礎にもつのではない。かかる恣意的なものは、債務においても基礎に存する。そして、その限りで、債務は物権法に類似する。」（五七葉裏～五八葉表）

これによれば、家族と債務は、人と人の関係である点で類似性を持つが、家族は「普遍的で必然的なものを基礎にもって」いるのに対して、債務は恣意的〔＝人為的〕なものを基礎にもつ。この点で、債務はむしろ所有と類似する。要するに、サヴィニーの体系は、上のⅠではなくⅡのモデルにより近いといえる。

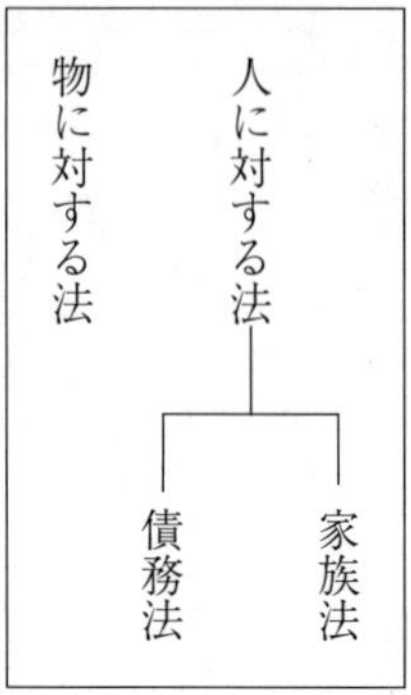

Ⅰ

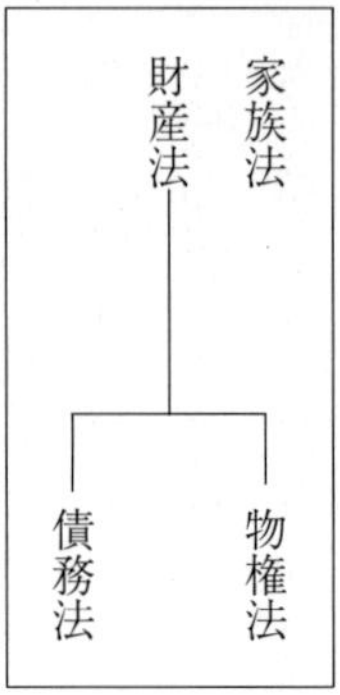

Ⅱ

一八〇三年グリムノートによれば、さらに相続法の位置について述べている部分がある。それによれば、家族法、所有、債務法という分類は「……ローマ法全体におけるものであるが、しかし、これだけではすべてを尽くしているわけではない、つまり個々の市民の死亡により彼の法律関係はどのように定められねばならないのか。これが相続法〔相続〕であり、私法の最後の章を形成する」とされている（二〇頁）。もっとも、相続法の位置は、必ずしも一定していない。それは、財産法（物権法）の一部として扱われる場合もある（たとえば、一八〇八／九年匿名ノート　第三期　キケロからアレキサンダー・セヴェルスまでの部分において）。

サヴィニーが近代パンデクテン体系で講義をするようになったのは、ランヅフート大学におけるパンデクテン講義からであるとされる。(15) これに対して、法史学講義はそれ以前のマールブルク大学時代から開始されている。法史学講義は、教育のための体系としての近代パンデクテン体系の有用性が認識される前に開始された講義であった。また、一八四一年に至るまで、最初の講義原稿に加筆訂正を繰り返しながら講義がなされていった。したがって、彼自身において、近代パンデクテン体系が確立する前の、家族法、財産法（物権法、債務法）が一八四一年まで維持されたとしても、それは最初の講義原稿とそのプランを踏襲せざるをえなかっただけであり、さほど重要な問題ではないといわれるかもしれない。しかし、家族法、財産法（物権法、債務法）という体系は、実は、『現代ローマ法体系』第一巻（一八四一年）でも登場する編別であり、(16)これと同じ形で、一八〇一年から一八四一年まで、私法の部分の講義がされていたというのは、サヴィニーの体系観を考えるに当たって、やはり無視できない重要性を有するように思われる。

3 序論と時事問題

サヴィニー自身の講義原稿によれば、法史学講義の序論（Einleitung）の部分を、サヴィニーが頻繁に書き換えていることが分かる。そして、その導入ではしばしば時事問題について、言及していたようである。

たとえば、一八一〇年には、まもなく公刊される「ニーブールの著作」について触れている（講義原稿六二葉表）。これは、一八一一年に公刊されたニーブールの『ローマ史』第一巻を指すものと思われる。ちなみに、ニーブールの『ローマ史』は一八一〇年から講義の形で公表されている。(17)また、一八一二年には、「われわれの時代の省察。―われわれの時代のような時代には、最も冷静な観察者でさえも、生起する事柄の偉大さに震撼させられずにはおらず、そのような時代は、学問の修得には妨げをもつ」とある（四二葉表）。おそらくはナポレオン戦争、とくにロシア戦役でのナポレオンの敗退の指すのか。さらに、一八二二年は、「われわれの時代の囚われのない観察者には、この時代の党派的性格が明らかである。党派的性格というのは、見解や意見の相違とは異なる。……」と記されている（一八葉表）。当時の政治的状況つまり、コッツェブー・ザント事件（一八一九年）、カールスバートの決議（一八一九年）、エルンスト・モーリッツ・アールントの追放（一八二〇年）など以降の政治的状況のことなのであろうか。

なお、後述のように、一八一四年の序論では、民族は有機的な存在である、法は言語に比較される、民族の信仰、法の神的な起源、民族の意識など『使命』のキーワードが認められる（三一葉表以下）。それゆえ、サヴィニーは、一八一四年の序論では時事的問題として、当時執筆中（あるいは間近に執筆予定）であった書物、すなわち『使命』に言及したものと考えられる。次に、章を改めて、『使命』の思想形成との関連を別の視点から検討してみたい。

（8） Dissertationではあるが、この点に注目するのが、Hölzl a. a. O., S. 94.

（9） Gustav Hugo *Lehrbuch der Geschichte des Römischen Rechts bis auf Jusinian*, 11. Aufl., 1832による。

（10） 一八〇八年／九年に語られたこの部分は、『使命』一二頁の「簡略化のためわれわれはこれから、法の普遍的な民族生活との関連を政治的要素、これに対して、分化された法の学問的要素をその技術的要素と呼ぶ」を想起させる。ランヅフートの講義と『使命』の思想についてはなお後述。

（11） A. F. J. Thibaut *System des Pandekten-Rechts*, 8. verbesserte Aufl., 1834は、第一編　総則、第二編　身分法、第三編　債務法、第四編　物権法、補遺　消滅時効。

（12） この考え方は、次のように述べたマールブルク法学方法論講義とも一致する。「法学の主要部分は二つだけである。私法学と刑法学である。いかなる場合も、しかし、国法（Staatsrecht）――国家機構（Konstitution）の体系的叙述――は、法学の概念には含まれない。というのは、国法は、国家を存在するものとして前提とするが、制定法学（Gesetzgebungswissenschaft）は、行為するものとしての国家を前提とするからである。」G. Wesenbegr（Hrsg.）*Savigny. Juristische Methodenlehre, nach der Ausarbeitung des Jakob Grimm*, 1951, S.13.

（13） なお、シュトルの書簡集では、サヴィニー自身がMunicipalについて執筆した論文があったことがうかがえるが、少なくとも刊行されず、また伝えられていない。以上の叙述は、これに関連するのか。フリードリッヒ・クロイツァー宛て一八〇六年一月一九日付けの手紙参照（A. Stoll *Der junge Savigny. Kinderjahre, Marburger und Landshuter Zeit Friedrich Karl von Savignys. Zugleich ein Beitrag zur Geschichte der Romantik*, 1927, S. 275/Nr. 124）。

（14）　したがって、ハイゼの近代パンデクテン体系は、サヴィニーにとってパンデクテン講義のための体系ということになる。Vgl. Hölzl a. a. O., S. 94.
（15）　O. Lenel（Hrsg.）, *Briefe Savignys an Georg Arnold Heise* in: SZRom 36（1915）S. 116.
（16）　*System des heutigen römischen Rechts* Bd.1, 1840, S. 345. この点については、赤松『十九世紀ドイツ私法学の実像』（成文堂、一九九五年）二七〇頁以下、耳野健二『サヴィニーの法思考　ドイツ近代法学における体系の概念』（未来社、一九九八年）三三四頁以下参照。
（17）　Vgl. Mathias Freiherr von Rosenberg *Friedrich Carl von Savigny*（*1779-1861*）*im Urteil seiner Zeit*, 2000, S. 46ff.

三　サヴィニーの思想形成と法史学講義

サヴィニーの思想形成ではこれまで哲学の影響がよく論じられてきた。サヴィニーにおける哲学の問題は、極めて重要かつ困難な問題であるが、法史学講義に限って言えば、その性格上、哲学との関連・哲学の影響をうかがわせるような個所はあまりない。たとえば、一八〇三年グリムノートの次のような一節は、哲学的認識論との関連があるのであろうか。

「資料とは、それらがわれわれにとって経験の直接的対象である限りにおいて、われわれにとっての法史の「一部の」認識根拠であるところの、事実である。—これらの資料は、法源とは区別されねばならない、法源は、法体系にとっての新しい規定を含むものである。両者の資料は、偶然にのみ同一のものでありうるにすぎない。法史の資料をわれわれは資料そのものとよぶ。」（二頁）

また、サヴィニーにおける客観的観念論（リュッケルト）との関連では、たとえば、一八一〇年の講義原稿（五七葉裏）の「「ローマ法」は同時に継続的な全体であり、常に運動し発展している—つまりかの立法の各部は体系の構成要素であるだけでなく、法史全体の歩みのモメントである」というくだりが気にはなる。ここで「全体」を想定するのは、客観的観念論の思考法である、「全体への衝動」(Ganzheitsdrang)の現れなのであろうか。また、一八一四年の講義の序論における次の個所も同様なのであろうか。[18]

「……ローマ法は国家の始まりから消滅まで不可分の全体であり、かかる全体としてのみ理解されうる―ローマ法大全は、法史の全体の帰結がもたらした一つの特殊な形態にすぎない。」(講義原稿三二葉裏)

ところで、法史学講義に見るサヴィニーの思想形成過程としては、次の点がより重要である。かつてティーメは、サヴィニーの学説史的影響の点でエポック・メイキングであったのは、『現代ローマ法体系』でも、根本問題で極めて保守的ないくつかの講義でも、マールブルク方法論講義でもなく、『使命』だけであるとした。そして、一八一四年夏学期の法史学講義を、時期的にはティボーの著作と、『使命』の間になされたものと位置づけて、「根本問題で極めて保守的な」講義の例として紹介している。[19] ティーメが参照したノートの書き出しは次のようなものであったとされている

そこでは、実定法が立法者の恣意に基づいて生み出されうるという第一の見解に対し、第二の見解があるとされ、

「それによれば、あらゆる民族は、個々の人間と同様に有機的な存在であり、より高い存在であるにすぎない……この第二の見解によれば……すべてのこの意味における慣習法、つまりある法は、個々人の恣意ではなく、内在する力を通じてかかる方法で生成する。……同様に、法曹の課題は、第一の見解によるよりも高いものであることも明らかである。第一の見解によれば、それは従属的で尊敬もされない義務である、〔その場合〕偶然だけがその学問を形成する。……法律を制定する権力に対する民法の関係も大体において、法曹と実定法の間に存す

る関係と同様である。法学はつまり、民族の中に実定法として存在するものを見つけ出し、白日の下にもたらし、確実なものとする。……これによりしかし、それが歴史的に生成した実定法に対する立法の関係であるということが言われているわけではない……人は民法が法律を制定する権力とは別個に、それらから発達してくることを明らかに知っている。法律を制定する権力の影響は、現実のものというよりも、見せかけのものであるにすぎない。」「法についての歴史的な感覚は、高次の意味で、法学の方法を形成する」[20]。

今日では所在不明の講義ノートの以上のような記述内容は、サヴィニー自身による講義原稿の一八一四年の次のような序論に対応しているものと思われる。

「民族は一人ひとりの人間と同じく有機的な存在である、ただ高次のものであるにすぎない「注　両者とも普遍的なものと特殊的なものの混合である」―その存在における個々の力、方向性、活動およびそれらの展開

言語―すべての歴史に先立つその生成、偶然に基づくものではない、ましてや人為にもとづくものでもない―その後の発展は、それは良くも悪くも意識的になされうるものであるが（比較的少なく！）

法（法を形成する作用）もまたまったく同様である―ここでもすべての歴史に先立って生成している、民族に―おいて、普遍的な婚姻、親子、土地所有権、取引きにかんする観念が成立している、ここで法および不法であるものは、「民族信仰にとっての」ほとんど普遍的な観念として必然的なものである―「普遍的な原則、体系などではなく」形態、直観的な象徴、ここでは立法者の恣意による成立は、間違いでもあり不可能でもある、言語の場合と同様に、「法の神的な根源、法への要求だけではなく」

文書で証される歴史への進化―静止のように（例）―しかしすべての変化はあらゆるかの生成と同じ法則にもとづく、それは民族の内的な必然性によってである―

??このことは、その根本原理については、容易に理解できる、しかしその膨大な細部の形成については?「ここでは民族の意識は不可能である」―ユスティニアヌス法からの例、たとえば個々の規則における相続法―解説―民族の発展において、法曹が初めて、法律学が初めは固有の営みとして、次に学問的な原理として成立する―今や固有の生命と発展をもつようになる、もはや民族の普遍的な生命における法のたんなる始まりとは違って（解説）

したがって、実定法の純粋の発展の二つの要素「民族の意識と法曹の意識」省察とIとの比較―慣習法つまり法の目に見えず作用する力による法の生成がここではすべてである「今や法学の素材から偶然的なものは消滅したように―」、―法曹

??立法者は「注　私法にとって」!通常の状態で法曹が現にある法を発展させつつ、見つけ出すものを、障害や破綻によって対抗しつつ確実なものとする、―しかし、もちろん、間違った道もありえる、それは恣意（もっともよく意図する場合であっても!）そしてそれにより法の真の破綻がもたらされる（言語との比較「とりわけ政治的目的および意図の個別的な影響（それ自体は非難されるべきではないが）―とくに不確実な側面を援助する）」かかる破綻はまれにのみ、表面通常は表面的にのみ（後述参照）―」（三一葉表〜三二葉表）

ここでは、「民族は一人ひとりの人間と同じく有機的な存在である……」に始まり、法と言語とのアナロジー、生成する法、民族信仰、法の神的な根源、民族の意識と法曹の意識、慣習法など『使命』の思想の重要なキーワードと礎石を看て取ることができる（前述のようにティーメは「根本問題で極めて保守的」と評するのであるが）。

のみならず、ここで特筆すべきは、この一八一四年の講義が開始された時期である。というのは、講義原稿を見る限り、サヴィニーは一八一四年は、五月二日から法史学講義を開始しているからである。ティボーの『ドイ

ツのための普通民法典の必要性について』が刊行されたのは、六月一九日であるから、[21] サヴィニーは、ティーメの理解とは異なり、ティボーのこの書物の刊行される前にこの講義を開始していることになる。それは、サヴィニーがティボーの書物の前から、『使命』の思想を形成していたことの証左の一つであるといってよい。[22]

以上のように、『使命』の思想が最も明確に姿を現しているのは、何と言っても一八一四年の講義原稿であるが、それ以前には『使命』の思想は認められないのか。あるいは、『使命』の思想は、法史学講義の序論をたどっていけば、何時から登場するのか。それは一八一〇年冬学期の講義からであると一応言うことができる。[23] そこでは、次のような一節がある。

「「通常の見解」正しい見解：あらゆる民族の立法は、あらゆる時期において必然的である、しかし、それは固有の生命によって決定されているだけではない、つまりそれぞれの民族の固有の歴史によってもである―固有の法は同時にそもそもの固有の性格―の過去の発展とともに生成するその法は、その民族自身の発展するのとともに成長する―

？つまり、立法のそれぞれの時点は、それぞれの民族の歴史と性格から説明される。例。

ある民族において固有の法が存在するように、法は民族の普遍的な生命の一部であるだけでなく、法はそれ自体固有の生命をもつ、法は独自に形成発展されるそして発展、かかる二重の歴史的発展が、その時々の法律を生み出す。この法の固有で独自の成長は、〔二字削除〕主として高度に発達した民族において認められる―独自の法曹の身分、法律学――（かかる「法律の生成に関する」見解の帰結「ほとんどすべての法は、現に慣習法であり、個々の立法者の見せかけの影響力はさほど大きくない―通常のそして上述した見解との比較」）」（講義原稿五九葉表裏）

ここでは、民族とともに生成発展する法や、慣習法と法学に担われた法曹法の対置などが述べられている。このように、一八一〇年に『使命』の思想が明確に立ち上がっているように思われる。実は、『使命』の思想の成立をめぐっては、一八一〇年というのは別の関連でも重要な年である。たとえば、「まず私は二つの大きな計画を持っています、それは互いに関連しあっていますが、その関連は、第三のより小さな、私にとって心で暖めている計画により目に見えるものとなります。……この第三の計画は、立法の精神を扱うもので、その形はまだ目に見えず、私の考えの中にのみ存しています[24]」とサヴィニーが述べたのは、一八一〇年四月一三日付けのバング宛ての手紙においてであった。「立法の精神を扱う著作」が『使命』のことであるのはつとに指摘されている。また、『使命』の執筆資料となる「政治。最近の諸立法」に含まれている文献リスト（「ノタンダ・リスト」）も、一八一〇年に作成された可能性が高い[25]。

また、一八一〇年の序論には「歴史学派」「新しい歴史学派」という言葉が登場する[26]。

「すべての立法は、法というものの不完全な表現にすぎない。法は民族というものの中で現に生きており行われている。われわれの立法にこの可能性がいかに不十分なものであるか。

三つの学問的営為「およびその三つの帰結」

体系、歴史、解釈

たとえば三つの異なった方法か、まったくそうではない、ひとつの方法の三つの要素にすぎない解釈学派、体系学派（あるいは実務学派）、歴史学派？それぞれの要素のうちのひとつが優位である限りにおいて、おそらく一面的に形成された、または、それらの権利が再び認められた（新しい歴史学派の例）」（五八葉表）

これも、一八一〇年九月八日付けのバング宛ての手紙「当地でわれわれは、一つの学派を作りたいと思うのです。この学派の反響はそれがわれわれから受ける以上のものをわれわれに返してくれるでしょう[27]」と関連しているのであろうか。

以上のように、一八一四年の法史学講義において色濃くみてとることのできる『使命』の思想は、一八一〇年まで遡ることができる。また、サヴィニーは、しばしば、序論において以前になされた序論の個所を指示しているのであるが、それらの指示関係を一覧表にまとめると左の表の通りである。

序論の年	指示されているそれ以前の個所
1829	1814, 1812
1825	1812, 1814, 1811
1824	1823, 1814
1823	1814
1822	1814
1818, 1819, 1820／21冬	1814, 1811
1817	1815, 1814, 1811
1814	1810, 1811
1812	1810, 1811
1811	1810
1810	—
1808	—
1801／1802冬、1803	—

以上の指示関係からも、サヴィニーの思想は一八一〇～一八一四年の時期に固まったことが窺われるのではないか。

しかしまた、それ以前の講義における、たとえば、民族と国民に関する次のような叙述もまた、『使命』の思想の誕生を予期しているように思われる。たとえば、一八〇八／九年匿名ノート　第一期　最も古い時代から、一二表法まで（一―五三三）では次のように述べられている。

「ある民族の青年期の歴史は、サヴィニーは語る、通常神秘的である、とくにその民族が宗教と自らの民族に対する尊敬とによって特徴付けられるならば。そして、それはローマ人においてそうであった。ここから、かの寓話（Fabeln）は著作者たちを非難できないことが導かれる。」（一五葉裏）

「著者〔Hugo〕は、この点を重視する。極めて早くまた容易に、全体性〔国民性〕が形成され、統一が形成された。より重要なのは、富者と貧者の違い、とくに身分の違いであった、これらはローマ民族の歴史においてとくに重視されねばならない。……こうしたローマ民族の起源は、立法に大きな影響を与えた。そして、このことは、法史において重要である。ドイツ人とはまったく異なる。ドイツ人については、その起源から極めて多くの支民族ごとに統合されていたのをわれわれは知っている。」（一六葉表裏）

サヴィニーにおけるエポック・メイキングな『使命』の思想の形成は、果たしてどこまで遡りうるのか。次章でもこの問題を別の角度から引き続き検討をしたい。

（18）　Rückert a. a. O., S. 98, 348ff., 374.

（19）　Thieme a. a. O.

（20）　Thieme a. a. O.

（21）　Johannis Hennig *“Vom Beruf unserer Zeit” und “Geschichte des Römischen Rechts im Mittelalter”, ihre Entstehung und ihr Verhältnis zueinander; mit einem unbekannten Brief Savignys an Zimmer*, in: SZGerm 56（1936）S. 397.

（22）　Hennig a. a. O. によれば、『中世ローマ法史』の前提としての体系的思考として。

（23）　Vgl. Akamatsu/Rückert S. 98.

(24) Stoll I, S. 415-6/Nr. 215.
(25) Akamatsu/Rückert S. 98.
(26) そのほかでは、一八二三年講義原稿「もう何年も前から、ゆ人はわれわれの法律学における歴史学派について、語ってきた。」（一六葉表）
(27) Lenel a. a. O., SZRom 36, S. 121. 世良晃志郎「サヴィニー」木村亀二編著『近代法思想史の人々』（日本評論社、一九六八年）四五頁の訳文による。

四　法史学講義と近代法典研究

歴史法学の思想形成との関連で重要なのは、近代法典批判の問題である。たとえば、一八〇八年／九年匿名ノートには、サヴィニーによるナポレオン法典の取り組みをめぐって、興味深い一節がある。サヴィニーとナポレオン法典は、以前に扱ったテーマであるが(28)、近代法典編纂と対決した『使命』の思想の成立との関連でも重要な問題である。ここで注目すべきは、匿名ノートの四〇葉表の次の一節である。

「ローマ人たちの見解によれば、婚姻は、〔自然的な衝動としてについては〕自然法に属し、〔あらゆる民族の習俗としてについては〕万民法に属し、ローマの市民法に基づく点については、市民法に属する。より新しい法律は、ローマ法をしばしば模倣しようとするが、その正しい見解を把握できていない。たとえば、ナポレオン法典は、二二九条および二三〇条で、妻の不貞と夫のそれとを区別して扱っている」

これは、サヴィニー自身の講義原稿の次の個所に対応する（八七葉裏～八八葉表）。「婚姻そのものは自然法であり、また万民法でもある、しまたそれは実定的要件および効果を含み、そのことによってこれらの変更を伴って、市民法でもある。「通常はローマ婚姻法について大きな誤解がある。その誤解に基づいて、フランス法では、離婚の際の夫の優位性というものが根拠付けられている。」―市民法と並んで、万民法上の婚姻というものがあるが、常にかの自然的関係から必然的に生ずるのではない、恣意的な制度を伴っている、たとえば、一夫多妻。」

サヴィニー自身の講義原稿に書き込まれた講義の回数によれば、この部分は一四回目ということになる。ランヅフートの講義は、一八〇八年一一月二八日に開始し、週四回講義がなされている。ということは、一四回目のこの個所は、一八〇八年の終わりか一八〇九年の初めになされたということになる。『使命』の執筆資料である「政治。最近の諸立法」では、フランス民法に関する抜き書きやメモの集成の部分である二七葉表および三七葉表で、フランス民法二二九条、二二三〇条に言及がなされている。要するに以上の関連は、一八〇八年一二月頃以前にサヴィニーがフランス民法典と取り組んでいたことを示している。(29) また、後に『使命』へと結実していった「政治。最近の諸立法」におけるフランス民法典研究が、やはりランヅフート時代のこの時期にはすでになされていたことを示している。(30)

前述のように、サヴィニーは、一八〇一／〇二年、一八〇三年の段階では、「過去の歴史をまったく必要としない立法」、「完全なる革命から産み出された」立法がありうることを認めていた。それに対して、一八〇八／九年のランヅフートでの講義では、ユ帝法以外の法典も過去から受け継がれた法に立脚する既存の法の採録であり、歴史と無縁ではあり得ないという見解が述べられている。たとえば、

「ローマ法の根本的な知識は、法史なしには不可能である。そして、法史そのものが、真の勉学のためには不可欠である、というのは、ローマ法がわれわれにとっては今日なお法律としての効力を有しているからである。のみならず、固有の立法においてさえも、われわれは法史なしですますことはできない。というのは、経験は

われわれにこのことを教えてくれるのであるが、新しい法が古い法から切り離されているかのように見えるのはしばしば単にみせかけだけにすぎない。このことを納得するためには、たとえば、プロイセン・ラント法をみればよい。そこにおいては、いかにたくさんのものが、古い法源に基づいているか。このことを明らかにするためには、ローマ法は、われわれにとって極めて重大な役割を果たしうるのである。したがって、法史においては、二重の関心が存する。1)一つは純粋に歴史的な一関心であり、ローマ法史の知識に関する。2)もう一つは、法学そのものに関連してである。」（一八〇八年／九年匿名ノート六葉表）

一八〇八年冬の講義原稿では次のように記されている。

「法史は、あらゆる法について重要である、それがそのようにみえないところでもそうである（たとえば、プロイセン法）、ここでは二重の意味で重要である、—というのは、ユスティニアヌス法はその形態によっても歴史的である。—例と説明—ユスティニアヌス法では、法史全体を完全に自分のものにしておくことが、あらゆる理解の前提条件である—最近の人々がそれを等閑視しているのは見逃すことができない。」（講義原稿六五葉表裏）

以上の個所においても、一八〇八年一一月二八日に開始された講義でプロイセン法に言及されている点に注目したい。これもまた、『使命』へ結実していく、サヴィニーの近代法典研究が既に始まっていたことを示している。

要するに、プロイセン・ラント法、フランス民法典の順でそれぞれの批判的検討がなされ[31]、その結果、法典編纂とは立法者が新しい法を定め置くのではなく、既存の法の集成でしかあり得ない、という思考が明確に立ち上がっていったのではないか。前述のように、本稿では、一八一四年の講義に認められる『使命』の思想形成は、とりあえず一八一〇年頃まで遡ると述べた。しかし、今、民族、法と言語とのアナロジー、慣習法、民族の代表としての法曹などのキーワードではなく、『使命』における思考の実質面を重視することとしよう。法典編纂により立法者が新しい法を定立するかのような外観が呈示されてもそれはまやかしで、法典編纂とは過去からの法の発展的形成の一断面に過ぎず、それ以前の法の歴史とは断絶できず、それは法典編纂の後も流れ続けていく。むしろ、立法者が新しい法を定立するというまやかしの外観は、法の歴史的研究を阻害することに結びつく危険性ゆえ、法典編纂には反対されねばならない。これが『使命』の思想の実質であるとすれば[32]、それは、以上見てきたように、一八〇八／九年冬の講義にまで遡るのである[33]。

別の関連では、このような思考は、すでに一八〇七年終わりまたは一八〇八年初めに執筆されたと推測されるザイデンシュティッカー書評に認められることが明らかにされている[34]。

なお、一八一一年の講義原稿（序論）にもプロイセン・ラント法、ナポレオン法典に言及する次のような一節があった。

「……われわれの法の生成は二〇〇〇年以上に及ぶ不断の連続の中で、そしてあらゆるゲルマンの諸民族とは、起源、言語および社会の構成において全く異なるある国民にまで辿ることができる。かかる時代の間において、一部はローマの、他の一部はゲルマンの諸制度から、われわれが現にある、生きる法として認識し行なわれる法が産み出されてきたのである。かかる生成の方法において、ヨーロッパの大部分の法律は互いに一致している。つまりわれわれがドイツの「ドイツ帝国の」普通法とよぶもの、プロイセン・ラント法、ナポレオン法典である。〔これらの法〕にみられる相違は、重要ではない変更にすぎない。」（四五葉裏）

また、同様に一八一二年の講義原稿（序論）でも次の通りである。

「新しいヨーロッパ全体における現にある実務的な法状態の成立は二つの要素に基づく

ローマ法
中世の法
この点で、ラント法、ナポレオン法典等の前後でほとんど現実的な違いはない
われわれの法史は、本来の法源へ歴史的に回帰することによって、またその前提として本来の法源そのものの根本的な知識そのものによってのみ、可能となる
この点で、ラント法、ナポレオン法―の前後でほとんど現実的な違いはない、今や、二重の注意と慎重さが必要である、というのは、これらの―法典によって、法の真の歴史的な源泉がしばしば覆い隠されるからである、一瞬のうちに直接に産み出された、一つの思考からにもとづき産出されたという見せかけの外観が生じている生じているからである。」（四一葉表裏）

一八一一年、一八一二年には、近代法典研究を経て到達したサヴィニーの法典編纂それ自体に対する姿勢がもはや動かしがたいものとして表明されているということか。

これに対して、サヴィニーは、ユ帝法の歴史的性格を見ないフランスの立法者を講義でも批判する。たとえば、ランヅフート講義一五一葉表では、「ナポレオン法典ではユスティニアヌス法より前の法は極めて僅かしか考慮されていない」と語られた。これは、『使命』三五頁の

「［フランス民法典の制定時の議論でのある］論者〔ビゴー・プレアムヌー〕は、ローマ法は古い法曹のもとでは無数の個々の判断および準則より成り立ち、その準則も、人々の生活を把握し切れていなかった。ユスティニアヌスの下で初めて、『ローマ法は混沌状態から脱した』、そして彼の作品である立法は、ナポレオン法典が登場するまで極めて完成されたものの一つとして認められていた、と主張する。」

という一節に対応するものと思われる。

『使命』の思想形成でやはり重要な意義を持つ、サヴィニーの近代法典研究が遅くともランヅフート時代には開始されていたことが、以上のように、法史学講義からも窺うことができるのである。そうだとすれば、『使命』の思想形成の実質的部分は、ランヅフート時代（一八〇八年九月二六日から一八一〇年五月二日）にまで遡らせうることが、法史学講義によっても証明されることを意味する。

（28）　赤松「サヴィニーとフランス民法典——実証化するサヴィニー研究」『石田喜久夫先生古稀記念　民法学の課題と展望』（成文堂、二〇〇〇年）一頁以下参照。

（29）　一八〇九年二月頃にサヴィニーがフランス民法典と取り組んでいたことを示す資料については、赤松・前掲注（28）五頁以下参照。

（30）　Akamatsu/Rückert S. 44 (Bl. 27r)「一、妻の不貞、二二九条、二、夫の不貞、夫が愛人を夫婦共同生活の中にまで持ち込んだ場合、二三〇条」。なお、A. a. O, S. 57 (Bl. 37v) でも二二九条と二三〇条。

（31）　Vgl. H.-H. Jakobs *Die Begründung der geschichtlichen Rechtswissenschaft* 1992, S. 334. もっとも、フランス民法典とは異なり、プロイセン法の研究が手稿としては今日未だ発見されておらず、この点、留保がなお必要である。Vgl. Rückert a. a. O., S. 139f.

（32）　Vgl. Jakobs a. a. O., S. 335. たとえば、『使命』二四頁は、「……後の時代において、法の取扱いのためにより良い条件が生ずるためには、昔の洞察に富んだ時代と多方面で接触することより望ましいものはない。しかし、今や法典が間に立ちはだかり、すべての方面からのこの接触を妨げ、困難にする」と述べている。

（33）　Akamatsu/Rückert S. LI.

（34）　Akamatsu/Rückert S. 127f. 赤松・前掲注（16）九六頁以下参照。

五　おわりに

サヴィニーは、一連の講義において、随所で教科書の著者であるフーゴーとは異なる見解を述べている。叙述の体系のついてのフーゴーからの離反については前述したが、内容的な点については、とくに、万民法の形成、法務官法上の所有権の形成などについても、サヴィニーはランヅフートにおける講義において、フーゴーと異なる見解を次のように述べている。

「すでに第一期には万民法について語られたに違いない。ローマの国境がのびるに従い、それはより普遍的なものになる。この期には、万民法と市民法は完全に独自のものとして形成されるのを認める。市民法は、市民掛法務官により、万民法は外人掛法務官により管轄された。」（一八〇八／九年匿名ノート九七葉表）

「プブリキアーナ訴権が行使されると法務官は審理し、おそらく衡平の観点に従い判断する権限をもち、審判人に方式書を付与した。……だからそれゆえその前には、法務官法上の所有権は成立し得なかった。所有物返還または準所有物返還訴権は、物的訴権だから。サヴィニーは、フーゴーとは異なり、この制度〔プブリキアーナ訴権〕は第一期には認められない、とする。」（一〇一葉裏）

「たとえば戦利品の上などに人的自然的所有が第二期には認められていた。フーゴーは、第一期にすでにそれが認められたとするが、サヴィニーはそれに反対する。プブリキアーナの告示・訴権（edictum publicianum, jus-actionis publicianae）による訴えが前提。（擬制された所有物返還訴権）法務官法上の所有権と自然的所有権はサヴィニーにとっては同じ。第一期には、サヴィニーによれば、ひとつの所有権（市民法上の所有権）「のみ」」（五六葉裏五七葉表）

「占有が市民法上のものであるには、権原（qualificata）が必要、―それゆえ法律上の権原（justus titulus）、信義は、フーゴーによれば、使用取得を可能ならしめた。しかしサヴィニーは、かかる詳細な規定がこの時期〔第一期〕にすでに通用していたことについては、懐疑的。自然的衡平を裁判官は個々の場合に考慮したであろうが、立法により導入された普遍的規定はまだなかった。」（五五葉表）

以上に関連して、ヘルツルの研究は、サヴィニーの代理理論の形成の背景として、市民法に対する万民法の形成を重視し、その関連で法史学講義にも注目している。ヘルツルによれば、サヴィニーにおける普遍的な代理理論の成立の背景には、ローマ法では、ローマ国民法の形式主義・儀式主義から普遍的な世界法へと発展する。そこでは衡平に裏付けられた普遍的な法理論が形成される、という認識があった(35)。これは、法史学講義の時代区分では、第一期から第二期に対応する。

ところで、『使命』二八頁以下においてサヴィニーがローマ法曹の普遍的な思考の卓越性について述べた次の個所は、これまで時としてサヴィニーの法学における「概念法学」の端緒といわれることがあった。

「上に述べたように、われわれの学問〔法学〕では、指導原理を自らにものにすることにその成否がかかっている、そして、それらを自らのものにしていたというまさにその点に、ローマの法曹の偉大さは基づくのである。彼らの学問の概念と定理（Sätze）は、彼らにとってもは恣意によってもたらされたものとしては現れなかった、それらは真の実体であり、その存在と系譜は、彼らにとって長い間なじみのものとなっていたやり方からもたらされたものであった。それゆえ、彼らのやり方全体は、外では数学以外には見出すことができないような確実性をもち、決して誇張ではなく言えば、彼らは概念でもって計算した。しかもこのような方法は、決して多かれ少なかれ偉大な学者のみの所有物ではなく、すべての者の共有財産であって、適用がうまくいったかどうかについては大きな違いがあったとしても、方法自体はあまねく同一であった。」

『使命』の有名な以上の一節も、しかし、ローマ法が、国民法の儀式的形式性から、普遍的な世界法へ発展していった、という法史学講義に認められる文脈で読むならば、普遍的な法原理を自らのものとして、個々の法的判断でまさに幾何学のような普遍性・確実性の域にまで達していたという意味であって、概念による計算・概念法学の端緒として解すべきではないのではないか。(36)

以上と同じ関連に位置づけることができるのが、サヴィニーの擬制論である。すでにマールブルク時代の一八〇三年グリムノートに次のようなメモが八五頁と八六頁の間にある。

「擬制とは、法務官による私法上の制度を市民法の別の類推による制度に結びつけることである。人は言う。何故、法務官はかかる制度に特別の名称を与えたのか、たとえば、遺産占有、プブリキアーナ訴権など。これらは不要ではなかったのか、「法務官は、相続法、所有権と言うことができたのではないか。」しかし、これらの名称は極めて重要である。

1）理論において

それらは、歴史的なものを示し、歴史的な批判の実行である

2）ここから二つの実際上の帰結が導かれる

a）同時に国法と結びついていた本来の私法上の制度に関しては、その名称から、それが私法に限定されたものにすぎないことを見てとることができる、なぜなら法務官はそれ以上を命じることはできなかったからである。（たとえば、自由であること（in libertate esse）など）

b）ローマの訴訟は、多くの儀式的な行為を導入した。法務官が訴訟に関して何かを命じる場合、それは単に

法的な強制についてのみ関連し、厳粛性には関連しない。人は名称からこの相違を認識することができる。古い市民法の方式は消滅した（たとえば、所有物返還訴訟とプブリキアーナ訴権、後者では法務官は占有を回復することができない）」

これは、一八一四年の『使命』三二頁以下の次のテクストに対応するといえないか。

「民法でもまた、ローマの普遍的性格、つまり、過去から受け継がれてきたものを維持しつつ、しかも、その過去から受け継がれてきたものが、新しい国民的に認められた見解にもはや合致しないならば、自らをそれにより束縛されないということが明らかである。それゆえ、古典期に至るまで、ローマ法の歴史は、あまねく漸進的でまったく有機的な発展を示している。新しい法的形態が生じる場合、それは古い現存する形態に直接結びつけられる、そして新しい形態には古い形態から確固とした形が与えられる。これこそが擬制の概念である。それはローマ法の発展にとって極めて重要であるとともに、その後の人々からは嘲笑され見逃された。たとえば、相続財産と遺産占有、所有物返還訴訟とプブリキアーナ訴権、直接訴権と準訴権（actio utilis）など。」

原島重義教授が類推論との関連で注目してこられたサヴィニーの『使命』における擬制論が[37]、このように二四歳のサヴィニーのマールブルク大学における講義まで遡るとすると、そこには、ほとんど生涯にわたる驚くべき思考の一貫性が認められる。前述のように、民族など『使命』のキーワードは、一八一〇年まで遡る。そして、法典編纂によっても過去からの断絶はあり得ないという思想は一八〇八年頃まで遡る。しかし、もしかすると、サヴィニーの歴史法学の思想形成はマールブルク時代にまで遡るのではないか。現にヤーコプスは、このように考える[38]。確かに、ユ帝法が歴史と体系が一致する立法であるという見解はすでにマールブルク時代の講義で表明されていた。しかし、私見では、マールブルク時代の講義では、「過去の歴史をまったく必要としない立法」がありりうることがなお前提とされていたことを重視したい。その後、サヴィニーは、プロイセン・ラント法、フランス民法典と取り組み、立法者が新しい法を定立したことを誇らしげに示したこれらの法典編纂でも、そもそも過去の法の歴史と断絶しえていないという見解に至ったのではないか。その意味では、マールブルク時代に対して、ランヅフートでの講義はやはり飛躍を意味するのではないか。

(35) Hölzl a. a. O., S. 94f. 赤松「実証的サヴィニー研究の裾野――最近のDissertationenから」金山直樹編『法における歴史と解釈』(法政大学出版局、二〇〇三年)一〇一頁以下参照。
(36) Rückert a. a. O., S. 374f.
(37) 原島重義『法的判断とは何か』(創文社、二〇〇二年)一三八頁以下。
(38) Vgl. Jakobs a. a. O., S. 276ff., 334. 赤松・前掲注(16)六九頁、七一頁、七五頁参照。

第二部　市民法学の諸問題

非営利法人の収益事業について

——ドイツ民法を参考に——

河内宏

河内宏・大久保憲章・采女博文・
児玉寛・川角由和・田中教雄 編
『市民法学の歴史的・思想的展開』
二〇〇六年八月 信山社10

はじめに

我が国では、法人は営利法人か非営利法人かで区別され、営利か非営利かは構成員に利益を分配するか否かで区別してきた。このため、公益法人などの非営利法人がその事業資金を得るために収益事業を営むことは、公益目的、非営利目的に反するものではないと解されている。収益事業で得た利益を構成員に分配すれば、営利法人になってしまい、公益性、非営利性に反することになるが、利益を法人の目的に使用する限り、収益事業は公益性、非営利性に反しない。ただ、営利法人では、収益事業を行う場合に、構成員の有限責任を認める見返りとして、資本充実・維持の原則が要求されているが、これに対して、例えば公益法人では、構成員の責任は有限責任と解されているにもかかわらず、収益事業を行う際に資本充実・維持の原則は要求されていない。このため、収益事業の場合に債権者保護を図る必要はないのか、という問題が生じる。この収益事業における債権者保護の問題は従来特に問題とされてこなかったが、中間法人法の制定の際に問題となった。

そこで本稿では、この点をまず中間法人法制との関連で明らかにしたい。次に、収益事業と債権者保護の関連について十分な認識がなかったために、我が国の権利能力なき社団論に重大な欠陥があったことを明らかにしたい。従来、権利能力なき社団の構成員の責任については、営利を目的とするか否かで区別する見解が有力であった。つまり、構成員が利益の分配を受ける社団では、構成員の有限責任は認め得ないが、構成員が利益の分配を受けない社団では構成員に有限責任を認めうるというのである。社団が収益事業を行っているか否かは構成員の責任を考える際に問題とされてこなかった。しかし、債権者保護という観点からいえば、それでよいのかという疑問が出てくる。さらに、債権者の保護ということを考えるならば、社団が収益事業を行うか否かで社団を区別し、収益事業を行う場合は、債権者保護のために資本充実・維持の原則を要求するという法制も考えられる。実は、ドイツでは、社団を経済事業（収益事業）を行うか否かで区別する法制をとっている。収益事業と債権者保護との関係を考える場合に参考になると思われるので、ドイツの法制度を検討したい。最後に、以上の検討を踏まえ、非営利法人の収益事業に関し、試論を述べることにしたい。

一　中間法人法制

我が国の法人法制は、平成一三年六月八日成立の中間法人法によって完成した、ということができる。従来は、同窓会、親睦団体等は、法人になる道が閉ざされていたのであるが、本法により、これらも法人になることが可能となった。本法は、中間法人法と称しているが、本法により公益団体も法人格を取得することは可能である。つまり、中間法人として法人格付与の対象となる団体は、「社員に共通する利益を図ることを目的とし、かつ、剰余金を社員に配分することを目的としない団体」（中間法人法二条一号）とされており、「社員に共通する利益」とは、経済的なものと評価しうる利益のみならず、社員相互の親睦を深めることなど、広く非経済的な利益を含むものであり、社員が共同して一定の活動を行うことにより精神的満足を得ることなどもこれに含まれるから、第三者の利益を図るものや広く社会の利益を図るものであっても差し支えないと解されており、公益団体も本法により法人になることは可能である。(1) 本法によれば、団体は、準則主義に基づき法人格を取得できるので（中間法人法六条）、民法の公益法人許可主義の下で法人格を取得できなかった公益団体も本法により簡単に法人格を取得できるようになった、と評価できる。しかし本法には問題がないわけではない。本法によれば、構成員に有限責任の認められる有限責任中間法人を設立するには、最低三〇〇万円の基金を用意しなければならないとされている（中間法人法一二条）。従来、同窓会、婦人会、ＰＴＡ、親睦団体などは、権利能力なき社団として存在していたのであるが、これらの団体が法人になるために最低三〇〇万の基金を用意しなければならない、という要請は存しない。例えば、同窓会、親睦団体と同様の中間団体である労働組合は労働組合法により法人になる道が開かれているが、労働組合が法人になるのに基金が必要とはされていない。このような規定がおかれたのは、中間法人法の規定で収益事業をする団体が法人格を取得する可能性があるからではないか、と思われる。我が国では、営利団体とは構成員に利益を分配する団体であると考えられているため、例えば、公益団体でも収益事業を行うことができ、利益を構成員に分配せず公益目的に使えば公益団体である、と考えられる。このため、主として収益事業を目的にしている団体が中間法人法の規定によって法人になる可能性がある。つまり、本来なら、株式会社、有限会社の規定に従うべき団体が、中間法人法の規定に従って法人になる可能性がある。もちろん、収益事業による利益を構成員に分配すれば、中間法人とはいえなくなるが、役員報酬などの名目で実質的には利益を構成員に分配することは可能である。このため、有限会社の場合の最低資本三〇〇万を中間法人でも基金として要求することで、主として収益事業を目的とする団体が有限会社ではなく中間法人として活動することを防ごうとしているのではないか、と思われる(2)。このように、収益事業を目的とする団体をいかに規制すべきかという観点から中間法人法が創られているため、本来目的とされたはずの、同窓会や親睦団体等についての規律として考えた場合、理解に苦しむような規定が多くなったのではないか、と思われる。

とはいえ、公益法人であれ中間法人であれ、収益事業による利益を構成員に分配しない限り収益事業を自由に行うことができる、という法制の下では、債権者保護のために中間法人法で三〇〇万の基金を要求することになったのは一理あるといわざるを得ない。従来、公益法人でも収益事業を行うことができると解されてきたのであるが、公益法人では、債権者保護のために、例えば基金を要求するということはなかった。しかし、民法上の公益法人の設立には許可主義がとられており、主務官庁は許可の条件として多額の基本財産を要求している。このため、民法上の公益法人では、債権者保護が事実上果たされている、といえる。しかし、中間法人は準則主義で法人格を取得できるため、中間法人が収益事業を営むことを考えると、法人の債権者保護を考えざるを得ないといえる。ただ、法人の債権者保護の問題は、中間法人の場合だけでなく、特定非営利活動法人（いわゆるＮＰＯ法人）の場合にも存在することを指摘しておきたい。特定非営利活動促進法二条によれば、「特定非営利活動」とは不特定かつ多数のものの利益の増進に寄与することを目的とするとされているので、本法により成立する法人は公益法人である。公益目的の団体は民法の法人として法人格を取得できるはずであるが、民法の公益法人は許可主義をとっており、許可の条件として多額の基本財産を要求しているため、公益を目的とする団体は容易に法人格を取得できない。そこで、本法は、認証主義を採用し財産についても特別な要求をすることなく、ボランティア団体等が容易に法人格を取得できるようにしたのである。ＮＰＯ法人では、財産に関して中間法人の場合のように、基金を要求するようなことはない。しかし、ＮＰＯ法人も収益事業を自由にできる。そうでありながら、構成員の責任は有限責任である。そうなると、ＮＰＯ法人では債権者保護が不十分なのではないか、という疑問が出てくる。要するに、非営利法人でも収益事業ができるという法制度の下では、中間法人法とＮＰＯ法とが不整合になっているといえる。

この不整合を解消するためには、ＮＰＯ法人にも中間法人の場合と同様最低三〇〇万の基金を要求すべきである、という方向が考えられる。そうなると、収益事業を予定していないＮＰＯの中には、基金を集めることができず、法人格を取得できないものも生じうる。その結果、ボランティア活動を促進するというＮＰＯ法の趣旨が阻害されるということにもなりかねない。非営利法人でも収益事業ができるという法制度の再検討が必要なのではないだろうか。

（1） 相澤哲・内野宗揮編『わかりやすい中間法人法』（有斐閣、二〇〇二年）五～六頁参照。

（2） 有限責任中間法人に基金が必要とされた理由については一般には次のように説明されている。「有限責任中間法人は、その設立について準則主義を採用しています。また、その社員は、法人の債権者に対して責任を負わず、法人の債務の引当になるのは、法人の財産のみです。このことからすれば、法人の債権者を保護するための措置として、法人に一定の財産的基礎を備えさせることが必要です。また、自らの債権者からの執行を免れたり、租税を回避するなどの手段として社団の実体がないのに形骸的に法人が設立されたり、法人格が濫用されることを防止する観点から、法人に一定の財産的基礎を備えることを要求することも合理的です。つまり、有限責任中間法人においては、債権者保護及び有限責任制度の濫用防止のために、法人に一定の財産的基礎を備えさせることが必要と考えられます。」（前掲書、二七頁）。この説明では、社員の責任が有限責任だから債権者保護が必要性であると述べられているだけで、収益事業との関連は明らかではない。わたしは、中間法人法は同窓会や親睦団体に法人格を与える法律といわれていたはずなのに、なぜ突然同窓会や親睦団体に必要とは思えない基金なるものが要求されることになったのか疑問に感じ、法務省の中間法人法の立法担当者にインタビューしたことがある。担当者の説明では、本文で述べたように、中間法人も収益活動が可能だということから債権者保護のために基金制度を設けたとのことであった。

二 権利能力なき社団と収益事業

すでに述べたように、従来、権利能力なき社団の構成員の責任については、営利を目的とするか否かで区別する見解が有力であった。つまり、構成員が利益の分配を受ける社団では、構成員の有限責任は認め得ないが、構成員が利益の分配を受けない社団では構成員に有限責任を認めうるというのである。社団が収益事業を行っているか否かは構成員の責任を考える際に問題とされてこなかった。しかし、債権者保護という観点からいえば、それでよいのかという疑問が出てくる。この点を、権利能力のない社団の構成員の責任は有限責任であるとした、最高裁判決（最判昭和四八年一〇月九日民集二七巻九号一一二九頁）を手がかりに考えてみたい。それは、次のような事例についての判断である。

［事実］　A協会は、Bを代表者とする集団給食の栄養管理の向上等を図ることを目的とする団体である。XらはA協会に対しラーメン等の売掛債権を取得したが、A協会は不渡り手形を出し、事業を継続することができなくなった。Xらは、A協会を民法上の組合であるとして、A協会の構成員の一部であるYら一七名に対し、右債務の支払いを請求した。一審では、A協会は権利能力なき社団であるとして、Xら敗訴。控訴審では、取引安全等の観点から考察すれば、構成員が主として当該社団から利益の配分を受けることを目的とするような場合は、構成員の責任を認める余地はあると思われるが、本件ではかかる事情は認められないとして、Xら敗訴。Xらが権利能力なき社団の構成員の責任が有限責任とされるのは不当だとして上告。

［判旨］「権利能力なき社団の代表者が社団の名においてした取引上の債務は、その社団の構成員全員に、一個の義務として総有的に帰属するとともに、社団の総有財産だけがその責任財産となり、構成員各自は、取引の相手方に対し、直接には個人的債務ないし責任を負わないと解するのが相当である。これを本件についてみると、訴外A協会が権利能力なき社団としての実体を有し、Yらはいずれもその構成員であること、協会の代表者である訴外Bが協会の名においてXらと取引をし、Xらが本訴で請求する債権は右取引上の債権であることは、原判決が適法に確定するところである。右事実のもとにおいて、Yらが、Xらの本訴各請求債権について、Xらに対し直接の義務を有するものでないことは、叙上の説示に照らし、明らかであるといわなければならない。」

この事例では、A協会が権利能力なき社団であるか組合であるかが問題となったが、Aは六三名の栄養士によって設立され、定款の定めにしたがって会長、理事、監事らの役員を選出して、活動していたことから、権利能力なき社団と認定された。最高裁は、権利能力のない社団の構成員の責任は有限責任である、と一般的に述べているので、原審のように、例えば構成員が主として当該社団から利益の配分を受けることを目的とするような場合は別である、とは考えていないように見える。しかし、構成員に利益分配のある団体は、権利能力なき社団ではなく組合であるとして、構成員に無限責任を認めるのが判例の傾向であることからすると[3]、原審の認定によれば、A協会では構成員への利益配分はないとされたことから、A協会は権利能力なき社団と認定され、構成員の責任は有限責任とされたのだ、と考えることもできるであろう。

学説では、この事案に関して、構成員に有限責任を認めることに批判的な見解は少数である[4]。しかし問題がないわけではないように思われる。まず、A協会はどのような性格の団体とみるべきであろうか。福地教授は、おそらく協同組合類似の性格をもつ社団とみるべきであろうとされ、社員の有限責任を肯定される[5]。私見では、A協会は集団給食の栄養管理の向上等を目的とする公益団体と考えてよいのではないかと思う。問題は、中松教授も指摘されているように（注4）参照）、この公益団体が栄養食品の販売等を行っており、問題となっている協会の債務もラーメン等の売掛債務である、ということにあると思われる。公益団体でも収益事業を行うことは可能であり、収益事業による利益を構成員に分配しないで公益事業のために使えば、団体は公益団体としての性格は失わない。原審は、A協会では構成員への利益分配はない、と認定しているようであるから、ラーメン等の販売による利益は構成員に分配しないで公益事業のために使かわれたのであろう。このように考えれば、構成員に有限責任を認めても問題はないようにも思われる。しかし、充分な財産もないのに収益事業を行い、失敗しても誰も個人責任を負わない、というのではあまりに債権者保護に欠けるのではないか、という疑問は残る。収益事業を行う以上、公益団体といえども事業規模に見合った財産をもっていることを要求されるのではあるまいか。収益事業と債権者保護という観点から見た場合、次の二つの下級審判決も参考になる。一つは、東京地裁昭和三三年八月一四日判決（判時一六一号二〇頁）である。

［事実］ A協会（青少年文化福祉協会）はY_1等によって精神薄弱児の補導を目的として設立されたものであって昭和三二年一月一〇日頃設立発起人会が開催されてY_1、Y_2外五名が理事になりその会長に理事の互選でY_1がなりY_2は常任理事となり協会の運営にあたっていた。Y_2は協会の常任理事として協会の事業資金を獲得するために手帳の販売を企図し、X（東京手帳製造株式会社）と手帳の売買契約を締結したが、代金を支払わなかったので、Xが売買契約を解除し、Y_1、Y_2に損害賠償を求めた。Xは、協会の事業はY_1、Y_2の共同事業であるとしてY_1、Y_2に損害賠償を求めたのに対し、Y_1、Y_2は、協会は権利能力なき社団であるからY_1、Y_2は個人責任を負わない、と主張して争ったのではないかと、思われる。

［判旨］「Xは A協会はY_1、Y_2両名の共同事業であると主張するけれどもこれを認める証拠はなく……A協会はY_1等によって精神薄弱児の補導を目的として設立されたものであって昭和三二年一月一〇日頃設立発起人会が開催されてY_1、Y_2外五名が理事になりその会長に理事の互選でY_1がなりY_2は常任理事となり協会の運営にあたっていたことが認められるからA協会の事業はY_1、Y_2両名の個人的共同利益のための共同事業でないものと謂うべきである。Y_1、Y_2はA協会は人格のない社団であると抗争するけれど人格のない社団というためには、団体としての組織を備え、代表の方法、総会の運営、財産の管理等社団としての重要な事項について規定をなしこれに従って社会通念上の取引主体として活動する人的集合体であって相当強固な経済的基礎を有することを必要とするものと解するを相当とすべきところY_1、Y_2はこの点について何等の主張も立証もないからA協会を人格のない

社団と認めるわけにはいかない。ところで……Y_2は協会の常任理事として協会の事業資金を獲得するために手帳の販売を企図し、Xと本件契約を結んだこと。Y_1はA協会の会長としてY_2の発案を承認し……たことが認められる。……そうすると人格のない社団としてのA協会が認められないこと前叙認定の通りであるからY_1 Y_2はいずれも代表又は代理すべき社団が存在しないのに拘わらずその代表者又は代理人の資格でXとの間に本件契約をしたものであって、この関係は無権代理の場合と類似するところであり、……民法第一一七条一項の規定を類推適用してXはY_1 Y_2に対しそれぞれ損害賠償を求めうるものと謂わなければならない。」

A協会はいかなるものと理解すべきであろうか。A協会は、精神薄弱児の補導を目的として設立された団体というのであるから、公益を目的とする団体、といってよいであろう。公益団体では利益の分配も持分の払戻もないので、構成員の責任は有限責任と解することも可能であろう。ただ、本件での問題は、この公益団体が事業資金を獲得するために収益事業を行っていることにある、と思われる。最高裁判決の事例でも検討したように、A協会は、収益事業を行うのであるから、純粋に公益事業のみを行う場合に比べて、判旨もいうように「相当強固な経済的基礎を有することを必要とする」であろう。十分な経済的基礎がないというのに売買契約を行い、売買代金を支払うことができず、相手方に損害を与えた場合に誰も個人責任を負わないというのではあまりに債権者保護に欠けることになるので、裁判所は、本件では社団の存在を否定し代表者の責任を認めたのではあるまいか。

もう一つは、東京地裁昭和二七年九月八日判決（下民集三巻九号一二〇一頁）である。

［事実］　A協会は、山梨県衛生組合連合会が連合軍最高司令官の覚書該当団体として解散した後、この残務整理を兼ねて、山梨県下の保健衛生の指導等を目的として、設立され、Y_1が会長に就任し、Y_2が専務理事（又は常務理事）となった。X会社は、Y_2の承認を得てA協会と薬品の売買契約を締結したが、代金が支払われなかっ

た。Ｘは、薬品の売買はY_1Y_2の共同事業であるとしてY_1Y_2の代金の支払いを求めた。Y_1は本件取引は協会の目的外の行為であるから、協会とY_1は責任を負わないと主張した。Y_2の主張は明らかでないが、協会は権利能力なき社団であるから、Y_2は責任を負わないと主張したのではないか、と思われる。

［判旨］「Y_1Y_2は、右協会は、人格なき社団であると主張するが、人格なき社団であるというためには、目的、名称、事務所、資産、役員等に関する定めをなし、これに従って、社会通念上一の経済取引の主体としての活動をする人的集合体にして、相当強固な経済的基礎を有していることを必要とするものと解するのを相当とするところ、その組織が如何なるものであって、如何なる財政的基礎を有し、具体的に如何なる運営、活動をしていたかについては何等の立証がないから、右協会が人格なき社団であったことは到底認めることができない。尤も……右協会が、何らかの団体であったことは認められるけれどもこれのみを以て、右協会が人格なき社団であったことを認めるだけの証拠となすには足らない。……しかしてY_2が主観的には、右協会の専務理事として右協会のためにする意思を持って行動したことは、……認められるところであって、……本件……売買行為がＸ主張のようにY_1Y_2の共同事務の遂行としてなされたものと認める余地はない……又本件……取引が右協会の会長としてのY_1に対する信用を基礎としてなされたものでないことも前認定の本件売買契約締結までの経過により明らかである……一方Y_2の立場について考えてみるに、……Y_2は代表又は代理すべき社団が存在しないに拘わらず、その代表者又は代理人としての資格においてＸとの間に本件取引をしたものであり、この関係は恰も無権代理の場合に類似するものがあり、……民法第一一七条第一項の規定を類推して売主たるＸは、Y_2に対し右売買契約による履行又は損害賠償の選択権を有するものと解するのを相当とするところ、Ｘは……売買契約の履行として、その代金……を求めるものであるから、……これを認容すべきである。」

本件のA協会は、山梨県下の保健衛生の指導等を目的とする団体というのであるから、その性格は公益団体と見てよいであろう。ここでも、問題は、公益団体が薬の売買という収益事業をしている、ということにある。A協会は、収益事業を行っているのであるから、「相当強固な経済的基礎を有していることを必要とする」。そのような経済的基礎を有しないのに、売買契約を行い、代金を支払うことができないで、相手方に損害を与えた場合は、協会のために取引を行った者が個人責任を負うべきだというのが判決の趣旨であろう。

東京地裁昭和三三年判決では「人格のない社団というためには、団体としての組織を備え、代表の方法、総会の運営、財産の管理等社団としての重要な事項について規定をなしこれに従って社会通念上の取引主体として活動する人的集合体であって相当強固な経済的基礎を有することを必要とするものと解するを相当とすべき」とされ、東京地裁昭和二七年判決では「人格なき社団であるというためには、目的、名称、事務所、資産、役員等に関する定めをなし、これに従って、社会通念上一の経済取引の主体としての活動をする人的集合体にして、相当強固な経済的基礎を有していることを必要とするものと解するのを相当とする」とされ、いずれでも、「人格のない社団というためには、……相当強固な経済的基礎を有することを必要とするもの」であることが強調されているが、その趣旨を如何に理解すべきであろうか。判例では、一般には「権利能力なき社団といいうるためには、団体としての組織をそなえ、そこには多数決の原則が行われ、構成員の変更にもかかわらず団体そのものが存続し、しかしてその組織によって代表の方法、総会の運営、財産の管理その他団体としての主要な点が確定しているものでなければならない」（最判昭和三九年一〇月一五日民集一八巻八号一六七一頁）とされるだけで、権利能力なき社団であるためには、相当強固な経済的基礎を有することを必要とする、とはされていない。なぜ、東京地裁昭和三三年判決、東京地裁昭和二七年判決では、権利能力なき社団の成立要件として「相当強固な経済的基礎を有していること」が挙げられているのであろうか。この点については、次のように解することができよう。いずれの事例でも、権利能力のない公益社団が収益事業をしている。収益事業をしても、公益社団の構成員の責任は、有限責任と解されている。しかし、財産のほとんどない、公益社団が収益事業を行い、うまくいかなかった場合に公益社団であるから、構成員の責任は有限責任である、と主張することは不合理である、と考えられたのではあるまいか。いずれにせよ、公益団体、非営利団体においても収益事業を行う以上、団体の財産に関し何らかの規制が必要である、ということを示唆しているといえるのではあるまいか。

(3) 河内宏『権利能力なき社団・財団の判例総合解説』(信山社、二〇〇四年)一五頁以下参照。
(4) 中松教授は、A協会が、公益目的を掲げると同時に販売事業を行い、何らかの利益をあげることを意図していたとすれば、他面においてその財産の充実維持について明確な対策をなしていない限り、すくなくともそのような取引活動に関する法律関係については、取引の相手方に対し、原則として構成員が自己の財産により責任を負うものと解することが、A協会の存続及び目的追求にとって適当であるように思われる、と述べておられる(中松纓子・判批・法学論叢九六巻二号(一九七四年)九三頁)。
(5) 福地俊雄・判批・民商法雑誌七一巻四号(一九七五年)六六五〜六六六頁。

三 ドイツの法人法制

これまで、公益団体、非営利団体が収益事業を行うことができるのであれば、債権者保護のために団体財産に関し何らかの規制が必要なのではないか、ということを述べてきた。しかし、中間法人法制の場合のように、基金を要求するという形式で債権者保護を考えるということになると、中間法人法がその適用を予定した、同窓会・親睦団体が法人格を取得しにくくなること、また、NPO法人に基金を要求すれば、ボランティア活動の促進が阻害される可能性がある旨も述べた。法人の債権者保護と法人の活動促進とが両立できないというジレンマがあるように見える。このジレンマを解消する方向としては、法人を収益事業を行うか否かで区別する法制も考えられる。つまり、収益事業を行う法人は、株式会社や有限会社として設立させ、債権者保護のために資本充実・維持の原則を要求し、収益事業を行わない法人は、法人財産に関し何らの規制も加えることなく、法人としての設立を認めるというやり方である。ドイツの法人法制は基本的にはこのようなやり方をとっている、といえる。

ドイツでは、社団法人は経済事業（収益事業）を行う経済的社団（Die wirtschaftlichen Vereine）と経済事業（収益事業）を行わない非経済的社団（Die nichtwirtschaftlichen Vereine）に分かれる。経済的社団は経済事業を行うということを基準にしているため、例えば我が国では中間法人とされている協同組合も経済的社団とされている。非経済的社団には、公益団体だけでなく、我が国の中間法人法でその適用が予定されている同窓会、親睦団体なども含まれる。非経済的社団は、民法の規定により準則主義に基づき簡単に法人格を取得できる（ドイツ民法二一条）。その場合、社団の財産に関しては特別な要請はないし、我が国と異なり、資産に関する事項は登記事項ともされていない（ドイツ民法六四条参照）。これに対し、経済的社団は、民法の規定によれば、許可主義に基づき法人格を取得することになっている（ドイツ民法二二条）。民法上は経済的社団は法人格の取得が困難にされているが、経済的社団は有限会社法、株式会社法に従えば、準則主義に基づき容易に法人格を取得できる。許可主義により法人格の取得を困難にすることで、経済的社団は、債権者保護のための資本充実・維持の原則の妥当する、有限会社、株式会社として設立するよう誘導されているのである。

これまでの説明を前提とする限り、ドイツでは経済事業を行うか否かで社団は分類され、債権者保護と法人の活動の促進とが両立しているように見える。しかし、事柄はそれほど簡単ではない。実は、非経済的社団でも、社団の目的遂行のために必要な経済事業を副次的に行うことは許されているのである。この副次的に行いうる経済事業に関しては、大きくいえば二つの相対立する立場があるように見える。(6) 一つは、非経済的社団では、ごく小規模な経済事業のみが例外的に許され、それ以上の経済事業を行う必要がある場合は、非経済的社団が有限会社や株式会社を設立して、そこで経済事業を行うべきだという立場である。非経済的社団では債権者保護のための財産上の規制が何らなされていないのだから、経済事業を行う場合は、原則として、債権者保護のための資本充実・維持の原則の妥当する、有限会社、株式会社を設立してこれを行うべきだ、ということだと思われる。もう一つは、経済事業の規模を問題にする必要はないという立場である。非経済的社団の中には多額の財産をもっているものもある。このような社団が経済事業を行う場合、有限会社、株式会社を設立してこれを行うべきだと主張することは、法人の債権者保護に逆行するとの考えである。この場合、非経済的社団は多額の財産をもっているのに、債権者は非経済的社団が有限会社、株式会社に出資した財産のみを責任財産として当てにできるに過ぎないことになってしまい、債権者保護という点で逆効果というわけである。そして、後者の考えに賛成するものが少なくないようである。また、社団の目的遂行のために必要な経済事業の範囲についても議論がある。(7) 社団のために資金を調達するための経済事業も許されるという見解とそれに反対する見解がある。このような経済事業は社団の目的とは直接関係がないので、経済事業は例外的に許されるという立場はこれに反対するのであるが、許されるという見解もあり、意見の一致がない。要するに、ドイツにおいては、非経済的社団が行いうる経済事業の規模に関しても範囲に関しても論争があり、その論争が決着しているとは思えない。

（6） Vgl. Muench Komm-Reuter, 3. Aufl. S.366f.
（7） Vgl. Muench Komm-Reuter, 3. Aufl. S.366f. Soergl-Hadding, 12. Aufl. S.205f.

四　非営利法人と収益事業に関する試論

当初は、収益事業に関し債権者保護と法人の活動の促進とを両立させる法人法制のモデルとして、ドイツの法人法制を考えてみた。つまり、ドイツにならって、法人を経済事業を行わないものと行うものとに分け、非経済的団体は、団体財産に対して何らの要求もすることなく、準則主義に基づき法人格の取得を認め、経済的団体は、有限会社、株式会社としての設立を認めるという法人法制である。そして、非経済社団法人が、経済事業を行う場合は、債権者保護のために非経済的社団法人は有限会社、株式会社を設立して、これを行わなければならないとしてはどうか、と考えた。しかし、このような見解をとれば、例えば我が国の公益法人が収益事業を行うときは、公益法人は有限会社、株式会社を設立してこれを行うべきであるということになる。しかし、多額の財産をもつ公益法人の場合、ドイツでも批判があったように、このようなやり方が本当に債権者保護になるのかという疑問が出されるであろう。ドイツの法人法制をモデルにすることに疑問があるとすれば、我が国の従来の法人法制を前提に、収益事業に関して債権者保護と法人の活動の促進とを両立させる方法を考えざるを得ない。

法人法制としては、営利法人と非営利法人とに二分する法制を維持し、非営利法人と収益事業の関係について考えるとしたら、中間法人法の法制をとるか特定非営利活動促進法（ＮＰＯ法）の法制をとるかのいずれかではないか、と思われる。中間法人法は、非営利法人が収益事業を行いうるので債権者保護のために基金を要求するという法制である。これに対して、ＮＰＯ法の方は、法人の財産に関し何も要求していない。つまり、法律上は債権者保護が考えられていない。収益事業と債権者保護という観点からだけ見れば、中間法人法制の方が優れているように見える。しかし、すでに何度も述べたように、同窓会や親睦団体に法人格取得を促し、ボランティア活動を促進するという観点からは、ＮＰＯ法制の方が優れているように見える。ところで、ここでよく考えなければならないことは、非営利団体は収益活動を行うことができるというだけで、収益活動などはまったく考えていない非営利団体も数多くある、ということである。非営利団体も収益活動をする可能性があるというだけで、法人格取得の際に基金といったハードルを設ける必要があるのかは疑問である。非営利法人に関しては、財産に関して何も要求することなく、準則主義に基づき法人格取得を認め、収益事業に関する債権者保護の問題は、基金を要求するのではなく、例えば、法人格否認の法理の活用によって解決すべきではないか、と考える。非営利団体の収益事業の場合に債権者保護が問題になるのは、権利能力なき社団に関する判例のところでも述べたように、ほとんど財産をもたない団体が収益事業を行うといった場合であろう。非営利法人がこのようなことを行った場合には、社員が事業規模に比べてわずかな資産しか提供していないことを理由に法人格否認の法理により社員の有限責任を否定し社員に個人責任を負わせるべきであろう。

新会社法の下では、最低資本制が廃止され、有限会社においても最低三〇〇万の資本は要求されなくなった。そのことの是非はともかく、営利法人においても最低資本制が廃止されるのであるから、中間法人に関して最低三〇〇万の基金を要求する法制も再考を要する、と思われる。営利法人においても最低資本制を廃したため、債権者保護に関しては法人格否認の法理の活用が提唱されている。(8) 非営利法人に関しても、財産に関する規制を行わない代わりに法人格否認の法理を活用すべきであろう。

（8） 吉原和志「株式会社の設立」ジュリスト一二九五号（二〇〇五年）一九頁参照。

おわりに

今日、公益法人や中間法人を統合して非営利法人制度を構築する方向で議論がなされている。その際に、収益事業と債権者保護の問題も検討課題になるのではないか、と考え、本稿で試論を呈示したのであるが、時間の関係もありきわめて不十分な検討に終わった。特に、副題でドイツ法を参考にと称しているにもかかわらず、ドイツ法の検討は不十分な上、恣意的なものであることを認めざるを得ない。他日を期したい。

賭博のための金銭消費貸借

大久保憲章

河内宏・大久保憲章・采女博文・
児玉寛・川角由和・田中教雄 編
『市民法学の歴史的・思想的展開』
二〇〇六年八月 信山社11

一　はじめに

私は動機の不法を取り扱った小論においてつぎのように述べたことがある。(1) すなわち、法律行為の動機はそれ自体では契約内容とはならず、従って公序良俗違反の評価の対象にならないが、動機が契約の内容となったと解釈できる場合には、その動機を含む法律行為が公序良俗違反と判断されなければならないと。そして、このような結論に至ったのはドイツ民法典制定前後の判例・学説の検討を通じてであった。

ところで、わが国では「動機の不法」の事例として好んで取り上げられるのは、賭博のための金銭消費貸借であろう。(2) そして判例はこのような消費貸借を公序良俗違反により無効であるとして、貸主からの返還請求を斥けている。(3) わが国では明治以来公営ギャンブル等を除いて一律に賭博を厳禁する法制をとっていることから、(4) 建て前としての倫理の基礎には賭博自体に対する嫌悪感があり、さらに賭博に付随、関連する行為も同様の評価を受け、このような賭博のためにする貸金は当然に公序良俗違反であるという価値判断が前提にあるものと思われる。

しかし賭博に使用されることを知ってなされた貸金であるというだけで、貸主の返還請求を認めないのは妥当性に欠ける。賭博自体がはたして破廉恥、善良の風俗に反するという法律行為なのか、賭博に付随、関連する法律行為も亦然りなのかは、殆ど検討されていないように思われる。本稿では前者にも言及しつつ、後者の問題について考察することにする。

わが国では、賭博法制が欧州諸国と様相を異にし、また賭博を厳禁しているので、賭博は道徳秩序に反する行為だから公序良俗違反であるいう見解、(5) 著しい射倖性があるから公序良俗違反であるという見解(6)もあることから、まず現行民法典制定以前の、刑事法を含む法状況を概観する。次に、賭博目的の金銭消費貸借についてドイツ普通法からドイツ民法典の制定過程、制定後の状況、判例を紹介することにする。最後にわが国の判例・学説を検討することにする。

二　わが国における賭博法制の立法過程

1　古来より賭博は決して推奨さるべき行為ではない。徳川幕藩体制下でも同様であった。[7]明治維新後、新政府は幕府の基本方針を継承したが、その具体的政策は刑法典制定まで大きく揺れ動いた。[8]

政府は初期の段階では厳罰をもって賭博に対処した。一八六七（明治元）年の「仮刑律」で雑犯のなかで、博奕をした者には笞五〇を当て、その場にあった財物は官が没収し、博奕の宿をして坐銭を受け取る者も同罪とした。さらに博奕の宿を準備した者、奕座の世話をした者も罰せられた。一八七〇（明治三）年制定の「新律綱領」では、賭博犯は杖八〇、三犯以上は懲役一年とされ、賭場の財物は没収されるとともに、単に賭博行為者だけではなくて賭博開帳者も同罪とされた。しかし飲食を賭けても罰せられることはなかった。一八七三（明治六）年制定の「改定律例」では、賭博者、賭博用具販売者、さらに賭博のために金銭を貸与し利息を受け取る者も処罰された。賭場の財物は田畑を除いて没収とされた。一八七四（明治七）年には、賭博を計画しただけでも処罰の対象とされている（司法省布達第八号）。

ところが一八七四年、「改定律例」の内容に対する県からの伺の中で司法省は賭博の現行犯だけが処罰されると回答した。一八八〇（明治一三）年制定の旧刑法では、賭博は「風俗ヲ害スル罪」であり、賭博開帳図利者、博徒紹結者は処罰されるが（二六〇条）、賭博者、賭博場を提供した者は現行犯に限り処罰される（二六一条一項）

ことになった。そのため賭博取締に困難を来し、賭博は蔓延した。

政府は西南戦争後の一八八二、八三年（明治一五、一六）に巡察使を四七道府県に派遣し、地方の実情を把握している(9)が、そこでは関東、東海、九州など賭博の隆盛が報告され、巡察使らは取締りを強化するよう意見具申を行っている。一八八四（明治一七）年、政府は、「刑法第二百六十条第二百六十一条ニ明文有之候ヘトモ」行政処分として賭博者等を取り締まることができるよう「賭博犯処分規則」を制定した。これは裁判に依らずに賭博犯を懲罰するものであり、賭博犯には刑法よりも重罰が科せられ、賭具及び賭場にある財物は賭博に加わっていない者の所有であっても没収できること、賭博犯逮捕のためには警察官は誰の家宅であっても何時でも立ち入りができることが定められた。一八八九（明治二二）年、帝国憲法の発布を機に「賭博犯処分規則」は廃止された。一九〇七（明治四〇）年、改正発議以来一六年目に現行刑法につながる刑法改正が帝国議会で議決された。

2　旧民法は、合意は公序良俗に違反することはできない（財産編三二八条但書）とするが、財産取得編に賭博（博戯と賭事）を射倖契約の一つとして明文の規定を置き、賭博自体を公序良俗違反の法律行為としているわけではない。すなわち、財産取得編一五七条で「射倖契約トハ当事者ノ双方若クハ一方ノ損益ニ付キ其効力カ将来ノ不確定ナル事件ニ繋ル合意ヲ謂フ」と規定し、このような射倖契約類型として、博戯、賭事、終身年金権その他終身権利の設定、陸上、海上の保険、冒険貸借（一五八条二項）を挙げている。

一六〇条

一項　博戯ハ博戯者ノ勇気、力量、巧技ヲ発達スル可キ性質ナル体軀運動ヲ目的トスルニ非サレハ其義務履行ノ為メ訴権ヲ許サス

二項 賭事ニ基ク訴権ハ右ノ如キ体軀運動ヲ為ス人ノ為メ又ハ賭者ノ直接ニ関係スル農工商業ノ進歩ノ為メニ非サレハ亦之ヲ許サス

三項 右ノ博戯又ハ賭事ニ於テ諾約シタル金額又ハ有価物カ事情ニ照シテ過度ナリト見ユルトキハ裁判所ハ之ヲ減少スルコトヲ得スシテ全ク其請求ヲ棄却スルコトヲ要ス

一六一条

一項 前条ノ場合ノ外博戯及ヒ賭事ハ自然義務ヲモ生セス且其債務ノ追認、更改又ハ保証ハ総テ無効ナリ

二項 然レトモ右博戯又ハ賭事ニ因ル有能力者ノ任意ノ弁済ハ之ヲ取戻スコトヲ許サス但勝者ニ於テ詐欺又ハ欺瞞アリタルトキハ此限ニ在ラス

一六二条

一項 官許ヲ得サル富講ハ訴権ナキ博戯及ヒ賭事ト同視ス

二項 商品又ハ公ノ証券ノ投機ノ定期売買ニ付テモ初ヨリ当事者カ諾約シタル金額又ハ有価物ノ引渡及ヒ弁済ヲ実行スルニ意ナク単ニ相場昂低ノ差額ヲ計算スルノミヲ目的トシタルコトヲ被告ノ証スルトキモ亦同シ

一六三条

前二条ノ場合ニ於テ被告ヨリ無効ノ抗弁ヲ申立テサルトキハ判事ハ職権ヲ以テ其無効ヲ言渡スコトヲ得但契約又ハ請求ニ於テ博戯、富講又ハ相場差額ノ賭事カ債務ノ原因タルコトヲ明言セシトキニ限ル

旧民法は博戯と賭事を分けて規定するが、博戯は博戯者自身が何らかの行為をするものであるのに対して、賭

事は賭事者自身が何らの行為をせず、ある事柄に関する見解をめぐって賭けるものである。[10]

旧民法では賭博は決して無効ではない。しかし無効ではないからといって賭博債務に普通の債務と同じ効力が与えられるわけでもない。すなわち、訴訟上勝者が敗者に対して請求できるのは一六〇条一項二項の規定する場合に限られ、その他の場合には自然義務[11]すら発生せず、勝者は訴訟により請求することはできない。ただし後者の場合でも、敗者による任意弁済があれば敗者は返還請求できない。これは旧民法の母法たるフランス民法と基本的に同じ構造である。[12]

このように旧民法は賭博自体を公序良俗違反の法律行為であるとは規定していない。賭博のための金銭消費貸借の効力に関する規定は、現行民法と同じように置かれていない。立法者はどのように考えていたであろうか。ボアソナード自身の手になるものではないが、彼と現行民法典の立法者の一人、富井政章が関与した旧民法の注釈書『日本民法義解』によりうかがうことができる。ここでは「賭博のために使用されることを知って金員を貸与した者は弁済を求めることができるか」という問いが立てられ、これが肯定されている。その理由は、貸与された金員は借主の金員と混合して区別できず貸与した金員が賭博に使用されたか否か不明であること、賭博債務は賭博者相互間の関係より生じたもので賭博当事者以外から借り受けてもそれは賭博債務ではないこと、である。[13]実質的理由は後者であろうが、この見解によると、賭博のための消費貸借一般について返還請求権を認めるというものではなくて、あくまでも賭博当事者以外の者が貸主である場合に限って返還請求権があるということになる。裏返して言えば、賭博当事者が貸主である場合には、返還請求権はないということになる。

3　現行民法は、周知のとおり、射倖契約に関する規定はなく、賭博自体に関する規定はない。なぜ明文の規定が置かれていないのか理由は明確ではない。ただ立法者の賭博についての認識が推測できる資料はある。これは前述の『日本民法義解』である。校閲しているのが富井政章であるので、彼の見解と考えてよいだろう。ここでは、欧州諸国でも博戯及び賭事は善事とはみなされていないこと、刑法により厳禁されていることの他に、前述した一八八四（明治一七）年の「賭博犯取締規則」により特に重罰が科せられた事情を述べて、わが国では特に厳禁すべき理由を次のように言う。すなわち、①賭博は道徳に反する、②賭博をしても国富が増加しない、人が賭博の僥倖になれ正業に従事しなくなるので経済上の大害がある、③敗者にとっては怨恨の種となり闘争が生じたり、賭博者が貧困に陥り犯罪の原因となったり、博徒集団が横行することで公安上有害である[14]。この理由は著者も認めるとおり先に見たわが国特有の事情も反映している。①の理由は公序良俗違反（民法九〇条）に繋がる思考でもある。しかし、後述のように、欧州でも賭博は善事とは考えられていないが、道徳に反するという評価ではない。賭博債権には訴権を与えないという形で対応している。フランス民法と同じ内容の旧民法の注釈書の中の記述であるだけに、立法者の賭博観の吐露には違和感がある。もっとも三つの理由は賭博自体が破廉恥な行為であるという判断とは必ずしも直結せず、賭博は法律によって厳禁するという考えにもなりうる。ともあれ、ここでは立法者は賭博自体に反社会性反倫理性の性格を看取していたということが確認できるであろう[15]。

三　ドイツ法における賭博法制

1　ローマ法における博戯、賭事の関連法文はつぎのものである。

D. 11, 5, 2, 1 *Paulus libro nono decimo ad edictum*

Senatus consultum vetuit in pecuniam ludere, praeterquam si quis certet hasta vel pilo iaciendo vel currendo

saliendo luctando pugnando quod virtutis causa fiat :
学、一一、五、二、一パウルス告示註解第一九巻
「元老院議決は金のために博戯することを禁止する。ある者がやり又は投げやりにより、投げることにより、走ることにより、跳ぶことにより、格闘することにより、拳闘することにより競争する場合を除いて。というのは、それらは名誉のために行われるからである。」
D. 11, 5, 3 *Marcianus libro quinto regularum*
In quibus rebus ex lege Titia et Publicia et Cornelia etiam sponsionem facere licet : sed ex aliis, ubi pro virtute certamen non fit, non licet.
学、一一、五、三マルキアヌス法範第五巻
「このような競技では問答契約の形式で賭事はティティア法、プブリキア法、コルネリア法のもとで許されている。しかし競技が技を披露するためのものでない場合その他の法のもとでは許されない。」

D. 11, 5, 2, 1 は博戯を扱う法文であるが、例示された競技を博戯の対象とする場合を除いて禁止されている。しかしそれは博戯が良俗違反（contra bonos mores）であるからではなくて、元老院議決、すなわち制定法が禁止しているからである。(16) D. 11. 5. 3 は D. 11, 5, 2, 1 に直接続く法文であり、博戯が許される競技を対象とする賭事も許されない場合があることを示す法文である。そして許されない博戯、賭事より訴権は生ぜず、敗者は支払った金銭を返還請求できた。

2　普通法は、利得、損失の有無、それらの多寡が偶然に左右されることから、希望の売買（emptio spei）、期

待物の売買（emptio rei speratae）、海上貸借（faenus nauticum）[17]と共に博戯、賭事を射倖契約の一つとして扱っている。そしてローマ法が、一定の競技に関しては博戯、賭事が有効であるとしていたのに対して、普通法はこの区別を捨てた。すなわち、全ての博戯債務に対する訴権を与えないが、しかし敗者がいったん支払えば返還請求はできないこととした。

それらのための消費貸借の効力はどうであろうか。これを直接に扱った法文は存在しないようであり、学者の見解は分かれている。ミューレンブルフ、ゲッシェン、ホルツシューハー、ジンテニスらの返還請求を否定するのが通説であった[18]。彼らは次の法文を根拠に否定する。

D. 44, 5, 2, 1 *Paulus libro septuagensimo primo ad edictum*

Si in alea rem vendam, ut ludam, et evicta re conveniar, exceptione summovebitur emptor.

学、四四、五、二、一パウルス告示註解第七一巻

「私が賭博をしているときに支払のためにある物を売却し、その後その物が追奪され、私が訴えられた場合、買主は抗弁により排斥されるであろう。」

ミューレンブルフは、借主が浪費者であることを知ってなされた貸金を返還請求できないとする法文（D. 17, 1, 12, 11）を参照するよう指示するが、これが根拠となりうるかはっきりしない[19]。ゲッシェンは博戯を促進する目的で行われた契約は拘束力がないとするが[20]、この法文を次のように理解すると思われる。すなわち、博戯者である売主が、博戯資金調達のために売却し、後に買主が追奪された場合、代金の使用目的を知っている買主は追奪担

保責任を追求して売買代金の返還請求ができない。このことを貸金の使途が博戯のためであること知って貸与する貸主にも適用し、貸主は貸金返還を請求できない。ホルツシューハーは、D. 44, 5, 2, 1の中には、知って博戯のために金銭を貸与した者は禁止された行為の参加者（幇助者）となる、従って金銭の返還請求ができないという原則が存在するとする。[21] ジンテニスは博戯を促進助長するための金銭の返還請求ができないことを博戯禁止の目的より基礎付けている。[22] いずれにせよ彼らにおいては、貸金の目的が博戯と無関係ではなくて、それを促進する目的で貸与が行われる場合に限って、貸金の返還請求を否定するのである。

3　ドイツ民法制定過程

ドイツ民法は、債権編において個別的債務関係の一つとしての「不完全な義務」（第一九節）において博戯（Spiel）と賭事（Wette）（七六二条）[23]、富くじ（Lotterie- und Ausspielvertrag）（七六三条）[24]、差額行為（七六四条）[25]に関する規定を置いている。その中で中心となるのは七六二条である。ドイツ民法は博戯、賭事に関してはスイス[26]、オーストリア[27]、フランス[28]等欧州諸国の法典と同じような規定を有する。

七六二条

一項　博戯または賭事により義務は根拠付けられない。博戯または賭事に基づき給付されたものは、義務が存在しないことを理由にして返還請求することができない。

二項　この規定は、敗者が博戯または賭事債務を履行するために勝者に対して義務を引き受ける約定にも、特に債務承認に、妥当する。

第一草案は、七六二条と文言上の若干の相違は見られるものの、博戯、賭事等に対する基本姿勢においては異なるところはない。すなわち、第一草案は、賭事又は博戯によっては契約当事者間に債務関係が設定されないとするが、これに基づき給付がなされれば債務関係の不存在を理由に返還請求ができない旨、規定する（第一草案六六七条前段）。従って、第一草案理由書の中に七六二条の立法趣旨が明瞭に看取できる。立法理由を簡単に見ておこう。ドイツでも博戯、賭事は刑法上も完全に適法とされたわけではなく、刑法二八四条、二八五条、三六〇条一四号等に基づき刑罰が科せられた(29)。こうした禁止された博戯、賭事は第一草案一〇五条(30)（制定法違反の法律行為）に反するものとして無効である。この場合には債権契約だけでなくて物権契約も無効であり、給付したものの返還請求ができ、返還請求ができなければ代償を請求できる。禁止された博戯、賭事は本条の対象ではない。むしろ禁止されていない博戯、賭事は直ちに第一草案一〇六条(31)（公序良俗違反の法律行為）に反するものではない。むしろ一定の程度で拘束力があると考えられる。それは博戯、賭事債権に訴権を与えないが、敗者が履行すれば給付物の返還を請求できないことないことになる。この禁止されていない博戯、賭事が本条文の対象である(32)。

博戯、賭事のための消費貸借の効力については明文の規定は置かれていないが、第一草案理由書は次のように述べている。すなわち、博戯又は賭事のために貸与された貸金の返還請求ができないとすることは、貸金の返還を排除することによる博戯又は賭事を制限するという目的があっても正当化できないこと、返還請求できないとすると是認できない苛酷さが生じることがあること、である。しかしだからといって常に貸主は返還請求ができるというわけではない。理由書は、「博戯者が共同博戯者に博戯又は賭事のために貸金を貸与し同人から貸金額を得た場合、すなわちそのような場合に与信された博戯債務が考えられるべきか否かの判断、及び、禁止された博戯が目的であり従って破廉恥を原因とする不当利得返還訴権（condictio ob turpem causam）が問題になるのか否ことがあること、言い換えれば返還請求ができないこと、あるいは貸金が不法原因給付として返還請求ができないことの可能性があることを示唆している。

第二草案では、博戯、賭事は債務関係を発生させるものではないが、給付物の返還も求めることはできないという骨格に関しては、殆ど議論はなかったといってよい。しかし、博戯のための貸金の返還請求ができないと規定すべきだという複数の強力な主張があった。その提案は否決されるのであるが、その理由とされたことは、返還請求を否定することにより生じる非倫理性、博戯それ自体が許されない行為ではないこと、貸金の使用目的は貸主には無関係であることである。しかしこの理由の中で一つだけ、貸主が返還請求できない場合として、「博戯のための貸金に訴権がないということが拡張されるべきであるのは貸主が博戯の利益を我が物にする場合だけである」(35)と述べており、普通法の通説に従っている。

4　判　例

博戯、賭事のための消費貸借に関する判例は、わが国と同じように数が少ないものの立法過程の議論を裏付けている。若干の判例を紹介する。

①RG一九〇八年一月三〇日判決（RGZ 67, 355）

XYは一九〇五年秋モンテカルロで同じ宿屋に住んでいることにより知り合った。Yは公営賭博場での賭博により損失を受けた。XはYに最初に六、〇〇〇フラン、しばらく後に更に五、〇〇〇フランを貸与した。Xは、一九〇六年一月一五日までに返済が約束されており、遅延利息付きで八、九一〇マルクの債権があると主張して返還請求した。Ｙは、消費貸借は期限未到来であると争い、その他に、貸金は公営賭博場での賭博継続のために貸与されたので、原告の返済請求権は存在しないと主張した。

控訴裁判所は、Ｘが思いやりから貸与したとしても、またＹが窮乏していなかったとしても、賭博継続のために貸与される限り、良俗違反と見なされるべきである、とした。Ｘが上告。

ＲＧは、立法過程で賭博のための貸金は返還請求できないという規定が置かれなかった理由、すなわち、返還請求できないとすることにより貸主について生じる不当な苛酷さ（第一草案）、規定がなくても裁判官は個別事例の事情により博戯債務の規定を適用して返還請求を当然に拒絶できること（第二草案）から、賭博目的の、特に射倖的賭博のための貸金供与は原則的に良俗違反と見なされるべきではないとした。Ｘの貸与を良俗違反とするような特別の事情がＹにより立証されていないとして控訴審判決を破棄し差し戻した。

②ＲＧ一九〇八年九月二一日判決（RGZ 70, 1）

一九〇三年四月一七日、Ｘと一八八三年一月生まれのＹ（二一歳に達した者が成年者）は、別の者と一緒に高額を賭けて賭博した。Ｘは、Ｙが質問を受けて成年者であることを明示的に受け合ったあとで、Ｙに賭博中に二一、〇〇〇マルク、賭博後に三、〇〇〇マルクを貸与した。Ｘはこの金額の支払いを求めたが、その根拠は不当利得返還請求とＹの詐欺である。Ｙはこの詐欺を争い、訴訟中に、自分は貸金受領時に未成年者であったという事実を防御のために主張せず、賭博終了後Ｘが貸与した金銭については支払う義務があると陳述した。第一審、原審は、賭博中に貸与した金額二一、〇〇〇マルクの支払い請求を棄却した。

ＲＧは、原審判決を維持し、賭博のための貸金はそれ自体無効というわけではないという原則を述べた上で、本件では二一、〇〇〇マルクの消費貸借は金銭が貸与された事情、Ｘの動機や意図にかんがみて良俗違反であるので無効であるとした。「XはYがいずれにせよ僅かながら成年に達しないことを知っていた。Xは、Yが高い金額を設定し、そして更に賭博ができるために〝やみくもに突進する〟やり方から、〝Yには完全な軽率と青年の全くの無経験がある〟と認識した。Xは自ら、異常に高い金額が話題の賭博に、大きな利得を得るために参加し、これにより結果から確認される、Yは唯一ではないが主たる損失者であるという考えから、出発している。Xが賭博中にYに現金を前貸ししたとき、このことは、Yに賭博を継続することを可能にし、Yが軽率な賭博の快楽と無経験で損失するものから大きな金額を得る可能性を作ることを教唆する意図で行われた。」そしてXではなく第三者が元締めであったとしても、またXがYの賭博の相手方でなかったとしても変わりはない。すなわち、「第三者が……賭博の元締めであり、Yが直接的にはこの第三者についてのみ大損をしたとしても、ここからその一部は賭博の元締めに対して儲けていたXに間接的に達し、裁判所は、Xはこの循環を認識しており、Xの意図は賭博の元締めから賭博でYから取り上げたものの一部を手に入れるという方法でYの搾取に関与することであったと確証を得たからである。」

③OLGニュールンベルク一九七八年一月一九日判決（MDR 1978, 669）

Xは貸金を返還請求できない。というのは、Xには与信者として自ら禁止法規違反の責めを負うからである。貸金は禁止されたYの賭博を助長する(fördern)ために原告により貸与された。このような場合、民法八一七条後段に基づき返還請求はできない。

④OLGデュッセルドルフ一九八四年一月一〇日判決（MDR 1984, 757）

事実関係の詳細は不明であるが、禁止されていない賭博における貸金である。判決は、負け込み現金がなくなった者が、賭博中に賭博の主催者から賭博が継続できるように金銭を貸借した場合、民法七六二条を適用して、貸主の返還請求を否定した。このような場合は博戯債務が準消費貸借とされるのと同じであるという。

判例をまとめてみよう。禁止された賭博のためであるにせよ、禁止されていない賭博のためであるせよ、その目的を知ってなされたとしても、消費貸借契約は有効であり、貸主は返還請求することができる（①）。これが原則である。禁止されていない賭博のための貸金では、例外的に、貸主が一緒に賭博をしている者である場合には、貸主の金銭貸与にあたっての動機や目的（借主から金銭を巻き上げる利己目的等）を考慮して、消費貸借が良俗違反として無効になることがある（②[36]）。無効である場合、貸金は不法原因給付であり、貸主は返還請求ができない。また、禁止された賭博では、貸主が借主の賭博を助長促進するために貸与した場合には、消費貸借は一三四条違反の法律行為としての評価を受け、貸金は不法原因給付として貸主は返還を請求できない（③）。禁止されていない賭博では、賭博主催者が貸主である場合、賭博を続行するために貸与されたときには、貸金は賭博債務と見なされ（与信された賭博債務）が、七六二条の適用であることから、借主が任意で弁済すれば、それは有効な弁済として借主からの返還請求は否定されることになる（④[37]）。

四　わが国の判例とその検討

わが国には競輪、競馬等公認されている賭博もあるが、判例、裁判例では禁止されていない賭博が登場することはない。すべて賭博罪を構成する事例である。賭博のための金銭消費貸借は借主が賭博に使用することを知って貸与した場合、消費貸借は公序良俗違反（民法九〇条）により無効、金銭交付は不法原因給付であり借主には返還義務はない（判例・通説）とされる。判例、裁判例を紹介し、そのように考えることが妥当かを検討する。

① 大判明治三四年三月一一日法律新聞二八号九頁

【事実】Yが賭博の負債を支払うためであることを知りながらXは金員を貸与した。YはXの債権は不法原因給付に基づく債権であるからXは返還請求できないと主張。

【判決】「不法原因に基く権利と云ふはYの論ずるが如く債権関係発生の間接の原由乃ち縁由が不法原因に牽連する場合をも包含すべき者にあらず故に賭博に基く債務を償却するが為めの資金を貸与することあるも其債権は不法原因に基く債権として論ずることを得ざるものとす。」

② 大判昭和一三年三月三〇日民集一七巻六号五八七頁

【事実】Yは賭博で負けたので負担した債務弁済の資金とするものであることを表示してXから金六五七円を利息及び弁済期の定めなく借り受けた。

【判決】「借主ヲシテ賭博後ノ弁済ノ資ニセンカ為メ消費貸借契約ヲ締結スルハ借主カ賭博ヲ為サンカ為メニ消費貸借ヲ締結スル場合ト異ナリ毫モ公序良俗ニ違反セサルカ如キ外観ナキニ非スト雖モ之ヲ仔細ニ考察スルトキハ賭博後ノ弁済ノ資ニ供スル為メ貸金ヲ為スコトハ之ニヨリ借主ヲシテ賭博ヲ為スコトヲ容易ナラシメ将来モ亦其ノ資金ノ融通ヲ受ケ得ヘキコトヲ信頼シテ賭博ヲ反復セシムルカ如キ弊ヲ生スルノ虞ナシト謂フヲ得サルヲ以テ其ノ借入カ賭博行為ノ前ナルト後ナルトヲ問ハス何レモ之ヲ以テ公序良俗違反ノ法律行為トシテ無効ナルモノト謂ハサルヲ得ス」

③ 東京控判大正一三年九月一五日法律新聞二三二六号二〇頁

【事実】X（控訴人）は訴外Aに対して三口の貸借がある。それは、AがX外数名と賭博をなすに際して資金として貸与されたもの若しくは賭博で負けたためにXに支払うべき金員を目的とした準消費貸借である。利息は年利一割二分。Aは所有不動産をYに売渡し、所有権移転登記手続をした。Xが詐害行為取消と所有権移転登記抹消を請求。

【判決】「賭博ノ資金トシテ金銭ノ貸与スルカ如キハ所謂不法原因ニ基ク給付ナリト謂フヘキヲ以テ貸主ハ借主ニ対シ其貸金ノ返還ヲ請求シ得サルヘク債権者ハ斯ル債権ニ基キ債務者受益者若クハ転得者ニ対シ詐害行為ノ取消ヲ請求シ得サルモノトス又賭博ハ公ノ秩序善良ノ風俗ニ反スル行為ニシテ無効ナルヲ以テ賭博ニ負ケタルニ因リ支払フヘキ約定ノ金額ヲ目的トシテ消費貸借ヲ為スモ其効ナキコト勿論ナルヲ……」

④　最判昭和四七年四月二五日裁判集民事一〇五号八五五頁

【事実】X方旅館の一室で縷々賭博が開帳され、この開帳の際Xは亡きAを電話で呼び出していた。賭博にふけり家業に励まず商売の金を持ち出していたAの行う賭博は一回の賭金は数万円にものぼり、AはXから金三〇万円を借りた当日X方に待機していた。従前XとAとの間にはAの営業資金についての貸借関係は一度もなかったが、本件金員についてはXは使途を問いただささず貸し付けた。その金員はX方での賭金として費消された（Xの上告理由より）。XがAの相続人Yらに貸金の返還を請求。

【判決】「原審が適法に確定した事実関係によれば、Xは、Yらの先代Aに対し、本件金員が賭博の用に供されるものであることを知りながら、これを貸与したものであるというのであるから、本件消費貸借は公序良俗に反し無効であることが明らかである。したがって、XはAの相続人であるYらに対し右金員の返還を請求することはできない。」

⑤　東京地判昭和五五年七月一七日判例時報九八九号六九頁

【事実】Ｘは自分が麻雀好きであることから、自宅に麻雀台一卓を用意し、週末及び休日等を利用して知人及びその同道者のために自宅を開放し、Ｙを含む一〇人ぐらいの者に麻雀をさせていた。そこでは賭麻雀が行われる一方、Ｘは集まった者の注文を受けて出前をとり、酒食を提供するなどしてその代金を立替払し、後に実費を徴収するほか、昭和五三年当時において、賭麻雀の勝者から一回につき一、〇〇〇円を徴収していた。ＹがＸ宅において賭麻雀に負けてその賭金の支払ができなかったとき、支払に充てるためＸから貸金八〇万円余を借り受け、Ｘはその情を知って貸し渡した。ＸがＹに貸金の返還を請求した。

【判決】「Ｘ方は小規模ながら巷間見られる麻雀屋の観を呈し、Ｘにおいてそこで賭麻雀が行われることを許容し、その賭麻雀の賭金の支払に充てるとの情を知ってＹに対する本件貸金をしたという点に不法と非難されるべき余地があり、かつ、Ｙには残存利益もないものと思われる。

けれども、同じく前記事実によれば、Ｘは本件貸金によりなんらかの利益の配分を受け又は損失を分担するものではないことが推認され、かつ、ＸはＹが本件貸金を賭麻雀の賭金の支払に充てるとの情を知って貸し渡したというに止まり、その使途を容認したに過ぎないから、これをもって本件貸金を賭金の支払等不法の目的に使用すべきことを契約内容としたものということはできない。また、Ｘ方に集まる者はＸの知人又は知人の同道する者に限られ、その人数も一〇人程度であって全くの不特定多数人が集来していたというべきものではなく、Ｘが賭麻雀の勝者から一回につき一、〇〇〇円を徴収していたとの点についても、Ｘの場所及び種々のサービスの提供ということを考慮すれば、金額的にみて、Ｘが賭麻雀をさせることによって不法の利益を得又は得ようとしたものということもできない。さらに、……Ｘは本件貸金及び本件立替金のいずれにも利息を付することを求めたことがなく、本件紛争に至るまでＹがこれらを間歇的に一部弁済することになんら異議を唱えることもなかったことが認められる。

　右の事情及び本件貸金はYが賭麻雀といいつつ結局自己の遊興のために費やしたものというべきことを考慮すれば、XがYに対して本件貸金の返還を求めることをもっていまだ社会的妥当性を欠くものということはできず、不法原因給付の法理を適用してXの請求を排斥することはできないものというべきである。」

⑥　東京高判昭和五九年三月二六日判例タイムズ五二七号一〇三頁[38]

【事実】Y（被控訴人）は自宅でX（控訴人）より金員を借り受けた。YよりXに宛てた昭和四六年八月一五日付の金銭借用証書には、一六二万円を弁済期・同年九月一五日、利息の利率・日歩五銭五厘、遅延損害金の利率・日歩一一銭の約定で借用したとある。しかし一六二万円は利息一二万円を加算した金額で、実際にYが借り受けた金員の額は一五〇万円である。


【判決】「本件貸借に係る一五〇万円は、Yが自宅において親としていわゆるサイコロ賭博を開帳した際、親として準備すべき資金が不足していたことから、その資金を同賭博に参加したXから借用したものであり、控訴人はその使途を知っていたものであることが認められる。

　右事実によれば、XがYに貸し渡した一五〇万円は賭博開帳資金の融資を目的としたもので、これは公序良俗に反するものであるから、民法七〇八条の不法原因給付に該当し、その返還を求めることはできないものである。」

⑦　最判昭和六一年九月四日判例時報一二一五号四七頁

【事実】Yが賭博を開帳するために金融業者Xから金二〇〇万円を借り受けた。XY間では賭博開帳により挙げる寺銭の三割をXに提供する旨の約定があった。Yが賭博開帳図利罪により逮捕され、実刑判決を受けたために寺銭三割の提供ができなくなった。Xによる貸金返還請求。

【判決】④を引用して「貸与される金銭が賭博の用に供されるものであることを知ってする金銭消費貸借契約は公序良俗に違反し無効であると解するのが相当である。」

ごく初期の①は、立法者の判断にほぼ忠実に、賭博債務弁済の貸金であっても不法原因給付ではないとして、返還請求を肯定している。ところが賭博債務の弁済であることを知って賭博に関与しない第三者が行った貸金は返還請求ができないとする②を契機として、④⑦に見られるように、賭博に使用される金銭であることを知って貸与されれば、それだけの理由で消費貸借が公序良俗違反であるとして返還請求できないとする見解が判例となり、さらに通説となっている。(39) もっとも③④⑥⑦を仔細に見ると、貸主は賭博に無関係の第三者ではない。すなわち、貸主は賭博の相手方である勝者（③）、あるいは賭博の主催者（④）、あるいは共同賭博者（⑥）であり、また賭博から高い利益をあげることを目的として貸し付ける共同事業者（⑦）である。これらは禁止された賭博に関する事案であることを考慮すると、ドイツの判例③に相当する事例であり、これらの消費貸借は賭博を促進助長するためであると言える。ただこうした事情が判決理由に反映されていない。判例、裁判例において、②は賭博に関係のない貸主の返還請求を否定することで異例に属する。(40)

これに対して、下級審裁判例ながら⑤は適切な事実認定とこれに基づく判断を下していると言える。すなわち、貸主宅で賭麻雀が行われていることから、⑤における貸主は②における貸主よりも非難に値するように思われ、②の判断を基準にすると、問題なく貸金返還請求はできないということになりそうである。しかし裁判所は賭麻雀のために金銭が貸与されたという事実だけから判断しなかった。契約において貸主が貸金より利益を受け又損失を分担するものでもなく、無利息であるという事情を考慮して、貸金交付は不法原因給付ではないとした。なるほど本件で裁判所は貸金の使途を知ってなされた消費貸借でも原則として有効であるということを明言しているわけではない。しかしそのような基本的見地に立たなければ、契約内容を検討して契約の効力を判断するという発想には至らないであろう。このような観点から⑤の姿勢は高く評価できる。(41)

五　む す び

本稿は売春と並んで世論がもっとも支持しにくい賭博を対象とした。賭博自体が建て前上の倫理からすれば非難すべき対象とされるだけに、賭博に付随、関連する契約もこれまた非難すべき対象であるとの判断に陥りやすい。賭博とくれば法的判断も思考停止状態になりやすいと思われる。しかし賭博に付随、関連する法律行為であっても、それが全て賭博と同じ評価を受けるべきではない。やはりそのような法律行為の当事者間でどのようなことが約定、規律されているかを具体的事実に基づいて判断すべきである。本稿の問題意識もここにあった。

（1）　拙稿「動機の不法」石部雅亮編『ドイツ民法典の編纂と法学』（九州大学出版会、一九九九年）二八七頁以下。
（2）　例えば、我妻栄『民法講義Ⅰ・新訂民法総則』（岩波書店、一九六五年）二八五頁、内田貴『民法Ⅰ〔第三版〕総則・物権総論』（東京大学出版会、二〇〇五年）二八二頁（但し「動機の違法」という）、大村敦志『基本民法Ⅰ』（有斐閣、二〇〇一年）八七項、加藤雅信『新民法体系・民法総則』（有斐閣、二〇〇二年）二四三頁など。
（3）　大判昭和一三年三月三〇日民集一七巻六号五八七頁、最判昭和四七年四月二五日裁判集民事一〇五号八五五頁、最判昭和六一年九月一四日判例時報一二一五号四七頁など。いずれも後掲。
（4）　もっとも、古くから競馬（中央競馬は農林水産大臣の監督下にある「日本中央競馬会」が運営し、地方競馬は地方自治体が運営）があり、戦後競輪、競艇が生まれ、近年ではサッカーくじ（文部科学省所管の「独立行政法人日本スポーツ振興センター」

が運営）も販売されている。また一部地方自治体ではカジノ開設さえ話題にのぼっている。パチンコ、スロットマシンというかなり射倖性の強いものもある。さらに近年、賭博罪との関連が問題となった金融デリバティブ取引（金融派生商品）といった新しい類型の取引が登場してきている。

（5） 川島武宜『民法総則』（有斐閣、一九六五年）二四二頁以下。

（6） 我妻・前掲注（2）二八二頁。我妻説では富籤・無尽・講・馬券も賭博と共に著しく射倖的なものとするが、法律が特殊の立場から許せば、反社会性がなくなり公序良俗違反ではないという。わたくしは、法律が許容したとしても、射倖性が消滅するわけではないので、法律が許容するか否かが公序良俗違反の判断基準であると考える。

（7） 徳川時代の賭博法制については、石井良助『第三江戸時代漫筆・盗み・ばくち』（明石書店、一九九〇年）七六頁以下参照。

（8） 増島宏『賭博の日本史』（平凡社、一八八九年）一九〇頁以下による。

（9） その報告は我部政男編『明治十五年明治十六年地方巡察使復命書』（三一書房、一九八〇年）として復刻されている。若干の例を紹介すると、ある村では殆ど全村博徒で村会議長には屈指の親分を選任したり、司法警察官の任を帯びる戸長が博徒である。木更津警察署管内の明治一六年一月乃至三月の捕拿犯男七六六人女一一二人中「博奕ヲ為シタル者」男三八三人女七五人という状況である。いかに賭博が蔓延していたかが分かる。

（10） 磯部四郎『大日本新典民法釈義』（長島書房、刊行年不詳）五二六—五二七頁参照。

（11） 自然義務とはいわゆる自然債務のことであり、旧民法は、その履行を訴訟上も相殺によっても要求できないこと（財産編五六二条）、しかし任意弁済があれば取り戻すことができないこと（同五六三条）を規定する。

（12） フランス民法については後掲注（28）。

（13） ボアソナード訓定、富井政章校閲、本野一郎・城数馬・森順正・寺尾亮合著『日本民法義解』（金蘭社、一八九〇—九一年）七四一—七四二頁。

（14） 前掲注（13）七二六—七二八頁。

（15） 「賭博等に関する行為の本質を反倫理性反社会性を有するもの」（最判昭和二五年一一月二二日刑集四巻二三八〇頁）という刑事判例との親和性を看取できよう。

（16） 制定法が博戯を禁止する理由は伝えられていない。博戯が多かれ少なかれ良俗違反であることに立法理由を求める者、金銭を賭けても金銭が娯楽予算の範囲を超えなければ非難できないとする者もいるが、いずれにせよ法源上は博戯が不道徳性（Immoralität）であるからではなくて、元老院議決により禁止されるのである。Vgl., Lotmar, Der unmoralische Vertrag, 1896, S. 139.

(17)　希望の売買とは、次に漁師が捕獲する魚のように、存在するに至るか否かが完全に不確実である将来の物の売買。期待物の売買とは、穀物、奴隷の未だ出生しない子のように、将来において存在することが期待される物の売買。海上貸借とは、船による商品輸送と結合した貸金で、船が荷と共に無事に入港した場合だけ貸金は返還する義務が生じる。Berger, Encyclopedic Dictionary of Roman Law, 1953 による。
(18)　Vgl., Staudinger-Engelmann, Kommentar zum BGB, Bd. 2, 1901, §762 5.
(19)　Mühlenbruch, Lehrbuch des Pandekten-Recht, 3. Aufl., Bd. 2, 1840, S.435.
(20)　Göschen, Vorlesungen über das gemeine Civilrecht, 2. Aufl., Bd. 2, 1843, §544
(21)　Holzschuher, Theorie und Casuistik des Gemeinen Civilrechts, 2. Aufl., 1858, S. 887.
(22)　Sintenis, Das practische gemeine civilrecht, Bd. 2, 3. Aufl., 1868, S. 736.
(23)　現行法上、博戯と賭事を区別する意味はない。しかし普通法では、例えば次のように区別される。「博戯は特有の取引のない複数の行為又は企てであり、その際利得又は損失が未だ知られてはいないが、関係人の行為を通じて惹起される結果に依存せられている。」「賭事は異なる主張に関する相互の約束であり、この約束によりその主張が正しいと証明される者は相手方よりあるものを取得する。」Mühlenbruch, aaO., S. 434-S. 436. Vgl., Seuffert, Praktisches Pandektenrecht, 4 Aufl., 1860, S. 305-S. 307
　このような区別が行われるのは、身体の強化又は精神の鍛錬に有益な博戯を除き射倖博戯を禁止されているが、対象が相当なものでなければならないという制限を受けるだけで賭事は制限されていないことにある。Windscheid, Lehrbuh des Pandektenrechts, 9. Aufl., Bd. 2, 1906, S. 859f.
　なお、スイスでは両者の区別につき争いはあるが、両者をスイス債務法は区別しないので意味がない。Oser/Shönenberger, Kommentar zum Obligationenrecht, 3. Teil, 2. Aufl., 1945, S. 2085. オーストリアでは博戯は賭事の一種とされ、区別する意味はない。フランスでは博戯は jeu であり、賭事は pari である。フランスでも両者を区別する意味はない。
(24)　七六三条
　富籤契約は、富籤または賭けが国家により許可されている場合、拘束力がある。そうでない場合には七六二条の規定が適用される。
(25)　七六四条
　物品または有価証券の給付の契約が、約定された価格と給付時の取引所価格または市場価格との差額が損失を被る当事者から利得する当事者へ支払われる意図で締結されている場合、その契約は博戯と看做される。このことは、一方当事者の意図だけが差額の支払いに向けられ、他方当事者はこの意図を知っているか知るべきである場合にも、当てはまる。

(26) スイス債務法は第二一節「博戯と賭事」において規定する。賭事は個別的債権関係の一つで、五一三条（債権の不訴求性）、五一四条（債権証書と任意の支払い）、五一五条（富くじ契約）、五一五ａ条（賭博場での博戯、賭博場による金銭消費貸借）がその規定である。中心となるのは五一三条、五一四条である。

五一三条

一項　博戯又は賭事からは債権は生じない。

二項　知って博戯又は賭事のために為された消費貸借と立替金、博戯又は賭事の性質を有する差額行為及び物品または証券の供給行為についても同じ。

五一四条

一項　博戯者または賭事者が博戯金または賭金の支払いのために署名した債務証書や手形は、交付がなされたにも拘わらず、善意の第三者の権利を留保して、主張することができない。

二項　任意に給付された支払いは、博戯または賭事の計画通りの遂行が事変または受領者により挫折された場合または受領者が不正につき有責である場合のみ、返還請求できる。

このように、博戯と賭事は禁止されてはいないが、それに法的な保護を与えには値しない。債務法がこのような態度をとっているのは次の理由にあるとされる。博戯と賭事はそれ自体非倫理的（unsittlich）ではないが、好ましいものではない。それは、博戯と賭事は、真面目な倫理的、経済的目的を欠くこと、金銭的強欲や軽率さを利用することがしばしば結びついていること、特に博戯をすることに存する危険であるからである。Oser/Shönenberger, aaO., S. 2083. ; Daniel Staffelbach in Handkommentar zum schweizerischen Obligationenrecht/hrsg. von Jolanta Kren Kostkiewicz/Urs Bertschinger/Peter Breitschmid/Ivo Schwander, 2002, S. 617.

(27) オーストリア民法は射倖契約を典型契約の一つとし、射倖契約の一類型として賭事、博戯、富くじは規定されている。射倖契約とは「未だ不確実な利益の見込みが約束されるかまたは引き受けられる契約は射倖契約」（一二六七条）である。射倖契約とされる契約は「博戯と富籤、期待権または将来の未確定の物に関する全ての売買及びその他の権利、終身年金、社会年金施設、保険契約、船舶抵当貸借契約」（一二六九条）である。あらゆる博戯は一種の賭事である（一二七二条）。博戯の法律効果を規定するのは一二七一条である。

一二七一条

誠実で許された賭事は、約定された賞金が諾約されるだけではなくて現実に支払われるか供託される限り、拘束力がある。裁判上賞金は請求できない。

このような債務はオーストリアでは自然債務とされているようである。Vgl., P. Bydlinski, Bürgerliches Recht, Bd. 1, Allgemeiner Teil, 2000, S. 61.

この規定は禁止された博戯には適用されない。禁止された博戯は八七九条一項（制定法の禁止または良俗に反する契約は無効である）に基づき無効である。Vgl., Koziol-Welser, Grundriß des bürgerlichen Rechts, Bd. 1, Allgemeiner Teil und Schuldrecht, 1983, S. 309.

(28) フランス民法は、射倖契約の一つとして博戯と賭事を規定する（一九六四条）。身体の錬磨等を目的とする博戯を除き（一九六六条）、その勝者は敗者に対して賭金の請求をすることができない（一九六五条）が、敗者が任意に弁済すれば、原則としてそれは有効な弁済となる（一九六七条）。

一九六四条
射倖契約トハ利益及損失ニ関スル契約ノ効力ガ、当事者ノ全部、又ハ其ノ中ノ一人若ハ数人ニ付、不確実ナル事件ニ繋ル合意ヲ謂フ。
以下ノ契約ガ之ニ属ス。
保険契約、
冒険貸借、
博戯及賭事、
終身定期金契約
前二者ハ海法ニ依リテ支配セラル。

一九六五条
法律ハ博戯ノ債務ノ為又ハ賭事ノ弁済ノ為何等ノ訴権ヲモ附与セズ。

一九六六条
兵器ノ使用ヲ練習スルニ適スル博戯、徒歩競技又ハ競馬、馬車競争、球戯及其ノ他身体ノ軽捷並ニ錬磨ニ資スル同種ノ博戯ハ、前条ノ規定ノ例外トス。
但シ裁判所其ノ金額ヲ過当ト認ムルトキハ、請求ヲ棄却スルコトヲ得。

一九六七条
如何ナル場合ニモ、敗者ハ任意ニ弁済シタルモノノ返還ヲ請求スルコトヲ得ズ、但シ勝者ノ側ニ、詐欺、欺瞞、騙取アリタルトキハ此ノ限ニ在ラズ。

訳は神戸大学外国法研究会（川上太郎・實方正雄・柳瀬兼助）編・高木多喜男補遺『現代外国法典叢書（一八）仏蘭西民法［V］財産取得法（4）』（有斐閣、一九五六年）による。

(29) 刑法二八四条
一項　官庁の許可なく公然と博戯を催し、もしくは保有し、またはこのための施設を用意した者は、二年以下の自由刑、または罰金刑に処せられる。
二項　常習的に博戯を催す社団または閉鎖的組合における博戯も、公然と開催したものと見做される。
刑法二八五条
公然たる博戯に参加した者は六月以下の自由刑または最高一八〇日の日割りの罰金刑に処せられる。
刑法三六〇条一四号
一五〇マルク以下の罰金又は拘留を以って処罰される者は権限なく公道、通り、広場又は公衆の集まる場所で博戯を催した者。

(30) 第一草案一〇五条
それに取りかかることが制定法により禁止されている法律行為は、その制定法から異なったことが明らかにならない限り、無効である。

(31) 第一草案一〇六条
その内容が良俗又は公序に反する法律行為は無効である。

(32) Motive, Bd. II, S. 644-S.646.

(33) 第一草案七四七条
一項　給付受領者が給付を受け取ることを通じて良俗又は公序に反する場合、給付者は給付物の返還を請求できる。
二項　受領者は、受領の時から、非債の受領者が給付受領後その履行のために給付された義務が存在しないことを知った場合に非債の受領者に対して妥当する規定に従い、給付物の引渡しの義務を負う。
三項　給付を通じて給付者もまた良俗又は公序に反する場合、返還請求権は排除される。

(34) Motive Bd. II, S.646.

(35) Protokolle, S.3171=Mugdan, Bd. 2, S. 1008.

(36) Planck-Oegg, Kommentar zum BGB, Bd. II, 4 Aufl., 1928, §762 7 a.

(37) スイス債務法五一三条二項によれば、借主が博戯又は賭事に支出することを知った上で金銭を貸与した貸主は返済を求めることができない。また借主が貸主にいったん返済すれば、借主は貸金債権が存在しなかったことを理由に返還を求めることはできない。しかし、貸主が貸金は博戯や賭事に支出されるということを単に知っているだけでは五一三条二項の要件を満たさない。貸金が博戯や賭事を促進するためになされることが必要であると理解されている。従って、博戯債務が既にある場合、これを弁済するために貸金がなされても、博戯を促進することにはならないので、貸主はその返済を求めることができる。Vgl., Oser/Shönenberger, aaO., S. 2097.

(38) Yの訴訟代理人による本件訴訟の経緯については、高橋秀忠「弁護始末記」時の法令一二六六号二〇頁以下。

(39) 川島武宜・平井宜雄編『新版注釈民法(3)』(森田修執筆)(有斐閣、二〇〇三年)二〇五頁。

(40) ②について、金銭の貸主が借主の賭博行為を反復させる共同加功の動機が消費貸借の目的となり、この動機が公序良俗違反であるから消費貸借も無効であるという見解がある。平野義太郎・本件判批・民商法雑誌八巻(一九三八年)一〇七頁。しかし貸主が貸金の使用目的を知っているだけでは賭博行為の反復の共同加功の動機を認めるのはできないであろう。貸主は賭博の相手方である勝者(③)、あるいは賭博の主催者(④)、あるいは共同賭博者(⑥)であり、また賭博から高い利益をあげることを目的として貸し付ける共同事業者(⑦)のような貸主であれば、金銭を貸与して借主の賭博行為を反復(さらに継続)させて利益をあげることができるから、このような者に共同加功の動機があるというのは肯くことができる。

(41) 末弘厳太郎は、法律行為の内容と動機を分けるのは難しいから一方当事者の不法な動機を相手方が知っていれば法律行為は無効とするのが通説となったとしながら、当事者の一方が相手方の動機を知っていれば、それだけで法律行為が無効になるというのはいきすぎであると言う。従って②について「たとえば同じく賭博の用に供することを知りながら金を貸す場合でも、自ら賭場にいて賭博行為を助長する目的でこれを貸し与えた者に対しては、その返還請求に対して法律的保護を与うべき必要は存しない。しかし甲が借金を賭博の用に供することを知りつつも、乙が彼を憐れんで金を貸し与えたような場合まで、公序良俗違反とみることは少しく乱暴」であると言う。末弘厳太郎著・戒能通孝改訂『民法講話上巻』(岩波書店、一九五四年)一八〇頁以下。

末弘の結論は妥当であるが、かなりきわどい事例で的確な事実認定の上に立って法律行為の内容を確定した⑤の存在を考慮すると、法律行為の内容と動機を分けるのは困難とは断言できないように思われる。ひとまず動機から離れて当事者は契約で何を合意したのかに目を向けることが必要であろう。一方当事者の動機や目的は単独行為を除く法律行為では重要ではない。双方当事者が共通の目的を契約で追求している場合、この目的が法律行為の内容となる。Flume, Das Rechtsgeschäft, 3 Aufl., 1979, S. 374. この目的を含む法律行為に民法九〇条、七〇八条を適用できるか否かを裁判官には判断することが求められる。

⑦に関して、貸主に一定程度の不法性があるとしても、貸主に返還請求権を認めないことにより借主である賭博開帳者を保護することになるとの見解がある。磯村保「賭博開帳者の保護?——権利保護拒絶のパラドックス」法学セミナー一九八六年一二月

号二八頁以下。しかし本件は借主が賭博開帳により挙げる寺銭の三割を提供する旨の約定があることから、貸主に一定程度の不法性があるだけとは言えないのではないか。消費貸借という形式をとっていても、XY間には、Xが資金を出資し、Yが犯罪のリスクを背負い賭博開帳に関する労務を出資し、これによる収益を分配するという組合契約を認定できないか。そうだとするとこの組合は犯罪を目的とする契約であるから公序良俗違反の法律行為であるといえる。

②に見られるように犯罪、とりわけ賭博に付随する行為の効力に関して、法律行為の内容の確定を経過せずに直ちに公序良俗違反と速断されがちであるのは、わが国における賭博観が根底にあるのかもしれない。

「名義貸し」における当事者の確定と表見法理

鹿野菜穂子

河内宏・大久保憲章・采女博文・
児玉寛・川角由和・田中教雄 編
『市民法学の歴史的・思想的展開』
二〇〇六年八月 信山社12

一　はじめに

取引において、実質的に契約の経済的効果を受けることを予定している者（B）が、自己の名ではなく他人（A）の名で、第三者（C）との契約を締結するという事態は、従来からしばしば見られた。かかる事態が生ずるのは、BがAの信用や名声を利用するためであったり、Aの有する一定の地位を利用して優遇措置を受けるためであったり、税金その他本来Bに課される何らかの負担を免れるためであったり、Aに信用をつけさせるためであったり等の様々な理由に基づく。このように経済的効果の帰属者と名義人とが異なる場合を広く指して、「他人名義」での契約と呼ぶことができる(1)。

他人名義の契約の中でも、それが名義人の了解を得ずに行われる場合は、「名義冒用」といわれる。例えば、Bが、Aの了解を得ることなく勝手にAの名義を使用して売買や消費貸借等の契約を締結する場合である。この場合は、行為者がBであることは間違いなく、法律行為は、現実にその行為をしたBを当事者として成立し、Bにその効果が生ずると一般的に解されてきた(2)。これに対し、その名義人の了解ないし許諾を得て他人名義の契約が行われる場合がある。この中にも、契約に基づく権利の帰属が争われる事件類型もあるが(3)、従来から「名義貸し」の問題として主に議論されてきたのは、契約に基づく債務の帰属が争われた事件類型であった。そこで、本稿でも、名義の使用許諾がある場合のうち、債務の帰属が争われた類型を念頭において、「名義貸し」と呼ぶこととしたい。

名義貸しについては、従来から、名義貸人Aは契約相手方Cに対して、いかなる法理に基づきいかなる要件の下で責任を負うのかが議論されてきた。そして、その解決の方向には、大きく二つがあった。一つは、表見法理による解決である。すなわち、平成一七年改正前の商法二三条には、名板貸人の責任に関する規定が置かれていたし、また、民法一〇九条には、代理権授与の表示による表見代理の規定が置かれているが、これらの規定あるいはその基礎にある法理に基づいて、名義貸人Ａの相手方Ｃに対する責任を認めるという解釈が、一方で展開された。

もう一つは、より端的に、名義貸人と相手方との間に契約が成立したとして、名義貸人Ａは相手方Ｃに対して契約当事者としての責任を負うとするものである。そして、後に見るように、名義貸しに関する裁判例、とりわけクレジット契約や消費貸借契約に関する裁判例の多くは、名義貸人を当事者と認定している。そしてもし、名義貸人が契約当事者だとすれば、契約当事者は契約に基づく債務を負うのが原則であるから、さらに表見責任を問題とする必要はないことになろう。もっとも、裁判例は、名義貸人を契約当事者とした上で、さらに、名義貸しの事実について相手方が知り又は知ることができた場合（それを名義貸人が立証できた場合）には、民法九三条ただし書の適用ないし類推適用により、名義貸人Ａは、自己への効果帰属を否定して責任を免れることができるという解釈を展開してきた。そして、学説においても、判例のこのような傾向を支持し、名義貸しの場合には名義貸人と相手方との間で契約が有効に成立するのが原則であり、例外的に、心裡留保の類推又は信義則により、悪意又は有過失の相手方に対して無効を主張できると解する見解が一般的であるように見受けられる(4)。

しかし、名義貸しといっても、名義の使用許諾の態様や、契約の意思表示への関わり方などの具体的な事情は様々である。それにもかかわらず、名義の使用を許諾したという点を捉えて直ちに名義貸人を契約当事者と認めるのは果たして妥当であろうか(5)。名義貸しに関する下級審の裁判例の一部には、容易に名義貸人を契約当事者と認定しているように見えるものがあるが、それは、なぜ名義貸人が自己名義の使用を許諾したことによって契約当事者となるのかについて、従来、必ずしも十分な議論が尽くされてこなかったことにもよるのではないかと考えられる。

そこで、本稿では、名義貸人の責任につき、契約当事者の確定の問題と表見法理による帰責の双方から、あらためて若干の検討を行いたいと思う。(6)

(1)「他人名義」を広く捉えた場合、そこにはさらに、Bが「A代理人B」と表示して契約をする場合も含まれうるが、ここでは、Bが単に「A」と表示してCと契約をする場合を念頭に置く。

(2) 名義冒用一般について、我妻栄『新訂民法総則』（岩波書店、一九六五年）三四六頁、幾代通『民法総則〔第二版〕』（青林書院、一九八四年）三〇九頁。裁判例においても、たとえば仙台高判昭五七・一二・一〇金判六七六号二一頁は、「法律行為ないし法律的行為の当事者が誰かを判断するには、代理人又は使者と名乗って行動した場合は別として、現実にその行動をした者を行為者と考えるべきであって、法律行為ないし法律的行為は現実にその行為をした本人を当事者として成立し、その者について効果が生ずると解するのが相当である」としている。もっとも、「名義」が特に重視される取引においては、冒用者との間の契約成立も認められないことがあろう。たとえば、Bが、信用のあるAの名義を冒用し、A名義でCから融資を得た場合、相手方Cとしては、Aと契約を締結する意思は有しているがBとの契約締結意思はない。このような場合には、むしろ、BがAの名前を示したことを、代理における顕名（所有者Aに法律効果を帰属させる旨の表示）と捉え、無権代理の問題として処理することが適しているように思われる。

(3) 預金者の確定に関する一連の事件の中には、出捐者が他人に名義使用の許諾を得てその他人名義で預金を行うという場合も存在するし、また、不動産の競売において、他人に名義の使用許諾を得てその他人名義で買い受けたという事件（最判昭和四四・五・二七民集二三巻六号九九八頁）等も存在する。筆者は、不動産売買の場合を主な対象として、判例における契約当事者の確定の在り方につき若干の批判的検討を行ったことがあるが（拙稿「契約当事者の確定㈠」立命館法学二三八号一二二三頁以下、「契約当事者の確定――不動産売買契約を中心に」私法五八号一六三頁以下）、そこで取り上げた裁判例の一部は、名義人が、行為者に、名義使用を許諾している事案に関するものであった。なお、預金者の確定において、従来の判例は、名義や契約相手方である銀行の認識は重視せず、実質的に誰に預金債権を帰属させるのが妥当かという観点から、原則として出捐者を預金者としてきたが、近時は「名義」を考慮要素の一つとして掲げる判例もある（最判平成一五・二・二一民集五七巻二号九五頁、最判平成一五・六・一二民集五七巻六号五六三頁など）。これをめぐる従来の議論については、『新版注釈民法⒃』（有斐閣・一九八九年）四二四頁以下〔打田・中馬〕、近時の新しい判例をめぐる議論については、岩原紳作・森下哲朗「預金の帰属をめぐる諸問題」金法一七四六号二四頁以下、内田貴・佐藤政達「預金者の認定に関する近時の最高裁判決について（上）（下）」ＮＢＬ八〇八号一四頁以下、八〇九号一八頁以下等を参照。

（4）山本敬三『民法講義Ⅳ―1〔契約〕』（有斐閣、二〇〇五年）五九頁は、契約当事者の確定の項目の中でこれを整理している。さらに、尾島茂樹・後掲注（17）も参照。

（5）松本恒雄「クレジットの名義借り」法学セミナー四八五号（一九九五年）八八頁は、名義貸しにおける契約当事者の確定の際、行為者・名義・当事者の意図、紛争類型（誰が何を主張しているのか）、名義人の関与の仕方（無償協力型・有償協力型・共謀型）等が考慮されるとする。

（6）広く「名義貸人の責任」と言う場合には、契約相手方以外の第三者に対する関係で名義貸人が不法行為責任を負うかという問題も含まれようが（最判平一五・一一・一四民集五七巻一〇号一五六一頁は、建築確認申請に名義を貸した建築士の欠陥住宅購入者に対する不法行為責任を認めた）、本稿では、名義貸人、名義借人、契約相手方の三者の契約関係に対象を絞り、かかる第三者に対する不法行為責任の問題はひとまず検討対象から除外する。

二　名義貸しに関する裁判例（7）

名義貸し事例の中でも特に多いのは、名義貸しによるクレジット契約や消費貸借契約において、その債務者は誰かが争われた事例であるが、通常の売買契約等における代金債務の帰属や前払金返還債務の帰属が問題とされたケースも若干ながら存在する。そこで、まず後者に属するいくつかの裁判例を見た後、クレジット契約事例を概観したい。

１　クレジット契約以外の事例

⑴　表見責任

まず、名義貸人を契約当事者とするのではなく、表見法理によってその責任を認めるものがある。既に大審院の時代に、民法一〇九条及び自称社員の責任に関する商法の規定（当時の六五条）の基礎にある法の精神等を根拠に、名義貸人の責任を認める判決があったが(8)、昭和一三年の商法改正によって名板貸人の責任に関する規定（平成一七年改正前の商法二三条。以下では、商法旧二三条という）が設けられた後は、民法一〇九条と商法旧二三条の法意を根拠に、責任を認めるものが出てくる(9)。その代表的判例として、【1】最判昭三五・一〇・二一民集一四巻一二号二六六一頁を挙げることができよう。

事案は、Bが、「東京地方裁判所厚生部」という名称を使用し、裁判所庁舎の一室で、職員のための物品の購入販売等を行い、その際、発注書や支払証書には庁用の裁判用紙や庁印を使用する等の方法をとっていたが、東京地裁（A）は、これを黙認していたというものである。Bに物品を販売したXらが、国（A）に対して代金の支払を請求したのに対し、最高裁は、取引を行ってきたBはAの一部局ではないとし、Bが契約当事者であってAは契約当事者でないということを前提とした上で、以下の判示により、民法一〇九条、商法旧二三条等の法理を根拠に名義使用許諾者の責任が認められうるとした。「およそ、一般に、他人に自己の名称、商号等の使用を許し、もしくはその者が自己のために取引する権限ある旨を表示し、もってその他人のする取引が自己の取引なるかの如く見える外形を作り出した者は、この外形を信頼して取引した第三者に対し、自ら責に任ずべきであって、このことは、民法一〇九条、商法二三条等の法理に照らし、これを是認することができる(10)。」

(2)　契約当事者責任

一方、名義貸人を端的に契約当事者と認め、それによって名義貸人の契約責任を認めた下級審裁判例もある。その例として、【2】東京高判昭二七・五・二四判タ二七号五七頁を挙げることができよう。

事案は、Bが、自己の名義では相手方の信用を得られず取引に応じてもらえないので、木材商として信用のあるAに対し、Aに迷惑をかけないからAの信用によって売買契約を成立させるためにAの名義を貸してもらいたいと頼み、Aの承諾を得てAの名義で木材をXに売却し、Xも、Aが売主となるのであれば安心だと思って契約を締結したというものである。Bが目的物の引渡しをしないので、Xが、契約を解除した上でAに対して前渡金の返還を請求したのに対し、判決は、次のように判示して、名義使用を許諾したAが契約当事者となり、契約上の責任を負うということを認めた。「およそ取引社会で、一定の資格のある者でないため取引ができず、又は或る者に信用がないため、その名においては取引ができないというような場合に、法律上特段の定めのある場合は別として、一定の資格又は信用ある者がその者に代って当該取引の当事者たる地位に立ち、所期の取引を成立させる事例は極めて多く見るところであって、このような関係で自己の名において当事者となることを承諾する者は、自ら相手方その他第三者に対する関係においては、あくまで自己がその取引の主体として法律上の権利義務を取得する地位につくことを承認するものであつて、ただ、その取引の結果の経済上の利害を自己が代つてやったその者に帰属させるに過ぎず、この相手方においても、他に経済上の利害の主体の存することを知っていると否とにかかわらず、いやしくも自己の名において取引の主体となる者は右のような法律上の地位に立つものであることを承認してその取引を成立せしめるものであるから、契約は常にその名において当事者となった者と相手方との間に有効に成立するのである。……これをもつて通謀虚偽表示であるとか必裡留保であるとか主張するのは失当」である。

2 クレジット・消費貸借契約事例[11]

(1) 表見責任

クレジット契約において債務の帰属が争われた裁判例の中にも、名義貸人の責任を、表見法理によって認めたものは存在する。

一例として、【3】名古屋高判昭五八・一一・二八判時一一〇五号一三八頁を挙げることができよう。事案は、呉服商Bが、営業資金に困り、融資金を入手するために、顧客Aの許諾を得て、Aの名義を用いて、顧客AがBから呉服を購入するかのような架空の契約書を作成し、その売買代金支払のためとしてA名義でC保険会社から金員を借り受け、さらに同借受金につきXクレジット会社がBの委託により連帯保証をした（その際、XはAに対して電話確認を行い、支払明細書を送付する等したが、Aはこれに何ら異議を唱えなかった）、というものである。借入金の返済が滞ったため、XがCに弁済を行った上で名義人Aに対して求償金の支払いを請求したのに対し、判決は、本件各契約の当事者がその取引名義のとおりにAであるとは認められないとし、しかし、名義使用を許諾したAは、商法旧二三条の法意により、ローン契約から生じた債務につき、名義借人Bと連帯して弁済の責に任ずるとした。

同様に、【4】大阪地判昭六二・九・二二判時一三二〇号一一七頁も、表見責任に関する規定に基づいて名義貸人の責任を肯定している。事案は、宝石類の委託販売の仕事をしていたBが、預かっていた商品を入質して換金費消していた事実の発覚を免れるため、信販会社の立替払契約を利用して、指輪が売れたように装うことを考え、Aらに、水商売関係の人に宝石を売りたいが、水商売ではクレジットを利用できないので名義を貸してほしいと虚偽の事実を伝えて名義使用の承諾を得、Aらの名義でX信販会社らとの間で立替払契約をしたというものである（なお、割賦販売法には昭和五九年改正により抗弁接続の規定が新設されたが、本件は改正前の事件であった）。XのAに対する支払請求に対し、本判決は、次のように判示し、商法旧二三条と民法一〇九条の法理を根拠に表見責任を肯定した。「Bに対し自己の名義を使用して宝石の売買契約をすることを許し、さらにXからの契約締結意思の確認に対し肯定的応答をして、その結果Ｂのした本件立替払契約の申込者が自己自身であるかのごとき外形を作り出したＡは、民法一〇九条、商法二三条などの法理により、この外形を信頼して取引したＸに対し、自らその責任を負うべきである。そして、本件立替払契約は、Ａの名義を使用したＢとＸとの間で有効に成立したものと認められるから、同契約は不成立とのＡの主張を採用することはできない。」

⑵　代理構成

裁判例の中には、名義の使用許諾が代理権授与を含むものであったとし、代理構成を通して名義貸人に契約当事者としての責任を認めるものもある。

例えば、【５】東京地判昭五七・三・一六判時一〇六一号五三頁がこれに当たる。事案は、Ｂが、自分がデパートに出品した作品が売れたように見せかけるために、Ａの承諾を得て、Ａ名義でデパートＣから作品を購入する契約を行い、その代金支払のために信販会社Ｘとの間でＡ名義での立替払契約を締結したというものであった。その際、Ｘは、Ａの意思確認をしていない。Ｘが名義貸人Ａに対して立替金の支払を請求したのに対し、判決は、ＡはＢに対し、本件売買契約の買主名義を貸すことを承諾し、かつ、本件売買契約締結の代理権及び本件立替払契約締結の代理権を与えたものと認められるとして、Ｘの請求を認容した。なお、同判決は、最初に、「契約の当事者としての名義を第三者に貸すことを承諾した者は、当該契約の相手方との関係では自己が当事者としてその法律効果の帰属主体になる」という一般論を展開しているのであるが、本件においては、Ａが名義貸しの承諾をするに際して代金額その他の契約内容及び代金の支払い方法等の決定について何ら限定をしていないことを捉え、このような場合にはＡがＢに包括的な代理権を授与したものと認められるとしたものである。また、Ｘによる意思確認が欠けていた点につき、本判決は、承諾をした際のＡの意思は本件各契約締結の意思として何ら欠けるところはないのであるから、XがAに対して意思を確認すべきものとは解されないとしている。

同様に、【6】京都地判昭五九・七・一九金判七〇九号四〇頁も、代理構成を介して名義貸人を効果帰属当事者とし、その責任を肯定している。事案は、Aが、Bの従業員B'に頼まれて、Bが呉服の購入につきXの立替払を利用するにあたって自己（A）の名前が使用されることを承諾し、その為に必要な書類をB'が作成することを黙示的に了承した上で、Xからの確認の電話に対しても呉服購入の事実等を認め、第三回目まで立替金及び立替手数料をXに支払ったというものである。XがAに対して、立替払金残額の支払いを求めたのに対し、判決は、次のように判示してXの請求を認容した。「このような場合には、Aは、B'に対し、B'がAの名前を使用して本件ショッピングクレジット契約を締結するについて、包括的な代理権を与えたといえるから、B'が、本件ショッピングクレジット契約書である甲第一号証に直接A名義の署名捺印をしたことは、Aから与えられた包括的代理権に基づく適法な行為であり、その法律上の効果が、Aに帰属する。」

⑶　契約当事者責任

クレジット契約における名義貸しに関する判決では、代理構成も介さず、端的に名義貸人がクレジット契約の当事者であると認定してその責任を認めるものが多数を占める。その典型的な例をいくつか取り上げてみよう。

【7】横浜地判平三・一・二一判タ七六〇号二三一頁。事案は、Aが、間借り人であるBから、化粧品の購入のためにカードの申込をしたいが横浜市に住民票がないと申込ができないので迷惑をかけないからA名義のカードを作成し利用させて欲しいと依頼され、これを承諾したというものであった。なお、契約書はA・Bの立ち会いのもとで勧誘員の代筆によって行われ、その後のXによる電話での意思確認に対し、Aは申込をしたことを認めた。支払口座はBの口座とされた。XがAに対して、商品代金の立替金の支払いを請求したのに対し、本判決

は、「（Ａは）Ｘに対する関係においてはあくまで自己が取引の主体として法律上の権利義務を取得する地位につく意思を表示しているのであり、ただその実質上の経済的効果はＢに帰属させる意思を有していたに過ぎない」として、カード利用契約はＡとＸとの間で何らの障害なく成立したと認め、Ａの心裡留保・虚偽表示の主張は失当だとして、Ｘの請求を認容した。

この事件は、クレジット契約の前提として商品の売買が一応存在した（Ｂがカードを紛失し、何者かがこれを使用して商品を購入した）ケースであった。しかし、一方では、前提としての取引が存在せず、当初より名義借人が借りた名義を利用して架空取引をすることにより資金調達を図る予定であったという事件も多い。

【８】東京高判昭五七・六・二九金判六五八号一七頁も、その一例である。事案は、Ａが、Ｂ電気器具販売店を経営するＢ'から、エアコンの購入者としてＡの名前を使うことを依頼されてこれを承諾し、Ｂ側が代行してＸへの立替金契約申込書に記名捺印することも了承し、Ｂ'の作成にかかるＡ名義での申込みを受けたＸからの電話に対しても、Ａは肯定的な回答をしたので、ＸがＢに立替金を支払ったというものである。判決は、以上の事実を認定し、ＡとＸとの間に本件立替金契約が締結された（つまり名義貸人が当事者である）とした。また、Ａの錯誤無効の主張に対しては、「本件立替金契約申込の意思表示がなされるに当り、仮にＡに立替金返済の真意がなかったとしても、民法第九三条により本件立替金契約の効力には影響がなく、主張自体失当」とし、さらに「右主張が、ＡはＢ'が立替金を返済するものと考えて本件立替金契約申込の意思表示をなしたとの趣旨であるとしても、それは単なる動機の錯誤であって、法律行為の要素の錯誤にはあたらないので、主張自体失当」として斥け、Ｘの請求を認容した。

本件は、昭和五九年の割賦販売法改正以前の事件であったが[12]、同改正によって抗弁の接続を認める同法三〇条の四が新設された後は、従来からの不成立、無効の主張のほかに、同条による抗弁の成否をめぐっても争いが展開されることになった。

【9】東京地判平五・一一・二六判時一四九五号一〇四頁。事案は、自動車の販売業者の従業員Bが、第三者に売った自動車の販売代金を着服し、その穴埋めのために、友人Aの名義を借りて割賦購入あっせん業者Xにその第三者に売ったのと同じ車につき割賦購入あっせんを申込み、Xから販売業者に立替金が支払われたというものである。AはXの意思確認に対しても肯定的な返事をしていた。XのAに対する立替金請求に対し、判決は、XA間の契約の成立を認め、しかも、Aの商品引渡未了の抗弁の主張（割販法三〇条の四）に対し、割賦購入あっせん契約において購入者として自己の名義を貸すことを承諾した者は、自己に商品の引渡がなかったとしても、支払停止の抗弁を援用することは信義則上許されないとしてこれを斥け、Xの請求を認容した。

このように、割賦販売法三〇条の四の適用に関しては、架空取引の代金名目で融資を得ることにつき名義を貸した者が、割賦販売法三〇条の四第一項の抗弁を援用することは、信義則に反し認められないとするのが、今日の裁判例の一般的傾向である[13]（ただし、学説には批判もある[14]）。

さらに判例は、立替払契約やローン提携販売のような売買等の契約と結合した融資ではなく、より独立した形で金融機関から融資を得ることにつき名義貸しをした場合についても、立替払契約等の場合と同様、名義貸人と金融機関との間の契約の成立を認めて、金融機関からの請求を認容している。

【10】東京高判平一二・四・一一金判一〇九五号一四頁がその一例である。事案は、X銀行からの融資に関し、B総会屋の事務手伝いをしていたAが、Bの会長の依頼により借主としての名義貸与を承諾し、手形貸付の方法によってXからAへの融資が実行されたというものである。Aは、貸金についての担保物、返済資金等はBが用

意し自己は経済的に何ら負担もないと考え、X銀行も、本件各貸付金が実質的にAからBに迂回融資の形で交付されることを認識していた。XのAに対する貸金返還請求に対し、判決は、「Aは、本件各貸付契約上の法的な借主は自己であって、それによる法的義務は自己が負うことを認識していたものというべきであり、Xにおいては、終始一貫して本件各貸付における法的当事者はAであるとして手続処理していたのであるから、本件各貸付契約の締結に際して、それが最終的な経済目的としてBに対する迂回融資のためにする目的があったとしても、本件各貸付契約締結行為自体に付きAに心裡留保があり、Xがそれを了知していたと認められず、右各契約は無効であるということはできない」として、Xの請求を認容した[15]。

(4)　契約当事者としながら責任を否定する裁判例

クレジット契約において、名義貸人が契約当事者と認定されても、常に相手方から名義貸人に対する支払請求が認められるとは限らない。名義貸しに関する訴訟では、名義貸人は多くの場合、錯誤、虚偽表示、心裡留保等による無効の主張も併せて行っている。(3)では、名義貸人による無効の主張が斥けられた裁判例を挙げたが、近時の裁判例においては、九三条ただし書の適用ないし類推適用により、名義貸人に対する請求を否定する判決もしばしば見られる。

例えば、【11】長崎地判平元・三・二九判時一三二四号一四二頁は、Aが、B及び信販会社Xの担当者に頼まれて、BのCに対する請負代金債務についてされた立替払契約において自己の名義使用を許諾したという事案において、名義貸人との間での契約は成立しているが、本件では、信販会社が、名義貸しの事実を知っていたとして、信販会社による支払請求を、九三条ただし書を根拠に否定した。Xの控訴に対し、【12】福岡高判平元・一一・九判時一三四七号五五頁（【11】の控訴審判決）は、次のような判示により、九三条ただし書の類推適用論を詳細に展開して、Xの控訴を棄却した。「自ら負担しない請負代金支払債務についてなされた立替払契約において自己の名義使用を許諾した名義貸与者は、仮に右立替金の爾後の返済は他の者の責任においてなされ、自らはその支払をする必要がないと考えていたとしても、右の点は単に立替払契約を締結するに至る一つの動機にすぎないものであり、立替払契約を締結する意思そのものがあったことについてはこれを否定することはできない」から、「意思の欠缺に関する民法九三条を本件にそのまま適用することができない」。しかしながら、「立替払契約が加盟店、名義貸与者等によりその本来の目的を逸脱して不正利用された場合」において「右不正利用の発生について信販会社にもその原因の全部又は一部がある場合には、信販会社自身立替払契約の本来の目的を逸脱した利用に関与していることになるから、公平の観点から当該信販会社もその責任の全部又は一部を負担すべきであると解するのが相当である。」「そして、信販会社において立替払契約を締結するにあたりその当事者が右のような名義貸与者である事実を知り、あるいは知り得べきであった場合には、信販会社を当該立替払契約上保護すべき根拠は失われているのであって、名義貸与者にその契約上の債務を負担させることは著しく公正を欠くものであるから、民法九三条但書の規定を類推して、右立替払契約はその限りで効力を生じないと解するのが相当である。」

さらに、銀行からの住宅ローンにおける名義貸し事例についても、【13】最判平七・七・七金法一四三六号三一頁及びその原審は、同様の解決を図った。事案は、Aらが、Aらの知人であり本件マンションを建築したBから、住宅ローンの借主として名義を貸してほしいとの依頼を受けてこれを承諾し、これに基づいて、X銀行との間で、Aらを借受人名義とする金銭消費貸借（住宅ローン）契約書等が作成されるとともに、各住宅ローン債務を担保するため、Aら名義とされていた本件マンション（各区分所有建物）及びその敷地共有持分に、X銀行のために抵当権が設定されたというものである。ＸがＡらに貸金の返還を求めたのに対し、原審は、Ａらの意思に基づきＡら自身を借受人とする金銭消費貸借契約証書等が作成されたこと、Ｘの貸付金はＡら名義の預金口座に入金され、いったんは経済的利益がＡに帰属したとみうることなどから、ＡとＸとの間での契約の成立を認めたが、「Ｘは、本件貸付けにより実質的に経済的利益を受ける者がＢであり、Ａは単に名義を貸したにすぎないことを知りながら、Ａに対して本件貸付けを行ったものであるから、Ａに対する関係においては、消費貸借契約上の貸主として法的保護を受けるには値しないと言うべきであって、結局、民法九三条ただし書の適用ないしは類推適用により、Ｘは、Ａに対して本件貸付金の返還を求めることは許されない」として、Ｘの請求を棄却した。そしてＸからの上告に対し、最高裁も、原審の認定判断を正当だとして上告を棄却したのである。

一方で、下級審の裁判例の中には、信義則ないし権利濫用を根拠に、原告の請求を否定するものもあり、そこでは、名義貸しの事実についての相手方の認識ないし認識可能性以外の諸事情も、請求の可否（信義則違反か否か）の判断において考慮されていた。(16)しかし、特に【13】判決以降は、名義貸しによる契約の締結の際、相手方（金融業者等）が名義貸しの事実を知り又は知ることができたときには、九三条ただし書の適用ないし類推適用により、契約の効力は生じないとする解釈が、判例上定着してくる。(17)

(7)　契約当事者の決定において名義がいかなる意味を持つかにつき、広く判例を分析したものとして、太田知行「契約当事者の決定と名義㈠〜㈣」法学五三巻六号、五五巻三号、四号、五六巻一号（一九九〇〜一九九二年）がある。

(8)　例えば、大判昭五・一〇・三〇民集九巻一一号九九九頁は、頼母子講の非講員であるＡが、頼まれて、講の通帳その他の書類に自分の名が管理人として用いられることを承諾したという場合において、講員ＸがＡに対して管理人としての責任を追及したのに対し、大審院は、民法一〇九条や商法（旧）六五条が基礎とする法の精神を理由に、Ａは自己の氏名を表示することを承諾し、講員も正当な管理人と信じた以上、講規約における管理人と同一の責任を負うべきであるとした。また、大判昭四・五・三民集八巻四四七頁は、不法行為に基づく損害賠償請求事件ではあるが、「会社の支店名義を用いることを許諾したときは、支店の業務について会社を代理する権限を有することを表示したもの」だとした。

(9) 一方で、商法旧二三条の要件を緩やかに解することにより、同条の（直接）適用を通して、名義貸人の責任を認める判例もある。例えば、最判昭三二・一・三一民集一一巻一号一六一頁は、他人の依頼に基づき、自己名義をもって薬局開設の登録申請をすることをその他人に許容した者は、その登録がなくても、当該薬局の取引上の債務につき、商法旧二三条による責任を負うとしている。

(10) これに対し、最判昭和四〇・二・一九裁判集民事七九号四六五頁・判時四〇五号三八頁は、日本電電公社が、職員宿舎構内の物資廉売所に「近畿地方生活必需品販売部」という名称の使用を許しても、当該事情のもとでは電電公社の一部局としての表示力を有するものではないとして、右名称使用による取引についての電電公社の責任を否定した。

(11) 割賦購入あっせんの名義貸しに関する裁判例については、長尾治助「個品割賦購入あっせんの名義貸判例の検討」判評三一九号（判時一一五七号）一六頁、本田純一「民法判例レビュー」判タ五二二号七六頁以下をはじめとして、多数の判例分析・評釈がある。

(12) 判例【8】においても、Aは、商品の引渡がないので支払いを拒絶するという主張も行っているが、判決は、本件立替金契約とエアコンの購入契約とは別個の契約関係であるから立替払契約に影響しないとしてこれを斥けている。

(13) このほか、東京地判平六・一・三一判タ八五一号二五七頁、静岡地判平一一・一二・二四金法一五七九号五九頁なども同様。静岡地裁判決は、さらに、信販会社が名義貸人に請求しうる額が、過失相殺規定の類推適用により減額されるかという問題についても検討し、本件では信販会社の契約意思確認等に過失がなかったとして全額認容している。

(14) たとえば、梶村太市編『割賦販売法』（青林書院、二〇〇四年）四一六頁［千葉恵美子］は、「三〇条の四にもとづく抗弁事由の対抗が信義則に反するのは、顧客が供給業者ないしその従業員と共謀して、与信業者から立替金ないし貸付金を引き出した場合やそのことに協力した見返りが予定されている場合など、顧客の一方的関与ないしは積極的な関与によって供給契約上に抗弁事由が発生している場合」に限られるべきだとする。

(15) 同様の判断を示した近時の裁判例として、さいたま地判平一六・一一・二六（平成一二年（ワ）二七〇七号）が挙げられる。これに対し、後掲注(22)の東京高判平一二・五・二四金判一〇九五号一八頁は、名義貸人との間の契約の成立自体を否定している。

(16) 例えば、東京地判平二・一〇・二五判時一三八九号七五頁では、信販会社側が、自動車販売業者に対して自らが有する債権と相殺する形で立替金の支払をするという不良債権の回収のみを目的として割賦購入あっせん取引をしたものであり、そのことを購入者（名義貸人）に隠していたという事情を重視して、信販会社による請求を信義則違反としている。また、東京地判平五・七・二六判タ八六三号二二七頁は、貸主が名義貸しの事実について悪意である場合に一律に名義上の借主が契約上の責任を免れると解することは相当ではなく、その責任の有無については、名義貸しに至った当事者双方の事情に照らし、名義上の借主が経済的効果を享受しないにもかかわらずあえて当事者として出現したことが法的効果を自己に帰属させる趣旨のものであったかを判断する必要がある、とする。

(17) 東京地判平一一・一・一四金判一〇八五号三一頁（X銀行も名義貸しの事実を知っていたと認定）、大阪高判平一一・五・二七金判一〇八五号二五頁（X銀行支店長が、名義貸しの約束を承知していたと認定）、広島高裁岡山支部判平一二・九・一四金判一一一三号二六頁（X銀行が名義貸しに積極的に協力していたと認定）、東京高判平一二・九・二八判時一七三五号五七頁（販売業者Bは実質的にクレジット契約の締結に関するXの代理人(商)に準じる立場にあり、民法九三条ただし書の解釈としては、Bが、Aに契約締結の意思がないことを知り又は知るべかりしときには、Xが知り又は知るべかりしときと同様に、Xは契約の効力を主張することはできないとした）、福岡地判平一三・五・一八金判一一二四号四九頁（Xが知っていた、あるいは少なくとも知り得べき状況があったと認定）。もっとも、総会屋の事務手伝いの名義貸し事例につき、東京地判平一一・一〇・二五金判一〇八二号四二頁が、名義貸人の心裡留保に基づくものでありX銀行もこれを認識していたとして無効としたのに対し、その控訴審（本文【10】判決）は、地裁判決を取り消してXの請求を認容している。さらに、近時のものとして、東京地判平一七・三・二五金判一二二三号二九頁も参照。これに対し、学説には、九三条ただし書ではなく、信義則により、信販会社からの請求を否定すべきだとする見解も主張されている。これについては特に、尾島茂樹「いわゆる名義貸しと心裡留保規定の類推適用」クレジット研究四号八二頁以下及び引用文献を参照。

三　名義貸しにおける契約当事者

二で見たように、今日の裁判例の一般的傾向は、名義の使用許諾があった限り、名義人と相手方との間の契約の成立を認め、その上で例外的に、相手方が名義貸しの事実を知り又は知ることができた場合には、九三条ただし書（の類推適用）によりその効力を否定するというものである。名義貸人が契約当事者になるという考え方は、既に【2】の判決の「自己の名において当事者となることを承諾する者は、自ら相手方その他第三者に対する関係においては、あくまで自己がその取引の主体として法律上の権利義務を取得する地位につくことを承認するものであつて、……契約は常にその名において当事者となった者と相手方との間に有効に成立する」という判示に、端的に表現されており、また、九三条ただし書の類推適用の考え方については、前掲【12】判決及び【13】の原審判決に最も明確に示されている。ここには、自己名義の使用を許諾した者は、それによる責任を負わされても仕方のない立場にあり、相手方の名義に対する信頼が保護されるべきであるが、契約相手方が事情を知っていたような場合には、その相手方の請求を認めてこれを保護する必要はないという利益衡量が存するといえよう。

しかし、裁判例からも伺われるように、自己名義の使用許諾の具体的事情・態様には、種々のものがある。すなわち、まず、名義貸人の契約に対する関わり方として、名義借人に対して名義の使用を許諾しただけで相手方との間の契約締結行為は全て名義借人が行った場合もあるし、名義貸人自身が、契約書等の記入や相手方からの本人確認に対する返答等の形で契約締結行為に関わった場合もある。また、許諾における認識についても、名義貸人が契約の具体的な内容を認識した上でこれを許諾した場合、何らかの契約に用いられるという曖昧な認識の場合、さらには、契約に用いられることすら認識がない場合も存在する。(18) さらに、契約相手方の関与の仕方や認識にも、種々のものがある。このような要素を捨象して、名義の使用を許諾した以上、契約当事者になる意思があったとすることには疑問の余地があろう。また、理論的にも、特に名義貸人自身の契約締結行為への関与が弱い場合に、名義貸人が契約当事者とされるためには、何らかの法的説明が必要とされるのではないだろうか。

そこで、あらためて契約の一般法理との関わりにおいて、名義貸しにおける当事者の確定について検討してみたい。

1　名義貸しにおける行為者

(1)　電話確認と名義貸人の意思表示

名義貸し事例の多くにおいて、契約締結の主導的役割を果たしているのは、名義借人Bである。そして、クレジットや消費貸借以外の契約類型においては、契約締結の手続きに名義貸人が関与していない場合も少なくない。このような場合には、名義借人を使者と捉えることができない限り（後述(2)）、名義貸人を契約締結行為者と見ることは困難であり、その場合には行為者ではない名義貸人に契約の法的効果が帰属する（他人効が生ずる）のはなぜかが検討されるべきことになる（後述2以下）。

これに対し、クレジット契約のような信用取引においては、名義貸人であるA自身も、金融機関からの本人確認に対する回答等によって、契約締結行為に関わっている場合が多い。もし、これをもって、Aを契約締結行為者（意思表示を行った者）と捉えられるなら、他人効の問題を論ずるまでもなく、Aが自己の名義で契約を締結しているのであるからAが契約当事者であることは当然であり、あとはその有効性が問題とされうるにすぎないということになろう。そして、クレジット契約における名義貸しに関する裁判例には、名義貸人Aを行為者と捉えて契約の効果帰属当事者と認めたと理解できるものが多い（上記の【7】～【13】の裁判例参照）。

しかし、電話確認に対する「はい、はい」という返事を捉えて、これを直ちに契約締結の意思表示と認めることには慎重さが要求されよう(19)。そもそも、ある者の行為が意思表示と認められるためには、それが行為者により、客観的には意思表示と評価されるものとの認識に基づいて行われることが必要である。そして、これを名義貸しに即して考えると、名義貸しの場合に名義貸人自身の意思表示があったと認めるためには、少なくとも名義貸人に、それが契約締結の意思表示に該当することの認識（それは、自らが契約の効果帰属主体になることの認識可能性をも意味する）が必要ということになるのではないだろうか。名義の使用許諾の事例の中には、名義貸人は単に車の登録名義に自己の名義が用いられることを承諾しただけで、契約の名義人になることについての認識・許諾はなかったというもの（実質的には名義冒用に当たるともいえるもの）もある。[20] そのような場合には、電話確認に対する回答の際にも、少なくとも主観的には契約の意思表示をする認識はなかったと推測されよう。この場合に、もし規範的観点から、本人確認に対する回答をもって契約締結（申込み等）の意思表示をしたと認めようとするのであれば、そのためには、その確認の際に、信販会社等により、契約内容が明らかにされることはもとより、その回答によって契約申込の意思表示をしたものとみなされ、契約当事者としての権利義務が帰属することになる旨が、示される必要があるのではないだろうか。裁判例には、「契約の内容が明らかにされた上で肯定的な回答をしている」から意思表示をなしたと認めるものもある。[21] しかし、本人の関与の仕方や本人確認の在り方如何によっては、未だ肯定的回答をもって意思表示と認めることのできない場合もあると思われるし、実際、そのように判断した裁判例も存在する。[22] そしてこの場合には、契約締結行為に直接関わった者（表示行為者）は、名義貸人ではなく名義借人であることを直視した上で、行為者とは異なる名義貸人が契約当事者とされることの根拠と要件について検討する必要があるように思われる。

⑵　使者を介した契約の締結

名義貸し事例における一連の契約締結行為を、名義貸人が名義借人を使者として行ったものだと捉える可能性もあるかもしれない。使者とは、一般に、既に本人が決定した意思を相手方に表示し、又は完成した意思表示を相手方に伝達する者を指すとされる。使者も、使者の行為を介して本人に効果を帰属させるという点で代理と類似しており、広義では他人効を生ずる制度の一つではあるが、代理との決定的な違いは、使者の場合、意思決定の自由がなく、存在するのはあくまでも本人の意思表示だということにある。

名義貸しの事例の中でも、例えば、名義貸人が、名義借人の依頼に応じて契約書に署名捺印等を行い、それを名義借人に渡して相手方への提出を委ねたような場合は、名義貸人は、自らの意思表示を、使者である名義借人を通じて相手方に伝達したものということができよう。また、例えば、名義貸人が、契約内容を認識した上で、自己の印鑑を名義借人に渡す等して、契約書の作成を委ねたという場合には、使者である名義借人を通じて意思表示を完成させた場合とみることができよう。これらの場合には、たとえ名義貸人が自らの手で契約書の作成・交付をしなかったとしても、契約締結に関する名義貸人の意思表示が存在し且つそれが相手方に伝達されているのであり、したがって、名義貸人自らの意思表示に基づく契約が、名義貸人と相手方との間で成立する。この場合に名義貸人が、「名義借人が経済的負担を負うから自分が負担を負うことはない」と考えていたとしても、それは、相手方との契約においては、意思表示の単なる動機にすぎず、これを理由に錯誤無効や心裡留保による無効を主張することは原則としてできないことになろう。

ところが、名義貸事例でしばしば問題となるのは、名義貸人が、契約内容を十分に、あるいはほとんど認識しないまま、「迷惑をかけないから名義だけ貸してくれ」と依頼されてこれを承諾し、あとの手続きはもっぱら名義借人が行ったという場合である。この場合には、名義貸人の意思表示の存在を認め、名義借人は単なる使者にすぎなかったと認めることは、困難であるように思われる。

2　行為者以外の者が当事者と確定される契機

もし、名義貸しにおける具体的事情のもとで、名義貸人の意思表示を認めることが困難であり、むしろ名義借人が契約締結行為者（意思表示を行った者）であると認めざるをえない場合があるとすれば、この場合になお、行為者ではない名義貸人が効果帰属当事者となる（他人効が生ずる）のは何故かが、さらに検討されるべきことになる。民法は、他人効を生じさせる制度として、代理を予定しており、そこに契約当事者に関する民法の基本的考え方が伺われるので、ここで代理制度の関連規定とその趣旨につき確認することとしよう。

(1)　顕名主義の意味

民法九九条は、代理において顕名主義を採ることを明らかにしており、一〇〇条は、顕名がない場合の効果について規定している。同条の起草者である富井政章は、代理における顕名主義を、代理人行為説と意思表示理論から根拠づけていた。すなわち、富井は、法典調査会において、①代理における意思表示は代理人の意思表示であり、法律行為は代理人の法律行為である。したがって、代理の効力を直接本人に生じさせるためには、代理の意思の表示（明示でも黙示でもよい）、つまり顕名が必要とされる、という考えを明らかにしているのである(23)。

そしてさらに、富井は、②代理の意思の表示である顕名には、意思表示の一般原則、すなわち、「意思と表示のいずれもが意思表示の不可欠の要素であるから、そのいずれが欠けても意思表示は効力を失う」という原則が基本的に妥当するという考えをとっていた。このことは、特に、現在の一〇〇条、つまり顕名がなかった場合に代理人が自己のためにしたものとみなされることに関する説明の中で明らかにされている。すなわち、そもそも代理人が、自己のためにする意思をもって自己の名で意思表示をしたのであれば、その効果が代理人に帰属するのは当然である(24)。これに対し、代理人が、本人のためにする意思は有するが、その表示つまり顕名をしなかったという場合には、表示と意思の双方が必要だという一般原則によれば、表示（自己に効果を帰属させる）に対応する意思を欠くから意思表示は効力を有しないことになりそうである（代理人が故意にした場合は九三条により有効だが、そうでない場合には、九五条により無効になる）。しかし、この場合に原則をあくまでも貫くと、第三者（代理行為の相手方）が不測の損害を被ることになる。そこで、起草者は、実際の必要すなわち第三者の不測の損害を避けるために、顕名を怠った代理人に対する「制裁」の意味も含めて、一般原則を修正することとし、代理人が顕名を怠ったときにはたとえ自己のためにする意思がない場合でも意思表示に拘束される（法律行為は代理人との間で効力を生ずる）ものとしたのである。[25][26] 一〇〇条本文は、このように、第三者の不測の損害を回避するための修正規定であるから、代理人が本人のためにする意思であることを第三者が知り又は知ることができたときは、代理人を拘束する必要がない。そこで、この場合には顕名があった場合と同様に取り扱うものとしたのが一〇〇条ただし書だとされるのである。[27]

このように、代理の顕名に関する民法九九条と一〇〇条には、意思表示の効力を行為者（表意者）以外の者に直接帰属させるための基本的要件が示されているのであり、かかる他人効を生じさせるためには、代理権限のある者が法律行為をするというだけではなく、原則として、行為者がその他人（本人）に効果を帰属させる意思をもって、その旨を（効果帰属当事者である本人の名前を）表示したことが必要だと考えられていたのである。代理の本質に関しては、代理人行為説と本人行為説との間の論争が今日まで続いているが[28]、民法起草者は、このような議論の存在を明確に認識した上で、代理人行為説に依拠して日本民法の代理規定を設ける決断を下したものであり[29]、少なくとも現行民法の他人効に関する基本的考え方については、起草者の前提としたところに立脚して捉えられるべきであろう。そして、これによれば、一般の民事取引に関する限り、契約当事者の確定は、原則として、相手方に対してなされた表示、その表示に付与された意味（意思）、及び相手方の認識によって行われるべきことになるし、その後の学説によっても概ねそのように理解されてきた。[30]

(2) 署名代理方式での顕名と代理権の認定

名義貸し事例においては、名義借人Bが、A代理人Bと表示するのではなく、直接A名義での契約を行うのが一般的である。しかし、このように直接本人の名前を示す方法も、顕名の一種として、起草者自身が予定していたし(31)、その後の判例（大判大正四年一〇月三〇日民録二一輯一七九九頁、大判大正九年四月二七日民録二六輯六〇六頁）・学説もこれを承認してきた。そして学説は、これを特に「署名代理」と呼ぶ(32)。

そこで、名義貸しの事例でも、具体的状況の下で、名義貸人Aが、名義借人Bに対して、自己を代理して法律行為を行う代理権を授与したと認められ、Bが、その授与された権限に基づいて、Aの名前を直接示すことによって、Aに法律効果を帰属させる意図で契約を行い、Aに契約の効果が帰属する。相手方Cも、Aという名の人物と契約することを意図してこれを行ったと認められる場合には、Aに契約の効果が帰属する。たとえAが、経済的にはBが負担してくれると思っていたとしても、それは、契約をなす単なる動機にすぎず、錯誤無効等の主張は認められない。前掲判例【5】、【6】は、このような構成を採用したものであった。

しかし、問題は、果たして名義貸人が名義借人に、このような契約締結の代理権を授与したと認められるかという点である。個々の具体的事情にもよるが、名義貸し事例の中には、名義貸人が、名義借人から半ば騙されて名義の使用許諾を与えたという場合もかなり見られる。そして、少なくともこのような場合には、名義貸人が代理権授与の意思をもって名義使用を許諾したとは認めがたく、名義借人の代理権を認定するのは困難である(33)。そのような場合には、代理権を持たない者による代理行為（無権代理）の問題として、さらに表見代理をはじめとする表見法理の適用可能性が検討されるべきことになろう。

3　当事者の確定と相手方の認識

名義貸しの事例において、相手方がAは単なる名義貸人にすぎないという事実を知っていたと認定される場合も少なくない。この場合につき、近時の裁判例の多くは、一九三条ただし書の類推適用による解決を図っていることは先に確認した。しかし、このような相手方の認識は、効力レベル以前に、まず契約当事者の確定レベルにおいて考慮される余地があるのではないだろうか。

そもそも、契約当事者の確定は、広義における契約解釈（ないし契約締結の際の意思表示の解釈）の一場合である（先に見たとおり、代理において他人効が生ずるのも、顕名という意思表示の効果であるから、その意思表示の解釈が問題となる）とすると、一般的な契約解釈の場合と同様、少なくとも第一次的には、表示とそれについての締結行為当事者の認識が基準とされるべきであるように思われる。現在の民法には、法律行為ないし契約の解釈基準を具体的に示した規定はない。しかし、旧民法には、合意解釈に関する一連の規定が置かれていたのであり（旧民法財産編三五六〜三五九条）、この旧民法の規定内容[34]、及び現行民法に移行する経緯[35]に照らせば、現行民法の下でも、法律行為の解釈においては、当事者の意思の探求が出発点とされるべきであり、特に契約の場合には、当事者が表示において共通して意味していたところが（それが認定されうる限り）、まず妥当するものと解されるし[36]、少なくともこの最後の点（共通の意味が妥当するという点）は、今日の学説の多数によっても承認されている[37]。

そして、これを当事者確定の問題にあてはめてみると[38]、たとえBがAの名義を用いて契約を行った場合でも、単に自己を示す符牒として用いているにすぎず、相手方Cとしても、Aという名義は行為者Bを意味しているものと理解していた場合には、Aという名義はBを意味するものとして妥当する（B・C間の契約の成立が認められる）のであり、そのこと自体は、古くから承認されてきた[39]。

そうすると、名義貸しの事例において、たとえA名義での契約の申込みがあっても、相手方（多くの場合、信販会社や銀行の担当者）が、Aは単に名義を貸しているに過ぎず、実質的にはBが契約上の利益を享受するものであることを認識している場合の中には、Aという表示はむしろBを意味するものとして、Bとの間での契約成立を認めうる場合があるのではないだろうか。裁判例が、相手方悪意の場合でも契約当事者を名義貸人としているのは、おそらく、特にクレジット契約や消費貸借契約においては、名義人の信用が重視され、名義人に関する一定の信用チェックを通して承諾の判断が下されるという事情があるからであろう。しかし、相手方（その担当者）が悪意である場合には、名義は、信用調査を通すための一種の便法として両当事者により認識されているともいえるのであり、両当事者がAの名義のもとにBを契約当事者とすることを意図していたという解釈を常に妨げるものではないと思われる。(40)

(18) 具体的事情としては、さらに、名義貸人が、名義の貸与により対価その他の利益を取得する場合と全くの無償の場合の違いもあるが、この点は、契約当事者の確定の段階よりむしろ、名義貸人による無効主張が許されるかというレベルで問題とされうるであろう。

(19) 同旨の主張として、松本恒雄「クレジット契約と消費者保護」ジュリ九七九号二一頁、寺尾洋「名義貸人の責任」塩崎勤編『裁判実務大系第二二巻・金融信用供与取引訴訟法』（青林書院、一九九三年）五〇七頁など。

(20) 前掲注（17）の東京高判平一二・九・二八判時一七三五号五七頁の事案はこのようなものであった。

(21) 例えば、判例【8】、【9】や、前掲注（13）掲載の事件。

(22) 東京高判平成一二・五・二四金判一〇九五号一八頁は、総会屋Bが、総会屋の活動に全く関与しておらず問題となった融資の具体的内容も認識していなかった妻Aの名義を借りて、X銀行から融資を受け、その際XもAが単なる名義人にすぎないことを知っていたという事件において、本件融資は、XとAとの間で行われたものではなく、XとBとの間で行われたと認めるのが相当であるとした。また、名義の編取型の事案につき、大阪地判昭和五八・一二・一九判タ五二〇号一七七頁は、信販会社からの意思確認に対して特に異議を述べなかったとしても、名義人には電話で立替払契約の締結の意思の確認をしているという意識はないので、立替払契約を締結したことにはならないとしている。

(23)『法典調査会　民法議事速記録一（日本近代立法資料叢書一）』（商事法務研究会、一九八三年）一一二頁。

(24) 富井政章校閲・岡松参太郎著『註釈民法理由・総則編（訂正拾貳版）』一二五頁。

(25) 前掲注（23）『法典調査会　民法議事速記録一』一二六頁、富井・岡松前掲注（24）一二五頁。

(26) 意思表示の効力発生には意思と表示が必要だという原則は、九三条本文、九五条ただし書等、民法の意思表示規定において貫かれていないところがあるが、これも、立法者が利益衡量の上で設けた修正である。

(27) 富井・岡松前掲注（24）一二六頁。なお、調査会委員の中から、「顕名を怠った代理人には、責任のみ負担させ、当該法律行為から生ずる利益ないし権利は直接本人に取得させた方がよい」という意見が出されたのに対し、富井は、「この点についても考えたが、利益と不利益とを分けることには無理があり、したがって、利益についても代理人の行為とすることにした。ただし、代理人は本人との委任等の契約関係により利益を本人に移転する義務が生ずると考えられる」と答えている（前掲注（23）『法典調査会　民法議事速記録一』一二八頁）。ここからも、一〇〇条には、起草者が、義務負担と権利取得の両方の場面を考慮に入れ、利益衡量をした結果が示されていると捉えることができる。

(28) 本人行為説と代理人行為説の論争については、辻正美「代理」星野英一編『民法講座1』（有斐閣、一九八四年）四四五頁以下、佐久間毅『代理取引の保護法理』（有斐閣、二〇〇一年）参照。一般に本人行為説は、代理人を本人の意思の担い手と捉え、顕名によって、本人の意思が本人の意思として相手方に伝達されるとするが、中でも特に代理権を重視する見解（例えば、四宮和夫『民法総則〔第三版〕』二三九頁）によれば、代理制度が、私的自治実現の便法又は私的自治の補充であるという見地から、「代理人を本人に媒介する関係、すなわち代理権こそ、代理にとって本質的な要素だと考える」とされる。この説によれば、顕名は、効果帰属主体が別人であることを明らかにして、関係者の利益（特に相手方の取引安全）を害しないようにする機能を営むにすぎない。つまり、他人効発生の障害事由を取り除くという消極的役割しかいとなまないことになる。しかし、現行法の解釈としては、顕名にこのような消極的な意味しか認めないことには無理があるように思われる。

(29) 前掲注（23）『法典調査会　民法議事速記録一』一一二頁、富井・岡松・前掲注（24）一二七頁。

(30) 従来の学説においても、一般的な契約法理によれば、契約当事者となる者は、第三者のためにする契約の場合を除けば、当事者となろうという意思のもとに、自ら又は代理人ないし使者を通して契約を締結した者と解されてきた。この点につき、安永正昭「預金者の確定と契約法理」石田・西原・高木還暦記念『金融法の課題と展望』（日本評論社、一九九〇年）一七三頁参照。なお、商法五〇四条が非顕名主義を採っていることをどう説明するかという問題はさらに残るが、富井は、民法における顕名主義においても、顕名は明示でなくてもよいのであるから、結局は、商法の場合とほとんど同様に帰するであろうが、民法では近世多数の学説に従い顕名主義をとるのだとしていた（富井・岡松前掲注（24）一二三頁）。つまり、少なくとも富井は、商行為の代理人が本人のために代理行為をする場合には、黙示的には本人のためにする意思が表示されていると認められる場合がほとんどであると認識し、したがって、多くの場合民法の顕名主義と矛盾することはないし、通常の民事取引においては、顕名主義が本則たるべきものと考えたものと思われる。

(31) 前掲注（23）『法典調査会　民法議事速記録一』一二一－一二三頁において、「本人のためにすることを示し」には、本人の名は示したけれどもその権限を示さない場合や、本人の名を示さずに代理人という権限を示した場合等も入るのかという土方委員の質問に対し、富井はそれを肯定する形で、「本人のためにすることを示し」とは、普通「本人の名義をもって」ということだが、状況によって代理人の意思を表示してもよいと返答している。

(32) 内田貴『民法Ⅰ〔第3版〕』（東京大学出版会、二〇〇五年）一五八頁、山本敬三『民法講義Ⅰ総則〔第二版〕』（有斐閣、二〇〇五年）三二〇頁、平野裕之『民法総則〔第2版〕』（日本評論社、二〇〇六年）三五五頁等。

(33) 前掲判例【5】は、包括的な代理権の授与があったと認定しているが、疑問である。

(34) 旧民法の合意解釈に関する一連の規定の冒頭には、「合意の解釈については当事者の共通の意思を探求すべき」という規定が置かれていた（財産編三五六条）。同条に続く三五七条以下では、より具体的な規定が置かれているが、これらは主に、裁判官が当事者の意思を探求する際の指針を定めたものと捉えることができる。旧民法の合意解釈に関する規定の詳細については、野村豊弘「法律行為の解釈」星野英一編『民法講座1』（有斐閣、一九八四年）二九三頁以下、沖野眞已「契約の解釈に関する一考察(1)——フランス法を手がかりにして」法協一〇九巻二号（一九九二年）六一頁以下参照。

(35) 旧民法にあった合意解釈に関する規定が現行民法に移行する過程で削除された理由については明確に示されてはない。一般に、旧民法の規定が削除された場合の中には、①旧民法の規律を積極的に否定ないし修正しようとする意図に基づくものであった場合と、②単に民法全体を簡潔化する中であえて規定するまでもないとして削除された場合とがあることは、既に知られているところであるが、合意解釈に関する規定については、これを積極的に否定する議論がなされないまま削除されたところを見ると、あえてこれを規定するまでもないとして削除されたに過ぎないのではないかと推測されるのである。この点につき、『新版注釈民法⒀』（有斐閣、一九九六年）一二六頁［野村豊弘］参照。

(36) 拙稿「契約の解釈における当事者の意思の探究」九大法学五六号（一九八八年）九一頁。

(37) 星野英一『民法概論Ⅰ』（良書普及会、一九八四年）一七五頁、四宮和夫＝能見善久『民法総則〔第七版〕』（弘文堂、二〇〇五年）一六一頁、磯村保「法律行為の解釈方法」争点Ⅰ三〇頁、山本敬三・前掲注（32）一二四頁等。

(38)　もっとも、確定した当事者の間での契約の内容を明らかにする場合と、そもそも誰に契約に基づく権利義務が帰属するのかを確定する場合とでは、利益状況が全く同じとは言えず、したがって同じ基準が妥当しない場合も考えられる。しかし、少なくとも本文に掲げた場合において、両当事者が考えていたBが契約当事者となることについては異論なかろう。

(39)　我妻・前掲注（2）、安永・前掲注（30）参照。

(40)　最近の裁判例の中でも、例えば前掲注（22）の東京高裁判決は、このように当事者の認識を考慮して、名義借人と銀行との間の契約の成立を認めたものとして注目される。

四　名義貸しにおける表見法理

当事者の確定を慎重に行うと、具体的事案における名義貸人の関与の仕方や認識、および相手方の関与の仕方や認識によっては、名義貸人を契約当事者と認めることができない場合が生じよう。しかし、その場合にも表見法理ないし外観法理によって解決を図る可能性は残されているし、むしろそちらの方が適している場合もあるかもしれない(41)。

1　署名代理方式での無権代理・表見代理の可能性

名義貸人Aが、名義借人Bに契約締結の代理権を授与したとまでは認められない場合においても、Aによる名義使用の許諾があり、この名義使用許諾の趣旨を超えて、BがA名義での契約をCと締結したと認められれば、これを無権代理として構成し、表見代理成立の可能性をさらに検討するという処理方法が考えられる。

一般に、代理権を有していないBが代理意思をもって「A」名義での契約を行ったと認められる場合の法律構成については議論があるが、この場合も代理の問題として処理し、契約はAC間で成立するが、無権代理なのでその効果はAによる追認又は表見代理の成立がない限りBには帰属しないと解するのが多数説であり(42)、判例にも、前提問題としてそのような構成を採ったものが見られる[43]。

名義貸しの場合でも、Bが直接A名義を示すことは、客観的に、Aに効果を帰属させる旨の表示と認められるし、Bには、これによってAに法律効果を帰属させる意思（代理意思）があるといえる。相手方Cとしても、特に信用取引の場合には通常、Aが自己の契約相手（効果帰属当事者）だと思って取引しているのである。したがって、その限りでは代理における「顕名」の要件に欠けるところはない。Bに代理権が欠けている場合には無権代理となるが、無権代理と構成すれば、Aが自己の名義の使用をBに許諾したという点を捉えて、相手方が善意・無過失の場合には表見代理の成立又はその類推を肯定する余地が生ずることになる。

先に見たように、名義貸しに関する裁判例の中には、民法一〇九条を引き合いに出すものもあった。ただし、それらは、民法一〇九条と商法旧二三条を併せ引用し、これらの規定の根底にある「表見法理」を根拠とした解決を図るものであった。このような解決の方向を否定すべきではないが、民法一〇九条と商法の名板貸規定とはその構造を異にしているのであり、事例によっては、先述のように、BによるA名義での契約締結を、署名代理方式での（無権）代理と捉えることを通して、より直接的に民法一〇九条の適用ないし類推適用（あるいは、一一〇条との重畳適用）による解決が図られうる場合があるのではないかと考える。

2　商法の名板貸規定

商法一四条には、商号の使用を許諾した商人の責任に関する規定が置かれており、その前身（平成一七年改正前の対応規定）である商法旧二三条（名板貸）は、しばしば裁判例により、名義貸人の責任を認める際の表見法理の根拠条文として引用されてきた。

商法旧二三条の下では、名板貸とは、ある者（名板貸人）が他人（名板借人）に対し、自己の氏、氏名または商号を使用して営業をなすことを許諾することを意味した。[44] 当初、商法にはこのような規定はなく、判例・学説は、名板借人と取引する相手方が営業の主体を誤認して取引をした場合における相手方の保護を解釈によって図っていたが[45]、その具体的根拠に関し議論が錯綜していたため、これに対処するために、昭和一三年の商法改正の際に四二条や二六二条などとともに新設されたのが、商法旧二三条の規定だという。同条によれば、①自己の氏、氏名又は商号を使用して営業をなすことを名板貸人が「許諾」し、②その許諾に基づいて、名板借人が、名板貸人の氏、氏名又は商号を使用して営業を行い、③相手方が名板貸人を「営業主と誤認して取引をした」場合には、名板貸人は、その相手方に対し、当該取引から生じた債務について、名板借人と連帯して責任を負うこととされていた。

平成一七年の改正により、旧二三条の規定は、一部修正されて新一四条に引き継がれ、「自己の商号を使用して営業又は事業を行うことを他人に許諾した商人は、当該商人が当該営業を行う者と誤認して当該他人と取引をした者に対し、当該他人と連帯して、当該取引によって生じた債務を弁済する責任を負う」と規定された。これは、同改正によって商法から会社法が独立するに際して、会社に関わる名板貸規定が会社法九条に新設されたのに対応し、商人につき、それとの整合性を図りながら要件を整理し、商人による商号使用の許諾に特化する形での修正が施されたものである。

ここで注目すべきは、規定の文言によれば、名板貸（及び商号の使用許諾）の場合には、取引の当事者はあくまでも名板借人（商号の使用を許諾された者）であり、名板貸人（商号使用許諾者）は相手方に対し「責任」を負うのみだとされている点である。そして学説においても、少なくとも旧二三条は、契約当事者は名板借人であることを前提に、権利外観法理や禁反言に基づいて名板貸人に責任を負わせた規定だとする解釈が一般的であった。[46] それでは、なぜ名板貸人が契約当事者とされず、あるいは、民法一〇九条のような形での契約当事者としての効果帰属が予定されていないのであろうか。この点については、「名板借人は、名板貸人のために（使用人あるいは代理人として）営業を行うのではなく、自己のためにする意思をもって営業を行」っていること(47)、また、効果の上でも、「当該取引が名板借人の営業の一環として行われている以上、名板借人に権利を取得させるほうが実際的でありかつ名板貸人に権利を取得させる必要もない」こと等が挙げられている(48)。さらに、相手方の認識及び利益という観点からも、相手方は名板借人を相手に取引を重ねており、ただ、その名板借人を、名板貸人本人ないし一機関と誤認して信用していたという場合が多く、そうすると、契約当事者としての権利義務は名板借人に帰属させた上で、名板貸人に責任のみを負わせることの方が、当事者の認識にもより合致し、保護にも厚いからともいえるかもしれない。

このように、同じく表見法理に基づく規定と言っても、民法一〇九条と商法の名板貸規定とはその構造を異にするのであり、その類推による解決も、それぞれの事案に則して検討されるべきではないかと思われる。

先に見たとおり、最高裁は、判例【1】において、「民法一〇九条、商法（旧）二三条等の法理」に照らして、名義の使用を黙認していた国の支払責任を認めた。この事案はまさに、「厚生部」としては自己のためにする意思をもって営業を行っていたのであり、相手方としても「厚生部」を相手として取引を重ねてきたのであって、ただ、その「厚生部」が、裁判所（国）の一機関と誤認していたのであるから、構造上、無権代理というより、商法（旧）二三条の予定している事態に近いケースだったといえよう。そしてこのような場合には、契約当事者は名義借人とした上で、相手方の信頼保護は、商法の名板貸規定の類推適用ないしその法意により図ることが適しているように思われる(49)。しかし、一方、先に取り上げたような、行為者ではない名義人を契約の効果帰属当事者と信頼して取引がなされたような場合には、むしろ民法の表見代理規定の適用ないし類推適用の方が、より適しているると思われるのである。

(41)　松本・前掲注(19)一九頁は、外観法理による場合は、その適用要件として相手方の善意無過失が要求される点で、消費者保護の観点から望ましいとする。
(42)　我妻栄『債権各論下巻(一)』(岩波書店、一九七二年)九二四頁以下。
(43)　例えば、無権代理と相続に関する最判昭四八・七・三民集二七巻七号七五一頁も、署名代理の方式で行われた無権代理が問題となっていた。
(44)　もともと、名板貸という言葉は、取引所の取引員が他人に名義を貸して、その者に営業をさせる場合を意味していたが、その後になって、取引所の取引以外の場合をも含めて広く使われるようになったといわれている。
(45)　民法一〇九条や商法(当時の)六五条の規定の趣旨によるもの、不法行為規定の適用によるもの、表示責任とするもの等に分かれていた。商法旧二三条の制定前の判例については、米沢明『名板貸責任の法理』(有斐閣、一九八二年)、中舎寛樹「いわゆる『名義貸し』の法律関係」平出慶道ほか編『現代株式会社法の課題』(有斐閣、一九八六年)三九三頁参照。
(46)　後掲注(47)の各文献のほか、大隅健一郎『商法総則』(有斐閣、一九五七年)一八九頁、田中誠二『全訂商法総則詳論』(勁草書房、一九七六年)二九一頁、服部栄三『商法総則〔第三版〕』(青林書院新社、一九八三年)二二二頁、蓮井良憲・森淳二朗『商法総則・商行為法〔第3版〕』(法律文化社、二〇〇三年)七六頁、田村諄之輔・平出慶道『現代講義商法総則・商行為法』(青林書院、一九九〇年)六八頁等も参照。
(47)　鴻常夫『商法総則〔新訂第五版〕』(弘文堂、一九九九年)二〇四頁、森本滋編『商法総則講義〔第二版〕』(成文堂、一九九九年)六八頁〔早川徹〕、田中誠二＝喜多了祐『コンメンタール商法総則〔全訂版〕』(勁草書房、一九七五年)二七五頁など。
(48)　早川・前掲注(47)八八頁。
(49)　中舎・前掲注(45)三九五頁。

五　むすび

本稿では、名義貸しに関する裁判例を概観し、そこにおける解決の在り方に若干の疑問を提起してきた。すなわち、裁判例では、名義貸人を契約当事者とした上で原則的にその契約責任を肯定し、例外的に相手方が名義貸しの事実につき悪意又は有過失の場合には民法九三条ただし書の類推適用により効力を否定するという解決が一般的である。しかし、名義の使用を許諾することによってなぜ契約当事者になるのかについては、必ずしも納得のいく理由が示されていない。しかも、名義貸しの事例でも、名義の使用許諾における態様や認識、名義貸人の契約締結行為への関わり方等の具体的な事情は様々である。それにもかかわらず、名義の使用許諾をすれば直ちに当事者になると認めるような論調は、やや乱暴であるようにも思われ、それぞれの事情に即して検討する必要があるのではないかと考えたのである。

そして、より具体的には、クレジット契約等における本人確認をもって、契約締結の意思表示と認めることにはより慎重であるべきこと、名義借人を使者又は代理人として名義貸人の契約が行われたと解することが可能な場合もあろうが、そこにも一定の限界が存すると思われること、相手方が悪意の場合には、九三条ただし書を持ち出す以前に名義人との間の契約の成立を否定し、あるいはさらに、名義借人を契約当事者と認めるという解決の可能性がある場合も考えられること、善意・無過失の相手方の信頼を保護するための論理としては、名義貸人を契約当事者と認めることの他、表見代理規定の類推適用等による解決がより積極的に検討されてよいのではないかと思われること等を述べてきた。

この問題の背後には、意思表示をどのようなものとして捉えるか、意思表示の成立と錯誤との関係をどのように捉えるか等のより大きな問題も控えているが、これについてはあらためて他日検討を加えることとしたい。

物権的請求権の独自性・序説

――ヴィントシャイト請求権論の「光と影」――(1)

川角由和

河内宏・大久保憲章・采女博文・
児玉寛・川角由和・田中教雄 編
『市民法学の歴史的・思想的展開』
二〇〇六年八月 信山社13

一　はじめに

1　ひとつの設例から

(1)　たとえば、Aが所有する乗用車をBが盗みだし、乗り回したあげく、C所有地に放置した、としよう。この場合、CはAに対して、いかなる法的根拠により、いかなる法的請求が可能か。逆に、Aは、いかなる法的根拠により、いかなる法的責任を、Cに対して負うのだろうか。[2]言い換えるならば、Cは、善意・無過失のAに対して、Aの費用負担による物権的「妨害排除」請求権を行使しうるか。これに対して、Aは、善意・無過失のCに対して、Cの費用負担による物権的「返還」請求権を行使しうるか。さらに、この両方の請求権が「衝突」する、ということになるのか。そもそも、物権的請求権における費用負担問題につき、「行為請求権説」に立つべきか、それとも「忍容請求権説」に立つべきか。いわゆる「責任説」は、どのように位置づけられるべきか、等々。これら基本的問題に関して、わが国では、次のように見解が分かれる。[3]

(2)　判例・通説は、相手方（妨害者）の費用負担で物権的請求権を行使しうる、とする。いわゆる「行為請求権説」である。そして、その妨害を相手方が惹起した場合のみならず、第三者の行為による場合であっても、相手方が当該妨害を除去しうべき地位にあれば同様に解する。[4]ただ、例えば「庭に飛び込んできた物や盗人が置き去りにした自動車」の場合など「相手方が目的物に対する自分の支配を解き、所有者が自分で目的物を持ち去ることを忍容しただけで、所有者の目的を達する場合（中略）には、相手方は、それ以上の義務を負わないと解すべきものと考える。けだし、かような場合には、所有権者の直接的支配の障害はこれによって完全に除去されたと見るべきだからである」、とする。[5]この見解では、一応「行為請求権」として筋が通されているようだが、設例でのＣの妨害排除請求権に対するＡの返還請求権の「衝突」可能性を、必ずしも否定しきってはいない(6)。行為請求権「原則」に対する忍容請求権の「例外」でもって処理しようとするからである(7)。

(3)　以上の判例・通説に対して、忍容請求権説（純物権説）ないし責任説が対峙している。すなわち、物権的請求権とは物権の一作用であり、それは物に対する追求権にとどまり、人に対する権利ではない、とする。それゆえ、常に被妨害者（所有権者）自身が回復行為をすべきであり、つまりはそのための費用を負担すべきであって、妨害者に対して請求しうるのは妨害回復の忍容だけだ、という。妨害者は、被妨害者の回復行為を消極的に忍容すれば足りる、とされるのである(8)。この立場からは、例外的に妨害者自身が費用負担義務を負うのは彼に不法行為責任がある場合に限られることになる。これを受けて、さらに忍容請求権説の「理論化」を図ったと目されるのが、川島武宜教授の「責任説」であった(9)。そこでは、文字通り物権の「支配」的側面と「責任」的側面とが対比され、後者はもっぱら「不法行為責任」とリンクされている(10)。しかも、この責任説において「物権的請求権の訴権法的性質」が強調されていることは、注目されておいてよい(11)。そして、この責任説において、設例における物権的請求権の「衝突」が問題とされたわけである(12)。

(4)　現在の有力説では、判例・通説の弱点が補強され、理論的に「行為請求権説」が貫徹されようとする(13)。設例にそくして言えば、こうである。Ｃの妨害排除請求権に対してＡの返還請求権が成立することは、そもそもない。なぜなら、Ａの返還請求権は、Ｃが、Ａの所有物たる乗用車の占有を開始して、初めて認められるものである。もしＣが、そのような占有を開始したなら、そもそもＣのＡに対する妨害排除請求権は成立しないからである（その場合、Ｃは「妨害」を受けてはいない、と解すべきである）。そうでない限り、Ｃの妨害排除請求権だけが成立するのであって、Ａの返還請求権は成立しない。Ａは、Ｃに対して「自分の乗用車を引き取りたいから、あなたの所有地に立ち入らせてほしい」という、いわゆる捜索物引取請求権（Verfolgungsanspruch）を行使しうるにすぎないからである[14]。

2 本稿の目的と構成

(1) 本稿は、上記(4)で示した今日の有力説を、より理論的に深化させることに、その目的が置かれる。その際、本稿の中心的な着眼点は「請求権論の見直し」である。言い換えるならば、物権的請求権の、「請求権」としての独自性を明らかにすることによって、「行為請求権」としての基本的性格を、より一層理論的にリファインしていきたいと考える。それは、同時に「物権」そのものの「支配権」としての性格を再評価することでもある。これはすなわち、前注7でも指摘したように、物権の「本質」からは、むしろ忍容請求権ないし責任説の方が適切でありうる、とするわが国通説そのものの「妥協的性格」を根本的に再検討することにもつながる。

(2) そのようなモティーフのもと、さしあたり本稿で考察の対象とされるのは、ヴィントシャイト請求権論の、いわば光と影である（第二節）。それを明らかにした上で、「請求権」論に視座を求めつつ、とりわけ物権的妨害排除「請求権」のあり方にそくして、物権的請求権の独自性を解釈学的に解明していきたい（第三節）。最後に、本稿考察のまとめと今後に残された課題を明らかにしたい（第四節）。

（1） 本稿は、筆者がドイツで公表した Yoshikazu Kawasumi, Von der actio negatoria zum negatorischen Beseitigungsanspruch des BGB, 2001, Nomos Verlagsgesellschaft, S. 127-151 をもとに、それを大幅に補充・修正したものである。

（2） ここでは、BがAやCに対して負う不法行為責任や不当利得責任は一切度外視して、A―C間の物権的請求権だけを対象に、考察する。

（3） 好美清光「物権的請求権」舟橋諄一＝徳本鎮編『新版注釈民法(6)物権(1)』（有斐閣、一九九七年）所収一〇三頁以下が、詳し

い。筆者も、この点につき考察したことがある。川角「近代的所有権の基本的性格と物権的請求権との関係（二・完）」九大法学五一号（一九八六年）二八頁以下。ここでは好美教授の整理を参考にした。

(4) リーディングケースとして、大判一九一六年（昭和五年）一〇月三一日民集九巻一〇〇九頁以下参照。この判決で大審院は、原告（建物所有者）Xの賃借人である第三者Aが被告Y所有の機械を当該建物に取り付け、賃貸借契約終了後もその機械を除去しないため、XがYを相手取ってYの費用負担での機械の収去を請求したところ、Xの請求を認容した。

(5) 我妻栄（＝有泉亨・補訂）『新訂物権法』（岩波書店、一九八三年）二六五頁参照。

(6) 我妻・前掲注（5）二六四頁では、甲の土地に丙が何らの権限なく建物を所有する場合、「土地が建物を妨害しているのではなく、建物が土地を妨害している」として、甲と丙の「物権的請求権」の「衝突」を一応否定している。ただし「妨害排除請求権」と「返還請求権」との衝突可能性を法理論的に否定しきっているわけではない、と思われる。なお、後注（7）も参照されたい。

(7) たとえば、我妻・前掲注（5）二六四頁では、「物権の本質は目的物に対する直接の支配」にとどまるのであり、物権的請求権が「目的物が他人の支配内にある事実によって直接的支配が妨げられる場合に生ずるものである」ことからすれば、忍容請求権説ないしそのメタモルフォーゼとしての責任説も「極めて有力」とする旨の記述をしている。その上で、物権が侵害され、「他人との関係」を生ずるがゆえに、物権が「その他人の行為を要求する権利に変更すると解することは、決して悖理ではない」（我妻・前掲注（5）二六五頁）とする。そうすると、物権的請求権は、結局のところ、妨害者の侵害「行為」（作為ないし不作為）を原因として初めて妨害者の行為を請求することができるものである、とする考え方へとつながりかねない（その行き着く先は、結局のところ「責任説」である）。

(8) 近藤英吉『物権法論』（弘文堂書房、一九三四年）三頁以下、同「隣地崩壊の危険と土地所有者の豫防義務——物権的請求権の効力」法学論叢三〇巻（一九三四年）一三〇頁以下の立場がティーピッシュである。

(9) 川島「物権的請求権に於ける「支配」と「責任」の分化」（一）（二）（三・完）法学協会雑誌五五巻六号二五頁以下、九号三四頁以下、一一号六七頁以下（いずれも一九三七年）。この、川島責任説における妨害排除と損害賠償との混同、すなわち「原状回復」概念の曖昧性については、つとに原島重義「わが国における権利論とその推移」法の科学四（一九七六年）五四頁以下、とくに八四頁以下が、明晰に批判している。

(10) 川島『所有権法の理論』（岩波書店、一九四九年）一二七頁参照。そこでは「契約」も「責任」根拠とされているが、重点はあくまで「不法行為」に置かれている。

(11) 川島・前掲注(9)「物権的請求権に於ける「支配」と「責任」の分化」（三・完）法学協会雑誌五五巻一一号七五頁以下参照。

(12) 川島・前掲注（10）一二七―一二八頁参照。ただし、そこでは「不可抗力によって建物が隣地へ崩壊した場合」が問題とされている。

(13) 好美・前掲注（3）一六五頁以下参照。これに対して最近、たとえば内田貴『民法Ⅰ（第三版）総則・物権総論』（東京大学出版会、二〇〇五年）三六五以下では、改めて「行為請求の衝突」が問題とされ、一般論としては被妨害所有権保護の立場から行為請求権説を承認しながらも、「請求の相手方の行為によって侵害が生じた場合には、原則として忍容請求権と考えるべきであろう」（三六六頁）とされる。一種の「揺れ戻し現象」と言ってよかろう。

(14) ドイツでは明文で規定されている（ドイツ民法一〇〇五条）。この点、すでに好美・旧版注釈民法（一九六七年）七三頁、原島・前掲注（9）八三頁に、指摘がある。なお、好美・前掲注（3）一六七頁では、ドイツ民法一〇〇五条が占有に関する八六七条を準用していることを踏まえて、捜索物引取請求権は物権的請求権の一類型ではなく、「占有訴権」の実質をもつ、とされる。

二　ヴィントシャイト請求権論の「光と影」

1　問題提起

まず、次のように問題を提起してみよう。すなわち今日、ドイツのみならずわが国でも、請求権論において、ヴィントシャイトの請求権論は決定的な影響力を行使してきた（特に「債権」的請求権について）[15]。これに比べ、こと「物権」的請求権論においてヴィントシャイトの影響が小さいのはなぜであるか、と。ただし、ここで「小さい」といっても、「無視できる」と言っているわけではない。むしろ、ヴィントシャイトの「請求権論」が一般に大きな影響力をもつこともあって、彼の物権的請求権論も暗黙のうちに無視できない影響力を行使してきたのである。しかし、それにもかかわらず、ドイツと同様にわが国でもヴィントシャイトの物権的請求権論は判例・通説の採用する立場とはなっていない。それはなぜか、と問いかけたいのである。このようなモティーフのもと、請求権論におけるヴィントシャイト理論の「光と影」を、次に浮き彫りにしてみよう。

2　ヴィントシャイト請求権論の前提

(1)　歴史の大きな展開の中で、請求権論が息づいてきたのは、ほんの一五〇年ばかり前からのことである。それまでは、およそ西洋的法伝統のもとで、訴権（actio）ないし訴権法的思考（das actionenrechtliche Denken）が支配的であった。現在でも、請求権と訴権との関係は、たとえば「実体法と訴訟法との関係」において問題とされるし、訴訟物論争は請求権競合論と、いわば不可分一体の関係にある。近代法上、市民の権利義務に関する紛争が、最終的には国家の司法権によって、平たく言えば裁判所の判決によって解決されるというシステムを採用していることを踏まえるならば、訴権法的思考が優位に立つことも、ある意味ではやむを得ない側面をもつ、とも言える。しかしながら、市民が自主的にみずからの生活関係を法的に形成し（法関係＝Rechtsverhältnisse の自律的形成）、それに対して自己責任を負うという市民法の「実体」（広義の「私的自治」＝Privatautonomie）[16]を、法＝ルールとして尊重し、かつそれを法的思考の前提とする限り、「実体法」的思考の独自的存在性は必然的なものと言わざるをえない。それを、ヴィントシャイトは、その請求権論形成という課題を通じて明らかにした、と言えよう[17]。まずは、このヴィントシャイト請求権論の「光」の部分に焦点を当ててみよう。ただし、そのためには、なにゆえヴィントシャイト請求権論に「光」の部分が認められるべきかについて、ある程度前提論的なことがらを述べておかなければならない。

(2)　周知のように、ローマ法では、actio ＝訴権なくして「権利」を語ることはできなかった。たとえば、設例では、Ａが乗用車の所有権をもつといったり、Ｃが土地の所有権者だということを前提にしている。しかし、ローマ法では、ＡやＣがまずはそのように自己の所有権を「主張」するだけであって、訴権を行使した結果それぞれ所有権者と確認されない限り、法的に所有権を有することにはならない。言い換えれば、ローマ法上問題となったのは、そのような意味での「相対的」所有権であり、けっして実体法的な所有権ではなかった。訴権、なかでも rei vindicatio あっての「所有権」であった。そして、その rei vindicatio が常に相手方による contra vindicatio にさらされる以上、ローマ法上の所有権自体「訴訟法的な存在」でしかありえなかったのである。[18] ローマ法以後、中世法においても、[19] また近世普通法においても、[20] さらには近代の「歴史法学派」のもとでも、[21] 基本的に訴権法的思考が支配的であった。実体法的思考の芽生えがあっても、それはあくまで訴権＝actio の思考形式によって表現されるにとどまった（前注20、21参照）。近代市民革命後あるいはそれと並行して、初めて「請求権」(Anspruch) が法的に観念され、規範形成された。[22] しかもそれは、なかんずくドイツ法学の思考的・理論的所産として初めて生み出されたのであった。[23] その旗手こそが、ヴィントシャイトであった。

3 ヴィントシャイト請求権論の「光」

(1) ヴィントシャイトが、その『アクチオ論』[24] によって初めて「請求権」概念を打ち立てたのは、一八四八年のドイツ市民革命後、一八五六年のことであった。むろん、ヴィントシャイトが、一八〇七年以降のシュタイン＝ハルデンベルクの改革や一八四八年のドイツ市民革命をどのように受けとめていたか、これは別途考察を要する法史学的課題といえよう。[25] しかし、いずれにせよヴィントシャイトの「主観」を越えて、ドイツ私法学の「客観的」課題として「訴権から請求権へ」というテーマが存在したことは事実であった、と言ってよかろう。すでに指摘したように、一九世紀初頭のドイツでは、あくまで訴権＝actio の思考形式によって拘束されていたとはいえ、すでに実体法的思考が根強く芽生えていた。すなわち「（ドイツ）普通法は継受ローマ法であることの制約から、実体法規は、常に、ローマ法の個別的アクチオの規定を通してしか認識され得ないものであり、そのため、訴訟法と私法（実体法）との分離は徐々に行われたにすぎず、私法的制度が訴訟法的衣裳でおおわれ、アクチオ的粉飾が施されているのである」[26]。

そのような前提のもとで、ヴィントシャイトは、以下のようにして、みずからの「請求権論」を確立した。

(2)　この時期、まずヴィントシャイトは、法実務（Praxis）が当時実際に必要としたことを正当に評価しようした。とりわけヴィントシャイトは、みずから歴史法学派の継承者であることを認めつつ、ローマ法源の歴史的な取り扱い（die geschichtliche Behandlung der römischen Quellen）を敢然と放棄し[27]、もっぱら現在にとって実用化可能なローマ法源の組み入れ方法を探求した[28]。その意味で、ヴィントシャイトはサヴィニーの正統な後継者であった、と言えよう。とりわけヴィントシャイトは、主観的権利論においてサヴィニーの見解を直接に受け継いだ。すなわち、私法秩序が「市民各自に一定の領域内で自由な活動を保障する」という任務（die Aufgabe, „jedem Bürger innerhalb einer gewissen Sphäre freie Bewegung zu sichern"）をもつ[29]、という認識で、サヴィニーとヴィントシャイトは一致していた。このような見解は、必然的に「実体的私法と国家的訴訟法との分離」（die Trennung zwischen dem materiellen Privatrecht und dem staatlichen Prozeßrecht）を要求してやまなかった。ヴィントシャイトは――あくまでその主観は別としても――客観的にはドイツ市民革命の息吹を受けとめる形で、サヴィニー私法理論、とくにその主観的権利論を前進させた、と言える。その、ひとつの、しかし大きな成果が「請求権論」であった。この論点に関して、ヴィントシャイトは、まずはローマ法の特徴を端的に次のように定式化している。これは、すでに本稿でも指摘したことと関連するが、ヴィントシャイトの思考過程を確認する上で必要と思われるので、以下簡潔にフォローしておく。――まずなによりも、ローマの法秩序は「裁判上追求された請求の秩序であって、（実体的な）諸権利の秩序ではなかった」[30]。つまりローマ法では、裁判上の請求の前提として実体的権利が法的に観念されることはなかった。その結果、actio は、権利の派生物ではなしに（„nichts Abgeleitetes"）、むしろそれ自体「原生的で独自なもの」（„etwas Ursprüngliches und Selbständiges"）であった[31]。それゆえにこそ、訴権法的思考がそこで支配的だったのである[32]。このような訴権法的思考が一九世紀にいたるまで根強く息づいてきた。すでに述べたように、これはある種普遍的な法現象であった。これに対してヴィントシャイトは、一九世紀中頃の時点で、次のような見解を示す。すなわち「今日の法意識にとっては、権利こそが第一次的なものであって、訴権はそれに従属するものである。権利は〈生み出すもの〉であるが、それに対して、訴権は〈生み出されたもの〉である」（„Für das heutige Rechtsbewußtsein ist das Recht das Prius, die Klage das Spätere, das Recht das Erzeugende, die Klage das Erzeugte."）[33]。つまりは、今日の法秩序は「権利の秩序」（„die Ordnung der Rechte"）である、と[34]。

⑶　その際、とくに注目に値するのは、ヴィントシャイトがローマ法上の訴権法的思考と対決するにあたって権利侵害観念（Rechtsverletzungsgedanken）を克服しようとした、ということである。それは、一体どういうことを意味するのであろうか。ヴィントシャイトによれば、サヴィニーがきわめて端的な形で定式化したところの、権利の侵害によって生み出された裁判上の保護を求める権利（das durch die Verletzung eines Rechts erzeugte Recht auf gerichtlichen Schutz）を訴権（Klagsrecht）のもとで理解すること、すなわち訴権をして、権利が侵害されたことによって転化するところの権利と理解することは当時の支配的見解であった[35]。サヴィニー自身に聞くならば、「権利侵害から生ずる関係」（das „aus der Rechtsverletzung entspringende Verhältnis"）こそが事実上「訴権」を意味した[36]。すなわち「このような一般的立脚点から、あらゆる訴権のもとで前提とされる二つの条件が挙げられることになる。すなわち、権利それ自体とその侵害である。まず、権利そのものが欠けていれば権利侵害は想定不可能である。また、権利侵害が欠けていれば、権利は訴権という特別な形姿をまとうことはできない」[37]。すなわち、

サヴィニーにおいては、訴権発生の前提となる「権利」が承認されていたわけであり、これはつまりは権利の実体法的把握にほかならない[38]。ただし、サヴィニーにあっては、なお形式上訴権法的思考が維持されていることに変わりなかった。そこを、ヴィントシャイトは突いた。すなわち、ヴィントシャイトは、当時の支配的見解によって刻印されていた訴権＝actio に、実体法上の形態を与えようとした。ヴィントシャイトによれば、こうである[39]。ローマ法上のアクチオは、今日われわれが「訴権」として理解するもの、つまり侵害された権利の保護手段ではない。そうではなく、権利の独自の表現であり、むしろ「権利の主張」（Rechtsanspruch）である。それゆえ、ローマ法が actio という用語で表現したものを、われわれの法観の用語に置き換えること（in die Sprache unserer Rechtsanschauung zu übertragen）が、必要である。そうして生み出されたのが、実体法と訴訟法との分離貫徹であり、請求権（Anspruch）概念であった。これは、本稿の理解によれば、ヴィントシャイトの主観を超えて、彼がドイツ市民革命の「精神」を法的に受けとめた理論的営為の客観的な所産にほかならない。ヴィントシャイト請求権論の「光」が認められるのはここである。

4　ヴィントシャイト請求権論の「影」

(1)　以上のように、ヴィントシャイトが実体法と訴訟法との分離を貫徹し、それに対応して請求権概念を生み出したのだとするならば、論理的には、「訴権」は訴訟法に帰属し、よっていわゆる「公法的訴権論」が採用されるはずであった、とも言えよう[40]。しかし、実はそうはならなかった。ヴィントシャイトが採用したのは従来型の「私法的訴権論」である、とされる[41]。そのズレをめぐって、公法的訴権論に立つムーターとの論争が展開された[42]。ここではまず、ヴィントシャイトの私法的訴権論の構造を確認しておこう。そのことを通じて、われわれは、ヴィントシャイト請求権論の「影」をたどることになろう。以下、まず奥田昌道教授による整理を借りた上で、本稿独自の考察をそれに付加するという手法をとりたい。ヴィントシャイト請求権論における私法的訴権論の構造とは、こうである。

(2) 従来の普通法学説が、権利侵害から直ちに「その侵害除去のための裁判上の保護を求める権利（訴権）が生ずるとみた」のに対して、ヴィントシャイトは、「この訴権の前段階として請求権を考え、訴権は、この請求権の侵害（不履行）によってはじめて生ずるものとみる」[43]。これを債権と物権との対比にそくして言い換えるならば、次のようになる。すなわち、対人的請求権としての債権においては、債務者の給付拒絶の場合には、債務者に対する「訴権」が発生する。これに対して物権においては、物権侵害によって「まず侵害の除去を求める権利（請求権）が発生し、この請求権は、その満足が拒絶されたときに訴権となる」[44]。要するに、債権であれ物権であれ、侵害者に対する関係で権利侵害があれば、まずは履行請求ないし侵害除去請求を内容とする「請求権」が発生するが、それが拒絶された場合には、「侵害者の意思と権利者との意思との衝突」が生じているわけであるから[45]、「裁判上の救済の直接的賦与」すなわち「訴権」が私法上実体的に承認される、とするのである[46]。これは、一見したところ説得力をもちそうである[47]。ところが、このような形でヴィントシャイトの私法的訴権論の構造を維持する限り、論理的には、当該「訴権」は、あくまで侵害の当事者（＝侵害者）に私法的に向けられることになる。なるほど、この「訴権」を、「請求に応じなければ裁判所に提訴する」という、相手方に対する「訴求権」としてとらえるかぎりでは、「訴権」を実体私法上の権利として観念することも、あるいは可能であるかもしれない。しかしながら、この「訴権」を、国家司法機関に対する審判開始請求権として捉えると、おかしなことになる。なぜなら、その意味での「訴権」とは、法的性質上「公法的」なもの、と考えられうるからである。すなわち、実体的な私法上の権利を最終的に国家機関が保護するための手段として、「訴権」が構想されるのであり、その意味での訴権とは「公法的訴権」、ということになる。(48)「公法的訴権論」の評価もさらに問題となりうるが、さしあたりここでは、ヴィントシャイト請求権論が、結局は従来型の「私法的訴権論」の立場を維持した点のみ確認するにとどめておく。

(3) ところで、私見によれば、このようなヴィントシャイト請求権論における「私法的訴権論」は、彼の「権利論」によっても規定される側面をもっていた。ヴィントシャイト請求権論が実体私法的に練り上げられた特徴をもつことは、すでに本稿でも確認した。しかし、そこで言われる「実体私法」の中身がさらに問われる必要があるのではないか。もし、ヴィントシャイト請求権論と彼の「権利論」が不可分一体の関係にあるとしたなら、文字通り実体私法的に、ヴィントシャイト「訴権論」(=私法的訴権論)の限界が見えてくるかも知れない。あらかじめ結論的なことを述べるならば、要するところヴィントシャイトは、一方で訴権=Klagrecht=actioを「主観的権利」(das subjektive Recht)と等置した。そして他方、「主観的権利」とは請求権ないし請求権の複合体なのであるから、結局ヴィントシャイトにとって、訴権=Klagrecht=actioは、「主観的権利」であり、同時に「請求権」であった。こうして、ヴィントシャイト請求権論は、その基本構造からして、いわば必然的に「私法的訴権論」を採用せざるをえなかったのである。

(4) 要するに、ヴィントシャイト請求権論は、「訴権」=「主観的権利」=「請求権」の三位一体型の基本構造をなしていた。それゆえ、必然的に「私法的訴権論」を取らざるをえなかった。これが、本稿の仮説である。以下、それを「論証」してみよう。

まずヴィントシャイトにとって、当時の「実体法的」なアクチオの存在が、その出発点であった。彼が、これをも否定して「実体法と訴訟との分離」を成し遂げたわけではない。すなわち、ヴィントシャイトにとっても、あらゆる権利がその侵害を受けたときに裁判上の保護を享受する権能を体現するものとしてのアクチオは、あらゆる権利の属性として、存在するものであった。より厳密に言うならば、そのアクチオは、すでに侵害前から存在しており（„vorhanden auch vor der Verletzung“）、ただ当該侵害によってそれ（アクチオ）が初めて現実化する（„realisiert erst durch dieselbe（= die Verletzung)“）、という区別があるにすぎない(49)。そのような意味で、ヴィントシャイトは、なおサヴィニー訴権論の路線上にある(50)。しかもヴィントシャイトは、サヴィニーを越えてその独自の権利論を徹底させる。すなわち、先ほどの「訴権」＝「主観的権利」＝「請求権」の三位一体型の基本構造がそれである。訴権は権利侵害侵害前に権利に属性的なものであり、しかも訴権は、その前段階として「請求権」の形姿をまとわざるをえないのである。同時に「権利」は請求権そのものであり、あるいは請求権の複合体であった。これを言い換えるならば、ヴィントシャイトにあっては「二重の」請求権が構想されていた、とも言える(51)。債権にそくして言うならば、本来的な、いわば第一次的な、「債権としての請求権」（請求権としての債権）と、債権侵害による第二次的な請求権（たとえば損害賠償請求権）が、それである。この第二次的な請求権が債務者によって拒まれ、あるいは実現不可能になることによって、請求権が「訴権」に転化するのである。しかもヴィントシャイトは、彼の権利論を首尾一貫させる立場から、物権についても、それを第一次的な請求権（不作為請求権）の集合体とみなすにいたった。これは万人に向けられた物権の支配的効力であるが、それが侵害されれば第二次的な物権的請求権（rei vindicatio, actio negatoria）が生み出される。侵害者がその物権的請求権に応じなければ「訴権」が生ずる（現実化する）、のである。そして当該、第二次的な請求権は、債権的請求権であれ物権的請求権論であれ、「人と人との関係」を規律するのである。したがって、必然的に、「訴権」も「人と人との関係」を規律する。以下、この点を論証しておきたい。

(5)　ヴィントシャイトにあっても、そのアクチオ観は、伝統的な「オブリガチオとアクチオに関する母娘像」(das sog. Mutter-Tochter-Bild für *obligatio* und *actio*) にあった[52]。この意味でのアクチオは、すでにオブリガチオ（債権）に属性的なものであり、アクチオはオブリガチオが侵害される前から存在するものである。この定式を、ヴィントシャイトは、物権にも応用した。そのことによって、統一的なヴィントシャイト権利論を樹立した。すなわち彼は、所有権（das Eigentumsrecht）を例に、次のように言っている。まず所有権は、万人に対する一般的な請求権たる性質(Charakter eines allgemeinen Anspruchs gegen alle Menschen, d. h. jedermann)をもつものとして、構想されている。そして、この万人に対する一般的請求権が「所有権侵害によって特定人に対する特別な請求権に」(„durch die Verletzung des Eigentums zu einem besonderen Anspruch gegen einen bestimmten Menschen“) 転化する、という[53]。なるほど、一方でヴィントシャイトは、請求権は権利を前提とするのであり、かつ所有権のような「物に向けられた権利に基づいて」(aus dem auf die Sache gerichteten Recht)、そこから「請求権が物に向けられて提起される」(„ein Anspruch auf die Sache erhoben“ wird) ことを率直に承認している[54]。しかし、問題の「権利」(＝所有権)自体、たとえそれが物に向けられることはあっても、その実質はあくまでも「万人に対する一般的請求権」として説明されるべきものであった、と言えよう。

(6)　このような、ヴィントシャイトによる「請求権的権利論」は、彼の意思説的権利論と不可分一体の側面をもつ[55]。ヴィントシャイトにとって、権利はすべて、最終的に「人の意思に服従するもの」(„die Unterwerfung menschlichen Willens“) であった[56]。すなわち、まずは私人の意思に服従するものであり、その行き着く先は「法秩序の意思」(der Wille der Rechtsordnung) に服従するものであった[57]。こうして、絶対的な支配権としての物権そのものに対応する第一次的な請求権は、特定の人＝義務者に対するものではなく、万人に対するもの、という位置づけが明確化されていった(58)。言い換えるならば、物権それじたい、無数の請求権によって（„durch eine unbegrenzte Vielheit von Ansprüchen“）形成されたものと観念される(59)。このように物権は請求権を前提として成り立つ、とされる。権利侵害を要件とすることなしに、第一次的な請求権から物権が構成されるのである。つまりは「請求権的権利論」の確立である(60)。こうして、「訴権」＝「主観的権利」＝「請求権」のトリアーデが、ヴィントシャイト理論のなかで自己完結的な構造をもつにいたる。

(7) 最後にヴィントシャイト請求権論の「影」を象徴する問題として、彼のネガトリア請求権論をとりあげておこう。それは、いままで考察した彼の請求権論と権利論とが色濃く影響を与えるものとなっている。まずヴィントシャイトの見解によれば、肝心なことは次の点にあった。すなわち、物権はすべて、その侵害によって初めて特定の対人的関係を内容とする第二次的な請求権を生み出す。つまりは、物権侵害によって侵害者に対する債権（Forderungsrecht）イコール請求権（Anspruch）が形成される(61)。なるほど、ヴィントシャイトが所有権侵害のもとでまずなによりも実体的諸権利を問題とし、訴権そのものを強調しなかったことは(62)、彼の功績である。すなわち、物権はそれが侵害されることによって債権（Forderungsrecht）ないし請求権を生み出すのであり、そしてその債権や請求権の満足が侵害者によって拒絶される場合に初めて訴権が問題となるにすぎなかった(63)。それにもかかわらず、ヴィントシャイトの請求権論は、なによりもネガトリア妨害排除請求権と不法行為に基づく損害賠償請求権との混同への道を切りひらいてしまった。それは、なぜか。

ヴィントシャイトによれば、所有権の侵害によって生み出される（第二次的な）請求権は、その効果として、常に「侵害の廃棄」（„die Wiederaufhebung der Verletzung“）に向けられるのであり、その結果、所有権侵害に基づく請求権は、本来的に「回復的内容」（der restitutorische Inhalt）をもつ(64)。それゆえ、ヴィントシャイトは一八五七年のアクチオ論（„Abwehr"）において、すでに次のような注目すべき定式化を行っていたのである。すなわち言う。「所有権者は、彼の権利が占有の留置によって(durch Vorenthaltung des Besitzes)全面的に侵害された場合には、占有を回復する請求権（Anspruch auf Restitution im Besitz）をもつ。さらに所有権者は、占有の留置によってではなくて、単に部分的に侵害を受けたに過ぎない場合には、妨害の将来的な不作為、そのための担保、原状回復ならびに損害賠償を求める請求権（Anspruch auf künftige Unterlassung der Störung und Caution deshalb, Wiederherstellung, sowie Schadensersatz）を有する」[65]。こうして、ヴィントシャイトのアクチオ論そのものにおいて、言い換えるならばドイツ請求権論確立のそのただ中において、すでに、ネガトリア請求権の不法行為法的変造がおこなわれた。言い換えるならばこうである。すなわち、「占有を回復する請求権」（すなわち所有権に基づく返還請求権）が、所有権の全面的侵害（所有権客体の占有留置）を要件とするのに対して、ネガトリア的妨害排除請求権は、単に部分的侵害を要件とするのであり、つまりは占有留置以外のその他の侵害という消極的要件規定を受けながら、その効果としては妨害の将来的な不作為のみならず「原状回復ならびに損害賠償を求める請求権」までを包括するもの、とされた。これは、すなわち物権的妨害排除請求権（ないし差止請求権）への不法行為損害賠償請求機能の取り込みであり、変造であった[66]。このような、ヴィントシャイトによるネガトリア請求権への不法行為損害賠償請求機能の取り込み・変造という、ある種の「法原理の歪曲」は、その後彼のパンデクテン教科書でも一貫している。重要と思われるので、引用しておこう。そこで、ヴィントシャイトはこう言っている。「しばしば簡単に、actio negatoria が損害賠償に向けられるといわれることがあるが、それは正確ではない。一般原則に従えばその賠償を求める請求権が根拠づけられないところの損害賠償（Ersatz eines Schadens）は、actio negatoria によっても、したがって所有権そのものを根拠としては請求されえない。他方、損害賠償請求権（Schadensersatzanspruch）

が根拠づけられる場合には、損害賠償請求権は特別な訴で（in einer besonderen Klage）主張される必要がないということは、現行法上自明なことである。それは、すでにローマ法によって actio negatoria の actio arbitraria としての性質から、損害賠償を顧慮すべしとする審判人の特別な命令を不必要なものにしたことと同様である」と。[67] まず、ヴィントシャイトが「actio negatoria が損害賠償に向けられるといわれることがあるが、それは正確ではない」といっていることは、きわめて当然の法理を確認したにすぎない。そのあとの文章からも分かるように、故意・過失などを初めとする主観的帰責要件が備わらないことには不法行為に基づく損害賠償請求権が出てこないのは当然のことであり、かつまたそれ（損害賠償請求権）は、単に所有権侵害という「客観的違法」から生ずることもありえない、という自明のことを述べたに過ぎない。むしろ問題であるのは、そのあとの記述である。ここでヴィントシャイトは、「損害賠償請求権が根拠づけられる場合」すなわち不法行為の要件が充たされる場合には、損害賠償請求権が「特別の訴において」、とりたてて不法行為の主張をすることなく行使されうる、という。要するに、不法行為の要件が充たされていれば、訴訟上ネガトリア請求においても損害賠償請求権も行使できる、とする。要するに、「ヴィントシャイトは、actio negatoria により、実質的に損害賠償をもカバーできる、と言っている」[68] ことになる。本稿では、以上のような、ヴィントシャイトによるネガトリア請求権への不法行為責任の取り込みを帰結するところの、彼の「請求権的」権利論をもって、さしあたりヴィントシャイト請求権論の「影」と評したい。このヴィントシャイト請求権論が、とくに物権的妨害排除請求権解釈論において、わが国川島武宜教授による「責任説」へとつながっていく。[69]

(15) なかでもドイツ民法典では、「ヴィントシャイトの絶大な影響のもとに、請求権概念」が「彼の与えた定義そのままに採用された」とされる。さしあたり、奥田昌道『債権総論（上）』（一九八二年）九頁参照。さらに、潮見佳男「前注（§§ 399-724〔債権〕）」奥田昌道編『新版注釈民法⑽Ⅰ債権⑴』（有斐閣、二〇〇三年）五頁も参照。

(16) 私的自治は、一般に「契約自由」とほぼ同義だとされたりする。しかし、私的自治を広義に捉えるならば、それは、法的人格の平等をはじめ、所有権自由や契約自由さらには過失責任主義まで包括するところの、古典的市民法の第一次的基本原理と言えよう。たとえば、原島重義「民法理論の古典的体系とその限界」山中康雄先生還暦記念論文集『近代法と現代法』（法律文化社、一九七三年）一二二頁以下では、「私的自治の原則」が「個人人格の自律的な展開を可能にする自由」の表現として捉えられ、そのもとで主観的権利（das subjektive Recht）やその担い手による法律行為、不法行為、さらには法的人格概念などが「私的自治」に包括されている。ちなみに、契約自由と私的自治とを区別するという点では星野英一教授も同じである。星野「現代における契約」岩波講座『現代法8・現代法と市民』（一九六六年）所収、星野『民法論集第三巻』（一九六八年）五四頁以下参照。なお、この点、原島重義教授の指摘を参照。原島「契約の拘束力――とくに約款を手がかりに――」法学セミナー一九八三年一〇月号三四頁。なお、原島教授のいずれの論稿も、近刊予定『民法の理論的研究』（創文社、二〇〇六年）に収録されている。

(17) 以下、本稿におけるヴィントシャイト請求権論の考察は、先行業績として、奥田昌道『請求権概念の生成と展開』（創文社、一九七九年）に負うところが大きい。ただし、筆者独自の評価観点を、できるかぎり加味したつもりである。

(18) たとえば、吉野悟『ローマ所有権法史論』（有斐閣、一九七二年）一〇頁、川角「ローマ法における所有権保護訴権の「形成」とその意義」松井宏興＝岡本詔治・他編『借地借家法の新展開』（信山社、二〇〇四年）二三七頁、二六三頁注26、27参照。ちなみに、カウフマンによれば、ローマ法自体が実体法と訴訟法との区別をまったく知らなかったわけではない。ただし、その区別は、ローマにおける法秩序の基底的な区分原理に（zum grundlegenden Einteilungsprinzip）まで高められることは、決してなかった。要するに「（ローマ）古典期の法秩序についての展開史を根拠とするならば、ローマ人の法観念は、全く圧倒的に次の問題、すなわち法務官（Prätor）が審判人（iudex）の名において、侵害者に対する被侵害者への訴え保護（Klagschutz）をactioの付与によって与えるかどうか、という問題に向けられていた」。Vgl. Horst Kaufmann, Zur Geschichte des aktionenrechtlichen Denkens, JZ 1964, S. 482 ff., bes. S. 483 rechte Spalte.

(19) Vgl. Kaufmann (oben Fn. 18), S. 484 ff. ちなみに、中世法では、「地域の慣習に従って」（secundum consuetudines regionis）、社会的実体の訴権法的思考自体への取り込みがなされたのではないかという推測は、なされている。しかし、あくまで一般的には「中世ローマ法学は徹頭徹尾訴権的な思考によって刻印」されており、したがって所有（dominium）じたい「物に対する支配を意味せず、そうではなく訴権的な概念であり、実際にはrei vindicatioと端的に同一なものである」とされる。守矢健一「書評：Maximiliane KRIECHBAUM, *Actio, ius und dominium in den Rechtslehren des 13. und 14. Jahrhunderts.* (Abhandlungen zur

Rechtswissenschaftlichen Grundlagenforschung 77), 1996, 466 S.」国家学会雑誌一一六号一＝二号（二〇〇三年）一九一頁以下、一九四頁以下、一九八頁以下参照。

（20）Vgl. Andreas Kollmann, Begriffs- und Problemgeschichte des Verhältnisses von formellem und materiellem Recht, 1996, S. 146 ff. ただし、「人文主義」（Humanismus）や、その後の「パンデクテンの現代的慣用」（Usus modernus pandectarum）の時期を経て、「自然法」（Naturrecht）の段階にいたると、理念的に「訴訟法と実体法との分離」が進み、actio 自体の中に実体法的内容が取り込まれていく状況が見られる。Vgl. Kollmann, a. a. O., S. 430 ff., S. 457 ff., S. 497 ff. とはいえ、あくまでも actio 的法思考に拘束されていたという事実に、変わりはない。なお、中世以降の商品経済の進展や啓蒙期自然法思想の展開などとの関連でコルマンの業績を独自に分析することを含め、今後に留保すべきことが多い。

（21）Vgl. Kaufmann (oben Fn. 18), S. 487 ff.; Kollmann (oben Fn. 20), S. 500 ff. カウフマンによれば、とりわけサヴィニーにおいては、すでにいわゆる「実体法的」訴権法（ein so genanntes materiellrechtliches Aktionenrecht）が構想されていた、とされる。Siehe Kaufmann, S. 488 linke Spalte; auch Kollmann, S. 531 ff. なお、サヴィニーの訴権論に関するわが国の業績として、児玉寛「サヴィニーにおける古典的民法理論」法政研究五〇巻三＝四号（一九八四年）六七頁以下、とくに七六頁以下を参照。

（22）その典型的な立法例がドイツ民法典（ＢＧＢ）である。ただし、ドイツ民法典においても「随所にアクチオ法的構成の残滓がみられるのではないか、もしそうだとすれば、ドイツ民法典における実体法体系確立の不徹底さは何に由来するのか」などと指摘されている点に留意しておきたい。奥田・前掲注（17）四頁参照。ちなみに、近代市民革命の代表的法典とされるフランス民法典では、むしろアクチオ法的思考が支配的であることは、もっと注目されておいてよいのではないか。要するに、ことの核心は、近代市民革命の徹底さとか政治革命の質的差異だけでもって、ただちに法的観念形態のありかたが決定づけられるわけではない、ということである。この観点が、すでに原島市民法学の出発点をなすことは忘れられてはならない事実であると思われる。たとえば、「無因性」概念の研究に際して、原島教授は次のように言っている。——「法は上部構造としてその経済的土台に究極的には規定されるものとはいえ、下部構造から直接には説明できないということ、つまり、法はそれ自身の中にも発展のモメントをもっているということを、できるだけ具体的なかたちで確かめること」が、そこでの基本的課題のひとつであった、と。原島「「無因性」概念の系譜について——「無因性」概念の研究　その一」九州大学法学部創立三〇周年記念『法と政治の研究』（有斐閣、一九五七年）四五三頁参照。

（23）前掲注（22）でも指摘したように、「後進的・妥協的」ドイツにおける「請求権論」の生成と「先進的・革命的」フランスにおける「訴権」的法思考による被拘束性との対比は、もしかするとパラドキシカルな意味で「市民階級の政治権力獲得のフランス的・ドイツ的過程の問題等に連なって行く」と考えることもできよう（原島重義「法哲学というもの」原島『民法学における思想の問題』（創文社、二〇〇六年出版予定）第二部第一章第三節所収参照、初出・九州大学法律研究会「法律学研究」一一号、一九五六年、原島『折にふれて』（一九八八年、非売品）一二一頁）。これは、とりもなおさず、ハインリッヒ・ハイネが端的に述べたように、「フランスの政治革命」と「ドイツの思想革命」とが「同じ重要性をもつもの」として位置づけられているという事実（ハイネ『ドイツ古典哲学の本質』（伊東勉訳、一九七三年改訳）一五八頁）を想起させる。また、カール・マルクスによる「ドイツ人は、爾余の諸国民がやったことを政治において考えた。ドイツは爾余の諸国民の理論的良心であった」とする指摘（マルクス『ヘーゲル法哲学批判序論（他）』（真下信一訳、一九七〇年国民文庫版）三四一頁）をも想起させる。これら、いずれの点についても、すでに原島重義「なぜ、いまサヴィニーか」原島編『近代私法学の形成と現代法理論』（九州大学出版会、一九八八年）一〇頁、一一頁注15が指摘している（なお、この論文は近刊予定・原島『民法の理論的研究』第一部第三章に収録）。

(24) Bernhard Windscheid, Die Actio des römischen Civilrechts vom Standpunkte des heutigen Rechts, 1856.

(25) さしあたり、「ヴィントシャイトの法律学」に関する概観として、奥田・前掲注（17）六頁以下参照。そこでは、初期ヴィントシャイトの革新的方向性と後期ヴィントシャイト、なかでもその「パンデクテン」における法実証主義的・形式的「学理主義」への傾斜が指摘されている。

(26) 奥田・前掲注（17）四頁。Vgl. auch Otto Fischer, Recht und Rechtsschutz. Eine Erörterung der Grenzgebiete zwischen Privatrecht und Civilprozeß in Beziehung auf den Entwurf eines BGB, 1889, S. 7 f. ―― „Die römische Einkleidung der Privatrechtsinstitute in prozessualisches Gewand treibt auch heute noch nicht nur in vielen Pandektenlehrbüchern, sondern auch in der Sprache der Gericht ihr Unwesen. Mit der Trennung von Privatrecht und Prozeß in Gesetz und Lehre wird diesem römischen Aktionenwesen die Grundlage entzogen." ――「私法制度がローマ法的な訴訟の衣をまとっているということは、今日もまた、数多くのパンデクテン教科書のみならず、裁判所の判決をみても一目瞭然である。私法と訴訟とが制定法および学説の中で分離をとげていくことによって、このようなローマ法的訴権的性質がその基礎を奪われることになる。」

(27) ただし、ここでいわれる「歴史的取り扱い」の中身自体については、さらに検討の必要があろう。それはなかんずく「歴史と現在との関係」を媒介にした「法史学と法ドグマティクとの関係」にかかわる。さしあたり、エドゥアルト・ピッカー「法解釈学と法史学」（川角訳）龍谷法学三八巻三号（二〇〇五年）一三三頁以下、とくに一四二頁以下参照。

(28) Vgl. Kleinheyer=Schröder (Hrsg.), Deutsche und Europäische Juristen aus neuen Jahrhunderten, 4. Aufl., 1996, S. 443 (Schröder). ただし、シュレーダーは、ヴィーアッカーを援用しつつ、ここにおいてすでにヴィントシャイトの「折衷的解決の傾向」(Neigung zu mittleren Lösungen) が看取されるのであり、かつそれが初期ヴィントシャイトにあってはその理論構築にあたって好都合な側面を発揮した、という。ここで問題の「折衷的性格」とは、おそらく実用法学的志向性と概念法学的傾向の論理的貫徹の妥協的産物としての、ヴィントシャイトの「プラグマティズム」を指すのであると思われる。

(29) Vgl. Windscheid, Die Actio, Abwehr gegen Dr. Theodor Muther, 1857, S. 22.

(30) Vgl. Windscheid, Actio (oben Fn. 24), S. 3; auch ders., Abwehr (oben Fn. 29), S. 8 f. und S. 18.

(31) Vgl. Windscheid, Actio (oben Fn. 24), S. 3; auch ders., Abwehr (oben Fn. 29), S. 7.

(32) フリッツ・シュルツによれば、次のように指摘される。すなわち「ローマの法律学は、民事訴訟法に関しては、広く訴権法的に方向づけられていた(actionenrechtlich orientiert ist)。したがって、訴訟法に対する私法の完全な独立化が達成される余地はなかった」と。Vgl. Fritz Schulz, Prinzipien des römischen Rechts, 1934, S. 21. なお、フリッツ・シュルツ『ローマ法の原理』（眞田芳憲＝森光訳、中央大学出版部、二〇〇三年）三五頁も参照。

(33) Vgl. Windscheid, Actio (oben Fn. 24), S. 3.

(34) Vgl. Windscheid, Actio (oben Fn. 24), S. 3.

(35) Vgl. Windscheid, Actio (oben Fn. 24), S. 1.

(36) Vgl. Friedrich Carl von Savigny, System des heutigen römischen Rechts, Bd. 5, 1841, S. 5.

(37) Savigny (oben Fn. 36), S. 6. ちなみに、児玉・前掲注（21）七七頁によれば、このサヴィニーの記述は、いわゆる「実質的訴権概念＝侵害理論」を指す。これに対して、形式的訴権とは「訴え提起行為であり、書面審理構造の民事訴訟では訴状と同義である」とされる（児玉・前掲注（5）七八頁）。

(38) たとえばカウフマンによれば、サヴィニーは、actioという名称を維持しながらも実際には「いわゆる請求権」(der sog. *Anspruch*) を承認していた、とされる。Vgl. Kaufmann (oben Fn.18), S. 488. その意味で、サヴィニーは、訴権と請求権との分離論の開拓者 (Wegbreiter) として位置づけられもするのである。Vgl. Wolfgang Zöllner, Materielles Recht und Prozeßrecht, AcP 190 (1990), S. 472.

(39) Vgl. Windscheid, Actio (oben Fn. 24), Vorwort; auch ders., Abwehr (oben Fn. 29), S. 26.

(40) ここでは、さしあたり一般的理解にしたがって、実体法＝私法、訴訟法＝公法という分類を前提としておく。ただし、すでに「私法と公法」との関係自体おおきな問題とされており、民事訴訟法をもって公法に位置づけることは一定の留保が必要であろう。とくに「公法概念」の問題性につき、広中俊雄『民法綱要第一巻総論・上』（創文社、一九八九年）三三頁以下参照。

(41) 奥田・前掲注（17）四五頁以下参照。ただし、あくまでも「従来型の」私法的訴権論にとどまるヴィントシャイトの請求権論が、「実体法上の概念としての請求権概念の確立およびそれによる実体法体系の整備」をうながしつつ、同時にそれが「訴権の独立性（公法的訴権論）をうながす契機となった」（奥田・前掲注（17）六〇頁）ともされる。そのような、ヴィントシャイト請求権論の重層的な性質を無視するわけにはいかない。ただし、本稿ではその「光」と「影」とのコントラストに重点が置かれている。なお、「私法的訴権論」が当時一般的であったことについては、後掲注（47）も参照。

(42) Vgl. Theodor Muther, Zur Lehre von der römischen Actio, dem heutigen Klagrecht, der Litiskontestation und der Singularsuccession in Obligation, 1857.

(43) 奥田・前掲注（17）四五頁参照。

(44) 奥田・前掲注（17）四六頁参照。Vgl. Windscheid, Actio (oben Fn. 24), S. 222 f.

(45) この点で、ヴィントシャイト権利論に独特な「意思説」的傾向がはっきりと示されている。この意思説的権利論と請求権的権利論との関係については、後述本文を参照。

(46) 奥田・前掲注（17）四五―四六頁参照。Vgl. Windscheid, Actio (oben Fn. 24), S. 222 f.

(47) それゆえか、私法的訴権論は、サヴィニー、プフタ、ヴィントシャイト等によって広く主張されてきた。兼子一『實體法と訴訟法』（有斐閣、一九五七年）一〇三頁参照。

(48) 兼子・前掲注（46）一〇四―一〇五頁参照。そこで兼子教授は、公法学の発達に伴って「人民の国家に対する公権の観念が認められ」るようになった事実にも、注意を喚起している。なお、近時の民事訴訟法学の立場からのものとして、伊藤眞『民事訴訟法〔補訂第二版〕』（有斐閣、二〇〇二年）一三―一四頁も参照。本文で指摘した理由以外に、確認訴訟において、必ずしも原告の被告に対する権利の確定が求められるわけではないこと。形成訴訟の場合にも形成原因の説明が困難であること、などを挙げて、私法的訴権論から公法的訴権論への移行がうながされた、とされる（伊藤・前掲書一四頁参照）。

(49) Vgl. Windscheid, Actio (oben Fn. 24), S. 2. ちなみ、ヴィントシャイトはそこで、買主のactio empti（買主訴権）を例に挙げて、次のように言っている。すなわち、買主は、このactioを、彼の債権が侵害される前にすでに有していたのであり、つまりは、売買契約の成立と同時に、このactioを有していたのだ、と。

(50) Vgl. Bruno Rimmelspacher, Materiellrechtlicher Anspruch und Streitgegenstandsprobleme im Zivilprozeß, 1970, S. 17.

(51) この点については、すでに奥田教授の指摘がある。奥田・前掲注（17）四七頁注1参照。

(52) Vgl. Windscheid, Actio (oben Fn. 24), S. 2; Kaufmann (oben Fn. 18), S. 485. ―― obligatio が Mutter であり、actio が Tochter である、とされる。

(53) Vgl. Windscheid, Abwehr (oben Fn. 29), S. 28.

(54) Vgl. Windscheid, Actio (oben Fn. 24), S. 15. ところで、一八五六年の„Actio"と一八五七年の„Abwehr"との間に、周知のヴィントシャイト・ムーター論争があった。それが、ヴィントシャイトの権利論にどのように影響したか、問題となりうる。たとえば、奥田・前掲注（17）三一頁注5、四七頁、六二頁は、ヴィントシャイトに対するムーター説の影響を肯定する。本稿では、この点については立ち入らない。

(55) リムメルスパッヒャーも、ヴィントシャイトにおける請求権論と彼の意思説との関連性に注目している。Vgl. Rimmelspacher (oben Fn. 50), S. 30. 本稿でも確認したように、ヴィントシャイトの請求権論と権利論とが不可分一体であるならば、権利論と意思説との関連性も明らかだろう。

(56) Vgl. Windscheid, Lehrbuch des Pandektenrechts, 1. Bd. 3. Aufl., 1873, S. 95.

(57) Vgl. Windscheid, Lehrbuch des Pandektenrechts, 1. Bd. 9. Aufl., 1906, S. 157. その際、ヴィントシャイトは、一定の留保を示しながらも、自己の意思的権利論とトーン流のいわゆる「命令説」(Imperativentheorie) との繋がりを認めている。なお、トーンの命令説については、vgl. August Tohn, Rechtsnorm und subjektives Recht, Untersuchungen zur allgemeinen Rechtslehre, 1878. わが国の文献として、たとえば末川博『権利侵害論』（日本評論社、一九四四年版）二四五頁以下、来栖三郎「民法における財産法と身分法（二）」（初出一九四三年）来栖三郎著作集Ⅰ『法律家・法の解釈・財産法』（信山社、二〇〇四年）三〇五頁以下、とくに三一一頁以下参照。

(58) Vgl. Windscheid, Pandektenrecht, 1. Bd. 3. Aufl. (oben Fn. 56), S. 96.

(59) Vgl. Windscheid, Pandektenrecht, 1. Bd. 9. Aufl. (oben Fn. 57), S. 184.

(60) しかも、それは――すでに見たように――ヴィントシャイト的な意思説的権利論と密接にリンクされていた。この、ヴィントシャイト的な意思説的権利論と「訴権」との関係は、すでに指摘したように、「侵害者の意思と権利者の意思との衝突」という要件を介して、第二次的請求権が訴権へと転化する局面で問題となった。

(61) Vgl. Windscheid, Actio (oben Fn. 24), S. 223.

(62) Vgl. Windscheid, Actio (oben Fn. 24), S. 222.

(63) Vgl. Windscheid, Actio (oben Fn. 24), S. 222. なお、前掲注（44）に対応する本文も参照。

(64) Vgl. Windscheid, Actio (oben Fn. 24), S. 222 f.

(65) Windscheid, Abwehr (oben Fn. 29), S. 27. あとで本文でも指摘するように、これはプフタ理論のとり込みでもあった。

(66) わが国の場合には、とくに公害受忍原則論という形での違法段階説において不法行為の効果への差止請求権の取り込みが顕著であるのに対して、ヴィントシャイト請求権論では、差止請求論 (actio negatoria) の中に不法行為の効果が取り込まれていくのである。ただし、そのいずれも、結果的には民事違法における原則論を例外論とを混同しているか、あるいは取り違えている。この点、すでに原島重義教授による的確な指摘がある。原島「わが国における権利論の推移」法の科学四号（一九七六年）

八三―八四頁。

(67) Vgl. Windscheid, Pandektenrecht, 1. Bd. 9. Aufl. (oben Fn. 57), S. 109 f. Anm. 5. この点に早くから注目していたのが、原島重義教授の権利論である。前掲注（66）八三頁参照。

(68) 原島・前掲注（66）八三頁。

(69) ヴィントシャイトのネガトリア請求権論と川島「責任説」との関連性は、つとに原島重義教授によって指摘がなされてきた。原島・前掲注（66）七九―八六頁参照。筆者は、この原島教授の見解に示唆を受け、ヴィントシャイトの「権利論」と川島「所有権論」との関連性・共通性を踏まえて、両者の妨害排除請求権論の問題性を考察したことがある。川角「近代的所有権の基本的性格と物権的請求権との関係（一）（二・完）」九大法学五〇号（一九八五年）八九頁以下、一一五頁、一一八頁以下、九大法学五一号（一九八六年）二八頁以下、とくに三九頁参照。本稿は、さらに「請求権論」（ないし「訴権論」）をも視野に入れて考察を一歩前進させようとするものである。

三　物権的妨害排除「請求権」の独自性

1　権利論との関係

(1)　すでに、本稿で考察したように、物権的請求権論において重要な視点を提供してきたのは「主観的権利と請求権との関係」であった。そこで以下では、上記の考察を受けて、物権的請求権の本質を検討し、その上で物権的妨害排除請求権の独自性を指摘したい。ただ、そのためには、まずその前提として「権利」（＝主観的権利）に関する基礎理論を簡潔に確認しておく必要がある。

(2)　これまで一般に、わが国では、権利論が正面から、しかも法解釈学の土俵上で直接問題とされることは、それほど多くはなかった。この点、すでに「わが国における権利論の推移」が、原島重義教授によって的確に描かれているので、詳細はそれに譲る[70]。

さしあたり本稿が指摘したいのは、ヴィントシャイト流の権利論が、物権的請求権において、なにゆえ忍容請求権として結実せざるをえなかったか、ということである。それと同時に、ヴィントシャイト権利論に対抗するイェーリング権利論がいかなる意義を有するか、さらに「有しうるか」を試論的に模索すること、である。

(3) ヴィントシャイトの権利論が、なにゆえ忍容請求権として結実せざるをえなかったか。それは、すでに本稿で考察したことと密接な関係をもつ。すなわち、ヴィントシャイトにとって、権利＝物権とは、万人に対する一般的請求権（不作為請求権）の言い換えであって、その際に問題となる物権者の「意思」も「消極的なもの（ein negativer）」でしかなかった。すなわち、侵害者が、その容態によって物権者の所有に干渉する限りで物権者の意思支配が妨げられるわけだから、侵害者は「権利者のその物への関与を妨げてはならない」という意味で禁止的責任を負うに過ぎないのである。[71] したがって、侵害者＝妨害者は、みずから侵害状態（妨害状態）を停止するだけの義務を負うにすぎない。それを越えて、侵害状態（妨害状態）を最終的に排除するため「費用負担」が必要な場合であっても、不法行為責任などの主観的帰責要件（Verschulden）がない限り、被侵害者＝被妨害者がその「費用負担」をなすべきである、とされる。[72] 要するに、侵害者が無責ならば「無責侵害」に対するリアクションとして「忍容請求権」のみが生ずるのであり、侵害者が有責（故意・過失）ならば「有責侵害」に対するリアクションとして不法行為責任の実体を併有する「行為請求権」が、ネガトリア除去請求権として生ずる、とされる。これは、いわば「請求権的権利論」の論理必然的な結果であった。

(4) それに対して、イェーリングの権利論によればどうであろうか。イェーリングの権利論が、端的に「行為請求権説」を意味すると確認されているわけではない。ただし、彼の権利論を辿っていけば、「行為請求権説」に行き着かざるをえない、と思われる。しかも、その法的意味を、「財貨帰属秩序論」の立場から、さらにリファインしてみたい。周知のように、イェーリングのいわゆる利益説的権利論とは次のようなものである。引用してみよう。

「権利の概念を構成する二つのモメントがある。ひとつは実質的モメント（ein *substatielles* Moment）であり、もうひとつは形式的モメント（ein *formales* Moment）である。一方で、権利の実質的モメントは、その権利によって保障されるべき利便、利益、収得に、その実際上の目的を置いている。他方、権利の形式的モメントは単に手段として前者の（実質的モメントの）目的のために機能する。すなわち権利保護（Rechtsschutz）、訴え（die Klage）がそれである。前者は権利の核心（Kern）であり、後者はその核心を保護する権利の外皮（Schale）である。（中略）権利の概念は享受（Genuss）の法的安定性に依拠する。すなわち、権利とは法的に保護された利益である（Rechte sind rechtlich geschützte Interessen）」(73)。

ここに、主観的権利と物権的請求権との関係を解明するための重要な手掛かりが示されている。とくに、引用文中でイェーリングが「訴え」と表現した„die Klage“を実体法上の請求権とみなしうるとするならば、そうであろう。すなわち、権利は第一次的には一定の法的に保護された利益からなるものであって、請求権とは無関係である(74)。権利の侵害があって初めて請求権、すなわち権利保護請求権としての物権的請求権が生ずる。イェーリングが「訴え」としたのは、物権的請求権の裁判上の行使、と解することができよう。しかも、ここでイェーリングによって把握された権利、なかでも近代法上の所有権は──ローマ法における「感覚的・物質的」な所有権と違って──「法理論としての所有権」、つまりは、そのような意味で「抽象的かつ理念的な所有権」を意味する(75)。したがって、近代市民法秩序が、財貨帰属秩序をその内に含み、しかも主観的権利＝物権＝所有権がその典型的機能を果たすと考えた場合、このようなイェーリング流の権利論からは、次のような仮説が引き出されうる、と思われるのである。すなわち、近代市民法上の主観的権利＝物権＝所有権は、法的に財貨帰属秩序に資する典型的な構成要素として、みずから物的に自己の「支配」領域の保全に関する「責任」を内在している。すなわち、ここで主観的権利＝物権＝所有権には「支配」と「責任」とが法的に統合されている。それゆえ主観的権利＝物権＝所有権の事実上の状態が、別の権利の事実上の状態によってズレをきたした場合には、いわば「権利そのものの意思」として、そのズレをもとに戻すバネが生ずる。そのバネこそ、法的に「物権的請求権」としての形姿をまとうものである。しかし、ものを言わず、自ら動けない物は、その所有権者をして、いわば「代理人」として、物権的請求権を行使せしめざるをえない[76]。したがって、そもそも、物権的請求権は、いわば物と物との関係を規律するものであり、人と人との関係を規律する債権的請求権とは全く無関係である。したがって、物権的請求権の行使に当たって債権的請求権の規定を適用・類推適用することも原則としては排除されるべきである。また、物権的請求権は、あくまで物的支配状態のズレを矯正するために機能するだけであり、相手方もそれによって自己の権利状態の復元という「利益」を得るわけであるから、仮にそのために「費用負担」が生ずるとしても、それは相手方になんら財産上の不利益（犠牲）をあたえるものではなく、よって相手方の有責性の有無にかかわらず彼の費用負担での妨害排除が認められるべきである（行為請求権説[77]）。要するに、ここで相手方の「責任」とは、以上の意味での「権利状態のズレ」を矯正する「責任」（＝客観的・物的責任）に尽きる。相手方の「責任」履行は、同時に相手方自身の「支配領域」保全を意味するのである[78]。以上、ある意味では大胆な仮説を述べたかも知れない。次に、それを論証するための作業を試みよう。

2　物権的請求権の本質

(1)　まず、物権的請求権を考えるにあたって、重点は「物権」にあるのか、それとも「請求権」にあるのか、という形で物権的請求権の本質を検討してみよう。なぜなら物権的請求権のうち、その「請求権」的ファクターの方に「物権」的ファクターよりも重点がおかれるのだとしたなら、必然的に物権的請求権も債権的請求権と同様に「人と人との関係」を規律するものであり、物権的請求権に債権的請求権規定を適用してもなんら問題ないという「一般的法理」が通用してしまうからである。挙げ句の果ては、債権的請求権の一つの典型としての不法行為における損害賠償請求権につき「相関関係論」(79)が主張されるのとパラレルに、物権的請求権においても「相関関係論」が幅をきかすことにもなりかねない(80)。そこで、次に、「請求権」ファクターか「物権」ファクターか、という問題を簡潔に考察してみよう。

⑵　先ほどのイェーリング権利論の考察においても明らかなように、権利＝物権の核心は法的に保護された利益であった。今日的表現を用いれば、それを財貨帰属秩序における「割当内容」(„Zuweisungsgehalt" in der Güterzuordnung）と言い換えてもよい。これが権利の第一次的モメント＝実質的モメントである。これを「物権」ファクターと呼ぶ。これに対して、「請求権」ファクターとは、その権利の核心の外皮として、権利侵害（権利状態の不適法なズレ）があった場合に発動される物的サンクションとして機能する。いわば権利の第二次的モメント＝形式的モメントである。以上の意味での「物権的請求権」は、あくまでも客観的な権利状態のズレ＝不適法なズレを矯正するために、機能する。当該権利状態のズレが人の行為（作為・不作為）によって生じた場合には、物権的請求権に対応するところの「行為の客観的違法」が問題となる。しかし、それだけでは、不法行為責任とは関係をもちえない。権利状態のズレを引き起こす人の行為が「損害」をもたらし、かつ「有責性」＝主観的帰責性（Verschulden）を伴う場合にのみ、その行為が非難の対象となり、よって初めて不法行為に基づく損害賠償請求権が成立するのである。この損害賠償請求権は「人と人との関係」を規律するが、物権的請求権はそうではない。

物権的請求権は、本質的には「物と物との関係」ないし「権利と権利との関係」を規律するのであり、その機能媒体（「代理人」）として権利主体（人）が問題となるに過ぎない。(81)

3 物権的請求権の本質に関する近時のドイツ学説

(1) 以上、本稿で示したようなイェーリング的権利論の展開という観点に対して、近時リムメルシュパッヒャーによる批判がある。(82) 次にそれに対する再批判的考察を試み、よって本稿の立場を補強しておきたい。まず、リムメルシュパッヒャーの基本的見解を確認しておこう。彼は、およそヴィントシャイト請求権論に影響を受けつつ、次のように言う。すなわち、請求権の二元論（Dualismus）が問題とされるべきであって、その際「権利保護手段としての請求権」（Anspruch als Mittel des Rechtsschutzes）と「法的地位としての請求権」（Anspruch als Rechtsposition）が肝心な意味をもつ、という。(83) このうち「法的地位としての請求権」は、債権の場合には典型的には契約関係が、物権の場合には「請求権」自体が法的地位を意味する、と解するわけである。(84) むろん、リムメルシュパッヒャーが物権的請求権と債権的請求権との区別を自覚的に曖昧にしているというわけではない。とくに彼は物権の帰属機能（Zuordnungsfunktion）を承認する。(85) それにもかかわらず、リムメルシュパッヒャーによれば、物権そのものの前提として「法的地位としての請求権」が問題となるわけであるから、物権的請求権が物権を包み込み、よって物権の帰属機能も物権的請求権によって引き受けられることになる。かくして、リムメルシュパッヒャーは「その限りにおいて、物権的請求権も債権的請求権も同じ構造をもつのであり、ヴィントシャイトがその両方の請求権に与えた同じ取り扱い（die gleichmäßige Behandlung, die Windscheid ihnen（dinglichem Anspruch und obligatorischem Anspruch）angedeihen läßt）が、正当化されている」(86) とする。

(2) ところで、すでにペータース(87)は、以上のリムメルシュパッヒャー説を先取りし、一層極端化しようとしていた。ペータースによれば、所有権の基本的概念規定であるドイツ民法九〇三条（日本民法二〇六条に相当）も、それだけでは「無内容」(inhaltlos) であり、[88] 九八五条の返還請求権や一〇〇四条の妨害排除請求権・妨害予防請求権によって初めて所有権としての実体をもつ、という。[89] こうして、所有権も、それが侵害を受けたり妨害を受けたりすることによって生ずるところの「無数の請求可能性の集合体」(Summe der unendlich vielen Anspruchmöglichkeiten) にほかならない、とされる。[90] しかも、ペータースは、リムメルシュパッヒャーと同様に、物権法上の請求権も無条件に (vorbehaltlos) 一般債務法に組み込まれるべきであって、よって物権的請求権に基づく「給付義務」(Leistungspflicht) も一般債務法に服することになる、という。[91]

(3)　以上、リムメルシュパッヒャーやペータースの見解は、およそイェーリング権利論の「理論的展開可能性」に対して消極的な立場を示すものであった。彼らの見解の前提にあるのは、ヴィントシャイトの請求権論であった。ところが、近時ドイツでは、これらヴィントシャイト請求権論「亜流」の見解に対抗して、実質的にイェーリング権利論を新たに「展開」させる学説も登場した。以下、それら「展開」学説のエッセンスを紹介しておきたい。

すでに幾度か指摘したように、イェーリング的な権利論に従うなら、権利＝物権の「消極的」側面がもつ機能とは、まさしく権利＝物権の実質的な内容を保護するという点におかれるべきものであった。このような保護機能は、権利＝物権が侵害されて初めて「請求権」として現実化する。したがって、「請求権」は単なる保護手段 (Schutzmittel) にすぎないのであって、決して法的地位 (Rechtsposition) を意味するのではない。これに対して、権利＝物権、なかんずく所有権こそは、財貨帰属秩序における「割当内容」をともなう「法的地位」を意味するもの、と言える。[92] また、権利＝物権の排他的側面も「法的地位」の属性（権利＝物権の実体的基体）である限り、そのような排他的側面をもって「請求権」と等置する見解もまた不当である、とされる。(93) 権利＝物権の核心（Kern）とは、まさしくこのような実体法的基体（materiellrechtlciches Substrat）を承認することによって初めて把握されうるのである。権利＝物権の基体をもって「請求権」とリンクする見解は、ヴィントシャイト請求権論（とくにその私法的訴権論）によって典型的に示されていたように、実体私法の中にアクチオ法的思考を残存せしめるものにほかならなかった。これに対して、実体私法においては、文字通り実体法的思考（das materiellrechtlcihe Denken）が貫徹しなければならない。(94) もし、かのアクチオ法的思考に従うならば、単に権利侵害のエレメントが正当に考慮されないというだけでない。それればかりか、実体法的基体のエレメントまでもが抜け落ちてしまうであろう。(95) なぜなら、とくにヴィントシャイト的なアクチオ法的思考においては、まず「請求権的権利」があって、その上で権利侵害によっていわば第二次的な「物権的請求権」が発生するのであるが、それは要するに「請求権を保護するための請求権」を意味するのであり、「権利」侵害の実体を直視しえないからである。そうではなく、物権的請求権とは、財貨帰属秩序における「割当内容」を有する権利＝物権の客観的な不適法状態（権利状態のズレ）に対するリアクションとして発動される。物権的請求権はそれに尽きるのである。(96) その際、物権的請求権の相手方がいつも客観的な侵害状態＝妨害状態の存在を知っているとは限らない。その場合、相手方の所有権領域も客観的にズレをきたし、それ自体その矯正を物的に要求しているところ、その担い手が当該状態を知らないでいるのである。そこで登場する被妨害者の物権的請求権とは、相手方が自発的に（spontan）客観的な権利の不適法状態を排除するための「きっかけ」を与えるため機能する。ヘンケルは、それを物権的請求権の「警告機能」（Warnfunktion）と呼んだ。(97) そして、その警告機能によって保護されるのは、あくまでも権利＝物権、なかんずく所有権によって根拠づけられた利益から生ずる権能（Befugnis）そのものであった。こうして、物権的請求権とは、文字通り「帰属適合的状態の客観的実現に資する権利の保護手段」（ein "Schutzmittel des Rechts" zur objektiven Verwirklichung des zuordnungsgemäßen Zustand）として性格づけられる。すなわち、物権的請求権とは、そのような意味での実体的で第一次的な「法的地位」（Rechtsposition）を保全するための、いわば第二次的な「保護請求権」（Schutzanspruch）にほかならない(98)。

要するに、物権的請求権においては、請求権ファクターは物権ファクターないし財貨帰属ファクターに従属するのである。その意味で――繰り返しになるが――物権的請求権は、たしかに「法律関係＝権利関係」を意味するものでありながら、しかしそれは「人と人との関係」を対象とするのではなく、あくまで「物と物との関係」ないし「権利と権利との関係」を、その対象とするのである(99)。ここに、物権的請求権の「本質」があり、また「独自性」がある。

4　物権的妨害排除請求権論への示唆

(1)　以上の考察を前提とするならば、物権的妨害排除請求権のあり方についても、一定の方向性が与えられるだろう。それは、アクチオ・ネガトリアから物権的妨害排除請求権への展開過程における「所有権自由」の問題性を確認する作業と同時に、ヴィントシャイト請求権論を基軸とする訴権＝主観的権利＝請求権のトリアーデを批判的に検証する作業を意味する。前者について、筆者はすでに別稿である程度問題を解明したことがある(100)。後者については、それは直接的に本稿の考察対象である。

まず前者の到達点を要約的に述べるならば、こうである。一九世紀初頭のドイツにおいて、学説上、いわゆる近代的な所有権自由のための「請求権」としてのネガトリア訴権は、訴訟法上の問題（「所有権の訴」か「役権の訴」かという問題）と一体不可分な形で議論され、その紆余曲折を経て初めて形成された。その到達点は一八二七年のプフタ論文であった[101]。プフタはネガトリア訴権を「所有権の訴」として定式化した。それは、プフタの大きな功績であった。しかし同時にプフタは、次のように述べることによって、ネガトリア訴権の消極的な把握におちいった。すなわち、プフタによれば、所有権の「全面的侵害」（eine totale Verletzung）の場合には rei vindicatio が問題となるのに対し、所有権の「部分的侵害」（eine partielle Verletzung）の場合には actio negatoria が問題となる、とした。しかも所有権の訴の対象を一般的な「所有権侵害」に求めたため、actio negatoria において問題となる「部分的侵害」とは、所有権の留置以外のあらゆる侵害を包括することとなった。つまりは「妨害」要件の外延的開放性をもたらした。言い換えれば、不法行為法に基づく損害賠償請求をも包括する「所有権侵害」概念を伴った。かくしてプフタは、一八四五年のパンデクテン教科書で、ネガトリア訴権の射程を「原状回復、損害賠償、妨害の将来的不作為、そのための担保」にまで及ぼしたのである[102]。そして、すでに本稿でも指摘したように、ヴィントシャイトはその請求権論形成の過程で、このプフタ理論を踏襲した。すなわち、ここに至って、ついにヴィントシャイトは、彼の「請求権論」＝「権利論」とネガトリア請求権論とを内在的に結合させ、よって結果的に忍容請求権説的ネガトリア請求権論を確立したのであった。そしてこれは――すでに指摘したように――同時にネガトリア請求権の中への不法行為請求権の取り込みであり、つまりはネガトリア請求権の不法行為法的な変造を意味した。

⑵　すでにわれわれは、このようなヴィントシャイト請求権論の、「影」の部分を確認した。その上で、それと対抗関係に立つイェーリング権利論をさらにモディファイする観点から、「物権的請求権の独自性」を提唱した。そこで得られた到達点を、改めてネガトリア請求権＝物権的妨害排除請求権論にリンクさせるならば、次のようになろう。まず、物権的妨害排除請求権は、物権的返還請求権ともども、典型的には「所有権に基づく請求権」

(Eigentumsanspruch)を意味するのであって、けっして「所有権侵害に基づく請求権」(Eigentums*verletzungs*anspruch)を意味するのではない。なぜなら、後者の観点に立てば、すでに指摘したようなプフタ＝ヴィントシャイト流の「要件開放性」を許容し、不法行為の効果をも物権的請求権に取り込むことになるからである。かてて加えて、物権的妨害排除請求権は、「妨害排除」という効果論的に広汎な帰結をもたらしうる文言規定にもかかわらず、あくまで客観的権利状態の不適法なズレ＝踰越を矯正するための物的リアクション的効果しか有しえないという本稿の立場[103]からするならば、「侵害」モメントは不法行為法的サンクションとの混同をもたらすという点ですでに不適切である、と言わざるをえない。したがって「所有権に基づく請求権」(Eigentumsanspruch)という性質決定がふさわしい。念のためながら、ここでEigentumsanspruchという表現をあえて採用したのはAnspruch aus dem Eigentumと区別するためでもある。日本語として同じく「所有権に基づく請求権」と表現されうるとしても、その意味内容は異なる。Eigentumsanspruchの場合は、文字通り所有権の客観的状態のズレに対する法秩序に基づく物的サンクションを意味しうるが、これに対してAnspruch aus dem Eigentumの場合には、より広く所有権侵害に基づく請求権をも含意することになるからである[104]。

(3) このようなEigentumsanspruchとしての観点を一貫させるならば、どのような法効果が導き出されるであろうか。ここでは、ドイツでの議論状況を簡潔に紹介してみよう。まず、物権的請求権は、損害賠償という形態での債務の対象とされた給付の履行には向けられていないのであるから、ドイツ民法二四一条一項(「債務関係に基づき、債権者は債務者に対して給付を請求する権限を有する」)の意味での給付義務概念は物権的請求権には適用されない[105]。物権的請求権は財貨帰属秩序に反する物と物、ないし権利と権利との重なり合い(一方のズレによる重なり合い)を矯正するために機能するのであるから、物権的請求権とは本来「あるべき権利状態に復帰させよ」とする物ないし権利の「意思の表明」を前提とする。権利者は、その「代理人」として登場するのである。したがって、物権的請求権の相手方は、妨害物の「代理人」として、彼の計算でかつまた彼自身のリスクでもって（auf seine Rechnung und auf sein eigenes Risiko）、本来彼に割り当てられた権利領域に引き下がる義務を負う。その際、相手方（「妨害者」）は、妨害排除義務を「履行」（erfüllen）するのではなく、妨害排除義務を「遵守」（nachkommen）するにすぎない(106)。

(4) ところで、この妨害排除義務の「履行」と「遵守」とでは、どこがどのように違うのであろうか。「履行」とは、物権的妨害排除請求権も債務法上の請求権として組み入れることによって「給付義務」をその対象とするものである。したがって、物権的妨害排除請求権の「履行」は、理論上不法行為に基づく損害賠償請求権と共通のラインに立ちうるものであり、物権的妨害排除請求権によって損害賠償も請求しうるとするプフタ＝ヴィントシャイト路線を肯定する立場とつながる。これに対して、「遵守」の場合には、物権的妨害排除請求権は、相手方が物的権利状態の客観的ズレを自発的に矯正するという事態をノーマルな事態として承認する。相手方が妨害排除義務を「遵守する」場合には、不測のケースで必要となる妨害排除のための「費用負担」も、もっぱら相手方自身の権利領域の矯正とオーバーラップする範囲で問題となるに過ぎない。したがって、それは相手方の不法行為的モメントないし「犯罪者的モメント」（ein täterschaftliches Moment）とは全く無関係なのである(107)。要するに、物権的妨害排除請求における「費用負担」は、サンクションとしての損害賠償とはいかなる関わりも有しない(108)。

(70) 原島・前掲注(66)五四頁以下、とくに六七頁以下参照。原島論文において、その権利論が広く民事違法論全体を視野に収めることによって、不法行為のみならず物権的請求権（差止請求権）のあり方にも及んでいること、しかも「占有訴権」をはじめとして、環境利用秩序保護や経済的競争秩序保護などに関し、いわゆる「権利論の限界」が解釈学的課題として追求されていることに、大きな特色がある。「権利保護」と「制度保護」との〈法的保護の二重構造〉が承認されるとともに、その前提として「客観的違法状態排除」の一般的法理論が構想されている、といえよう。むろん、その一般的法理論は、たんなる「概念」の所産ではない。われわれが市民社会の構成員として共有すべき基本的価値の理論的な確認（権利侵害イコール差止の法理）と、同時に市民社会における基本的価値じたいの創造的な探求（環境利用秩序や経済的競争秩序の市民法論的射程の画定など）を承認することからなる、「開かれた体系」をもつ。

(71) Vgl. Windscheid, Pandektenrecht, 1. Bd. 9. Aufl. (oben Fn. 57), S.167. その注3で、ヴィントシャイトは、トーンの「命令説」に依拠しながら、こうも言っている。すなわち、「物権が内包しているのは、ただ禁止のみである」であり、物権者の許容(Dürfen)は「禁止されていないこと」(ein Nichtverbotensein)を意味するにすぎない。法の命令によれば、ただ所有権者だけがその禁止から免れているのだ、と。Vgl. Windscheid, Pandektenrecht, 1. Bd. 9. Aufl. (oben Fn. 57), S. 167 Anm. 3; Tohn (oben Fn. 57), S. 197 f.

(72) Vgl. Windscheid, Pandektenrecht, 1. Bd. 9. Aufl. (oben Fn. 57), S. 1010. 川島武宜「物権的請求権に於ける「支配権」と「責任」の分化（二）」法学協会雑誌五五巻九号（一九三七年）三八頁、原島・前掲注（66）八五頁参照。

(73) Rudolf von Jhering, Geist des römischen Rechts auf den verschiedenen Stufen seiner Entwicklung, Teil 3, 4. Aufl., 1888, S. 339; 1. Aufl., 1852-1865. なお、訳文には筆者による若干の意訳部分がある。

(74) 来栖三郎教授によれば「イエーリング《ママ》が斯くの如く権利の核心として意思の代わりに利益をおいたことは、社会学的な考え方への傾向を示すもので、これは哲学的素養のないイエーリング《ママ》が正に哲学的素養のない故に為し得たのであり、これによって実質的要素と形式的要素と呼ばれた権利の二つの構成部分をはっきり区別し、その概念を一面的な意思の強調によって陥った影像から肉と血をもつ生々とした形態にしたという大きな功績をもっている、と言われている」とされる。来栖・前掲注（57）著作集I三一〇頁。仮にイェーリングに哲学的素養がなく、すでに早くから社会学的傾向を示していたこと確かだとしても、このイェーリングの定式には現在もなおわれわれが受け継ぎ、発展させていくべき重要なモメントが隠されていると思われる。この点、本文でも触れる。

(75) Jhering, Ist der ehemalige gutgläubige Besitzer einer fremden Sache verpflichtet, nach deren Untergang dem Eigentümer derselben den gelösten Kaufpreis herauszugeben? Ein Beitrag zur Lehre von Grenzen des Eigentumsschutzes, Jherings Jahrb., Bd. 16, 1878, S. 230 ff.

(76) Vgl. Eduard Picker, Der negatorische Beseitigungsanspruch, 1972, S. 98

(77)　Vgl. Picker（oben Fn. 76), S. 167, S. 170; auch Winfried Pinger, Funktion und dogmatische Einordnung des Eigentümer-Besitzer-Verhältnisses, Die §§ 987-1003 als wechselseitig haftungverschärfendes Schuldverhältnis, 1973, S. 191.

(78)　まさしく、この点において、川島武宜教授のいう「責任」説との決定的な相違点が看取されるべきである。

(79)　周知のように、わが国での不法行為法における相関関係理論の提唱者は、我妻栄教授であった。我妻『事務管理・不当利得・不法行為』（日本評論社、一九三七年）一〇一頁、一一五頁参照。なお、原島・前掲注（66）七四頁以下参照。

(80)　たとえば、舟橋諄一教授による、いわゆる「相関関係的物権的請求権論」の提唱がそうである。舟橋『物権法』（有斐閣、一九七六年）三六―三七頁、および同「いわゆる物権的請求権について」私法二九号（一九六七年）三七九―三八一頁参照。なお、原島・前掲注（66）五八頁以下参照。

(81)　したがって、その意味では物権的請求権は「法律関係＝権利関係」(Rechtsverhältnis) を規律するが、権利＝物権、なかでも所有権そのものは「法律関係＝権利関係」ではない。Vgl. dazu Jan Schapp, Das Zivilrecht als Anspruchssystem, JuS 1992, S. 537 ff., bes. S. 544.

(82)　Vgl. Rimmelspacher（oben Fn. 50), S. 30.

(83)　Vgl. Rimmelspacher（oben Fn. 50), S. 22.

(84)　Vgl. Rimmelspacher（oben Fn. 50), S. 24 リムメルシュパッヒャーは、債権それ自体においても「請求権が法的地位」を形成するという考えのようであるが、その前提に契約関係が存在することを考えれば、それをことさら強調する意味はそれほどあるまい。むしろ「請求権が法的地位」を形成するという観点は物権＝所有権について問題となることであろう。

(85)　Vgl. Rimmelspacher（oben Fn. 50), S. 25.

(86)　Vgl. Rimmelspacher（oben Fn. 50), S. 26.

(87)　Casjen Peters, Die Ansprüche aus dem Eigentum, AcP 153, 1954, S. 454 ff.

(88)　Vgl. Peters（oben Fn. 87), S. 457.

(89)　Vgl. Peters（oben Fn. 87), S. 458.

(90)　Vgl. Peters（oben Fn. 87), S. 460. それゆえペータースによれば、物権的請求権が消滅時効にかかるのは当然、とされる（S. 465)。

(91)　Vgl. Peters（oben Fn. 87), S. 461. 最近、マーガーも、ペータースほど徹底的ではないにせよ、物権的請求権の「請求権」的性質を強調することによって、物権的請求権にも債務法上の一般規定が適用されるべきである、とする。Heinrich Mager, Besonderheiten des dinglichen Anspruchs, AcP 193, 1993, S. 68 ff., bes. S. 81 und S. 84 f. ちなみに、わが国でも「物権的性質から生じる特別の事情がないかぎり、債権法的規定の適用は肯定されるべきである」（好美・前掲注（3）一一三頁）、とされるのが一般的である（ただし、好美教授は結果的に債権法規定の適用にはかなり抑制的である）。

(92)　これをはっきり指摘しているのはヘンケルである。Vgl. Wolfram Henkel, Vorbeugende Rechtsschutz im Zivilrecht, AcP174, 1974, S. 134.

(93)　Vgl. Jürgen Schmidt, „Actio“, „Anspruch“, „Forderung“, Festschrift für Günther Jahr zum 70. Geburtstag, 1993, S. 406, S. 410.

(94)　Vgl. Schmidt（oben Fn. 93), S. 409 f., Henkel（oben Fn. 92), Vorbeugende Rechtsschutz im Zivilrecht, AcP 174, 1974, S. 134

(95)　Vgl. Schmidt（oben Fn. 93), S. 408, S. 416; Henkel（oben Fn. 92), S. 112, S. 142; auch Thomas Kahl, Regelanwendung und Einzelfallgerechtigkeit bei den sogenannten rein prozessualen Rechtsbehelfen, in: Summum ius, summa iniuria, Zivilrecht zwischen Rechtssicherheit und Einzelgerechtigkeit, 1994, S. 205 ff.

(96)　すでにサヴィニーが、この点に関する示唆深い指摘を行っていた。要するに、物権者とくに所有権者は、確かに排他的支配領域＝自由を割り当てられてはいるが、それは常に他の所有権者のそれと接触しうるという点で「不自由な性質」(unfreye Natur）をもつ。所有権の排他的支配領域＝自由とは、孤立したものではなく、絶えず複数の所有権者による相互的承認（gegenseitige Anerkennnung）を前提とする。個々の所有権が空間的に接触すれば、まずなによりも不明確な（ズレ）として現象する状態が調整される必要が出てくるのだと。Vgl. Savigny（oben Fn. 36), Bd. 1, S. 367 f.

(97)　Vgl. Henkel（oben Fn. 92), S. 110 ff.

(98)　Vgl. Henkel（oben Fn. 92), S. 134.

(99)　これに対して、たとえばヴィントシャイトが「物権的請求権のために(…)オブリガチオという表現すら用いられる」(Für den dinglichen Anspruch〔...〕wird selbst der Ausdruck *obligatio* gebraucht）と述べていたことに注目しておきたい。Vgl. Windscheid, Pandektenrecht, 1. Bd. 9. Aufl.（oben Fn. 57), S. 188 Anm 7.

(100)　拙稿・川角「ドイツ民法典におけるネガトリア請求権（一〇〇四条ＢＧＢ）形成史の基礎研究——ヨホウ草案前史ならびにその基本構造を中心に」龍谷法学三〇巻一号（一九九七年）一頁以下。

(101)　Georg Friedrich Puchta, Ueber Negatorienklage, 1827, in : ders., Kleine civilrechtliche Schriften, 1851, S. 148 ff. 川角・前掲注（100）六頁以下、とくに九—一〇頁参照。

(102)　Puchta, Lehrbuch der Pandekten, 1845, S. 242f. 川角・前掲注（100）一二—一三頁参照。

(103)　Vgl. Picker（oben Fn. 76), S. 51, S. 84, S. 91 f., S. 102 f. 本稿は、このピッカー理論とモディファイされたイェーリング権利論との結合の産物である。

(104) この点については、さしあたり前注87ペータース論文の「表題」(„Die Ansprüche aus dem Eigentum“) を想起されたい。

(105) ヘンケルは、物権的返還請求権についても、次のように述べて、給付モメントとの切断を指摘している。「物を所有者に返還する占有者は、返還請求権を履行（erfüllen）するのではない。そうではなくて、彼は彼の返還義務を遵守（nachkommen）するのである。（略）そこから引き出されうるところの、返還（Herausgabe）はなんら給付ではない（keine Leistung）という想定は、給付概念が返還請求権との関連では制定法上なんら浮かび上がってこないということによって補強されている」。Vgl. Henkel (oben Fn. 92), S. 129.

(106) 前注(104)のヘンケルの見解を参照されたい。なお、ヘンケルは、請求権を付与されていることによって自己の実体的な利益保持のために請求可能性を割り当てられている「権利の担い手の人格」(Person eines Rechtsträgers) と「義務」との結合として、本文で述べたことを言い換えている。Vgl. Henkel (oben Fn. 92), S. 127. さらにピッカーは、端的に「物の代理人」(Repräsentant seiner Sache) と定式化する。Vgl. Picker (oben Fn. 76), S. 107.

(107) Vgl. Picker (oben Fn. 76), S. 57.

(108) ヴィントシャイト同様、わが国の川島「責任説」も、この点で「費用負担」と損害賠償とを混同させてしまった。それゆえ、必然的に過失主義と接触するところの不法行為法的「責任説」に行き着かざるを得なかったのである。これについては、すでに原島重義教授の的確な指摘がある。原島・前掲注（66）八四頁参照。すなわち川島「責任説」における「責任」の内容としての「原状回復」が、もっぱら「損害賠償」を指す、と指摘する。原状回復の費用負担が要求される場合、その費用負担とはこの損害賠償にほかならない。

四 むすび

1 論点の理論的整理

(1) 今日、いわゆる物権的請求権が承認されることは、歴史的観点に照らして言えば、あくまで近代市民法上の特殊な現象と言うべきであって、「自明のこととみるべきではない」[109]。むしろ今日、物権的請求権が承認されるのは、究極的には「今日の「財貨秩序」がそのような請求権による所有権の保護を要求していると考えることによってである」[110]。——以上の見解は、とりわけ不当利得「類型論」の展開によって財貨帰属秩序に奉仕する機能を営む「侵害不当利得類型」が財貨運動秩序に奉仕する機能を営む「給付不当利得類型」との対比でかなり明確な法的形象を与えられてきたことを受けて、すでにわが国でも有力な見解となった、と言ってよいだろう。しかし、侵害不当利得類型においても実はそうなのであるが、「財貨帰属秩序」の法的機能自体、それほど明確に理論化されてきたとは言い難い、と思われる。むろん本稿でも、それを十分に掘り下げえたという確信はない。それにもかかわらず、ドイツ学説の動向を受け、とくにヴィントシャイト請求権論を批判的に検討することによって、物権的「請求権」の独自性が、ある程度明らかになりえたのではないか。それは、こうである。

(2)　物権的請求権は、財貨帰属秩序において権利＝物権＝所有権の客観的な帰属状態にズレが生じた場合に、そのズレた側の権利＝物権＝所有権の主体（権利者）を相手方（「妨害者」）として、ズレを被った側の主体（権利者）が、相手方の故意・過失などとは全く無関係に、もっぱら客観的な不適法状態（権利のズレ）を矯正すべく請求するため、機能する。こうして、財貨帰属秩序を平和的に維持するという機能を、物権的請求権は、営む。言い換えるならば、物権的請求権とは、財貨帰属秩序そのものの法的リアクションにほかならない[111]。したがって、「請求権」論の成立過程では、なるほどヴィントシャイト請求権論の大きな影響を受けて、物権的請求権と債権的請求権との混同が生じたし、現在でもそれが支配的であるが、今その「常識」を根底から覆す必要がある。物権的「請求権」における請求権ファクターは、財貨帰属秩序における物権ファクターに従属するものである。また、物権的請求権の内容は、相手方の給付義務の履行を求めるものではない。すなわち「妨害者」と「被妨害者」との間で、客観的な、しかも双方的な権利状態のズレを矯正するために、妨害除去義務が遵守されるべきであるにすぎない。場合によっては必要となる「費用負担」も、いわば妨害者自身の権利領域保全のために資するものであり、いかなる意味においても「財産上の犠牲」（ないし「サンクション」）をもたらしうるものではない。[112]

以上の理論的整理を受けけて、解釈論レヴェルでの具体的な検証を最後に試みよう。

2 解釈学上の提言と今後の課題

(1) まず、冒頭の設例にそくして一定の方向性を与えることにしよう。物権的請求権において問題となるのは、あくまでも現在の客観的な権利状態である。それを誰が惹起したか、その惹起行為が有責であったか無責であったかは、全く無関係である。したがって、Aの乗用車をCが占有しない限り、客観的な権利状態のズレをきたし「妨害」を生み出している主体は、あくまでもAであってCではない。ここに「物権的請求権の衝突」は生じない。Aは、故意・過失がまったくない場合であっても、またA自身の行為による場合でなくても、それとは無関係に乗用車を除去する義務を負う。場合によってレッカー車で移動させる必要があるときに、その費用をAが負担するとしても、それは、自己の所有権領域を回復させるための費用でしかない。なお、その際にAがCに対して「捜索物引取請求権」を行使して、Cの所有地への立ち入りを求めることがあっても、これは法的性質として物権的返還請求権とは無関係である。

(2) Cが乗用車の占有を開始すれば、Aに物権的返還請求権が生ずるが、通常そのような場合、Cが善意であっても、CはAの返還請求権に応じることであろう。まれに、Cが返還を拒み、Aが提訴したときには、Cはたとえ「善意」であっても、敗訴すれば訴訟継続時から悪意の占有者とみなされ、「果実返還義務」（乗用車の「使用利益」の賠償など）を負う（日本民法一八九条二項）。

(3) Aが乗用車の所有権を放棄した場合はどうか。Aが所有権を放棄した後は、問題の乗用車は「無主物」となるから、基本的には無主物先占（民法二三九条）によってCが新たな所有権者となることがある。Cは乗用車について利益を得るだけで、もし損害があっても、それはCが、もっぱらBに対して請求すべきこととなる。ところが、Bが乗り回し、ポンコツにして廃車同然だから、Aが所有権放棄した、とすればどうだろう。この場合、車が「廃車」同然ならばCが無主物先占して新たな所有権者となる利益も存在しない。理論的には、所有権放棄をすれば、一応Aに物権的妨害排除義務はない、ということになる。しかしAが、その「廃車」の存在によってCが不利益を受けることが明々白々であるにもかかわらず「廃車同然だからもういらない」と放棄したのであれば、それはCの不利益を顧みない、きわめて自己本位の行為ということになる。Cが「廃車」を除去するために費用負担＝損害を被ることは通常認識可能＝予見可能であるから、少なくともこの点で過失に基づく不法行為責任がAに課せられるべきこととなろう。また、所有権放棄が所有権の一権能であるとするならば、このような相手方の不利益を顧みない自己本位の身勝手な「所有権放棄」は、一種の「権利濫用」として、そもそも認められない、と解することもできるかも知れない[113]。

(4)　以上、物権的「請求権」の独自性を浮き彫りにすることによって、一定の解釈論的提言を行った。そこで、物権的請求権は、「財貨帰属秩序」における権利＝物権＝所有権の客観的な物的リアクションであった。その際、「物的」というのは卑俗な意味での「物」を言うのでない。現在の市民社会システムにおいてその経済的土台に存在理由をもち、そこから流出する、いわば市民社会の「血液」に相当するものとして、ここでは位置づけている。したがって、ここでの「物的」概念は抽象的でかつ理念型的なものである。また、財貨帰属秩序を問題とする以上、広く市民法「秩序」のあり方を捉え直す必要性も出てくる。これら理論的な諸問題の考察は、依然として残された課題である。さらに、今後一層深く検討すべきことを二点ほど挙げるならば、次のようになろう。

①財貨帰属秩序に反する客観的不適法状態（権利のズレ）の存在が物権的請求権を根拠づけるのだとしたなら

ば、それ以外の人格秩序、競争秩序、環境秩序などに反する不適法状態（秩序違反行為の客観的違法）についてはどうか。人格秩序、競争秩序、環境秩序などに反する不適法状態（秩序違反行為の客観的違法）[114]が生ずれば、少なくとも違法性阻却事由が存在しない限り、物権的請求権に対応するところの「差止請求権」が成立すると考えることができるのではないか[115]。そして不法行為に基づく損害賠償請求権は、それとは別に、行為結果の客観的違法性プラス「行為の有責性」（主観的帰責性）が認定されて初めて問題となる、と考えるべきではないか[116]。

②以上の意味において、権利保護の体系と制度保護（秩序保護）の体系における請求権発生のメカニズム（とくに差止請求権発生のメカニズム）は、「秩序違反の客観的違法」を要件とする点で共通する。ただし、「権利保護」の場合には、請求者は自己の権利を前提に「権利状態のズレ」を立証すれば足りるのに対して、「制度保護（秩序保護）」の場合には、「権利保護」と比べて保護客体の一義性に、なお問題が生じうる[117]。したがって、制定法上の差止要件規定がない場合には、その都度、紛争類型ごとに「制度保護（秩序保護）」の法的実体を請求者が立証すべき局面が生じえよう。それが積み重なることによって初めて、「制度保護（秩序保護）」に関する行為規範と裁判規範が実体化しうる、という特殊性をもつ。しかし、その「実体化」の前提としては、「権利保護」の場面での差止請求権論の原則的な確立が最低限要求されるべきことになろう。

実は、これら基本的で重要な問題設定は、すでに数十年前から恩師原島重義先生によって展開されてきたものであった[118]。考えてみると、筆者は先生の手のひらの上で「物権的請求権」（ネガトリア請求権）の基礎理論と格闘するだけで精一杯であった。本稿は、原島先生のご指導にもかかわらず、物権的請求権との関係で右往左往する筆者の至らなさを示すものでしかない。それでもなお、もし筆者が、筆者なりに物権的請求権論を前進させることができたとするならば、それはひとえに先生のご指導の賜である。最後に、恩師原島重義先生に心からの感謝の意を表して、稿を閉じたい。

(109)　広中俊雄『物権法〔第二版増補〕』（一九八七年）二三六頁。なお、ローマ法段階でのアクチオ・ネガトリアの法的性質の変遷については、拙稿・川角「ローマ法における所有権保護請求権の「形成」とその意義」『借地借家法の新展開』（信山社、二〇〇四年）二三一頁以下も参照。

(110)　広中・前掲注（109）二三七頁。

(111)　たとえば侵害不当利得類型において、無権限者の客観的利用行為により、権利者側に損失がなくとも、また権利者がその利用行為をなす予定がなかった場合であっても、「適正使用料相当額の価値賠償請求権」が承認される場合、それはまさしく財貨帰属秩序の法的リアクションによるものと言えよう。ただし、この場合、少なくとも相手方の「客観的利用行為」の存在が要件となるし、また、相手方に「押しつけられたる利得」の抗弁が存在しないことも必要である。以上の点につき、拙著・川角『不当利得とはなにか』（日本評論社、二〇〇四年）「第二章　侵害不当利得論」所収の諸論稿を参照。

(112)　これに対して、無責の妨害者に「費用負担」を義務づけるのは「財産上の犠牲」を強いるものであるとするのが、フォン・トゥールの見解であった。Vgl. Andreas von Tuhr, Der Allgemeine Teil des deutschen bürgerlichen Rechts, Bd. 1, 1910, S. 250-251.

(113)　権利濫用と信義則違反との関係については、なお検討すべき問題がある。とりあえずここでは、ローマ法以来の特定悪意の抗弁（exceptio doli specialis）に基づく「容赦のない利益追求」（inciviliter agere）のひとつの場面として把握しておく。原島重義「民法における「公共の福祉」概念」法社会学二〇号（一九六八年）一頁以下、とくに一二頁注8参照。なお、この論文は、原島重義『民法の理論的研究』（創文社、二〇〇六年出版予定）第二部信義則・権利濫用論に収録されている。

(114)　ここで「秩序違反行為の客観的違法」とは、あくまでその前提として権利帰属秩序・人格秩序・競争秩序・環境秩序に反する「客観的な不適法状態」を基体とする。これが、「差止請求権」（ネガトリア請求権）の発生根拠となる。ただし、それは同時に広義の民事違法を充足するのであり、よって不法行為要件としての行為の「違法性」をも充たしうる、という意味で、ここでは用いられている。むろん、不法行為責任が成立するには、「秩序違反行為の客観的違法」だけでは足りず、少なくとも主観的帰責性（故意・過失）が充足されるべきこと、言うまでもない。なお、後掲注（116）も参照されたい。

(115)　たとえば、ヘンケルも、予防的「権利」保護は「権利領域」が絶対権を意味するのか、それとも不正競争防止法（UWG）やドイツ民法八二三条二項の意味での保護法規を意味するのか、にかかわらず、統一的に構想されるべき旨、指摘していた。Vgl.

Henkel (oben Fn. 92), S. 104.

(116) ところで、これまでネガトリア請求権の成立要件として「違法性」（＝客観的違法性）が必要である、とされることが一般的であった。しかし、厳密に言えば、それはやや不正確であるように思われる（ネガトリア請求権においては、人の「行為」そのものが「妨害」を意味する場合にだけ、「行為」の「客観的違法性」が問題となるにすぎない）。なぜなら、物権的請求権ないしネガトリア請求権の成立根拠は、ザッハリッヒな権利状態＝物的帰属状態のズレであり、その意味での「不適法性」(Unrechtsmäßigkeit) を最低限の要件とするから、である。そのような「ズレ」が人の「行為」によってもたらされ、しかもそれが物権的請求権のみならず不法行為に基づく損害賠償請求権を根拠づける場合に、「行為」の法的性質決定に関するところの「民事違法」に統一的な「行為」の「客観的違法性」が問題となる、と考えることができるのではないか。Vgl. Picker (oben Fn. 76), S. 173 ff., bes. S. 175.

(117) 人格侵害の場合にはその一義性は比較的明らかであるが、それでもプライヴァシー保護の類型など微妙な問題が生じよう。プライヴァシー侵害に対する差止請求権の要件的問題性（最高裁判例における「利益衡量論」の問題性）に関しては、五十嵐清『人格権法概説』（有斐閣、二〇〇三年）二七八頁以下参照。

(118) さしあたり、原島重義先生による次の諸論稿を参照（すでに一部は本稿において既出）。――「民法理論の古典的体系とその限界」山中康雄先生還暦記念『近代法と現代法』（法律文化社、一九七三年）一一九頁以下、とくに一三六頁、「競争秩序と民法」久留米大学法学三〇号（一九九七年）一七頁以下、「権利論とその限界」法政研究四二巻二―三合併号（一九七五年）二六五頁以下、「わが国における権利論の推移」法の科学四号一（一九七六年）五四頁以下、「開発と差止請求」法政研究四六巻二―四合併号（一九八〇年）一〇九頁以下。なお、これら諸論稿は、原島重義『民法の理論的研究』（創文社、二〇〇六年出版予定）第一部民法学の構想、第三部権利・民事違法論に、それぞれ収録されている。さらに、原島「権利論」・「差止請求権論」に言及する最近の論稿として、藤岡康宏「不法行為と権利論――権利の二元的構成に関する一考察」早稲田法学八〇巻三号（二〇〇五年）一五九頁以下、吉田克己「環境秩序と民法」北大法学論集五六巻四号（二〇〇五年）二三四頁以下、とくに二四五頁以下参照。また、未完であるが、根本尚徳「差止請求権の発生根拠に関する理論的考察⑴⑵⑶」早稲田法学八〇巻二号一〇九頁以下、八〇巻四号二〇九頁以下、八一巻一号一二五頁以下（いずれも二〇〇五年）がある。

近代的保証概念論序説　第一部　古典期ローマ法

——債務者無資力リスク分配法則の比較法的検討——

遠藤　歩

河内宏・大久保憲章・采女博文・
児玉寛・川角由和・田中教雄 編
『市民法学の歴史的・思想的展開』
二〇〇六年八月　信山社14

一　序

保証契約とは、保証人が債権者との合意により、第三者たる主債務者の無資力のリスクを引受ける旨を約する契約である。保証という制度は、不動産などの十分な物的担保を有しない者にとって、資金を調達するために必要不可欠な仕組みであり、社会全体の融資関係の拡大と安全に資するものである。(1) しかし、保証人はあくまでも他人の債務を担保しているにすぎず、また、現実に履行を請求されるかが不確実であるため、しばしば軽率に契約を結ぶこともある。さらに、債務者との親族または友人関係から、情誼的に保証契約を結ぶことも稀ではない。そして、保証人の責任は、人的責任として自己の全財産に及ぶ。(2)

民法典は、このような点を考慮して、主債務者無資力のリスクを債権者と保証人との間で適切に分配するための諸規定を置いている。例えば、催告・検索の抗弁（第四五二条、四五三条）、受託保証人の事前求償権（第四五九条一項前段、四六〇条）、債権者の担保保存義務（第五〇四条）などである。さらに、債権者が事業者、保証人が消費者である場合に適用される消費者契約法第四条の取消権を通じ、(3) 不完全ながらも認められた契約締結時の情報提供義務（同法第三条一項も参照）や、平成一六年の法改正（法第一四七号）による保証契約の要式契約化（第四四六条二項、三項）、貸金等根保証契約における極度額の定めの要件化や期間制限は（第四六五条の二第二項、第四六五条の三）、保証人の端的な保護を現代社会における適切なリスク分配と考えるものである。

しかしながら、現代の日本社会においては、このようなリスク分配法理が必ずしも十分には機能していない。すなわち、連帯保証特約を通じた催告検索の抗弁の排除（第四五四条）が常識となり、また、事前求償権は、債務者破産の場合の求償権届出が、将来の事後求償権でも可能と解されていることから（破第一〇四条三項参照）、(4) その存在意義が没却されつつあることに加え、何よりも、被告（保証人）による第三者（主債務者）引込訴訟理論が未成熟なために、十分な機能を発揮しえていない。さらに、担保保存義務は、免責事由としてあらゆる担保減少行為を含み、かつ免責権者として保証人のみならず、後順位抵当権者や抵当不動産の第三取得者など全ての法定代位権者を予定したがために（第五〇四条）、かえって担保保存義務を免除する旨の特約が流布し、最高裁も担保保存義務免除特約を、その効力を主張することが信義則違反または権利濫用とならない限り、有効と解している（最高裁（第二小）平成七年六月二三日民集四九巻六号一七三七頁）。最後に、貸金等根保証契約における極度額の定めの要件化は、債権者が予め高目に極度額を設定することを防ぐことはできない。そしてこのような場合には、債権者の保証人に対する契約締結後の情報提供義務（主債務者の資力悪化事実を通知する義務等）が必要とされるにも拘らず、当該義務は、未だ理論化が模索されている段階でしかない(5)。

転じて、我国の母法国たるフランスおよびドイツの現状を見ると、右のような状況を克服するため、既に、リスク分配法理が新たな局面を迎えている。まず、フランスにおいては、一九八四年三月一日法により仏民第二〇三七条に第二項が追加され、担保保存義務を免除する特約が無効とされている(6)。もっとも、担保保存義務の免責権者は保証人および物上保証人に限られ（但し連帯債務者については争いあり）、後順位抵当権者や抵当不動産の第三取得者は免責権者ではないこと(7)、保証契約締結後に取得した担保は保存すべき対象には含まれないこと(8)、さらには、保証契約締結後の免除特約は有効と解されていることから(9)、事前の免除特約の無効は、債権者のみに過度の負担を強いるものではない。なお、従来より、担保保存義務の理論的根拠に関しては様々な見解（不法行為責任、契約責任など）が存したが(10)、未だ学説の一致はみられないようであり、今後も、免除特約無効の位置づけを含めたさらなる議論が必要とされる(11)。

次に、契約締結時の情報提供義務に関しては、一九八九年一二月三一日法（ネエルッ法）が、債権者債務者間の消費信用または不動産信用に付随して、自然人が私署証書で保証契約を締結する場合、保証人は、保証上限額、保証期間、自己の資産収入で保証債務を弁済する旨を手書きで記載しなければならないとし（現消費法典L三一三―七条）、連帯保証の場合はさらに、「民法典第二〇二一条所定の検索の抗弁を放棄し、Xと連帯して債務を負担するので、私は、Xへの請求が先であると主張しうることなく、債権者に返済する義務を負います。」との記載の付加を要求している（現消費法典L三一三―八条）。この手書記載は、証拠方法の制限ではなく、実体法上の有効要件である（前二条）。手書記載は、契約の意味、内容および経済的リスクを精確に認識させるためのものであるところ、このような記載を保証人に行わせねばならないのは債権者であるから、手書記載を要件とすることは、結局、債権者が保証人に対して契約時に保証契約の意味やリスクを十分に認識させる義務を負担することに帰する(12)。なお、二〇〇三年八月一日法は、消費法典L三四一―二条および三条を追加して、職業的債権者と自然人が私署証書で保証契約を締結する限り、それが主債務者の消費信用等に付随するものでなくとも、右の手書記載を要件とした(13)。

さらに、契約締結後の情報提供義務につき、一九九八年七月二九日法は、民法典及び消費法典に次のような改正を行っている。すなわち、同法により追加された仏民第二〇一六条二項は、保証契約が一時的たるか継続的たるかを問わず、被担保債務総額についての定めがない限り、債権者に、少なくとも年一回、元本と利息の額の推移を通知する義務を課し、その違反に利息、費用、違約金の全額消滅というサンクションを加えている。このような債務総額通知義務は、既に、先の一九八四年三月一日法がその第四八条（現通貨金融法典L三一三―二二条）において、金融機関たる債権者が企業融資の際に保証人（自然人か法人かは不問）を徴収する場合に課していたものであるが、仏民第二〇一六条二項は、こうした義務を課される主体を、保証人が自然人である限り(主債務者が企業であるかは不問)、あらゆる債権者へと拡張したものである。[14] 同時に、一九九八年法は消費法典にL三四一―一条を追加し、これにより職業的債権者は、請求月内に正常化を見ていない主債務者の第一回目の債務不履行事実をすみやかに保証人に通知せねばならず、この義務に違反した場合には、通知懈怠の間に生じた遅延利息および違約金を失う。これはネエルツ法が、金融機関債権者と債務者間の取引が消費信用または不動産信用の場合に課していた債務不履行通知義務(現消費法典L三一三―九条)[15]を、職業的債権者と自然人保証人間の全ての保証契約へと拡張したものである。[16]

最後に、先の二〇〇三年八月一日法は、保証人の資産および収入に比して明らかに高額な債務を約する保証契約は、債権者によってその効力を援用されないとする比例原則の適用領域を、消費信用または不動産信用に付随してなされる自然人の保証契約から(消費法典L三一三―一〇条)、職業的債権者と自然人保証人間のすべての保証契約へと拡張している(同L三四一―四条)。[17]

このように、現在のフランスにおいては、数次の法改正により、とりわけ保証契約それ自体の消費者契約性の強調を通じて、[18] 保証人のリスク負担が軽減されてきているといえよう。[19]

他方、ドイツにおいては、担保保存義務違反たる行為は、原則として債権者の故意の担保放棄に限られ、他人のために人的無限責任を負う保証人のみが、免責権者として保護される(独民第七七六条)。[20] 債権者が放棄を禁じられる担保には、保証契約締結後に取得したものも含まれる(独民第七七六条二項)。担保保存義務免除特約は、従来より、同義務の存在により債権者の自由な経済活動がブロックされることを防ぐ(それがひいては保証人の利益ともなる)という理由で、約款による免除特約であっても有効と解されてきた。[21] しかし、二〇〇〇年三月二日の連邦通常裁判所（民事第九部）判決[22]は、保証人の求償権を確保する独民第七七六条の趣旨の尊重、並びに約款を用いて債権者が自己の利益のみを追求することの不当性を理由として、従来の判例を変更し、普通契約約款による免除特約を約款規制法第九条二項一文（現独民第三〇七条二項一文）に基づき無効としている[23]。また、担保保存義務の理論的基礎に関しては、債権者の Obliegenheit と位置付ける伝統的見解[24]と、債権者の保証人に対する信義則上の配慮義務（Fürsorgepflicht）と解する見解[25]が対立し、後説の論理によれば、債権者が自己固有の注意（独民第二七七条）に反して担保を安価で売却した場合にも、保証人は免責されうる[26]。

契約締結前の情報提供義務については、まず、消費者契約法的性格を有する個々の特別法（二〇〇二年の債務法改正後は、消費者契約に関する民法典の諸規定）の適用可能性が問題となる。すなわち、消費者信用法（一九九〇年）は、その第四条（現独民第四九二条）で、貸付金額、分割払いの際の債務総額、返済期間、回数など、融資内容に関する詳細を書面によって記載し、もって契約の有するリスクを相手方に知らしめることを予定し、同法第六条（現独民第四九四条）で、書面記載の不備に契約の全部無効というサンクションを加える。また、訪問販売撤回法（一九八六年）は、撤回権の存在とその行使方法及び期間についての情報提供義務を定め、情報提供義務違反に撤回権行使期間の伸長というサンクションを加える（同法第一条、第二条（現独民第三一二条一項、第三五五条二項））。

そして、自然人の締結した保証契約が、彼の営業に関しない場合には、保証人を消費者といいうる（独民第一三条）[27]。しかしながら、消費者信用法は、その規律の対象たる取引を有償の信用契約（消費貸借、支払猶予、その他の融資援助）に限定しているため（消費者信用法第一条二項（現独民第四九一条一項））[28]、保証がここにいう信用契約であるかが疑わしい。現に、一九九八年四月二一日の連邦通常裁判所（民事第九部）判決[29]は、保証は信用契約ではないとして、消費者信用法の保証契約への適用を否定している[30]。また、訪問販売形式による有償契約を規律対象とする訪問販売撤回法については（訪問販売撤回法第一条一項（現独民第三一二条一項））、同年五月一四日の連邦通常裁判所（民事第九部）判決[31]が、その傍論で、債権者と主債務者間の取引が訪問販売撤回法の適用要件を満たし、なおかつ自然人が自己の営業に関しない保証を訪問形式により行った場合にのみ、保証契約にも同法の適用が認められるとする。[32]

このように、保証人が消費者といいうる場合においても、消費者契約法的性格を有する諸規定の適用が否定され、あるいは稀に肯定されるとしても撤回権の存否内容に限られるため、契約締結前の保証契約のリスクに関する情報提供義務は、信義則上の注意義務、付随義務、または保護義務を理論的根拠とせねばならない。[33]そして、右の根拠の下では、情報提供義務の存在は、損害賠償請求（契約締結上の過失責任）を通じて担保されるものとなり[34]、それゆえ、義務を課される主体は、帰責性ある債権者に限られる。[35]

判例は、右の情報提供義務を一般論としては否定しているが[36]、しかし、例外的に肯定する判例が次第に積み重ねられている。[37]近時も連邦通常裁判所[38]は、自己所有の不動産に対する執行だけは免れたいとの理由で、土地債務設定を拒絶した者が、代わりの担保として保証債務を負担した事案において、保証人が他にめぼしい財産を有しないことを認識していた債権者は、保証の責任が当該土地にも及びうる旨を説明する義務があったとし、説明義務違反による損害賠償と保証債務との相殺を認めうると判示している。

次に、保証契約締結後に生じた、主債務者の債務不履行事実または資力悪化事実通知義務は、保証契約の片務契約性を理由にこれを否定した帝国裁判所判決[39]をはじめ、現在に至るまで、判例により原則として否定されている。[40]確かに理論的には、右のような契約締結後の情報提供義務は、たとえ保証契約が片務契約だとしても、債務関係より生ずる付随義務あるいは保護義務より肯定することは可能だが、しかしながら、主債務者無資力のリスクは保証人に転嫁済みの事柄であること、そして、とりわけ債権者が金融機関である場合、その顧客（主債務者）との関係で守秘義務を遵守せねばならないことなどが、裁判所をして同義務を否定させる要因であるといわれる(41)。もっとも、保証人の質問を受けて、主債務の状態や主債務者の状況を回答する義務は、ここでも守秘義務との衝突が問題となりうるものの、学説はこれを積極的に解している(42)。

最後に、保証人の資産及び収入に比して過度に高額な保証債務を約する契約は、近親者保証の領域で、これを公序良俗違反（独民第一三八条一項）とする判例が多数存在する(43)。

以上の粗雑な素描は、保証契約における債務者無資力リスク分配法則のあり方が、近代民法典の予定した姿（催告、検索の抗弁等）から、消費者契約法あるいは信義則を通じた、債権者義務の強化肯定という姿に変容しつつあることを推測させる。そして、もしこの推測が正しいとすれば、現在、保証という法概念が、片務契約から双務契約へと徐々に移行してゆく過程にあると考えられる。それゆえ筆者は、こうした問題意識から(44)、保証概念の変化の潮流を確認し、もって現代日本における解釈論の手掛かりを探ってゆきたいと思う。本稿は、その出発点として、日仏独の保証法の基礎を提供した、古典期ローマ法における保証概念の全体像の確定を叙述の対象とするものである(45)。

（1） 我妻榮『新訂　債権総論』（岩波書店、一九六四年）四四八頁参照。
（2） 西村信雄『繼續的保証の研究』（有斐閣、一九五二年）一五―五五頁。
（3） 内閣府国民生活局消費者企画課編『逐条解説消費者契約法　補訂版』（商事法務、二〇〇三年）五〇頁参照。
（4） 山本克己「求償義務者倒産時における求償債権者の地位――その権利行使方法に関する立法論的考察」青山善充他編『現代社会における民事手続法の展開　下巻』（商事法務、二〇〇二年）六三一頁。
（5） 平野裕之「保証契約における債権者の保証人に対する義務（一）」法律論叢七四巻一号（二〇〇一年）一―六頁参照。

（6） Cf. P. Simler, Cautionnement et garanties autonomes, 3e éd., Litec 2000, n. 817-821；山野目章夫「フランス民法典二〇三七条の一九八四年における変容」比較法雑誌二九巻二号（一九九五年）一一七頁。

（7） Simler, *op. cit.*, n. 806 à 812; P. Théry, Sûretés et publicité foncière, 2e éd., PUF 1998, n. 85. Cf. Cass. civ., 22 déc. 1846, S. 1847, 1, 86.

（8） Cass. 1re civ., 5 oct. 1964, Bull. civ. I, n. 419; Simler, *op. cit.*, n. 836 et s.; Théry, *op. cit.*, n. 85; P. Simler et P. Delebecque, Les sûretés, La publicité foncière, Précis Dalloz, 4e éd., Dalloz 2004, n. 266. Contra, M. Cabrillac et C. Mouly, Droit des sûretés, 7e éd., Litec 2004, n. 265.

（9） Simler, *op. cit.*, n. 821; Simler et Delebecque, *op. cit.*, n. 262.

（10） G. Baudry-Lacantinerie et A. Wahl, Traité théorique et pratique de droit civil, t. 24. Des contrats aléatoires du mandat, du cautionnement de la transaction, 3e éd., Sirey 1907, n. 1174; J. Mestre, La subrogation personnelle, LGDJ 1979, n. 629 à 633; C. Mouly, Les causes d'extinction du cautionnement, Litec 1979, n. 418 à 455; P. Simler, La renonciation par la caution au bénéfice de l'article 2037 du Code civil, JCP G 1975, I, 2711.

（11） 山野目・前掲注（6）一二七頁以下参照。

（12） P. Crocq, Les développements récents de l'obligation d'information de la caution, in: Mélanges M. Cabrillac, Litec 1999, p. 351. なお、公正証書の場合に手書記載が要件とされないのは、契約時における公証人の介入を通じて、保証契約の内容やリスクの説明が期待されているからである（P. Delebecque, Les incidences de la loi du 31 décembre 1989 sur le cautionnement, D. 1990, chron. p.255 s.）。

（13） Cf. I. Tricot-Chamard, Les vicissitudes de la mention manuscrite dans le cautionnement: suite ou fin?, JCP 2004, I, 112.

（14） 八四年法第四八条と仏民第二〇一六条二項の義務の細部の相違、および適用領域の確定に関して、Crocq, op. cit., pp.354-359参照。

（15） ただし、ネエルツ法では、消費者信用支払事故全国データベースに登録されるべき支払事故のみが、保証人への通知の対象とされていた。同データベースにつき、山本和彦「フランスにおける消費者倒産の処理と予防――いわゆるネエルツ法の紹介を中心として」法学五七巻六号（一九九四年）一三七頁以下参照。

（16） Crocq, *op. cit.*, pp. 354-356; S. Piedelièvre, Le cautionnement dans la loi relative à la lutte contre les exclusions, JCP 1998, I, 170.

（17） Y. Picod, Proportionnalité et cautionnement, in: Études de droit de la consommation. Liber amicorum Jean Calais-Auloy, Dalloz 2004, p. 843; C. Atias, Propos sur l'article L. 341-4 du code de la consommation. L'impossibilité de se prévaloir du bénéfice d'un engagement valable, D. 2003, chron. p. 2620; O. Cuperlier et A. Gorny, L'engagement disproportionné de la caution. Après la loi n. 2003-721 du 1er août 2003 sur l'initiative économique, JCP E 2004, p. 1576.

（18） C. Albiges, L'influence du droit de la consommation sur l'engagement de la caution, in: Études de droit de la consommation. Liber amicorum Jean Calais-Auloy, Dalloz 2004, p. 1.

（19） こうした法改正の流れに対する学界の評価は様々であるが、とりわけ二〇〇三年八月一日の法改正に対しては、条文の増加による適用関係の複雑化や、まず保証人保護ありきという政策判断の先行に対して、批判的な論調が目立つ。Cf., parmi d'autres, P. Crocq, Sûretés et publicité foncière, RTD civ. 2004, p. 121; S. Piedelièvre, La réforme de certains cautionnements par la loi du 1er août 2003, Defrénois 2003, art. 37827; D. Houtcieff, Les dispositions applicables au cautionnement issues de la loi pour l'initiative économique, JCP 2003, I, 161.

（20） 連帯債務者の一方に対する免除については、独民第四二三条がその絶対効を定めるが、連帯債務者の一方が供した担保を債権者が放棄した場合については規定が欠けており、この場合に、独民第七七六条の類推適用を主張する少数説も存する（A. Wacke, Der Erlaß oder Vergleich mit einem Gesamtschuldner, AcP 170（1970）, S. 64-66）。同一債務を担保する保証人と物上保証人との間では、頭数の割合で代位が生ずるが（IX. Zivilsenat des BGH vom 29.6.1989, BGHZ 108, 179）、しかし、債権者が保証人を免除しても、物上保証人は免責されない（Vgl. D. Reinicke/ K. Tiedtke, Kreditsicherung, 4. Aufl., Neuwied 2000, Rdn. 1120）。

（21） III. Zivilsenat des BGH vom 19.9.1985, BGHZ 95, 350（ただし、担保放棄が恣意的なものである場合には、信義則違反となることはありうる）。

（22） NJW 2000, 1566.

（23） Vgl. D. Reinicke/ K. Tiedtke, Bürgschaftsrecht, 2. Aufl., Neuwied 2000, Rdn. 559-563; A. Holznagel, Bürgenschutz mit System, Baden-Baden 2002（Diss. Hannover 2001）, S. 109f.

（24） R. Schmidt, Die Obliegenheiten, Karlsruhe 1953, S.195; D. Medicus, Schuldrecht II. Besonderer Teil, 11. Aufl., München 2003, Rdn. 531.

（25） R. Knütel, Diligenzpflichten des Gläubigers gegenüber dem Bürgen, in: Festschrift für Werner Flume zum 70. Geburtstag Bd. 1, Köln 1978, S. 587 f. Vgl. auch, M. Henssler, Risiko als Vertragsgegenstand, Tübingen 1994, S. 340-343.

（26） Vgl. Knütel, a.a.O., S. 589.

（27） 二〇〇〇年に同条で消費者概念が定義される前の状況を含め、Holznagel, a.a.O., S. 78-87 参照。

（28） 泉圭子「ドイツ消費者信用法（一九九〇年）について（一）」民商一〇七巻四・五号（一九九三年）二三六―二三九頁参照。

（29）　BGHZ 138, 321.

（30）　但し、本判決は、主債務者が事業者であり、彼に対する関係でも消費者信用法の規律が及ばなかった事案である。主債務者への融資に消費者信用法が適用される事案につき、最上級審判決は出ていないが、欧州裁判所は、この場合にも保証への同法適用を否定する見解である（EuGH vom 23.3.2000, ZIP 2000, 574）。Vgl. Medicus, a.a.O., Rdn. 515; Holznagel, a.a.O., S. 188-262.

（31）　NJW 1998, 2356.

（32）　保証契約の有償性は、債権者の主債務者への給付を保証の対価とみることにより肯定されている（本件先行判決たるEuGH vom 17.3.1998, NJW 1998, 1295の見解）。なお、S. Lorenz, Richtlinienkonforme Auslegung, Mindestharmonisierung und der Krieg der Senate, NJW 1998, 2937は、保証契約への同法の適用が、主債務に対するそれによって条件付けられるべきではないという。

（33）　Vgl. Knütel, a.a.O., S. 559-566; C.-W. Canaris, Ansprüche wegen „positiver Vertragsverletzung" und „Schutzwirkung für Dritte" bei nichtigen Verträgen, JZ 1965, 475; §§311 II, 241 II BGB n. F.

（34）　契約解消請求権を認めうるかにつき、潮見佳男『契約法理の現代化』（有斐閣、二〇〇四年）一四二―二二〇頁参照。

（35）　Vgl. Henssler, a.a.O., S. 346.

（36）　VIII. Zivilsenat des BGH vom 5.12.1962, WM 1963, 24.

（37）　W.G. Burghardt, Aufklärungspflichten des Bürgschaftsgläubigers, Frankfurt am Main 1985, S. 22-28.

（38）　IX. Zivilsenat des BGH vom 1.7.1999, NJW 1999, 2814.

（39）　VI. Zivilsenat des RG vom 31.1.1907, RGZ 65, 134.

（40）　VII. Zivilsenat des BGH vom 21.2.1957, WM 1957, 517; Burghardt, a.a.O., S. 17.

（41）　K. Larenz/ C.-W. Canaris, Lehrbuch des Schuldrechts, Bd. 2, 2.Halbband, 13. Aufl., München 1994, S.15; vgl. XI. Zivilsenat des BGH vom 27.11.1990, NJW 1991, 693.

（42）　Knütel, a.a.O., S. 586; Canaris, a.a.O., S. 15.

（43）　特に、一九九三年一〇月一九日の連邦憲法裁判所決定（BVerGE 89, 214）以降の判例の展開が充実している。近親者保証以外の領域での、保証契約と公序良俗の関係を含め、児玉寛「無資力近親者による共同責任をめぐる判例の展開――現代ドイツ私的自治論の諸相・第一」法雑四一巻四号（一九九五年）六七三頁、齋藤由起「近親者保証の実質的機能と保証人の保護――ドイツ法の分析を中心に――（一）（二）（三・完）」北法五五巻一号（二〇〇四年）一一三頁、二号六五七頁、三号一一一九頁参照。

（44）　星野英一「中小漁業信用保証の法律的性格」同『民法論集第二巻』（有斐閣、一九七〇年）一八一頁、今西康人「保証契約の性質について」磯村保他編『民法学の課題と展望　石田喜久夫先生古稀記念』（成文堂、二〇〇〇年）四九三頁参照。

(45) 学説彙纂第四六巻第一章の邦訳については、拙稿「学説彙纂第四六巻第一章――保証及び委任について 保証概念の比較法的考察に向けて」法学会雑誌四六巻一号(二〇〇五年)一頁[第四六巻第一章]の参照を請う。

二 fideiussio

1 保証の第一の形式たる fideiussio は、保証人(fideiussor)となる者が、債権者の面前において[46]、片務要式契約たる問答契約を締結し、主債務者と同一の物(idem)を約することにより、保証債務を負担する行為である(Gai. 3, 115/116)[47]。問答契約からは厳正訴権(actio stricti iuris)が生じ(Gai. 4, 137)、厳正訴権は、形式的な文言通りの責任追求を可能とするものであるから[48]、信義則による修正はなく、もし、具体的な事情に基づく修正が必要な場合には、悪意の抗弁が必要とされる[49]。訴権の譲渡強制は、後にみるように、悪意の抗弁による修正の一例である。債権者の保証人に対する義務は、問答契約の片務契約性から否定される。

fideiussio は、他人の債務の内容を自己の債務として約束する行為であるから、一面において、主たる債務の発生原因を問わず、あらゆる種類の債務を担保しうるとともに(Gai. 3, 119/a ; Ulp. D. 46, 1, 1)[50]、他面において附従性は厳格に解され[51]、主たる債務が無効の場合のみならず、主たる債務よりも金額、条件、期限、履行地の点で負担が重い場合にも、保証債務はその全部が無効とされた(Ulp. D. 46, 1, 8, 7 ; Iul. D. 46, 1, 16, 1/2)[52]。ただし、保証契約締結時において主たる債務が成立している必要はなく、将来において主たる債務の成立する基礎があり、かつ成立すれば、その時から保証債務も効力を生じる(Ulp. D. 46, 1, 6, 2 ; Scaev. D. 46, 1, 57)。

以下では、債務者無資力リスクの分配に重点が置きながら、fideiussor の地位を、債権者、債務者に対する関係の順にみてゆきたい。

2　債権者に対する関係において、債務者無資力に対する保証人の保護として有益な制度は、分別の利益、訴権譲渡強制、質物譲渡の利益、および争点決定による消耗競合制度であった。検索の抗弁は存在せず、担保保存義務は原則として否定されていた。

⑴　ハドリアーヌス帝の書簡を通じて認められた、共同保証人の分別の利益（Gai. 3, 120）は、以下のような意義を有する。

まず、分別の利益という制度が導入される前は、共同保証人の各自が主たる債務の全額につき責を負い、かつ、共同保証人に対する訴訟は、必要的共同訴訟ではなかった（Gai. 3, 121）。ただ、債権者が共同保証人を同時に訴えた場合にのみ、一般原則に則り、強制執行手続で執行訴権を各保証人の頭数で分割することを強制されただけであった（Paul. D. 42, 1, 43 ; Paul. D. 49, 1, 10, 3）[53]。

右の状況において導入された分別の利益は、各共同保証人の全部義務を否定するものではなく、それゆえ、共同保証人の一方の死亡は他方の共同相続人の負担に帰し、また、共同保証人の一人の全額弁済は、債権者に不当利得をさせるものではない（Gai. D. 46, 1, 26 ; Pap. D. 46, 1, 49, 1 ; Sep. Sev. et Caracalla C. 8, 40(41), 3, 2 (a. 208)）。分別の利益は、訴訟手続における抗弁の形で、各共同保証人に対する訴権の分割を、たとえ当初から共同訴訟が提起されずとも、強制したのみである（Gai. 3, 121）。共同保証人の側からすれば、従前の状況に比して、個別の訴え提起及び全額執行の危険は免れることとなり、この意味でのメリットは大きい。もっとも、分別の利益による訴権の分割は、争点決定時における、「有資力の」共同保証人の数での分割であるから（Gai. 3, 121 ; Inst. 3, 20, 4）、訴訟の煩雑さを増すことはともかく、原則として、債権者の債権回収リスクを増大させるものではない（Gai. D. 46, 1, 26 ; Gai. 3, 121）。つまり、分別の利益は、債権回収のリスクを増加させないという前提の下で、個別全額執行を免れさせるという意味の保証人保護制度であった。

もちろん、争点決定により訴権が分割された後に、共同保証人の一人が無資力となった場合には、その無資力の危険は債権者の負担に帰したが（Pap. D. 46, 1, 51, 4 ; Pap. D. 46, 1, 52, 1）、これは分別の利益が導入される前の状況に比して、特に債権者に不利益をもたらすものではない。なぜならば、分別利益導入前に、債権者が共同保証人の一人を訴求した場合、その訴え提起により他の共同訴訟人に対する訴権を失うのであるから（消耗競合）、当該保証人の敗訴判決後の無資力リスクは、債権者が負担していたのであるし、また、各保証人を共同で訴えた場合においても、執行訴権の分割は敗訴被告の頭数での分割であるから、敗訴判決後に共同保証人の一人に生じた無資力のリスクは、債権者が負担しなければならなかった（Alex. Sev. C. 7, 55, 1（a. 229）; Gordian. C. 7, 55, 2（a. 242））。つまり、いずれにしても、敗訴判決後に生じた保証人の無資力のリスクは、債権者が引き受けるものだったからである。(54)

(2)　ところで、共同保証人は、分別の利益を主張するに際して、他の共同保証人が有資力であることを、自ら立証せねばならなかった（Paul. D. 46, 1, 28）。もし立証しえない場合には、被告として選ばれた保証人が全額敗訴判決、かつ全額執行を受けることになる。しかし、有資力の立証は必ずしも容易なものではなく、特に他の共同保証人が遠隔地にいる場合には困難であった。また、共同保証人間においては、債務者保証人間とは異なり、求償権を基礎付ける委任、事務管理、その他組合などの内部関係を観念することができないため（cf. Gai. 3, 122）、共同保証人の一人がその全部義務に応じた全額弁済をなしても、他の共同保証人には求償しえなかった（Mod. D. 46, 1, 39 ; Alex. Sev. C. 8, 40(41), 11pr.（a. 229））。かような状況で有資力の立証不足を理由に分別の利益が拒絶され、その他に何らの手当てもなされないとすれば、分別の利益導入後も、共同保証人の全額弁済のリスクは高いものといえよう。

ここにおいて、法は、全額弁済する共同保証人に、債権者の他の共同保証人に対する訴権[55]を譲渡させ（Iul. D. 46, 1, 17 ; Pap. D. 46, 6, 12）、もって他の共同保証人に対する求償権を付与した（Mod. D. 46, 1, 39）。この共同保証人への訴権譲渡強制は、後にみるように、悪意の抗弁を介して事案毎に認められていたものであるため、保証人が当然有する権利であるかのような印象を与える訴権譲渡の利益（beneficium）という呼称は控えるが、いずれにしても、これが分別の利益を補充するための制度であることは確認しておきたい[56]。

そして、この理から、求償権を基礎付ける内部関係が必ずしも観念しえないところの、各自が全額の義務を負う複数債務者間、すなわち複数買主または賃借人が連帯債務を負担する場合においても[57]、分別の利益を補充するための訴権譲渡強制が認められる（Marcell. D. 19, 2, 47）。さらに、共同後見人が連帯債務を負担する場合においては[58]、分別の利益およびそれを補充する訴権譲渡強制のみならず、この双方がともに行われなかった場合の対処として、神皇ピウス、セプティミウス・セウェールス帝、カラカラ帝の勅法が、全額弁済した後見人に他の共同後見人に対する準訴権を付与している（Ulp. D. 27, 3, 1, 11-13 ; Caracalla C. 5, 58, 2（a. 212）[59]）。

以上より、分別の利益と訴権譲渡強制は、債権者の債権回収のリスクを増大させない限度で、全部義務を負担する複数債務者間において全額弁済のリスクを分散させる制度であり、この両制度を通じて、共同保証人は主債務者無資力のリスクを減少させることができたといえよう。

なお、保証人の主債務者に対する関係では、分別の利益を観念することはできず、また、求償は委任または事務管理訴権によるべきであるから、単独保証人には、分別の利益を補充する、求償権付与たる意味での訴権譲渡は認められない。しかしながら、債権者が質を有する場合には、単独保証人にも訴権譲渡が行われうる。

⑶　すなわち、質を有する債権者に保証人が債務の全額を弁済した場合、彼は債権者に対して、質物を自己に譲渡するよう求めることができた（Sep. Sev. et Caracalla C. 8, 40(41), 2pr.（a. 207））。これは、質権設定者の同意なしに質権者の交替を認めたとしても、設定者の質物取戻権能さえ保障すれば、自らが弁済しなかった設定者に過大な不利益を負わせる訳ではなく、他方、質物を譲渡すれば、保証人の任意弁済を促進しうるとの配慮に基づくものである。

ところで、一般に、質権は換価方法たる売却権の行使により消滅するため、保証人の弁済を受けて行う質物譲渡を売却と観念すれば、質権設定者の質物取戻権は消滅させられる[60]（cf. Paul. sent. 2, 13, 4）。もっとも、質権設定者が主債務者であれば、受任者または事務管理人たる保証人の取得物引渡義務（後述二3⑵及び二4）から、弁済した保証人の質物返還義務を基礎付けることができよう（Paul. D. 17, 1, 59, 1）。しかし、質権設定者が共同保証人であれば、共同保証人間に委任、事務管理といった関係を観念しえないため、取得物引渡義務から質物返還を基礎付けることができない。ここにおいて法は、弁済した保証人を質権者たる地位の承継者とみなし、もって設定者（共同保証人）の質物取戻権能を保障している（Paul. D. 46, 1, 59）。

そして、質権者の地位が移転する際には、質権の被担保債権の移転も併せて観念されねばならなかった（Alex. Sev. C. 8, 40(41), 11（a. 229）; Gordian. C.8, 40(41), 14, 1（a. 239））。確かに、質権が被担保債権から離れて移転するとの構成も可能であろうが、しかしこうした構成は右記二勅法に反するのみならず、質権の附従性に適さないため[61]、まさに質権の譲渡を可能とするために、債権者の設定者に対する訴権が譲渡されねばならなかったと考えるべきであろう。それゆえ、質権設定者が債務者であり、質権者たる地位の移転構成がとられる場合には、債務者に対する訴権が譲渡され（Gordian. C. 8, 40(41), 14, 1（a. 239）[62]）、設定者が共同保証人であれば、当該共同保証人に対する訴権が譲渡された（Alex. Sev. C. 8, 40（41）, 11（a. 229））。そして、債権者が質を有していた場合に行われたこの訴権譲渡は、求償権を確保するための制度として、単独・共同双方の保証人の利益に役立つものであった。

この訴権譲渡は、それが求償権自体か求償権確保であるかを問わず、債権者の保証人に対する訴権の片務厳正訴権たる性質、並びに債権者の権利処分自由の観点から（Scaev. D. 46, 1, 62）、訴訟においては、悪意の抗弁（exceptio doli）を介して実現されねばならなかった(63)。ここに悪意（dolus）とは、訴権または質が現存し、弁済を受領してそれを譲渡しても、自己に何らの損害が生じないのに譲渡しないこと、つまり債権者が形式的に有する権利（自由）を利用して、公平に反する行為（訴）をなすことをいう(64)。

その際、悪意の存否は事案ごとに判断されるため、例えば、債権者が質物を他の債権の担保ともしている場合には、質物の譲渡を強制されることはない（Sep. Sev. et Caracalla C. 8, 40(41), 2, 1（a. 207））。悪意の抗弁を介した訴権譲渡は、あくまでも事案毎の譲渡強制であり(65)、訴権譲渡が弁済する保証人に当然に認められた利益（beneficium）となるためには、ユ帝の勅法（Nov. 4, 1（a. 535））を待たねばならなかった。

さらに、悪意または公平の判断は、抗弁提出時、つまり債権者の訴え提起を受けて保証人が弁済を仮定的に認諾した時に行われるから、債権者はその時点において、現存する訴権および質を譲渡すれば足りる。債権者がそれ以前の時点で訴権および質を処分する自由は何ら制限されない。したがって、悪意の抗弁を介した訴権譲渡強制は、その存在から、訴権譲渡の可能性を予め確保しておくような債権者の義務、すなわち担保保存義務を導くことはできない（Iul. D. 46, 1, 15, 1）(66)。

保証人が裁判外で弁済する場合には、弁済後は訴権が消滅するため、もはや訴権譲渡を求める余地はないが、しかし弁済前（保証人が弁済を確約した時など）、または弁済時に訴権譲渡の合意がなされたときは、当該合意に基づき保証人は債権者に訴権譲渡を強制できた。そして、合意がなされた場合には、弁済後に訴権譲渡を行うことも可能である（cf. Mod. D. 46, 3, 76）[67]。ここで債権者が訴権譲渡の合意を拒絶しうるかは、悪意の抗弁が裁判上提出された場合と同様に判断される[68]。つまり、弁済の提供がなされた時に現存する訴権を譲渡しても損害が生じない場合にのみ、保証人は弁済提供と同時履行の形で[69]譲渡の合意を強制しえたにすぎず、それゆえこの合意強制は、弁済提供前における、債権者の訴権または質物の処分の自由を制限しない。ここでも、担保保存義務は観念しえない。

とはいえ、保証人が訴権譲渡を強制しうる状態になったとき以降は、保証人の訴権譲渡に対する期待は、既に現実の利益になったものとして、法的に評価されるべきであろう。しかる後に、債権者が故意に訴権、質権を滅失させたならば、債権者の右行為は、保証人の有する利益を違法に侵害する行為といえる。そして、このような債権者の行為は、公平の観点ではなく、違法な行為に対するサンクションの要件たる悪意（dolus）概念[70]で捉えることが可能と思われる。そうだとすれば、訴権、質権を滅失させる行為が弁済前になされた場合は、債権者の違法行為を理由とした悪意の抗弁（exceptio doli）[71]が、また、弁済後になされた場合は悪意訴権（actio doli）が保証人の用に供されよう。この解釈を前提とすれば、訴権譲渡強制が可能となった（悪意の抗弁を提出し、あるいは弁済の提供をなした）後に、違法に行われた訴権または担保権放棄は、違法行為を原因とする悪意の抗弁、または悪意訴権を介して、訴権または担保物の価額につき保証人を免責しえたのであり[72]、こうしたいわば例外的局面においては、不法行為責任に近いところの担保保存義務を、fideiussio においても観念しえたと思われる。

(4)　次に、保証人の質取得と比較しうべき、後順位質権者の第一順位質権者に対する弁済提供権（ius offerendi）をみておきたい[73]。この弁済提供権とは、左のような制度である。すなわち、同一物上に質権が複数存在する場合には、第一順位質権者のみが質物売却権を有し（Marci. D. 20, 4, 12, 9）[74]、彼の質物売却により後順位質権は全て消滅させられたため（Pap. D. 20, 5, 3pr.；Alex. Sev. C. 8, 19(20), 1pr.（a. 230））、後順位質権者が配当に当たりうるかは、専ら第一順位者の売却時期に依存せしめられた[75]。また、後順位質権者は、抵当訴権により、自己よりも劣後する質権者に対しては質物の占有を求めえたが（Marci. D. 20, 4, 12, 7）、同じ理で、先順位質権者の抵当訴権に服せしめられたため、後順位質権者の占有は不安定なものであった（Marci. D. 20, 4, 12pr.）。弁済提供権とは、かような状況にある後順位質権者が、第一順位者に弁済提供をなすことにより、売却権（Marci. D. 20, 4, 12, 9）と最優先の抵当訴権（Gai. D. 20, 4, 11, 4）を取得し、もって自己の地位を安定ならしめることを目的とする。

この弁済提供権は、後順位者のみに認められる[76]。無担保債権者は弁済提供権者たりえない。なぜならば、弁済提供権は質権設定者の意思に反しても行使可能なため（Marci. D. 20, 4, 12, 6）、無担保債権者の弁済提供権を肯定することは、債務者の設定行為なくして質権の取得を認めるに等しいからである。

保証人の弁済による質取得は、質権及び被担保債権の取得であったのに対し、後順位者の弁済提供権の効果は、第一順位者の地位の承継（in locum eius succedere）である[77]。法源は、この地位の承継を、後順位者自身の権利の強化（ius suum confirmare）と言い換える[78]。ここで、もし弁済提供の効果を質権の取得または被担保債権の質権付譲渡と考えるならば、右の用語法を説明できないことになろう。また、実質的にみても、後順位者としては第一順位を得ることにより、売却権と最優先の抵当訴権を取得すれば必要にして十分である。それゆえ、第一順位者の地位の承継とは、後順位者に第一の順位が譲渡されるとの意に解される[79]。そうであるならば、後順位者の弁済提供権は、被担保債権や質権の譲渡を伴わない制度として[80]、保証人の弁済による質取得と区別され、それゆえ、訴権譲渡の可能性を前提とした担保保存義務は問題とならない。

また、質物の占有者は弁済により質権を消滅させうるが（Paul. D. 20, 6, 12, 1）、特に正権原占有者（iustus possessor）が弁済する際には、（旧被担保）債権の譲渡を求める権能（求償権）が認められている（Scaev. D. 20, 4, 19）[81]。他方、設定者が抵当不動産を第三者に売却し、その売買代金が第一順位者の被担保債権の弁済に充てられた場合、第三取得者（買主）は、第二順位者の抵当訴権から自己を防御する権能を取得する（Alex. Sev. C. 8, 18(19), 3 (a. 224)）[82]。しかし、ここにおいても、正権原占有者は訴権譲渡を受けるが、債権者に対して債務を負担するものではないために、また、抵当不動産の第三取得者は訴権譲渡を受けないがために、保証におけると同じ意味での担保保存義務は観念できない。

なお、後順位者が弁済提供をする際に、第一順位者の被担保債権の譲渡が観念されないとすれば、後順位者が自己の出捐を最終的に設定者から償還しうべき法的構成が問題となる。設定者のための事務管理を考えることもできようが[83]、しかし自己の質権が強化されるということ（自己の利益のための行為）、ならびに弁済提供権が設定者の意思に反しても行使可能なことから、事務管理は成立しないと解すべきである[84]。それゆえ、後順位者自身の被担保債権、すなわち物的責任の範囲が拡大されたと解される（Marci. D. 20, 4, 12, 6 ; Marci. D. 20, 5, 5pr. ; cf. Diocletian. C. 8, 13(14), 22（a. 294））[85]。

(5)　最後に、争点決定の消耗競合効に触れねばならない。消耗競合とは、複数の義務者が同一物につき債務を負担し、債権者がその一方と訴訟をして争点決定を行った場合には、他方に対する訴権を失うとの関係を指す[86]。そして、債務者と保証人の負担する債務が同一の物であることは、保証人の債務負担文言[87]から明らかであるため、債権者が債務者か保証人の一方を訴求し、争点決定をなしたならば、他方の義務者に対する訴権を失う

（Paul. sent. 2, 17, 16）[88]。この消耗競合制度は、検索の抗弁のように、債務者と保証人に対する訴求を順序付ける制度とは相容れないものである。なぜならば、一方に対する先訴が義務づけられ、その訴えにより他方に対する訴権が消滅するのなら、後者の設定が無意味となるからである。したがって、債務者と保証人のどちらを先に訴求するかは、各訴えがともに訴訟を成立させうるという意味では、債権者の自由であった（Scaev. D. 46, 1, 62 ; Sep. Sev. et Caracalla C. 8, 40(41), 3pr.（a. 208））。

しかしながら、債務者の人格および名誉に関する規範が、右の自由に制限を加える。つまり、ローマ社会においては、債務者ではないにも拘らず債務者だと公言されることや（Ulp. D. 47, 10, 15, 33）、保証人を訴求されることは、債務者の社会的信用および名誉を著しく失墜させた。そして、こうした名誉感情に対するローマ人の敏感さは、保証人ではなく主債務者を先に訴求することが社会規範であるとの観念を生み出していた[89]。この社会規範は、債権者が債務者の弁済準備の事実を知りながら、あえて保証人を訴求したときは、債権者の債務者に対する人格侵害（iniuria）が成立するとの形で、法的保護を受けていた（Gai. D. 47, 10, 19）[90]。もちろん、人格侵害の敗訴判決は、債権者に破廉恥（infamia）の制裁を科す（Iul. D. 3, 2, 1）。それゆえ、債権者が法的サンクションを伴いうる右の社会規範に沿った形で保証人を訴求しうるのは、債務者の無資力が明らかであるか、裁判外における債務者からの回収に尽力した後であったといえよう。こうした消耗競合制度及び社会規範の存在を通じて、保証人は保護されていたのである。

さて、右に述べた理から、債権者が質を有する場合、法的効果が付与されるという意味では、質物売却、債務者訴求、保証人訴求のいずれを先に行うこともできたが（Scaev. D. 46, 1, 62 ; Pap. D. 46, 1, 51, 3 ; Sep. Sev. et Caracalla C. 8, 40(41), 2（a. 207）. これらの法源は、質権設定者が債務者か保証人かの区別をしていない）、しかし質権設定者が債務者であるならば、保証人を訴求する前に質物を売却すべきことを、社会規範が債権者に要請し、その違反に法的サンクションが加えられた場合はありえよう。とりわけ、質物が被担保債権全額を満足させるに足るようなときである。

さらに、「債務者から回収できなかった額」につき保証がなされた場合は、債務者に対する訴求及び執行が、保証人を訴求するための法的要件となる（Pap. D. 45, 1, 116; cf. Caracalla C. 8, 40(41), 5（a. 214））。「質物から回収できなかった額の保証」においても同様である（Pap. D. 46, 1, 52pr. ; Gordian. C.8, 40(41), 17（a. 242））。

ちなみに、質物の売却は保証人を当然には解放せず（Alex. Sev. C. 8, 40(41), 9（a. 223））[91]、また、債権者が債務者または保証人を訴求しても、質権の被担保債務が現実に弁済されない限り、質権は存続したため（Gordian. C. 8, 13（14), 8（a. 239））、質物と債務者・保証人の関係は、消耗競合ではなく、弁済競合の関係といえる（Marci. D. 20, 1, 13, 4）。「債務者から回収できなかった額の保証」においても、債務者保証人の関係は、消耗競合ではなく、弁済競合である（Ulp. D. 46, 2, 6pr. ; Cels. D. 12, 1, 42pr.）。

ここで、債権者が保証人との関係で、債務者または質物を適時に訴求、売却する義務を負うかにつき考えるに、権利者の意思に反して権利行使が強制されるべきではないとの原則的見地から（Pomp. D.13, 7, 6pr.）、保証人が無条件に設定された場合には、かような適時訴求、売却義務は否定されている（Scaev. D. 46, 1, 62 ; Pap. D. 46, 1, 51, 3）。

しかし、債務者から回収できなかった額の保証では、債権者が債務者訴求を懈怠している間に、債務者が無資力に陥った場合、債権者は保証人に対する訴権を失う（Mod. D. 46, 1, 41pr.）[92]。その理由付けとして、債務者から訴求できなかったらその額を、との条件設定に際し、当事者は債務者を適時に訴求すべきことを黙示的に合意

(pactum) したと解する余地もあろうが、しかしそうであるとすれば、保証人の解放は抗弁による解放でなければならない。しかるに、法文は、保証人に対する訴権は付与されるべきではないとの表現を用いており、抗弁ではなく、法上当然の解放が想起される。そして、法上当然の解放であるとすれば、その法的根拠は、条件成就によって利益を受ける者が、自らの責に帰すべき事由により (per eum (etc.) stare)、条件を成就させた場合には、条件は成就しなかったものとみなされるとの擬制 (Pomp. D. 4, 8, 40 ; Ulp. D. 22, 2, 8) でなければならない[93]。

それゆえ、質物から回収できなかった額の保証においても、債権者が自らの責に帰すべき事由により、質物を適時に売却せず、その結果、質物の価値が下落したような場合には、下落分につき条件不成就の擬制を用いて、保証人の免責を肯定することが可能であろう。ここから、債権者が質物を安価で売却した場合に、適正価額との差額につき、保証人の法上当然の免責をいう勅法は (Philippus C. 8, 40(41), 18 (a. 244))、法文には明記されていないものの、質物から回収しえなかった額の保証の事案であり、かつ条件不成就の擬制を用いて免責を肯定したものと解しうる[94]。

以上の考察が正当であるとすれば、債務者または質物から回収できなかった額についての保証では、条件不成就の擬制により、今日でいう信義則上の注意義務のうち、債務者適時訴求義務、質物適時・適正価格売却義務を認めたと同一の結論を導きえた。というのも、債権者の責に帰すべき事由という要件の下では、現代の信義則上の注意義務違反の要件たる、故意過失と内容的に類似する事情が考慮されたからである[95]。他方で、回収とは関係しない義務、例えば主債務者無資力事実通知義務に対応するようなものは、これを観念することができなかったように思われる。

3　次に、債務者保証人の関係に移る。ここでの保証人の法的地位は、債務者との内部関係、すなわち委任または事務管理の法理を忠実に反映するものとなっている。債務者無資力に対する保証人の保護も、委任法理の展開として表れるため、以下の記述に必要な限度で委任に触れておきたい。

⑴　委任は、友愛（amicitia）、保護関係（patronatus）という fides の観念と密接に結びつく社会関係を基礎としており、また、こうした社会関係から、委託を受けた者はそれを引受ける義務（officium）を負っていた（Paul. D. 17, 1, 1, 4）。[96] このような社会基盤を有する委任は、委任訴訟の敗訴者に破廉恥の制裁を科して彼を一定の社会領域から排除している。[97] 破廉恥の制裁が科されるのは、原則として、受任者が委任事務処理違反の形で fides に背く場合を典型例とする、委任直接訴訟に限られた。しかし、委任反対訴訟であっても、それが金銭賠償を目的とするのみならず、委任者がその社会的信頼に背いたとの評価を受けるときは、破廉恥制裁は否定されない（Ulp. D. 3, 2, 6, 5/7）。

委任は諾成契約として、その法的保護に一定の方式や物の引渡しを要しなかった（Gai. 3, 135/136）。隔地者間においても使者または手紙を通じて締結しうる（Paul. D. 17, 1, 1, 1）。委任の対象たる事務は様々な事柄を含みうるが、しかし、受任者のみの利益になる委任は無意味なものとして無効とされた（Gai. D. 17, 1, 2pr.）。委任契約から生ずる訴権は、直接・反対訴権ともに、誠意訴権（actio bonae fidei）である（Gai. 4, 62）。

⑵　委任直接訴権で保護された受任者の義務は、委任の趣旨を守り、事務を適切に処理する義務（Paul. D. 17, 1, 5pr.）と、委任事務を処理するにあたり取得した物の全部を返還する義務（Paul. D. 17, 1, 20pr.）である。[98] 受任者の責任基準は悪意（dolus）または重過失（委託事務管理人（procurator）は過失（culpa）の責任も負う）[99] である。受任者が委任の趣旨を逸脱し、もって事務適切処理義務に違反した場合には、破廉恥制裁、委任直接訴権による損害賠償義務のほか、費用償還等を内容とする委任反対訴権の全部を否定されるというサンクションが科されうる

(cf. Gai. 3, 161)[100]。取得物引渡義務違反のサンクションは、債務不履行の一般原則に則り、損害賠償である。

事務適切処理義務違反のサンクションの要件たる、委任の趣旨逸脱の有無は、まず第一に、委任の文言に反してなされた行為が、およそ委託された事務とは呼べないもの、すなわち別個の行為(aliud)であるか、との基準から判断された(Paul. D. 17, 1, 5, 1)。例えば、セイアの家を購入せよと依頼された者が、ティティアの家を購入する行為は、委託されたと別個の行為であり、委任の趣旨を逸脱する(Paul. D. 17, 1, 5, 2)[101]。

委託されたと同一の行為が行われた場合には、第二に、それが委任のその他の文言、特に金銭的条件を守って行われたかが問題となる。指定された金額と異なる額で委託事務が処理された場合には、その処理が委任者の利益に適するかが問われ、もし利益に適するのであれば、委任の趣旨に反しない。なぜならば、委任者にとってより有利に事務を処理することは、委任の趣旨に当然に含まれていると解されるからである。それゆえ、例えば、一〇〇金という金額を指定されて土地購入の委託を受けた者が、当該土地を五〇金で購入したならば、委任の趣旨の逸脱ではない(Gai. 3, 161 ; Paul. D. 17, 1, 5, 5)。他方、委任者の不利となる場合には、サヴィーヌス派は、委任の趣旨の逸脱であり、当然にサンクションが生ずると主張し(Sabinus et Cassius in Gai. 3, 161)、プロクルス派は、確かに委任の趣旨の逸脱ではあるが、しかし受任者が逸脱により生じた損失を補償するならば、サンクションの適用は否定すべきとして、サヴィーヌス派の厳格な結論に修正を加える(Proculus in Gai. D. 17, 1, 4)[102]。先の例で受任者が一五〇金で土地を購入した場合、サヴィーヌス派は償還の訴権を全部否定し、プロクルス派は一〇〇金の限度での償還請求を肯定する。

(3) 次に、委任反対訴権で保護された委任者の義務は、受任者を損害なき状態におく義務である(Paul. D. 17, 1, 20pr.)[103]。その具体例として、適切に支出された事務処理費用の全額償還義務(Gai. D.1 7, 1, 27, 4 ; Pap. D. 17, 1, 56,

4. 利息を付す必要あり、Sep. Sev. et Caracalla C. 4, 35, 1）、委任事務を処理するに当たり受任者が被った損害の賠償義務（Afr. D. 47, 2, 62(61), 5 ; Paul. D. 17, 1, 26, 6/7[A]）[104]、受任者に損害が生じぬよう予め配慮する義務（Paul. D. 17, 1, 26, 7［B］）などを挙げることができる。委任者の責任基準は、費用償還義務は無過失[105]、損害賠償義務は保管責任[106]、損害が生じぬよう予め配慮する義務は悪意であり[107]、違反に対するサンクションとして、委任反対訴権が発生または拡大する。

(4)　右の委任の準則に従い、まず、保証人は、受任者として保証委託の趣旨を守り、委託事務を適切に処理すべき義務を負担することから、悪意または重過失により、委託に反する内容の保証債務を負担し、あるいは保証債務の弁済を債務者の不利益に行った場合には、その求償権を否定または制限された。

たとえば、保証人が委託内容を超過する額の保証債務を負担した場合(例、一〇〇金の被担保債務のうち五〇金の保証委託を受けたが、被担保債務全額を保証した場合)、もしこれを委任の趣旨の逸脱と評価すれば[108]、サヴィーヌス派によれば保証人の求償権は全て否定されるが、プロクルス派によれば、逸脱部分の不利益が保証人に帰することとなるのみである。これに対して、ユーリアーヌスは、被担保債務を数量的に分割してとらえることにより、保証された部分については、委任の趣旨が完全に守られていると評価し（大は小を兼ねる）、もって両派の争いを止揚するとともに、債権者に対する弁済のうち、委託された範囲内での求償権行使は、委託の趣旨を遵守したものとして肯定している（Iul. D. 17, 1, 33）[109]。

期限付保証債務の負担という保証委託の内容に反して、保証人が期限の定めのない保証債務を負担した場合にも、弁済した保証人の求償権行使は、委託内容に定められた期限到来時まで制限され（Paul. D. 17, 1, 22pr.）、また、債務者以外の第三者から fideiussio をなす旨の委託を受けた者が、債務者に対する貸付委任をなした場合においては、fideiussio をなしたならば被ったであろう損害の限度において、委任者（第三者）は受任者（貸付委任者）に対して責を負わされた（Q. Cervidius Scaev. D. 17, 1, 62, 1）。[110]

さらに、委託に従い期限付保証債務を負担したが、期限前に任意弁済した場合には、委託に従った期限が到来するまで、保証人の求償権は行使制限を受けた（Paul. D. 17, 1, 22, 1）。保証人が不当に多額の判決を受けたことを認識しながら、故意に上訴をなさなかった場合にも、彼の求償額は、信義則に基づき審判人の手で制限された（Ulp. D. 17, 1, 8, 8）。

これらの法文から、受託保証人の弁済は、委任の趣旨に従った保証債務を負担した場合にあっても、期限及び数量の点で債務者を解放するに必要最小限のものでなければ、委任事務の適切な処理とはいえないこと、さらに、保証債務の負担方法あるいは弁済方法を問わず、適切な事務処理義務違反の効果として、委任反対訴権の全部否定というサンクションが科されていない（超過分の損失を保証人（受任者）に帰せしめるのみ）ことから、スカエウォラ（Q. C. Scaevola）、パウルス、ウルピアーヌスなど二世紀後半の法学者は、右記プロクルス派の見解を採用している、ということができよう（cf. Inst. 3, 26, 8）。

次に、保証人は、自己の弁済の事実を委任者たる債務者に通知しえたにもかかわらず、通知を怠ったがために（重過失 dolo proximum est）、債務者が二重に弁済した場合には、そのサンクションとして、保証人の求償権は全部否定された（Ulp. D. 17, 1, 29, 3）。このサンクションの存在から、受任者たる保証人は、委任事務を適切に処理する義務の一つとして、弁済した事実を債務者に通知する義務を負っていたと解される。

受任者たる保証人の取得物返還義務としては、弁済によって債権者から取得した質物の返還義務を挙げることができる（Paul. D. 17, 1, 59, 1）。

⑸　他方、委任者たる債務者は、受任者を損害なき状態におく義務を負担するため、保証人のなした弁済を、それが事務処理として適切な支出と評価される限り、その全額を委任反対訴権で償還すべき責を負った。適切な支出とは、委任の趣旨に適するところの、債務者を解放するに必要最小限の弁済のほか、必要最小限を超過するが、保証人の側にその超過を正当化する事情が存する弁済をも含む（Paul. D. 17, 1, 45, 6）。このような正当化事由として、例えば、種類債権の保証人が、手元に上等な品質の種類物しか有していなかったために、上等の物を給付した場合や（Cels. D. 17, 1, 50, 1）、利息の存在を否認してもらいたいと債務者から要請されたものの、保証人が、自らの誠実な判断に基づき利息付弁済を行った場合（Cels. D. 17, 1, 48pr.）などが挙げられる。また、保証人が債権者から履行を強制されえない場合、例えば、保証債務に付された終期期限の到来後に、債務者を解放するという信義を果たすために弁済した場合や、保証人に固有の抗弁が、保証人にとって不名誉なものであるため、抗弁を提出せずに弁済した場合も、当該弁済を正当化する事由の存在から、適切な支出と評価された（Ulp. D. 17, 1, 29, 6; Ulp. D. 17, 1, 10, 12）。

保証人が債務者を解放するに必要最小限を超える弁済を、正当化事由なくして行った場合には、債権者に対して不当利得返還請求をなしうる（Pap. D. 46, 1, 49, 1）[111]。

委任訴権による保証人の求償権には、それが反対訴権であるにもかかわらず、不履行のサンクションとして破廉恥が付された（Ulp. D. 3, 2, 6, 5）。保証行為の委託は、債務者自身が弁済するとの信頼関係を基礎として行われ、かつ、友愛や保護関係の存在から、この委託を引き受けることは、保証人の義務 officium と観念されたため、それにもかかわらず保証人に弁済させたことは、債務者の保証人に対する、社会的にも重大な信頼違反行為と評価されたからである[112]。

それでは、保証人は、弁済前に債務者に対して求償権を行使しうるか。Marcell. D. 17, 1, 38, 1 は、債務者が弁済を長期に亘って滞ったとき、または財産を散逸させるであろうことが確実なときは、保証人は自己の免責を求めて債務者を訴求しうるという（解放訴権）[113]。解放訴権を行使しうる事由としては、保証人が有責判決を受けたことも数えられよう[114]。ただし、同法文が解放訴権に対して債務者が講ずるべき手段を明確にしていないため、解放訴権を通じて、保証人は債務者に事前求償を求めうるかは必ずしも明らかではない。

この点につき、確かに、建造行為等のなす債務が委任事務の目的である場合に、受任者の費用前払請求を肯定した法文が存在する（Ulp. D. 17, 1, 12, 17）。しかしながら、債務負担行為の委託がなされた場合に関して、法源は、受任者がその負担した債務を支払う前に委任者を訴求したとき、委任者は受任者に対して、与える債務ではなく、なす債務を負担するという（Paul. D. 17, 1, 45, 5）。そして、保証行為の委託も債務負担行為の委託であり、かつ解放訴権が債務負担行為の受任者の権利の一つだとすれば（受任者を損害なき状態におく義務の特殊な発現形態だとすれば）、受託保証人は、解放訴権により債務者に対して、債権者への弁済、供託、あるいは指図など[115]（なす債務）を求めえたが、しかし、金銭を与えることを目的とする事前求償を求めることはできなかったと考えられる[116]。また、債務負担行為の委託において、受任者の負担した債務を引き受ける義務、それが不可能な場合には将来の訴訟で受任者を防御すべき旨の担保を供する義務が認められていることから（Paul. D. 17, 1, 45pr./2）、受託保証人も債務者に対して、同様の行為を求めえたといえよう（cf. Scaev. D. 46, 1, 45）[117]。もっとも、債務者が保証人の債務を更改の形で引受けることについては、債権者は同意を与えないであろうが、しかし保証人が債権者から訴求された段階で、債務者が自己の損失において訴訟代理人（cognitor in rem suam, procurator in rem suam）となり、もって保証債務を引き受けることは可能であろう[118]。さらに、訴訟前の段階で債権者が更改に応じなければ、将来の訴訟で自己が防御(defendere)されるべき旨の担保を通じて、保証人は、債務者不出頭などの事由により防御が奏功しなかった場合に生ずる、将来の事後求償権を予め確保しておくことができる。このように、保証人は、解放訴権を通じて債務者無資力のリスク負担を軽減しうるが、しかしこれは、債務者の資力状態の悪化を保証人の側で容易に認識しうるような社会、並びに債務者が訴訟代理の形で保証債務を引き受けうるといった仕組みが存在してはじめて、十分な機能を発揮しえたものだと思われる。

最後に、受任者に損害が生ぜぬよう予め配慮する義務の存在から、債務者は自らのなした弁済を保証人に通知すべきであり、通知を怠っている間に保証人が重ねて弁済した場合は、委任者たる債務者は、義務違反のサンクションとして、保証人のなした弁済の求償に応じねばならない（Ulp. D. 17, 1, 29, 2)。債務者が自己の有する抗弁権の存在を保証人に知らせなかったため、保証人が弁済した場合も同様である（Ulp. D. 17, 1, 29pr.)。

4　次に、債務者と保証人の関係が事務管理たる性質を帯びる場合につき述べる。fides, amicitia, officium に基礎を有する事務管理は、社会的実体および法的内容において委任と重なり合う部分も少なくないが[119]、しかし、事務管理当事者が fides を契約の形で明示的に表現していないために、そこから生ずる訴権には、直接反対を問わず、破廉恥の制裁が付されない[120]。事務管理訴権には、事実訴権と法律訴権の二つが存するが、以下では、法律訴権を念頭に置きながら[121]、保証が事務管理となるための要件と、その効果を略述したい[122]。

事務管理の成立要件から[123]、保証行為が事務管理たる性質を帯びるためには、まず、債務者の意に反せず（Paul. D. 17, 1, 40 ; Iul. in Justinian. C. 2, 18 (19), 24pr. /1 (a. 530))、また、債務者に対する贈与意思をもってする保証（Ulp. D. 3, 5, 4)ではないことが必要である。さらに、債務者が保証行為時にあえて異を唱えなかった場合には、委任の規律を受けるため、事務管理訴権は生じない（Ulp. D. 17, 1, 6, 2)[124]。それゆえ、右の阻却事由を欠く場合（例、債務者不在中の場合、Paul. D. 17, 1, 20, 1）において、契約の時点で債務者に有益[125]な保証を、債務者の事務を管理する意思で行ったとき（Pap. D. 17, 1, 53 ; Afr. D. 3, 5, 45（46）pr.）[126]にのみ、保証は事務管理行為にあたるといえよう。

事務管理が成立した場合、管理人は、自ら管理行為の計算を行ったうえ、取得した物を引渡し、取得しえなかった物の賠償をなす義務を負う（Gai. D. 3, 5, 2. 保護は事務管理直接訴権）。管理人の責任基準は、悪意または過失（緊急事務管理においては悪意のみ）である[127]。事務管理人たる保証人の債務者に対する弁済通知義務は、右の管理行為計算義務から導きえたように思われる（前述二3⑷も参照）。

他方、本人の義務（保護は事務管理反対訴権）は、費用償還義務である（Gai. D. 3,5, 2. 無過失責任[128]）。償還すべき費用の範囲は、本人にとって有益な事務を管理するために必要かつ適切な費用に限られ（Gai. D. 3, 5, 2 ; Alex. Sev. C. 2, 18（19）, 11（a. 227）. 利息を付す必要あり、Paul. D. 3, 5, 18（19）, 4）[129]、右の範囲を超える費用を償還する必要はない（Paul. D. 3, 5, 24（25）[130]）。それゆえ、保証債務負担行為が本人にとって有益であったが、必要以上に高額な保証債務を負担した場合には、その部分に関する求償権が否定されたと考えられる。

なお、解放訴権が認められるかは法文上必ずしも明らかではないが、解放訴権と債務負担行為の受任者の訴権との関連を肯定するかぎりは（前述二3⑸参照）、消極に解すべきであろう[131]。また、委任と異なり、事務管理は契約ではないから、本人の管理人に対する損害なかりしよう予め配慮する義務を観念しえず[132]、それゆえ、債務者の保証人に対する弁済事実通知義務は存在しない。

（46） Vgl. W. Kunkel, Römisches Privatrecht, 3. Aufl., Berlin 1949, S. 96ff.［Kunkel RP］; 原田慶吉『ローマ法（改訂版）』（有斐閣、一九五五年）一七三頁。

(47)「同一の物をあなたの信義により約するか（idem fide tua esse iubes?)」との問いに、「約する（iubeo)」と答える（Gai. 3, 116)。

なお、この保証債務負担文言における fides の語は、債務内容ではなく、債務の拘束性の根拠を示すものである（W. Kunkel, Fides als schöpferisches Element im römischen Schuldrecht, in: Festschrift Paul Koschaker Bd. 2, Weimar 1939, S. 1; W. Flume, Studien zur Akzessorität der römischen Bürgschaftsstipulationen, Weimar 1932, S. 52-4.［Flume, Akzessorität］)。

(48) Vgl. Kunkel RP, S. 82f., 原田・前掲注（46）一五一頁。

(49) これに対して、誠意訴権（actio bonae fidei）においては、審判人が、契約当時の状況、取引の慣習など、信義誠実の原則に照らして参照することが公平妥当な一切の事情を総合考慮して、被告の給付（債務）内容を定める。それゆえ、悪意の抗弁は不要である。原田・前掲注（46）一五一頁、三九〇頁。

(50) 自然債務の保証も、訴求可能性が債務内容とは関わらないため、保証人に対する訴権を生ぜしめる（Iul. D. 46, 1, 7 ; Paul. D. 46, 1, 35 ; Paul. D. 12, 6, 13 pr.)。わずかに、第三者の行為を債務内容とする問答契約は訴権を生ぜしめないとの原則から（Ulp .D. 45, 1, 38 pr. ; Inst. 3, 19, 3/21)、第三者の行為の保証は訴権を生まず（Hermogenian. D. 46, 1, 65)、それゆえ第三者が行為しないことを停止条件とした自己の債務負担行為（損害金や評価額の支払）で代用されねばならなかった（cf. Ulp. D. 45, 1, 38, 2; Hermogenian. D. 46, 1, 65)。

なお、ボアソナードが仏民第一一二〇条を手掛かりに、第三者の行為の保証を承認した過程（G. Boissonade, Projet de Code civil pour l'Empire du Japon, 2éd, t. 2 n.102, Tokio 1883. 旧民財三二二条三項）は、第三者のためにする契約理論の展開（児玉寛「第三者のためにする契約の判定基準――その西欧法伝統と来栖説の評価」西村重雄・児玉寛編『日本民法典と西欧法伝統』（九州大学出版会、二〇〇〇年）四七三頁）との関係で別途考察せねばならない。

(51) Kunkel RP, S. 214.

(52) Vgl. Flume, Akzessorität, S. 64-76.

(53) Vgl. M. Kaser/K. Hackl, Das römische Zivilprozessrecht, 2. Aufl., München 1996, S. 386 Anm. 22; D. Medicus, Zur Urteilsberichtigung in der actio iudicati des Formularprozesses, in : Zeitschrift der Savigny-Stiftung für Rechtsgeschichte, romanistische Abteilung［SZ］, Bd. 81（1964), S. 264.

(54) Vgl. L. Wenger, Zur Lehre von der Actio Iudicati, Graz 1901, S. 74 Anm. 14.

(55) Iul. D. 46, 1, 17 : Fideiussoribus succurri solet, ut stipulator compellatur ei, qui solidum soluere paratus est, uendere ceterorum nomina.

Vgl. F. Schulz, Klagen-Cession im Interesse des Cessionars oder des Cedenten im klassischen römischen Recht, SZ 27（1906）, S. 101. [Schulz, Klagen-Cession]. なお、主たる債務者に対する訴権譲渡をいう Paul. D. 46, 1, 36 については、後述三2⑶及び後掲注（62）参照。

（56）なお、分別の利益と訴権譲渡強制の導入の順序については、必ずしも明らかではないところもあるが（D. Medicus, Der fingierte Klagenkauf als Denkhilfe für die Entwicklung des Zessionsregresses, in: Festschrift für Max Kaser zum 70. Geburtstag, hrsg. D. Medicus/H. H.Seiler, München 1976, S. 394-6 [Medicus, fingierte Klagenkauf] は、ユーリアーヌスの時代（ハ帝からマルクス・アウレリウス／ルーキウス・ウェールスの共治帝期、vgl. W. Kunkel, Herkunft und soziale Stellung der römischen Juristen, 2. Aufl., Graz 1967（ND: Köln 2001）, S. 157）には、既に訴権譲渡が慣例となっていた可能性を示唆する。）、もし、訴権譲渡強制が分別の利益導入よりも先に行われていたとすれば、訴権譲渡の当初の機能は、有資力立証不能への対処ではなく、そもそも共同保証人の任意の一人を選んで訴え提起、執行をなしうることの過酷さへの対処であったといえよう。だが、どちらが先であるとしても、分別の利益が導入された後の訴権譲渡の機能は、本文に述べたとおりである。Vgl. E. Levy, Sponsio, fidepromissio, fideiussio, Berlin 1907, S. 164-175; G. Wesener, Die Durchsetzung von Regressansprüchen im römischen Recht, in: Labeo 11（1965）, S. 350.

ちなみに、共同保証人中に資力の疑わしい者がおり、分別の利益主張の可否が判然としない場合、被告とされた共同保証人の一人は、全額弁済して右の者に対する訴権譲渡を受けるよりも、債権者が右の者を訴求するリスクを別途引き受けることにより、分別の利益主張の許可を求めることもあるが（Ulp. D. 46, 1, 10pr.）、このことも、訴権譲渡利益が分別の利益を補充する制度たることを示している。

（57）Pap. D. 45, 2, 9pr., vgl. E. Levy, Die Konkurrenz der Aktionen und Personen im klassischen römischen Recht, Bd. 1, Berlin 1918（ND: Aalen 1964）, S. 207-8; J. K. Wylie, Solidarity and Correality, Edinburgh 1923, p. 265-9.

（58）Tryph. D. 26, 7, 55pr., vgl. E. Levy, Die Haftung mehrerer Tutoren, SZ 37（1916）, S. 14-88; D. Liebs, Die Klagenkonkurrenz im römischen Recht, Göttingen 1972, S. 188.

（59）H. H. Seiler, Der Tatbestand der Negotiorum Gestio im römischen Recht, Köln 1968, S. 189f. なお、ここにいう準訴権は、準事務管理訴権ではなく、準後見訴権であると解する見解が一般的である。Vgl. Seiler, S. 192-206; H.S. Kim, Zessionsregreß bei nicht akzessorischen Sicherheiten, Berlin 2004（Diss. Trier）, S. 25 Anm. 30.

（60）Kunkel RP, S. 161.

（61）一九世紀ドイツ普通法期には、hypothekarische Succession の名の下で、質権が当初の被担保債権を離れて移転する諸事例の検討が行われたが（vgl. B. Windscheid, Lehrbuch des Pandektenrechts, 9. Aufl., Bd. 1, Frankfurt am Main 1906（ND: Aalen 1984), S. 1172-9)、そのなかでも、保証人の質権取得をこの事例に含めるのは、質権の附従性緩和を特に強調する論者（z. B., A. Brinz, Lehrbuch der Pandekten, 2. Auf., Bd. 2, 2. Abt., Erlangen 1879（ND: Goldbach 1997), S. 839ff., 842 Anm.12, 864f.）に限られた。

(62) Paul. D. 46, 1, 36 もこの事案かと思われる。

(63) F. C. v. Savigny, Das Obligationenrecht als Theil des heutigen Römischen Rechts, Bd. 1, Berlin 1851（ND: Aalen 1987), S. 240-3; Medicus, fingierte Klagenkauf, S. 399f.

(64) Vgl. Savigny, a. a. O., S. 241f., 242 Anm. p（Paul. D. 44, 4, 1, 1）u. q.

(65) Medicus, fingierte Klagenkauf, S. 400 Anm. 43; Wesener, a. a. O., S. 350.

(66) Iul. D. 46, 1, 15, 1 は、債権者が共同保証人の一方と不訴求の合意を結ぶことにより、共同保証人間での訴権譲渡を不能とした場合にも、他の共同保証人の免責を認めない。

(67) Vgl. Medicus, fingierte Klagenkauf, S. 402-5. なお、本法文などが用いる訴権譲渡（合意）の売買擬制は、弁済者の負担部分につき訴権が消滅することを説明できず、従って共同保証人間の訴権譲渡事例で用いること（ex. Iul. D. 46, 1, 17）は、論理的厳密さに欠ける（Medicus, S. 398）。

(68) Savigny, a. a. O., S.240-242.

(69) Vgl. Medicus, fingierte Klagenkauf, S. 395.

(70) Vgl. Kunkel RP, S. 174.

(71) Ulp. D. 44, 4, 2pr. Vgl. A. Wacke, Zum Dolus-Begriff der actio de dolo, in: Revue internationale des droits de l'antiquité, 3e série tom. 27（1980), p. 373.

(72) 悪意の抗弁による相殺は、マルクス・アウレリウス帝以降認められたとされ（Inst. 4, 6, 30, vgl. Kaser/Hackl, a. a. O., S. 262f.）、また、悪意訴権は単価賠償を目的とする。ただし、いずれの場合においても、賠償すべき目的物の価額（特に質物の場合に問題となる）は、原告が宣誓して評価した額により定めることが可能である（Paul. D. 4, 3, 18pr. /1）。

(73) 寺田正春「弁済者代位制度論序説（二）」法学雑誌二〇巻二号二〇二頁以下が、訴権譲渡利益と弁済提供権のフランス古法における融合を我国で初めて指摘した。

(74) M. Kaser, Über mehrfache Verpfändung im römischen Recht, in: Studi in onore di Giuseppe Grosso vol. 1, Torino 1968, S. 45. [Kaser, mehrfache Verpfändung].

(75) Vgl. Schulz, Klagen-Cession, S. 105.

(76) もっとも、先順位者の後順位者に対する弁済提供の可否については、争いがないわけではない。Vgl. Kaser, mehrfache Verpfändung, S. 65f.

(77) Cf. Marci. D. 20, 5, 5pr. ; Pap. D. 20, 4, 3pr. Schulz, Klagen-Cession, S. 104ff; Kaser, mehrfache Verpfändung, S. 45ff.

(78) Sep. Sev. et Caracalla C. 8, 17 (18), 1 (a. 197); cf. Afr. D. 20, 4, 9, 3; Schulz, Klagen-Cession, S. 104f.

(79) Schulz, Klagen-Cession, S. 105ff. ; Kaser, mehrfache Verpfändung, S. 48.

(80) Kaser, mehrfache Verpfändung, S. 47f. ; Kim, a. a. O., S. 29.

(81) 夫が妻から質権の設定された物の占有を嫁資に基づき取得した事案。

(82) 売買代金による被担保債権の弁済は、買主となる者が、第二順位抵当権を取得して第一順位者に弁済提供をなす場合に類似するものの (Pap. D. 20, 5, 3, 1)、買主が所有者となるため、質権取得はありえない。

(83) Vgl. Windscheid, a. a. O., S. 1175 Anm. 11.

(84) Kaser, mehrfache Verpfändung, S. 48.

(85) Schulz, Klagen-Cession, S. 107f.

(86) Kaser/Hackl, a. a. O., S. 301ff.

(87) 前掲注(47)参照。

(88) Vgl. Kaser/Hackl a. a. O., S. 306.

(89) Cic. Att. 16, 15, 2. Cf. J.M. Kelly, Roman Litigation, Oxford 1966, p. 20-21; Flume, Akzessorität, S.10 Anm. 3, S.97 Anm. 3.; B. Kupisch, Cicero ad Atticum 16,15,2, SZ 96 (1979), S.52; M. Kaser, Cicero《ad Atticum》16. 15. 2. Formularprozess ohne《litis contestatio》?, in: Sodalitas. Scritti in onore di Antonio Guarino, vol. 7, Neapel 1984, S. 3158-60.

(90) F. Raber, Grundlagen klassischer Injurienansprüche, Graz 1969, S. 68, 150f.

(91) 売却代金が現実に債務の弁済に充てられた限度で、保証人は債務者とともに解放されるのみ。質権の被担保債権が複数存在する場合には、債権者が売却代金の充当先を指定できるため (Paul. D. 46, 3, 101, 1)、保証人が担保しない債権から充当が行われることになろう。

(92) Mod. D. 46, 1, 41pr. 「[モデスティヌスは] 解答して曰く、保佐人から回収しえなかった額につき保証がなされ、その後、債権者 [被保佐人] は法定の年齢 [二五歳] に達した。この時点では、保佐人自身または保佐人の相続人達から全額を回収できたが、しかし債権者が回収を控えている間に、保佐人は資力を失った。このとき、保証人に対する準訴権を安易に付与すべきではない、と。」(拙稿・第四六巻第一章二八頁の訳を修正した)。

（93） R. Knütel, Diligenzpflichten des Gläubigers gegenüber dem Bürgen, in: Festschrift für Werner Flume zum 70. Geburtstag Bd.1, Köln 1978, S. 568-71.

（94） Knütel, a. a. O., S. 571f.

（95） Knütel, a. a. O., S. 572.

（96） Cf. G. Freyburger, Fides, Société d'Édition Les Belles Lettres 1986, pp.149-160, 177-185; A. Bürge, Römisches Privatrecht, Darmstadt 1999, S.129. なお、広中俊雄『契約とその法的保護（広中俊雄著作集一）』（創文社、一九九二年）一六八―一七一頁は、医師や弁護士など職業人に対する有償性を基礎とした委任の存在を併せ指摘する。

（97） Vgl. D. Nörr, Mandatum, fides, amicitia, in: D. Nörr/S. Nishimura（hrsg.）, Mandatum und Verwandtes, Berlin 1993, S. 18.

（98） Cf. A. Watson, Contract of mandate in roman law, Oxford 1961, pp.178-194. [Watson, Mandate].

（99） 西村重雄「「自己固有の注意」論の系譜――民法六五九条等のローマ法的沿革」西村重雄・児玉寛編『日本民法典と西欧法伝統』（九州大学出版会、二〇〇〇年）五三三頁。なお、Watson, Mandate, p. 215 は、責任基準の最も重い類型に委託事務管理（過失責任）、最も軽い類型に保証（悪意責任のみ）を措定し、その他の委任類型（売買の委任など）においては、必ずしも一義的な責任基準は存在せず、有用性の原則など事案ごとの事情を考慮して受任者の責任の有無が判断された、という。

（100） Nörr, a. a. O., S. 15. なお、O. Behrends, Die bona fides im mandatum, in: Ars boni et aequi. Festschrift für Wolfgang Waldstein, Stuttgart 1993, S. 48-51 は、委託の趣旨に反する不適切な事務処理がなされた場合、後述のサヴィーヌス派の見解によれば、委任の不成立であり、それゆえ委任直接反対両訴権が存立しないという。しかし、ベーレンスの見解は、委任の諾成契約としての法的保護（広中・前掲注（96）一五八―一七三頁参照）を軽視するものであり、また、彼が立論の根拠とする Paul. D. 17, 1, 3, 2 は、委任直接訴権の不成立を述べてはいない。ベーレンス批判の部分同旨、B. J. Choe, Die Schulkontroverse bei Überschreitung des Auftrags zum Grundstückkauf, in: D. Nörr/S. Nishimura（hrsg.）, Mandatum und Verwandtes, Berlin 1993, S. 128-138.

（101） 別個の行為がなされた場合、受任者の費用償還請求は全部否定されたと解される。委託事務の処理と呼びうる行為が全く存在しないからである。

（102） プロクルス派も委任の趣旨の逸脱自体は認めていたと考えられる。Vgl. R. Backhaus, In maiore minus inest, SZ 100（1983）, S. 174 Anm. 199.

（103） Watson, Mandate, p. 154; V. Arangio-Ruiz, il mandato in diritto romano, Napoli 1949, pp. 165-8.

（104） Paul. D. 17, 1, 26, 7「[A] あなたが私の委託を受けて奴隷を購入したところ、その奴隷があなたの下で盗をなしたという場合につき、ネラティウスは、あなたは委任［反対］訴訟により加害奴隷の委付を求めることができる、と述べた。ただし、盗がなされたことにつき、あなたに落ち度がないときに限られる。［B］これに対して、私が奴隷の当該性格を認識していながら、あなたの注意を喚起すべく、予めそれを伝えておかなかったのであれば（quod si ego scissem talem esse seruum nec praedixissem, ut possis praecauere）、あなたに生じた損害の限度で賠償をなすべきである」。

(105)　償還義務の範囲は、受任者が適切に支出した費用（具体例につき、後述二3(5)参照）に限られる（Gai. D. 17, 1, 27, 4）。

(106)　R. Noda, Die Haftung des Auftraggebers für Schaden des Beauftragten. Zur Entstehung des § 650（3）des japanischen BGB, in: D. Nörr/S. Nishimura（hrsg.）, Mandatum und Verwandtes, Berlin 1993, S. 209-211.

(107)　Paul. D. 17, 1, 26, 7 [B].

(108)　債務者にとって、保証人から求償される方が、債権者から請求されるよりも必ず有利であるとはいえないため、委任者の利益になる文言逸脱行為とはいえない。

(109)　結論はプロクルス派に同じ。Vgl. Backhaus, a. a. O., S. 175ff.; Bürge, a. a. O., S. 133 Anm. 77.

(110)　貸付委任者の責任が fideiussor より重くなりうることにつき、後述三2参照。

(111)　ただし、期限前の弁済や上等な種類物の弁済は、非債または数額超過弁済とは異なり、債権者の給付保持を違法としないため、不当利得の問題は生じない（Iav. D. 17, 1, 51/52）。また、債務者が非債弁済を委託したと認められる場合、つまり、債務者自身が被担保債権の不存在またはその数額を誤認して保証委託をなした場合には、保証人は委託事務を適切に処理したことを理由に、債務者に対する委任反対訴権を取得すると考えられるが、同訴権と債権者に対する不当利得が競合するかは、Cels. D. 12, 6, 47の解釈を含め、ここでは留保したい。Vgl. M. Kaser, Celsus D. 12,6,47 und die Akzessorietät der Bürgschaft, in: Festgabe für Arnold Herdlitczka zu seinem 75. Geburtstag, hrsg. von F. Horak und W. Waldstein, München 1972, S. 143-159.

(112)　Vgl. M. Kaser, ‚Unmittelbare Vollstreckbarkeit' und Bürgenregreß, SZ 100（1983）, S. 124-131. なお、本文のように説明できる以上は、Kaser のように、保証人の求償権として、委任反対訴権のほかに、actio depensi をモデルとした特殊な訴権の存在を推測する必要はない。

(113)　Marcell. D. 17, 1, 38, 1「保証人が支払以前にも、免責されるよう訴訟しうるかは大層頻繁に論じられるのを常とするがこれも〔序項〕と同様の問題である。債務者が弁済を長く滞り、あるいは、その財産を散逸させるとき、保証人が支払うこと、ないし、訴訟に応じた上で有責判決を受けることが常に期待されるべきでない。保証人が〔まず〕債権者に支払った上で債務者に対し委任訴訟を起こすという金員を保証人が家に有しない場合はとりわけそうである」（西村重雄「保証人の事前求償権――民法四五九条のローマ法的沿革」太田知行他編『鈴木祿彌先生古稀記念　民事法学の新展開』（有斐閣、一九九三年）二一七頁訳）。

(114)　Cf. Paul. D. 17, 1, 45, 4; Diocletian. et Maximian. C. 4, 35, 10（a. 293）；西村・前掲注（113）二一九―二二〇頁。

(115) 保証人は、保証人の債務者を債権者のために指図した場合は、主債務者に対する求償権を取得するが（Iul. D. 46, 1, 18; Paul. D. 17, 1, 26, 2）、主債務者（指図者）も、自己の債務者（被指図者）を債権者（指図受領者）に指図することにより、主債務を消滅させ、保証人を解放できることは当然であろう。

(116) 西村・前掲注（113）二二八—二三二頁参照。

(117) E. Seckel, Die Haftung de peculio und de in rem verso aus der Litiskontestation und dem Urteil nach klassischem römischen Recht, in: Ernst Immanuel Bekker zum 16. August 1907 überreicht von F. Bernhöt u. a., Aus Römischem und Bürgerlichem Recht, Weimar 1907, S. 338-343.

(118) 債務引受人たる訴訟代理人（主債務者）が、判決履行の担保を提供せねばならない（cf. Frg. Vat. 317）。訴訟代理人と争点決定をなせば、債権者は被告（保証人）に対する訴権を失う（Ulp. D. 44, 2, 11, 7）。判決は訴訟代理人の名で下され、判決訴権も同人に対して行使される（cf. Ulp. D. 16, 1, 2, 5; Paul. D. 3, 3, 61; Ulp. D. 42, 1, 4pr.）。Vgl. Kunkel RP, S. 207; Kaser/Hackl, a. a. O., S. 209-217; H. Ankum, Der Verkäfer als *cognitor* und als *procurator in rem suam* im römischen Eviktionsprozeß der klassischen Zeit, in: D. Nör/S. Nishimura（hrsg.）, Mandatum und Verwandtes, Berlin 1993, S. 285.

(119) Vgl. F. Schulz, Prinzipien des römischen Rechts, München 1934（ND: Berlin 2003）, S. 158-160; A. Pernice, Labeo, 2. Aufl., Bd. 2, Abt. II-1, Halle 1900（ND: Aalen 1963）, S. 196f.

(120) Nörr, a. a. O., S. 18 Anm. 19.

(121) 法律訴権たる事務管理訴権が誠意訴権であることは、諸学説の一致するところである。事実訴権たる事務管理訴権の起源および性質を含め、O. Lenel, Das Edictum perpetuum, 3. Aufl., Leipzig 1927（ND: Aalen 1985）, S. 101-5; Kunkel RP, S. 247f.; Seiler, a. a. O., S. 314-23 参照。

(122) なお、債権者に対する問答契約関係は、委任と異なるところはない。

(123) ハンス・アンクム／上村一則訳「事務管理における「有益性」要件——そのローマ法的沿革」法政研究六二巻三・四号五三三頁以下、Seiler, a. a. O., S. 10ff. 参照。

(124) 追認の場合につき、Ulp. D. 50, 17, 60, Seiler, a. a. O., S. 69-71 参照。

(125) アンクム／上村・前掲注（123）五三九—四九頁、及び第三者弁済の事案だが、Labeo D. 3, 5, 42(43) 参照。

(126) Vgl. Seiler, a. a. O., S. 31f.

(127) 西村・前掲注（99）五三三—四頁、アンクム／上村・五五七頁参照。

(128) アンクム／上村・前掲注（123）五五八頁。無過失責任たるのは、後述の基準で義務の範囲が制限されることとも関係しよう。

(129) アンクム／上村・前掲注(123)五五九頁は、「有益な事務管理を行うために、事務管理者がその管理行為を行うことが適切である場合、その費用は必要である。例えば、本人のために必要な奴隷の通常価格の支払いである」、という。いずれにしても、必要性・適切性の判断が、本人側の事情を基礎として定立された概念（有益性）に基づき行われる点が（Ulp. D. 3, 5, 44(45) pr.）、委任における適切な支出の判断基準と異なる。
(130) アンクム／上村・前掲注(123)五五九頁。ただし、現存利益を不当利得として返還すべきかの問題は残る（cf. Ulp. D. 3, 5, 5, 5; J. Kortmann, Altruism in Private Law, Oxford 2005, p. 101）。
(131) Vgl. Seckel, a. a. O., S. 338-343.
(132) Cf. Afr. D. 47, 2, 62(61), 5「上記の売買、賃借、質などの契約においては、知りながら黙っていた者の悪意が罰せられるべきと言われたように（et sicut in superioribus contractibus, uenditione locatione pignore, dolum eius, qui sciens reticuerit, puniendum esse dictum sit...）」。

三　mandatum credendae pecuniae

1　保証の第二の形式たる mandatum credendae pecuniae（貸付委任）は、保証人（貸付委任者）が債権者（貸付受任者）に対して、特定の第三者（被融資者）への貸付を依頼する制度である[133]。諾成契約たる委任から生ずる、受任者（債権者）の委任者（保証人）に対する、委任事務（貸付）処理費用償還請求権（委任反対訴権）が、被融資者に対する貸金債権を担保する形になる。債権者の保証人に対する訴権は、fideiussio の場合と異なり、誠意訴権である。債権者に対する委任で行う保証行為であるから、fideiussio におけるような対話者間での問答が不要であり、隔地者が保証を手紙や使者を通じて行うことができた（Gai. 3, 135/136 ; Marcell. D. 46, 1, 24）。貸付の委任であるから、被担保債務は、消費貸借または問答契約債務であるのが通常である。条件、期限、弁済場所に関して、貸付委任者の債務と被融資者の債務の関係を論じた法文は見られない。貸付委任者の債務は、あくまでも委任契約から生ずる別個独立の債務であるから、被融資者に対する債務よりも、条件期限場所について負担の重い貸付委任も有効と考えるべきであろう。なお、貸付実行後の貸付委任は、委任の対象を欠き、無効である（Ulp. D. 17, 1, 12, 14）。

ちなみに、債務者が債権者から融資を受けられるように、AがBに債務者のための保証を委託するという四当事者関係を簡略化し、AがBに債務者への融資を直接委託することがあり（Ulp. D. 17, 1, 12, 11）、この場合には、貸付委任は第三者のなす保証行為の委託（Iul. D. 17, 1, 33 ; Scaev. D. 17, 1, 62, 1）と類似する。

いずれにせよ、貸付委任においては、保証人の債権者に対する委任の存在が制度の本質であり（cf. Ulp. D. 17, 1, 6, 4）、この委任関係が左のような債権者保証人の関係を構築している。

2　まず、受任者としての債権者の義務は、委任の趣旨に従った貸付を実行し、かつ委任事務処理に当たって取得した物を委任者（保証人）に引渡す義務であり、保護は委任直接訴権（責任基準は悪意重過失）である。

それゆえ、例えば、被融資者に質を設定させて貸付けることを委任したにも拘らず、債権者が質を取得しなかった場合には、委任の趣旨を逸脱した（別個の行為をなした）サンクションとして、保証人の責は全部否定された（Caracalla C. 8, 40(41), 7（a. 215））[134]。なお、貸金債務者または質物の訴求・売却を、貸付委任者への訴求よりも先に、あるいは適時に行うことは、特約なき限り、受任者の委任事務適切処理義務の内容には含まれない（Pap. D. 17, 1, 56pr.）[135]。委任の対象たる事務は、貸付の実行だからである。また、それゆえに、貸付実行事実以外の事柄に関する、債権者の貸付委任者に対する通知義務も観念しえない。さらに、貸金債務者を先に訴求すべき社会規範も存在しないため、貸付委任者は、常に最初に全額訴求されるリスクを負担しており、この意味で、主債務者先訴に関する社会規範の存在と消耗競合制度を通じた免責可能性を有するfideiussorより、実際に弁済させられるリスクが高かった（cf. Scaev. D. 17, 1, 62, 1）。

債権者は、取得物引渡義務から、委任事務を処理するに当たり取得した物、すなわち被融資者に対する訴権を、受任者の義務として、委任者たる保証人に引き渡さねばならない（Ulp. D. 17, 1, 28 ; Ulp. D. 17, 1, 43 ; Paul. D. 17, 1, 45, 5 ; Iul. D. 46, 1, 13 ; Mod. D. 46, 1, 41, 1）。質付貸付が委託された場合には、質物の譲渡も債権者の義務に含まれよう。貸付委任者の弁済と訴権譲渡義務の履行は同時履行の関係にたつが（Iul. D. 46, 1, 13）、貸付委任における訴権譲渡は、委任契約上の受任者の義務であるから、保証人の弁済前においても、債権者の保証人に対する義務自体は既に存在している。それゆえ、債権者が保証人の弁済前に被融資者に対する訴権を失ったときは、受任者の取得物引渡義務履行不能の責任として、訴権の価額の損害賠償債務を負担する（前述二３⑵参照）。そして、損害賠償債務と委任反対訴権は、同一の行為から生じた対立する誠意訴権であるから、訴訟においては、対等額（訴権滅失の場合は全額）につき、相殺の処理がなされうる（cf. Gai. 4, 61ff.）。これが貸付委任に特有の保証人保護法理たる、債権者の悪意重過失を責任基準、保証人の訴訟上の免責を効果とする、担保保存義務である（Pap. D. 46, 3, 95, 11）[136]。それゆえ、質付貸付の委託を受けた債権者が、悪意又は重過失で質物のみを失った場合には、明確な法源は存しないものの、質物の価額についてのみ、委任反対訴権が訴訟において減額されえたと解される。

３　他方で、委任者たる保証人の義務は、貸付事務処理費用を償還する義務であり（Paul. D. 17, 1, 20pr.）、保護は委任反対訴権である（無過失責任）。この委任事務処理費用償還義務が、保証債務の役割を果たす。しかしこの義務は、あくまでも委任契約上の義務であるから、被融資者の消費貸借上の義務と同一物（idem）ではなく、それゆえ保証人と被融資者に対する訴権は、消耗競合の関係に立たない（Scaev. D. 17, 1, 60pr. ; Iul. D. 46, 1, 13 ; Paul. sent. 2, 17, 16）[137]。また、貸付委任者の弁済は自己の債務の弁済であり、債権者に訴権譲渡義務の履行を強制しうるのみであるから、弁済競合の関係も存在しない（Ulp. D. 17, 1, 28）。もっとも、貸付委任者が第三者弁済として被融資者の債務を弁済することは可能であり、この場合の求償権は、被融資者と貸付委任者間の内部関係によって定められる。これに対して、債権者が先に被融資者を訴求した場合には、貸付委任者の責任は被融資者からの未回収金に限定されるため（Gai. D. 17, 1, 27, 5 ; Iul. D. 46, 1, 13）、弁済競合の関係は肯定される。また、質物売却と貸付委任者への訴求も弁済競合関係に立つ（Gordian. C. 8, 13（14）, 8（a. 239）; Pap. D. 17, 1, 56pr. ; Paul. D. 17, 1, 59,4）。

受任者に損害なかりしよう予め配慮する義務を論じた法文は、管見の限り見当たらない。これは、例えば、貸金債務者の資力の急激な悪化を保証人が認識したが、その事実を受任者たる債権者に通知しなかったような場合においても、費用償還を求める委任反対訴権の存在で足りたからであろう。

4　因みに、共同貸付委任者は、各自が全額につき責を負い、分別の利益を有せず（Paul. D. 17, 1, 59, 3）、かつ、共同貸付委任者の一人に対する訴訟は、他の貸付委任者に対する訴権を消耗させなかった（Pap. D. 46, 1, 52, 3）。複数貸付委任者を共同で訴求した場合にのみ、一般原則に則り（Paul. D. 42, 1, 43 ; Paul. D. 49, 1, 10, 3）、執行手続における判決訴権の頭数での分割を求めえたのみ（Paul. D. 17, 1, 59, 3）。

5　被融資者と貸付委任者の内部関係は、fideiussio と異なるところはなく（Ulp. D. 17, 1, 10, 11 ; Ulp. D.17, 1, 18）、被融資者からの貸付委任をなすべき旨の委任が存する場合には、貸付委任者の被融資者に対する解放訴権を観念することも可能である（cf. Diocletian. C. 4, 35, 10（a. 293））。

(133)　第三者を特定することなく、誰かに貸付を勧める行為は、委任ではなく、奨励（hortatus）にすぎず、そこから法的義務は生じない（cf. Gai. 3, 156 ; Cels. D. 17, 1, 48, 2）。他方、第三者が特定されていれば、当該貸付委任から被融資者として指定された者は、常に融資享受の利益を受ける。それゆえ、無利息貸付委任は第三者のみの利益となる委任であり、利息付貸付委任は第三者と受任者（債権者）の利益となる委任であり、いずれにしても受任者のみの利益となる委任（無効、Gai. D. 17, 1, 2pr.）ではない（Gai. 3, 156 ; Paul. D. 46, 1, 71, 2）。

(134)　Cf. Paul. D. 17, 1, 59, 6. なお、ディ帝期には、委任した貸付額を超過する貸付けが行われた場合に、超過部分に限り保証人の責任を否定する勅法がみえる（Diocletian. C. 8, 40(41), 22（a. 294））。前述二3⑵及び⑷参照。

(135)　Pap. D. 17, 1, 56pr.「債権者は、貸金債務者を放置し、質物を売却せずとも、貸付委任者を訴求しうる。そして、このことが契約において明示されたとしても、債権者は、質物売却後に貸付委任者を訴求することを妨げられない。なぜならば、疑義を生ぜしめないため契約に入れられた文言は、原則として存在する権利［質物売却後に未回収金を訴求する権利］を害さないからである」。

ちなみに、一九世紀ドイツ普通法期には、貸付受任者の注意義務の拡大を通じて、貸金債務者を適時に訴求する義務（diligentia in exigendo）を観念し、さらに貸付委任を中心とした保証概念構成を通じて、適時訴求義務を一般化する試みがなされた。Sokolwski, a. a. O., S. 128-133.

(136)　Pap. D. 46, 3, 95, 11「債権者が自己の責に帰すべき事由により［例、過多の請求］、債務者に対する訴権を失ったときは、委任［反対］訴権で貸付委任者に何も要求することはできない、というのが適切である。なぜならば、債権者の落ち度により、貸付委任者への訴権譲渡が不能となったからである」。

(137)　ディ帝期においても変更なし（Diocletian. C. 8, 40(41), 23（a. 294））。

四　constitutum debitii alieni

1　第三の形式は、constitutum debitii alieni（他人の債務の弁済約束）である。constitutum とは、無方式の合意により[138]、既に存在する債務の弁済を約する片務的[139]債務負担行為であり、法務官法上[140]の事実訴権たる actio de pecunia constituta を生ぜしめる。[141]同訴権は誠意訴権ではない。[142]

constitutum は、弁済約束時における既存債務の存在を要件とする（Ulp. D. 13, 5, 11pr. ; Ulp. D. 13, 5, 18, 1 ; Scaev.

D. 13, 5, 31)。既存債務は訴求可能性を有する限り、その発生原因、種類を問わない（Ulp. D. 13, 5, 1, 6-8 ; Ulp. D. 13, 5, 3, 1 ; Pap. D. 13, 5, 25, 1 ; Paul. D. 13, 5, 29)。既存債務存在前の弁済約束は概念矛盾であるが、既存債務の発生に停止条件が付されている場合には、条件が成就すれば、弁済約束も効力を生じる（Paul. D. 13, 5, 19pr.)。弁済約束によっても既存債務は消滅せず（Gai. D. 13, 5, 28 ; Paul. D. 13, 5, 30)、この点に更改との差がある（Marcell. D. 13, 5, 24)。

constitutum の機能は、弁済約束時において、既存債務の内容を固定し、その数量を確保する所にある。(143) すなわち、一面において、弁済約束の後に既存債務が時の経過により消滅しても、弁済約束は効力を失わない（Ulp. D. 13, 5, 18, 1)、あるいは、特有財産訴権の弁済約束後に、特有財産が減少しても、弁済約束者の責任は減じない（Paul. D. 13, 5, 19, 2 ; Paul. D. 13, 5, 20)(144)、という働きを通じて、約束後の既存債務消滅減少の危険を弁済約束者に負担させる（Ulp. D. 13, 5, 16, 2/4)(145)。また、他面において、債権者又は債務者の一方を既存債務と異にする弁済約束も有効であり（Ulp. D. 13, 5, 5, 2)、さらには、相続承認前の相続債務の弁済約束など、債務者が定まらない間の弁済約束も可能（Ulp. D. 13, 5, 11pr.）という性格から、債務の人的モメントを捨象した、物量的内容を確保するという機能を営む。

２　第三者が債務者のために弁済約束を行った場合には（Gai. D. 13, 5, 28)、弁済約束は保証の役割を演じる。しかし、右に述べた既存債務の物量的内容確保機能に対応して、fideiussio とは異なる幾つかの特性が認められる。すなわち、既存債務よりも量的に多くを約する弁済約束は、全部無効ではなく、既存債務の限度に縮減されてその効力が維持される（Ulp. D. 13, 5, 11, 1 ; Paul. D. 13, 5, 12)。さらに、既存債務よりも期限の点で負担の重い弁済約束は、一部無効ではなく、全部有効とされる（Paul. D. 13, 5, 4)。期限は、債務の数量には関係しないからである。それゆえ、明確な法源は存しないものの、弁済場所について負担のより重い弁済約束も有効であろう（cf. Ulp. D. 13, 5, 5pr.）。また、第三者の行為の弁済約束も有効である（Ulp. D. 13, 5, 14, 2）。右記のことから、fideiussioに比べ、附従性は緩和されており、また、被担保債務の範囲も広かったといえよう。

3　対債権者関係では、既存債務者と弁済約束者に対する訴権の関係は、消耗競合ではなく、弁済競合である（Ulp. D. 13, 5, 18, 3）。共同弁済約束者は分別の利益を有せず（Ulp. D. 13, 5, 16pr.）、それゆえその補充的手段たる訴権譲渡強制も観念しえなかったと思われる[146]。なお、質物譲渡を媒介するための訴権譲渡の存否は、必ずしも明らかではない。もし存在するとすれば、悪意の抗弁を通じてであろうが、いずれにしても、債権者の契約上の義務から担保保存義務を基礎付けることはできない。従って、対債権者関係における債務者無資力のリスクは、弁済約束の場合が最も高かったといえよう。

他方、既存債務者に対する関係では、既存債務者の委託により弁済約束がなされたときは（cf. Ulp. D. 13, 5, 5, 3）、委任に基づく弁済約束者保護法理（解放訴権等）を観念することは可能であろう[147]。

(138)　使者や手紙で締結しえ(Ulp. D. 13, 5, 14, 3)、使用された文言を比較的自由に解釈して弁済約束を認定できる(Scaev. D. 13, 5, 26)。
(139)　J. Roussier, Le Constitut, in: Varia, t. 3, Sirey 1958, pp. 73-75.
(140)　弁済約束の拘束性の根拠は、約束を濫りに破ってはならないという自然の衡平に裏づけられた、fides の観念にあるとされる（Ulp. D. 13, 5, 1pr.）。春木一郎「constitutum ノ沿革ヲ論ス」法協三四巻四号（一九一六年）三頁参照。
(141)　Kunkel RP, S. 189 Anm. 11.
(142)　Vgl. Lenel, a. a. O., S. 247-252 ; Kaser/Hackl a. a. O., S. 327 Anm. 10.
(143)　春木・前掲注（140）一〇―一六頁は、既存債務の履行期延長から、既存債務の履行確保へと constitutum の機能が変化した、という。

(144) 弁済約束が存在しなければ、特有財産訴権の債務者（主人、家長）は、判決時に存する特有財産の限度でのみ責を負う。Vgl. Kunkel RP, S. 266.

(145) ただし、不可抗力による既存債務消滅の危険は、債権者が負担すべきとの見解もある（Ulp. D. 13, 5, 16, 3)。

(146) 管見の限り、これを肯定した法文は存在しない。

(147) Ulp. D. 13, 5, 27 は、既存債務者の行為で弁済約束者を解放することはできないというが、ここで前提とされている行為とは、既存債務者の弁済約束者に対する弁済禁止通知であり、これは第三者の意思で他人の債務を消滅させえないとの一般原則(fideiussio にも当てはまる)をいうに過ぎない。従って、同法文は、弁済約束者の既存債務者に対する、委任契約に基づく解放訴権を観念することの妨げとはならない。

五　今後の展望

以上のように、古典期ローマ法においては、保証の形式に応じて、債務者無資力リスクの分配法理を大きく異にしていた。fideiussio 及び constitutum debitii alieni においては、その片務契約的性格から、債権者の保証人に対する義務を観念することができなかった。担保保存義務は原則として否定され、債権者の保証人に対する通知義務を基礎付けうるような法的関係は全く存在しなかった。それゆえ、債務者無資力リスクを回避するためには、保証人の側で債務者に対して解放訴権等の手段を講ぜねばならなかった。ただし、fideiussio においては、債務者または質物から回収できなかった額の保証、すなわち条件付保証がなされたときに、主債務者適時訴求義務に対応するものが観念されていた。他方、mandatum credendae pecuniae においては、債権者の委任契約上の義務から担保保存義務を基礎付けえたが、しかし、債権者の義務が委任の対象たる貸付に限られたことから、債務者適時訴求義務、質物適時売却義務、債務者無資力事実通知義務などを観念することはできなかった。

こうした保証の異なる形式が、ユ帝期ローマ法からフランス古法、ドイツ普通法にかけて融合する過程、そしてそこでの債権者義務の展開はいかなるものであったのか。訴権譲渡が一般的利益として承認され、かつ適用領域が拡大されたことと担保保存義務との関係、条件付保証と検索の抗弁付保証の異同などを念頭におきながら、債権者義務の拡大を中心とした債務者無資力リスク分配法理の展開を、今後も更に検討してゆきたい。

＊　平成一六年度科学研究費補助金（課題番号一六七三〇〇四八）の交付を受けた。

古典期ローマ法における有害土地の売買と解除

上村一則

河内宏・大久保憲章・采女博文・
児玉寛・川角由和・田中教雄 編
『市民法学の歴史的・思想的展開』
二〇〇六年八月 信山社15

一　はじめに

古代ローマの非法律史料には、例えば、農地を買う際に、たとえ土地が豊かであったとしても、土地・水・ガス・天候・風などのため、人間の健康を害する有害な土地であれば、生命を失うことになりかねず、価値がないと指摘する記述がいくつか見られる(1)。

では、万が一このような土地を買ってしまった場合、買主は法的に売買契約を解除することができるであろうか。できるとすれば、どのような理由であろうか。

学説彙纂でも、健康を害する土地は数箇所で問題とされている。その中で、古典期後期の有力な法学者ウルピアーヌスは、学説彙纂二一巻一章四九法文(ウルピアーヌス討議録第八巻)において、売られた土地が健康を害する状況である場合、売買契約を解除できると記述する。

学説彙纂の編纂者は、本法文を、目的物に瑕疵がある場合、一定の要件のもと契約解除と代金減額を認める高等按察官告示の章に位置づけており、これによれば、本法文における解除は、買主保護を目的とする特別な高等按察官告示の効果として、理解できる。

しかし、学説彙纂中に土地売買解除の事例は本法文以外に見あたらず、本法文は高等按察官告示の章の奴隷売買に関する記述の中で、特に前後の脈絡がなく存在している。そもそも、ローマ市内の取引秩序維持が権限とされる高等按察官たちが、果たして、土地売買をも告示の対象にすることができたのかも、疑問である(2)。

これについて、通説的見解は、高等按察官告示による解除・代金減額の適用範囲は土地売買には及ばず、それゆえ、本法文とその関連法文は、法典編纂者がユースティーニアーヌス帝期に適合するように法文修正したものであると解する。[3]

しかし、仮に、高等按察官告示による解除・代金減額の適用範囲について通説的見解に従うとしても、本法文の法文修正の主張は必然的であろうか。本稿では、本法文と同じような事例を取り扱う勅法彙纂四巻五八章四法文の検討を手掛かりとして、できる限り法文修正なく[4]、本法文を解釈するために、本法文における解除の法的根拠を、高等按察官告示ではなく、別の訴権に求める解釈可能性について、検討する。

具体的には、まず、本法文の内容を整理する(二)。次に、類似の事例を取り扱う勅法彙纂四巻五八章四法文との関係で、解除の解釈可能性を整理した上で、解除・解消と訴権との関係を検討する(三)。さらに、試験売買における訴権を検討して、本法文における解除が、高等按察官告示による解除訴権以外の訴権によると解することができるか考察する(四)。最後に、結論をまとめる(五)[5]。

これによって、高等按察官告示の適用範囲を限定的に考える通説的見解を再検討する基礎としたい。

(1)　例えば、ウァッローは、VARRO, de re rustica, 1, 4, 3-5 で、農地は健康によい土地であれば、それだけ価値が高いと述べ、他方でもし健康を害する (pestilens) 土地であれば、たとえその土地が豊かであっても、農場主の死亡など不幸をもたらすので、価値がないことを指摘し、その上で、健康を害する原因とその対処方法について記述する。また、コルメッラは、COLUMELLA, res rustica, 1, 3, 2; 1, 4, 3- で同様のことを記述する。カトーも、CATO, de agri cultura, 1, 3 で、位置的に土地が健康によいことを、農地購入のポイントの一つにしている。

(2)　非常に一般的な表現ではあるが、ガイウス『法学提要』第一巻六節では、法務官による告示と同じく、高等按察官告示にも、「きわめて広範囲な法 (amplissimum ius)」が含まれるとする。しかし、他方で、学説彙纂二一巻一章六三法文（ウルピアーヌス高等按察官告示注解第一巻）には、賃約にすら、高等按察官告示の適用がないとの記述がある。

　高等按察官の権限とその告示について、W.KUNKEL- R.WITTMANN, Staatsordnung und Staatspraxis der römischen Republik, Die Magistratur (München, 1995), 472-509, M.KASER- K.HACKL, Das römische Zivilprozessrecht (München, 1996), 172-183 を参

照。

（3）例えば、M.KASER, Das römische Privatrecht II, 2. Aufl.（München, 1975）, 393, n. 71は、本法文の他、学説彙纂二一巻一章一法文序項（ウルピアーヌス高等按察官告示注解第一巻）、同六三法文（ウルピアーヌス高等按察官告示注解第一巻）、勅法彙纂四巻五八章四法文について、まとめて法文修正を主張する。他の法文修正の主張については、法文ごとに指摘する。

（4）本稿で取り扱う諸法文の多くに対して、ユースティーニアーヌス帝期の編纂者による法文修正（interpolatio）が主張されている。本稿では、最近の傾向を踏まえ、できるだけ法文修正の主張なくして、どのような理解が提示できるかを試みる。法文修正に対する一般的な説明については、M.KASER, Ein Jahrhundert Interpolationenforschung an den römischen Rechtsquellen, Römische Rechtsquellen und angewandte Juristenmethode（Wien, 1986）, 112-154を参照。

（5）主要な参考文献は、以下の通りである。まず、邦語文献としては、柚木馨『売主瑕疵担保責任の研究』（有斐閣、一九六三年）があり、法文修正が全盛である時期の諸学説をよく踏まえている。次に、主な外国語文献としては、A.BECHMANN, System des Kaufs nach gemeinem Recht II（Leipzig, 1876）, G.HANAUSECK, Die Haftung des Verkäufers für die Beschaffenheit der Ware nach römischem und gemeinem Recht（Berlin, 1883）, F.HAYMANN, Die Haftung des Verkäufers für die Beschaffenheit der Kaufsache I（Berlin, 1912）, O.LENEL, Das Edictum Perpetuum, 3. Aufl.（Leipzig, 1927）, A.DE SENARCLENS, L'extension de l'Edict des Ediles,RH（1927）, R.MONIER, La Garantie contre les vices cachés dans la vente Romaine（Pasis, 1930）, G.IMPALLOMENI, L'editto degli edili curuli（Padova, 1955）, P.STEIN, Fault in the formation of contract in roman law and scots law（Edinburgh, 1958）、これに対する書評として、H.PETER, SZ（1959）, 610-615, F.PETERES, Die Rücktrittsvorbehalte des römischen Kaufrechts（Köln, 1973）, K.MISERA, Der Kauf auf Probe im klassischen römischen Recht, ANRW II/14（1982）, 524-582, É.JAKAB, Praedicere und cavere beim Marktkauf（München, 1997）, N.DONADIO, La tutela del compratore tra actiones aediliciae e actio empti（Milano, 2004）などがある。以上の外国語文献を引用する場合、原則として、大文字の著者名で示す。なお、拙稿「葡萄酒売買における本質的錯誤論の機能」法政研究七〇巻四号（二〇〇四年）二二九頁以下で、本稿の前提問題を論じている。

本稿で引用するローマ法文のテキストは、モムゼンのeditio maiorumに基づく。法文説明の便宜上、法文原文・邦訳文中に〇番号を、邦訳文［　］内に注記を、適宜付する。

二　学説彙纂二一巻一章四九法文（ウルピアーヌス討議録第八巻）の内容

（1）　ウルピアーヌスは、土地の売買について、高等按察官告示に関する章にある学説彙纂二一巻一章四九法文（ウルピアーヌス討議録第八巻）で言及する。法文は次の通りである。

学説彙纂二一巻一章四九法文　ウルピアーヌス討議録第八巻[6]

①さらに、土地売買においても解除を生じることは、何ら疑いない。②例えば、健康を害する土地が売られた場合である。③なぜなら、それは解除されるべきだからである。④そして、解除後の将来の時における税の徴収は、買主に対してはもはや行われないのが、衡平である。

この法文では、土地の売買について、例えば、使用収益すれば健康を害するような瑕疵が、その土地にあった場合（文②）、契約を解除できる（文①）とする。[7] その理由は、このような場合には解除されるべきことにある（文③）。そして、解除後の税金について、買主は支払う必要がないとされる（文④）。

本法文は、etiam（さらに）という文言で始まっているが、直前のポンポーニウス法文との関係は特に見られない。直前に法典編纂者によって採録されなかった同内容の文章が存在した可能性がある。本法文の記述は非常に簡潔であり、文①の「何ら疑いない」という表現は、土地売買を解除できるのが当然の結論であることを、少々唐突に強調している。解除できる理由である文③の「それは解除されるべきだからである」という表現も、当然性を強調する。その理由は、単なる同義反復ではなく、事実関係の持っている具体的状況から導かれるものと考えられる。

土地の具体的な状況を説明するpestilens（健康を害する）という文言が、土地との関係で重要であるのは、学説彙纂上、次の二法文である。[8] 学説彙纂二七巻九章一三法文序項（パウルス　神聖セウェールス帝の演説録単巻）は、この文言を、譲渡するに値しない土地として、不毛な（sterilis）土地や岩だらけの（saxosus）土地と並べて使用しており、有害で使用収益に適さないことを意味する。一方、学説彙纂四三巻二三章一法文二項（ウルピアーヌス告示注解第七一巻）は、法務官の特示命令によって清掃と排水を行う土地に対して使用しており、それは疫病が生じるような不衛生さを意味する。いずれにしても、土地を買っても使用収益できず、買う意味がないような状況である。

したがって、本法文の趣旨は、健康を害し、買っても意味がないような土地の売買については、税金を支払わなければならない買主を保護する観点から解除を認めるべきことにあると一応合理的に理解しうる。

（2）この法文については、法文修正の主張が多くなされている。[9] これは、後述するように、本法文における解除を高等按察官告示の効果と考えるからである。

しかし、本法文は、確かに学説彙纂上高等按察官告示に関する二一巻一章に掲載されているが、法文自体は高等按察官告示が適用されることを明示しない。また、本法文は、売買目的物である土地の瑕疵の内容について、「健康を害する」土地であることを具体的に明示するが、表現が非常に簡潔であり、高等按察官告示が適用される奴隷・家畜の場合のように、解除できる場合の要件が正確に論じられていない。

（3）レーネルのローマ法著作復元[10]によると、本法文が引用されたウルピアーヌス討議録第八巻には、本法文の他、条件付売買における買主の危険負担に関する学説彙纂一八巻六章一〇法文と、売却目的物に対する質権設定に関する学説彙纂二〇巻六章三法文とが含まれている。レーネルはこの巻に高等按察官告示の表題を付けているが、これら二法文の内容からは、本法文と高等按官告示との関係は、明らかにならない。

本法文における解除の法的根拠を実質的に考察する上で重要であるのは、ウルピアーヌスの活躍時期後に出された勅法彙纂四巻五八章四法文である。次にこの内容を検討する。

(6) D.21, 1, 49 Ulpianus 8 diputationum.
① Etiam in fundo uendito redhibitionem procedere nequaquam incertum est, ② ueluti si pestilens fundus distractus sit: ③ nam redhibendus erit. ④ et benignum est dicere uectigalis exactionem futuri temporis post redhibitionem aduersus emptorem cessare.

(7) ここで売買契約の本質的錯誤が問題とされていないのは、たとえ土地の性状に錯誤があっても、売買目的物が、当事者間で合意された土地であることには変わりなく、「別の物」と評価することはできないからである。この点について、前掲注(5)の拙稿二三三頁以下を参照。

(8) その他、学説彙纂四三巻八章二法文二九項（ウルピアーヌス告示注解第六八巻）は、悪臭だけが原因で健康を害するという場合、特示命令は生じないと記述する。

(9) 前掲注(5)の、HAYMANN, 39, LENEL, 554, n. 2, DE SENARCLENS, 400-, MONIER, 167, IMPALLOMENI, 266, STEIN, 55 などを参照。

(10) O.LENEL, Palingenesia Iuris Ciuilis, II (Leipzig, 1889), 415 (Ulp. 141-143).

三　勅法彙纂四巻五八章四法文における解消・解除と訴権

1　勅法彙纂四巻五八章四法文の内容

高等按察官告示の章にある勅法彙纂四巻五八章四法文では、「気に入らなかった場合に買わなかったことにする旨の無方式合意」である、いわゆる pactum displicentiae[11] が条件として付加された売買契約と併記する形で、ウルピアーヌス法文と類似する事例がより具体的に記述される。

勅法彙纂四巻五八章四法文[12]

ディオクレティアーヌス帝とマクシミアーヌス帝から、アウレリアス・ムキアーヌスへ

序項　①ある者が、もし気に入らなかった場合は買わなかったことにするという無方式合意のもとで土地を取得した場合、この条件によって、売買が解消され、売主に対して解除請求を行うことは、明白である。

一項　②健康を害する土地、すなわち、健康を害するまたは致死的な植物を有する土地が、買主がこれを知らずに売られた場合も、同じことが考察される。③なぜなら、この場合も同じ訴権によって土地が解除されるべきだからである。

本法文は、その正確な発布年は不詳であるが、ディオクレティアーヌス帝とマクシミアーヌス帝が出したことは明らかであるので、その時期は二八四年から三〇五年までの間であり、ウルピアーヌスが活躍した時期よりも後である。ウルピアーヌスの学説彙纂二一巻一章四九法文（ウルピアーヌス討議録第八巻）を踏まえて、より詳細に書かれた可能性がある。

本法文は、契約に「気に入らなかった場合に買わなかったことにする旨の無方式合意」である pactum displicentiae が条件として付加された売買契約では、この条件によって契約が解消され、解除もできるとする[13]（文①）。これに対して、健康を害するまたは致死的な植物[14]を有するような有害な土地を、その瑕疵について、買主が知らずに買った場合（文②）も、「同じ」訴権（単数形）によって、契約を解除できる（文③）。文②の理由である文③は、土地が解除されるべきであると強調するだけであり、この点、学説彙纂二一巻一章四九法文（ウルピアーヌス討議録第八巻）の文③に似ている。

このように、本法文は、序項と一項と分けられているが、内容はつながっており、全体として理解することが必要である。

本法文についても、法文修正の主張は多くなされている。[15] これは、学説彙纂二一巻一章四九法文（ウルピアーヌス討議録第八巻）と同じく、本法文を高等按察官告示の効果との関連で考えるからである。

確かに、序項（文①）で取り扱われている pactum displicentiae 付きの土地売買の事例では、この無方式合意による条件によって、契約は解消されると同時に、解除もできるとされるが、それがいかなる訴権であるかは文言から明らかではない。

そして、一項（文②）で取り扱われている有害土地売買の事例では、学説彙纂二一巻一章四九法文（ウルピアーヌス討議録第八巻）と違って、買主が瑕疵について不知であることを要件として明示しており、その瑕疵は健康を害すること、すなわち、健康を害するまたは致死的な植物を有することと明確に限定されている。さらに、ここでは売主の知・不知については言及されておらず、後述のように、高等按察官告示によって奴隷・家畜に解除が認められる場合と、要件が同じであるか、少なくとも内容的に矛盾はしない。したがって、一項の有害土地売買における「解除」が、高等按察官告示の効果である可能性がある。

しかし、一項も序項と「同じ」訴権（単数形）で「解除」が生じるという法文の記述（文③）から、一項における解除が高等按察官告示の効果であれば、序項における解除も同じく、高等按察官告示の効果になるはずである。しかるに、ウルピアーヌスが伝える高等按察官告示は、買主の不知などの要件を抜きにして、pactum displicentiae 付き売買契約の「条件によって」（文①）、解除訴権が生じることを、明示していない。

では、そもそも序項の pactum displicentiae という無方式合意付き売買契約に基づいてどのような訴権が生じるのであろうか。その前提として、契約の解消と解除の意味にはどのような違いがあるのか、各々どのような訴権によって生じるのか、以下に検討する。

2　解除と高等按察官告示による訴権

勅法彙纂四巻五八章四法文は、pactum displicentiae 付き売買契約の条件によって、売買契約が解消され、売主に対して解除請求を行うとする。したがって、解消と解除という文言と訴権との関係を確認する必要がある。解除という文言は、ウルピアーヌスの高等按察官告示注解の中で定義されているので、まず、高等按察官告示の概要とそこから生じる訴権を明らかにする。

（1）　奴隷などの売買目的物に関する高等按察官告示

高等按察官告示は、すでにキケロの活躍した共和政末期には存在したとされる。(16)

ウルピアーヌスが伝える高等按察官告示は、買主を保護する目的を明示しており、(17)最初は、奴隷と駄獣（馬・騾馬・驢馬など）の売買だけを対象としていた。しかし、やがて駄獣以外の家畜（牛などを含む）一般に拡大して適用されるようになったことは法文上明らかである。

各法文は、高等按察官が売買目的物ごとに個別に規定する形式を取っており、(18)目的物ごとにその効果の内容に若干違いがある。(19)また、奴隷の「疾病・瑕疵」に何を含めるべきかや、駄獣に「その他の家畜」を付加して牛などを適用対象に含めるべきかなどについて、(20)高等按察官が非常に慎重に議論を重ねていたことが法文上確認できる。

この告示によれば、奴隷と駄獣・家畜の売買契約において、売主は、一定の特性について売買の時に公然と告げ、言明・約束(21)しなければならない。その通告がなされなかった場合、あるいは、言明・約束に反して(22)疾病・瑕疵(23)

（奴隷の場合、さらに逃亡性・浮浪性、加害訴権の責任など）があった場合、それが買主の知らない隠れたものであれば、[24][25]売主の知・不知に関わらず、[26]一定期間、[27]買主は告示に基づいて、代金の減額と契約の解除を請求できる。[28]

（２）　高等按察官告示に基づく請求は、高等按察官訴権と称され、[29]その効果ごとに、解除請求については解除訴権、[30]損害賠償請求については減額訴権・評価訴権[31]という固有の名称が与えられている。ただし、多くの適用場面で、訴権という文言を付加せず、例えば単に「解除する」などと表現されている。

本法文で問題になっている解除は、学説彙纂二一巻一章二一法文序項（ウルピアーヌス高等按察官告示注解第一巻）[32]によれば、「解除するとは、売主が有していたものを再び有するようになすことを言う。そして、それが返還によってなされたので、それゆえこの行為は返還に準じて解除請求と呼ばれた。」とされ、目的物の売主への返還をその目的とする。また、学説彙纂二一巻一章二三法文七項（ウルピアーヌス高等按察官告示注解第一巻）[33]は、「ユーリアーヌスは解除訴権による訴訟は、両者すなわち売主と買主を、ある程度原状に回復させなければならない、と言う。」とする。

そして、解除訴権によって目的物が売主に返還された場合、既払い代金は事実訴権によって買主に返還される。[34]

3　解消・解除と買主訴権

（１）　これに対して、解消するとは、契約による法的拘束力から離脱することを意味する。そこには、解除のように売買目的物を売主に返還することを、基本的には意味しない。[35]例えば、売買契約当事者がそれぞれ債務の履行をする前に契約関係を解消する場合を考えることができる。

訴権について、解消それ自体に解消訴権と言う名称があるわけではない。解消することは、法文上、売買契約に基づく買主訴権によって行われている。

（2）では、買主訴権によって、解除の請求ができるであろうか。当事者の意思に基礎を置く買主訴権と高等按擦官が特別に出す告示に基づく訴権は別種のものであり、裁判管轄は、売買訴権の場合法務官にあり、高等按察官告示による訴権の場合高等按察官にあるので[36]、問題になる。これについて、次の二法文が検討されなければならない。

まず、学説彙纂一九巻一章一一法文三項（ウルピアーヌス告示注解第三二巻）は、すでにアウグストゥス帝の元首政期に、買主訴権によって解除が認められたことを明示する。

学説彙纂一九巻一章一一法文三項（ウルピアーヌス告示注解第三二巻[37]）

解除もまた買主訴権によってなされると、ラベオーもサビーヌスも考える。私たちも同意する。

この法文は、ラベオーとサビーヌスが買主訴権によって解除を請求できることを認めており、ウルピアーヌスもこれを認めている。

しかし、この法文は、直後に位置する学説彙纂一九巻一章一一法文五項（ウルピアーヌス告示注解第三二巻）とは矛盾しうる。五項は、女奴隷の売買において、買主訴権は認めても、解除は認めないとする。法文は次の通りである。

学説彙纂一九巻一章一一法文五項（ウルピアーヌス告示注解第三二巻[38]）

ある者が、〔奴隷として〕婦女が売られていたのに、処女であると自ら考えて、彼が錯誤していることを売主が知ってそのままにした場合、確かにこの原因から解除請求は生じないが、購入を解消するように求める買主訴権が生じ、そして代金が払い戻しされて婦女が返還される。

この法文では、女奴隷の売買において婦女を処女と錯誤した買主の保護が問題になり、解除請求は認めないが買主訴権による契約の解消は認めている。そして、買主訴権による契約解消の結果、代金の払い戻しと売買目的物の返還がなされ、前述の解除と効果はほとんど同じである(39)。

まず、解除について、ウルピアーヌスが伝える高等按察官告示には奴隷の瑕疵に女奴隷の処女性が列挙されていないので、買主の不知という要件を満たしていたとしても買主が高等按察官告示による解除訴権を行使できないと解することができる。実際、高等按察官告示による解除訴権は認められなくとも、買主訴権が認められる事例は、学説彙纂二一巻一章にいくつか見られる(40)。次に、買主訴権について、売主が買主の錯誤を知っていたので(41)、信義誠実に基づく誠意訴権(42)である買主訴権が生じると解することができる。

（3）　問題は、本法文の記述から、買主訴権によっては、売買の解消は認められても、解除は認められないと解しうることである。これでは、同法文三項の記述と矛盾しうる。解釈可能性は二つある。

まず、学説彙纂一九巻一章一一法文三項（ウルピアーヌス告示注解第三二巻）の解除を、五項における解除のように、高等按察官告示による解除訴権の「解除」と解することができる。ところが、学説彙纂一九巻一章一一法文五項（ウルピアーヌス告示注解第三二巻）において、解除訴権は否定されているので、買主訴権の中で解除訴権が生じると考えることはできない。したがって、これによれば、五項は三項の例示ではない。三項は、売買契約一般ではなく、特別の合意が付加された場合など特殊な事例を制限的に想定していると解さざるをえない。しかし、これでは、三項の直後に五項が位置づけられていることを説明できないし、高等按察官に対する訴権として専門的に確定している解除訴権を、法務官に対して、買主訴権「によって」行使できるとするのは、不自然である。

これに対して、学説彙纂一九巻一章一一法文三項（ウルピアーヌス告示注解第三二巻）の解除を、五項におけるような解除訴権の解除ではなく、本来の「返還」という一般的な意味に解することが考えられる。この場合、学説彙纂一九巻一章一一法文五項（ウルピアーヌス告示注解第三二巻）では、確かに高等按察官告示による解除訴権は認められず、買主訴権は契約の解消をもたらすのが目的である。しかし、買主訴権が誠意訴権であるので、買主訴権は、契約解消を前提にして、代金の払い戻しと売買目的物の売主への返還にまで、及ぶと考えうる。そして、前述のように解除は本来返還を意味するので、売買目的物の売主への返還は、一般的な意味の解除と置き換えることができる。三項も、このように返還という意味で解除を買主訴権に結び付けたのであり、五項は三項の例示と言うことができる。このように解すれば、売買目的物をめぐって買主訴権が生じる場合、買主は、買主訴権によって売買代金の償還とともに売買目的物の返還（＝解除）を請求できる。

以上の解釈から、少なくとも買主訴権によって、解除＝目的物返還を主張できると解することができ、この点において買主訴権と高等按察官訴権の接近[43]の具体例を見ることができる。これによれば、勅法彙纂四巻五八章四法文序項において、解消と解除という文言が併記されていても、ここにあえて高等按察官告示による解除訴権を想定する必要はない。したがって、勅法彙纂四巻五八章四法文序項が述べる pactum displicentiae という無方式合意付きの売買から、解除訴権以外のいかなる訴権が生じるのかが次の問題となる。以下に、検討する。

(11) 原田慶吉『ローマ法〔改訂版〕』（有斐閣、一九五五年）一八八頁は、「気に入らなかった場合に解除する旨の約款」と訳している。

（12）　C.4, 58, 4 Impp. Diocletianus et Maximianus AA. Aurelio Muciano.
pr. ① Si praedium quis sub ea lege comparauerit, ut, si displicuerit, inemptum erit, id utpote sub condicione uenditum resolui et redhibitoriam aduersus uenditorem competere palam est. 1 ② Idem obseruatur et si pestibilis fundus, id est pestibulas uel herbas letiferas habens, ignorante emptore distractus sit: ③ nam in hoc etiam casu per eandem actionem eum quoque redhibendum esse... k. Mart.

（13）　解消するは resoluere の訳であり、解除するは redhibere の訳である。解消（ドイツ語では Auflösung）、と解除（ドイツ語では Wandlung）の意味については、後述。

（14）　誰にとって致死的であるかについて、人間という場合だけでなく、そこに放牧された家畜という場合もありうる。例えば、学説彙纂一九巻二章一九法文一項（ウルピアーヌス告示注解第三二巻）は、放牧地を賃借した者の牛が悪い草（herba mala）を食べて死亡した場合の貸主の責任を論じている。

（15）　前掲注(5)の、DE SENARCLENS, 402-, MONIER, 167, IMPALLOMENI, 266, STEIN, 55 などを参照。

（16）　キケロ『義務論』第三巻一七章七一節によれば、少なくとも奴隷に関する告示は存在した。

（17）　学説彙纂二一巻一章一法文二項（ウルピアーヌス高等按察官告示注解第一巻）は、「この告示を公布する理由は、売主の欺罔を阻止し、売主によって欺かれた買主を助けることである。なお、たとえ売主が、按察官が責任を負うように命じることを知らなかった場合であっても、拘束されなければならないということを、私たちは知っている。……」と明示する。

（18）　奴隷については、学説彙纂二一巻一章一法文一項（ウルピアーヌス高等按察官告示注解第一巻）に、駄獣については、学説彙纂二一巻一章三八法文序項（ウルピアーヌス高等按察官告示注解第二巻）に、それぞれ別々に記述されている。

（19）　奴隷の場合、当初は契約の解除しか明示されていないが、駄獣・家畜の場合は契約の解除と代金の減額が明示されている。もっとも、後に奴隷の場合も代金の減額が認められている。また、奴隷の場合、言明・約束された奴隷の一般的な特性に対する責任が認められている（学説彙纂二一巻一章四法文四項も参照）。

（20）　学説彙纂二一巻一章三八法文四項・五項・六項（ウルピアーヌス高等按察官告示注解第二巻）。

（21）　学説彙纂二一巻一章一九法文二項（ウルピアーヌス高等按察官告示注解第一巻）は、言明を「言葉で発表され、会話で終わるもの」とし、約束を「単なる約束に、あるいは、一方的約束に、あるいは、儀式的約束に関することができる」とする。

（22）　学説彙纂二一巻一章一八法文序項（ガイウス高等按察官告示注解第一巻）によれば、売主が何を保証したかは、厳格にではなく、「善と公平によって適度に」判断される。

(23) 学説彙纂二一巻一章一法文七項（ウルピアーヌス高等按察官告示第一巻）によれば、疾病の他に、瑕疵が付け加えられている理由は、「……私〔ウルピアーヌス〕によれば、いかなる論争も残さないように、按察官が困難をなくすために、同じことについて二重〔瑕疵と疾病〕に同じことを述べたのだと考える。」とされる。

(24) 学説彙纂二一巻一章一七法文（ウルピアーヌス高等按察官告示第一巻）一項から一四項に、逃亡性の定義について学者間でかなり争いがあったことが述べられている。同じく、学説彙纂二一巻一章一七法文一四項（ウルピアーヌス高等按察官告示第一巻）に、放浪性の定義について学者間で争いがあったことが述べられている。

(25) 学説彙纂二一巻一章一法文六項（ウルピアーヌス高等按察官告示注解第一巻）は、「奴隷の瑕疵あるいは疾病が認識される場合、告示の適用はないと主張されうる。告示は買主が欺かれないようにのみ配慮すべきだからである。」とする。

(26) 学説彙纂二一巻一章一法文二項（ウルピアーヌス高等按察官告示注解第一巻）「……なぜ買主が欺かれたか、それが売主の不知によってであるのか、あるいは詐欺によってであるのかは、買主に関係ない。」

(27) 学説彙纂二一巻一章一九法文六項（ウルピアーヌス高等按察官告示注解第一巻）「売買解除請求の期間は実効六ヶ月間を保持する。しかし、奴隷が売買解除請求されず、減額訴権が提起される場合、実効一年間である。しかし、売買解除請求の期間は売却の日から進行し、あるいは、もしあることが言明または約束された場合、あることが言明され約束されたその日から、進行する。」

(28) 代金の減額を請求しても契約の解除になる場合もある。学説彙纂二一巻一章四八法文二項（ポンポーニウス　サビーヌス注解第二三巻）は「もし六ヶ月間経過の抗弁によって売買の解除請求訴権から排除された買主が、一年以内に評価額訴権〔＝減額訴権〕を提起しようと欲する場合、買主にとって何ら妨げとならない」とし、学説彙纂二一巻一章四三法文六項（パウルス高等按察官告示注解第一巻）は、「しばしば奴隷について、私たちが評価訴権すなわち減額訴権を提起してもなお、売買の解除請求による返還がなされなければならないであろう。というのは、例えば、精神錯乱者または癲癇であるように、そのような奴隷を持つことが主人に役立たないほど何の価値もない場合、たとえ評価訴権がなされても、しかし、奴隷が返却された後代価が受け取られるということが裁判官の職務に属するであろうからである。」とする。

(29) 学説彙纂二一巻一章四七法文一項（パウルス　サビーヌス注解第一一巻）、学説彙纂二一巻一章四八法文五項（ポンポーニウス　サビーヌス注解第二三巻）。

(30) 学説彙纂二一巻一章一八法文序項（ガイウス高等按察官告示第一巻）、学説彙纂二一巻一章二三法文七項（ウルピアーヌス高等按察官告示第一巻）。

(31) 学説彙纂二一巻一章一八法文序項（ガイウス高等按察官告示第一巻）、学説彙纂二一巻一章四三法文六項（パウルス　高等按察官告示注解第一巻）。

(32)　D.21, 1, 21, pr. Ulpianus 1 ad edictum aedilium curulium.
Redhibere est facere, ut rursus habeat uenditor quod habuerit, et quia reddendo id fiebat, idcirco redhibitio est appellata quasi redditio.

(33)　D.21, 1, 23, 7 Ulpianus 1 ad edictum aedilium curulium.
Iulianus ait iudicium redhibitoriae actionis utrumque, id est uenditorem et emptorem quodammodo in integrum restituere debere.

(34)　学説彙纂二一巻一章三一法文一七項（ウルピアーヌス高等按察官告示注解第一巻）と同法文一八項。ヴァチカン断片録一四法文（パーピニアーヌス解答録第三巻）は、奴隷購入代金の返還について買主に付与される事実訴権が、按察官によって付与されるとする。これについて、後述。

(35)　例えば、学説彙纂二巻一四章五八法文（ネラーティウス備忘録第三巻）。

(36)　次の法文は、売買の場合と賃約の場合で裁判管轄が異なることを明らかにする。
学説彙纂二一巻一章六三法文　ウルピアーヌス高等按察官告示注解第一巻
知られるべきことは、この告示が、単に奴隷のみならずその他の物の、売却にのみに関わることである。ところで、なぜ賃約についてては何も告示されないのかが不思議に考えられた。しかし、次の理由が考えられる。なぜなら、それらのことについては［高等按察官に］裁判権がないからであり、あるいは、賃約は売却のように行われなかったからである。

(37)　D.19, 1, 11, 3 Ulpianus　32 ad edictum.
Redhibitionem quoque contineri empti iudicio et Labeo et Sabinus putant et nos probamus.

(38)　D.19, 1, 11, 5 Ulpianus　32 ad edictum.
Si quis uirginem se emere putasset, cum mulier uenisset, et sciens errare eum uenditor passus sit, redhibitionem quidem ex hac causa non esse, uerum tamen ex empto competere actionem ad resoluendam emptionem, et pretio restituto mulier reddatur.

(39)　五項末尾の「……購入を解消するように求める買主訴権が生じ、そして（et）代金が払い戻しされて婦女が返還される。」について、モムゼンは脚注を付け、etをutとする可能性を示唆する。utと解した場合、代金が払い戻しされて婦女が返還されることがより明確に買主訴権の内容になる。もっとも、etと解した場合でも、本法文には、高等按察官告示の場合のように、解除訴権や事実訴権などの訴権が明示されていないので、代金が払い戻しされて婦女が返還されることを、買主訴権の内容と理解すべき点で変わりない。

(40)　例えば、学説彙纂二一巻一章一法文一〇項（ウルピアーヌス高等按察官告示第一巻）は「……按察官は身体の瑕疵について述べているので、売買解除は請求できない。しかし、なお買主訴権を認めている。」とし、同四法文序項は「これらの瑕疵のために売買解除請求が成立することを否定し、買主訴権を付与する。」とする。なお、学説彙纂二一巻一章一九法文二項（ウルピアーヌス高等按察官告示注解第一巻）は、「……売買によって訴えうるものでも、解除訴権によって訴えうる」とする。

（41）学説彙纂二一巻一章四法文四項（ウルピアーヌス高等按察官告示注解第一巻）は、奴隷の精神にだけ欠陥があった場合解除訴権は生じないが、売主がそれを知って黙っていた場合は買主訴権が生じると記述し、訴権発生の論理構造が本法文に類似している。また、学説彙纂一八巻一章一一法文一項（ウルピアーヌス　サビーヌス注解第二八巻）は、奴隷売買で婦女を少年と勘違いした場合、売買契約は不成立になるが、処女性について売主が知らなかった場合、契約を成立とするだけである。この点について、前掲注（5）の拙稿二四七頁を参照。ただし、売主が欠陥について不知であった場合も、買主訴権によって契約を解消できるかは、債務不履行制度全体に関わる問題であり、多角的な検討を必要とする。ここで詳しく立ち入ることはできない。

なお、売買目的物の欠陥に関する買主訴権による損害賠償については、学説彙纂一九巻一章一三法文序項（ウルピアーヌス告示注解第三二巻）は、売主が、欠陥を知って売った場合とそうではない場合で、効果を区別している。

（42）原田・前掲注（11）一五一頁、三九九頁。M.KASER, Das römische Privatrecht I, 2. Aufl.（München, 1971）（以下、KASER, RPR Iと略する）483- を参照。学説彙纂一九巻一章一一法文一項（ウルピアーヌス告示注解第三二巻）は、「この訴権においては、その給付が約定されたものがまず対象になることが、第一に知られるべきである。なぜなら、誠意訴権であるので、契約締結者たちの間で約定されたものを給付することこそがもっとも誠意に合致しているからである。もし何らかの約定がなされていないならば、その場合には、この訴権の効果に当然に内在するものが給付されるであろう。」とし、学説彙纂二一巻一章三一法文二〇項（ウルピアーヌス高等按察官告示注解第一巻）は「……誠意訴権に際して、慣行あるいは慣習に属するものが考察されるべきである。」とする。

（43）KASER, RPR I, 558は、学説彙纂一九巻一章一一法文三項・五項（ウルピアーヌス告示注解第三二巻）等を引用して、買主が仮に物の真の状況を知っていれば、より安く買った場合には代金の超過支払額（＝減額）を、全く買わなかった場合には物品の返還と引き換えに全売買代金の償還（＝解除）を請求できるとする。そして、M.KASER, Römisches Privatrecht, 16. Aufl.（München, 1992）, 198, M.KASER-R. KNÜTEL, Römisches Privatrecht, 17. Aufl.（München, 2003）, 271は、買主訴権を高等按察官訴権と「同化させること」は、全体としてすでに古典期に行われていたと考えている。

四　土地の試験売買における解除と訴権

1　pactum displicentiae 付き売買による訴権

以上を踏まえて、勅法彙纂四巻五八章四法文序項（文①）で行われている試験売買において、pactum displicentiae という無方式合意による条件から、その解消・解除のためにどのような訴権が生じるか検討する。

（1）　売買契約に付加される無方式合意のうち、pactum displicentiae という無方式合意は、売買目的物が気に入らない場合に買主の利益のために売買契約に付加されるものであり[44]、目的物に欠陥がある場合が多いであろうが、それだけとは必ずしも限らない。[45]

まず、この無方式合意による条件の基本的な性質について、次の学説彙纂一八巻一章三法文（ウルピアーヌス　サビーヌス注解第二八巻）が記述する。

学説彙纂一八巻一章三法文（ウルピアーヌス　サビーヌス注解第二八巻）[46]

ある物が、もし気に入らない場合買ったことにならないと言って、売られた場合、その条件によって〔契約が〕不合意になるのではなく、〔締結された〕購入が解消されるというのは確かである。

ここでは、pactum displicentiae という無方式合意によって、売買契約それ自体が不合意になるのではなく、その条件の成就によって一度成立した売買契約が解消されることが確認されている。[47] 売買契約の成立を認めるので、買主訴権が生じるとの推定はできるが、どのような訴権でそれが行われるかは述べられていない。

次に、学説彙纂一八巻五章六法文（パウルス告示注解第二巻）は、買主が気に入らなかった場合は解除できると合意した場合、無方式合意による目的物の返還請求は、買主訴権かそれに類似した事実訴権によって行われることを記述する。

学説彙纂一八巻五章六法文（パウルス告示注解第二巻）[48]

もし、売られた目的物が、特定の期限内に気に入らなければ解除されると合意される場合、サビーヌスが考えるように買主訴権が生じるか、あるいは、買主訴権に類似した事実訴権が与えられる。

このパウルス法文では、特定の期限内にという限定が付いているが[49]、pactum displicentiae という無方式合意が付いた売買であることに変わりない。ここでは、無方式合意それ自体に、「解除される」という文言が明示されている[50]。売買目的物の売主への返還のために、サビーヌスによれば買主訴権が付与されるが、買主訴権に類似した事実訴権が付与されるとも記述されている。買主訴権に類似したという点から、前述した買主訴権による契約の解消と解除が考えられる。パウルス自身の立場は、法文上明確ではない[51]。

以上から、pactum displicentiae という無方式合意によって、契約を解消したり、あるいは、売主に対して返還したりするために、買主訴権あるいはそれに類似した事実訴権が生じることになる。

（2）では、pactum displicentiae という無方式合意が付加された場合、実際には、買主訴権とそれに類似した事実訴権のいずれが使用されたのであろうか。

pactum displicentiae 付き売買の場合に訴権について言及する法文は少なく、これを決定するのは難しい[52]。その中で、ウルピアーヌスは、次に検討する学説彙纂二一巻一章三一法文二二項（ウルピアーヌス高等按察官告示注解第一巻）で「ある物が、もし気に入らなければ……解除されるというように、売却され、……もし期間について何ら合意がされなかった場合、有効期間である六〇日間以内に事実訴権が買主に解除のために与えられ、それを超えれば与えられない。」とし、期限内に、高等按察官告示による解除訴権[53]でも買主訴権でもなく、事実訴権を認めている。これは、パウルスが学説彙纂一八巻五章六法文（パウルス告示注解第二巻）で述べている買主訴権に類似する事実訴権と考えられる。

これに対して、ヴァチカン断片録一四法文（パーピニアーヌス解答録第三巻）が、「……事実訴権が、按察官によって、取り戻されるべき奴隷の金銭について、〔買主に〕もたらされることに、それは反しない。なぜなら、気に入らなかったことが述べられるからである。もし同じ約款[54]によって契約されたと証明された場合、そのことは必要ない。[55]」とするので、学説彙纂二一巻一章三一法文二二項（ウルピアーヌス高等按察官告示注解第一巻）の事実訴権も高等按察官によるものであると解する説がある。[56]しかし、これでは、前述の学説彙纂一八巻五章六法文（パウルス告示注解第二巻）が「……買主訴権に類似した事実訴権が与えられる」とすることに矛盾する。[57]そもそもヴァチカン断片録一四法文（パーピニアーヌス問答録第三巻）は、pactum displicentiae という無方式合意が付加されたことを明示していないし、[58]契約の解除ではなく代金の返還を請求するために、買主に事実訴権を付与するだけである。[59]学説彙纂二一巻一章三一法文二二項（ウルピアーヌス高等按察官告示注解第一巻）と関連付ける必然性はないように思われる。

2　pactum displicentiae 付き売買における買主保護

以上の検討から、pactum displicentiae という無方式合意付き売買契約の場合、買主は、売買目的物が気に入らない場合、ウルピアーヌスによれば買主訴権に類似した事実訴権で、売主に対して、目的物返還を請求できることが明らかになった。

したがって、勅法彙纂四巻五八章四法文序項の事例は、買主訴権に類似した事実訴権によって、売買が解消され、売主に対して解除請求を行うと解しうる。では、それと「同じ訴権」によって、同法文一項の有害な土地売買の事例も説明できるであろうか。次に検討する。

（1）勅法彙纂四巻五八章四法文一項では、健康を害する土地、すなわち、健康を害するまたは致死的な植物を有する土地が、買主がこれを知らずに、売られた事例が取り扱われている。この事例をも pactum displicentiae の無方式合意付き売買契約と考える場合、なぜこの法文に「健康を害する土地」であること、その性質について「買主が知らないこと」が要件として記述されているのか説明しなければならない。pactum displicentiae 付き売買であれば、このような要件は必要ないからである。

これを説明するためには、pactum displicentiae 付き売買でありながら、売買目的物の重大な性状について、買主が不知であることが重要である事例、すなわち、買主が土地の重大な瑕疵について知らなかった場合に、無方式合意の効力を拡大して、買主を保護する事例が考察されなければならない。実際には、どのような場合が考えられるであろうか。

（2）このような事例は、以下の法文に基づいて想定できる。

まず、学説彙纂二一巻一章三一法文二二項（ウルピアーヌス高等按察官告示注解第一巻）は、pactum displicentiae という無方式合意が付加される場合の解除請求の制限期間を論じている。

学説彙纂二一巻一章三一法文二二項（ウルピアーヌス高等按察官告示注解第一巻）(60)

①ある物が、もし気に入らなければ一定期間内に解除されるというように、売却された場合、その合意は承認

される。②しかし、もし期間について何ら合意がされなかった場合、有効期間である六〇日間以内に事実訴権が買主に解除のために与えられ、それを超えれば与えられない。③ただし、もし永久に解除請求がなされると合意された場合、この合意は有効であると、私は考える。

この法文によれば、解除できる期限について当事者間で合意していれば、それに従う（文①）。学説彙纂には三日間など非常に短い期限の事例も存在する。[61]他方で、ウルピアーヌスによれば、その合意は、永久にできるというものでも有効である（文②）。

これに対して、もし期限について当事者間で何ら合意していなければ、事実訴権による解除請求は、六〇日間に制限される（文③）。では、この場合、六〇日間を徒過すれば、常に買主は保護されないのであろうか。

これについて、次の学説彙纂二一巻一章三一法文二三項（ウルピアーヌス高等按察官告示注解第一巻）は、当事者間で期限の合意がなく、六〇日間を徒過した場合でも、例外的に奴隷を解除しなかった「正当な理由」があれば、これを審理して、買主を保護する。

学説彙纂二一巻一章三一法文二三項（ウルピアーヌス高等按察官告示注解第一巻）[62]

①同じく、もし解除請求に決められた六〇日の期間が経過した場合、理由が審理されて、訴権が付与されるであろう。②すなわち、遅滞が売主によったか、あるいは、返還される者がそのとき不在であったか、あるいは、期限内に買主の方が気に入らなかった奴隷を解除請求しなかった正当な理由が存在したかが、審理の対象になる。

この法文では、まず、例外的に訴権を付与される場合として、解除請求の遅滞が、買主の責任で生じたのではない場合、例えば、売主の責任で生じた場合や、返還される者が不在である場合が挙げられている。次いで、期限内に買主が気に入らなかった奴隷を解除しなかったことについて正当な理由が存在したことが挙げられている。六〇日間というのは、当事者間で合意がなく、法定された期限であるので、これによって、本来の買主保護の制度趣旨との調整を行っているものと考えられる。

以上のような正当な理由がある場合を、勅法彙纂四巻五八章四法文一項の事例に当てはめることができるか、次に検討する。

（3）　まず、勅法彙纂四巻五八章四法文一項のように土地を購入する場合、一般に土地という財産の重要性から考えると、pactum displicentiae という無方式合意を付加することは当然予想できる。そして、気に入らなければ永久に解除できる合意も、期限を明示した合意も、ありえないわけではない。

しかし、勅法彙纂四巻五八章四法文一項の事例では、期限について明示しておらず、買主の不知が明示されているので、むしろ当事者間で期限が明確にされずに六〇日間徒過した場合に正当な理由がある場合と考えるべきである。すなわち、例えば、実際に使用収益するまで、死に至るほど有害な植物が生えているかどうか、買主がなかなか気づかず、そのまま二ヶ月程度過ぎてしまう事例は容易に想定できるし、その場合には前述の正当な理由が認められる。

したがって、勅法彙纂四巻五八章四法文一項における有害土地売買の事例における解除は、高等按察官告示に基づく解除訴権ではなく、pactum displicentiae 付き売買契約であり、買主保護のために条件の効果が拡大され、ウルピアーヌスによれば買主訴権に類似した事実訴権に基づくものであると解釈できる。(63)

最後に、勅法彙纂四巻五八章四法文序項・一項の内容を、再度確認する。まず、序項では、もし気に入らなかった場合は買わなかったことにするという無方式合意のもとで土地が買われた場合、この条件によって、買主は、ウルピアーヌスによれば売買契約類似の事実訴権によって、売買を解消し、売主に対して売買目的物を返還して代金を償還請求できる。これは明らかである。次に、一項では、同じような無方式合意が期限を決めずに付加され、六〇日間を徒過した場合であっても、土地が健康を害し、買主がこれを知らずに買ったことが明らかである場合は、正当な理由があるので、同じ訴権によって同じ内容の請求が認められ、これによって買主が保護される。文③の文章は、このような事例が正当な理由になることを強調していると考えられる。

3　学説彙纂二一巻一章四九法文（ウルピアーヌス討議録第八巻）との関係

以上を踏まえて、最初に検討した学説彙纂二一巻一章四九法文（ウルピアーヌス討議録第八巻）における有害な土地の売買の解除が、高等按察官告示によるものでないとすれば、何によって生じるか考察する。

まず、学説彙纂二一巻一章四九法文（ウルピアーヌス討議録第八巻）は、pactum displicentiae 付き売買契約であることを明示していないので、解除が買主訴権による可能性は否定できないであろう。ただし、買主訴権を、売主の知・不知に関係なく常に請求できるかどうかは問題が残る。(64)

これに対して、勅法彙纂四巻五八章四法文一項との関連で考えれば、本法文における解除も、pactum displicentiae 付き売買契約による買主訴権に類似した事実訴権と解する可能性はある。すなわち、学説彙纂二一巻一章四九法文（ウルピアーヌス討議録第八巻）文②の理由が有害な土地であると強調している点については、買主不知の要件を読み込み、(65) pactum displicentiae 付き売買契約による解除を認めるものと解しうる。この考えでは、学説彙纂二一巻一章四九法文（ウルピアーヌス討議録第八巻）の前に、勅法彙纂四巻五八章四法文序項と同様の文章が存在し、それを編纂者が採録しなかったことになるが、このことは学説彙纂二一巻一章四九法文（ウルピアーヌス討議録第八巻）の文頭にある etiam（さらに）という文言の意味、そして学説彙纂二一巻一章四九法文（ウルピアーヌス討議録第八巻）の理由付けが少し唐突であることを、説明できる。

なお、学説彙纂の編纂者が学説彙纂二一巻一章四九法文（ウルピアーヌス討議録第八巻）を高等按察官告示の章に掲載した理由について、最後にまとめておく。前述のように、ウルピアーヌス討議録第八巻に記載されている他の法文はこの点について何も説明していない。そして、前述のように、買主訴権と解除は相互に接近しており、pactum displicentiae 付き売買契約でもその条件によって解除を買主訴権類似の事実訴権でも行使できることで解除に接近したと考えられる。そのため、編纂者たちは、高等按察官告示の章に pactum displicentiae 付き売買契約の事例を他にも掲載していると考えられる。

（44）前掲注（5）の MISERA, 571, n. 366 によれば、土地売買の事例が非常に多く、売主の利益になる lex commissoria では一七回、同じく addictio in diem では一三回、土地売買が取り扱われている。

（45）KASER, RPR I, 561 を参照。

（46）D. 18, 1, 3 Ulpianus 28 ad Sabinum.
Si res ita distracta sit, ut si displicuisset inempta esset, constat non esse sub condicione distractam, sed resolui emptionem sub condicione.

（47）したがって、本質的錯誤が問題になる場合とは異なる。

（48）D.18, 5, 6 Paulus 2 ad edictum.
Si conuenit, ut res quae uenit, si intra certum tempus displicuisset, redderetur, ex empto actio est, ut Sabinus putat, aut proxima empti in factum datur.

（49）学説彙纂四一巻四章二法文五項（パウルス告示注解第五四巻）は、「もしそれが期間内に気に入らなければ、売買が買わなかったことになると合意された場合、売買は無条件である。」とする。パウルスによれば、期限が付けば、条件とはならない。ただし、その理由は明らかではない。

(50)「買わなかったことにする」との無方式合意の場合も、契約を解消するだけでは実質的に意味がないので、「解除する」との明言が絶対的な要件とは思われない。

(51)「サビーヌスが考える」という表現を重視すれば、パウルスはその説を取らない可能性はありうる。KASER, RPR I, 561 は、この法文について学派による見解の相違を指摘し、サビーヌス派の学者は買主訴権、プロクルス派の学者は「おそらく」事実訴権と解する。

(52) 学説彙纂一九巻五章二〇法文序項（ウルピアーヌス告示注解第三二巻）は、買主が買った馬で曲芸コンクールに出場して勝ったにもかかわらず売買を解除した場合、売主による前書訴権を認める。同法文二項は、買主が銀製品の売買を解除して返還するように自分の奴隷に渡したところそれが壊れてしまった場合、同じく売主による前書訴権を認める。また、同法文一項は、売主訴権が生じることを認めるが、試用期間中に騾馬を盗まれて、売主が訴える事例である。

これに対して、売主の利益のために付加される無方式合意には、売主訴権を認めるものがある。この点、前掲注(5)の PETERS, 264ff. を参照。なお、売買契約の解消と売主訴権の関係について、学説彙纂一八巻三章四法文序項（ウルピアーヌス告示注解第三二巻）と学説彙纂一八巻二章一六法文（ウルピアーヌス告示注解第三二巻）が言及する。

(53) この法文は、高等按察官告示に関する学説彙纂二一巻一章に位置しているが、直前の法文とは内容的に独立しており、高等按察官告示による解除訴権を明示していない。また、同法文三三項との関連では売買目的物は奴隷である可能性はあるが、「ある物 quid」と表現されているだけである。解除による目的物の返還との関係でこの位置にあっても、pactum displicentiae という無方式合意が付加される場合の制限期間を一般的に論じることに主眼がある可能性は否定できない。

(54)「同じ約款」が何を意味するか確実には言えない。前掲注(5)の PETERS, 86 を参照。なお、lex と pactum の関係について、KASER, RPR I, 229, 547 を参照。

(55) 本法文の前段部分は、「売却の約款によって農地が買われていないとされて、その間に得られた果実が、売主訴権によって、回復されるのは明らかである。その約款によって最初から契約されたと見なされるからである。例えば、期日に金銭が支払われず、より少ない金額になった場合のようである。……」とする。例えば、lex commissoria の場合のように、売主の利益のため合意がなされ、売主が請求する場合が取り扱われている。ほぼ同じ事例が、学説彙纂一八巻三章五法文（ネラティウス羊皮紙録第五巻）で検討されている。

(56) 前掲注(5)の MISERA, 533, n. 34 が諸説を簡潔にまとめている。

(57) 法文修正の主張を回避するために、前掲注(5)のPETERS, 85は、高等按察官による事実訴権を、期限を付けない合意の場合に制限するが、期限が付けられなくとも、期限内はpactum displicentiaeという無方式合意に基づいて訴えることには変わりないので、この意味を制限的に解する理由はないように思われる。また、前掲注(5)のMISERA, 566-は、無方式合意がある場合について、奴隷売買の場合は高等按察官が事実訴権を与え、無方式合意が解除条件となった場合は、法学者たちが売買訴権あるいは契約に類似した事実訴権を行使するように提案したとするが、条件の場合だけに限定する理由が必ずしも明らかではない。もっとも、同MISERA, 571が、売買訴権あるいは契約に類似した事実訴権を行使できる条件の事例として、本稿で検討している学説彙纂二一巻一章四九法文（ウルピアーヌス討議録第八巻）と勅法彙纂四巻五八章四法文を挙げている点は、注目に値する。

(58) 共和政期のプラウトゥスは、PLAUTUS, mercator, 417-において、dixit se redhibere si non placeat（彼はもしそれ〔奴隷〕が気に入らなければ自ら解除することを言明した）とする。これは、売主が、合意ではなく「もし買主が気に入らなければ」との言明によって奴隷の品質を保証しうることを意味する（前掲注(5)のMISERA, 532は、これをlex mancipio dictaと考える）。これによれば、本法文でも売主が同じ言明で売った可能性は否定できない。すなわち、売主の言明に基づいて高等按察官告示による解除訴権が行使され、その代金の返還について高等按察官による事実訴権を認めたものと解しうる。

(59) 学説彙纂二一巻一章三一法文一七項（ウルピアーヌス高等按察官告示注解第一巻）、同法文一八項と同じく、解除によって目的物が返還されたことから生じる事実訴権と考えられる。

(60) D.21, 1, 31, 22 Ulpianus 1 ad edictum aedilium curulium.

①Si quid ita uenierit, ut, nisi placuerit, intra praefinitum tempus redhibeatur, ea conuentio rata habetur: ② si autem de tempore nihil conuenerit, in factum actio intra sexaginta dies utiles accommodatur emptori ad redhibendum, ultra non. ③ si uero conuenerit, ut in perpetuum redhibitio fiat, puto hanc conuentionem ualere.

(61) 例えば、学説彙纂一九巻五章二〇法文序項（ウルピアーヌス告示注解第三二巻）は、三日間以内に馬の購入を決める事例、同法文一項は、数日で騾馬の購入を決める事例を取り扱っている。

(62) D.21, 1, 31, 23 Ulpianus 1 ad edictum aedilium curulium.

① Item si tempus sexaginta dierum praefinitum redhibitioni praeterit, causa cognita iudicium dabitur: ② in causae autem cognitione hoc uersabitur, si aut mora fuit per uenditorem, aut non fuit praesens cui redderetur, aut aliqua iusta causa intercessit, cur intra diem redhibitum mancipium non est, quod ei magis displicuerat.

(63) 前掲注(5)のDONADIO, 233ff.は、本法文を同じくpactum displicentiaeという無方式合意と結びつけて、買主訴権が生じるとする。

(64)　前掲注(41)を参照。
(65)　本法文で生じる訴権が高等按察官告示による解除訴権であろうと、買主訴権であろうと、いずれにせよ買主の不知は、要件上必要である。

五　終わりに

以上検討してきたように、勅法彙纂四巻五八章四法文一項の検討を手掛かりとして、学説彙纂二一巻一章四九法文（ウルピアーヌス討議録第八巻）の健康を害する土地売買の解除を、高等按察官告示による解除訴権と切り離して理解できることが明らかになった。

では、そもそも高等按察官告示は、土地には適用されなかったのであろうか。以上の検討によって、適用を肯定する有力な法文が証拠として否定されうるとすれば、この問題はどうなるのか、最後に簡単に要点を整理しておきたい。

この問題について、通説的見解が学説彙纂二一巻一章四九法文（ウルピアーヌス討議録第八巻）・勅法彙纂四巻五八章四法文一項とともに法文修正を主張するのは、次の学説彙纂二一巻一章一法文序項（ウルピアーヌス高等按察官告示注解第一巻）である。(66)

この法文は、高等按察官告示に関する巻の冒頭に位置し、ウルピアーヌスは、元首政期の法学者ラベオーの見解を以下のように紹介する。

学説彙纂二一巻一章一法文序項　ウルピアーヌス高等按察官告示注解第一巻(67)

ラベオーは、物の売却についての高等按察官の告示は、土地に属する物と同じく、動かしうる物、あるいは、自ら動く物に属すると書く。

本法文は、高等按察官告示が物（複数形）の売却に「属する」[68]かどうかを明らかにする。ウルピアーヌスによって引用されているラベオーが、奴隷の疾病・瑕疵について記述していたことは、他の文献でも傍証できる。[69]

本稿で検討した法文との関係では、法文の最初に挙げられている「土地（単数形）に属する物（複数形）」の意味が重要である。この文言では、土地自体も土地に属すると考える余地は論理的にありうるが、土地自体が属するとは明示されていない。

また、確かに、学説彙纂中、これと同じ表現で「土地」自体の売買を含むと解することを可能にする法文もある。[70]しかし、土地に「属する物」だけを含むと解しうる法文も存在する。例えば、農地で働く奴隷は、土地の売買とともに土地に属して移転するという法文がある。[71]また、土地を含まない土地の樹木を対象とする法文もある。[72]したがって、本法文についても、土地の売買にまで、高等按察官告示が適用されることはないという結論はありうる。

もっとも、本法文では、高等按察官告示は、「動かしうる物」・「自ら動く物」にも属するとされる。本法文を検討し、高等按察官告示の射程を全体として明らかにするためには、各動産の売買について詳細な検討が不可欠である。これについては、今後の課題としたい。

（66） 本法文の法文修正について、前掲注（5）の BECHMANN, 115-, HAYMANN, 38, LENEL, 554, n. 2, DE SENARCLENS, 386-, MONIER, 161-, IMPALLOMENI, 265-, STEIN, 54-, PETER, 611, JAKAB, 126（16）の他 V.ARANGIO-RUIZ, La compravendita in diritto romano, vol II (Napoli, 1956), 395- などを参照。

(67) D.21, 1, 1, pr. Ulpianus 1 ad edictum aedilium curulium.

Labeo scribit edictum aedilium curulium de uenditionibus rerum esse tam earum quae soli sint quam earum quae mobiles aut se mouentes.

(68) 通常「属する」は「適用される」と訳されるが、必ずしも明確ではない。

(69) GELLIUS, Noctium Atticarum 4, 2, 1は、奴隷の疾病・瑕疵に関する高等按察官告示の内容を記述し、その中で、ラベオーの見解に関する記述が複数の箇所でなされている。

(70) ウルピアーヌスは、他の法文で、同じような表現を、動産と対比する形で不動産を意味するものとして使用している。例えば、学説彙纂一三巻三章一法文序項（ウルピアーヌス告示注解第二七巻）では、確定物に対するコンディクティオー訴権によって訴えられる物として、金銭以外の「動かしうる物」と「土地に属する物」を併記する。その上でそれゆえに、土地（fundus）も訴えられるとする。この用例に従えば、「土地に属する物」は、土地をも含むと考えられる。その他、学説彙纂五〇巻一六章二二二法文（ヘルモゲアーヌス法の断案録第二巻）では財産（pecunium）の定義として、学説彙纂一五巻一章七法文四項（ウルピアーヌス告示注解第二七巻）では特有財産（peculium）の定義として、動産に対比される形でこの表現を使用しており、いずれも土地を含むと考えられる。したがって、これらの法文に従えば、土地に属する物とはいわゆる不動産を意味すると考えうる。

(71) 学説彙纂一八巻一章三四法文序項（パウルス告示注解第三三巻）は、土地が購入された場合、その土地に付属して奴隷スティクスが一緒に売られたことになると記述する。また、学説彙纂二一巻一章四四法文序項（パウルス高等按察官告示第二巻）は、奴隷の売買の際に、特有財産を付け加え、しばしば奴隷自体よりも特有財産の方が、財産的価値が高いことを述べている。この特有財産には、当然土地も入りうる。

(72) 学説彙纂一九巻一章四〇法文（ポンポーニウス　クウィントゥス・ムキウス注解第三一巻）は、土地に生えている樹木の売買を行った場合、売主が伐採して引渡債務を履行しなければ、買主は、買主訴権は行使できても所有権に基づく取戻請求権は行使できないとし、売主が売った樹木は、伐採されれば独立の動産になりうるものの、売買時にはあくまで土地に属するものとして理解されていたことを示している。

民法七〇九条「権利侵害」再考
――法規解釈方法との関連において――

大河純夫

河内宏・大久保憲章・采女博文・
児玉寛・川角由和・田中教雄 編
『市民法学の歴史的・思想的展開』
二〇〇六年八月 信山社16

はじめに

二〇〇五年（平成一七年）四月一日施行の改正民法は、明治民法七〇九条「故意又ハ過失ニ因リテ他人ノ権利ヲ侵害シタル者ハ之ニ因リテ生シタル損害ヲ賠償スル責ニ任ス」を、「故意又は過失によって他人の権利又は法律上保護される利益を侵害した者は、これによって生じた損害を賠償する責任を負う。」と改め、明治民法七〇九条の「他人の権利侵害」要件を「他人の権利侵害」と「他人の法律上保護される利益侵害」とに二分した。(1)

ところで、「民法典現代語化研究会」の「民法典現代語化案」（一九九六年六月二五日）が、「故意又は過失によって他人の保護されるべき利益を侵害した者は、これによって生じた損害を賠償する責任を負う。」と、「他人の保護されるべき利益の侵害」への一元化構想(2)を提示していたが、これとの対比では、二元的構成を採用し、かつ、「利益侵害」につき「法律上保護される利益」と、「法律上」を加え「保護される利益」と表現したことが注目される。(2)「民法典現代語化案」は、「他人の保護されるべき利益の侵害」とし、「違法に（不法に）」といった規範的評価を必要とする概念を加味しなかった。しかし、「保護されるべき利益」を介して規範的評価がなされることは言うまでもないことである。したがって、「他人の利益侵害」に関する限りでは、研究会案と「法律上保護される利益」とする改正七〇九条とでは本質的な差異はないと言えよう。

他方で、今回の改正は「他人の法律上保護される利益の侵害」とか「違法に他人の利益を侵害」といった違法性一元論(3)も採用しなかった。

この機会に、民法七〇九条の「権利侵害」の意味を筆者なりに問い直し、その解釈方法の一断面を明らかにしたい。

（1） この点につき、道垣内弘人「民法七〇九条の現代語化と要件論」法学教室二九一号（二〇〇四年一二月号）五七頁以下、吉村良一『不法行為法』〔三版〕（有斐閣、二〇〇五年）三七頁参照。なお、明治民法七〇九条での「権利侵害」の意義に関する潮見佳男『不法行為法』（信山社、一九九九年）一七頁以下、山本敬三「不法行為法学の再検討と新たな展望」法学論叢一五四号四・五・六合併号二〇〇四年）二九二頁以下の指摘も参照されたい。

（2） 法務省民事局参事官室『民法現代語化案』（パブリック・コメント案、二〇〇四年八月四日）が、「故意又は過失によって他人の権利又は法律上保護される利益を侵害した者は、これによって生じた損害を賠償する責めに任ず。」と、二元的構成を提示していた。

（3） 一九三〇年の中華民国民法「債」（債権）一八四条は、ドイツ民法の一般的不法行為法規定を加味したものであるが、その一項前段で「故意又は過失によって不法に他人の権利を侵害した者は、損害賠償の責任を負う。」と規定している（翻訳は、張有忠翻訳・監修『日本語訳中華民国六法全書』（日本評論社、一九九三年）一八四頁による）。また、かつて我妻栄・穂積重遠等六名を審核員として編纂された一九三七年の満州帝国民法七三一条が、「故意又は過失に因りて違法に他人に損害を加えたる者は其の損害を賠償する責に任ず。」とし、「他人に対する違法な損害惹起」に一元化したことがある（「翻訳」は司法省調査部『司法資料二二三号満州帝国民法典』〔司法資料二二三号〕一〇三頁による）。なお、満州帝国民法については、小口彦太「満州国民法典の編纂と我妻栄」池田温＝劉俊文編『日中文化交流叢書2法律制度』（大修館書店、一九九七年）三二五頁以下参照。さらに、一九六〇年施行の韓国民法七五〇条が「故意または過失による違法行為により他人に損害を与えた者はその損害を賠償する責任がある。」と規定した。鄭鍾休『韓国民法典の比較法的研究』（創文社、一九八九年）二二八頁以下参照。日本語訳も同書による。

一 明治民法七〇九条の「権利侵害」の意味

ある事態・事案が既存の法規ないし法命題に包摂されるかどうかに直面した場合、当該規定の規範的意味内容を改めて確認する作業がなされる。明治民法七〇九条の「権利侵害」の意味内容につき、その要点を確認する。

1 一般的不法行為法の型と明治民法七〇九条の表現方法

明治民法の編纂にあたっては、多くの国の立法が参考にされた。たとえば、一八九五年（明治二八年）九月一八日配布の甲第四七号議案中の七一九条（明治民法七〇九条の当初原案。内容は同一）「故意又は過失に因りて他人の権利を侵害したる者は之に因りて生じたる損害を賠償する責に任ず。」は、次の「参照」条文を掲げていた。

財（旧民法財産編）三七〇（条：以下略）、一項、仏（フランス民法）一三八二、一三八三、澳（オーストリア一般民法）一二九三乃至一二九五、蘭（オランダ民法）一四〇一、一四〇二、伊（イタリア民法）一一五一、一一五二、葡（ポルトガル民法）二三六一、二三六二、瑞債務法（スイス債務法）五〇、モンテネグロ（モンテネグロ財産法）五七〇、西（スペイン民法）一九〇二、白草（ベルギー民法改正草案）一一二〇、一一二一、独一草（ドイツ民法第一草案）七〇四、同二草（同第二草案）七四六、普国法（プロイセン一般ラント法）一部六章一乃至一七、索（ザクセン民法）一一六、一一七、巴草（バイエルン民法草案）五二。(4)

ところで、一般的不法行為規定の立法には三つの型（「大学湯事件」で大審院がいう三つの「法制の体裁」）がある。(5)民法七〇九条は、旧民法財産編三七〇条一項「過失又は懈怠に因りて他人に損害を加へたる者は其賠償を為す責に任ず」を修正したものであり、フランス民法一三八二条「他人に損害を惹起せしむる人の行為は如何なる行為といえどもそれが生じたる原因たる過誤fauteある者をしてその侵害を賠償すべき義務を負はしむ」に遡る。しかしながら、七〇九条は、「故意又は過失」の表現、そして「権利侵害」を挿入している。ここには、旧民法・フランス民法の単純な踏襲とは言えないものがある。

ドイツ民法第一草案七〇四条一項は、

「故意または過失によってなされた違法な行為－作為または不作為－によって人が他人に損害を与えたときは …Hat Jemand durch eine aus Vorsatz oder Fahrlässigkeit begangene widerrechtliche Handlung – Thun oder Unterlassen – einem Anderen einen Schaden zugefügt, …」

と規定していたが、第二草案にいたると、その七四六条一項は、

「故意または過失によって違法に他人の権利を侵害した者は …Wer vorsätzlich oder fahrlässig ein Recht eines Anderen widerrechtlich verletzt …」

と修正された。(6) これはさらに修正されて「故意または過失によって違法に他人の生命身体健康自由所有権その他の権利を侵害した者は」（八二三条一項）の表現に確定するのであるが、甲四七号中の七一九条（＝現行七〇九条）は、旧民法財産編三七〇条一項をベースにしたものであるが、その「故意又は過失」にはドイツ民法第一・第二草案の表現が、「他人の権利を侵害したる者」には第二草案の表現が規定的な影響を与えたとみるべきであろう。これは、ドイツ民法第一・第二草案、とくに第二草案七四六条一項と民法七〇九条との法「文の構成」の同一性からも明らかなことである。(7)

こうみてくるなら、民法における一般的不法行為規定＝七〇九条は、「修正」の対象であった旧民法財産編三七〇条一項の基礎であるフランス民法一八三二条を母胎とし、ドイツ民法第二草案七四六条一項の表現方法に則り起草された、ということができる。

2　起草者が「権利侵害」に付与しようとした意味

――「権利と認めたるもの」に対する「侵害」――

旧民法財産編三七〇条一項の修正に際して、他の立法例、とくにドイツ民法第一・二草案が参照されて、民法七〇九条が成立したことは、既に指摘した。旧民法財産編三七〇条1項の「他人に損害を加へた」が「他人の権利を侵害」（七〇九条）に修正された。これを、「加害」要件から「権利侵害」要件へ、と標語化することが許されよう。穂積は説明する。

「権利侵害（の）……点は、是迄の諸国の規定に於きまして至って漠然と書いてありますけれども、併しながら帰しまする所は皆権利侵害、其人の生命とか財産とか或は名誉でありまするとか、何か不法の権利と認めたるものの侵害でなければ債権（＝損害賠償債権：引用者）を生ぜしめないと云ふことには何れの国の規定も帰するやうであります。既成法典（旧民法のこと：引用者）も詰り夫れにはなることでありませうが、併しながら此点に於て『他人に損害を加へたる者は』と直ぐに結果の方丈けに書いてありまするので、能く明かではありませぬ。兎に角、此既成法典の三百七十条の規定は、此点に於ては甚だ不完全と申しませうか不明瞭と思ひます。(8)」

つまり、起草者によれば、諸外国の例では「何か不法の、権利と認めたるもの、の侵害」でなければならないとされているが、旧民法財産編三七〇条の表現「他人に損害を加へた」はこの点で「不完全」・「不明瞭」である。また、社会生活において他人に損害を及ぼすことはよくあることで、その総ての場合に損害賠償義務があるとするのは問題であるとする。したがって、七〇九条は、「権利侵害」を要件とすることによって、個人の活動の自由を確保しようとしたものといえる。

第二は、絶対権・財産権への限定の否定である。ドイツ民法八二三条一項は、「生命、身体、健康、自由、所有権その他の権利」の侵害としており、「所有権その他の権利」との表現から、ここでの「権利」は絶対権であるとされている（もっとも異説はある）。しかし、日本民法の七〇九条の「権利」の場合、絶対権に限定されるものではなく、債権等の権利が含まれるとされている。(9)

しかも、財産権に限定されるものでもないことは、次の穂積発言からも明白である（この発言は、同時に、起草者がドイツ民法第一草案をかなり検討した上で七〇九条の表現に帰着させたことを示すものとして重要である）。

「勿論其（＝「財産上の権利」に限定する」）積りではないのであります。夫れ故に独逸などでは第一読会の一番初めの条の末頃[10]に『生命、身体、名誉、自由の侵害も亦権利侵害とす』とか云ふ文章が殊更にあるのですな。往々此財産上丈けになって居ったものもありまして、初めは独逸の不法行為に関する規定を大分書いて見ましたが、夫は略しまして、終ひの七百三十一条（≒現七一〇条および七二三条：引用者）などで、自らさう云う疑ひはあっても分りまするやうに、彼處へ殊更に数へ立てたのであります。[11]」

3　既存の権利への限定と「違法性」付加の意識的回避

第三に、しかし、起草者は、既存の権利の不法行為的救済を語っていたのであり、不法行為的救済によって権利を新たに形成することは否定していた（不法行為法の権利形成機能に対する消極的立場）。穂積は、

「唯の損害と云ふものは、之は或は故意過失に因って他人に直接間接に損害を掛けることもありませう。併しながら、其権利を侵すと云ふ程度に至りませぬ時に於ては、債権を生ぜしめない[12]」

と断言する。未定稿本・民法修正案理由書も、

「不法行為に関する規定は之に依りて既に存在せる他人の権利を保護するものなれば、或事業上他人と競争して此者に損失を被むらしめたる場合の如き、未だ権利を侵害したるに非ざれば賠償の責任を生ずることなし。」（六一〇頁）

とする。この限定によって、「故意過失」要件と同様に、個人・営業・企業の活動の自由を確保することを意図したものである。[13]

たしかに、民法七〇九条の起草にあたって、ドイツ民法第二草案七六四条一項にあった「違法に（不法に）widerrechtlich」が除かれた理由は明確ではない。逆に、第五章の表題「不法行為」に注目すべきであるとの指摘がな

されている。[14] さらには、七一九条・七二〇条各一項の「不法行為」の用語や、表題に関する穂積の説明「唯損害が生じたと云ふ広い案でもいかぬ、或不法のことに依て生ずる損害でなければいかぬ」[15] が注意されるべきであろう。

しかし、ドイツ民法第一草案・第二草案が「違法に」という限定的用語を付加していたにもかかわらず、起草者は、肝心の民法七〇九条において「違法に（不法に）」を加えなかった。これを侵害対象を「確立した既存の権利」に限定する起草者の立法方針に照らすとき、起草者は権利侵害に、規範的評価を必要とする「不法に」を付加して、不確定的な要件とすることを意識的に回避したといわなければならない。

（4）　法務大臣官房司法法制調査部監修『日本近代立法資料叢書五』（商事法務研究会、一九八四年）二九六頁、『日本近代立法資料叢書一三』（商事法務研究会、一九八八年）第二綴二七七頁参照。

（5）　簡単には、星野英一「権利侵害」ジュリスト八八二号六四頁以下＝不法行為法研究会・日本不法行為法リステイトメント（有斐閣、一九八八年）三〇頁以下を参照のこと。星野論文は、Limpens の、「制限のない複数主義 unrestricted pluralism」・「単一ルール主義 single rule approach」・「制限された複数主義 restricted pluralism」にしたがっている。なお、四宮二七四頁注１は英米法とドイツ法を「個別的要件方式と一般的要件方式の中間に位する」ものとしている。ドイッチュ Deutsch に依拠した英米不法行為の構造把握によるものである。

（6）　Benno Mugdan, Die gesamten Materialien zum bürgerliche Gesetzbuch für das deutsche Reich. Bd. 2. SS. CXXII-CXXIII.

（7）　これは民法七〇九条の「文体」に規定的な影響を与えたことを指摘したにとどまる。瀬川信久「民法七〇九条（不法行為の一般的成立要件）」広中俊雄＝星野英一編『民法典の百年Ⅲ』（有斐閣、一九九八年）五五九頁以下、とくに五六〇頁〜五六七頁が整理するように、民法の起草者がヨーロッパ横断的な不法行為法学に応接したことが肯定されなければならない。

（8）　『日本近代立法資料叢書後』一二九八頁下段。

（9）　前掲注（8）三〇四頁上段での穂積発言参照。

（10）　ドイツ民法第一草案七〇四条二項第二文のこと。「生命身体健康自由および名誉の侵害」とある。日本民法の場合、「身体、自由又は名誉」（民法七一〇条。七一三条参照）、戸主や年金受給者の生命侵害によって扶養請求権が侵害されるという構想であった（『日本近代立法資料叢書五』三〇七頁の穂積発言参照）。なお、現七一〇条の原案（甲四七号議案七三一条一項）には「生命」も明記されていた。『日本近代立法資料叢書一三』第二綴二七九頁参照。

(11) 前掲注（8）三〇二頁下段。

(12) 前掲注（8）二九九頁上段。

(13) たしかに、権利を絶対権に限定しなかったし、生命・身体、自由、名誉等についても保護対象とした。これらがどのような意味での権利であるかは、なお曖昧であったとしても、当時のヨーロッパ水準に到達した立法態度であった。権利概念を絶対権に限定しなかったにもかかわらず、「既存の権利」侵害に不法行為的救済を限定したのは何故か。その法思想的基礎は何か。所有権をはじめとする権利は「個人の自由領域」である。しかし、もともと、その外延は個別紛争に対する不法行為的救済の付与・拒絶を通じて「画定」されていくものである。にもかかわらず「既存の権利」に限定したのは、国家が法律によって権利と承認したもののみが保護されることに帰着する。国家法が権利と認めなかった利益の侵害は不法行為とならないのであるから、そのかぎりで自由に行動することができる。個人・営業・企業の行動の自由を保障することが、このような立法態度を促したのである。国家的法律観は不法行為法にも貫徹されたとみなければならない。

(14) 錦織成史「違法性と過失」星野英一編集代表『民法講座第六巻』（有斐閣、一九八五年）一三三頁以下参照。

(15) 前掲注（8）二九六頁下段。

二　民法七〇九条の「権利侵害」要件の縮小解釈・拡張解釈等の混淆

1　「権利侵害要件」の縮小解釈の先行

民法七〇九条は、不法行為に基づく損害賠償請求権が発生する要件の一つ（法律事実）として「権利侵害」を挙げていたし、これは平成一六年改正によっても維持されている。この要件（法律事実）解釈に関する判例の特徴をみることにする。

大審院は、大判一九一六（大正五）・一二・二二民録二二輯二四七四頁「大阪アルカリ事件」[16]で、

「化学工業に従事する会社其他の者が其目的たる事業に因りて生ずることあるべき損害を予防するが為め右事業の性質に従ひ相当なる設備を施したる以上は、偶、他人に損害を被らしめたるも之を以て不法行為者として其損害賠償の責に任ぜしむるを得ざるものとす。何となれば斯る場合に在りては右工業に従事する者に民法第七〇九条に所謂故意又は過失ありと云ふことを得ざればなり。」

と説示した。この判決は明治民法七〇九条の「故意又は過失」要件の形で対応したものであった。

だが、大審院は、大判一九一九（大正八）・三・三民録二五輯三五六頁（いわゆる「信玄公旗掛松事件」）[17]で、「不法なる権利侵害」とそうでないものを区別するにいたる。

この判決で、大審院は、第一に、「権利行使の適当なる範囲」を問題にし、「法律に於て認められたる適当の範囲」・「社会観念上被害者に於を認容すべからざるものと一般に認められたる程度」を超えた権利行使によって「他人の権利を侵害した」ときは不法行為になるという。権利行使（営業）であっても、不法行為が成立することを認める。第二に、Yが「煤煙を防ぐべき設備（＝「煤煙予防の方法」）を施さずして煙害の生ずるに任せ該松樹を枯死せしめた」のは権利行使に関する「適当なる方法」ではないとし、煤煙予防・防止の設備の不実施＝権利行使に関する適当なる範囲を超えた権利行使＝「侵害の程度に於て不法行為」としたが、「過失」要件が満たされたと把握している。この「防止設備＝過失」論は、大判一九一六（大正五）・一二・二二民録二二輯二四七四頁「大阪アルカリ事件」、また信玄公旗掛松事件で大審院が「当院判例」として援用している大（二民）判一九一七（大正六）・一・二二民録二三輯一四頁の系譜にある。しかしながら、第三に、本判決は、「不法なる権利侵害」とそうでないものとを区別した。「凡そ社会的共同生活を為す者の間に於て一人の行為が他人に不利益を及ぼすことあるは免るべからざる所」との前提を置き、「権利行使の適当なる範囲」内の権利行使によって権利侵害が発生したとしても、不法行為責任を負うものではないとする。「其他人は共同生活の必要上之を認容」しなければならないからである。信玄公旗掛松事件は、損害賠償請求を認容した点で、また権利行使も不法行為となることを認めたという意味では、画期的な判決であった（「大阪アルカリ事件」での大審院の立場を事実上修正するものといえる）。しかし、「適法な権利侵害」概念を認容する道を開いたことも事実であった。つまり、権利侵害が生じたとしても、それが、

法律において認められた適当の範囲内の権利行使によるとき　⇒　適法な権利侵害

法律において認められた適当の範囲を超越した権利行使によるとき　⇒　不法な権利侵害

と構成され、後者の場合にのみ不法行為に基づく損害賠償義務が課せられることになる。民法七〇九条の要件「権利侵害」は、縮小解釈によって、「不法な権利侵害」とされた。

2　権利侵害要件からの離脱と拡張解釈との混淆──いわゆる「大学湯事件」──

大審院の理論構成上劃期となった判決は、やはり大判一九二五（大正一四）・一一・二八民集四巻六七〇頁＝法律新聞二五二九号一一頁＝判例彙報三七巻大審院民事判例三一四頁「いわゆる大学湯事件」[18]であろう。大審院は、その冒頭で、

「不法なる行為とは法規の命ずるところ若は禁ずるところに違反する行為を云ふ。斯る行為に因りて生じたる悪結果は能ふ限り之を除去せざるべからず。私法の範囲に在りては、其の或場合は債務の不履行として救済が与へらるることあり、又其の或場合は絶対権に基く請求権に依りて救済が与へらるることあり。此等の場合を外にして、別に損害賠償請求権を認め以て救済が与へらるることあり。民法に所謂不法行為とは即此の場合を指す。即不法行為とは、右二個の場合に属せず而も法規違反の行為より生じたる悪結果

を除去する為被害者に損害賠償請求権を与ふることが吾人の法律観念に照して必要なりと思惟せらるる場合を云ふものに外ならず。」

と宣告した上で、その説示を展開する。

第一に、大審院第三民事部（柳川勝二・三橋久美・前田直之助・神谷健夫・井野英一）は、民法七〇九条につき、「夫適法行為は千態万様数ふるに勝ふべからずと雖、不法行為に至りては寧ろ之より甚しきものあり。蓋彼は共同生活の規矩に遵ひての行為なるに反し、此は其の準縄の外に逸するの行為なればなり。従ひて何を不法行為と云ふやに就きて古より其の法制の体裁必しも一ならず。或は其の一般的定義は之を下さず唯仔細に個個の場合を列挙するに止むるものあり、或は之に反し広汎なる抽象的規定を掲げ其の細節に渉らざるものあり、又或は其の衷を執り数大綱を設けて其の余を律せむとするものあり。吾民法の如きは、其の第二数に属するものなり。故に、同法第七〇九条は、故意又は過失に因りて法規違反の行為に出で以て他人を侵害したる者は之に因りて生じたる損害を賠償する責に任ず、と云ふが如き広汎なる意味に外ならず。」

とし、民法七〇九条を英米法・フランス法・ドイツ法という三つの「法制の体裁」に関連づけながら、民法七〇九条の「権利侵害」要件を、「法規違反の行為」によって「他人を侵害した」、に組み換えている。たしかにここでの「法規違反の行為」にはドイツ民法八二三条二項の「保護法規違反」を想起させるものがあるが、実際には「他人を侵害した」はフランス民法・旧民法への回帰である。判決理由が「我民法の如きは其の第二数に属するものなり」と断言するとき、それは「広汎なる抽象的規定を掲げ其細節に渉らざる」フランス民法を指しているからである。裁判長柳川勝二の学風からみてもこう評価するべきであろう。

第二に、判決は、「所有権地上権債権無体財産権名誉権等所謂一の具体的権利」だけではなく、「此と同一程度の厳密なる意味に於ては未だ目するに権利を以てすべからざるも、而も法律上保護せらるる一の利益」も侵害対象たりうるとする。後者について、本判決は、

「吾人の法律観念上其の侵害に対し不法行為に基く救済を与ふることを必要と思惟する一の利益」

と敷衍している。「権利」侵害ではなく「保護法益」侵害を構想する本判決が特に注目をあびたのは、この論旨によるものであった。しかし、本判決における保護法益論は錯綜している。第三民事部は、「Y等にして法規違反の行為を敢し以てX先代が之（＝老舗）を他に売却することを不能ならしめ其の得べかりし利益を喪失せしめた」この事案では、

「侵害の対象は、売買の目的物たる所有物若は老舗そのものに非ず、得べかりし利益、即是なり」

と結論づけるが、判決理由をみるかぎり、厳密には、次の三者が問題とされている。①「湯屋業の老舗其のもの」、②「老舗を他に売却すること（行為）」、③「湯屋業の老舗を売却することに依りて得べかりし利益」。判決理由は①を「侵害の対象」でないとする。第三民事部が「老舗」（ここでは、厳密には「老舗の帰属」か？）を被侵害利益としなかった理由は、なお研究される必要がある。そして、第三民事部は、③「得べかりし利益」のみが侵害対象だという。侵害対象論と損害論とが未整理のまま混在しているといえよう。[19]

しかし、第三に、大審院判例審査会が、[20]「判示事項」を「不法行為に依り侵害せらるる権利」とし、

「湯屋業の老舗其のもの若は之を売却することに依りて得べき利益は民法第七〇九条に所謂権利に該当するものとす」（民集六七六頁）

との「判決要旨」を作成していることが留意されるべきである。この「判決要旨」に従えば、七〇九条の「権利」

は、①「所有権地上権債権無体財産権名誉権等所謂一の具体的権利」、②「湯屋業の老舗其のもの」（第三民事部の判決理由は侵害の対象でないとしていた）、③「湯屋業の老舗を売却することに依りて得べき利益」の三つを含むことになる。

もともと、第三民事部は、七〇九条について、「権利侵害」要件を「他人を侵害した」と読み替えた上で、③を「侵害対象」とし、②は侵害対象ではないと明言していた。にもかかわらず、大審院民事判例集の「判決要旨」は、②・③をも七〇九条の「権利」に包摂した。「判決要旨」を審査・決定した「大審院判例審査会民事部」は、「判決理由」を修正・加工し、七〇九条の「権利」概念を拡大する立場を表明した。このように、大審院判例審査会は、七〇九条の「権利」概念それ自体を拡張することによって七〇九条の適用範囲を拡大しようとした。法規解釈方法論でいうなら、「権利」の語義の可能な限界線を押し広げる手法、いわゆる拡張解釈（interpretation extensive, ausdehnende Auslegung, interpretatio extensiva）である。[21]「権利侵害」要件を乗り越えようとする第三民事部の見解とは対蹠的な方法である。大審院の一部（判例審査会）は、「判決要旨」の形をとって、「湯屋業の老舗其のもの」の権利への組み込みを示唆した。しかし、②「老舗そのもの」は別としても、七〇九条の「権利」を③「老舗売却による利益」にまで拡張するのは「語義」の限界を越えるものであり、この限りでは、判例審査会は第三民事部の説示に引きずられたというべきであろう。

このように、大学湯事件で、大審院は、権利侵害要件からの「離脱」とその「拡張」との相克の姿を「民集」で示した。大審院第三民事部自体は、次にみるように競争秩序違反論に踏み込もうとしたが、これを鮮明に理解させる説示を組み立てることはできなかった。その結果、権利侵害からの離脱（いわゆる「違法性へ」）の側面、老舗の権利化、このいずれかの側面でもって理解されるのが主流となった。判例においてもそうであり、一例を挙げれば、大判一九三二（昭和七）・一〇・六民集一一巻二〇三三頁（いわゆる「阪神電鉄事件」）はその援用する「大学湯事件」判決を第三民事部の「判決理由」の意味で理解しているのに対し、最判一九五八（昭和三三）・四・一一民集一二巻五号四九八頁（いわゆる「内縁準婚判決」）は同判決を「判決要旨」の意味で理解している。

(16) 硫酸製造・銅精錬等、日本の「官営型」近代化学工業の草分けとなった大阪アルカリ株式会社の工場から排出された硫酸煙によって農作物（稲・麦）被害が生じたとして、地主（外村與左衛門）・小作人が不法行為に基づく損害賠償を請求した。大審院は請求拒絶を示唆したが、差戻審（大阪控判大正八・一二・二七新聞一六五九号一一頁）は原告の請求を認容し、最終的には和解によって解決した。この判決の研究（評釈）に、鳩山秀夫・法学協会雑誌三五巻八号（一九一七年）九三頁→民法研究四巻（岩波書店、一九三〇年）二六六頁、中川善之助「大阪アルカリ事件—煙害と不法行為」法学セミナー一二号（一九五七年）四二頁、下森定・公害・環境判例百選（一九九四年）四頁、太田知行・民法判例百選Ⅱ（一九七五年）一六四頁、同前〔二版〕（一九八二年）一六二頁、吉田邦彦・民法判例百選Ⅱ〔三版〕（一九八九年）一六〇頁、同前〔四版〕一六〇頁、同前〔五版〕（二〇〇一年）一六〇頁、潮見佳男・環境法判例百選（二〇〇四年）四頁がある。

この裁判と紛争の推移については、川井健「大阪アルカリ株式会社事件判決」北大法学論集三一巻三＝四合併号（一九八一年）一二一頁以下＝同『民法判例と時代思潮』（日本評論社、一九八一年）一九三頁以下、小沢隆司「大阪アルカリ事件における工場公害と訴訟」『裁判と法の歴史的展開』（敬文堂、一九九二年）一一九頁以下、林真貴子「大阪区裁判所明治三九年一〇月二三日証拠保全決定」林屋礼二他編『図説判決原本の遺産』（信山社、一九九八年）六〇頁が新たな研究方法を提示している。

(17) 裁判官は、馬場愿治（裁判長）・柳川勝二・鈴木英太郎・鬼沢蔵之助・成道斉次郎である。

この事件についても研究は多い。三潴信三・法学協会雑誌三七巻八号（大正八年）七二頁、末川博「煤煙ノ隣地ニ及ホス影響ト権利行使」法学論叢一巻六号（一九一九年）八五頁＝同・民法に於ける特殊問題の研究（弘文堂書房、一九二五年）一九〇頁、石本雅男「笠掛松」判例百選（一九六〇年）二四頁、同前〔二版〕（一九六五年）四八頁、東孝行・公害・環境判例（一九七四年）一二頁、東孝行「裁判過程における権利濫用論の展開—信玄公旗掛松事件の諸判決を中心として」判タ三五七号（一九七八年）四頁、同・法曹時報三四七号（五四巻九号）二二頁、江川義治「信玄公旗掛松訴訟事件に関する調査記録」法務情報〔日本国有鉄道総裁室法務課〕一四一号（一九七五年）一頁、川井健「信玄公旗掛松事件—民法判例と時代思潮」末川先生追悼論集・法と権利1〔民商七八巻臨時増刊号（1）〕（一九七八年）九九頁→同『民法判例と時代思潮』（日本評論社、一九八一年）二四一頁、新藤東洋男・甲斐路の夜明け――「信玄公旗掛松事件」とその社会的背景（創研出版、一九九〇年）、和仁陽「信玄公旗掛松事件の甲府地方裁判所判決原本」林屋礼二他編『図説判決原本の遺産』（信山社、一九九八年）六一頁、山下りえ子「『信玄公旗掛松』事件研究史に新しい発見――民事判決原本の一調査紹介」東洋法学四六巻一号（二〇〇二年）一〇五頁。なお、新藤論文以降、判決原本を基礎とし地域史と結合させた研究に移行しつつある。

(18) 末弘厳太郎・法学協会雑誌四四巻一二号（一九二六年）一一九頁＝判例民事法大正一四年度（有斐閣、一九二七年）五一四頁、宗宮信次・法曹公論三一巻一号（一九二七年）六〇頁、有泉亨・判例百選（一九六〇年）五四頁、同前〔二版〕（一九六五年）六二頁、沢井裕『民法の判例（二版）』（一九七一年）一七七頁、前田達明・民法判例百選Ⅱ（一九七五年）一六八頁、沢井裕『民法の判例〔三版〕』（一九七九年）一六九頁参照。この事件については、川井健『不法行為法〔二版〕』（日本評論社、一九八八年）七三頁以下、および未公開判決を翻刻する同「大学湯事件判決について――不法行為法の体系と課題」『現代社会と民法学の動向・上』（有斐閣、一九九二年）九九頁以下参照。

(19) しかし、これは、侵害行為によって発生した損害（逸失利益）が侵害対象であることに帰着する。侵害の対象と損害とを「混同」している。原島重義「わが国における権利論の推移」法の科学四号（一九七六年）一〇〇頁注(193)参照。

(20) 大審院判例審査会については、大河「大審院（民事）判例集の編纂と大審院判例審査会」立命館法学二五六号〔一九九七年度第六号〕（一九九八年）一三九頁以下参照。

(21) 四宮和夫『事務管理・不当利得・不法行為』（青林書院新社、一九八五年）三九六頁は、本判決を「『権利』概念の拡大」と評価しているが、「判決要旨」のみに依拠しているにすぎないように思われる。

三　先例と「大学湯事件判決」

1　「大学湯事件」と類推解釈

「大学湯事件」の判決理由の冒頭の一文が示す命題「故意又は過失に因りて法規違反の行為に出で以て他人を侵害したる者は之に因りて生じたる損害を賠償する責に任ず」は、七〇九条の客観的解釈や単純な拡張解釈によるものではなく、七〇九条の類推（解釈）によって導かれたものであるとする見解がある。(22)

類推（analogy, analogie, Analogie）は「単数または複数の法文を一般化することによって得られる一般規範をその法文が直接規律している事案と重要な点で似ている事案に適用する（こと）[23]」、「ある法律から得られる規則を、法律において規律されている事例と法的に類似の事例に、つまり、判断の理由づけにとって決定的な部分においてこの事例と同様の（本質的に同様の）事例に、拡張すること（拡張して適用すること）[24]」であるから、「権利侵害」自体からより抽象的・一般的な「法規違反行為による損害惹起」を帰納することはできない。後者を類推論から導出するとすれば、すでに「信玄公旗掛松事件」で大審院が民法七〇九条の「権利侵害」要件を「不法な権利侵害」に書き換え（縮小解釈）、ここでの「不法な権利侵害」の一般化によって、「不法な行為（法規違反の行為）で、他人を侵害＝違法な侵害」という規則を獲得し、これを法的に本質的な点で同じ事案に適用した、とみなければならない。つまり、「大学湯事件」について類推適用論は、大審院によってすでになされた「権利侵害」の「不法な権利侵害」への縮小解釈を前提としなければならないことになる。

2 「大学湯事件」と先例

ところで、第三民事部は、

「本件を案ずるに、上告人（X）先代（A）が大学湯の老舗を有せしことは原判決の確定するところなり。老舗が売買贈与其の他の取引の対象と為るは言を俟たざるところなるが故に、若被上告人等（Y）にして法規違反の行為を敢し以て上告人（X）先代（A）が之を他に売却することを不能ならしめ其の得べかりし利益を喪失せしめたるの事実あらむか、是猶或人が其の所有物を売却せむとするに当り第三者の詐術に因り売却は不能に帰し為に所有者は其の得べかりし利益を喪失したる場合と何の択ぶところかある。此等の場合、侵害の対象は、売買の目的物たる所有物若は老舗そのものに非ず、得べかりし利益、即是なり。斯る利益は、吾人の法律観念上、不法行為に基く損害賠償請求権を認むることに依りて之を保護する必要あるものなり。

原判決は、老舗なるものは権利に非ざるを以て其の性質上不法行為に因る侵害の対象たるを得ざるものなりと為せし点に於て、誤れり。更に、上告人（X）主張に係る本件不法行為に因り侵害せられたるものは老舗そのものなりと為せし点に於て、誤れり。本件上告は其の理由あり。」（改行：引用者）

と、「若被上告人等（Y）にして法規違反の行為を敢し以て上告人（X）先代（A）が之を他に売却することを不能ならしめ……」と述べ、老舗の売却行為を妨げることをも問題にし、老舗を売却する行為が侵害対象と構成することをも意識している。これは、「老舗に関する権利が売買譲渡に依り移転せらる、ものと解すべきに非ず」とした原審判決の説示を批判したものである[25]。第三民事部は、「第三者が法規違反の行為を敢えて行うことによって（権利者がその）老舗を売却することを不能とすること」を「第三者が詐術によって（所有者がその）所有物を売却することを不能とすること」と同一視している。

この説示からすれば、原告（A＝X）がすでに老舗の売買契約を締結し債務者（A＝X）の給付行為を第三者（Y）が妨害する行為を問題としたのではなく、また、Xと相手方との取引関係を侵害したのでもなく、老舗の売却によって原告Xの老舗売却行為に対する妨害（不能化）行為を妨害者の主観的態様「詐術」と結びつけて審理すべきことを指示しているとみるべきであろう[26]。このような思考は、以下の先例が展開していた判決規範を類推適用することを試みたものとみるべきであろう。

① 大（三刑）判一九一五（大正四）・三・一〇刑録二一輯二七九頁＝法律新聞一〇〇五号二八頁「若し第三者

が債務者を教唆し若くは債務者と共同して其債務の全部又は一部の履行を不能ならしめ、以て債権者の権利行使を妨げ之に依りて損害を生ぜしめたる場合に於ては、債権者は、右第三者に係り不法行為に関する一般の原則に依り、損害賠償の請求をなすことを得るものとす。」　裁判官：（院長）横田國臣・棚橋愛七・磯谷幸次郎・掘田馬三・柳川勝二・（代理判事）岡田庄作(27)

② 大（三民）判一九一五（大正四）・三・一〇民録二一輯三九五頁＝法律新聞一〇〇五号二八頁「権利は法律上の力なれば権利者が権利を行使して其内容たる力を実現することは他人に於て之を侵害することを許すべきものにあらず。若し之を侵害することを許すものとすれば、権利の内容は全く若くは十分に之を実現することを得ざることとなり、権利は有名無実のものたるに終らん。故に苟も権利の内容にして、形成権の如く事実上他人に於て侵害を加ふることを得ざる性質を有するものにあらざる限りは、其支配権たると請求権たるとを問はず、法律は他人に於て之を侵害することを許さざるものなりと謂はざるべからず。茲を以て、特定人の特定の行為を請求するを主たる内容とする債権と雖も、他人に於てに於て之を侵害するを許さず。若し故意過失に因り違法に之を侵害したるときは不法行為の責ある……」（民録三九八頁。傍論）　裁判官：横田秀雄・大倉鈕蔵・嘉山幹一・（代理判事）三宅高時(28)

③ 大（二刑）判一九二二（大正一一）・八・七刑集一巻四一〇頁「債権の目的物が第三者の故意又は過失に基づく行為に因り滅失したるが為履行不能と為り債権が消滅したる場合に於て、第三者の行為が不法行為を成すべきものなることは夙に本院判例の示す所なり。従て斯る場合、債務者が不法行為者たる第三者に対し損害賠償の請求権を有すると否とに拘らず、債権者は其の債権侵害を理由とし自己固有の権利に基き直接に不法行為者に対し損害の賠償を請求することを得べきものにして、債務者が第三者に対して有する賠償請求権

の移転を受け若は債務者に属する右権利を行使するの方法に依るに非ざれば事故の権利の救済を得るに由なきものと解するを要せず。」（四一三～四一四頁）裁判官：柳川勝二（裁判長）・掘田馬三・中西用徳・西川一男・中尾芳助[29]

第三民事部は、当時の判例に従い、債権侵害に関する先例に依拠しようとしたが、「老舗」を権利そのものとすることに躊躇した。たとえば、横田秀雄・債権各論〔八版〕（清水書店　一九一六年）は、故意を要件とする、「債権其他の対人権に付きても亦対世的関係に於ける権利侵害」（八四三頁）を想定できるとし、第三者が債務者と共に債権者に引き渡すべき物を損傷・滅失・隠匿した場合、第三者が債務者を教唆し債務の履行を拒絶させた場合、雇用契約に基づき労務に服すべき被用者を誘拐する場合の三例を挙げていたが、いずれも債務関係が存在する場合であった。しかし、第三民事部が直面した事案は、すでに権利者が老舗の売買契約を締結していたというものではなかった。したがって、第三民事部は、第三者が債務者を教唆しまたは債務者と共同してその債務の全部または一部の履行を不能とする行為（一九一五年三月一〇日判決）、第三者が故意または過失に債権目的物の滅失又は損傷することによって履行を不能とする行為（一九二一年八月七日判決）を単純に踏襲することができなかった。その結果、法規違反の行為によって老舗を処分することを不能とする行為（第三民事部にとっては、老舗は権利ではない）を抽出しようとしたものとみるべきであろう。

周知のように、「法規違反の行為」が何を意味しているかは議論のあるところである。先例からすれば保護法規違反ということになろう。「民事の裁判と刑事の裁判との間に於て完全なる調和を保たしむること」を「判例審査の方針」の一つとする大審院判例審査会が発足したのが大正一〇年末であったことが想起されてよい。[30]

(22)　広中俊雄『民法解釈方法に関する十二講』(有斐閣、一九九七年)は、「七〇九条……の類推による欠缺補充として《故意又は過失に因りて違法に他人の利益を侵害したる者亦同じ》という後段を付加(追加)し……、『権利侵害』および『違法な利益侵害』に『法規違反の行為による侵害』、『違法な侵害』という総称を与えた」(一一頁)と評価する。しかし、「後段付加(追加)」の根拠は示されていないように思う。同論文が同時に「権利侵害」と「違法な利益侵害」との二つの類型を区別すべきことを強調している(一二～一五頁参照)こととの関係で、この類推適用論は吟味される必要がある。

(23)　碧海純一『新版法哲学概論全訂第一版』(弘文堂、一九七三年)一五五頁。

(24)　Enneccerus und Nipperdey, Allgemeiner Teil des bürgerlichen Rechts, 15. Aufl., 1959, S. 339. 近時のものとして、ヤン・シュレーダー著／石部雅亮編訳『トーピク・類推・衡平』(信山社、二〇〇〇年)四九頁以下の「法における類推の歴史と正当性について」(児玉寛訳)、児玉寛「サヴィニーの《法制度論》——理論と実践の架橋」村上淳一編『法律家の歴史的素養』(東京大学出版会、二〇〇三年)五三頁が注目すべきもの。

(25)　川井・前掲注(18)「大学湯事件判決について——不法行為法の体系と課題」一〇八～一一三頁参照。

(26)　その後、大審院第三民事部は、大(三民)一九三〇(昭和五)・九・一七法律新聞三一八四号七頁＝判例彙報四一巻大審院民事判例六二五頁で賃借権侵害を不法行為とした上で現在の妨害排除および不作為請求を肯定し、大(三民)一九三一(昭和六)・五・一三法律新聞三二七三号一五頁で同じ構成を採用することになる(もっとも傍論)。この点、木村和成「戦前の『賃借権に基づく妨害排除』裁判例の再検討」立命館法学二八五号(二〇〇四年)二三八～二四二、二七二～二七七頁参照。

(27)　法律新聞九八五号一七頁の「大審院事務分配」参照。ただし、刑録二一輯巻末の「大審院刑事部裁判長及部員氏名表」によれば、代理判事は中尾芳助となっている。

(28)　法律新聞九八五号一七頁の「大審院事務分配」参照。

(29)　刑集一巻末尾の「大正十一年度大審院刑事部裁判長及部員氏名表」参照。

(30)　大河・前掲注(20)一三九～一四四頁参照。

まとめに代えて

以上、本稿は、明治民法七〇九条における「権利侵害」要件について、立法者は「違法性」を加味し「違法な権利侵害」とすることを意識的に回避したとみるべきであるとした。したがって、大審院が「信玄公旗掛松事件」行った「法律において認められた適当の範囲を超越した権利行使による権利侵害」＝「不法な権利侵害」に民法七〇九条の保護対象を制限した「縮小解釈」には疑問を呈されなければならない。縮小解釈が意図したことは、加害者が主張・証明を負担する責任阻却事由の問題領域であるように思われる。

いわゆる「大学湯事件」は、基本的には「権利侵害」要件から「違法性」への離脱の試みとして評価されてきた。第三民事部の命題「所有権地上権債権無体財産権名誉権等所謂一の具体的権利だけではなく、此と同一程度の厳密なる意味に於ては未だ目するに権利を以てすべからざるも、而も法律上保護せらるる一の利益」はこの理解を支える。しかし、その侵害対象論は混乱しており、「老舗を転売することによって得べき利益」は損害論であるから、現在からみて無視すべきものである。「湯屋業の老舗其のもの」を侵害対象とするかどうかでは、第三民事部と判例審査会は意見の一致をみなかった。焦点は、債権侵害論の領域拡張、つまり競争秩序違反に対する法律構成であった[31]。

大学湯事件を審理した「第三民事部」の裁判官構成――柳川勝二（裁判長）（明治二四年七月東京帝国大学法科大学第二部卒）・三橋久美（明治三四年七月東京帝国大学法科大学英法科卒）・前田直之助（東京帝国大学法科大学英法科卒）・神谷健夫（明治三六年七月京都帝国大学法科大学独法科卒）・井野英一（東京帝国大学法科大学独法科卒）――につき付言するなら、フランス法に造詣の深い柳川勝二が裁判長であり先例にも関与してきたことが留意されるべきであり、「法制の体裁」の「第二数」の指摘からみても、第三民事部の結論的命題がフランス法・旧民法への回帰であることはすでに指摘したことである。しかし、「第三者の故意または過失による債務者の履行不能化行為」から「第三者の故意（詐術）による債権者の財産権処分行為の不能化行為」を構成しようとしたことを単なるフランス法・旧民法への回帰とすることはできないように思われる。[32]ドイツ法学、とりわけ英米の不法行為法学との関連を明らかにしなければならないであろう。穂積陳重・富井政章によるイギリス不法行為法の紹介・講義に始まり、東京帝国大学法科大学英法科の卒業生が大審院の中核を形成し、かつ不法行為法学を展開していた。この「法曹（司法官）不法行為法学」抜きには、判例分析は進展しないように思われる。[33]

(31)　たとえば、原島重義「競争秩序と民法」久留米大学法学三〇号（一九九七年）一七頁以下参照。

(32)　第三民事部の裁判官の研究は今後の課題であるが、「和蘭西刑執行法（アルベル・リピエール述）（1）～（3）」法協七一号三七頁、七二号一五五頁、七三号二四二頁があり、その他の著作については、木村和成「戦前の『賃借権に基づく妨害排除』裁判例の再検討」立命館法学二八五号（二〇〇四年）三〇四頁注172）を参照されたい。三橋久美には、「（時観）不法行為ニ関スル過失ノ立証責任」法協二六巻五号二二七頁、「（時観）損害賠償責任ノ競合」法協二六巻一二号五六三頁がある。また、前田直之助が、のちに、「債権に対する第三者の不法行為」民商法雑誌六巻（一九三七年＝昭和一二年）一頁を公表している。

なお、明治三六年東京帝国大学法科大学英法科卒業（昭和一一年三月一三日～一四年二月九日大審院長）の池田寅二郎「第三者ニ依ル債権ノ侵害」法学協会雑誌二四巻一〇号（明治三九年）一四三三頁にも注意する必要があろう。小林俊三「池田寅二郎」同・私の会った明治の名法曹物語（日本評論社、一九七三頁）二四四頁以下によれば、『ニューサンス講義案ノート』、『衡平法教材（訂正）中央大学教務課』があると指摘している（ただし、未見）。

(33)　ここでは、主として、本文中で援用した横田秀雄の著作の他、平沼騏一郎、池田寅二郎、磯谷幸次郎、西川一男、団之新之、嘉山幹一等の体系書を念頭に置いている。

河内宏・大久保憲章・采女博文・
児玉寛・川角由和・田中教雄 編
『市民法学の歴史的・思想的展開』
二〇〇六年八月 信山社17

戦後補償裁判と除斥期間概念

采 女 博 文

一　はじめに

日本国と旧日本軍の支配下で深刻な被害を受けた個人が、一九九〇年代以降相次いで日本の裁判所に民事救済を求めている。(1) 原告らの主張によれば、欺罔・甘言ないし力づくで従軍慰安婦とされ、あるいは奴隷的労働に従事させられ、その結果その身体・精神に生涯癒えることのない傷を負い、労働力の多くを喪失し、家族生活すら奪われた者、残虐な虐殺の犠牲者の遺族からのいわば理不尽に奪われた自らの人間の尊厳の回復を求める訴えである。

しかし裁判所は原告らの訴えを様々な論理で退けている。当初から、原告らにとって大きな壁と思われていたのが、国家無答責の法理、除斥期間概念であった。今日では、この二つの論理は学問的には崩れはじめており、(2) これを反映した判決も登場するようになった。

国家無答責の法理を回避ないし排除した裁判例に、京都地判二〇〇三〔平一五〕年一月一五日判時一八二二号八三頁〔中国人強制連行・強制労働京都訴訟〕、東京地判二〇〇三〔平一五〕年三月一一日訟月五〇巻二号四四三九頁〔中国人強制連行第二次訴訟〕、東京高判二〇〇三〔平一五〕年七月二二日判時一八四三号三二頁〔韓国人従軍慰安婦等訴訟〕などがある。しかし、いずれも除斥期間の経過による請求権の法律上当然消滅をいうか、除斥期間の適用制限を認めなかった。

除斥期間の適用を制限した裁判例に、東京地判二〇〇一〔平一三〕年七月一二日判タ一〇六七号一一九頁〔劉連仁訴訟〕、福岡地判二〇〇二〔平一四〕年四月二六日判時一八〇九号一一一頁〔中国人強制連行福岡訴訟〕、東京地判二〇〇三〔平一五〕年九月二九日判時一八四三号九〇頁〔日本軍毒ガス等遺棄被害訴訟〕がある。

しかし二つの論理が崩れはじめた段階で、日本国が結んだサンフランシスコ平和条約（一九五一年）・日華平和条約（一九五三年）・日中共同声明（一九七二年）・日韓請求権協定（一九六五年）といった各種条約・協定による補償問題の解決済み、損害賠償請求権の消滅（東京高判二〇〇一（平一三）年一〇月一一日判時一七六九号六一頁〔オランダ人戦後補償訴訟〕、広島高判二〇〇五（平一七）年一月一九日判時一九〇三号二三頁〔三菱重工強制連行・被爆訴訟〕、名古屋地判二〇〇五（平一七）年二月二四日判時一八九四号四四頁〔挺身隊訴訟〕、東京高判二〇〇五（平一七）年三月一八日〔中国人慰安婦第二次訴訟〕）、国賠六条の相互保証の不存在（東京高判二〇〇五（平一七）年六月二三日判時一九〇四号八三頁〔劉連仁訴訟〕）といった論点が法務省によって前面に持ち出されはじめ、これを受け入れる裁判例も現れはじめた。しかし、新たな壁として持ち出された「補償問題は国家間で解決済み」との主張も当の相手国による支持を得られないことが歴然となりつつある。(3)

本稿では、原告らの訴えが時の経過の前に阻まれている諸相を考察し、除斥期間説の系譜を改めて指摘し、被害回復を拒否する思想と論理を明らかにしたい。

（1）　松本克美「戦後補償裁判リスト」法時七六巻一号（二〇〇四年）四二頁以下の主要判決一覧参照。

（2）　松本克美「『国家無答責の法理』と民法典」立命館法学二九二号三一七頁以下（二〇〇三年）、西埜章「戦争損害と国家無答責の原則」法政理論三一巻二号一〇七頁以下（一九九八年）、芝池義一「戦後補償訴訟と公権力無責任原則」法時七六巻一号（二〇〇四）二四頁以下、松本克美『時効と正義』（日本評論社、二〇〇二年）、同「戦後補償訴訟の新展開――安全配慮義務及び時効・除斥期間問題を中心に」立命館法学二八三号四八頁以下（二〇〇二年）、同「時効・除斥期間論の現状と課題」法時七六巻一号（二〇〇四）三七頁以下など。

（3）　韓国政府は日韓国交正常化交渉の外交文書を公開し、従軍慰安婦、サハリン残留韓国人、韓国人被爆者については日韓会談当時、被害者として認識されず議題に上がっておらず未解決であり、特に慰安婦の問題は「日本の国家権力が関与した反人道的不法行為」であるとして、日本の法的責任を追及する姿勢を示している（二〇〇五年八月二七日付毎日新聞ほか各紙）。日本の歴史認識が問われていることについては、中国人戦争被害賠償請求事件弁護団『砂上の障壁――中国人戦後補償裁判一〇年の軌跡』（日本評論社、二〇〇五年）三〇四頁など多数の文献が指摘している。

二　時の経過による請求権の切断

1　除斥期間の適用制限

(1)　最高裁一九八九年判決は、「(民法七二四条）後段の二〇年の期間は被害者側の認識のいかんを問わず一定の時の経過によって法律関係を確定させるため請求権の存続期間を画一的に定めた」除斥期間であり、請求権は二〇年の除斥期間が経過した時点で法律上当然に消滅するから、「信義則違反又は権利濫用の主張は、主張自体失当」であるとの見解を述べた（最判一九八九〔平一〕年一二月二一日民集四三巻一二号二二〇九頁）。しかしこの除斥期間概念は、学説による厳しい批判を受けた。

その後、予防接種ワクチン禍訴訟において、最高裁は民法七二四条後段の効果を制限した。「心身喪失の常況が当該不法行為に起因する場合であっても、被害者は、およそ権利行使が不可能であるのに、単に二〇年が経過したということのみをもって一切の権利行使が許されないこととなる反面、心身喪失の原因を与えた加害者は、二〇年の経過によって損害賠償義務を免れる結果となり、著しく正義・公平の理念に反するものといわざるを得ない。そうすると、少なくとも右のような場合にあっては、当該被害者を保護する必要があることは、前記時効の場合と同様であり、その限度で民法七二四条後段の効果を制限することは条理にもかなう」（最判一九九八〔平一〇〕年六月一二日民集五二巻四号一〇八七頁）。

最高裁一九九八年判決は、民法七二四条後段を除斥期間と解した上で、同条後段の適用制限へ一歩をすすめた。その後の裁判例をみると、①民法七二四条後段は除斥期間と解する、②除斥期間の主張が信義則違反または権利濫用であるという主張は、主張自体失当である、という最高裁判決に抵触しない形で、「条理によって除斥期間の適用を制限する」という方法を採用する方向にわずかに動き始めたといってよいだろうか。(4)

二つの最高裁判決の間の裁判例は、東京地判一九九五〔平七〕年七月二七日判時一五六三号一二一頁〔上敷香韓人虐殺訴訟〕など適用制限に消極的であった。最高裁一九九八年判決後も、東京地判二〇〇二〔平一四〕年一〇月一五日判タ一一六二号一五四頁〔台湾従軍慰安婦訴訟〕が「被害の重大性や、政治及び社会情勢による権利主張の困難性など、不法行為の事案、権利者及び義務者に関する事情並びに除斥期間の経過に至る過程などの諸般の事情に基づいて除斥期間を適用しないとすることは、上記判決の趣旨を逸脱する」として極端に判決の射程距離を限定するほか、東京地判一九九八〔平一〇〕年一〇月九日判時一六八三号五七頁〔フィリピン性奴隷訴訟〕、東京地判一九九九〔平一一〕年一〇月一日訟月四八巻三号七一八頁〔在日韓国人従軍慰安婦訴訟〕、広島地判二〇〇〇〔平一二〕年三月二五日訟月四七巻七号一六七七頁〔三菱重工広島徴用工訴訟〕、東京高判二〇〇〇〔平一二〕年一一月三〇日判時一七四一号四〇頁〔在日韓国人従軍慰安婦訴訟〕、東京高判二〇〇〇〔平一二〕年一二月六日判時一七四四号四八頁〔フィリピン性奴隷訴訟〕、東京地判二〇〇一〔平一三〕年五月三〇日判タ一一三八号一六七頁〔中国人慰安婦訴訟〕、広島地判二〇〇二〔平一四〕年七月九日判タ一一一〇号二五三頁〔西松建設中国人強制連行訴訟〕、京都地判二〇〇三〔平一五〕年一月一五日〔中国人強制連行京都訴訟〕、東京地判二〇〇三〔平一五〕年三月一一日〔中国人強制連行第二次訴訟〕、東京地判二〇〇三〔平一五〕年三月二六日〔遺骨引渡等請求訴訟〕、東京高判二〇〇三〔平一五〕年七月二二日〔韓国人従軍慰安婦等訴訟〕、福岡高判二〇〇四〔平一六〕年五月二四日判時一八七五号六二頁〔中国人強制連行福岡訴訟〕、広島高判二〇〇四（平一六）年七月九日判時一八六五号六二頁〔西松建設強制連行訴訟〕、東京高判二〇〇四（平一六）年一二月一五日〔中国人慰安婦訴訟〕、広島高判二〇〇五（平一七）年一月一九日〔三菱重工強制連行・被爆訴訟〕、東京高判二〇〇五（平一七）年三月一八日〔中国人慰安婦第二次訴訟〕など裁判例の多数は適用制限を限定的にしか認めないか消極的な態度をとっている。

(2) 今後の焦点となる適用制限の範囲、適用制限の要件をめぐる裁判実務の現状を地裁判断と高裁判断とが分かれた二つの事件、中国人強制連行福岡訴訟と西松建設中国人強制連行訴訟からみておきたい。

(ア) 西松建設中国人強制連行訴訟の広島地裁判決は最高裁一九九八年判決の射程を限定して捉える。まず、「二〇年の除斥期間の経過前六箇月内において不法行為を原因として被害者が自ら権利行使をすることができない常況にあり、民法一五八条の法意との権衡が問題になるなどの『特段の事情』の存在が必要とされる」と述べ、特段の事情を限定し、本件での特段の事情の存在を否定する。

広島地裁判決の特徴は、加害の悪質性や被害の重大性等を適用制限の考慮外とした点にある。[5]「加害の悪質性や被害の重大性等の点については、除斥期間制度を設けるに当たって当然に話題に上るべき事柄でありながら、この点に関わらしめる規定を民法自体が一切設けなかった（非人間的行為の最たる殺人についてすら全く触れていない）ことや、民法七二四条後段の趣旨からして、除斥期間の適用に関して考慮の対象外と解するのが相当であり、これらの事柄を根拠に除斥期間の適用の当否を論じることは、事実上被害者側の心情に流された恣意的な運用を招く弊害も懸念され、妥当とはいえない。」と述べる。

この論理にはまず、日本国憲法下での民法の内在的な価値転換が無視されていることを指摘してよいだろう。[6]戦後の民法改正に際して、第一回国会衆議院司法委員会（一九四七年七月二八日）で佐藤藤佐政府委員（司法次官）

は、「第一條の二に本法は個人の尊厳と兩性の本質的平等とを旨として解釋すべきことを規定したのであります。今回の改正もこの基本原則に則つて行われたものでありますが、同時にその解釋についてもこの原則に従うことを要し、その結果今回の改正ではまだ根本的改正の行われなかつた民法第一編ないし第三編の諸規定についても、その内容はこの二箇條の規定により相當の實質的變更があるものと考えるのであります」と述べていることも想起されていい。また、加害の悪質性や被害の重大性等を考慮すれば「被害者側の心情に流された恣意的な運用を招く」とされるが、むしろ判的判断に際して被害の重大さをも考慮することができる枠組みを志向し選択するというのが民法学の到達点である。[7] 加害と被害の質という点では、異民族に対する国家ぐるみの犯罪ともいいうる事案と単なる殺人事案とでは次元を異にしよう。被害の重大性、加害行為の悪質さに対する認識の差が除斥期間の適用を制限した判決との決定的な違いである。

(イ)　中国人強制連行福岡訴訟の福岡地裁判決は、まず「民法七二四条後段は除斥期間を定めたものであり、除斥期間の規定が不法行為を巡る法律関係の速やかな確定を意図しているものであることを考慮すると、基本的には二〇年の経過という一義的な基準でこれを決すべきものである」と除斥期間制度の趣旨を捉える。しかし次に、除斥期間制度の適用がもたらす結果を熟慮する。「本件に除斥期間の適用を認めた場合、本件損害賠償請求権の消滅という効果を導くものであることからも明らかなとおり、本件における除斥期間の制度の適用が、直接、いったん発生したと訴訟上認定できる権利の消滅という効果に結びつくのであり、取引安全の要請が存しない本件においては、加害者である被告会社に本件損害賠償責任を免れさせ、ひいては、正義に反した法律関係を早期に安定させるのみの結果に帰着しかねない」。

この熟慮の上で、次の規範をつくり出す。「除斥期間制度の適用の結果が、著しく正義、衡平の理念に反し、その適用を制限することが条理にもかなうと認められる場合には、除斥期間の適用を制限することができる」。福岡地裁は、広島地裁と異なり、加害行為の態様の悪質さを適用制限の要素に組み込んだ。「本件損害賠償請求の対象とされる被告会社の行為は、戦時下における労働力不足を補うために、被告国と共同して、詐言、脅迫及び暴力を用いて本件強制連行を行い、過酷な待遇の下で本件強制労働を実施したものであって、その態様は非常に悪質である。」

さらに福岡地裁は、「被告らにより、原告らの権利行使を著しく困難にする状況が作り出されていた」ことを重視し、原告らが二〇〇〇(平一二)年または二〇〇一年になって初めて本件訴訟を提起するに至ったこともやむを得ないとした。考慮された諸事情は、①「被告国の外務省は、中国人労働者の日本への移入に関し、昭和二一年に被告会社を含む一三五の事業場に事業場報告書の作成を命じ、調査員を事業場に派遣し現地調査報告書を作成させ、これをもとに外務省報告書を作成したが、後にその廃棄を命じたこと」、②「そうであるにもかかわらず、被告国の内閣総理大臣及び政府委員らは、昭和二九年九月六日以降、本件強制連行及び強制労働の事実関係は、資料がないため明確ではなく、中国人労働者の就労は自由な意思による雇用契約に基づくものであった旨の答弁を国会において繰り返し行ったこと」、③「平成五年に外務省報告書とその関係書類の所在が初めて一般に知られるに至ったこと」、④「昭和四七年の日中共同声明及び昭和五三年の日中平和友好条約により、日本と中国の国交が正常化されたものの、日中共同声明の第五においては、中国政府が日本に対する損害賠償請求を放棄した旨の条項があり、同条項が民間人の損害賠償請求権を含むか否かについては、中国国内でも議論があったこと」などである。

(ウ) 福岡高裁は地裁判断と逆の判断をした。まず、「裁判所による民法七二四条後段の効果制限」について一般論として承認したが、効果制限を相当とする特段の事情の存在は否定した。西松建設訴訟の広島地裁判決と同趣旨であるが、それよりもやや精緻にみえる。

福岡高裁の適用制限についての解釈指針には特徴がある。まず、「正義・公平」概念のなかにこの概念の多義性を理由に「法的安定性」をも組み込んだ。ここから、「七二四条後段の二〇年の期間は、被害者側の認識いかんを問わないのであるから、法的安定性を重視して除斥期間を定めた民法の趣旨」を強調し、最高裁一九九八年判決の趣旨を安易に拡張しないとの態度を表明する。

つぎに高裁は特段の事情としての考慮要素として四つを取り出している。①判断要素Ａ（加害行為の態様が悪質で、かつ、生じた被害も甚大で、看過し得ないこと）、②判断要素Ｂ（被害者が不法行為の時から二〇年を経過する前六か月内において心神喪失の常況にある等、除斥期間経過前に権利を行使することが客観的に不可能であること）、③判断要素Ｃ（加害者が積極的に証拠を隠滅し、又は提訴を妨害した等、除斥期間経過による権利消滅の利益を享受させることを不相当とする事情が存すること）、④判断要素Ｄ（被害者が、権利行使が可能になって速やかに権利を行使したこと）。

しかし重視された要素は要素Ｂと要素Ｄにすぎず、四つの要素の総合判断にはなっていない。要素Ａについては、「一審原告らが被った被害は甚大であり、被侵害利益の面からみても、その被害は容易に看過し得ないところ、この被害は、本来悪をなしえず、また、高い道義性を求められる被控訴人国の極めて悪質な不法行為に起因する」として要素Ａを具備していると評価し、要素Ｃについても、「被控訴人国は悪質な証拠隠滅活動をした」として要素Ｃの具備を認めている。しかし、要素Ｂについては、「〔私事による出国が認められるようになった〕一九八六年（昭和六一年）一一月一日（公民出国入国管理法施行）以後は、権利を行使することが事実上極めて困難で、不法行為の時から二〇年を経過する前六か月内において心神喪失の常況にある場合に匹敵する事情があったとはいい難い」」、として要素Bの具備を否定した。判決は、「証拠の不足ないし証拠収集の困難は、勝訴の可能性を低下せしめる事情ではあるが、権利行使それ自体を客観的に不可能ならしめる事情ではないし、同法施行後も自由な渡航が事実上困難な状態が続いていたとしても、それは中国国内の内部事情であって、被控訴人国は関係ないことである」と述べる。

D要素についても、本訴が最初に提起された二〇〇〇年五月一〇日の時点での要素Dの具備を否定した。一九八六年から約一四年、日本を出国した一九四五年からは約五五年（すなわち半世紀以上）が経過していることを強調し、「被害者に後見人が就職し、被害者の権利行使が可能になった後一三日目に適法に権利行使をした事例」（最高裁一九九八年判決）と比較して、本件では「客観的に提訴が可能となった時点から現実に提訴されるまでの時間は相当に長い」という。

福岡高裁判決は、要素Aを判断要素から外してしまわなかった点は評価してよいかもしれない。しかし要素A、要素Cは総合的な判断にいささかも影響を及ぼしていない。総合的な判断というよりも四つの要素をすべて具備すること、つまりD要素の具備、権利行使が可能になった後の速やかな権利行使を要求しているのであろう。

広島高裁判決もまた、最高裁一九九八年判決から「権利行使が客観的に可能となったのちすみやかに権利行使がされたかどうか」を重要な要素として取り出し、権利行使が可能になった時点を一九八六年と解すると、その一二年後であり、権利行使が客観的に可能となった時点からかなりの期間が経過した後である、として特段の事情を認めることは困難であるとした。

二つの高裁判決が最高裁一九九八年判決の射程を「時効の停止事由の解消から六か月以内に権利行使がなされ

る」場合に限定して捉えているとすれば、「速やかな権利行使」（「不法行為をめぐる法律関係の速やかな確定を意図する同条の規定の趣旨」）という呪縛に囚われているというほかない。(8) 除斥期間の適用制限の要件を検討する場合にも、信義則・権利濫用法理は時効の進行論の枠の外にあるものであり、経過した期間の長さは決定的な要因ではないことが熟慮されていいのではないか。

2　時効援用権の権利濫用要件

強制連行・強制労働の戦後補償類型では、安全配慮義務違反の法律構成も浸透してきている。この場合、一〇年時効の期間経過が問題になる。時効の援用が権利濫用になりうることは、裁判実務上確立しているが、ここでも時効援用権濫用の要件をめぐって対立がある。

西松建設訴訟の広島地裁判決は、時効援用権濫用の要件を「債権者が訴え提起その他時効中断の挙に出ることを債務者において妨害し、若しくは妨害する結果となる行為に出た場合、又は債権者と債務者とが近親者等特殊な関係にあるため債権者に時効中断の挙に出ることを期待することが酷である場合等、債務者が消滅時効を援用するのが社会的に許容された限界を逸脱するものと見られる場合」に限定し、「時効にかかる損害賠償請求権の発生要件該当事実が悪質であったこと、被害が甚大であったことなど」は時効援用権濫用の要件を構成しないとして、「被害の重大性や多大な損害等」を権利濫用・信義則違反としての考慮要素から外す。判決は、これを最判一九九四（平六）年二月二二日民集四八巻二号四四一頁（長崎じん肺訴訟）から正当化するが、しかしこの最高裁判決は、地裁判決を引用した原審判断（福岡高判一九八九（平一）年三月三一日判時一三一一号三六頁）にすぎず、最高裁自身がそのような規範を示していると読むのには無理があろう。

これに対し、広島高裁は援用を要する点で除斥期間とは異なることを強調し、時効援用権の濫用・信義則違反については積極的な態度をとった。判決は、時効制度の機能・目的を①長期間継続している社会秩序、法律関係の安定、②証拠保全の困難性の救済、③権利の上に眠る者は保護しない、と捉える。その上で、本件においては、「時効の援用を許さなければ、時効制度の目的に著しく反するという事情はない上、時効期間の徒過を理由に権利を消滅させることが、著しく正義・公平・条理等に反すると認めるべき特段の事情が認められるから、被控訴人に、消滅時効を援用して、損害賠償義務を免れさせることは、著しく正義に反し、条理にも悖るものというべきである」と述べる。

広島高裁は、最判二〇〇四（平一六）年四月二七日民集五八巻四号一〇三二頁の原審である福岡高判二〇〇一（平一三）年七月一九日判タ一〇七七号七二頁（筑豊じん肺訴訟）を引用して、次の規範を示す。「債権者が期間内に消滅時効に係る権利を行使しなかったことについて、債務者に、債権者の権利の行使を妨害するなどの責められるべき事由があったり、債務発生に至る債務者の行為の内容や結果、債権者と債務者の社会的・経済的地位や能力、その他当該事案における諸般の事実関係に照らして、時効期間の経過を理由に債権を消滅させることが、著しく正義・公平・条理等に反すると認めるべき特段の事情があり、かつ援用権を行使させないことによって前記時効制度の目的に著しく反する事情がない場合には」、時効援用は権利濫用として許されない。

広島高裁が時効援用を権利濫用とした具体的事情、特段の事情はつぎのとおりである。①「被控訴人（＝西松建設）が直接的に本件被害者らの権利行使を妨げた事実までは認められないものの、安全配慮義務違反により本件被害者らに重大な被害を与えた結果本件被害者らは長期間にわたって経済的に困窮したこと、また、被控訴人の資料作成や事実関係の調査における不適切な態度のため本件被害者らに情報が不足していたことなども控訴人らの訴訟提起を困難たらしめ、補償交渉においても被控訴人は態度を明確にしないままこれを継続させ、結果として本件被害者らの訴訟提起を遅らせたと認められるから、被控訴人には、実質的にみれば、控訴人らの権利行使を妨げたものと評価できる事情がある」こと。②「控訴人らは権利の上に眠ってきた者とはいえないこと、被控訴人には反証が困難であるにしろ、この点を甘受しなければならない面があること」。③「被害者本人らが重大な被害を受けて、その後も種々の苦痛を受け続けたのに対し、被控訴人は国家補償金の取得により一定の利益を得たこと」。ここでは、被害の重大性のほか、実質的な権利行使の妨害、権利の上に眠っている者という非難ができないことが重視されている。

また福岡地裁判決は、民法七二四条前段の時効援用の制限に関して、①「中国と日本をめぐる政治的状況、日中共同声明の第五が、民間人の対日損害賠償請求を放棄する趣旨か不明確であったこと等を考慮すると、原告らが、本件損害賠償請求権の行使を怠っていたとはいえず、時効制度の趣旨の一つである『権利の上に眠る者を保護しない』ことは、原告らには当てはまらない」とし、また②「本件訴訟提起の重要な資料である外務省報告書及びその基礎資料は被告らの関与により隠匿されており、証拠資料の散逸及び採証上の困難を趣旨の一つとする時効制度によって、本件損害賠償請求権が消滅する不利益を原告らに負わせる結果は相当ではない」として、時効制度の二つの趣旨から時効援用を制限する規範を取り出している。

さて広島地裁が引用する最高裁一九九四年判決の原審判断の「債権者と債務者とが近親者等特殊な関係にあるため債権者に時効中断の挙に出ることを期待することが酷である場合」という表現には、最判一九七六〔昭五一〕年五月二五日民集三〇巻四号五五四頁が念頭に置かれているとおもわれる。この最高裁判決は信義則違反・権利濫用の要件について理論的な整理をしていないが、その原審である東京高判一九七五〔昭五〇〕年七月一五日判時七九一号七九頁は、様々な事情を認定した上で時効援用を信義則に反し権利の濫用としているが、そこでは「権利の上に眠っていたもの」とは認められないという時効制度の趣旨から濫用要件の取り出しが行われていることに留意したい。また、学説はこの最高裁の事案での信義則の機能を「自己の義務違反その他の不誠実な行為によって得た地位の主張」、「正義・衡平の要請に反するとでもいうべき不当な権利行使」を退けるものとして理解している。(9)

権利濫用要件を訴訟妨害等に限定する見解は、信義則による時効援用制限の裁判例からみて極めて異質のものである。過去の裁判例をみても時効援用が信義則違反とされる場面は多様である。(10)「いったん発生したと訴訟上認定できる権利」を「権利の上に眠る者」という権利不行使に対する非難ができない場合に、権利の行使期間の経過のみを理由に権利を消滅させるのは、今日、不正義の極みというほかない。また戦後補償裁判という加害の悪質性や被害の重大性等（「損害賠償請求権の発生要件該当事実が悪質であったこと、被害法益が重要でかつ被害が甚大であったこと」）が際立った事件類型で、これを除斥期間の適用制限ないし権利濫用要件の構成要素から排除すべきではない。

（4）　条理も法源であるから、これに依拠して制定法の適用を制限することができる。しかし民法七二四条後段への信義則の適用にも理論的な障害はない。一定の事情がある場合には、当該規定の適用を認めないという裁判官の客観的な判断に際しても、信義則・権利濫用の理念に訴えることが可能である（大村「判批」法協一〇八巻一二号二一二四頁以下〔一九九一〕）。またドイツでは除斥期間にも信義則の適用が認められている（采女「除斥期間と信義則(一)、(二)——ドイツの裁判例の検討」鹿児島大学法学論集二七巻一号（一九九一年）一二三頁以下、同二号（一九九二年）一三九頁以下、石松勉「ドイツにおける『除斥期間の濫用的主張の不許容』理論について」『現代法学の諸相——岡山商科大学法経学部創設記念論集』（法律文化社、一九九二年）一二一頁以下）。

（5）　ほかに、東京高判二〇〇〇〔平一二〕年一二月六日〔フィリピン性奴隷訴訟〕が、「被害が甚大であること、あるいは権利行使が困難であること」を理由として除斥期間の延長を容認するものではないと述べる。

（6） この点につき、特に松本克美「民法一条の二の可能性――戦後補償との関連で」法の科学三四号（二〇〇四年）一五二頁以下参照。
（7） 大村敦志「判批」法協一〇八巻一二号二一三八頁など最高裁一九八九年判決の各判例評釈参照。
（8） この呪縛を考慮すると、権利行使が可能である時を原則的起算点とした消滅時効として二〇年の期間制限を考えるという道もある（吉村良一「判批（最判二〇〇四年一〇月一五日）」民商一三二巻三号四〇三頁（二〇〇五年））。
（9） 広中俊雄『民法綱要第一巻総論上』（創文社、一九八九年）一二四頁以下。
（10） 半田吉信「消滅時効の援用と信義則」ジュリスト八七二号（一九八六年）七九頁以下、原島重義「民法における『公共の福祉』概念」法社会学二〇号（一九六八年）一頁以下など。

三　除斥期間説の系譜

1　除斥期間説の端緒

先の広島高裁判決は、最高裁一九八九年判決に抵触しない形で被害者を救済するとの判断をした。しかし除斥期間の適用制限に考慮される特段の事情と時効援用の際に考慮される特段の事情とで考慮される要素が決定的に異なるという説示は疑問である。改めて除斥期間説の学問的な系譜について言及しておきたい[11]。

(1)　除斥期間説は、吾妻光俊博士が不法行為上の債権を法定期間としたことに端を発するようである[12]。吾妻論文では、対照とされたドイツの時効法とは脈絡のない形で、時効制度の根本理由が説かれている。長期間にわたる権利不行使の状態はそれ自身において権利の不成立、消滅等について客観的不明確をきたし、かつそれが権利不成立または消滅の蓋然性を示すことが時効の根本理由とされ、いわゆる法定証拠説（採証上の一原則）が説かれている。ここではいわゆる非弁済者保護説（社会秩序維持説、公益説）が採られているわけではない。時効制度を不法を認容するものとして捉えることは否定されている。

しかし、形成権につき法定期間が論じられ、唐突に、取消権や相続回復請求権と民法七二四条が「外観上」類似していることに「特別の意義」が見いだされてしまう。「法定期間の精神は法律関係の不安定の除去にして純然たる公益に基く法律政策的ものなる点に於て時効とは全然区別さるべしと信ずる。而して形成権はその性質上法定期間にのみかかるべき事を知るのである。但し私は此處に於て不法行為に関する時効を一べつしたい。その規定を見れば（民七二四）外観上甚だ取消権及び相続回復請求権のそれと類似する。私はこの中に特別の意義を解したいと思う(13)」。

さらに吾妻論文は次のように述べる。契約上の債権と異なりその債権額（とりわけ純然たる精神上の苦痛に対する慰藉料など）は不明確であるから、裁判上の請求をまたなければその履行が期待しうるかどうかは疑問であり、時効の本質である債権消滅の蓋然性ははなはだ弱い。また単なる承認による中断を認めることができるかどうかも疑問である。「かくの如く不法行為については不法行為者は極めて不安定な地位に置かれざるを得ない（主観的非難の如き此處に問題とする価値なしと思う）。被害者の裁判上の請求にのみ俟つ事は一方必然でありながら他方不法行為者の耐へ難き所である。従って此處に於ても法律は不法行為上の債権に対して法定期間を定めたるに非るか(14)」。

吾妻論文が不法の認容を拒否し（弁済者保護説）、債権消滅の蓋然性に時効の本質を求めるところまでは了解できる。しかし、不法行為に基づく損害賠償請求権の場合には権利不行使に債権消滅の蓋然性を認めることができないというところから、一挙に、権利を行使していない権利者に対する幾分かの主観的非難を伴う権利剥奪としての法定期間であるとの主張（公益論）に至り、時効と法定期間（除斥期間）との峻別が説かれるのは説得力があるとはいえないであろう。

(2) さらに長期期間を除斥期間と解する流れを作ったのが、中川善之助博士のようである。起算点の議論と絡めつつ長期期間のみを除斥期間と主張する点に中川論文の特徴がある。また中川論文の場合も、相続回復請求権についての研究が基礎となっている。相続回復請求権も取消権(民法一二六条)も短期を時効、長期を除斥期間と主張する。「家のために法律安定の犠牲を耐へ忍んだ最大限なのである」として、二〇年を除斥期間と解し、「公益上絶対的に権利関係を落付けようとする規定に対し、私の意思がその効果を自由に左右し得る筈はない」として中断や放棄を否定する。「二〇年も平静に流れ来った一つの相続過程」、「極めて複雑な権利関係を包括的に旧状へ還元せしめる結果」をもつ相続回復が、実質的な根拠とされている。形式論理としては、起算点の問題(相続開始の時を起算点とするのは権利行使の可能性を予定しないものであり、ただ二〇年が経過さえすれば権利消滅の効果を生じさせる)と中断(断絶)の問題が取り上げられている(15)。

この相続回復請求権の研究に続けて、中川博士は、「身分権と時効」において、民法七二四条後段を除斥期間と解して、「たとへ被害者が自己の損害やその加害者を知り得ずして二十年を経過した場合でも、もはや余りに古き損害賠償問題は打切りにするといふ意味だ(16)」と述べた。除斥期間を「法律関係の整理安定」、「権利者たる承認を剥奪」という純公益的性質のものと捉えることによる時効との峻別論である。「除斥期間にあっては、一般の権利安定が眼目であるから、私人的の意思はもはや顧る遑がなくなってしまふ。この意味で、除斥期間は制度として公益的であるが、時効はこれに比べてむしろ私益的であるといってもよい」。「除斥期間に停止が認められないのも、その純公益的性質から来ている。既に十年なり二十年なりの期間を許與した以上、たとへその満了時直前にあって不可抗力が権利行使を不能ならしめることがあっても、権利関係整理のためには、それを斟酌する要がない(17)」。

中川論文では、除斥期間の場合には主観的な要素を一切排除して純公益的性質が強調されている。権利の上に眠るということも、権利の上にあることを自覚しながら眠る場合が時効であり、この自覚がないのが除斥期間であるとして区別されることになる。

吾妻論文も中川論文も「公益性概念」（純公益）をキーワードにして私益的性質の時効と除斥期間とを峻別するが、民法七二四条後段が除斥期間であるという十分な論証をしているわけではない。時効の制度目的を法定証拠と捉え、除斥期間をそこから峻別しても、吾妻論文と同じ結論に至るわけではない。最近の学説をみても、新井教授は、消滅時効の存在理由を証拠上の考慮に基づく規制として、また除斥期間を特定の規制目的に基づいて期間内に法的な行為を行うように要求されている期間、「サンクションを伴った一種の行為基準」と捉えるが、二重期間の長期は基本的には当事者間における証拠上の困難についての考慮に基づく時効と解している。[18]

除斥期間説は民法学説史上ドイツ法学の圧倒的な影響下にあったとされる時期に登場している。実際、吾妻論文でも中川論文でもドイツの時効制度の叙述は少なくはない。しかし不法行為に基づく損害賠償請求権に長期と短期の二重の時効期間をもうけると共に、長期の三〇年の期間も時効としているドイツ民法（旧）八五二条は無視されている。

除斥期間説の学問的系譜という点では、より学問的な検証を要するとしても、[19] 吾妻論文や中川論文が執筆された一九三〇年代という時代の独特の雰囲気を考慮しておく必要があるのではなかろうか。言論が国家の剥き出しの暴力によって奪われ、国家総動員体制が樹立されていく時代である。

また何より、吾妻博士らの主張も民法七二四条後段に関する限り具体的な事件を解決するために産み出された理論ではないことに注意を払うべきである。今日、予防接種禍訴訟、水俣病訴訟、じん肺訴訟、ハンセン病訴訟など具体的な事件を知っている。いずれも時の経過を理由に被害救済を拒否すべきでない事例であり、裁判所もまた様々な法解釈により被害者を救済している。実際、「既に十年なり二十年なりの期間を許与した以上、たとへその満了時直前にあって、不可抗力が権利行使を不能ならしめることがあっても、権利関係整理のためには、それを斟酌する要がない」という中川論文の除斥期間概念は実務上も崩れている。

実際、裁判実務をみても、吾妻論文や中川論文が主たる研究対象とした相続回復請求権については、「法律関係を早期にかつ終局的に確定させるという趣旨」、「公益上」の必要から「打切る」趣旨は認められるとしても、なお時効と解され、中断も時効利益の放棄も許されている[20]。

立法者は、民法七二四条後段を普通時効とし、前段を短期時効として考えていた[21]。今日、学説上は、単純な除斥期間説はほぼ克服されたと思われる。しかし西松建設訴訟の広島地裁判決は、「(二〇年の除斥期間は)長期間の事実状態の存続による法的安定性の尊重の観点や関係資料の散逸等による事実関係の確認困難性についても総合考慮の上、不法行為後の法律関係を一定期間の経過後に速やかに確定する趣旨で、立法政策的に設定されたものと解される」という。その際、「条文の解釈は、条文自体の記載の趣旨から適正に導かれるべきものであり、淵源となった他国の民法典の明文に合わせるべき理由はないのみならず、立法者の主観的意思に左右されるべきものでもない。民法七二四条後段は、文言の体裁上も、その前段を受けて、不法行為による損害賠償請求権が不法行為の時より二〇年を経過したときは消滅する趣旨の規定と解することができるものであり、当然に時効を想定し、除斥期間との解釈を排除しているとは解し難い」と述べる。立法政策を裁判官が恣意的に決定・認定できるという極めて便宜主義的な叙述である。法律意思説をとるにしても、解釈者の主観的判断が学問的な裏付けのない恣意であってよいわけではない。法文の歴史的解釈を最初から拒否・放棄したのではおよそ学たり得ないので

はないか。(22)

2　時効法学の展開との不整合性

時効法は、単純な時間の経過を理由とした加害者の法的地位の安定から被害者の救済へという大きなうねりのなかにある。この時効法のうねりは、時効制度への正義ないし倫理の組み込みと表現してよい。権利行使の現実的な可能性、被害の質は起算点論か援用濫用論かいずれかの箇所で考慮されるようになってきている。そこには、「債務者は、債務の本旨に従って誠実に債務の履行をなさねばならないのであり、弁済期が到来してもいつまでも履行がなされないのは、履行をさせようとしない債権者ではなく、履行をしようとしない債務者の側に主たる落ち度があるというべきである(23)」という共通認識があるように思う。

たとえば時効完成後の債務の承認（最大判一九六六〔昭四一〕年四月二〇日民集二〇巻四号七〇二頁、最判一九六九〔昭四四〕年三月二〇日判時五五七号二三七頁）、民法七二四条前段の短期時効に対峙する形で登場した安全配慮義務違反構成（最判一九七五〔昭五〇〕年二月二五日民集二九巻二号一四三頁）、そして消滅時効の援用を信義則違反・権利濫用とする裁判例も一九七〇年代から顕著になってきた（最判一九七六〔昭五一〕年五月二五日民集三〇巻四号五五四頁）。

時効の起算点についても、民法一六六条一項に関しては、「単にその権利の行使につき法律上の障害がないというだけではなく、さらに権利の性質上、その権利行使が現実に期待のできるものであること」（最大判一九七〇〔昭四五〕年七月一五日民集二四巻七号七七一頁、最判一九九六〔平八〕年三月五日民集五〇巻三号三八三頁）が考慮される。民法七二四条前段についても、「被害者において、加害者に対する賠償請求が事実上可能な状況の下に、その可能な程度にこれらを知った時」（最判一九七三〔昭四八〕年一一月一六日民集二七巻一〇号一三七四頁、最判二〇〇二（平一四）年一月二九日判時一七七八号五九頁）が起算点とされている。

実際、民法七二四条後段の起算点についても、「身体に蓄積した場合に人の健康を害することとなる物質による損害や、一定の潜伏期間が経過した後に症状が現れる損害のように、当該不法行為により発生する損害の性質上、加害行為が終了してから相当の期間が経過した後に損害が発生する場合には、当該損害の全部又は一部が発生した時」（最判二〇〇四（平一六）年四月二七日民集五八巻四号一〇三二頁、最判二〇〇四（平一六）年一〇月一五日民集五八巻七号一八〇二頁も参照）と解されるようになってきている。いずれも実質的な期間延長がなされているといってよい。そこでは、「このような場合に損害の発生を待たずに除斥期間の進行を認めることは、被害者にとって著しく酷であるし、また、加害者としても、自己の行為により生じ得る損害の性質からみて、相当の期間が経過した後に被害者が現れて、損害賠償の請求を受けることを予期すべきである」とされている。今日では、損害の発生に限定してではあるが、被害者の権利行使可能性が考慮されるようになってきている。中川論文によって除斥期間の決定的な性質とされた「権利行使可能性を顧慮しない」という性質はすでに裁判実務上も維持されてはいない。学説上は、時効・除斥期間論は権利行使可能性を原点にすえて展開されるべきことは共通の認識となっている。(24)

(11)　学説史の素描は、采女「民法七二四条後段をめぐる学説の動向について――ハンセン病訴訟と時効」鹿児島大学法学論集三六巻一号（二〇〇一年）一頁以下参照。
(12)　吾妻光俊「私法に於ける時効制度の意義」法協四八巻二号（一九三〇年）一頁以下。
(13)　前掲注（12）同五六頁。
(14)　前掲注（12）同五七頁。

(15) 中川善之助「相続回復請求権の二〇年は時効なりや」志林三六巻八号四五頁以下（一九三四年）。
(16) 『身分法の総則的課題——身分権及び身分行為』（岩波書店、一九四一年）三〇頁。
(17) 前掲注（16）三〇頁以下。
(18) 新井敦志「除斥期間再考」田山輝明ほか編『民法学の新たな展開』（成文堂、一九九三年）九一頁以下参照。
(19) 戦前の実務法曹の姿はある程度明らかにされている（清水誠「戦前の法律家についての一考察」潮見俊隆編『現代の法律家』（岩波書店、一九六六年）三頁以下など）。研究者の姿は見えにくいが、川島武宜『所有権法の理論』（岩波書店、一九四九年）のはしがきには、「戦争中書いた部分は、……当時の言論事情の影響をうけて、表現のみならず考え方までところどころ情けなくもゆがめられており、……」という自省のことばがみられる。
(20) 最判一九四八（昭二三）年一一月六日民集二巻一二号三九七頁、最大判一九七八（昭五三）年一二月二〇日民集三二巻九号一六七四頁、最判一九九九（平一一）年七月一九日民集五三巻六号一一三八頁など。
(21) 梅謙次郎『民法要義　巻ノ三債権編』（大正元年版復刻、有斐閣、一九八四年）九一六頁、『法典調査会民法議事速記録五』（商事法務研究会）四五九頁以下、広中俊雄編『民法修正案（前三編）の理由書』（有斐閣、一九八七年）六八五頁。編纂過程については、内池慶四郎「不法行為による損害賠償請求権の時効起算点」法学研究四四巻三号一五六頁以下（一九七一年）、柳澤秀吉「不法行為責任に関する二〇年の期間制限」名城法学四一巻一号一五五頁以下（一九九一年）など参照。
(22) 原島重義『法的判断とは何か』（創文社、二〇〇二年）二四六頁以下参照。
(23) 半田吉信『ドイツ債務法現代化法概説』（信山社、二〇〇三年）四〇七頁。
(24) 松本克美「環境・公害訴訟と時効・除斥期間」富井利安編『環境・公害法の理論と実践』（日本評論社、二〇〇四年）三二四頁、高橋眞「判批（最判二〇〇四年四月二七日）」判時一八七九号二〇五頁など。

四　適用制限の範囲を限定する論理

1　被害回復を拒否する法思想

(1)　市民法レベルにおける正義とは何か

被害回復を否定する法解釈論の背後に潜む思想を率直に語る裁判例がある。七三一部隊・南京虐殺等損害賠償訴訟で東京地裁は、「人類全体のより大きな正義」が「個人の市民法レベルにおける正義」に優越するという奇妙な論理を展開した（東京地判一九九九（平一一）年九月二二日判タ一〇二八号九二頁）。「巨視的に見て、原告らが主張するような個人の市民法的レベルにおける正義の実現は、かえって再度の戦争状態を招来し、再度非人道的権利侵害を頻発させるという危険性すら有するものであって、再度の戦争ないし戦争状態を極力回避しなければならないということが至上命題であり、人類全体のより大きな正義に適うものである」。したがって、「たとえ個人の市民法的レベルにおける正義を犠牲にするに等しい結果となろうとも、戦争被害に係る交戦当事国に対する損害賠償に関しては、個人が直接外国に対して請求し得る権利としては認められず、戦後の国家間における平和友好条約等の締結によって一括処理されるほかない」。あらゆる戦争で個人の戦争被害は一括処理されているのが実態であるし、かつ、そのような一括処理には、「国際法からしても、実質的な戦争回避という至上必須の要請からしても、現時点においてすらなお十分な合理性が認められる」。

個人の市民法的レベルにおける正義の実現は、かえって再度の戦争状態を招来し、再度非人道的権利侵害を頻発させる、という東京地裁の主張は私の理解を超えている。個人の市民法的レベルにおける正義の実現、そして立法措置を通して将来の戦争の回避へと向かう社会を作ることができると考える方が素直なのではないか。異民族支配という侵略戦争を戦争一般に解消できないことはひとまず措くとしても、問われているのは民法上保護されている利益、とりわけ人間の尊厳という価値に対する加害行為についての法的責任である。

人間の尊厳を侵された被害者による個人補償、謝罪を求める訴訟は、強者によって記憶を抹殺されてきた人たちの人間の尊厳の回復要求である。これを最初から門前払いする仕組みは民事法そのものに内在しているわけではない。国家がもたらした非人道的な被害が救済されることなく行政府と立法府の懈怠によって放置されているとすれば、司法的な救済を求める犠牲者の声に耳を傾けていいのではないか。個別の民事裁判のレベルでも、そして人類全体のより大きな正義のレベルでも人間的感受性を積極的に組み込むことが要請されているとはいえても、逆にこの感受性を排除する理由は民法学にはない。政治学の石田雄はこう述べる。「国民国家レベルでも個人のレベルでも、より強い立場にあるものは、しばしば記憶における選択の過程で、弱いものや被害者の記憶を無視し、そのことを意識しない。その場合に、忘却の対象となった人から、意識していなかった記憶を示されることによって、はじめて自分の記憶において選択基準となっていた価値観を問いなおす機会に恵まれることになる。……私たちは、この体験者たちと記憶を共有することはできない。しかし、その記憶を理解するための人間的感受性を持つことが必要である。[25]」

犠牲者が暴力装置を保有していないがゆえに、加害者集団に対し報復できずにいるだけにすぎない。人道の罪による被害者の恨みを解くことが民事裁判という市民法レベルで十分に可能だとすれば、そのような道筋を除斥期間という特異な概念でもってあえて遮断することはない。

(2)　政治的問題という裁判官の認識

除斥期間概念でもって原告らの請求を門前払いした裁判例には、法的判断は調査官の判例解説を読解しておく程度で足りるという態度[26]に加えて、法的責任から政治的・道義的責任を切り離してみせるという手法による法的判断への政治的要素の組み込みという現象をみてとることができるように思う。

西松建設訴訟の広島地裁判決は道義的責任を語る。「(原告らが) 自ら語った被害の実態や苦難の様相はあまりに痛ましく慄然たる思いを禁じ得ないものがあり、同原告らが諸々の経緯から長年にわたり不本意ながら権利行使の道を事実上閉ざされていた事情等をも合わせ鑑みると、その無念の心情は察するに難くない」が、被告の法的責任は消滅したものと解するほかはない。「もっとも、法的責任は消滅しても、道義的責任が消滅する理由はないから、道義上の観点からすれば、ドイツの企業連合による強制労働賠償基金の設立やいわゆる花岡事件における和解等は、本訴との関係において示唆に富む。」

そのほか、東京地判一九九六〔平八〕年一一月二二日訟月四四巻四号五〇七頁〔強制徴兵徴用者等に対する補償請求訴訟〕は、政治的・道義的責任と法的責任とを峻別する。「原告らの主張は、約半世紀の昔、被告が行った行為により隣国の国民が多大の苦難を味わい、その苦難が国家間の合意によっても、今なお解消することができないものであること及び原告らにとって、その被害が他民族による加害というよりも、むしろ他民族に協力したことによって被った被害であり、国籍の得喪という原告らの関知しない事態により、その権利行使が極めて困難となっていることを明らかにし、被告の政治的、道義的責任を指摘するものということはできるが、なお、被告の法的責任を肯定するには足りない」。東京地判二〇〇三〔平一五〕年四月二四日判時一八二三号六一頁〔中国人性暴力被害訴訟〕も国家無答責の法理などによって司法救済を拒否し、立法・行政的措置の可能性をいう。しかし、裁判官は自らの主体的責任において、憲法下での国の民法上の不法行為責任を否定することを選び取ったのである。

重大な被害を前にして行政の法的責任を否定し、政治的責任を語るのは水俣病訴訟の下級審判決でもみられた一種の官僚法学の特徴ともいえる(27)。日本の司法には名望家的・専門職的自由人の伝統がない。このため「裁判組織の一員」という意識に容易に堕し、裁判官の独立した地位（憲法七六条三項）の意味も理解されない。したがって「社会の要求にしたがって法を発見するというような巨大な課題」を期待しえず、一切を立法者に依存することになる(28)。視点を変えていうと、法的責任と政治的責任との分離という言説を安易になしうる者は一市民として、政府が政治的・道義的責任を果たすために何一つ働きかけることはないだろう。なによりも、「経済的、政治的、社会的、道徳的責任の最も基本的で決定的な部分が、〔公的機関やしかるべき権威や権能を持った人物たちから〕すべての人々の一人一人の手の中に、すこしずつ移されるに至った」現代という時代の認識の欠如でもあろう[29]。法的責任を否定し、政治的・道義的責任を論じるのは、「個人補償（戦争被害一般から区別できる従軍慰安婦とされた者などの特別な被害に対する補償をいう）への立法と行政の消極的な態度」への追随の表白でしかない。戦後補償問題は政治性・政策関連性が濃厚だとしても、「これが歴とした民法問題であることも事実である[30]」。

原告らの被った被害と国家・国民ぐるみの加害という実体をみようとしさえすれば、空疎な概念に寄りかかって思考を停止させることだけはないのではないか[31]。たとえば山口地（下関支部）判一九九八（平一〇）年四月二七日判時一六四二号二四頁（関釜慰安婦訴訟）は、元従軍慰安婦原告と元挺身隊原告の被害とを区別し、後者は「戦後賠償、戦後補償の一環としてとらえられるべき問題として、政治部門である立法府、行政府の裁量」のもとにあるとしたが、前者は「日本国憲法上黙視し得ない重大な人権侵害」として司法救済した。「従軍慰安婦問題とは、女性の人格の尊厳、あるいはこれと密接不可分ともいうべき女性の性の尊厳を蹂躙するものであって、慰安婦原告らが今なお被っている差別と抑圧については、右韓国の実情からみて、韓国国民もまた日本国民とともに克服しなければならない根源的課題」であるとの認識に立った。この認識だけが、戦争中踏みにじられた人間の尊厳――日本国憲法下で民法の最上位にある価値――を回復する道を切り開く可能性をもっている[32]。

2　上位概念としての公平

最高裁一九九八年判決で河合伸一判事は、公平という価値を最上位に置く論理を展開する。「不法行為制度の究極の目的は損害の公平な分担を図ることにあり、公平が同制度の根本理念である。この理念は、損害の分担の当否とその内容すなわち損害賠償請求権の成否とその数額を決する段階においてのみならず、分担の実現すなわち同請求権の実行の段階に至るまで、貫徹されなければならない」。特段の事情がある場合にまで、単に期間経過の一事をもって損害の分担の実現を遮断することは、不法行為制度の究極の目的を放棄することになる。

河合判事は、期間内に権利が行使されなかった場合でも、「その権利の不行使について義務者の側に責むべき事由」と、「当該不法行為の内容や結果」、「双方の社会的・経済的地位や能力」、「その他当該事案における諸般の事実関係」と併せて考慮し、公平の理念に反すると認めるべき特段の事情の存否を判断する。そして、この特段の事情がうかがわれるときには、「期間経過の一事をもって直ちに権利者の権利行使を遮断するべきではなく、当該事案における諸事情を考究して具体的正義と公平にかなう解決を発見することに努めるべき」であると主張する。今日の時効法学の到達点を踏まえた見解である。

除斥期間の適用制限の先駆的な裁判例である水俣病京都訴訟判決（京都地判一九九三〔平五〕年一一月二六日判時一四七六号三頁）は、「加害者と被害者間の具体的事情からみて、加害者をして除斥期間の定めによる保護を与えることが相当でない特段の事情がある場合においてまで損害賠償請求権の除斥期間の経過による消滅という法律効果を認めることは民法七二四条後段の趣旨に反する」との構成をとり、「原告らにおいて損害賠償請求権の行使が遅れたことを責めることが妥当でないことはもちろん、補償問題などの経過を熟知している被告国及び県において殊更除斥期間経過の主張をすることは著しく信義則に反するというべきである。さらに、そもそも公害という広範な環境汚染に起因する水俣病においては、国民の福利増進の責務を担う国又は地方自治体においてこそ、その被害の実態や被害の拡大状況等において積極的に調査解明すべきであり、また、それをする十分な能力を有するものであるから、原告らの権利行使が遅れたとしても被告国及び県が訴訟上の防御方法を講ずることが長期間の経過により著しく困難になるとも考え難い」として特段の事情を認めた。

法解釈学のレベルで切り開かれた道筋は明快である。第一に、民法七二四条後段は時効と解すべきである。債務者は自らの主体的な判断に基づいて時効を援用することもできるし、時効利益の放棄もできる。時効の援用は信義則違反・権利濫用となりうる。第二に、仮に除斥期間と解する場合でも、特段の事情があれば、適用は制限される。第三に、時効援用の濫用（除斥期間の適用制限）の決定的要素は、被害の重大性（人間の尊厳・性の尊厳など）と権利不行使への非難可能性が被害者の側にないことである。(33)

(25) 石田雄『記憶と忘却の政治学』（明石書店、二〇〇〇年）二九四頁以下。
(26) 東京高判二〇〇五〔平一七〕年三月一八日〔中国人慰安婦第二次訴訟〕は、甚大な被害を前にしても法的判断は現行法の下で理由付けのできるものでなければ恣意に堕し裁判所の信頼を維持しえないと述べるが、その判断は学問的思索とは無縁である。
(27) 采女「水俣病と行政の民事責任」鹿児島大学法学論集三三巻一号八頁以下（一九九八年）参照。
(28) 笹倉秀夫『法哲学講義』（東京大学出版会、二〇〇二年）三一七頁以下、磯村哲『社会法学の展開と構造』（日本評論社、一九七五年）二六二頁など参照。
(29) E・ジュゲ、清水誠・宮坂裕夫訳『自由主義を超えて』（岩波書店、一九九四年）二三〇頁。
(30) 吉田邦彦「在日外国人問題と時効法学・戦後補償――いわゆる『強制連行・労働』問題の民法的考察(3)」ジュリスト一二一六号一二七頁（二〇〇二年）、「いわゆる『補償』問題へのアプローチに関する一考察（下）」法時七六巻二号一〇九頁（二〇〇四年）も参照。
(31) 戦時ファシズム体制に指導的役割を果たした法曹の戦争責任を自省するという態度もあっていい。松井康浩『日本弁護士論』（日本評論社、一九九〇年）二一一頁以下など参照。
(32) 裁判官が正しい法を発見しようとするときだけ、その職責を果たすことができる。長崎地判二〇〇四年九月二八日、広島地判二〇〇五年五月一〇日、福岡高判二〇〇五年九月二六日〔在外被爆者訴訟〕参照。
(33) 半世紀を超える長時間が経過していることを慰謝料額の算定に反映させることはあろう。京都地判二〇〇一〔平一三〕年八

月二三日判時一七七二号一二二頁〔浮島丸訴訟〕など参照。

五　おわりに

時効制度には不道徳、不正義の色彩がつきまとう。時効の起算点をめぐる議論、時効援用の濫用理論の確立などはいずれもこの色彩をぬぐおうとする学の営みである。

最高裁一九八九年判決が持ち込んだ解釈学上も何ら検証を受けていない除斥期間ドグマ（戦前の特異な時代思潮のなかで一部の学者が「空に考えた理論」）が、人間の尊厳、性の尊厳の回復の拒否という不正義を義務者が自らの手を汚すことなく正当化するために機能しているとすれば、悲劇である。除斥期間ドグマによって不正義を色濃く染め上げる必要もなければ、解釈学を再び政治の下僕に貶める必要もない。「法解釈学がそれ自体の主體性を失い権力に隷従し、また、無思想で煩瑣な教義学に堕する限り、それは無用となりあるいは有害となる[34]」という警句を思い出したい。

（34）　川島・前掲注（19）四頁。

ドイツ遺言執行者の相続財産の清算人的地位について

——ドイツ民法典・相続法部分草案とその理由書を手掛かりに——

篠森大輔

河内宏・大久保憲章・采女博文・児玉寛・川角由和・田中教雄 編
『市民法学の歴史的・思想的展開』
二〇〇六年八月 信山社18

一　はじめに

わが相続法学では、近時、遺言執行者に相続財産の清算人的地位を認めようとする見解が有力である。[1] この見解は、遺言執行者をして、遺贈の執行はもちろんのこと、相続債権の取立て、相続債務の弁済、残余財産の分配などの相続財産の清算全般を行わせることを企図する。[2] その理由は、「遺言が合理的な遺産分配を目的とする場合には、遺言執行者はどうしても清算人としての役割を果たさざるをえない」[3] からとされ、遺言執行者のこの役割を否定するのは「実際的ではないし、不合理でもある」[4] とされる。

ところで、ドイツ民法典における遺言執行者が、原則として、終意処分の実行のみならず遺産分割を含む相続財産の清算をもその職務とする（いわゆる「清算執行（Abwicklungsvollstreckung）」）ことは、よく知られている。この場合、遺言執行者は、原則として、終意処分を実行し（ドイツ民法典二二〇三条）、共同相続の場合に遺産の分割（Auseinandersetzung）を行わなければならない（同二二〇四条）。遺言執行者の相続財産の管理権（同二二〇五条）は原則として全相続財産に及ぶ（同二二〇六条）。この管理権は、遺言執行者が遺産の占有を取得し（同二二〇五条二文）、遺産債務を弁済し（同二二〇六条、二二〇七条）、遺産に関する訴訟を追行しうる（同二二一二条、二二一三条）などの点で具体化される。また、相続人の相続財産の処分権は、遺言執行者の管理権の範囲で排除される（同二二一一条）。

冒頭の見解は、必ずしもドイツの遺言執行者に追随しようとするものではない。むしろ、この見解は、日本とドイツの相続法には数多くの相違点があることを認識した上で、わが遺言執行者制度の解釈論上の活用方法を考えようとするものである。[5] しかしながら、この見解の目指す遺言執行者像が機能的にドイツのそれと類似している以上、この見解への賛否はどうであれ、ドイツ民法典における遺言執行者制度の研究は基礎的研究として非常に重要となる。殊に同制度が形成された経緯や根拠の確認作業は、必要不可欠というべきであろう。

従前のドイツ遺言執行者研究では、その立法過程を追う際に、『第一草案理由書』と『第二委員会議事録』が有力な資料として利用されてきた。しかし、これらの資料からは、遺言執行者制度のコンセプト──何故遺言執行者による相続財産の清算が許されるのか──を十分にはうかがい知ることはできなかった(6)。これは、遺言執行者を現在のドイツ民法典上のそれとほぼ同様の清算人として構成することが、第一草案以降、既定路線だったことによるものと思われる(7)。そこで本稿では、第一草案のたたき台とされたゴトフリード・フォン・シュミット(8)（Gottfried von Schmitt）（一八二七─一九〇八年）の起草にかかる、ドイツ民法典・部分草案相続法編とその理由書(9)（一八七九年）（以下それぞれ「シュミット草案」（または単に「草案」）、「理由書」と呼ぶ）を資料とし(10)、そこに現れた遺言執行者制度の許容性に関する議論を考察することとしたい。

遺言執行者制度の許容性に関するシュミットの議論は、①遺言執行者制度の歴史的展開、②現行諸法の整理・分析、③草案の立場の提示という順序で行われる。僅か六頁の叙述だが(11)、相当圧縮して書かれているため、この小稿で議論のすべてをフォローすることは到底できない。そこで本稿ではさしあたり、②現行諸法の整理・分析に関する議論に焦点を当てる。

シュミットは、ドイツ民法典編纂の方針にしたがって(12)、既存の諸法典と諸草案を顧慮して、現行法を現代の学問的要請にふさわしい形へと編纂することが、自らの任務であると考えていた(13)。それ故、彼にとって、草案作成当時の遺言執行者をめぐる既存の法状態を認識することは、非常に重要な課題となる。ところが、当時のドイツには各地に極めて多くの相続法が存在していたため(14)、現行法の正確な認識は難問であった(15)。とすれば、まさにそれ故にこそ、シュミットが提示した現行法整理のための基準・視角は、草案の立場を方向付ける重要な契機になったものと思われる。そこで本稿では、ドイツ遺言執行者研究の一作業段階として、シュミットが遺言執行者制度について、どのような視点から乱立する諸法を整理したのか、その視点が一体どのような意味をもつのか、という問題を考察することとしたい。その際、今後のドイツ遺言執行者研究の指針を見出すことができれば幸いである。

検討に入る前に、叙述の順序を示しておこう。第二章では、シュミットが現行諸法の整理の際に基軸とする、「裁判所による遺産の規律（amtliche Nachlaßregulirung）」という考え方を考察する。シュミットによれば、この考え方の諸法における現れ方が、遺言執行者制度の位置付けに関係するという。したがって、本稿では、「裁判所による遺産の規律」という用語の意味を理解して、これと遺言執行者制度との関連を解明することが最大の目標となる。第三章では、オーストリア法における「遺産取扱い（Verlassenschaftsabhandlung）」制度と遺言執行者制度を概観する。「裁判所による遺産の規律」という考え方の極端な形の現れのひとつが、「遺産取扱い」制度である。それ故、この制度の下での遺言執行者制度の現れを検討することは、先にみた相続財産の清算人としての遺言執行者像を相対化すると同時に、遺言執行者が相続財産の清算人となりうる条件を考察するひとつの契機になると思われる。第四章では、第二章と第三章での検討を受けて、シュミットの議論に既存の学説が影響を与えた可能性を検討する。最後に第五章で、今後の課題を設定する。

（1）有地亨「第三者による遺産の管理(1)」法政研究三五巻四号（一九六九年）四三一頁。また、中川善之助＝加藤永一編『新版注釈民法(28)〔補訂版〕』（有斐閣、二〇〇二年）二九一頁〔泉久雄〕、松尾知子「遺言執行者の任務・権限と相続人の処分権(1)」産大法学二九巻一号（一九九五年）一一二頁。信託銀行のいわゆる「遺言信託」の最近の展開を契機とした研究である竹下史郎『遺言執行者の研究』（成文堂、二〇〇五年）も同趣旨である（特に二二一頁以下、二六八頁）。反対説として、伊藤昌司『相続法』（有斐閣、二〇〇二年）一三八頁以下がある。本稿は、この学説状況の再検討に向けた準備作業としての比較法的研究と理解されたい。

（2）有地・前掲注（1）四三二頁。

（3）有地・前掲注（1）四三二頁。

（4）中川＝加藤編・前掲注（1）二九一頁〔泉〕。

（5）有地・前掲注（1）四二七頁以下。もっとも重要な共通点もある。例えば、相続人が遺言執行者の管理下にある相続財産中の物を第三者に処分した場合の効力について、わが判例は絶対的無効説を堅持している（大判昭和五年六月一六日民集九巻五五〇頁）。これはドイツ民法典二二一一条に関する判例・通説の立場と同一である。

（6）例えば、『第一草案理由書』における遺言執行者の項の前註は、遺言執行者の法的性質論に終始する（Motive zu dem Entwurfe eines Bürgerlichen Gesetzbuches für das Deutsche Reich, 5. Bd., Erbrecht, Berlin/Leipzig 1888 (Nachdruck 1983), S. 217. 小山昇「遺言執行者の地位」『現代家族法大系五（相続Ⅱ）』（有斐閣、一九七九年）三二五頁に翻訳がある）。各条文の理由でも、遺言執行者制度のコンセプトが語られることはほとんどない。

（7）遺言執行者の法的地位に関しては従来激しい論争があり、ドイツ民法典の立法過程においても大きな転回があった（原田慶吉『日本民法典の史的素描』（創文社、一九五四年）三〇五頁以下参照）。しかし、遺言執行者が相続財産の清算人的地位を有する点は不変であるように思われる。

（8）シュミットの略歴については後掲注（70）参照。

（9）Gottfried von Schmitt, Entwurf eines Rechtes der Erbfolge für das Deutsche Reich nebst dem Entwurfe eines Einführungsgesetzes, Berlin 1879; Ders., Begründung des Entwurfes eines Rechtes der Erbfolge für das Deutsche Reich und des Entwurfes eines Einführungsgesetzes, Berlin 1879. 両者とも、W. Schubert (Hrsg.), Die Vorlagen der Redaktoren für die erste Kommission zur Ausarbeitung des Entwurfs eines Bürgerlichen Gesetzbuches, Erbrecht, 2 Teile, Berlin/New York 1984 に収録されている。草案と理由書は同書から引用し、理由書の引用は Vorlagen, I/II, Seite（Mot. TE, Seite）と表記する。

（10）シュミット草案の構成はその後の第一委員会での審議の際にほとんど変更されていないといわれることから（H.-G. Mertens, Die Entstehung der Vorschriften des BGB über die gesetzliche Erbfolge und das Pflichtteilsrecht, Berlin 1970, S. 15.）、この草案が後の諸草案に大きな影響を与えたものと考えうる。このことは遺言執行者制度についても妥当するものと思われる。

（11）Vorlagen, I, S. 446-451（Mot. TE, S. 330-335）.

（12） 準備委員会（Vorkommission）答申「ドイツ民法典起草計画・方法について」（一八七四年四月一五日）参照（平田公夫訳「準備委員会答申『ドイツ民法典起草計画・方法について』」岡山大学法学会雑誌三五巻二号（一九八五年）二一四頁。W. Schubert, Materialien zur Entstehungsgeschichte des BGB —Einführung, Biographien, Materialien—, Berlin/New York 1978, S. 182）。

（13） Mertens, a. a. O., S. 11f.、平田公夫「ドイツ民法典編纂過程の諸特徴」岡山大学法学会雑誌四五巻四号（一九九六年）六頁以下。

（14） Vorlagen, I, S. 118ff.（Mot. TE, S. 2ff.）. この原因として、相続法が契約法と比べると地域性や多様性を有しやすかったことや、地理的に広い適用地域を有していた普通法やプロイセン一般ラント法が、各地方法に対して補充的にしか妥当しなかったことが挙げられる（Mertens, a. a. O., S. 3）。

（15） もっともシュミットはすべての現行相続法を平均的に扱ったのではない。メルテンスの研究によれば、最重要視されたのは、普通法、プロイセン一般ラント法、ザクセン民法典であった。次いで、コード・シヴィルとオーストリア一般民法典が、さらに、スイス・カントンの諸法律（特にチューリッヒ私法法典（一八五五年））が重視されたという。また、シュミットはフリードリッヒ・モムゼンの相続法草案（一八七四年末完成）（F. Mommsen, Entwurf eines Deutschen Reichsgesetzes über das Erbrecht nebst Motiven, Braunschweig 1876）を高く評価しており、理由書中でも随所に引用している。これに対して、アングロ・サクソン法は体系的整合性の問題からそれほど顧慮されなかった（以上についてMertens, a. a. O., S. 12）。

二　相続人と遺産裁判所の相剋

1　「裁判所による遺産の規律（amtliche Nachlaßregulirung）」

シュミットは、草案作成当時（一八七〇年代）乱立していた諸法における遺言執行者制度を、どのような視点から整理・分析しようとしたのだろうか。シュミット草案の理由書に現れた次の一節は、彼の考え方を理解するための重要な手掛かりになるように思われる。

「これらすべての諸法〔＝諸々の地方法（Partikularrechte）及びドイツ内外の近代的諸立法〕が、ローマ法とは異なって、裁判所による遺産の規律（amtliche Nachlaßregulirung）が不可欠であるという前提をとる限り、この〔＝遺言執行者〕制度の地位は修正を受けざるをえなかった。もっとも、裁判所による遺産の規律という考え方の現れ方は、裁判所による関与の範囲及びその方法に関して、さまざまであることがわかる[16]」

（〔　〕は筆者による補足。以下同じ）。

われわれがこの引用文から読み取ることができるのは、さしあたり次のことであろう。すなわち、ローマ法では、「裁判所による遺産の規律」は行われなかった。ところが、草案作成当時の諸法においては、「裁判所による遺産の規律」が不可欠なものと考えられるに至っている。そしてこのことが、諸法における遺言執行者制度の位置付けに影響を与えている。しかも、「裁判所による遺産の規律」の現れ方は諸法によって多様であるので、遺言執行者制度の地位もまた多様とならざるをえない、と。つまり、シュミットは、「裁判所による遺産の規律」のあり方と遺言執行者制度の位置付けの間には相関関係がある、という分析視角を提出したのである。これは一体どのような意味をもつのだろうか。

「裁判所による遺産の規律（amtliche Nachlaßregulirung）」がキーワードである。「裁判所による遺産の規律」または単に「遺産の規律」という言葉は、管見の限り、一八・一九世紀の法学者によって講学上用いられていたようである[17]。「裁判所による遺産の規律」とは、抽象的には、遺産裁判所（以下単に「裁判所」とする）が、相続財産の秩序ある移転に配慮することを意味する[18]。具体的には、裁判所が、非訟事件（iurisdictio voluntaria; freiwillige Gerichtsbarkeit）の手続を通じて、「相続財産の取得、相続財産の現状の保存〔＝遺産の封印（Siegelung）が念頭にある（引用者註）〕、被相続人の定めの実行のために必要な措置をとる[19]」こととされる。例えば、裁判所における遺言の開封、裁判所における相続承認・放棄の意思表示、全相続人が不在である場合等における裁判所による遺産の封印、裁判所による相続人に対する相続財産の占有付与[20]（Einsatz）などが挙げられる。ここでは、「裁判所による遺産の規律」が最も明瞭な形で現れた、オーストリア法の「遺産取扱い[21]（Verlassenschaftsabhandlung）」制度（詳細は次章参照）を例に、問題の所在を示そう。

オーストリア法や南ドイツの諸法（バイエルン法やヴュルテンベルク法など）においては、相続人が相続財産の占有を取得する際に、常に裁判所を媒介させる制度が形成された[22]。その典型例とみられるオーストリア法によれば、相続人が自力で相続財産の占有を取得することは許されず、すべての相続事件について、相続人が常に裁判所から相続財産の引渡しを受けるべきこととされた[23]。その際、裁判所が僭称相続人に相続財産を引渡すわけにはいかないので、裁判所において相続要求者の相続権が審査されるべきこととなる。それに伴い、遺言の開封や相続承認・放棄の意思表示は、すべて裁判所で行われる。また、裁判所は、相続税や手数料の支払い、相続債務の弁済、遺贈等の履行が行われた（または行われる見込みである）ことを確認する形で、相続財産の清算にも介入する。つまり、裁判所は、真の相続人に対して清算済みの相続財産を引き渡すのである。なお、右の一連の手続は、非訟事件手続の重要な一部門を形成する。

このような遺産取扱い制度は、裁判所のイニシアティブにより相続人の確定と遺産の清算を統一的に実行するので、遺産の持ち逃げの防止、相続債務や遺贈の履行の確保等の面で非常に有益であるとも考えられる。しかし翻って考えると、相続人は相続財産の包括承継人である。とすれば、相続人自身が相続による財産移転の全過程――遺言の開封、相続人の確定、相続債務の弁済、遺贈等の履行、遺産分割など――を取り仕切るのが、本来の原則であるというべきであろう。実際、普通法やプロイセン法など、諸法の多数がこの原則に従っており、前段でみた遺産取扱い制度を採用する立法例は少数にとどまる。[24]

もっとも、この原則を貫徹して、裁判所の助力なしに、相続人だけで相続の全過程を秩序付けるには、相当の困難が予想される。例えば、普通法によれば、裁判所外での遺言の開封が許容されており、また、裁判所での遺言開封が遺言の効力要件ともされていなかった。[25] しかしながら、裁判所外での私的な遺言の開封を許せば、遺言が相続にとって決定的に重要――指定相続人が記されている――であるだけに、利害関係人の疑心暗鬼とそれに起因する不毛な争いが生じかねない。とすれば、遺言が利害関係人の面前で開封され、かつ適切に証拠として保全されるのが望ましいというべきである。[26] したがって、裁判所での開封が義務付けられる場合が、実務上認められるに至っているのである。[27][28]

このようにみれば、諸法の多数は、相続人自身が相続財産の移転の過程を秩序付ける（「相続人による遺産の規律」！）のを原則としつつ、その不備を裁判所が補完する（「裁判所による遺産の規律」）形をとっている。これに対して、オーストリア法など、少数の立法例は、裁判所が常に相続人の相続財産の占有取得を媒介し、その過程で相続権を審査し、遺産の清算に関与する。これは、相続人による遺産への関与の余地をかなり残しつつも、[29]「裁判所による遺産の規律」を原則とする立場である。両者の間には、「遺産の規律」の主導権を握る者について重大な相違がある。しかし、「裁判所による遺産の規律が不可欠である」（右の引用文参照）点では、両者は一致する。この意味で、相続人と裁判所は、相続財産の移転の過程を秩序あるものとするために役割を分担し合っており、その分担の仕方の違いが右の立場の違いに現れているといってよい。「裁判所による遺産の規律」は、「遺産の規律」に関する相続人＝裁判所間の相関関係を含意しているのである。

2　シュミットによる現行法の整理

前節でみたように、シュミットは、「裁判所による遺産の規律」のあり方と遺言執行者制度の位置付けの間には相関関係があるという視点を提示した。これに従って、シュミットは諸法を次のように分類する。(30)(31)

①オーストリア型。これは、相続による財産の移転を媒介するために、裁判所がすべての相続事件について包括的に関与するものである（オーストリア法の他、ヴュルテンベルク法、バイエルン法など）。②普通法型。これは、裁判所が、遺言相続の場合、包括遺贈がなされた場合、後見を受けている相続人がある場合、財産目録の利益が主張されている場合などに、包括的に関与するものである（普通法の他、フランス法、ザクセン法など）。③プロイセン型。これは、裁判所の関与が、一定の個別的な「遺産の規律」上の行為への助力として、極めて控えめな範囲に限定されているものである（プロイセン法）。

右の三類型における「裁判所による遺産の規律」のあり方と遺言執行者制度の位置付けは、具体的に如何なるものか。また、各類型間の比較から如何なる特色が現れるのか。非常に興味深い問題であるが、理由書の叙述は右の類型化にとどまり、その具体的解明は資料の読み手に委ねられている。本稿では、オーストリア型のうち、オーストリア法を例に、「裁判所による遺産の規律」（特に遺産取扱い制度）と遺言執行者制度の位置付けの問題を概観する。このことによって、ドイツ語圏の遺言執行者がすべて相続財産の清算人と考えられているわけではないこと、そして、遺言執行者の地位と裁判所の働きの間の密接な関連の一例が、明らかになると思われる。もっとも、遺産取扱い制度は複雑な歴史的諸条件の中で形成されたものであるため、この小稿での考察は表面的なものとならざるをえない。なお、普通法型とプロイセン型の検討は今後の課題とする。

(16) Vorlagen, I, S. 448（Mot. TE, S. 332).

(17) この言葉はドイツ民法典にはなく、またローマ法源で古来使用されてきたものでもない。筆者が用例を確認した諸文献は次の通り。W. Bornemann, Systematische Darstellung des preußischen Civilrechts, 6. Bd., Berlin 1845, S. 285(但し該当箇所は Svarez, revisio monitorum の引用部分）；Ch. F. von Glück/Ch. F. Mühlenbruch, Ausführliche Erläuterung der Pandecten nach Hellfeld, 43. Bd., Erlangen 1843, S. 418; J. Merkel, Willkürliche Gerichtsbarkeit, in: J. Weiske（Hrsg.), Rechtslexikon für Juristen aller teutschen Staaten enthaltend die gesamte Rechtswissenschaft, 14. Bd., Leipzig 1860, S. 763, 770; J. Unger, Verlassenschaftsabhandlung in Oesterreich（= V. A.), Wien 1862, S. 22, 29; C. F. F. Sintenis, Das praktische gemeine Civilrecht, 3. Aufl., 3. Bd., Leipzig 1869（Nachdruck 1997), S. 483; Mommsen, a. a. O., S. 258; P. Roth, Bayrisches Civilrecht, Bd. 3, Tübingen 1875（Nachdruck 1985), S. 775; O. Stobbe, Handbuch des Deutschen Privatrechts, 5. Bd., 1/2. Aufl., Berlin 1885, S. 27 ; B. Windscheid/Th. Kipp, Lehrbuch des Pandektenrechts, 8. Aufl., Frankfurt a.M. 1901, S. 296 Fn. 8（§ 567); R. Hübner, Grundzüge des deutschen Privatrechts, 4. Aufl., Leipzig/Erlangen 1922, S. 682. このようにみれば、この言葉は一般的に普及していたようである。もっとも、この言葉に一応の定義を与えるのはロートとヒューブナーだけなので、各著者が如何なる意味でこれを用いたのかは再吟味を要すると思われる。

(18) Hübner, a. a. O., S. 682.

(19) Roth, a. a. O., S. 775.

(20) さしあたり、B. W. Leist, Die bonorum possessio, 2-2. Bd., Göttingen 1848 . S. 465ff. を参照。邦語文献として、松尾知子「ドイツにおける相続証書（Erbschein）の歴史的発展」法学政治学論究（慶応大学）一五号（一九九二年）二〇〇頁以下。この制度は裁判所の遺産事件への関与を拡大する契機となったといわれ（Roth, a. a. O., S. 776)、大変興味深い。今後の検討課題である。

(21) 松尾・前掲注（20）二〇二頁の翻訳を参考にした。あるいは「遺産審理」の方が適訳かもしれない。読者諸賢のご教示を乞う。

(22) ローマ法や普通法では、後述するように、相続財産の占有は、相続人が相続人となったことで法上当然に（ipso iure）取得されるものではなく、相続人は自ら相続財産を現実に把握しなければならなかった。オーストリア法もこの立場を前提とする。

(23) 裁判所の媒介の仕方はこれが唯一のものではなく、立法例の中には、相続人は自ら相続財産の占有を取得しうるが、その際に予め裁判所においてその相続権を証明し、相続財産の占有を取得する権限を得ておくことを要件とするものもあったという（Vorlagen, II, S. 165（Mot. TE, S. 909)）。

(24) Vorlagen, II, S. 165（Mot. TE, S. 909).

(25) Windscheid/Kipp, a. a. O., S. 293（§ 567); Roth, a. a. O., S. 790.

(26) Unger, V. A., S. 21.
(27) 次の場合には裁判所での開封が要求される（Glück/Mühlenbruch, a. a. O., S. 375f.; Roth, a. a. O, S. 790f.）。①遺言者が遺言を裁判所において開封するよう定めている場合、②遺言が裁判所において作成され、かつ裁判所で保管されている場合、③法律上の利益を疎明した者が裁判所での開封を申立てた場合、④裁判所が、第三者の利益の保護のためまたは偽造の疑いの故に、職権によって裁判所での開封を命じた場合。
(28) 遺言の私的な開封は、ローマ法においても、相続税の徴収確保の目的で禁止されるに至ったようである（原田・前掲注（7）二九三頁）。
(29) オーストリア法では、例えば遺産分割は、共同相続人が遺産の引渡し前に裁判所外で行うことが許容されている（次章参照）。
(30) Vorlagen, I, S. 448 (Mot. TE, S. 332). 同じ分類は理由書の別の箇所（Vorlagen, II, S. 165ff. (Mot. TE, S. 909ff.)）にもみえる。なお、「オーストリア型」、「普通法型」、「プロイセン型」という呼称は筆者による。
(31) この分類は、「裁判所による遺産の規律」の範囲を基準とするものである。シュミットはこれに続けて「裁判所による遺産の規律」の方法を基準とした分類も試みている（Vorlagen, I, S. 448f. (Mot. TE, S. 332f.)）。

三　オーストリア法における遺産取扱い制度と遺言執行者

1　序説――ドイツ法との比較

本章の課題は、オーストリア法における「遺産取扱い（Verlassenschaftsabhandlung）」制度と遺言執行者制度をそれぞれ概観し、両者の関係を検討することにある。遺産取扱い制度は、これまでほとんど紹介されてこなかったこともあり[32]、われわれにはほとんど馴染みのないものである。そこでまず、比較のために、ドイツ民法典における相続人の相続財産の取得の仕方を確認しておくのが便宜であろう。

ドイツ民法典によれば、相続人は、法律がこれを定める（法定相続人）（ドイツ民法典一九二四条以下）ほか、被相続人が遺言や相続契約によってこれを指定することができる（指定相続人）（同一九三七条、二二七八条）。相続財産は、相続開始と同時に、（法定・指定）相続人に移転する（同一九二二条）。この移転は法上当然に生じる（同一九四二条一項）。但し、相続人は相続を放棄することを妨げられない（同条同項）。相続放棄は遺産裁判所に対する意思表示によって行われる（同一九四五条一項）。相続が放棄されれば、相続財産は放棄した者に帰属しなかったものとみなされる（同一九五三条一項）。熟慮期間は六週間であり（同一六四四条一項）、この期間を経過した場合には、相続人は相続を放棄することができず、期間の経過とともに相続を承認したものとみなされる（同一六四三条）。したがって、相続の承認は、既に生じた相続の効果を確定させる行為にすぎないことになる。問題となるのは相続による占有の移転である。ドイツ民法典八五七条は、占有権（Besitz）[33]も相続開始時に法律上当然にかつ包括的に相続人に移転するものと定める。これに対して、普通法はこの規定とは異なる立場をとっていた。すなわち、被相続人の死亡後、相続人が相続財産の占有を取得するには、相続開始という事実や相続承認の意思表示だけでは不十分であった。相続人は自ら相続財産を現実に把握しなければならなかったのである[34]。オーストリア法も普通法の立場を前提とする。

オーストリア法ではどうだろうか。オーストリア一般民法典（以下単に「一般民法典」と呼ぶ）も、遺言や相続契約による相続人指定を認める（一般民法典五三三条）（以下遺言による相続人指定を念頭に述べる）。相続人の相続権は相続開始時に発生する（同五三六条）。相続人による相続財産取得の時期と方法については争いがある[35]。一般民法典は、相続人は相続の承認によってはじめて相続財産を承継すると定める（同五四七条一項）[36]。この点を重視すれば、相続人は相続承認によって直ちに相続財産の包括承継人となるのであって、前章で略述した遺産取扱い制度に基づく裁判所から相続財産の引渡し（Einantwortung）は、相続人に相続財産の現実の支配を付与する手続にすぎないとの見解が生じる[37]。しかし、通説及び立法者の見解によれば、裁判所からの相続財産の引渡しは、相続人による相続財産の包括承継の要件とされる[38]。相続財産は、被相続人の死後、裁判所による引渡しまで特別財産を構成し[39]、また、あたかも死者が占有しているかのようにみなされる（同五四七条三項参照）。

2 「遺産取扱い（Verlassenschaftsabhandlung）」制度[40]

オーストリア法では、「何人も自力で相続財産の占有を取得してはならない」（一般民法典七九七条）。取扱い裁判所（Abhandlungsgericht）（以下単に「裁判所」と呼ぶ）が行う遺産の引渡し[41]（Einantwortung）こそが、「正当な占有の移転（übergabe in den rechtlichen Besitz）」（同条）である。それ故、相続人が自力で取得した相続財産の占有は不当な占有であり、何らの保護も与えられない[42]。この制度は、実体面を一般民法典七九七条以下（第二部第一五章）が、手続面を一八五四年八月九日に制定された非訟事件手続法（Außerstreitgesetz）が、それぞれ規定している[43]。以下、手続上の流れにそって、制度を概観してみよう。

手続は、事前手続と遺産取扱い手続に大別される。事前手続は、人が死亡したという事実の受理（Todfallsaufnahme）を中核とする。裁判所は、自治体の長から通知を受けることで、手続の端緒となるべき人の死亡という事実を知ることができる（非訟事件手続法三四条）。裁判所は、この通知を職権により直ちに受理し、公証人などに、死者の住所、親族関係、財産状態、終意処分の存否などを調査させる（同三九条以下参照）。遺産取扱いは、すべての人の死亡について職権によって開始されるのを原則とする。しかし、右の調査によって、相続財産が皆無であることが判明した場合（貧困故の処理（Abtuung armutshalber））（同七二条参照）には[44]、遺産取扱いの手続に入らない。死者の親族、同居人及び第三者は、あらゆる独断の遺産の処分を禁止される（同三五条参照[45]）。裁判所は、場合によっては遺産を封印するなどの措置をとる（同四三条以下参照）。

遺産取扱い手続に移ろう。この制度を支えるのは次の二つの原則である。

第一に、「遺産は真正相続人にのみ引き渡されるべきである」[46]という原則である(一般民法典八一九条参照)。最終的に相続人に遺産を引き渡すのは裁判所であるから、「真正相続人」を確定するための相続権の審理は、裁判所で行われることになる(同七九七条)。この際、相続人として相続財産の占有の取得を欲する者は、裁判所において、その権限を証明し、かつ、明示的に相続承認の意思表示をなさなければならない(同七九九条)。それ故、遺言や夫婦間の相続契約の開封も、遺産取扱い手続中で行われる[47](非訟事件手続法六一条以下参照)。また、相続放棄も裁判所で行われる。相続人は、相続承認の際に財産目録の利益を主張することもできる(一般民法典八〇〇条)。相続要求者の相続権の主張に矛盾が生じる場合には、どのように処理されるのだろうか。例えば、一方で、被相続人の子が法定相続権に基づいて、他方で、被相続人の妻が遺言上の単独相続権に基づいて、それぞれ相続承認の意思表示をする場合[48]、複数の相続承認の間に矛盾が生じる。この場合、裁判所は、双方の相続承認の意思表示をとりあえず受領しつつ、当事者を尋問して、いずれの当事者が相続権に関する訴訟の原告となるかを判断しなければならない(非訟事件手続法一二五条)。その後、原告となるべき者が通常裁判所に訴を提起して、この当事者間における相続権の帰属が争われる(相続権の訴(Erbrechtsklage))。相続権に関する訴訟が終了するまで、遺産取扱い手続は中断される(同一二七条)。しかし、この訴訟で優先する相続人が決定しても、この者が最終的に相続人に確定するわけではない。遺産の引渡しを受けた者は、その後に出現する優先的な相続権や同列に扱われるべき相続権を主張する者から、相続回復訴訟を提起される可能性がある(一般民法典八二三条参照[49])。

遺産取扱い制度の第二の原則は、「純粋な遺産(der reine Nachlaß)のみが相続人に引き渡されるべきである[50]」というものである。つまり、原理的には、相続債権者への弁済、手続費用の支払い、義務分と遺贈の履行の後に遺された財産のみが、相続人に引き渡されるべきこととなる。「相続財産は一義的には（広い意味での）相続債務の引当てとされている」[51]といわれる所以である。しかしこの点は、それほど純粋な形では維持されていない。[52]裁判所は職権で相続債務を探知し、自らこれを弁済するわけではない。むしろ、相続債権者が自ら債権を請求しなければならない。[53]相続人は、相続債務の状況を調査するために、裁判所を通じて公告による催告をすることができる（同八一三条）。この催告に申し出なかった債権者は、申し出た債権者への弁済によって遺産が使い果たされた場合、遺産に対する権利を失う（同八一四条参照）。

また、自己の相続権の証明に成功した相続人は、遺産の引渡し（Einantwortung）を受けるために、次の証明を行わなければならない。第一に、相続人は、相続税や敬虔な目的の遺贈[54]など、遺産に関するあらゆる費用を支払いまたは担保を提供して、そのことを裁判所で証明しなければならない（同八一八条、非訟事件手続法一四九条、一五四条、一五五条）。裁判官は、これらの費用を支払いまたはそのための担保を提供する前に、遺産を引き渡してはならない。第二に、相続人は、遺言や小書附（Kodizill）による被相続人の定め（遺贈など）を履行しまたは履行のための担保を提供したこと、また、一定の遺贈については、相続人が受遺者に対して遺贈がある旨の通知をしたことを、裁判所で証明しなければならない（いわゆる「遺言証明（Testamentsausweisung）」）（一般民法典八一七条[55]、非訟事件手続法一五七条以下）。

右に述べた手続を経てようやく、裁判所が引渡しを決定し、相続人に遺産が引渡される（一般民法典八一九条[56]）。これによって、前節で述べたように、相続人が相続財産の包括承継人となる。また、特別財産を形成していた相続財産が、相続人の固有財産に混入する。[57]なお、遺産分割は、原則として、各共同相続人が他の共同相続人に対して、裁判所からの遺産の引渡しの前後、また裁判所の内外にかかわらず、これを求めることができる[58]

（非訟事件手続法一七〇条）。

３　遺言執行者制度

遺言の執行は、通常は指定された相続人の義務である（一般民法典八一七条）[59]。裁判所は、前節にみたように、被相続人の意思が履行され、または履行が確保されたことを、相続人に証明させる（いわゆる遺言証明）（同条参照）。このことを通じて、裁判所は「最高の遺言執行者（supremus executor testamenti）」としての地位と任務を帯びることになる[60]。この意味で、被相続人の指名する遺言執行者の存在は不要ともいわれている[61]。それにもかかわらず、一般民法典は、被相続人による遺言執行者の指名を認める（同八一六条）[62]。しかしながら、遺言執行者は、相続人と共同して、いわゆる遺言証明を提出しなければならない（非訟事件手続法一六四条）。この意味で、遺言執行者は裁判所の監督下にあるといわねばならない[63]。

遺言執行者の職務は、特に被相続人の定めがない限り、最終意思の実行を監督しこれを促進することである[64]（一般民法典八一六条参照）。被相続人の定めは相続人によって執行されるのが本則であるので、遺言執行者が自ら執行行為を行いうるのは、義務者が遅滞し、または履行につき危険が迫っている場合だけであると解されている[65]。遺言執行者は遺産を管理する権利義務を有しない[66]。したがって、遺言執行者には債務や義務分の支払をなす権利はない。また、遺言執行者は遺産に関して原告または被告として訴訟を追行する権利も有しない[67]。それ故、受遺者も遺言執行者に対して遺贈の履行を求めて訴を提起することはできない[68]。相続権に関する訴訟や義務分に関する訴訟についても同様である[69]。

４　ま　と　め

前節にみたように、オーストリア法においては、遺産取扱い制度の下、遺言執行者の地位は極めて制限されたものとなっている。相続人・遺言執行者・裁判所の三者関係にまとめてみよう。

まず、相続人＝裁判所間には、第二章でみたように、一般的に「遺産の規律」の主導権をめぐる相剋がある。オーストリア法は、遺産取扱い制度を有するので、裁判所の主導で相続権の審査と相続財産の清算が行われる。それ故、相続人の果たすべき役割は裁判所との関係では小さなものとなる。次に、相続人＝遺言執行者の間では、相続人が相対的に優位に立っている。遺言執行者は職務に就くことを強制されない上に、その職務内容は、原則として、相続人による遺言の執行の監督と怠惰な相続人への遺言執行の働きかけにすぎないからである。最後に、遺言執行者＝裁判所間については、裁判所が遺言の執行——特に遺贈の履行——について監督するので、遺言執行者も裁判所の監督下にある。このように、「遺産の規律」に関する役割は裁判所に偏在し、就中遺言執行者の役割は小さなものとされているのが理解されよう。

(32) 管見の限り、制度の概略を示したものとして、谷口知平＝久貴忠彦編『新版注釈民法(27)〔新版補訂版〕』（有斐閣、二〇〇〇年）四二九頁〔谷口知平〕、松尾・前掲注(20)二〇二頁がある。

(33) 於保不二雄＝高木多喜男補訂『現代外国法叢書(3) 独逸民法Ⅲ 物権法』（有斐閣、一九五五年復刊）一五頁参照。

(34) Glück/Mühlenbruch, a. a. O., S. 78; Roth, a. a. O., S. 685 Fn. 119.

(35) H. Klang (Hrsg.), Kommentar zum Allgemeinen bürgerlichen Gesetzbuch, 2. Bd./1. Hbbd. (§§ 531 bis 858), Wien 1935, S. 754ff. を参考にした。

(36) 一般民法典五四七条「相続人は、相続財産を承認すれば直ちに、相続財産について被相続人を承継する。両者は、第三者との関係では、ひとりの人物であるとみなされる。相続人の承認前においては、遺産は、なお死者によって占有されているかのようにみなされる」。

(37) これに与するJ. Unger, Das österreichische Erbrecht, 3. Aufl., Leipzig 1879, S. 165, 174は、相続承認以前の相続財産の所有権を休眠所有権（dominium dormiens）と構成する。

(38) Klang, a. a. O., S. 755 Fn. 36; F. von Zeiller, Commentar über das allgemeine bürgerliche Gesetzbuch für die gesammten Deutschen Erbländer der Oesterreichischen Monarchie, 2. Bd., Wien/Triest 1811, S. 863.

(39) Klang, a. a. O., S. 755, 829.

(40) 本節の叙述は、シュミットの見解の理解に力点を置くために、彼が主に参考したとみられるUnger, V. A. 及びUnger, Erbrecht を基礎とした（Vgl. Vorlagen, I, S. 447 Fn. 3（Mot. TE, S. 331））。この制度が形成された経緯、一般民法典に採用された根拠、同法制定後の理解等については、今後の検討に委ねざるをえない（vgl. Unger, V. A.; Ph. H. R. Harasowsky, Grundzüge der Verlassenschafts-Abhandlung, Wien 1862; C. G. Chorinsky, Das Notariat und die Verlassenschaftsabhandlung in Oesterreich, Wien 1887）。なお、シュミットは、この制度の目的を次の諸点にまとめている（Vorlagen, II, S. 166（Mot. TE, S. 910））。①僭称相続人に相続財産を占有させず、これを最初から真の相続人に引渡すべきこと、②相続人による遺産の持ち去りから相続債権者を保護すること、③僭称相続人への支払いから遺産債務者を保護すること、④相続税や手数料の着服から国庫を保護すること、⑤国家は被相続人の意思を正確に遵守するよう配慮しなければならないこと（シュミットの引用するK. von Dalwigk, Versuch einer philosophisch juristischen Darstellung des Erbrechts, 2. Bd., Wiesbaden 1820, S. 201も参照）。また、この制度に対しては廃止論が強い（特にUnger, V. A., S. 192）。

(41) 谷口＝久貴編・前掲注（32）四二九頁〔谷口〕は„Einantwortung"を「相続回答」と翻訳する。また、松尾・前掲注（20）二〇二頁は「引渡し」とし、松倉耕作『オーストリア家族法・相続法――関係条文訳と参考文献案内』（信山社、一九九三年）七九頁は「委付」とする。本稿は松尾訳に従った。

(42) A. Ehrenzweig/A. Ehrenzweig/W. Kralik, System des österreichischen allgemeinen Privatrechts, 4. Buch, Das Erbrecht, Wien 1983, S. 322.

(43) 非訟事件手続法はその後何度も改正されている（最近では二〇〇三年に改正が行われた（二〇〇五年施行））。本稿では主にシュミット草案起草時（一八七〇年代）の法状態を念頭に置く。なお、一般民法典の制定（一八一一年）以降、非訟事件手続法が制定される一八五四年までの間、遺産取扱い制度の手続面を規定していたのは、一七八五年の裁判所法（Gerichtsordnung）であった。

(44) 一八五四年の非訟事件手続法で規定されていたのは、貧困故の処理（同七二条）のみであった。その後、支払に代わる委付（同七三条）などが追加されている（F. Gschnitzer/Ch. Faistenberger, Österreichisches Erbrecht, 2. Aufl., Wien/New York 1983, S. 60f）。

(45) 遺産の保管は、財産管理能力のある推定相続人等に委ねられるのが通常であり、裁判所による封印が常に行われるわけではない（非訟事件手続法四三条以下参照）。
(46) Unger, Erbrecht, S. 160.
(47) それ故、遺言の開封に関する規定は、一般民法典ではなく非訟事件手続法に置かれている。
(48) P. Bydlinski, Grundzüge des Privatrechts, 5. Aufl., Wien 2002, S. 60 (Rdnr. 184).
(49) 一般民法典八二三条「〔遺産の〕引渡しが行われた後であっても、占有者は、優先的な相続権または同列に扱われるべき相続権を有する旨主張する者によって、相続財産の譲渡または分割を求めて訴を提起されうる。相続財産中の個別の物の所有権は、相続回復の訴（Erbschaftsklage）ではなく、所有権の訴で追及される。
(50) Unger, Erbrecht, S. 160.
(51) Unger, Erbrecht, S. 160.
(52) Unger, V. A., S. 135ff.
(53) Unger, V. A., S. 146.
(54) 敬虔な目的の遺贈と要保護児童のための遺贈は、一般の遺贈とは別の取扱いがなされる（一般民法典六九四条、非訟事件手続法一五九条等参照）（Unger, V. A., S. 136f）。
(55) 一般民法典八一七条「最終意思の執行者が指名されていない場合、または指名された者が行為を引き受けない場合には、相続人は、直接に、被相続人の意思をできる限り履行し、または履行のための担保を提供する義務を負う。相続人は、一定の遺贈については、受遺者に対して、彼に帰属する遺贈がある旨の通知を与えなければならないだけである（六八八条）」。
(56) 一般民法典八一九条「正当な相続人が相続表示を経て裁判所により認定され、相続人によって債務の履行が行われた場合、直ちにこの相続人に対して相続財産が引き渡され、取扱い（Abhandlung）は終了する。……〔以下略〕」。
(57) Klang, a. a. O., S. 829.
(58) Unger, Erbrecht, S. 188f.
(59) 前掲注（55）参照。
(60) Unger, Erbrecht, S. 122.
(61) Unger, V. A., S. 140; Unger, Erbrecht, S. 124.
(62) 一般民法典八一六条「被相続人がその最終意思の執行者を指名した場合、この業務を執行者自ら行うかどうかは、執行者の意思次第である。執行者がこの業務を引き受けた場合には、執行者は、権限者（Machthaber）として自ら被相続人の定めを実行するか、または、これを執行するよう怠慢な相続人を促さなければならない」。

(63) Unger, V. A., S. 141.
(64) P. Rummel（Hrsg.）, Kommentar zum Allgemeinen bürgerlichen Gesetzbuch, 1. Bd., 2. Aufl., Wien 1990, S. 891.
(65) Ehrenzweig/Ehrenzweig/Kralik, a. a. O., S. 273.
(66) Klang, a. a. O., S. 824; Rummel, a. a. O., S. 891.
(67) Klang, a. a. O., S. 824.
(68) Rummel, a. a. O., S. 891.
(69) Rummel, a. a. O., S. 891.

四　若干の考察――ロートの「相続財産の規律」論

前章までの考察で、オーストリア型については、シュミットのいうように、遺言執行者制度のあり方が「裁判所による遺産の規律」に規定されることが明らかにされた。本来であれば、続けて普通法型とプロイセン型の検討を行わねばならない。しかし、この問題は今後の課題とし、ここでは、シュミットの分析視角の学説上の位置付けについて、若干の検討を加えておこう。

シュミット草案における遺言執行者が、ドイツ民法典における遺言執行者と同様に、相続財産の清算人的地位を有していることに鑑みれば、シュミットの立場は第一委員会以降の審議で基本的に承認されたものとみてよい。遺言執行者の許容性に関するシュミットの議論は、一般に受け入れられやすいものであったと考えられる。また、幾つもの立法作業に従事したシュミットの経歴からは、その立法能力が高く評価されていたことがうかがえる。(70) そこで彼に期待されていたのは、「思想や行動の面での特別の独創性」ではなく、「既存の法状態をじっくり検討し明快に分析すること」であった。(71) つまり、シュミットは法学者というよりは、卓越した法実務家であったということができる。とすれば、彼が既存の学説の影響を受けていた可能性が検討されなければならない。

ここで注目されるのが、ゲルマニストとして第一委員会に所属していたパウル・ロート（Paul Roth）(72)（一八二〇—一八九二年）の所説である。彼は、その著『バイエルン市民法（Bayrisches Civilrecht）(73)』において、「相続財産の規律（Regulirung der Erbschaft）」という一章を設け、これを相続法の学問体系に盛り込んでいる。このような章立ては管見の限りロートに特徴的なものである。それ故、ロートの「相続財産の規律」論は、このテーマに関する有力な見解として検討に値すると思われる。

ロートによれば、「相続財産の規律」とは、第二章で触れたように、「相続財産の取得、相続財産の現状の保存、被相続人の定めの実行のために必要な措置をとる(74)」ことである。これには「裁判所による」という語が付加されていないので、誰が「相続財産の規律」につき主導権を握るのかが問題となる。「相続財産の規律」の章全体を貫くのは、相続人と裁判所の役割分担（あるいは相剋）という視点である。ここでは、裁判所が非訟事件手続によって遺産関係の事件に介入する諸場合について、普通法、遺産取扱い制度を採用したドイツ南部の諸法、プロイセン法が比較・検討されている。われわれにとって興味深いのは、「相続財産の規律」の章の下に「遺言執行者」の項が位置付けられていることである。(75)というのも、このことによって、ロートが、「相続財産の規律」の主たる担い手の問題を、必ずしも、相続人か裁判所か、という二者択一の問題とは考えず、遺言執行者が存在する場合には、遺言執行者が「相続財産の規律」に関与する——したがって、「相続財産の規律」は、相続人・遺言執行者・裁判所の三者における役割分担（あるいは相剋）の問題である——ことを構想していたと考えられるからである。そこでロートが遺言執行者の地位や権限をどのように考えていたのかが問題となる。

まず、遺言執行者の地位について。ロートによれば、「遺言執行者は、被相続人によって終意処分の実行のために指定された者である」[76]。遺言執行者は、本質的には相続人の任意代理人として指定される。それ故、相続人の権限は、被相続人の遺言執行者に対する委託の内容によって制限される[77]。その限りで、遺言執行者は相続人に対して独立した地位を有する。つまり、相続人は遺言執行者の遺言執行行為を拒絶することはできず、遺言執行者はその権限内において、相続人の妨害を排除することができる[78]。

このような地位を有する遺言執行者は、どのような権限を有するか。遺言執行者の権限は被相続人からの委託内容に従って定められる。被相続人の定めがあれば、遺言執行者は、例えば、仲裁人(Schiedsrichter)としての地位をも認められ、相続人間の争いを判断する権限を有するとともに[79]、自ら遺言を解釈する権限をも有しうる[80]。それでは、遺言執行者の職務内容に関する被相続人の具体的な定めがない場合、遺言執行者はどのような権限を有するか。多数説は遺言執行者が「遺産の規律」を行うものと解し、ロートはこれに与する[81]。その「遺産の規律」の具体的な内容は次の通りである[82]。①遺産の確保（遺産の占有の取得、第三者が占有する遺産目的物の返還請求、遺産目録の調製）、②遺産の保存のために必要な措置をとること（相続債権の取立て、相続債務の弁済、遺産に関する訴訟につき原告または被告となること）、③遺産の管理、④被相続人の最終意思の実行（未開封遺言の開封の手配、利害関係人への遺言の内容の通知、相続承認の意思表示の督促、遺贈の履行、遺産分割の実行、相続人に対する分割された財産の占有付与）。

このようにみれば、ロートにおいては、遺言執行者が、相続財産の秩序ある移転の実現＝「相続財産の規律」のために中心的な役割を担うべく、期待されていることが理解されよう。しかし、このような遺言執行者論は、前章でみたオーストリア法上の遺言執行者像とは明らかに異なる。おそらく、ロートは、オーストリア型の遺言執行者は、「相続財産の規律」をなす者ではないと考えていたのであろう。この点、オーストリア法では、「相続財産の規律」を行う裁判所は、「最高の遺言執行者」と呼ばれることがあるので、裁判所が遺言執行者であるとも考えられる。しかし、ロートによれば、この裁判所は、彼の定義する技術的な意味での遺言執行者の範疇には含まれない[83]。とすれば、ロートの遺言執行者論は、裁判所による遺産取扱い制度を採用する諸法以外の諸法、すなわち、「相続人による遺産の規律」を原則とする諸法（特に普通法とプロイセン法）を念頭に展開されたものと考えることができる。換言すると、「遺言執行者による相続財産の規律」の可否は、オーストリア型の遺産取扱い制度を採用しないという前提で、はじめて語りうる問題なのである。この問題について、ロートは、遺言執行者が存在する場合には、相続人ではなく、遺言執行者に「相続財産の規律」を委ねるべきと考えたのであった。

右のロートの見解を下敷きにして、シュミットの議論を仔細に観察すれば、両者の見解は非常に近いことがわかる。シュミットもまた、相続人・遺言執行者・裁判所の三者の中で、誰が「遺産の規律」を担うべきかという問題を議論する[84][85]。ここで彼は、ロートと同様、オーストリア型の裁判所を遺言執行者の範疇には含めない[86]。その上で次のふたつの政策判断がなされる。

第一に、裁判所による遺産取扱い制度を採用するか否かが判断される。シュミットはこれを否定するので[87]、主に「遺産の規律」を行う者として、相続人と遺言執行者が可能性として残されることになる。もっとも、この判断によって、相続人と遺言執行者のみが「遺産の規律」を行うと考えてはならない。何故なら、第二章でみたように、既にシュミットの時代には、どの法制においても遺産裁判所の役割を無視することはできないからである。つまり、「遺産の規律」は主に相続人や遺言執行者の手でなされ、遺産裁判所の活動がこれを補完する形で行われる。

第二に判断されるのが、遺言執行者が存在する場合に、相続人と遺言執行者のうちいずれが主導的に「遺産の規律」をなすべきかという問題である。シュミットは、「被相続人の独自の配慮を……狭めてしまわないのが望ましいように思われる」[88]ことを理由のひとつとして、[89]「遺言執行者による遺産の規律」を承認する。この判断の考察は今後の検討に委ねることとしよう。

なお、右の二つの判断の先後関係について、シュミットは明確には述べないが、この順序を論理的前提としていると考えざるをえない。

以上のように、シュミットはロートの「相続財産の規律」論に大きな影響を受けているように思われる。もっとも、遺言執行者が存在する場合、この者が「遺産の規律」に関与することは、ロートを引くまでもなく、一般に考えられていたことではある。しかし、ロートによる「相続財産の規律」という考え方の体系化が、相続人・遺言執行者・裁判所の三者による役割分担という構想を明確化した側面は否定できないであろう。また、シュミットが草案とその理由書の起草の際に、ロートの『バイエルン市民法』を標準的なものとして重視していたとの指摘に鑑みれば、[90]ロートの影響を強調することは、少なくとも不合理とはいえないように思われる。

(70)　シュミットの略歴は次のとおり。一八二七年九月三〇日ウンターフランケン生まれ。一八五二年バイエルン司法試験合格。一八五六年頃ヴュルツブルグにて法学博士。一八五七年以来バイエルン各地の裁判所に裁判官として勤務。一八六九年控訴裁判所判事としてバイエルン司法省に勤務。一八七一年連邦参議院の民事訴訟法（ＣＰＯ）起草委員会の委員長代理を務める。その他破産法や裁判所構成法について帝国委員会のメンバーとして立法作業に関与している。一八七二年バイエルン最高裁判所判事に昇進。一八七四年バイエルン司法省の参事官に指名され、連邦参議院司法委員会のバイエルン代表を務める。一八七四年七月二日連邦参議院で第一委員会メンバーに選出（満場一致）。一八七九年相続法部分草案及びその理由書を提出。一八八六年前記部分草案の修正提案を提出。一八九〇年第二委員会委員への選出を辞退。一八九一年バイエルン最高裁判所長官。一九〇八年八月二五日バンベルクにて死去。享年八〇歳。Vgl. Mertens, a. a. O., S. 7ff.; Schubert, Materialien, S. 85f.; R. Schröder, Abschaffung oder Reform des Erbrechts, Ebelsbach 1981, S. 7ff.; Schubert, Einleitung, in: Vorlagen, I, S. XVff.、平田公夫「ドイツ民法典を創った人々⑵」岡山大学教育学部研究集録五六号（一九八一年）三二頁以下。

（71） Mertens, a. a. O., S. 9.

（72） ロートは一八六三年以来ミュンヘン大学教授（ドイツ法・バイエルン法・国法の講座を担当）の地位にあり、一八七四年から一八八九年まで第一委員会に所属していた（シュミットとともにバイエルン代表）(Schubert, Materialien, S. 83f.、平田・前掲注（70）三二頁以下）。

（73） Roth, a. a. O., S. 194ff.

（74） Roth, a. a. O., S. 775.

（75） Roth, a. a. O., S. 797-814.「第四章・相続財産の規律」の詳細は次のとおり。

第四章（Caput） 相続財産の規律

第一部（Titel） 遺産取扱い一般

概観、①普通法における遺産取扱い、②プロイセン法における遺産取扱い

第二部　任意相続における遺産取扱い

第一節（Abschnitt） 処分の開封

①開封を求める法的請求権、②開封行為

第二節　終意処分の実行

第一項（Abtheilung） 総説

第二項　遺言執行者

①概念と法的地位、②指名、③権限、④終了

第三部　休止相続財産

（76） Roth, a. a. O., S. 797.

（77） Roth, a. a. O., S. 798.

（78） Roth, a. a. O., S. 803.

（79） Roth, a. a. O., S. 803.

（80） Roth, a. a. O., S. 810f.

（81） Roth, a. a. O., S. 805 Fn. 21, S. 811. なお少数説は、遺言執行者が「遺産の規律」をなすのは、被相続人が特にこれを委託し

ていた場合だけであると解する（ヴィントシャイト、ベーゼラー）。

(82) Roth, a. a. O., S. 805ff.

(83) Roth, a. a. O., S. 798 Fn. 6, 10.

(84) 理由書には「遺産の規律は……執行者の手中にある」（Vorlagen, I, S. 449（Mot. TE, S. 333））との叙述がみえ、「遺産の規律」が遺言執行者の問題でもあることが示されている。

(85) シュミットは、この前提として、遺言執行者制度それ自体の必要性を承認する政策判断を行っている（Vorlagen, I, S. 450（Mot. TE, S. 334））。この判断は主に歴史的考察に基づいているので、その詳細は今後の検討課題とせざるをえない。しかし、この判断によって、「遺産の規律」をなしうる者として、相続人と裁判所の他に遺言執行者が登場したことになり、この三者の中で誰に主に「遺産の規律」を委ねるべきか、という問題を立てる基盤が形成されたことは指摘しておきたい。

(86) Vorlagen, I, S. 449（Mot. TE, S. 333）.

(87) Vorlagen, I, S. 450（Mot. TE, S. 334）. シュミット草案三四五条一項「相続人は、法律が別段の定めを置かない限り、遺産目的物上に占有を獲得しまたはこれを処分するために、遺産裁判所による授権や相続権の疎明（Bescheinigung）を要しない」。その根拠につき理由書（Vorlagen, II, S. 166ff.（Mot. TE, S. 910ff.））を参照。今後の検討課題とする。

(88) Vorlagen, I, S. 450（Mot. TE, S. 334）.

(89) シュミットは別の重要な根拠として、遺言概念のローマ法からの転回を挙げている（本稿末尾参照）。

(90) Mertens, a. a. O., S. 12. 第一委員会におけるロートの働きは、従来否定的に評価されてきた(Schubert, Materialien, S. 83)。しかし、近時、ロートはその著作を通じて部分草案に大きな影響を与えているとして、再評価されつつある（S. Gagnér, Zielsetzung und Werkgestaltung in Paul Roths Wissenschaft, in: Festschrift für Hermann Krause, Köln/Wien 1975, S. 450）。

五 小括

これまでの検討を要約する。われわれは、シュミット草案の理由書から、遺言執行者制度の位置付けが「裁判所による遺産の規律」と相関関係にあるとの分析視角をえた。そこで、オーストリア法における遺産取扱い制度——「裁判所による遺産の規律」を徹底したもの——の下で、遺言執行者制度が如何なる形で現れるのかを考察した。オーストリア法においては、裁判所が主導的に「遺産の規律」を行うため、相続人と遺言執行者がこれに関与する余地はあまり残されていなかった。とりわけ遺言執行者は、極めて貧しい職務内容しか与えられていないことが明らかにされた。遺産取扱い制度をとらない諸法における遺言執行者の地位も、「裁判所による遺産の規律」との関わりで規定されるのかどうかは、今後の検討を待たねばならない。しかしながら、少なくともシュミットは、遺言執行者の地位如何は、相続人・遺言執行者・裁判所の三者の役割分担（あるいは相剋）の問題であると考えており、この考え方は既にロートにおいて示唆されていたのである。

本稿で確認しえたのは僅かに右に述べたことだけである。これはドイツ遺言執行者研究のほんの端緒にすぎない。最後に今後の課題を幾つか指摘して、本稿を閉じることにする。

まずは、普通法とプロイセン法における遺言執行者制度が検討されなければなるまい。この作業は、シュミットによる遺言執行者の許容性の議論を一層明らかにするとともに、ドイツ民法典上の遺言執行者への影響の面でも重要なものとなるであろう。なお、本稿で不十分な紹介に終わったオーストリア法についても、本格的な検討が必要である。

「裁判所による遺産の規律」という考え方を基軸に遺言執行者制度を考察していくとすれば、遺産裁判所の生成過程、その地位・役割等の検討は不可避の課題である。遺産裁判所の存在は、これまでのドイツ相続法研究では所与のものと考えられてきたように思われる。しかし、相続人・遺言執行者・裁判所による役割分担の発想は、シュミットを通じてドイツ民法典にも大きな影響を及ぼしている。例えば、ドイツ民法典においては、遺言執行者が存在する場合、相続人による相続財産の目的物の処分行為は無効と解されているところ(91)（ドイツ民法典二二一一条参照）、遺産裁判所の発行する相続証書（Erbschein）制度（同二三五三条以下）や遺言執行者証書（Testamentsvollstreckerzeugnis）制度（同二三六八条）などによって、第三者の取引安全は強力に保護されている。[92] このような「補完的諸制度[93]」が、遺言執行者の相続財産の清算人としての活動を支えているのである。

最後に、遺言概念の転回と遺言執行者の地位に関する問題について指摘しておく。シュミットは、遺言執行者が存在する場合に、相続人ではなく、遺言執行者に「遺産の規律」を委ねる判断をした。その根拠は、前章で挙げたもの以外に、草案が「ローマ法とは異なって遺言概念を定めた[94]」点に求められたのである。ローマ法は、相続人の指定を遺言の要件とし、相続人の指定がない遺言を全部無効としていた。[95] 同法によれば、一方で、相続人指定が遺言の不可欠の構成部分とされ、他方で、相続人は死者の人格を承継する者と考えられていたので、指定相続人こそが遺言の実現を図る者としてふさわしいとみられていたのである。[96] 草案がこのような遺言概念に従うのであれば、遺言執行者に「遺産の規律」を委ねることは困難であろう。遺言執行者を相続財産の清算人と認めるための重大な前提は、草案がローマ法的な遺言概念から脱却することだったのである。このことは、遺言執行者の問題のみならず、遺言の自由（Testierfreiheit）の問題など、遺言法上の基本問題を論じる上で重要なポイントとなるであろう。この問題の考察のためには、あらためて立法資料を紐解かなければならない。

（91）　この規定の淵源の考察は今後の重要な課題である。次の規定はその手掛かりとなるかもしれない。プロイセン一般ラント法一部一二章五六〇条「しかし、相続人自身が被相続人の意思に反して物を処分することはできず、執行者は相続人のような処分に同意する権限も有しない」。

（92）　その他、土地登記簿への遺言執行者が指定されている旨の登記（土地登記法五二条）など、遺産裁判所以外の当局の働きにも注意を払う必要がある。

（93）　伊藤昌司『相続法の基礎的諸問題』（有斐閣、一九八一年）一六一頁。

（94）　Vorlagen, I, S. 450（Mot. TE, S. 334）.

(95) その結果、このような遺言中でなされた遺贈・奴隷解放・後見人の指定などのあらゆる処分もまた無効となる。ローマ法における相続人指定制度については、M. Kaser, Das römische Privatrecht, 1. Abs., 2. Aufl., München 1971, S. 685ff.、原田慶吉『ローマ法〔改訂版〕』(有斐閣、一九五五年)三四〇頁等を参照。

(96) Vorlagen, I, S. 447 (Mot. TE, S. 331)、於保不二雄「遺言執行者の法律上の性質」同『財産管理権論序説』(有信堂、一九五四年)六九頁〔一九三四年初出〕。

フリードリッヒ・カール・フォン・サヴィニー、法学の方法、そして法のモデルネ

ヨアーヒム・リュッケルト

河内宏・大久保憲章・采女博文・児玉寛・川角由和・田中教雄 編
『市民法学の歴史的・思想的展開』
二〇〇六年八月 信山社19

序　日本におけるサヴィニー？

われわれは、サヴィニーが日本と持った関係については何も知らないが、日本がサヴィニーと持つ関係については、遙かによく知っている。日本のモデルネとサヴィニーは、ずっと後になって出会った――そしてその出会いはもちろん大変親密なものとなった。今日に至るまで〔日本にはサヴィニーの〕書物の熱心な読者、このテーマについての碩学の人々、さらに、一九九三年以来の批判的サヴィニー資料集の刊行のための重要な協力者を見出すことができる。たとえば、私は、一九九一年四月、五月の福岡においてほど、連続セミナーにおいて、「赤い」サヴィニー〔に関する私の〕書物〔訳注・Rückert 1984 を指すものと思われる〕を机の上に伴って、一連の〔私の〕講演について正確な理解を持つ多くの人々〔が出席しているのを〕を見たことはなかった。その際、私は原島重義教授と知己となり、〔彼が〕福岡におけるこの方面の研究者の世界で、影響力を持つリーダーであることを知った。「それでは、これからドイツ哲学について語り合いましょう」――〔原島教授が語った〕この挨拶の言葉を私は決して忘れることはないであろう。原島教授は、この言葉でもって、講演会後、夜の会合での語らいをスタートさせたのであった。この小さな会合は、この挨拶の言葉により、大変すばらしい「共に哲学する」（Symphilosophie）〔訳注・若きサヴィニーが、共に哲学しつつ親友と友愛を結ぶことの理念について語ったことを指す。Vgl. Rückert 1984 S. 195〕夜となった。もしサヴィニー自身がその場にいたなら、きっとこう言っただろう。私は、このことを感謝と尊敬の気持ちで想い出す。そして、その感謝の証しとして、ここにサヴィニーに関する小論を寄稿できることは、私にとっての喜びである。

サヴィニーとモデルネ。本稿のこの表題は、ヨーロッパ法史の二つの有名なエレメントを結びつけている。この表題は、〔私自身の〕二回目の「極東」体験と関連している。というのは、それは、「法の近代性と法学」という、北京の清華大学法学部とフランクフルト・アム・マインのゲーテ大学法学部共催で二〇〇五年四月に開催された会議のための講演に基づくものだからである。これを基礎として利用することにより、私は、はたしてサヴィニーがヨーロッパの「モデルネ」のひとつに数えられるのかどうかという問いに対する、決して容易ではない解答と取り組むことができるのである。そして、この考察において、私は、私自身のこれまでの研究にも依拠しようと思う。

「モデルネ」――この壮大な意味を持つ語は、また壮大な言語ゲームの中でのものである。われわれは、この語を、たんなる複数形の「近代的なもの」ではなく、インパクトのある「モデルネ」という単数形のままで使うことにする。そして、そのことにより、個々のものではなく、独自の意味を持つある総体を言い表すこととする。というのは、この語は、モデルネとそれ以前のものの歴史の総体を含んでいるからである。モデルネ以前のものは、古びて忘れてよいもののようにみえる。このようなイメージは、有名な「近代――未完成のプロジェクト」という定式においてより明確になるであろう。それは、視線と行動を未来へと向ける。未来においてのみ、完成を期待することができる。ほかならぬフランクフルト出身の哲学者であるユルゲン・ハーバーマスが、このようなパースペクティヴを彼の一九八〇年のアドルノ賞受賞演説以来繰り返し主張してきた。ハーバーマスは、このことにより、彼の言う「モデルネ」を「三つの保守主義」に対する「プロジェクト」として擁護した、つまり、反近代的な〔保守主義〕（ジョルジュ・バタイユ、フーコー、デリダ、ニーチェ）、前近代的な〔保守主義〕（レオ・シュトラウス、ハンス・ヨナス、ロベルト・シュペーマン）および、ポストモダンの〔保守主義〕（初期のヴィトゲンシュタイン、中期のカール・シュミット、後期のゴットフリート・ベン：〔ジャン・フランソワ・〕リオタール）（*Habermas*

1980)、当時は、むしろ、「文化的」および「美的モデルネ」に、後には「哲学的〔モデルネ〕」により結びつけられていたのであるが(*Habermas* 1980; 1988)。ハーバーマスは、以上を通じて、彼のアドルノ賞受賞演説のタイトル「近代――未完成のプロジェクト」を、極めて有名で挑戦的なトポスへと仕上げたのであった。

「サヴィニー」もまた壮大な語である。サヴィニーは、彼の時代において有名な法律家であっただけではない。彼の名は、バルトルスとバルドゥスからローマの法曹に遡る時代の名声をはるかに凌駕している。彼の「歴史学派」は、画期的なものとして認められている。今日においても、サヴィニーは、四巻の法律家大事典〔Juristas universales〕（二〇〇四年）〔マドリッド・バルセロナ〕は言うに及ばず、あらゆる法学者事典、多くの一般的人名辞典、および、文学大事典で特別な地位を占めている。

〔ハーバーマスのモデルネとサヴィニーという〕二つの名声が、ここで興味深い端緒をなす、しかし、それらはまず「何の係わりものない」。このようにわれわれは、春にツバメがやってきた時にいう。ツバメが来たと言っても、まだ夏ではない――同様に〔ハーバーマスのモデルネとサヴィニーの〕両者もさしあたり何の関係もない。いかに二つの名声は関連するのか。お互いはどのような関連をもつのか。なぜサヴィニーなのか。法学の方法は、どう関わるのか。法のモデルネにとって、当時および今日にとって、そこから何が得られ学びとられうるのか。

膨大な、サヴィニーに関する文献の中で、このような問いに答えるものはいまだない。ハーバーマス自身は、簡単な検討で満足している（1992, 112f., 592f.）。それらの検討は、「権利」という法解釈学上の形象に集中している。それに対して、「法律関係」、「法制度」、「普遍的」および「個別的」法エレメント、当時「生活の準則」として承認されていた「キリスト教的世界観」、およびそもそも一定の法学的政治的形而上学と、方法としての「歴史法学」の中における〔権利という形象の〕文脈は、検討されないまま放置されている。ハーバーマスの慎重に考慮された歴史的志向性は、実は、瀕死の白鳥の歌を奏でている、そこでは、〔以上のようなサヴィニーの思考において〕一九三三年の時代から、六〇年代後半まで、「市民的形式主義」のみしか認めなかった、ヴィーアッカーやラーレンツ、およびそのエピゴーネン達の時代遅れになった旋律が認められる――一八〇二年／三年およびワイマール時代のヘーゲル以来のポレーミッシュな根底は別ではあるが。この遺産は、一九六八年の後、あたかも呼び覚まされたかのように登場し、直ちに歴史批評としても、また無批判的で都合もよいので、定着させられてしまった。同じ時期になされた一九世紀についての新しい研究は、全く参照されていない。実際、ハーバーマスの大きな傾向性は、古い見解の二番煎じ、三番煎じに基づく。とくに注意を払うことなく、プフタは、「〔一九〕世紀の終わり頃の論者」として、ぞんざいに扱われている（前掲五九五、一一二頁。プフタの生没は一七九八年～一八四六年である。今や重要なのは、*Haferkampt*）。「イェーリング」については、正しく述べられている。「意思ではなく、利益が法の実体である」（一一三頁）。「自ら墓穴を掘る」「抽象的意思」が問題となる場合のみならず、それゆえにこの場合も、「自由の自己否定を回避する」（*Jhering*, Geist III 338）との指摘は、間違ってはいない（今や *Rückert* 2005 参照）。ヴィントシャイトは市民との同盟においては、ファルクの研究にもかかわらず、それ以前の研究と同様に、実は第三者的立場であったとされる。このことは、今日のハーバーマスの関心の正しさについて直ちに多くのことを語るわけではないが、そこには、歴史的にだけではなく、考えさせられるものがある。

一　法のモデルネ

この定式化でもって、いかなる著作と人物、いかなる法思考と法形象をわれわれは思い浮かべるのか。サヴィニーとの関連を見出すために、いくつかのエレメントを想起することをお許しいただきたい。「モデルネ・近代というプロジェクト」は、二重の音信を告げる。歴史的なそれと、実際的なそれである。それは「モデルネ」を歴史的な過程として、その「完了」を実際的な課題として描く。方法としては、それは、正しい認識と正しい行動とをひとつのプロジェクトへと統合している。

歴史的には、視点は啓蒙の時代へと、そして、それはまさに法世界の啓蒙でもあった、啓蒙の時代へと立ち返る。「近代というプロジェクト」は、歴史的には、「啓蒙というプロジェクト」（*Habermas* 1980）と同じものを意味している。ここで念頭に置かれているのは、哲学ではヒューム、ヴォルテールおよびカント、刑法ではベッカリアとフォイエルバッハ、公法では一七七六年の権利章典、一七八九年の人権宣言と憲法、私法ではそれぞれ一八〇四年と一八一一年のフランス民法典およびオーストリア普通民法典、つまり、フランスではカムバセレスとポルタリス、オーストリアではツァイラー、イギリスでは法典法曹のベンサム、ドイツではフーゴー、フーフェラント、ティボー――そしておそらくサヴィニーも。サヴィニーは、ティボーに対し次のように述べている。「われわれの論争は、敵対的な論争ではない、われわれにとって同じ目的が真剣に心の中で暖められている。われわれは〔同じ目的を実現する〕方法について論じ合い、語り合っているのである」（1814 : Beruf 155）[1]。このような〔ティボーに対する〕友好的な評価がサヴィニーにおいて可能であったのは、彼が共通の目的として「国民のより確固とした内的な統合」を挙げていたからである。法、法学、方法といった法的基礎概念の比較的詳細な議論というものをサヴィニーは維持していたのであるが、ティボーがそれに対して応えた論文と〔それに続く〕より広範な法典論争により不一致が一挙に生じたのであった。しかし、サヴィニーとモデルネの問題にとっては、このような根本問題についての種々の見解が問題となる。それではより詳細にいえば、何が問題となるのであろうか。

本質的には、カントによれば、「自分自身の悟性を他人に指導されなければ自ら使用する能力がなく、しかも自分自身にその責任があるそのような状態から脱却すること」が問題とされる（1783/84：『啓蒙とは何か』第一命題）、つまり、すべての人間の唯一の「生得の権利」として自治と自由（1797：『法論』序文の補遺、AB45）が問題とされる。この権利の宗教と道徳に対する独自性（しかし両者は無関係性ではない）が問題とされる。さらに、普遍的および個人的な外的自由の保持のために外的な境界画定としての法が、普遍的でしたがって画一的な命令としての法が、そして、またたんなる国家間の法、あるいは国際法ではなく、世界市民の法が、そして永遠の世界平和が、問題とされるのである。より具体的にいえば、この「生得の権利」は、あらゆる法領域において現れるのである。

刑法では、一七六四年にすでにベッカリアによって、そしてフォイエルバッハによりさらに先鋭化されて（『〔実定刑法の〕原理および根本概念の省察』第一部、一七九九年）、人は人によってのみ処罰されるという権利が、このような本質的な保障そのものとしての、そして予測可能で平等な取扱いのための保障としての普遍的法律が、問題とされる。刑罰と呼ばれまた呼ばれてきたこのような危険な害悪を課すため、司法においては、法律への厳格な拘束が求められる。そのために、法律は、可能な限り正確で確実なものでなければならない。そのための最も新しい方法としては、それのみが専ら適用される法典が導入される。首切りや監獄へと通じる道の前には、手続保障を求め、拘禁の原因事実を限定する。拷問の廃止が求められる。公開かつ弁論による裁判が、そしてさらに、犯罪の発生に対する社会的な予防が求められる。人による制裁としての刑罰は、しかしやむを得ない場合に最後に〔課せられる〕害悪としてのみ〔認められる〕。これがここでのプログラムであった。

公法および裁判所の構成においては、そもそも、国家以前の「不可譲の」人権および市民の権利（一七八九年〔人権宣言〕前文「不可侵の自然権」）が、とりわけ、生命、自由および財産の権利、およびこれらの権利の実定法による保障が問題となる。まず憲法による保障が、つまり今や厳粛に書かれそして〔遵守が〕誓約されたテクストによる保障が問題となる。次いで、国家における権力の分立による保障が、司法の法律への厳格な拘束による保障が、つまり恣意ではなく法律のみに従う裁判官、すなわち、法律のみに従い、それ以外では独立した裁判所と裁判官による保障が問題となる。さらに、法律審査権（一八〇三年アメリカ）を持つ特別の憲法裁判所による保障が、また、憲法の優越性による保障が、国民集会と議会でなされる立法に対するできる限り平等な参加のチャンスによる保障が、行政法と裁判での救済による行政のコントロールによる保障が問題となる——一言で言えば、人権、法治国家、そして法の支配と法律審査権がプログラムとして〔問題とされたのである〕。

私法では、「上からの」監督と保護を撤廃しようとしてきた。実定法上は、古いポリツァイ法からも、自由というものには敵対的で、むしろ国家の側に立つ新しい公法からも、原理的に自由な私法を解放することが問題とされる。そこでは、具体的権利の平等と、自由な展開可能性が問題とされる。人は身分と特定の職業へ拘束されていたことからの解放を望んだ。つまり、人は田舎では農奴や農民へと、市民としては商業や工業へと、貴族としては農場〔経営〕、軍務、国家に対する奉仕へと、それぞれ地位を固定されていたことからの〔解放を求めたのであった〕。これらを通じて、伝統的で重大な私的自治の制限も投げ捨てようとしてきた。契約法では、価格に課せられる税、契約の締結強制および締結禁止、許可の強制および少数者の特権によって、物権法では、所有に対する封建的家族的な拘束によって、家族法および相続法では、宗教的、政治的そして家族的な拘束等によって、自治はさまざまに制限されてきたのである。——平等な私的自治というのが、ここでのプログラムであった。

〔とはいっても〕無制限な自治が法的に問題になったことはなかった、なぜなら、問題となるのは、無人島のロビンソンではなく、社会における自由だからである。

法学にとっては、今や、宗教、人倫、道徳および倫理、さらには政治と哲学といった競合する規範領域から独立した原理として解放されることが課題となる。そこで重要視されるのは、〔法学の〕固有の対象と固有の方法である。この意味において、一七八五年頃以降のいわゆるカント主義者達の時代（aetas Kantiana）および後期自然法（*Klippel* 1976 など）においては、まず、批判的理性法へ、そして後にはよりいっそう「実定法」へと傾注していった（この「実定法」という語は、古くからある語にもかかわらず、新しい流行語となった）。ここでいう「実定法」とは、人が定め、可視的で特定かつ専門的に制度化された規範という意味である。それは、今日の意味における「制定法」が問題となっていたということを意味しない。さらに私法においては、一七五六年以前にはバイエルンには排他的に適用される法典というものはなかった。そこでは、たとえば、地方法、継受ローマ法およびカノン法という法の多様性の伝統があり、それらは、単に裁判実務において関連づけられていたにすぎなかった。

「自ずと生まれてくるもの」（*Hugo* 1812）、「目に見えず作用する力」（*Savigny* 1814：Beruf 14）といわれるとき、そこで念頭に置かれていたのが、制定法だけなのか、あるいは慣習法も含まれていたのか、それともすべての法であったか、にかかわらず、——今や人は法を、そして実定法をもまた、自立し完結した統一体として把握しようとするに至った。実定法は、常に、どちらかといえばより法実務的に（「職人芸的に」）、あるいはより学問的に、取り扱うことができる。しかし、今や人は、実定法を「体系」として記述しようとするようになった。「体系」という語は、それに対してポレーミッシュに対置されて言われた単なる「寄せ集め」（Aggregat）という語に対し、一八〇〇年頃、第二の新しい流行語となる。「体系」の下で、「原理によって整理された全体」（*Kant* 1786）が理解された。そこではしかし、この実定法の新しい統一性が何に基づくのかは、不問に付されたままであった。その統一性は、外部から、つまり整理する悟性から、純粋理性その他の実体から由来するのか。あるいは、ほとんど内部から、つまり事物そのものに由来するのかという問題である。いずれによるかは、重要な違いが存する。それは、「所与の」秩序か、「付加された」ものかという問題である。存在の根源と認識についての古い形而上学の問題が、そこになお生き続けている。秩序は人間に先行して与えられているのか。それとも自由に放棄されうるものなのか。この対立関係は、たいていの場合、さらに先鋭化されて、「必然」か「偶然」か、「必然」か「自由」か、あるいは同様のより徹底化されたアンチテーゼの形をとった。いわゆる外的（または形式的）体系と、内的（または実質的）体系という用語法は、法と法の方法の問題にとって、たとえば、ラーレンツ（『法学方法論』一九六〇年および改訂版）の場合のように、今日なお重要なコンセプトを対立させている。同様に以上に述べたような対立関係と強く関わるのが、いかに法学の方法を理解するか、あるいは理解してきたかという問題である。

それではサヴィニーはこのような問題にどう関わってきたのか。そもそもなぜサヴィニーなのか。

（1）　私は、可能な限り、オリジナルの頁で引用する。それは、それがどの版かあるいはリプリントかにかかわらず、参照できるからである。

二　なぜサヴィニーなのか？

ドイツおよびヨーロッパの今日の法律学は、サヴィニーの思考世界にはほとんどまったく無関心である。民法や方法論のハンドブック、および時としていくつかの判決が、われわれをしてかろうじて、サヴィニーの法解釈の四つのカノンを思い出させるに過ぎない。つまりあらゆる法的解釈における文法的、論理的、歴史的および体系的エレメントについての理論である。今日サヴィニーにおいて言及されるのがこの点だけであるということは、もの足らないようにみえるかもしれない。しかしこれだけで充分ともいえる。というのは、サヴィニーの時代、それどころか一九世紀全体をとってみても、サヴィニー以外の論者は、今日のこの種の書物ではほぼ完全に消えてしまっているからである。法学史と式典での教養ある演説の中でのみ、より頻繁に登場するに過ぎない。

しかし、サヴィニーの寄与は、はたして法のモデルネへと向かう線上で一定の役割を果たしているのか。はたして、サヴィニーは、今日思い出されるに値するほど、そのように重要な寄与をしたのか。そのような寄与は、サヴィニーではなく、むしろ、「近代的」であるとして有名なルドルフ・フォン・イェーリングに、「目的はあらゆる法の創造者である」(*Jhering*, Zweck I, 1877) というモットーの伝道者の方に探し求めた方がよいのではないか。また、イェーリングと同時代人である一八一八年生まれのカール・マルクスに〔法のモデルネに対する寄与を〕探し求めた方がよいのではないか。そのほうがモダンに響くであろう。あるいは、やがて一九〇〇年に、新しい法の「社会学」の誕生にその父として主要な役割を果たし、そのことにより、明らかにモダンな法学を創立した (『法社会学の基礎付け』一九一三年) オイゲン・エールリッヒに〔探し求めるのがよいのではないか〕。むしろ、法のモデルネにとっては、サヴィニーの敵対者の方が、重要ではないのか。つまり、一八一四年頃、革命的フランス的な法の道具として、制定法と法典を主張した論者たちである。この意味で重要なパウル・ヨハン・アンセルム・フォイエルバッハは、われわれにとって刑法学者としてよく知られている。あるいは、一八一四年に法典編纂に反対するサヴィニーの綱領論文のきっかけを与えた、アントン・フリードリッヒ・J・ティボーはどうか。あるいは、プフタが極めて正当にも「一九世紀の教師」と呼んだ男、つまり、グスタフ・フーゴーはどうか。さらに、カント主義者であったテオドール・フォン・ヒッペルやクリスティアン・モルゲンベッサーのような、ラディカルなモダニストもまた大変興味深い。もっとも、彼らの書物はたまに偶然にしか検閲を免れることができなかった（*Rückert* 2003, 81f. 参照）。

以上に挙げた論者達に考察の目を向けるには充分な理由がある。しかし、サヴィニーについても実はそうなのである。サヴィニーが生きたのは一七七九年から一八六一年の間であった。サヴィニーは、〔法のモデルネにとって〕まさに決定的に重要な時代、つまり、法のモデルネへの、最初のそして困難な第一歩が勝ち取られねばならなかった闘争の時代を生き、活動したからである。すでに一九世紀中葉に、ましてその終わり頃には、ドイツのほとんど全土に、（実際には優位性を欠くとしても）真に近代的な憲法が制定されて存し、帝国には（一八七一年以降）普通かつ平等の選挙法さえも存在していた。また、原理的には自由な私法、厳密に定められた刑法および訴訟法、さらに充分な程度にまで独立した裁判所があった。法においては、近代というプロジェクトは、当時かなりの程度まで進捗していた。たとえば、初めて世俗に徹した家族法（一八七五年以来の市民婚）、勝ち取られた労働法（一八六九年以来の部分的に認められた団結権、一八八三年以来の保険法、一八六九年以来の保護領域（Schutzbereiche）〔訳注・労働時間、給与の支払い、女性・年少者保護などの労働者保護規範を伴なう領域〕）などにおいてである。他方で、身分と階級に分けられた社会においては、君主制と軍隊そして執行権により支配された政治においては、それとは違う状況であったのはいうまでもない。のみならず、サヴィニーは、ドイツの発展の中心、ベルリン、そしてプロイセンという国家において生活し活動していた。新興プロイセンは、特に抜きんでており、とりわけ国家、経済および社会の近代化に伴う問題も顕著になっていた（この点につき古典的文献として、*Koselleck*, 1967）。このようなさまざまな要求の貫徹を求める闘争は、〔モデルネの観点からは〕非常に興味深い。

というのは、そこでは、ここにいう「法のモデルネ」のような問題の動機と関連性が、とくに先鋭化されヴィヴィッドに問題とされているからである。サヴィニーは、モデルネをめぐる重要な闘争の時代における、偉大な共闘者のひとりでもある。したがって、このテーマにおいて興味が尽きないのである。

時代的および場所的にだけでなく、事柄そのものについてもサヴィニーにおいて〔法のモデルネを〕見出すことができる。その場合、少なくとも三つの偏見と誤解と訣別しなければならない。まず、サヴィニーは、法学における「反動主義者」であり、アンシャンレジュームの復古を企てた、という左派ヘーゲル主義およびマルクス主義的な見解から自由にならなければならない。さらに、サヴィニーはたんに「保守的」に現状維持を望んだという、リベラル左派的および自由法学的な見解からも解放されねばならない。そして、さらに、サヴィニーの法学の方法は、「形式主義的」であり、まったく時代遅れであり、利用可能性はないという見解とも訣別しなければならない。

前二者のどちらかというと政治的な偏見については、本稿ではこれ以上触れない。最後の視点についてだけ、私は以下で詳しく検討したいと思う。というのは、〔サヴィニーの見解のうち〕最もよく記憶されている部分、つまり〔彼の〕方法のコンセプトが、そこでは、こともあろうにいかに間違って理解されているかということが、逆説的かつ教訓的だからである。一般に考えられているよりも、サヴィニーは遥かにモダンであることが明らかになるであろう。この意味で、サヴィニーは、彼に先行する数世紀を捨て去っただけでなく、自らモデルネをもたらし、さらにその後の展開に影響を与えたのである。サヴィニーが新しいものの創始者であると認められてきたその点について、つまり〔彼の〕方法に即して、このことを明らかにする作業は、魅惑的である。その際、法学の方法を検討の俎上にのせるのは、問題をより鮮明にするためにほかならない。

三　サヴィニー、法学の方法、そして法的判断

一見するとサヴィニーの法学の方法に関するテクストは、表現としても内容としても、われわれの世界とはまったく別の世界から由来するように見える。もしかすると、サヴィニーの古典的なドイツ語が、彼の言葉がわれわれの知らない意味をもつかのように、われわれを惑わすのかも知れない。ところで、とくに強調したいのは、われわれが今日通常理解しまた教育しているように、判断の方法としての法学の方法というものに、実は、サヴィニーは少なくとも第一次的には関心をもっていないことである。サヴィニーは問題を全く異なって設定している。しかし、だからといって、サヴィニーの見解が、われわれにとって重要ではないということにはならない。まず二つの例を一瞥することは、われわれの今日の理解がサヴィニーとは全く異なるものであることを際だたせるに違いない。

1　判断の方法としての法学の方法

少なくともドイツ語圏で、われわれが今日「法学の方法」という表題の下で理解しているものは、正しい事案の解決、制定法の適用と解釈、議論の理論、利益衡量、裁判官の判断についての手引き、などである。これらが今日のわれわれにとってのキーワードである。そこで中心にあるのは、裁判官の判断である。二つの例が、このことを証明するであろう。〔実例の〕選択に当たっては、オリジナリティではなく、今日にとっての重要性を問題とした。

数年前のことであるが、『法学の方法。古代ローマから現代まで』と題された非常な詳細な研究が刊行された(P. Raisch, 1995, 265 S.)。民法学者として名声をもつ著者は、すでに冒頭に文章からして、法学の方法のもとで、

とくに「事案の『正しい』解決に至るような思考方法」を念頭に置いている（一頁）。法律学の歴史の全体は、このように、彼にとっては、いわゆる、制定法の正しい解釈のためのカノン、つまり文法的、歴史的、論理的そして体系的な解釈の議論のための、壮大な実務的手引きとされている。しかし、これらの議論のすべては、著者にとっては、事案の正しい解決、事案の判断のためにだけ、関心を引くものであるにすぎない。

私があげる二つ目の例は、今日、ドイツにおいておそらく最も好まれている叙述から採られたものである。それは、かつては広く読まれていたカール・ラーレンツの一九六〇年の『法学方法論』を今や明らかに押しのけている。それは、エアランゲンの国法学者であるツィッペリウスの小さいが正確な教科書である『法の方法論』である。一九七一年に出版されたこの書物は、最近では二〇〇五年に全二〇五頁の第九版を数えている。ツィッペリウスは、「対象は方法を規定する」（一頁）という文章でもって、他の著者よりも根本的に論を説き起こしている。しかし、ツィッペリウスにおいてもまた、法規範では、彼自身強調するように、「世界の認識」ではなく、「行為の秩序づけ」が問題とされている。というのは、法は、「行為の規制」、「行動の規則」、「命令」だからである。このような命令により構成される法は、ツィッペリウスにおいては、「法的事件の解決へのアプローチ」および「法の発展的形成」にとって決定的な意味をもつ。—要するに「目標とされるのは」、事案において「具体化され適用された」法なのである。最終的には、したがって、ここでも事案の解決だけが問題とされる。現代において代表的なこのような方法論は、哲学的な基礎付けを多く含むにもかかわらず、第一次的には、ある事案の解決がどのようになされるべきかという、実際的な視点に立っている。今や、書物の表題の違いについてもお解りいただけるであろう。「法学」（Rechtswissenschaft）という語は、ツィッペリウスでは、もはやラーレンツの『法学方法論』のように表題の中に含まれていない——そのほかの部分でも同様である。この語は、法の方法論との関連を失っているのである。しかしサヴィニーではこの点は全く異っていた。

2 学問の方法としての法学の方法

実際的な意味で法の方法を扱うことを明言するような章は、サヴィニーのテクストの中には全くない。サヴィニーもまた、もちろん事案を解決しようとする。しかし、明らかに別の方法によってである。むしろサヴィニーは、法の勉学および法の学問的な把握の場面から出発しようとする。

法の勉学については、サヴィニーは、一八〇二年／三年に、および改めて一八〇九年に、「法学の方法」（juristische Methodologie）、より正確には、「法律学の勉学のための手引き」という表題の下で、講義を行った。これがサヴィニー自身の与えた表題である（マツァカネによる）。しかし、残念なことに、この講義は、一九五一年の初めての刊行の際に選ばれた「法学方法論」（juristische Methodenlehre）というタイトルでわれわれには知られている（ヴェーゼンベルク）。しかし、サヴィニーのいう「法学の方法」は、今日われわれのいう「法学方法論」とはまったく別ものであった。今日の時代、ドイツにおいて、勉学と実務は、さほど大きな違いのないものとなっている。というのは、〔大学法学部での〕勉学は、最近ではしばしば、延長された司法試験の準備というべきものになってしまっており、司法試験と同様、優れて事案の判断を作り上げることを目的とするものになってしまっているからである。現代ドイツの大学でようやく最近実現された改革により、「純学問的宿題」やいわゆる重点的学習の導入によって、それ以外の他の要素が強化されているにすぎない。

しかしサヴィニーにおいては、「勉学」は、〔事案の解決とは〕根本的に別のものを意味していた。勉学とは、自分自身による学問的な作業を訓練すべきものである。そのために、サヴィニーは、「方法」を通じて、〔学生を〕導こうとしていたのである。実務も同様に学問的にならなければならない。そして勉学とも関連づけられねばならない。サヴィニーは、周囲の者にとって、「勉学する機械」のように見えたといわれる。そのように伝えているのは、当時マールブルクで、サヴィニーの勤勉さと勉学を愛好している様を見ることができ、また、自分自身が等閑視されていると感じていた、詩人であり友人であるクレメンス・ブレンターノであった（*Stoll* I 176）。要するに、サヴィニーにとっては、法における判断の実務ではなく、法の勉学がまず第一に問題とされていたのである。

学問と方法がサヴィニーでは中心に据えられているならば、次に、両者がどのように理解されているかが問題となる。この点についても、サヴィニーの理解は、今日のわれわれとはかなり異なる。サヴィニーの「方法」講義は、独自の「学問についての新たな見解」を展開している（1802/03, fol. 4r）。この新たな見解により、サヴィニーは、伝統から明確に訣別している。当時新しい語である「法学」（Rechtswissenschaft）は、一八〇二年から一八四二年の間に再三方向を変えている。それは、流行語そして一九世紀の全体を通じての時代をリードする語となり、その後に及んでいる。

「方法」は、その際、「学問的な作業で成功するための、精神的な力の方向づけ」として重要である。サヴィニーは、一八〇二年に、方法についての最初の講義を開始するやいなや、そのように述べている（1802/03, fol. 2r）。このような意味での方法は、ローマの法学者から今日に至るまでの、文献的な模範から学び取らねばならない。「個々の法学者、あるいは学派全体の独自の方法を勉強し、このような方法と成果を比較すること」（前掲）を通じ〔学び取らねばならない〕。これらの模範と手本に取り組むことのみを、サヴィニーは、「方法を見出す手段」として推奨している（前掲）。サヴィニーは、通例のように、普遍的な法規から、法適用のために一連の実際的な準則を導いて与えようとはしていない。これはその理論的な根拠を判断力の問題の中にもつ作業である。この点は後述する。「法の方法」という表現が、一八〇二年に一度用いられているとしても（1802/03, fol. 3v）、それはサヴィニーにとって、常に学問の方法を意味していた。彼は、「解釈的要素と体系的要素の結合。この結合において、法学の方法は完結する」と説明している（前掲）。これは、それほど新しく響くわけではないが、聞き慣れないものになっている。というのは、サヴィニーが、「文献学的」を解釈的、「哲学的」を体系的と同義のものとして述べているからである。

しかし、われわれにとってより重要なのは、この両者の要素の共通の基礎である。法的に所与のもの、およびそうであるはずのものは、正しく認識された（歴史的な）連続性から明らかにされる。この連続性は、上述の「学問についての新しい見解」によって認識される。つまり、「固有の意味における歴史的な取扱い」（1802/03, fol. 4r, 2v でも）、新しい歴史的方法によって認識されるのである。それは、サンプルをたんに収集するだけでなく、内的な必然性の展開する様を白日の下に引き出そうとする。サヴィニーは、これについて、「固有の意味における歴史的な取扱いが、すなわち、立法を所与に時代において展開していくものとして考察することが」が問題となると説く（前掲）。法の方法と、法という客体は、この文章では、新しい相関関係に立っている。両者とも新しく考え抜かれている。つまり、新しい歴史的叙述は、これまでのように、データを説明するだけでも、単に古事学的または典雅法学的に収集するのでもなく、何らかの形で実用的に（因果的または機能的）に整理されるものでもない。「本来的に」（歴史的）、「真に」（歴史的）、「体系的に」（歴史的）、さらにまた「哲学的に」歴史的などの語が、新しい課題を解決するための付加語として重要な役割を果たしている。サヴィニーの友人であるクロイツァーは、これらの付加語を適切にも「相対的に観念論的」と呼んだ（この点とさらなる資料については、*Rückert* 1984, 331f.）。その対象は、静止しているのではなく、自ら発展形成しつつあるものでなければならない。「自ら」

という語がここでは決定的で、数多くの変革をもたらすものとなった。たとえば、「立法」が自ら発展形成しつつあるものとして理解される場合、立法は動態的で変転するものとして捉えられているが、その場合、固有のアクターまたは立法者が前提されることなく、ほとんど主体のないものとして、そのように捉えられるのである。「立法」とは、ここでは、本質的に自己自身に基づいて進行する法の発展的形成の過程として立ち現れる。制定法という語が、いまだ今日のように充分に意味を限定して用いられてはいないにもかかわらず、サヴィニー以前あるいは以後の立法についての思想と〔今日の立法の思想との〕対立は、さほど大きなものではない（*Gagnér* 1960参照）。そこでは法を定立するアクターの違いが問題となるにすぎない。これに対し、サヴィニーでは、法曹は、制定法のテクストと取り組む場合でも、実は、法そのものと取り組んでいるのである。制定法は、法それ自体の一つのあり方の例にすぎない。サヴィニーは、少し後になると、さらに一貫させて、ある「制定法」は、ある「所与の」法的な「思考」を、「それを客観化し持続させるために」語っているにすぎない、と述べている（1802/03, fol. 4v）。これは、すべてを変革するものである。つまり、制定法の中にある「所与の」思考が決定的となる。この場合、制定法は、所与の思考をうまく表現している場合もあればそうでない場合もある。それ自体所与の何ものかが表現されて、客観的で把握できるものとなるという観念は、顕現（Manifestation）や現前（Erscheinung）といった古い哲学の思考形象において使用されていた。これにより、たとえば、理念と現実、精神と字句など、可視的なものと不可視的なものが結合される。否、この場合、さらにそれ以上のことがなされうる。つまり、「精神」が価値に規定されたものとして理解される場合、それにより価値と現実を結びつけることができる。他方で、存在は、存在論的に理念を内在させた善き存在となる。

サヴィニーは、所与のものを完全にではなくても、少なくともそれ以前に比べて、より動態化した。制定法の背後にある法そのものを、サヴィニーは時代と共に進展していく「体系」としても、理解しているからである。これは三つの問題を解き放つ。まず、法という客体は、「体系」として、その時代にとって望ましい完全性をもっているのであるが、サヴィニーにおいては、〔その完全性とは法典におけるのとは〕「異なった方法による」ものである。法典もこのような完全性をもつと主張するのであるが、この場合の完全性は、数多く集積されたカズイスティクではなく、「内的な」統一性に基づくものだからである。また、法は、その「発展」により、静止しているのではなく、適応可能なもの、将来にも対応できるものとなる。そのため、「法の発展的形成により、新しい法制度を生み出し、あるいはまた、既存の法制度を作り変えることが可能となる」のである（System I 18）。そして、この発展は、自ら発展形成することとして現れる（前掲1802/03参照）。つまり、本来の政治的な立法者は必要とせず、しかも「偶然と個々人の恣意とは無関係に」（System I 17）現れる。

「歴史的である」に際し「本来的である」というちょっとした付加語を付けること〔つまり「本来的に歴史的であること」〕が、実は、法的であり同時に学問的であり、第一次的には事案の判断を志向しない方法にとって、さらに、価値と現実を結びつける価値包含的方法にとって、極めて多くのものをもたらした。さらには、正しいものと誤っているものを峻別することができ、かつ、歴史と現在を一つの関連の中にもたらすことができるような、すべてを包括するような動態的視点についても同様である。――それは、思想における万能兵器、討議における奇跡の兵器であった。たとえば、（単なる、経験的、功利的な）現実が望ましくない場合、理念が助けてくれる。逆に（たんなる）理念が望ましくない場合には、別に意味づけられた現実を引き合いに出せばよい。これは、哲学に由来するまったく独特の法的思考世界である（*Rückert* 1984, 240f. 384 参照）。以上の結果として、サヴィニーは、二つの戦線を回避することができた。それは、二つの古くから常にある戦線である。現代風に言えば、法は、それが国民、立法者あるいは裁判官のいずれに由来する場合であっても、何らかの永遠の実体によって固定的に与えられているものとしても、また、自由自在に産み出すことができる単に偶然的な性質のものとしても、現れないということである。——これは徹頭徹尾「モダンな」状態である。伝統的な自然法でももはやなく、また、思うがままの実定法でもない。これは、〔ナチズムの〕不法の体制を経験した後の、すべての法哲学者の夢ではないか。ところで、〔法における〕判断という要素からはいったい何が生じてくるのというのか。〔次にこの点を検討してみたい。〕

3　判断というものを前提としない法の方法？

サヴィニーは、したがって、法を「学問的に」認識しようとする。しかも現実の客観的に存在する価値に充たされた歴史的な連続として理解しようとする。それゆえ、これに対しては、次のように言われる。サヴィニーにおいては、法曹の判断の作業は、単なる認識のプロセスの中に消え去ってしまっている。サヴィニーは、それによって、むしろ前近代の、カント以前の、客観主義的な立場に立っていると。法は、ひとつの真理のように、単に認識されねばならないもので、それが可能なものであるというのは、こうした願望が、価値に充たされた自然そのものの認識に向けられているか、それとも、神の創造になる、人間の本性、真の理性の認識、あるいはそれ以外の価値に充たされた実体の認識に向けられているかのいずれにせよ、前近代の自然法の綱領であった。しかし、サヴィニーをこのような前近代の関連に置くのは正しくない。かかる実体的形而上学的で、構造的に自然法的な法観に対する批判は、マキャヴェリ、ヒュームそしてカント以来、より一層疑う余地のないものとなっていった。サヴィニーにとっても同様であった。のみならず、サヴィニーは、法的な判断という営みがどのようなものかを知り尽くしていたし、認識し尽くしていた。問題は、どのような場面でいかに〔知り認識していたか〕

である。

4　法学の方法としての解釈

サヴィニーが判断という営みをどこにどのように位置づけたかは、今や古典となった個所において、最もよく示される。それは、同時に、最も誤解され見誤られてきた個所でもある。明らかにサヴィニーがこの目的のため一八四〇年に公刊したその一二四頁の〔テクスト〕はこれまでよく読まれてきた（System I 206-330）ものの、最後まで読まれることはなく、しかもその体系は真摯には受け止められてこなかった。ここで念頭に置かれているのは、解釈のカノンについてのサヴィニーによる詳細な叙述である。すでに述べたように。この叙述は、今日に至るまで、彼の大著『現代ローマ法体系』（1840-49）から最もよく引用される、とっておきの部分である（*Rückert* 1991 参照）。ナチス時代以来、われわれの法解釈学の文献でサヴィニーは極めてまれにしか引用されないにもかかわらず、永遠のエレガンスとして今日なおもそれが評価されるのは、あらゆる解釈における四つのエレメントについてのサヴィニーの叙述である。つまり、文法的、論理的、歴史的そして体系的エレメントである。同様に賞賛されるのが、それらは〔どれが重要というわけではなく〕同等に関連づけられ、そして「制定法に内在する思考」を再構成しなければならないという帰結である（System I 213f. Rückert 1997, 25 も）。このような賞賛とともに、他方で、サヴィニーの推奨するものは法的には価値がないという、ステレオタイプの批判がずいぶんと昔からなされてきた。それによれば、〔文法的、論理的、歴史的そして体系的という〕いずれの解釈の議論が決定的なのかについての優先性の規則、あるいは〔四つの〕それぞれのエレメントの序列についての階層構造なしには、実際、紛争事例において判断することはできないとされる。のみならず、同様に重要な目的論的な議論が〔サヴィニーでは〕欠けており、解釈が困難になるまさにそのような場面で、解釈が恣意的になってしまうと批判される。

このような批判は、〔事案の〕判断を重視する現代の思考に完全にとらわれている。のみならず、サヴィニーにおけるカノンがいかなる課題を担っていたかということをそもそも見落としている。というのは、彼のカノンは、明らかに法律の「健全な状態」（I 208, 222）を念頭に置く場合にのみ、彼自身が言うように、法律を「純粋かつ完全に理解する」ために役立つものだからである（I 213）。このような法律の「健全な状態」においては、サヴィニーにとって、思考と表現は、いずれにせよ一致する（I 222）。両者はこの場合多かれ少なかれ完全に理解されうるのであるが、それが、完全に把握できるのは、〔解釈の四つの〕エレメントがすべて協働する場合のみである。このことが彼にとって重要なのである。つまり、サヴィニーは、普遍的な法の解釈学から出発するが、それは、他の論者のように、（また、「最近の論者」とは対照的に、I 207, 318f.）「不明瞭な」法律を出発点とするものではなく、〔完全な法律を目の前にした〕法の理解そのものから出発しているのである。法の病理学、不明瞭な法律、法の欠缺、不明瞭な事案などに対して、とりあえずサヴィニーは関心をもっていない。彼が関心をもつのは、〔法律の〕「健全な状態」とその認識なのである。そして、法律の「健全な状態」においてはもちろん、〔そこに表されている法の〕思考とその表現が一致するから、解釈における衝突はまったく生じてこない。この場合、〔四つの解釈のエレメント間の〕優先性の規則、序列階層の基準などは不要であり無意味である。さらに、法の目的（ratio legis）、つまり法律の根拠、目的、意図などに目を向けることは、「厳密にいえば、〔解釈の〕境界の外」の問題なのである（I 217）。

さらに〔『体系』は〕続けて読んでいかなければならない。すると、「不完全な状態」での解釈（I 208, 222f.）、および、「不完全な法律」（I 222）でのそれについての、詳細かつ説得力をもつ節に行き当たる。サヴィニーのテクストはここでは厳格に体系化されている、そのことは、その章割りの仕方が示している。

第四章：法律の解釈、三二節. 解釈の概念、法定解釈と学理的解釈（二〇六頁）、三三節. A. 個々の法律の解釈。根本規則（二一二頁）、三四節. 法律の根拠（二一六頁）、三五節. 不完全な法律の解釈（二二二頁）、三六節、三七節. 承前・・・（二二五頁、二三〇頁）、三八節―四〇節. ユスティニアヌスの法律の解釈（二四〇頁）、四二節. B. 法源の解釈の全体（二六二頁）（『体系』第一巻Ⅶ頁）。

三二節から三四節までの「通常の」解釈に続いて「不完全な法律」について三五節以下で論じられる。この第二部が、現代の法学者にとってもっぱらなおも重要な、サヴィニーにおける「困難事例・ハードケース」なのだが、それは、「法律の真の思考」について「不確定な」または「不正確な表現」しかなされていない事例である（I 290ff.）。サヴィニーは、この〔解釈の〕第二の営みを、われわれが大抵の場合そうするように、「法の発展的形成」と呼んでいる（I 238, 291ff. 17f. でも）。この営みのために、彼は、固有の作業規則を作り上げた。サヴィニーは、今日の法学者がサヴィニーにはないと言うもの、つまり慎重な優先性の規則を示すことから実は出発している（I 223ff.）。次いで、彼は解釈の補助手段の「階層的順序」について語り（I 222, 225, 228f; *Rückert* 1997, 50 参照）、このような関連の中に限定してではあるが、目的論的な議論を容認している。彼は、目的論を限定的に認める。なぜなら、人は字句に対して、安易に精神の方を切り札として使うことになりうるからであり、それにより、本来の裁判官の権限を逸脱してしまう可能性があるからである。その場合、「解釈とは異なる法の発展的形成そのもの」となるからである。

現代のわれわれにとって重要な、「不完全な法律」のために不可欠な判断のエレメントをサヴィニーは実は完全に認めているのである。彼は、ただ、それを慎重に限定的にのみ認めようとしているが、その方向性と内容においては、決して時代遅れとはいえない。彼は、ローマ人の「模範」（I 239）とは異なっても〔この点で慎重に限定的であるが〕、それは、ローマにおいては、前提となる「憲法制度」が異なっていたからである（皇帝の指令の制度について、I 311ff.）。サヴィニーは、これまでしばしばサヴィニーにはないと言われてきた、われわれの意味における法律解釈の理論を不完全な法律について示している。のみならず、法律の健全な状態および不完全な状態のための普遍的な法学的解釈論を示している。この点で、ローマ帝政の憲法制度〔を前提としたローマ法曹の立場〕からも離反しており、これはまったくモダンであるといえる。

5　判断に対する制度的な制御

のみならずサヴィニーはさらに一歩を踏み出している。というのは、彼は最後に、「法律の不完全な状態」における恣意を孕んだ解釈エレメントを一定程度憲法制度的に制御しようとしているからである―つまり今日でもよく論じられる問題への取り組みである。彼はそれまでに、いわゆるラインプロイセンを管轄する破毀裁判所における、長期間の活動を通じて、裁判官としての経験を積んでいた。この経験に基づき、サヴィニーは、制度的あるいはむしろ手続的な解決を提案している。困難な法の発展的形成の問題は、フランスの破毀院を模範とする上級の特別裁判所に、集中して集めようというのがそれである（I 330, 327）。サヴィニーは、この解決を次のように正当化する。つまり、法律の「不完全な状態」についてのこれらの事案では、解釈と〔法の〕発展的形成の境界線、あるいは、純粋な法律の認識と〔法形成という〕それとは別の活動の間の境界線は、いずれも「しばしば非常に疑わしいものとなりうる」（I 329f. すでに 294, 297f., 219, 240 でも）。このことは、内容的な解決をほとんど望みのないものとする。ここでは、一八一九年以来、経験を積んだプロイセンの破毀裁判官であり、その後一八四二年に大臣になる〔実務家サヴィニーの〕語っているのを聞くことになる。サヴィニーが大臣となった後は、昔のように親しくおしゃべりをするのは困難になったといわれる。たとえば、ヤーコプ・グリムは、一八四二年以降、ベルリンで会議の合間に金モールの飾緒を付けた大臣・国家顧問官のサヴィニーの訪問を受けたときに、このように嘆いている。それはともかくとして、経験を積んだ法律家として〔のサヴィニーは〕、制度的な解決、より正確にいえば、司法をめぐる憲法制度的な解決、モダンに言えば、手続的解決をここで表明しているのである。

6　第一の中間的結論。モダンなものとプレモダンなもの？

法のモデルネをサヴィニーは、法的安定性でも、裁判官の拘束でも、また立ち上がりつつある法治国家の点でも、決して裏切ってはいない。彼の示す解決は、法学的な最善条件についての三つの大きな幻想を回避しようとするものである。まず、サヴィニーは、裁判官は偉大な賢人であるという祝福の言葉を信じていない。さらに、モンテスキューの意味における裁判官は法の口に徹する司法であるという祝福の言葉、つまり、フランスと一七九四年のプロイセン一般ラント法における立法に関する照会（référé législatif）および解釈と注釈の禁止のそれ（*Miersch* 2000 参照）についても同様に信じない。さらに、ゲオルグ・ベーゼラーの意味での親切な民衆裁判所の祝福の言葉についても信じていない。サヴィニーがベーゼラーによる『民衆法と法曹法』の献呈に対する礼状は有名であるが、そこではこのことが詳細に正当化されている（1843, *Beseler* 1866 による）。法典論争でのサヴィニーの相手方プレーヤーであるアントン・F・J・ティボーは、これに対し、一八〇一年に問題を奇妙に先鋭化させ、立法権をして法律を改善するよう仕向けるため、裁判官はできの悪い法律は意識的に限定的に解釈しなければならない、と要請した。「法律家は、解釈の境界内に留まらなければならない。そして、同様に、立法をして、本当に法律の中で不完全なものを修正し補充するようにさせなければならない」と（*Thibaut* 1801, 195; 1817, 173）。これは、現行のあるいは歴史的に与えられた法を「内的必然性」ではなくカオスであると見て、立法者や「国家」を頼りにするティボーの場合には、首尾一貫している。——しかしそれも実は幻想に基づくものであった。ここでサヴィニーの洞察は鋭く、したがってよりモダンである。彼は、ティボーのように、パンの代わりに石を与えるようなことはしなかった。ティボーは、平然と次のように付け加えている。「立法権が助けを出してくれない場合、当然のことであるが、精神のない文言解釈により判断しなければならない」（1801, 199; 1817, 176）と。

サヴィニーは、法的判断の問題を冷静にしかも幻想を抱かずに受け止めている。そして、彼は、その問題を、法の「学問的」認識の中へ深く埋め込んだ。それでも残る自由裁量は、制度的に特別裁判所を通じて制御しようとしている。——両方とも手続的な制御である。彼は、その際、指導原理と準則を認識し、そのために必要な方法を学び取ることが、法学の本質的な課題であると強調する。サヴィニーは、実際的な手引きを直接に与えることを求める方法のように、具体的な事案判断のため準則を示すことは本質的な課題とは見ていない。サヴィニーは、このように、判断を方法的認識の中に解消してしまっている。このことは再び方法の問題へと立ち返る。それでは、方法の問題を次にさらに詳細に検討してみたい。

7　「本来的に実務的な」方法としての「真に歴史的な方法」

一八一八年の冬学期に、サヴィニーはこの点について、一度極めて明確にしている。このことは、当時ハイデルベルクにいた論争の相手方であるミッターマイアーとゲンスラー、およびイェーナの国家顧問官であるシュヴァイツァーが編集し、今日なお活動的な雑誌である「民事法実務雑誌（A. c. P.）」による挑発の御陰であるうほかない。（*Rückert* 1999）。もちろんそれは、数年前から刊行され利用可能になっているサヴィニーの方法講義からうかがうほかない。一八一八年の冬に、サヴィニーは、講義を開始するやいなや、有名な「実務的方法」に対する要請について述べている（1802-42, 78r）。彼は、ローマ法の勉学について、従来の多くの場合、彼の言うところの、「内容的なもの」が重視されてきた、と述べる。つまり「最終的にローマ法から由来する帰結として、法実務にとって直接の基礎とすることができる法準則」が重視されてきたのである。こうした「〔ローマ法からの〕帰結」は、今日では事案解決の準則と呼ばれるが、サヴィニーはさらに続けて「それは彼らの最終的な目的であり、そして、その際より高次の学問的な要請があまり顧慮されていないとしても、他方で、実務の必要性に対しては、少なくとも表面的には、より配慮されているように見える」と述べる（前掲）。「それは彼らの最終的な目的であり」という個所で、サヴィニーは、「従来の多くの〔法曹〕」を念頭に置いている。つまり、彼以前のほとんどすべての伝統がそれである。サヴィニーは、ここで今や、これらの伝統全体に対し批判的な立場に立ち、彼のいう真の、そして「実務的な」法のモデルネを展開している。このような転回は、当時流行中のものであった。哲学的にはカントが伝統と訣別した。文献学的には、シュレーゲルとF・A・ヴォルフが、神学的にはシュライエルマッハが、やはり伝統と訣別していた。それを肯定するか否かについては、人々は必ずしも一致していなかったとしても。

サヴィニーは、独自の解決として、今日有名な「歴史的方法」を強調するが、このことは驚くべきことではない。「実務的」方法とは「全く異なるのが」、「歴史的と呼ばれる」彼の方法である。しかし、実は、「実務的方法」によっては、単に表面的に「実務上の必要性に十分に配慮できる」にすぎない（前掲）。そして、驚くほどはっきりとかつ断定的に、サヴィニーは、そのしばらく後、一八二一年冬学期には、彼の歴史的方法は、本当は「本来的に実務的な」ものであり、「高次の種類の実務」であり、「個々の国におけるローマ法の実際上の通用性とは別のものである」とまで、直截に述べているのである（1802-42, 80r）。おそらくは、彼は、このことにより、その第一巻が極めて好調な売れ行きであり増し刷りを重ね、異例の第二版の刊行を告げている、いささか勝ち誇ったような一八二一年六月のA. c. P. 第四巻の序文に対して、反論しているのであろう。サヴィニーは、自負を込めて、真に実務的な方法に対する、よりよい処方箋を求めているのである。彼はこのことを繰り返し正当化した。彼の解決の方がよりよいものである。なぜなら直接に適用される個々の事案の準則を内容的に完全なものとすることは、いずれにせよ不可能だからである（1814 : Beruf 22; 1802-42 : 1821 : 79r, 1827ff. : 94v, 1831 99r）。それは「その量的な面のみならず、絶えず新たに生まれてくる事案の多様性」の故にも、不可能なのである（前掲 94r）。サヴィニーもよく知る一七九四年のプロイセン一般ラント法が、約二万条の条文により追求した、詳細化による完全性には見込みがない。サヴィニーは、ラント法については、一八一九年から講義を始めたが、それは、今では一八二四年の状態で刊行され利用可能である（*Wollschläger*）。プロイセン一般ラント法自身としては、近代のプロジェクトに貢献するものと考えていた。サヴィニーが一八一四年に述べているように、ラント法は「起こりうるすべての事案のためにあらかじめ判断を用意しようとした。このことを人はしばしば次のように考えた、個々の事案そのものを経験によって完全に知り尽くし、次いでそのそれぞれについて、法典の対応する個所で判断しておくことが、可能で望ましいことである、と。」（Beruf 21）。しかし他方で、サヴィニーは、法的な帰結ではなく、方法が重要であると繰り返しこれには反論している（1814 : Beruf 29）。すなわち、「でき上がった準則そのものではなく、準則発見の方法を自らのものとすること」が課題なのである（1827ff. in : 1802-42, 94v）。個別事案の準則を無数に積み上げていくことにより、未来に刃向かって走っても徒労に終わる。すでに別の個所で一八一四年に彼は、一般ラント法が試みたような完全性は不可能である。「指導原理」を発見することの方が重要でありそしてそれは可能である、と述べている。「指導原理」からは、別の種類の完全性が生じてくるからである（Beruf 22）。いずれにせよ、このようにしてのみ、動態的な多様性を法的に、つまり準則によって支配下に置くことができるのである。

このようなサヴィニーの態度決定は、何を意味するのか。彼は、すべての人をそしてとりわけ法曹を法の準則と法律に拘束するという法的安定性と正義の啓蒙主義的そして近代的な理念そのものに反対しているわけではない。彼は、たんに立法によるよりも、そこへと至る別のよりよい道を提言しているのである。法的安定性からする、できる限り具体的で、法律に定められた個別事案の準則を求める決定的動機と現実の必要性を、サヴィニーは充分によく知っている。しかし、彼は、結論的には、このような方法で安定した法を達成し維持しようとすることは、幻惑的であるとする。現代風に言えば、法曹は、法的な意味の電話帳ではない。しかし、法曹は、ネットワークの文法を学び取ることができる。そして、確実な情報を与えることができる—もちろんそのネットワークが「文法」をもっている場合だが（Beruf 10 参照）。サヴィニーは、しかし、法が文法をもつことを認める。彼は法の中にカオスを認めない。彼にとって、法はまず「自然的な」法律関係から立ち上がり、民族の意識の中で形成され、法曹によってより明確な意識へもたらされ、慣習法としてまたは特別の場合には制定法として形を与えられる。今日のわれわれはしかし、通常別の見方をしている。われわれは、法をむしろ、人々の法的行為の総体として理解し、それゆえ全ての法をコンティンジェント・偶発的なもの、たんに「実定的」なものとして、作り出されたものにすぎないとみている。このことは、理想や理念といったものを困難にする。立法者の多様な

〔立法〕行動の中に、なおも法の「文法」あるいは、ひとつの「システム」を見出す試みは、今日では疑わしいものにみえる。にもかかわらず、この種のものを、「モデルネ」への道を見通しのよいもので、討議可能な、そして批判的に遂行可能なものとするため、学問的な試みとして、提供しなければならないということは、法学的な営みの中では主要な関心事ではなくなっている。

法についての理解が異なれば、法の学問的把握は、まったく異なるものにならざるを得なかったし、今でもそうである。しかし、サヴィニーにとって、この点では何らの問題も生じなかった。なぜなら彼は、法を純粋にコンティンジェントなもの、カオスとしては理解してなかったからである。一八〇一年のティボーのように（前掲参照）、また、今日の大多数の者のように、すべての法をコンティンジェントなものとして理解するならば、とりわけ法学は困難なものとなる。というのは、学問的な把握は、常にその認識の一定の連続性、確実性、一般性を目標としているからである。しかし、これらは対象がコンティンジェントであれば不可能である。ティボーは、懐疑的で実際的な姿勢に終始した。彼の神殿はよく知られているように音楽であり、法律学は職人芸にすぎなかった。これに対しサヴィニーの神殿は、いつもほかならぬ法律学であった（*Rückert* 1987）。キルヒマンも一八四七年に彼の法観がコンティンジェントであることにより懐疑に陥り、有名な『法律学の学問としての無価値性』を導き出した（キルヒマン一八四七年、公刊は一八四八年）。サヴィニーの懐疑は、それとは反対に、法の寄せ集め、および、彼の見解によれば、惑わされた立法者が法典編纂によって産み出してきたカズイスティクの積み重ねに対して、向けられていた。サヴィニーによれば、近代法にとって、しかし、この懐疑は、必ずしも必然的ではない。彼の法典に対する懐疑は、しばしばそう思われてきたように、政治的にのみ基礎付けられているのではない。それは、理論的な根拠をもっていたのである。というのは、彼は、法は、法による判断のモデルのみならず、法適用のモデルも、彼が分かち合う理想にとって、危険すぎるとして退けていたからである。

8　法による判断のモデルと適用のモデル、包摂と判断力

この点は、さらに理論的に掘り下げるのがよいであろう。というのは、カズイスティッシュな個別事案の準則と法典による解決に対する、サヴィニーの懐疑的な姿勢は、常に好まれる法の適用のモデルに対する懐疑も含んでいるからである。ここで私が適用のモデルと呼ぶのは、いつも捨て去られようとしている法の課題についての古くからの観念のことである。それによれば、法の課題に最も適合的なのは、普遍的規則への包摂である。準則がより詳細でカズイスティッシュになればなるほど、それだけ包摂の三段論法も詳細になっていく。そして、それだけ法も、よりよいものより安定したものになっていく。これに対しては、今日、しばしば控えめではあってもこれに対する批判が有力である。その批判は、一部は決定の理論に、通常は実際上の経験に基づき、諦観やしばしば皮肉を伴いつつも、［この包摂の三段論法という法適用モデルから］距離を置こうとする。この適用モデルに対する懐疑については、実は正当な理論的根拠がある。そして、サヴィニーはそれを知っていた。解釈はひとつの技芸である。そしてそれは、「他の技芸と同様に、規則によって伝達したり獲得したりすることはできないものである」(*System* I 211)。これは、イマヌエル・カントが当時新たに分析したところの、判断力の問題のことを指している（1790:『判断力批判』3. A. 1799; すでに1787でも:『純粋理性批判』2. A.)。カントの結論は、次のようなものであった。普遍的な認識を具体的な状況へ適用することを通じて認識と行為を結合するとしても、それを規則の形で表すことはできない。なぜなら、上位の規則における普遍的な認識が、下位の規則に適合するかどうか、について明らかにする別の規則が常に必要とされるからである。——そして、それは結局、無限後退に陥る。人は「この［論理的］規則にいかに包摂しようとしているか、つまり区別しようとしているかを示そうとす

れば、それはある規則によってなされるほかない。しかし、その規則が、同様にそれが規則であるため、判断力に指示するために新しい規則を必要とする。悟性は、規則を通じて教えられ身に付けられるが、判断力は、特殊な能力であり、それは教えられることはできず、訓練されうるだけなのである。」(*Kant* 1787, B 172f.)。医師、裁判官、および国政顧問をカントは例に挙げている。そして、有名な結論が続く。「実例が判断力の歩行訓練器なのである」(前掲)。結局、経験に基づく職人芸的・実用的な、大まかな規則が可能であるように見えるにすぎない。法律学で、われわれは日常的にこのような大まかな規則を用いている。法律学は、したがって、このような適用モデルに従っている限り、職人芸でしかありえないことになる。

この適用モデルは、判断モデルと同様に、とりわけ紛争事例を前提に、法の病理学を前提に作られている。しかし、サヴィニーのように、まず第一次的には、今日まで維持され確実なものとして伝えられてきた行動の準則を意識にのぼらせるという課題、伝承され実際に行われてきた法素材につき準則を認識し、感知し意識にのぼらせるという課題が法律学であると解するならば、そこでは、抽象的概念を事案に適用することが課題なのではない。そうではなく、具体的な法制度における所与の準則から出発し、具体的な法制度をまったく「自然的に」(サヴィニー)事案のグループごとに次々と比較検討し、こうしてそれぞれに適合的な準則と教理を見つけ出すことが課題なのである。このような法的過程にとってモデルとなるのは、慣習法である。このような意味で、サヴィニーは、「すべての法」は、ある程度まで慣習法として生成すると述べているのである(Beruf 13f.)。その例として、彼は、最も好んで、手形法と為替相場、つまり通貨法を挙げた(これにつき優れたものとして *Ott* 1998)。手形法と通貨法は、当時実際に制定法により計画され作られたものではなく、ある種自然成長的な、漸進的な、関係者により産み出された秩序として成立したものであった。サヴィニーの挙げる別の例が、長い間求められてきた法典の法原理をサヴィニーが今日なおも利用可能な形で形成したそのやり方である。ここでも、彼が、中核となる事案と、事案のグループから、教理と原理を形成してきたことをよく見てとることができる（*Rückert*, Dogmengeschichtliches, 1987参照）。これもまた、サヴィニーの法学の方法の一部である。彼は法学の方法を、純粋の判断でも純粋の包摂でもないものとして理解してきた。準則が形成されれば、次に包摂と判断が続くことになる。しかし、法は、第一次的には、包摂あるいは判断として理解されていない。このことは、包摂と判断に対する懐疑にとらわれ続けないためにも、重要であった。

サヴィニーが、「直接的な」法的帰結や、直接に実務的準則を定立することに、方法上の力点を置かなかったのは、（歴史的、古事学的、政治的およびさらには反動的、思想的・静観的などの）時代に規定された理由にだけよるのではない。充分に考え抜かれた理論的な根拠が、彼をして、法の「学問的取扱い」の強調へと向かわせたのである。彼の目にあったのは、よりよい法的安定へと向かうこの道だけであった。〔法的安定という〕この価値へ〔至る道〕を彼は、たとえば、フランス民法典に対する批判に見られるように（*Savigny* 1808-16参照；*Rückert* 2001）、とくに重視したのである。彼を法的安定へと向かわせたのは、有名だが評判の良くない、そしていつも誤解される一八一四年の一節を取り上げるならば、概念でもって本当に「計算」することができるという、素朴な幻想では決してなかった。このような幻想は、ライプニッツあるいはヴォルフあるいはプフタももたなかったのだが（Beruf 29；*Rückert* 1984；1997も参照）。彼が求めたのは、まったくモダンに、それと似たような安定性ということであった。学問によって媒介され、法理論と実務の中で規則により導かれた法的な連続性と安定性であって、しかも正確な概念によるもの、というのは、彼にとっては達成可能で、〔それを得るためには〕あらゆる努力を払うのに値するものと思われていた。

9　第二の中間的結論：三つの語句と十の点

サヴィニーは、三つの新しい言葉をその後の長い間に渡って重要視させることとなった。学問、体系、実定法である。本来はこれらを掲げるだけで充分であろう。しかし、それらが当時何を意味していたかを知る必要がある。これを十の点で説明すると次の通りである。

（一）サヴィニーは、おそらく間違いなくひとつの法学の方法をもっていた。それは、歴史的方法であるだけではなく、事案の解決のためのものでもある。しかし、もちろんそれはわれわれのもつものとは別のものであった。

（二）それは、明らかに、学問的・認識的方法であり、今日の意味で判断を志向したものではないし、包摂を志向したものでもない。判断のモデルと適用のモデルはまさに彼にとって、〔それらと闘うべき〕二重の戦線であった。

（三）彼の出発点は、法の病理学ではなく、「法律の健全な状態」である。この状態においては、法の思考は、法規の完全な解釈によって直ちに明らかになる。法はここでは慣習法のように与えられており、内的な合致と、体系および原理をもつ。優先性についての規則はここでは必要ない。――したがって、彼の解釈理論にこのような批判をすることは誤っている。

（四）このような出発点は、法学の根本概念と法学の方法を根本的に変革する。秩序づけられた統一としての「体系」、この統一性の認識としての「学問」、およびこの統一性の場としての「実定法」が重要となる。

（五）法はそれにより、具体的な制定法や判例、哲学あるいは単に編集された〔法の〕寄せ集めとは別の、固有の「内的体系」として、学問的対象となる。個々の事案の準則はこの体系においては、最小単位の統一性として初めて登場する。

（六）この内的体系は、「真に歴史的な」方法により明らかにされうる。この方法は、収集し日付に従って（ex datis）整序するだけでなく、正しい連続性と、「指導原理」を見出し、しかも、それ以前は哲学だけがしてきたように、原理に基づき〔考察する〕。

（七）内的体系と指導原理は、求められる真の完全性と無数の事案の解決のための真の手がかりを提供することができる。方法はそれにより実務的にも実り多いものとなり、単なるカズイスティックや細分化以上のものとなっていく。

（八）判断の問題は、サヴィニーは第一番目の位置ではなく、最後の位置に置かれている。それは、法テクストの状態が「不完全」であるため、法に忠実な解釈だけでは間に合わず、真の法の発展的形成が避けられない場合に問題となる。この場合に初めて、慎重な目的論と〔さまざまな解釈のための〕議論の「階層順序」の必要性も正当化される。

（九）彼の方法は、それゆえ二重のものを提供する。事案の解決を含む普遍的な法の解釈学と、普遍的な法の発展的形成の理論であり、両者は考え抜かれた分業関係に立つ。包摂と判断が始まるのは、これらの枠の縁からである。包摂と判断は、法のモデルに属さない。

（十）サヴィニーは、この解決を極めて普遍的に正当化し、それにより多くの法律家よりもはるかに多く、彼の時代の哲学的政治的議論に参加することとなった。彼の解決は、理念と現実性を媒介する客観的観念論の意味で、当時は哲学的にモダンであった（*Rückert* 1984）。政治的には、彼は反動主義者ではない。しかし、またヴィーンで思われたような、ジャコバン主義者でもない。そうではなくて、政治史家のカテゴリーによれば、改革保守主義、あるいは折衷的であった。

四　サヴィニーにおける法のモデルネ

サヴィニーの法学の方法の分析は、彼の学問および体系の理解へと誘い、その際「モデルネ」の問題にしばしば言及した。それでは、ここから、サヴィニーにおける啓蒙主義的な法のモデルネについて、何が明らかになるのであろうか。サヴィニー研究も、一七八〇年頃以降の「モデルネ」に関する近世法史の研究も、この問題については、〔これまでとは〕本質的に異なった、しばしば新たな言明をすることができるようになっている。そして、これらの研究はさらに更新されていくであろう。これらの研究はしかし、一般的な概説的叙述では長い間参照されないでいる。これらの一般的叙述に基づき社会学者や法哲学者により執筆された大きな歴史像においてはなおさらであり、最近の学説史でも同様である（*Jouanjan* 2005）。ところで、モダンの「法哲学」はまた、ハーバーマスのプロジェクトでもあった（1992, 14）。

1　サヴィニーは、法的モデルネの本質的目標を共有している

サヴィニーは、法の普遍性、安定性（今日では、期待の確実性、ルーマン）、固定性、法の自治といった法的モデルネの本質的目標を共有している。ここから、法学と法実務における法曹の課題と役割が定まる。解釈という行為における法曹の規範に対する忠実性が、極めて重要となる。その場合、〔その忠実性が〕法学者かあるいは裁判官としてのものか、また、制定法か、法そのものに対するものであるかを問わない。サヴィニーは、驚くほど明瞭かつ幻想なしに、それと並んで、法律の「不完全な状態」での事案の判断に当たって、法の発展的形成の課題として、常に残る裁量の余地を認めている。解決できないこと、つまり、制御されることなく開かれた法の未来

を制御することについての彼の解決は、今日の多くの論者と同様に、一貫して司法をめぐる憲法的なもの、つまり制度的・手続的なものである。彼は、一般的には極めて重要な法源とされる「裁判官法」や、自己循環的な裁量の処方箋である「方法的」目的論へ逃げ込むことはしない。両者の解決は、専門家グループへの権限の委譲へ通じるのであり、それは、モデルネの平等の政治参加（partizipatorisch）という意味に反することになる。サヴィニーは、権限問題を生じさせない明確な法と、この問題を生じさせる「困難事例」、ハードケースを区別する。彼は、後者を制度的・手続的に解決するのであるが、その際、法の方法の問題は、常に憲法問題であることを極めて正しく見てとっている。サヴィニーは、法曹と国民に由来するエレメントを常に結びつけることを求めてさえいる。「発展分化した状態」としての仕事の分業として不可避な専門化は、「法と普遍的な民族の生活の関連」を断ち切らない（Beruf 12）。ただ「より専門的な知識」（*System* I 48f.）が、重要とされるだけに過ぎない。このことは、近代というプロジェクトに適合的である。

2　サヴィニーの法典に対する反対は、近代というプロジェクトと矛盾しない

彼の法典に対する反対は、通常思われているほどは、否、正しく理解すればまったく、近代というプロジェクトに矛盾しない。サヴィニーは具体的には、「上からの」君主制による法典編纂に反対した。一八一四年には、これが唯一の現実的な〔法典編纂の〕展望であった。これは実際には「非近代的」な結果をもたらしえた。一八四二年には、サヴィニーは、「立法改訂省」のための「正枢密国家司法大臣」として、しかし、「上から」行動することを望まず、それゆえ立法というものをより平然と見ることができた。とくに留意されねばならないのは、サヴィニーがすべての法典を拒否したのではなく、その際に極めて本質的な区別をしていることである。このことは比較的前から知ることは可能であった。明らかに彼は、ティボーともに多くの論者が賞賛したような、安定し

た民法を手に入れるための最善の解決方法としては、法典編纂に断固として反対している。しかし、彼の懐疑と批判は、一八一四年／五年の現実政治上の疑問を度外視するとしても、決して不当ではない。というのは、啓蒙的個人主義による「近代的」民法とは、伝承や慣習法や取引倫理や慣行や自生的秩序ではなく、当事者によって発見され、試みられ、形成されねばならないものである。それは強制せず、任意的にではあるが、触媒のように、私法上の取引を容易にするものでなければならない。それはそして、相対的にではあるが、今まで知られていなかった新しい〔取引上の〕要請に対して開かれたものでなければならない。この立場によれば、一八一四年頃に新しい法律を産み出すことは容易ではなかった。「上から」押しつけられた法に代わって、平等の自由という「近代的な」原理への意識的な原理的変革がまず前提とされた。このような変革は、ヤヌスの頭のようなプロイセン一般ラント法においてはまったく、フランス民法典でも実際にはほんの少しだけ（*Bürge* 1991）、そして「カント主義的な」オーストリア普通民法典では、限定的でおそらくは充分に明瞭ではない形で、実現されていたにすぎない（*Rückert* 2003, Rn. 68ff. 参照）。〔このような近代的な原理への意識的な原理的変革は〕、法典の全てを排除したものではないとはいっても、すべての体系的で完全なる固定化、そして法典化の計画とは、相容れるものではなかった。一八四〇年にサヴィニーは、「立法者」はまた「優れて・・・真の自由の感覚」を維持しなければならない。そして、「目に見えなくともはたらいている民族精神は、祝福されるべき助力となるであろう」とも述べている（*System* I 57）。これは意味の変更ではない。そしてサヴィニーは、このような視点を普遍的に、定着するまで普遍的に求めたのである。彼の法典編纂への懐疑は、民法にとっては、いずれにせよ、通常言われるほどには、非モダンには思われない。ティボーもまた、そもそも当初から民主主義者としては行動していなかった（*Rückert* 1984, Kap. II 2）。

これに対して、『使命』においても言及されている（S. 130）訴訟法について、さらにとりわけ刑法については、サヴィニーは、すでに一八一六年／一七年の皇太子〔フリードリッヒ・ヴィルヘルム〕に対するご進講で、直ちに法を安定化することが急務であり優先されねばならないことを認めていた（*Rückert* 1984, 164, 70f. 参照；1986, 240f.; 1997, 57）。おそらくは、このご進講の資料としての公刊が、このことを最終的一般的に明らかにするだろう。一八四二年以降大臣として、彼は、この二つの領域では、ことのほか積極的に力を尽くしたが（簡潔には *Rückert* 1984, 36f.；詳しくは Gesetzrevision 1815-1848, hg. von *Schubert/Regge* 1981ff.）、果たせなかった。ここでは、自生的秩序が問題となることはあまりない。サヴィニーがこのように区別していることは、近代というプロジェクトの進展には合致する。訴訟法と刑法は、内容的にも時期的にも、常に緊急かつ優先的であると思われてきた。すでに、かつての帝国において、刑法と訴訟法を含んだ一五三二年の「カロリナ法典」が巨大な改革法として成立していた。バイエルンの法典編纂は、一七五一年および一七五三年に刑法典および訴訟法典をもって開始されており、一七五六年になって初めて、市民法典がこれに加わった。オーストリアは、一七六八年に「テレジア刑法典」を開始しており、それを一七八七年には「犯罪と刑罰に関する普通法典」によって置き換えた。一七八一年には、「普通裁判所法」が、一七八八年には、「刑事裁判所法」が制定された。一八一一年になって、「民法典」が完了した。プロイセンは、一七八一年に手続法である「フリードリッヒ法大全」、一七九三年に「普通裁判所法」、一七九四年になって「一般ラント法」そして一八一五年には改めて「刑法典」を制定している。一九世紀においては、同様に刑法と訴訟法が先行している。刑法につき、バイエルンでは一八一三年、オルデンブルク一八一四年、ザクセン一八三八年、ヴュルテムベルク一八三九年、ハーノーファー一八四〇年、プロイセン一八五一年（サヴィニーの草案による）等々。そして一八七一年の帝国刑法典に至る。訴訟法については、バーデンでは一八三一年、ハーノーファー一八五〇年、そしていわゆる一八七九年の帝国司法法（民事訴訟法、刑事訴訟法、破産法、裁判所構成法）――すべて民法典より前のことである。すなわち、民法典については、ザクセンでは一八六三／六五年、帝国では一八九六年／一九〇〇年（これらのデータにつき、*Köbler*, 142ff., 187ff.）。

刑法では、サヴィニーの自由な視線は、法規の背後にある「現実の」法にまで達していた。つまり、彼自身が見たように、その現実の法は、安定して確固とした法規に対する〔必要性〕、サヴィニー自身の言葉によれば市民の諸権利がそれにより確定される外的事実に対する差し迫った必要性を伴っていた（1802/03, fol. 2v ; *Rückert* 1984, 326でも）。驚くべきことに、しかし、首尾一貫するのであるが、サヴィニーは、早い時期に、刑法における立法に対しては賛意を表明していた。それゆえ、サヴィニーは、彼の皇太子ご進講の生徒〔プロイセン国王フリードリッヒ・ヴィルヘルム四世〕自身により、一八四二年に立法大臣に任命されると、それを実現に移し、また擁護した。このことはベルナーがなお認めていた（1867, 236）。それに基づき成立したのが、一八五一年の有名なプロイセン刑法典であり、法治国家的に命名された、一八七一年の帝国刑法典である。サヴィニーは、この点について首尾一貫していないとは思えない。彼は、彼にとって重要な関連、つまり、法的安定性の必要性に従ったまでである。ここでは、まったく刑法における啓蒙主義の意味で、〔現状を〕固定化することのデメリットの方が大きかった。さらに、彼の刑法草案は、内容的には、心理的強制という理念に基づく、一八一三年のフォイエルバッハの大胆なバイエルンの法典よりも温和なものにとどまったという事情が付け加わる。サヴィニーの法典もまた、もちろんのことであるが、犯罪なければ刑罰なしという原則から出発していた（二条）（*Rückert* 1986, 240f.）。したがって、そこには、今日でも「自由主義的法治国家の精神」が見出されるのである（Krey 1983, 21, 90）。

サヴィニーは、「民法」での法典に対する反対、「暴力的な革命の精神」（*Savigny* 1789/90）、「すべての関係の没落」を怖れること（一八三〇年一二月）、「容赦のないえせ啓蒙主義」（一八一六年）に対する政治的な批判、「悲しく容赦のない自由主義のＡＢＣ、あるいは……過激主義（Ultraismus）のそれ」（一八三〇年一二月）に対する政治的批判にかかわらず、「静かな改革、ゆっくりとしているけれども、しかしより確実な〔改革〕」に対する希望をもっていたことによって、このモデルネには近い位置にいた（一七八九／九〇年、すべて *Rückert* 1984, 208ff. にある）。サヴィニーの法典編纂に対する一八一四年の批判、および一八三〇年に彼が個人的にも革命に巻き込まれたことのみを見る場合にだけ、人は、以上とは異なった、まったく間違った印象をもつのである。

3　「法学」という彼のプロジェクトは、法技術的にも「モダン」であった。

学問ということを非常に強調することは、〔この問題の理解を〕いささか困難なものとする。〔しかし〕疑いなく、サヴィニーの強調した「法学」としての法律学への転回は、一八〇〇年頃の「モダンな」転回の一部であった。サヴィニーの転回は、当時しばしば呼び覚まされた「精神の革命」の一部であり、それは一八〇二年／三年には、サヴィニーの方法講義と併行して、『大学における学問の方法についての講義』におけるシェリングをも捉え、突き動かしたものであった。サヴィニーの転回は、「学問についての新しい見解」によって、歴史の中に常に全体を見る「本来的に歴史的な」取り組みによって、法律学を法律主義的、古事学的、実用的、たんに職人芸的、そしてたんに哲学的な干渉から解放した。サヴィニーの転回点は、当時最もモダンであった哲学の肩の上にあり、またそれと連携していた。その哲学とは、古い「教義主義」に批判的に対決し、現実的な方向へ常に推移していっていた、フィヒテ、シェリング、フリードリッヒ・シュレーゲル、ヘーゲルおよびその他の論者の「観念論」であった。

法の学問こそは、サヴィニーにとって、正しい法認識と正しい法実務への唯一の正しい道であった。それは、前述のように、「本来的に歴史的」、つまり、歴史的体系的でなければならない。サヴィニーは、一般的な解釈においても（上述）、あるいはそもそも法源論にとって（*System* I 51）、先ず問題となるのは、紛争事例や疑わしい事例のたんなる解決ではなく、「健全な状態」で所与の法と認められる法の諸原理と指導原理を探求することであることを強調する。すでに解明された事案から法を考え、それゆえ、正しい安定した法文化にとって最善の解決を考察する場合に、前述のように、サヴィニーは、包摂モデルにも判断モデルにもよらない。このようなやり方は今日誰もしない。包摂モデルは今日でも同様にたいていの場合非難されるが、逆の極端が支配している。判断モデル、裁判官法、事案の解決、カズイスティクそして機会主義的立法などが、中心に据えられている。

一般的な判断モデルがしかし、法における「近代というプロジェクト」によりよく役立つようには思われない。原理を解明し、体系的に結合することは、大陸法の適用モデルや判断よりも、恣意の防止でも、事案解決の点でも機能しうる。このことはサヴィニーにとって重要であった（*Rückert* 1984, 388f.）。人間が形成した現実の法から原理を見つけ出すことを試みるとすれば、そして、法の普遍的な課題が「人間のあまねく平等の倫理的尊厳と自由の承認」を可能ならしめること（*System* I 55）、「その〔つまり倫理性の〕自由な展開を、個々人の意思に内在する力に対して保障すること」（I 332）であると解するならば、このような法学は、法技術的にも法の内容的にも優れて、啓蒙「近代というプロジェクト」のためのチャンスであったように思われる。

このような態度の法技術的帰結は、次のとおりである。ナチスの時代を除いて一九世紀から一九六〇年頃までの比較的古い民法の叙述と、最新の著作とを少しでも比較してみれば、今日においては全く新種の多様性が支配的であることが明らかとなる。「たくさんの花を咲かせる」ことは、規範の世界では、極めて美しい自由である。

その自由はしかし、平等の自由の協働という極めて重要なものを他方で不問に付している。それゆえ、たやすく、不明瞭、混乱、争いに至ってしまうのである。最新の叙述の多様さ、用語や、整理の仕方や、規範形成や、関心方向の多様さの一方、他方でしかし、原理と体系形成が忘れられていることには、注目されねばならない（*Rückert* 2003, Rn. 110 参照）。その多様さは、判例と判断を重視することに起因する。理論は、実務に隷従し、実務は、誰もが語り評判のよくない「個々の事案の状況」に隷従している。そこでは、実務と事案を支配するのではないとしても、創造性があり普遍的に利用できる原理へと実務と事案を構成していこうとはされない。体系と原理はしかし重要なものと思われる。体系と原理は、もちろんそれ自体として、法的な恣意を排除することはできないが、あらゆる司法でも不可避な、いわんや専制の下では当然のように行われる、意味の読み変えや『無制限的解釈』（*Rüthers* 1968）を困難にするからである。裁判所出身者しか知らない裁判官法の場合とは異なり、原理により法を明らかにすることは、広く人々に可能でなければならない法的知識から、専門家はもちろんのこと法的素人をも引き離すことがない。――困難事例・ハードケースでは、問題は常に残るのであるが。以上のことは、「判断」の手がかりにすぎない制定法のほかは、裁判所の審級と組織の非公式規範によってしか拘束されない〔英米の〕司法とは異なり、ヨーロッパの大陸法文化にとっては、よりよくあてはまる。大陸法では、先例への拘束性は、法原則ではないからである。

4　サヴィニーの「法学」というプロジェクトは、今日に至るまで「モデルネ」のための代替手段を含んでいるか

法の内容の側面もまた検討しなければならない。その側面は、このプロジェクトにとってより危険なものであることが明らかになる。サヴィニーにおける原理形成の取り組みにおいて、既存の実定法が標準となる。ここで

の「モダン」は、人間によって現実に標準とされる法が、叙述されるだけでなく、構成されるという点に現れている。このことは、サヴィニーの基本的特質を明らかにするとともに、多くの点で隠されて含まれているものを露わにする。人々の脳裏に染みついた偏見なしに、同時代のサヴィニー以外の書物あるいは今日多くの場合に見られるような叙述と比較して、サヴィニーの『体系』を一回でも読んでみれば、彼が内容的に重要な根本問題とはるかに真剣に取り組もうとしていたことが明らかとなる。まだ公刊されていない、彼の法学提要についての学生による講義ノートは、ベルリンにおける一八一〇年以来の講義において、サヴィニーが〔根本問題と〕同様の取り組みをしていたことを明らかにしている。たとえば、ベートマン・ホルヴェークは、このことを印象深げに回想している（*Bethmann-Hollweg* 1866）。このような根本的な取り組みは、法仲間の自治との、法そのものとの関連性を維持しており、それらは、彼の「モデルネ」にとって非常に重要な源泉であった。それらは、当時のドイツにおいて、覇権を競い合っていた方法であった。そして、サヴィニーが実定法において自らそのように精力的にこのような基礎付けを主張し、他の法曹や法仲間に対してそれを正当化し示したことには、多くの場合まだ十分に評価されてない衝撃力があった。これとは対照的に、内容的にはしばしばさらに過激であった一八〇〇年以降のカント主義者、あるいは他の論者の自然法は、その内容が極めて政治的であったにもかかわらず、哲学的な妥当性を主張していたにすぎない（*Rückert* 1991）。そして他方で、蔓延していたティボー、ミッターマイアーなど多数の論者の「実用的実証主義」は、根本問題については極めて僅かしか言及していない。「モダンな」ポーズをこれらの法曹たちは、政治的な論考や活動では見せていたが、普遍的な法理論ではそうではなかったのである。

サヴィニーは、彼の実定法の理論を状況次第では、「制定法」それ自体に対しても対決させた。彼の時代、支配者の法律や命令が論議の対象となる場合、かかる対立は、なおもしばしば実際に起こりうるものであった。サヴィニーが「制定法」と並んで「現実（真実）の法」を独自によりどころとすることは、実際、一八一九年以降ヴィーンにおいて彼が一度そのように中傷されたように、ジャコバン主義的な側面をもちえたのであった。――そして、このことはとても「モダン」である。このような対立は、法治国家では、まず初めに、合法性を法律の優位によって置き換えることで、次いで、議会主義的民主主義的制度を通じて、緩和される。今日では、民主主義的な立法者と法仲間の対立そのものが考えられえないようにみえる。というのは、そこでは最終的には結局同じ主体が問題となっているからである――しかしそれはまさに最終的には、である。というのは、内容的には、民主主義的な主体は、極めて好んで意見を異にするのであり、また、多数派として、かつてはその下で自らが保護された原理を侵害しうるのである――民主主義的主体は倒錯する。――われわれは、現在までの間に残念ながらこのことをよく知っている。それゆえ、一九六八年以来ドイツ基本法二〇条四項に規定されているように、「すべての者の」抵抗権が認められたのである。

有名な「民族の意識」（Beruf 8ff.）に基づいた、さらに「民族法」（System I 14ff. など）としてのサヴィニーの法理解は、これに対し、既に述べたように、「上から」計画され実施されるような形態ではなく、本来、ある種の、法仲間自身による、支配から自由な、自生的な秩序として、法を構成する。彼は、それにより強者の権利を主張しているのではない。なぜなら彼の「法」は自由な展開を保障すべきものだからである。サヴィニーがこの自由の展開を彼の時代において「キリスト教的世界観」に結びつけたことは、そこにある「モデルネ」を排除しない。サヴィニーは、「キリスト教的世界観」と結びつけることは、その世界観が当時のヨーロッパで一般的に普及しており、それゆえ「生活の準則とみなされねばならなかった」ため、不可避のことであると考えていた。このことにより、サヴィニーが法を教会の教義に結びつけたことにはならない。彼は普遍的要素を主張しているだけなのである（*System* I 53）。それゆえ、それは永遠に続く結合なのではない。彼の法のコンセプトは未来に対して開かれている。

「自治的な人間の法としての法」の内容的な点について、「近代性」への問いは、最終的にはアンビヴァレントである。というのは、「近代というプロジェクト」それ自体が、ここでは二義的で不確定的だからである。ある種の慣習法が啓蒙主義の理想であるわけではない。このことは、伝来の身分的な法の分裂状態およびそこでの慣習法が、自治的な人間の法としてふさわしくないことから、自ずと明らかであろう。古い秩序を排除するため、ヨーロッパ大陸では法律（La Loi）、つまり計画された包括的な制定法が、とりわけフランスでは理想的な手段であった。しかし、知られているように、イギリスでは違っていた。普遍的で平等な規範として法律は、同時に恣意に対する救済となりうるようにみえる。それ以来、このような「法律」は、あまりに多くの場合、根本的に鍛えられた自治をもつ人々の秩序と発展のためだけではなく、すべての「非近代的なもの」に対してなされる闘争のためにも、また「近代的なもの」に対してもなされる闘争のためにも、役立ってきたように思われる。二〇世紀においては、かつては重要な手段であった「法律」は、まったく毒を盛られて瀕死の武器となってしまった。――法律により一般的かつ抽象的な排除や否定〔などによる弾圧迫害あるいは絶滅〕および専制的な圧迫などを組織化したのである。少なくとも「法律」という手段はその潔白さを失ってしまった。サヴィニーは、しかし、法律にそのような潔白さがあることを最後まで信じなかった。それは反動主義的な拒絶ではなく、「ナポレオン的な蛮行」を一八一五年のゲンナーに認めたからであった（*Rückert* 1984, 212 参照）。

法における「近代というプロジェクト」の主要な点と、それを現実に実行することは、緊張関係にある。人間の自治は、近世以来の法革命、法変革への転換点であった。そのために見出された法的道具〔つまり法律〕は、しかしまったく逆方向にも利用されうるものであった。このことは、当時既に見てとることが可能であった。このような分裂は、今日では、政治的な民主制によって解消される。しかし、サヴィニーは、この方向への歩みを踏み出さなかった。彼は、フランスそのほかにおける革命による恐怖政治を目の当たりにしていたからである。サヴィニーは、実定法に忠実で理性法へと動機づけられ、しかも最先端に立つ者として、法曹を法の内容についは「民族意識」へと義務づけた。サヴィニーは、民族が「政治的国民」である限りそれを拒絶したにもかかわらず、民族が法的に標準であらねばならないことに、道を開いたのであった（*System* I 30f.）。おそらく民族的、文化的そして本来的に歴史的なかかるサヴィニーによる正当化は、むしろ理性法にとらわれ歴史的には疑わしい社会契約理論よりも、実際には、歴史的な力量を発揮することができたであろう。いずれにせよ、サヴィニーは、このことにより、「モダンな」方向へ一歩を踏み出すことができたのであり、それは、彼に時代にとっては、決して些細な出来事ではなかったのである。

政治的な思考過程についても、われわれはサヴィニーの立場姿勢を知っている。彼にとって問題であったのは、支配から自由で、友愛に満ちた「心情の共同体」（Gemeinschaft der Gesinnung）であり、若きサヴィニーにとっては、規範的な「社交性」（Geselligkeit）が問題とされた。一八一三年／一四年は、彼にとって忘れられない時代であった。カールスバートの盟約決議がなされた一八一九年、およびその後の抑圧された時代は、それに対し「醒めた、冷淡な時代」であった。〔サヴィニーの政治的な思考過程は〕内容的には明確ではない（とりわけ *Rückert* 1984, 391ff.）。今日では〔サヴィニーの〕この理想は手続的、コミュニケイション的なものと呼んでもよいだろう。その実現はどちらかというと地方的だったが、その理念はもちろん普遍的なものであった。

い。

5 いくつかの批判的な基準の論争について

サヴィニーおよびモデルネをめぐるいくつかの基準についての論議をここで思い出さねばならない。それらを私は、これまで放置しておいた。繰り返しになるかもしれないが、それらを私は簡単に取り上げることとしたい。

当然のことであるが、サヴィニーの当時のそれなりに自由主義的な法典、つまりフランス民法典およびオーストリア一般民法典に対する彼の拒絶的態度は知られている、これは非近代的にみえる。しかし、この拒絶的態度は、法典編纂の技術に対して向けられたもので、内容についてのものではない。法の完全性と安定性という目標は、サヴィニーも共有していた。彼は、すでに示したように、それを法典編纂とは別の方法を通じて、つまり、抽象的体系でも、網羅的なカズイスティクでも、包摂の「機械的確実性」(Beruf 5) でもなく、既存の法の指導原理を学問的に発見することを通じて手に入れようとしたのであった。このことは、数世紀にも渡って法典の形ではなく伝承され、加工されてきた民法についてのは、明らかなことであった。しかし、すでに示したように、そのほかの法領域については、サヴィニーは、このような要求をしなかった。

内容的には、サヴィニーは一八一四年には、強い言葉で、「[ひとつの国における法の]画一性の理念だけを、すでに長い間ヨーロッパで行使してきた、筆舌につくしがたい権力」(Beruf 41) と対決した。しかし、それは、人間の平等という理念にかかわるものではなかった。フランス民法典について、サヴィニーは多く批判したが、それは、「極めて大きな法の不安定性」(Beruf 81) をもたらす、技術的な弱点に対してであった。フランス民法典の重要な原理、たとえば、平等の権利能力と一定の自由を、サヴィニー自身は、抽象的自由を「真の自由」として相対化していたにも拘わらず (1815, *Rückert* 1984, 367f. 参照)、批判していない。オーストリア一般民法典についても、〔サヴィニーは〕フランス民法典と同様に、その簡明で要を得た自由の原理を批判してはいない（Beruf, Kap. 7参照）。むしろ批判は、法的技術に対して向けられている。『体系』において、サヴィニーは当然のことのように、普遍的で平等の権利能力から実定法としても出発している（II 2など）。

国家観念については、サヴィニーは、よく知られているように、支配的であった国家契約説および主権理論を、「国家をその個々の構成員の恣意的な契約により成立させるという危険な理論」（System I 32）であり、「分別のある一致による」法の成立（I 332）に反するとして、再び強い言葉で非難している。国家は、「自然的全体」であり（したがって、啓蒙主義者の場合のような「機械」ではない）、それは、「生きた民族共同体の肉体的な形姿」である（したがって、単なる道具ではない）（System I 22；VIII 14；Beruf 1814, 12ff. 皇太子のためのご進講 1816/17, *Rückert* 1984, 312, 328参照）。民族と法は、サヴィニーにとって、そこでは、「可視的で有機的な現象」として立ち現れてくるにすぎなかった（System I 22；*Rückert* 1984, 313）。それらは、形成されたものではなく、法的には導くことのできないものである。—それは常に、最終の重要な存在であり、否定することはできない。しかし、「民族」は有機的な実体であり、政治的な主体ではない。具体的な君主制、具体的な民族、具体的な立法および法曹、これらすべては、民族にとっては、より長い間に形成されてきた「現実（真の）法」の「器官」である。極端に言えば、「これらすべては、それらとは別に存在してきた法を認識し宣明するほかないのである」（Gönner-Rez. 1815, 128ff., *Rückert* 1984, 177参照）。そして次に、よく引用される文章が来る。その限りで法もまた、「高度の文化では」避けることのできない分業として、「法曹の意識に宿るのであり、彼らによって、この機能については、いまや民族は代表されるのである」（Beruf 12）。ここからは再三、法曹が民族を抑圧する、それも反動的なやり方で、という可能性が導かれてきた。しかし、サヴィニーはそのようなことを望んでいなかった。理論的にも、〔民族との〕結合は、明示的には失われることはなかった『使命』(前掲)でも、また『体系』でも法概念について示したとおりである。さらに、サヴィニーは、『使命』において、これらの原則につき、「法が現実にはどのように発展してきたか」を示しただけであり、「ここで何が正しいかおそらく必然的であるか、または批判されうるかは、先取りされていない」とする(Beruf 8, 改めて 14)。サヴィニーはここで将来に開かれたままで留保しているのである。そして彼は、次の点を示す。つまり、彼がローマにおいて認めるような「共和制的な憲法」では、民族と法曹の結びつきは親密なものであり続けた――これはまったく政治的なウィンクである。しかし、そもそも民族は重要であることは変わらない。さらに「比較的狭い範囲でしばしば同じ必要性が繰り返し生じることもまた、民族の共通意思を可能ならしめる」(Beruf 13)。

サヴィニーは、「民族」を排除することはしなかったが、その状態を流動的にしたままに置き、条件を明らかにした。教育的世界では、彼は自由と寛容性の側に立った。いずれにせよ民族はいつの日にか法を形成し、そこに到達したのである。「近代というプロジェクト」は、よりラディカルでその時々の具体的な国民に完全な主権を帰属させた。この点のアンビヴァレンツおよびサヴィニーが一七八九年以降のフランスおよびヨーロッパにおける血なまぐさい蛮行に対して距離を置いたことはすでに明らかにした。サヴィニーの寄与は当時においては非近代的とは思われず、今日においてもそれほど明白に非近代的とはいえない。

自由に関しては、知られているように、サヴィニーはこの原理を「真の」自由へと改変した(1815, 上述のように)。サヴィニーは、人間それ自体の権利として理解された、実定法における「根源的権利」に反対したのであった(*System* I 335f. など)。それは、明らかにフィヒテとカント主義者が広めた言葉とコンセプトであった。サヴィニーがこのような政治的および理性法的な「根源的権利」に反対したことは、これもまた非近代的な感じを与える。彼が反対した「根源的権利」の第一のそして唯一のものが、カントによれば、生来の自由のはずであった（1797, 前述のように、序説および補遺）。しかし、サヴィニーは実定法について語っているだけである。サヴィニーにおいては、自由の原理に対する明白な拒絶は見出されえない。いずれにせよ、原理的に自由な私法をサヴィニーは支持しており、それは、私法自由主義を彼について語ることができるほどである（*Rückert* 1984, 184f., 359f.; 現在では、*K. Nörr, Kiefner, Hofer*）。いずれにせよ、公法および法そのものではなく、〔私法という〕この法領域については、サヴィニーは、原理的な出発点としても自由を固く保持していた（System I 22ff.）――そしてそれは一八四〇年のことであった。この年には、プロイセンとドイツのための実定法の叙述としては、サヴィニーのような叙述は、適切であり現実的であるが、さらにまた、大胆なほどに「モダン」であった。その際、自由な私法とそれほど自由でない公法の間の境界線が重要な問題となることは、サヴィニーはよく知っていた。彼がこの境界線を原理的には明確に、しかしそうはいってもしばしば妥協的に（*Rückert* 1984, 359）引いたことは、半ばしか「近代というプロジェクト」に合致しないが、繰り返して言えばこの時代には、それは実定法についての言明としては、明らかに充分なものであったといえる（*Rückert* 2003, Rn. 75f. 参照）。

6　妨げとなるもの？

「近代というプロジェクト」において、妨げになるようにみえるのが、つまりはサヴィニーの客観的観念論的形而上学である。サヴィニーはそれにより、いったんは存在した法を合理的で計画的な根本的な変革に対して、つまり専制と自由の強要に対して、擁護しようとした。この観念論的形而上学によりサヴィニーは、彼のいう「実定」法の内部でもなお、二重の法概念（「法の中における法」）とそれに対応した法学的な思考類型を維持しえた。そして、このことは、アンビヴァレントな議論の構造と可能性をもたらした。まず、サヴィニーは、こうして所与の伝統を新たに創造されるべき未来に対して流動化することができる。他方で彼は、自由に対する要求を「真の」自由により拘束制御することもできる（1815など）等々（*Rückert* 1984; 1986）。「近代というプロジェクト」は、これに対して、明らかに自由主義的なカントの主観的観念論と結びつく。サヴィニーはそれから離反したのであるが、しかし「近代というプロジェクト」の祖先ともいえるのである。

もちろん、ポストカント主義者は、「近代というプロジェクト」を保持したのみならず、初めてそれを促進しようとした。フィヒテにとって、彼の体系は「自由の体系」であった。シェリングによっても、自由は哲学的に構成されており、ヘーゲルによっても同様であった。しかし、客観的観念論者たちは、カント主義よりもより明らかに革命を遮断した。というのは、革命は、客観的に所与のものに基づく客観的なものを破壊することなしには、進行し得ないからである（より詳しくは、*Rückert* 1984, 400, 388）、これに対して、すべての考えられうる改革は、それぞれの哲学的に構成された展開の実質に従えば、必ずしも〔客観的に所与のものを破壊するものとはいえない〕。そして、この平面では、「モデルネ」は、その形態により多かれ少なかれ、内容的に実現されているのであるが、それは、この〔客観的〕観念論においても決して全く欠けているわけではなく、サヴィニーでも同様である。

しかし、このような本質・現象などによる二重化しようとする形而上学的思考はすべて、構造的に前近代的で、サヴィニーの取り組みも同じであるといわなければならないのではないか。このようなアンビヴァレンツは、法的な思考類型としては「非近代的」なものとして現れる。というのは、いずれにせよ、法においてはこのような思考類型は、明確な法を促進するようには見えないからであるが、カント的な思考類型はそうではない（*Rückert* 1986；1984, 370, 384, 394でも）。単なる現象の中で実体をよりどころとすることは、通常は、確実かつ明確な法の根拠となるはずの言葉の明確さを相対化してしまう。法律の「精神」は、その場合、精神のなさとして、たやすく「字句」に反対して用いられることができる。サヴィニーは、このことを具体的な実定法の領域では回避し、法に反する構成をするようなことはしなかった。しかし、彼の形而上学的な思考類型は、構造的には、民族における現実の法から、本当はあまり健全ではない「健全な民族感情」への道を開いたのである（*Rückert* 1986）。それは「近代というプロジェクト」をむしろ危険にさらすような一面といえるだろう。

他方でまた、「近代というプロジェクト」は、形而上学の危険を全く伴わずにやっていけるとはいえない。したがって、前近代的な形而上学的法思考と、形而上学とはもはや無縁の近代的法思考が対立させられる、ということもできないであろう。いずれにせよ、カントのモデルネのプロジェクトによって今日、権威的かつ重大な、法的には「動かしがたいこと」が主張される場合、（別の形而上学的視点から見れば）すでにカントのモデルネのプロジェクトが、形而上学とは無縁のものとは思えない。たとえば、一九八七年のハーバーマスのように（6, 9, 11; 同じ表題で、しばしば同じ文章の一九九二年〔所収〕の予備研究でも同様である、五九八頁参照）。それは、いったん強く否定されたが、一九九二年にも主張されている（*Habermas* 1992, 528, 537 も参照）。明らかに「近代のプロジェクト」は、自ら第一歩を踏み出さねばならない。そして、それは、初めて人間の自由を真摯に出発点とすることで、その一歩を踏み出したのである。「近代のプロジェクト」は、それゆえ、この出発点をさらに後戻りし、別の出発点を選ぶことはできないのである。それは、この出発点を必然的なものとして据えねばならないのである。これは、〔「近代のプロジェクト」の〕形而上学なのかもしれない。しかし、人はこれを形而上学とは呼ばない。そこでは、いずれにせよ、ハーバーマスがその間一九九二年に述べたように、このプロジェクトの「教義の核」が問題となっている（五三七頁）。実際には、この出発点の選択については、単に経験主義的あるいは論理的な議論によって、決定がみいだされるわけではない。その出発点は、規範的なものである。だから、反論のできない、あるいは強制的な、ポスト形而上学的な解決というものはないのである。手続的解決への退却は、前提を新しく、せいぜいのところ大多数の者に分かりやすく名称変更するだけであり、――当初の選択の名称変更であるにすぎない。「この最初の原動力」の選択は、伝統的な用語では、形而上学的基礎と呼ばれてきたに違いない。このように見れば、ここでは、「最終的には」あるいは「出発において」たんに二つの形而上学が対立しているだけであり、「モダン」と「プレモダン」が対立しているわけではない。

以上のことは、サヴィニーの「近代というプロジェクト」との一致については、何ものも変えないが、このプロジェクトにそしてまたサヴィニーに、ある一定の留保を付け加える。この留保についての議論は、〔サヴィニーにおける〕「近代のプロジェクト」の要求の高さそのものを疑問視させざるをえない。あるいは、少し別の「モデルネ」を見つけることになるであろうか。――その場合たとえば「自由概念の思弁的な困難性」（サヴィニー）が問題とされるのであろうか。カントは自治と自由を理性的存在のために必然的なものとして要請している。シェリングはそれらを理性の啓示として理解した。ヘーゲルは概念としての理性が歴史の中で現実的になるものと考えた。彼らは理性というものを信じて疑わなかったようにみえた。しかし、それ以来、理性的存在としての人間に対する懐疑は根本的となった。おそらく「モデルネ」の自由な法のプロジェクトにおいて重要な問題、平等な自由を規則によって媒介することは、理想的基準であるところの、自由な言語とコミュニケイションにおける道徳と含意に対する「指示的関連」（*Habermas*）といった緊急用の錨（Notanker）がなくても、明らかにさらに前進させられるだろう。「自由」かつ「社会的」であるというのはここでは、法的には断片的にしか明確な言語とはなしえない、一〇〇年に及ぶプログラムのキーワードである。〔自由かつ〕社会的な行動は、〔自分自身で自分自身を〕解放する行動としてのみ行われるのであり、クライアント〔の自由〕を無視しては行われえない（*Rückert* 2003, Rn. 86-91, 103）。このような今日の法的手段と、前述の基準の下における行動を区別することにより、いずれにせよ「近代のプロジェクト」は理念的にはさらに推進される。

7　ハーバーマスとサヴィニー？

モデルネとサヴィニーについてのこの考察の最後で、サヴィニーと最も新しいモデルネであるハーバーマスとの間の偶然とはいえない共通性があることを知り驚くだろう。ハーバーマスは、すべてを、モデルネへ通じるさまざまな道の中で正しい道の上に、つまり手続的、コミュニケイション的合理性、ディスクルス（1992, たとえば、22, 133f., 493f., 499ff., 516ff.）に基礎づける。つまり、ハーバーマスはそれにより「内容的に決定された方向性」を断念している（19, より具体的に 536）。彼は、「理想化する概念形成」（24 など）を、本質と現象という古いトポスのアナロジーである（27）「思想」と「観念」〔の対置〕をよりどころとする。彼はこのようにして「言語的現象」に「一定の、あらゆる変化にもかかわらず高められた再認識可能な形態を与える」（27）。真実性の要求についても（28f.）、さらに個々の言語共同体を超越して（31f.）も。

サヴィニーにおいても、正しい方法とされる歴史的方法は、所与の状態とそれにより歩まねばならない道の正しい認識へ至る「唯一の道」である（*Rückert* 1984, 379）。その方法は、本来的に歴史的であることと規範的に歴史的であることとを観念論的に二重化することに役立ち、そのことによって、非常に大きく開かれたものとなる。サヴィニーにとっても、単なる字句ではなく、本来の「思想（思考）」が決定的である。決定的な「内的必然性」をもつものとそうでないものは、しかし固定化されず、「自ずと」明らかになる（前掲 332, 381f.）。『体系』の多くの部分においてともかくも歴史的に厳密に固定化された実定法理論の彼方で、サヴィニーの政治哲学的価値形而上学に視線をやれば（*Rückert* 1984, 376-416）、さらに次のことが明らかになる。サヴィニーもまた、彼の思考類型を内容的には開かれたままにしている（前掲 385f., 400ff.）。そして、たんなる「生命のない形式」（前掲 394f.）を嫌悪し、彼自身の党派的立場を定めている（389f.）。彼は、観念論的な二重化の助けを借りて、彼の根本概念を浮動的なものとして維持し、理念と現実の媒介をめぐる認識の時々の状況に従って、意図して内容的には弾力的であり続けようとしている。彼にとっても理念は、基準としては浮動的である。それはこのように、自然的で、そこにおいて自由な「展開」というまったく「近代的な」理念なのである（前掲 401, 404f.）。

多くの明白な相違を越えて認められるこの並行性は、「近代というプロジェクト」の作業における共通の祖先と構造を指し示している。その祖先とは、ドイツ観念論で、詳しくいえばとくにシェリング、より具体的には、一八〇三年の『大学における学問の方法についての講義』のシェリングである。彼は、あらゆる学科を包含する理念と現実、思想と観念を永続的に動態的な関係へと置き、この関係を自由な自治として方向づけた。その構造に属するのは、哲学的内容的な確実性の断念、原理的な自治と人間の平等の自由をプロジェクトしてしっかりと保持すること、この道を歩み、真の方法または手続きへ移行すること、事実に対して観念論的なモメントを保持することである。

以上により、偉大な哲学の書物が紐解かれたのである、それらの書物をわれわれは、いつの日にか再びまた、読むに違いないであろう。

〈資料と文献の指示〉

1　資　料

Kant 1783/84 : Beantwortung der Frage : Was ist Aufklärung? in : Berlinische Monatsschrift 4. 1783/84.

Kant 1786 : Metaphysische Anfangsgründe der Naturwissenschaft, Königsberg 1786.

Kant 1797 : Metaphysische Anfangsgründe der Rechtslehre, Königsberg 1797.

Thibaut, Anton F. J. 1801 : Versuche über einzelne Theile der Theorie des Rechts, Bd. 2, Jena 1801 ; 2. A. 1817.

Hugo, Gustav 1812 : Die Gesetze sind nicht die einzige Quelle juristischer Wahrheiten, in ders. : Civilistisches Magazin IV 1（1812）S. 89-134.

Gesetzrevision 1825-1848 : Quellen zur preußischen Gesetzgebung des 19. Jahrhunderts, hg. von *W. Schubert und J. Regge*, 1981ff.

Savigny, Friedrich Carl von :

―― 以下では、当該の版いかんにかかわらず、オリジナルのページ数で引用する。

―― 1802-1742 : Vorlesungen über juristische Methodologie 1802-1842, hg. und eingeleitet von A. Mazzacane, 1993, 2. erweiterte Aufl. 2004（Savignyana 2）（ヴェーゼンベルクによる一九五一年のグリムの筆記ノートの批判的な新版を含む）。

―― ca. 1808-1816 : Politik und Neuere Legislationen. Materialien zum „Geist der Gesetzgebung“, hg. von H. Akamatsu und J. Rückert, 2000（Savignyana 5）.

―― 1814 : Vom Beruf unsrer Zeit für Gesetzgebung und Rechtswissenschaft, Heidelberg 1814（新版として一九一四年のJ・ステルン、一九七三年のH・ハッテンハウアーなど多数がある。批判的な新版は、赤松とリュッケルト前掲二〇〇〇年（Savignyana 5）にある）。

―― 1815 : Über den Zweck [der Zeitschrift], in : Zeitschrift für geschichtliche Rechtswissenschaft, Band 1, 1815, S. 1-17

（新版は、Savigny, Vermischte Schriften, Bd.1, 1850（Neudruck Aalen 1981）; G. Roellecke（Hg.）, Rechtsphilosophie oder Rechtstheorie 1988）; Faksimile in : Juristische Zeitschriften, hg. von M. Stolleis, Frankfurt a. M. 1999.

—— 1824 : Landrechtsvorlesung 1824. Drei Nachschriften, hg. von Chr. Wollschläger in Zusammenarbeit mit M. Ishibe, R. Noda und D. Strauch, 1994 und 1998.

—— 1840 : System des heutigen römischen Rechts, Band 1（-8）, Berlin 1840（-1849）（Neudruck Aalen 1981）.

—— 1843, 13. 10. : Brief an Georg Beseler, über dessen „Volksrecht und Juristenrecht“, in : Beseler, Erlebtes und Erstrebtes. 1809-1859, 1884, 253-257.

Kirchmann, Julius H. von, 1848 : Die Werthlosigkeit der Jurisprudenz als Wissenschaft. Ein Vortrag gehalten in der Juristischen Gesellschaft zu Berlin, 1848（Neudrucke Wittenburg 1919, Stuttgart 1938, Darmstadt 1956, 1960, 1969 ; Freiburg 1990）.

Bethmann-Hollweg, Moritz August von, 1866 : Erinnerung an Friedrich Carl von Savigny als Rechtslehrer, Staatsmann und Christ, in : ZstfRgesch 5（Weimar 1866）S. 42-81.

Beseler, *Georg* 1866 : Erlebtes und Erstrebets. 1809-1859, 1884（Savignybrief 253-257）.

Berner, Albert Friedrich 1867 : Die Strafgesetzgebung in Deutschland 1751-1861, Leipzig 1867, Neudruck 1978.

Jhering, Rudolf 1888 : Der Geist des römischen Rechts auf den verschiedenen Stufen seiner Entwicklung, 3. Teil, 4. A. Leipzig 1888.

Stoll, Adolf, 1927 : Der junge Savigny, 1927.

2 文 献

序で述べたような理由に基づき、ここでは、比較的新しい研究のみを、簡略化した形で簡潔に指示する。

Bürge, Alfons 1991 : Das französische Privatrecht im 19. Jahrhundert. Zwischen Tradition und Pandektenwissenschaft, Liberalismus und Etatismus, 1991.

Falk, Ulrich 1989 : Ein Gelehrter wie Windscheid. Erkundungen auf den Feldern der Begriffsjurisprundez, 1989.

Gagnér, Sten 1960 : Studien zur Ideengeschichte der Gesetzgebung, Uppsala 1960.

Habermas, Jürgen, 1980 : Die Moderne — ein unvollendetes Projekt（in ders., Kleine politische Schriften I-IV, Frankfurt a.M. 1981）.

—— 1987 : Wie ist Legitimität durch Legalität möglich?, in : Krit. Justiz 20（1987）S. 1-16.

—— 1988 : Der philosophische Diskurs der Moderne, Frankfurt a.M. 1988.

—— 1992 : Faktizität und Geltung. Beiträge zur Diskurstheorie des Rechts und des demokratischen Rechtsstaates（1992）, 4. A. 1994.

Hagerkamp, Hans-Peter 2004 : Georg Friedrich Puchta und die „Begriffsjurisprundenz“, 2004.

Hofer, Sibylle, 2001 : Freiheit ohne Grenzen? Privatrechtstheoretische Diskussionen im 19. Jahrhundert, 2001.

Jouanjan, Olivier 2005 : Une histoire de la pensée juridique en Allmagne（1800-1918）. Idealisme et conceptualisme chez les juristes allemands du XIXe siècle, 2005.

Kiefner, Hans, 1995 : Deus in nobis — „Objektiver Idealismus“ bei Savigny in : ZSRom 112, 1995, S. 419-460（Neudruck in ders., Ideal wird, was Natur war, 1997）.

Klippel, Diethelm 1976 : Politische Freiheit und Freiheitsrechte im deutschen Naturrecht des 18. Jahrhunderts, 1976.

Köbler, Gerhard 2005 : Deutsche Rechtsgeschichte. Ein systematischer Grundriss, 6. A. 2005.

Koselleck, Reinhard 1967: Preußen zwischen Reform und Revolution. Allgemeines Landrecht, Verwaltung und soziale *Bewegung von* 1791 bis 1848, 1967, u. ö.

Krey, Volker 1983 : Keine Strafe ohne Gesetz. Einführung in die Dogmengeschichte des Satzes „nullum crimen, nulla poena sine lege“, 1983.

Larenz, Karl, 1960 : Methodenlehre der Rechtswissenschaft, Berlin 1960, 6. A. 1991.

Miersch, Matthias 2000 : Der sogenannte référé législatif. Eine Untersuchung zum Verhältnis Gesetzgeber, Gesetz und

Richteramt seit dem 18. Jahrhundert, 2000.

Nörr, Knut Wolfgang 1991 : Eher Hegel als Kant. Zum Privatrechtsverständnis im 19. Jahrhundert, 1991.

Ott, Kai-Uwe 1998 : Geld- und Geldwerttheorie im Privatrecht der Industrialisierung (1815-1949). Ökonomische Wechsellagen in der sog. Begriffsjurisprudenz, 1998.

Rückert, Joachim, 1984 : Idealismus, Jurisprudenz und Politik bei Friedrich Carl von Savigny, 1984.

—— 1986 : Das „gesunde Volksempfinden" – eine Erbschaft Savignys?, in : ZSGerm 103 (1986) S. 199-247.

—— 1987 : Heidelberg um 1804 : oder die erfolgreiche Modernisierung der Jurisprudenz durch Thibaut, Savigny, Heise, Martin, Zachariä u. a., in : Heidelberg im säkularen Umbruch ..., hg. von F. Strack, 1987, S. 83-116.

—— 1987 : Dogmengeschichtliches und Dogmengeschichte im Umkreis Savignys, in : ZSRom 104 (1987) S. 666-678.

—— 1991 : Savignys Einfluß auf die Jurisprundenz in Deutschland nach 1900, in : Rechtsgeschichte in den beiden deutschen Staaten (1988-1990), hg. von H. Mohnhaupt, Ius Commune Sonderheft 18, 1991, S. 34-71.

—— 1991 : Kant-Rezeption in juristischer und politischer Theorie (Naturrecht, Rechtsphilosophie, Staatslehre, Politik) des 19. Jahrhunderts, in : John Locke und/and Immanuel Kant. Historische Rezeption und gegewärtige Relevanz, hg. von M. P. Thompson, Berlin 1991, S. 144-215.

—— 1993 : Savignys Konzeption von Jurisprundez und Recht, ihre Folgen und ihre Bedeutung bis heute, in : TRG 61 (1993) S. 65-95.

—— 1997 : Der Methodenklassiker Savigny, in : Fälle und Fallen in der neueren Methodik des Zivilrechts seit Savigny, hg. von J. Rückert, 1997, S. 25-70.

—— 1999 : Geschichtlich, praktisch, deutsch, in : Juristische Zeitschriften, hg. von M. Stolleis, 1999, S. 107-257.

—— 2000 : Historische Rechtsschule, in : Der Neue Pauly, Enzyklopädie der Antike, Rezeptions- und Wissenschaftsgeschichte, Bd. 14. Stuttgart 2000, Sp. 464-469.

—— 2001 : Savignys Hemeneutik – Kernstück einer Jurisprudenz ohne Pathologie, in : Theorie der Interpretation vom

Humanismus bis zur Romantik – Rechtswissenschaft, Philosophie, Theologie ..., hg. von Jan Schröder, Stuttgart 2001, S. 287-327.

―― 2001 : Code civil, Code Napoleon und Savigny, in: Wechselseitige Beeinflussungen und Rezeptionen von Recht und Philosophie in Deutschland und Frankreich ..., hg. von J. Kervegan und H. Mohnhaupt, 2001, S. 143-176.

―― 2003 : Das BGB und seine Prinzipien : Aufgabe, Lösung, Erfolg, in : Historisch-Kritischer Kommentar zum BGB, hg. von M. Schmoeckel, J. Rückert, R. Zimmermann, Bd.1, 2003, vor § 1, S. 34-122.

―― 2004/05 : Der Geist des Rechts in Jherings „Geist" und Jherings „Zweck", in : Rg. Zs. des MPI für europäische Rechtsgeschichte, 5（2004）S. 128/146 und 6（2005）S. 122/139.

Rüthers, Bernd 1968 : Die unbegrenzte Auslegung. Zum Wandel der Privatrechtsordnung im Nationalsozialismus, 1968, 6. A. 2005.

【編者付記】 本稿は、サヴィニー研究の第一人者であるフランクフルト大学のヨアーヒム・リュッケルト教授から特別に寄稿を受けたものである。教授は、本文にもあるとおり、一九九一年に福岡でサヴィニーに関する講演を行われた際、原島先生との質疑応答で深い感銘を受けられ、翻訳の労も執ってくださった赤松秀岳氏を介して、この記念論文集への寄稿を申し出られた。

原島重義先生略歴

1925(大正14)年1月	福岡県飯塚市に生まれる。
1937(昭和12)年4月	福岡県嘉穂中学校入学。4年生の2学期から半年、病気休学
1942(昭和17)年4月	第五高等学校文科乙類入学。戦争により在学期間が2年半に短縮され、44年9月卒業。徴兵検査は丁種不合格
1944(昭和19)年10月	東京帝國大学法学部政治学科入学。間もなく病気休学。47年3月退学
1947(昭和22)年4月	九州大学法文学部法科法律専攻入学
1950(昭和25)年4月	九州大学大学院特別研究奨学生(前期)。翌年より病気療養（53年11月まで)
1953(昭和28)年4月	九州大学法学部助手
1955(昭和30)年3月	九州大学法学部講師
1956(昭和31)年6月	九州大学法学部助教授
1961(昭和36)年4月	九州大学大学院法学研究科修士課程授業担当
1962(昭和37)年3月	「無因性概念の研究」で法学博士（九州大学)
1963(昭和38)年10月	九州大学法学部教授。大学院法学研究科博士課程指導教官
1969(昭和44)年2月	九州大学評議員（同年6月まで)
1971(昭和46)年4月	九州大学評議員（73年3月まで)
1974(昭和49)年3月	文部省在外研究員として、西ドイツ・フライブルグ大学に留学（75年3月まで)
1976(昭和51)年7月	九州大学法学部長、九州大学大学院法学研究科長（78年7月まで)
1981(昭和56)年1月	日本学術会議会員（85年7月まで)
1982(昭和57)年2月	学術審議会専門委員（84年2月まで)

（なお、それまでに、日本法社会学会、民科法律部会、日本土地法学会、農業法学会などの理事をつとめた。)

原島重義先生略歴

1988(昭和63)年4月	九州大学を定年退官、九州大学名誉教授。久留米大学法学部教授。のち、比較文化研究科大学院設置に伴い、博士課程前期および後期の指導教授
1995(平成7)年3月	久留米大学を定年退職。4月、久留米大学法学部客員教授（2000年3月まで）

原島重義先生研究業績

No.	著書、学術論文等の名称	単・共著の別	発行又は発表の年月	発行所、発表雑誌又は発表学会等の名称	概　　要
Ⅰ 著　書					
1	民法⑵物権（有斐閣双書）	編共著	1970（昭45）年11月	有斐閣	判例・事例を多くとり上げた標準的教科書。 （共同執筆者）有川哲夫、川井健、黒木三郎、中尾英俊、中山充、原島重義、山田卓生、吉原節夫 B 6　総頁数322　2003（平成15）年に第 4 版増補版（四六 総頁数332）。 （担当部分）pp. 29-53 pp. 103-122（第 4 版増補版）。 他の執筆者担当部分についても全体にわたり、編集者として、訂正加筆をした。 なお、他の巻についても共同編集した。 ⑴総則 ⑶担保物権 ⑷債権総論 ⑸契約総論 ⑹契約各論 ⑺事務管理・不当利得・不法行為 ⑻親族 ⑼相続 （共同編集者）遠藤浩、川井健、原島重義、広中俊雄、水本浩、山本進一
2	民法講義 2 物権（大学双書）	共　著	1977（昭52）年9 月	有斐閣	Heck, Baur, Westermann など西ドイツの代表的な教科書をも参考にして、混乱した概念を整理し、視点を明確にした序論を試みた。 （共同執筆者）原島重義、高島平藏、篠原弘志、石田喜久夫、

					白羽祐三、田中整爾、新田敏 Ａ５　総頁数327　1979(昭和54)年に再版（総頁数333） （担当部分）pp. 1 -22
3	近代的私法学の形成と現代法理論	編共著	1988(昭63)年2月	九州大学出版会	原島の編集にもとづき、実用法学上の諸問題に即して、サヴィニー学説を中心にドイツ近代私法学の形成を検討し、現代法理論のあり方に新たな観点を提示しようとする。 （共同執筆者）原島重義、石部雅亮、児玉寛、河内宏、野田龍一、大久保憲章、有川哲夫、川角由和、河野正憲、西村重雄 Ａ５　総頁数404 （担当部分）「なぜ、いまサヴィニーか」 pp. 1 -55
4	法的判断とは何か	単　著	2002(平14)年4月	創文社	後掲Ⅱ47の論文を本にまとめたもの。 Ａ５　総頁数344

Ⅱ　論　　文

1	担保物権・債権	共　著	1957(昭32)年4月	別冊法律時報『法学案内』（日本評論新社）	歴史的な法制度の発展がどのような論理的関連をもって現行法に投影しているかに重点を置く。 （共同執筆者）舟橋諄一、原島重義
2	「無因性」確立の意義について――「無因性」概念の研究その2	単　著	1957(昭32)年7月	法政研究24巻1号	ドイツ民法の物権行為の無因的構成は1872年プロイセン所有権取得法をひきついだもの。これに至るまで、1774年一般抵当令による抵当権に関する特定及び公示の原則の採用、1794年プロイセンALRでの公信制度、1872年所有権取得法での登記主義の徹底、所有権移転へも公信

					制度、1872年所有権取得法での登記主義の徹底、所有権移転へも公信制度拡張、それに実質的審査主義排除のために無因的構成へと、その社会経済的背景とともに歴史的にフォローした。
3	「無因性」概念の一考察——サヴィニー、ベールの理論的系譜の側面から	単　著	1957(昭32)年10月	私法　18号	日本私法学会での報告。2及び4の研究を要約。
4	「無因性」概念の系譜について——「無因性」概念の研究その1	単　著	1957(昭32)年12月	九州大学法学部創立30周年記念『法と政治の研究』(有斐閣)	物権行為の無因性と債務負担の無因性は、その機能において異なっていても、法的観念形態としては密接な関連があること、前者についてのSavignyの構成が起点となって、Bährにより後者へひきつがれ、一般化されたことを論証した。
5	添　附	単　著	1958(昭33)年8月	谷口知平・加藤一郎編『民法演習Ⅱ物権』(有斐閣)	戦前の末弘・末川説は耕作者保護のため、農作物に民法242条の適用を排除したが、農地法を前提にする以上、他の附合の場合と区別する理由はなくなったと指摘。
6	引渡証券のいわゆる「要因性」について	単　著	1959(昭34)年3月	法政研究 25巻2-4合併号	従来の判例・学説が「要因性」を「無因性」の完全な対立概念としたところに混乱の原因がある、として、ドイツ民法第一草案681条1項の趣旨、E. Jacobiの学説に拠りつつ、「無因性」の中味には2つ、原因からの解放(Abstraktheit)と、原因関係の特定の型からの解放(Farblosigkeit od. Einfachkeit)とを含むことを指摘し、「要因性」とは、後者の性質をもたない

					が、前者の性質をもつ「制限的無因」に外ならない、と確認して、「文言性」との合理的な連絡をはかる。
7	添　附	単　著	1959(昭34)年9月	谷口知平・加藤一郎編『民法例題解説Ⅰ総則・物権』(有斐閣)	前掲5の論文を基礎に具体的問題を分析。
8	遺産分割と登記手続	単　著	1960(昭35)年8月	中川善之助教授還暦記念『家族法大系Ⅶ相続2』(有斐閣)	わが民法は宣言主義（民909条本文）をとるので、遺産分割の結果、最終的に権利関係が確定したことが登記面上表示されない。遺産分割について移転主義をとり、遺産分割を登記原因・日附として登記するみちを開くべきことを提唱する。
9	民法1（総則・物権）	単　著	1960(昭35)年9月	法学セミナー54号(日本評論社)	のち、セミナー選書「法学読書案内」(昭和44・4日本評論社）に改訂収録。
10	登記法改正と不動産の現況確認	単　著	1961(昭36年3月	法政研究27巻2－4合併号	1960(昭和35)年不登記法改正によっても、「一不動産」の決定は「取引上一体」とみなす所有者の意思にまかされる以上、登記による表示と現況との不一致は依然として生ずる、とし、これを4類型に分類して、それぞれの原因に応じた対策の必要性を指摘。
11	「無因性」概念の研究──ドイツ普通法学におけるWillens-dogmaの分析を基軸として	単　著	1962(昭37)年3月	国立国会図書館に収納(博士論文・九州大学)	前掲2、3、4、6、の論文を基礎に、「無因性」を導いたのは、一般的なWillenstheorieである契約自由・意思自治とは異なって、プロイセンにおける狭隘な社会・経済的条件の下で取引に対する絶対主義的拘束からの解放を求めた特殊なWillensdogmaであったと分析。

12	所有権とはどういうものか	単　著	1962(昭37)年7月～9月	福岡県職員研修所報 昭和37年7・8・9月号	所有権の社会的意味は、一方でその「抽象性」を修正して実質的平等を実現しようとする動き、他方ではその「等質性」を否認して形式的平等を廃棄しようとする動きの、二つの全くあい矛盾する方向の統一の中にある、と歴史的実証を試みた。
13	債権契約と物権契約	単　著	1962(昭37)年8月	『契約法大系Ⅱ贈与・売買』(有斐閣)	従来のように、物権契約認否の問題を意思主義か形式主義かととらえることは、あやまりで、立法例を参考に、契約主義、引渡主義ないし登記主義、および物権的合意主義の3分類を提唱、これをもとにわが民法の物権変動規範の基本的性格を明らかにする。
14	民法規範の抽象的性格について	単　著 (→②)	1963(昭38)年2月	法政研究 29巻1－3合併号	法解釈をする者を法規範の社会的実体から遠ざけるもの、この実定法そのものの性格を、ウェーバー、ルカーチに拠りながら、具体的社会関係の物象化(Verdinglichung)に根源を求め、さらに今日では、法律学が取引の目前の要求に追随し、便宜的に応ずるだけのものになり、この抽象的法規範すら妥当しなくなり、二重の意味で抽象化するところに現代法現象を見る。
15	物権変動と民法一七七条の「第三者」	単　著	1963(昭38)年11月	別冊ジュリスト『法学教室№8』(有斐閣)	今日の「制限説」を既成の事実と受けとるのでなく、無制限説は何を目指し、にもかかわらず制限説へと転換した理由は何か、を学説史的にフォローし、これによって制限説修正の理由がさらに明らかになると主張。

16	登記の対抗力に関する判例研究序説――とくに相続登記の場合を素材として	単　著	1963(昭38)年12月	法政研究30巻3号	手続法上の登記要求と登記の実体法上の効力、さらには、一般的な登記の公示力と契約主義(民176条)に固有な登記の対抗力、などの区別をしないため、いかに相続登記要求連合部判決が混乱をもたらしたか、そのプロセスを論証。
17	不動産登記に公信力を賦与すべきか	単　著	1964(昭39)年6月	ジュリスト300号『学説展望』(有斐閣)	公信力問題の背景、わが国での立法論の推移を検討。
18	軍事基地用地の「賃貸借」と民法規範――とくに最高裁「板付」判決を中心として	単　著	1966(昭41)年3月(→①)	法政研究32巻2-6合併号(上)	とくに経験法学の「合理的・経験的裁判」の図式に限界があることを指摘。「行政処分型」民事裁判の特色は、なまの利益衡量であり、現実との間に直接で便宜主義的なつながりしかなく、その論理に内的な美しさを欠くと指摘。
19	登記請求権の性質	単　著	1966(昭41)年11月	『民法基本問題150講1』(一粒社)	判例・学説は登記請求権を、登記と真実との不一致を除くため「登記制度の理想」から法律上当然に生ずる権利として統一的にとらえようとする。これに対して、登記請求権があくまでも実体私法上の権利である点では一元的で、登記請求権を生ずるその法律関係がさまざまである点では、多元的である、と主張。
20	対抗の意義、登記がなければ対抗しえない物権変動	単　著	1967(昭42)年1月	『注釈民法(6)』(有斐閣)	判例・学説を並列するのではなく、歴史的展開のなかで迂余曲折を経えながら、民法内在的な論理と価値が貫徹してゆくプロセスを客観的に追求した。
21	所有秩序と商	単　著	1967(昭42)年	九大法政学会編	法技術的な概念や規範それじ

	品交換過程の法	(→②)	3月	『新法学概論』(有斐閣)	たいではなく、それらを社会的・経済的な展開過程の中で意味あるものとして位置づけようとした財産法論。
22	「対抗問題」の位置づけ―「第三者の範囲」と「変動原因の範囲」との関連の側面から	単著	1967(昭42)年3月	法政研究 33巻3-6合併号	前掲15、16、20の論文をうけて、⑴取引安全の要求 ⑵登記制度とその他の第三者保護制度 ⑶登記の公示力と公信力 ⑷対抗問題 ⑸第三者の範囲と変動原因の範囲、と段階的な考察方法を提唱し、対抗問題の位置づけを試みた。
23	即時取得	単著	1967(昭42)年11月	谷口知平・加藤一郎編『新民法演習2 物権』(有斐閣)	占有離脱物に関する即時取得の制限(民193条)は、たんに歴史的遺物にすぎない、と見るのが通説だが、喜多了祐、Seufertに賛成して、合理的理由ありと主張。
24	遺留分	単著	1967(昭42)年11月	青山道夫監修『親族・相続法』(自由国民社)	遺留分制度を、個人財産の処分自由・取引の安全の観点と、家族生活の安定・家産財産の公平な分配の観点との妥協調整の制度とみて、論点をわかりやすく解説。
25	民法における「公共の福祉」概念	単著(→①)	1968(昭43)年3月	日本法社会学会編『公共の福祉』法社会学20号(有斐閣)	法社会学会でのシンポジウム「公共の福祉」での報告をまとめたもの。「公共の福祉」は民法で事実上、信義則ないし権利濫用として具体化され、規範具体化と規範創造の機能に二大別され、とくに後者では、規範改廃の目的、および対象たる法律関係が特定された上で裁判所が介入することを指摘し、これらのいずれにも属しないわが国に特異な判例群を、「公共の福祉」の所有階層化機能として析出し、批判する。

26	民法学における思想の問題	単　著 (→②)	1968(昭43)年 4月	法学セミナー 145号 (日本評論社)	民法学が思想を持つには、時代の歴史的課題にこたえるには、と問う。「市民的実用法学」、「利益衡量的実用法学」の思想的限界を確認し、民法の現代像として少なくとも三重の構造を前提する必要を説く。市民法の社会的実現、それは同時にいわゆる社会法的手法へのリンク、他方でまた、すでに市民法の空洞化、崩壊のプロセスでもある。
27	法人の表見代理責任と不法行為責任──とくに非営利法人の場合	単　著 (→②)	1970(昭45)年 12月	法政研究 36巻2－6合併号	最高裁昭37.9.7判決から始まる転換、すなわち、取引の相手に過失がある故に表見代理の成立を否定しながら、にもかかわらず不法行為責任を認める転換がいかに無理であるか、を比較法的・歴史的に論証。
28	事実上の土地収用──妨害排除請求権の濫用	単　著	1972(昭47)年 3月	伊藤正己・甲斐道太郎編 『現代における権利とは何か──権利濫用をめぐって』 (有斐閣)	前掲25の論文で得られた理論的観点から、第三の所有階層化機能の型に属する判例を、具体的かつ平易に解説したもの。
29	民法理論の古典的体系とその限界──ひとつの覚え書	単　著 (→①)	1973(昭48)年 9月	山中康雄教授還暦記念 『近代法と現代法』 (法律文化社)	わが国では、個別問題の解釈論が一般理論の再検討や再構成と関連なしに行われる実情を批判し、ドイツの法状態を参考に、サヴィニーの古典的体系を基軸にして、もろもろの個別問題がこれとの関連でいかに位置づけられるかを試みた。古典理論の単純な否定ではなく、古典理論に立ち還り、その限界を見きわめてゆくところに市民法の健全さがあると主張。

30	公示の原則	単　著	1973(昭48)年 7月	中川善之助編・別冊法学セミナー 『現代法学事典』Ⅱ (日本評論社)	前掲22論文で得た観点から、解釈論上のさまざまなケースを、それぞれ位置すべき段階に配列し、体系的に処理されうることを実証しようとした。 原島・物権変動論の一つの結論。
31	権利論とその限界(1)	単　著 (→①)	1975(昭50)年 12月	法政研究 42巻2-3合併号	前掲29論文で言う古典理論のひとつの柱である権利論の補完。権利論の変質過程を西ドイツの判例・学説によって示し、とくにわが国に影響を与えたケメラーも権利論の放棄に至る傾向をもつと批判。
32	わが国における権利論の推移	単　著 (→①)	1976(昭51)年 5月	民科法律部会 「法の科学」4 (日本評論社)	人格権・環境権など、権利論再生現象の意味は、その批判の対象となった今日の通説、すなわち受忍限度論の特性と系譜を歴史的に確認することによって理解できるとした。とくに、ドイツでは産業資本の出現に伴ってイミッシオーン法理が権利論・民事違法論の原則に対する例外規範として登場したのに対し、わが国では、はじめから富国強兵・殖産興業政策により、イミッシオーン適法・差止不可を原則として内包する権利論・民事違法論でしかなかったことを論証する。この意味で、鳩山、牧野、末弘、我妻、川島、舟橋などの差止請求論の受忍限度論との親近性を指摘。
33	Einige Gedanken zur „Gefährdung" des bürgerlichen	単　著 (→①)	1976(昭51)年 8月	Archiv für civilistische Praxis, Band 176 (1976), Heft 4, J.C.B. Mohr	営業侵害の判例を素材として、古典的権利概念が水ましされ、ためにドイツ民法823条1項が違法性判断基準として機能しなくなる危険を指摘し、市民

	Rechts aus japanischen Sicht am Beispiel des subjektiven Rechts			(Paul Siebeck), Tübingen	の利益保護の拡大のためには823条2項を活用すべきことを提案し、ナチス崩壊後、権利の思想史的意義を確認したのは、早くも忘れ去られるのか、とドイツ法学界へ警告する。
34	民法の性格規定と民法学の方法	単　著 (→②)	1977(昭52)年8月	法学セミナー269号 (日本評論社)	ウェーバーの「形式的合理性」の観点を参考に、民法の特徴を、法規範の統一性、合理的構造、紛争解決の予見可能性として措定。このたてまえと実際との違いを、エールリッヒ、ヘックの概念法学批判を借りながら明らかにするとともに、反面、概念法学の何たるかを正確に知らずに、ただ全面否定する「民法学解体」の傾向、すなわちわが国特有の「利益衡量論」をあわせて批判する。
35	開発と差止請求	単　著 (→①)	1980(昭55)年3月	法政研究 46巻2－4合併号	日弁連第22回人権擁護大会シンポジウム「開発の事前差止訴訟の諸問題」における報告をもとに、論文32をさらに展開して、いわゆる環境権の理論的基礎づけを試みた。環境は誰にも属さないので所有権などの権利とは異なり、侵害行為の態容が要件となり、営業侵害での競業秩序違反になぞらえて、環境利用秩序違反の違法類型を提唱。
36	現実への対応と基本の見直し	単　著 (→②)	1980(昭55)年9月	法学セミナー307号 (日本評論社)	法律上常識とされていることも、よく考えると不条理を含んでいることがあり、これも結局、社会の無理に由来すること、そしてこれを発見するには、基本、すなわち、民法学の古典的なものに立ち帰る必要を説く。

37	債務の一部不履行と債権者の反対給付義務	単　著 (→①)	1983(昭58)年 3月	法政研究 49巻1-3合併号	福岡ラッキー・セブンタクシー合同労組事件で福岡高裁に提出した意見書をもとに論文とした。とくに信義則論を、双務契約、労働契約に即して展開し、「両当事者の責に帰すべき履行不能」の範疇をも提唱した。しかし、原告労組は敗訴、さらに上告も棄却された。
38	契約の拘束力——とくに約款を手がかりに	単　著 (→①)	1983(昭58)年 10月	法学セミナー 345号 (日本評論社)	発表の日時は前後したが、約款論3部作の第2作。法律行為論・契約の基礎理論から言って、わが国の約款判例がいかにルーズかを実証し、このルーズさを許すわが国学説の足場の弱さへ立ちかえり、心裡留保、虚偽表示、錯誤などの基本的な制度の理解の仕方に至るまで、問い直す。
39	約款と契約の自由	単　著 (→①)	1983(昭58)年 11月	遠藤浩・林良平・水本浩監修『現代契約法大系 第1巻』 (有斐閣)	わが国でもっとも先進的な約款規制判例から出発。分析視点として、西ドイツの1976年約款規制法制定に至る過程で、約款の処理方法と契約自由の原則の理解の仕方が事実上関連し、「契約自由制限」説はあからさまな内容コントロールへ、「契約自由の回復」説は約款取引を契約法へ連れ戻し、約款を契約へ取入れるための最小限度の要件と、原則的な内容のコントロールに至ると指摘、わが判例は前者のプリミティヴな段階に止っていると規定した。前掲38の論文はこれを承ける。
40	約款と「市民法」論	単　著 (→①)	1984(昭59)年 10月	民科法律部会「法の科学」12号	とくに、スイスとドイツの判例・学説を参考としながら、約款取引の正しい法的処理は、契

				（日本評論社）	約法の「復活」と「内容充実」にあるとして具体的な道筋を明示。しかしそれで事が終るのではなく、市民法はいっそう矛盾をふくんだ展開を遂げるのであって、取引条件の競争確保という根本的な問題の解決はいぜんとして実現していない、と指摘。
41	太洋デパート火災事件	単　著	1984（昭59）年11月	法律時報 56巻12号 （日本評論社）	科学研究費による全国的研究組織、災害法理論研究会の「災害と法―実態調査レポート・8」。昭和48年11月の熊本市大洋デパート火災はいかにお粗末な防災体制の典型かを示す。この1年後の東京、ホテル・ニュージャパンの火災もまったく同様、と指摘。
42	Wandlungen in der Auffassung vom subjektiven Recht in Japan („Grundprobleme des Privatrechts", Japanisches Recht 18, herausgegeben von G. Baumgärtel)	単　著	1985（昭60）年8月	Carl Heymanns Verlag KG, Köln, Berlin, Bonn, München.	前掲32の論文のドイツ語訳、Marutschke夫妻がドイツ語に翻訳し、原島が全面的に訂正した。
43	法と権利に関するひとつの試論――民法学から	単　著 （→①）	1985（昭60）年10月	日本法哲学会編 『権利論』 法哲学年報1984 （有斐閣）	民事違法論での特殊法技術的な狭義の「権利」のほかに、一般的な意味での「権利」を市民の利益主張が法内在的に出て来

					る場合と規定。 これがいま課題となるのは、第1に正規の法に対し、効用や必要性にもとづく変則的法の堆積により、これを正規の法に同化できるかが問われていること、第2に、市民法の変質・崩壊のプロセスの中で、民法が事実追随の便宜論におちいり、Sollenの性格を喪失しつつあることによる、と指摘。
44	なぜ、いまサヴィニーか	単著 (→①)	1986(昭61)年3月	『近代私法学の出発としてのサヴィニー学説の再検討──現代的視点からするその総合的解釈学的研究』(研究成果報告書昭和60年度科学研究費補助金(総合研究A)(58320004))	サヴィニーとその同時代に立ちかえることが、現代の法と法学の状況を把握し、これに対処する手法の発見につながることを具体的な諸問題を素材に説く。
45	手形裏書の社会関係──有価証券法理論に関する一つの覚え書	単著 (→②)	1988(昭63)年12月	久留米大学法学3号	有価証券に関するもろもろの法規範から最大公約数を抽出するのでなく、手形から他の有価証券への関連を、社会関係の実質に即し、信用制度の展開の中に見ることによって、有価証券法の基礎理論を得ようとした。助手論文が34年を経て活字となった。
46	約款規制への歩み──西ドイツ判例の研究㈠	単著 (→①)	1990(平2)年3月	久留米大学法学5・6合併号	1974年施行の約款規制法に至る戦後の判例31をとり上げ、裁判所が如何に戦前までの態度を根本的に転換し、前進して行ったか、事実で示そうとする。㈠では判決要旨による時間的な展開および判例の分類が内容。

47	法的判断とは何か——民法の基礎理論(1)(2)(3)(4)	単　著	1995(平７)年５月、６月 1999(平11)年７月 2000(平12)年３月	久留米大学法学25号・26号・35号・37号	現在、法的判断の性質と中味がどのように問題となるか、を論じた。まず、法的判断の日常的体験から説き起し、つぎに最近の最高裁判例を素材にわが国における法的判断の状況を批判し、さらに戦後の法学方法論を顧みて問題の所在を指摘し、進んでドイツでの研究を参照しながら、技芸と学、実用法学と法史学、実務と理論などを統一する観点を探ろうとする。
48	法的判断論の構想——来栖・三部作によせて	単　著 (→①)	1995(平７)年11月	九州大学法学部創立70周年記念論文集『法と政治——21世紀への胎動下巻』(九州大学出版会)	来栖三郎教授最近の連作「擬制」論は、実用法学の判断論に外ならないのであり、いわゆる「法解釈論争」に火をつけた来栖「法律家」論の延長線上にあって、その必然的な成り行きである、と見た。つまり、法的判断の基準が法規にないとき、これに正面から向き合ってこれを問題にするのが「擬制」論であって、「擬制」は個別だけを眼中にして普遍を置き去りにするのではなく、個別から普遍を見出すところの、つまりはカント『判断力批判』の課題に通ずるのではないか。他方、サヴィニーの「擬制・類推」論の根底にある「全体的直観」も、『判断力批判』中の後半、「目的論的判断力」に関連していると見ることが出来るし、さらにヘーゲルもこれを自分の出発点の一つとした。このようにカントを接点に、法的判断論を展開できないか、と構想をたてる。
49	私の見た九大教授山中康雄	単　著 (→②)	1996(平８)年３月	久留米大学公開講座８	山中法学は民法学の方法を具体的に提起し、ローマ法から近

	の法律学			『アジアを知る、九州を知る』（九州大学出版会）	代民法へ、とその歴史的発展の中に、法的範疇が普遍から特殊へ、そのいうところの弁証法的に相互移行しながら展開した、とその関連を指摘したところに意味がある。その歴史的なとらえ方と民法の論理構造との関連づけを、より具体的に批判するのでなければ、山中法学の中味に立ち入ったことにはならないのではないか、といわゆる「法社会学論争」の見直しを要求した。
50	競争秩序と民法──赤松美登里助教授を惜しむ	単　著（→①）	1997（平９）年６月	久留米大学法学30号	故赤松美登里氏が民法研究者でありながら珍しく、不正競争防止法や独占禁止法などの経済法の領域に、積極的に入っていったのは、なぜか、そこに必然性はあったのか。これを論じ、肯定し、高く評価した。その理由に、1976年のAcP論文（前掲33）などで展開した自説を再検討した。それはすなわち、経済法が民法を外側から修正し制約する異質のものではなく、民法を含む競争秩序の法として、民法に内在する価値（「自由」）を実現する実質的条件を用意するものである、というにある。
Ⅲ　判例研究（一部の表題は簡略化されている）					
1	仮処分登記移記の遺脱と違背買主の対抗力 ─最判昭和32・９・27民集11・９・1671	単　著	1958（昭33）年６月	民商法雑誌37巻３号	

2	換地予定地の不法占有と土地所有者の権利 —最判昭和33・9・11民集12・13・2008	単　著	1959(昭34)年7月	民商法雑誌 40巻4号	
3	法律行為の取消と登記 —大判昭和17・9・30民集21・17・911	単　著	1960(昭35)年10月	『続判例百選』(1965(昭和40)年5月に第2版) (有斐閣)	
4	附合の原則と公有水面埋立法三六条・三五条 —名古屋高判昭和35・12・27高民13・10・884	単　著	1961(昭36)年12月	民商法雑誌 45巻3号	
5	不特定物の売買における目的物の所有権移転時期 —最判昭和35・6・24民集14・8・1528	単　著	1962(昭37)年2月	法政研究 28巻3号	
6	明認方法は対抗力の存続の要件か —最判昭和36・5・4民集15・5・1253	単　著	1962(昭37)年3月	民商法雑誌 45巻6号	

7	登記名義人の異る二重登記と不登法四九条六号 一最判昭和37・1・23民集16・1・110	単　著	1962(昭37)年11月	民商法雑誌47巻2号	
8	一部の請求と時効中断 一最判昭和34・2・20民集13・2・209	単　著	1963(昭38)年6月	『判例演習・民法総則』(有斐閣)	
9	詐害行為取消と価格賠償金の分配義務 一最判昭和37・10・9民集16・10・2070	単　著	1963(昭38)年10月	民商法雑誌49巻1号	
10	登記の推定力の及ぶ範囲、登記と法律上の推定 一大阪高判昭和38・2・28高民16・1・42	単　著	1964(昭39)年4月	民商法雑誌50巻1号	
11	地方公共団体と貸付取引 一最判昭和37・9・7民集16・9・1888	単　著	1966(昭41)年1月	『銀行取引判例百選』(有斐閣)	
12	登記申請行為と表見代理、	単　著	1967(昭42)年8月	民商法雑誌56巻5号	

	偽造文書による登記の効力 ―最判昭和41・11・18民集20・9・1827				
13	特定物売買と所有権移転時期 ―最判昭和33・6・20民集12・10・1585	単　著	1967(昭42)年11月	基本判例解説シリーズ4『民法の判例』 1979(昭和54)年2月に、修正加筆の上、第3版(有斐閣)	
14	所有権に基づく不動産の占有と民法一六二条 ―最判昭和42・7・21民集21・6・1643	単　著	1968(昭43)年5月	民商法雑誌 58巻2号	
15	原因行為の追認と偽造文書による登記の効力 ―最判昭和42・10・27民集21・8・2136	単　著	1968(昭43)年9月	民商法雑誌 58巻6号	
16	建築途上の建物を目的とする抵当権設定契約とその登記の可否 ―昭和37・12・28民事甲3727民事局長回答(先例集追Ⅲ1128)	単　著	1970(昭45)年12月	『不動産登記先例百選』 (有斐閣)	

17	売買予約形式の債権担保契約における債権者の清算義務と目的不動産の第三取得者 ―最判昭和45・7・16民集24・7・1031	単　著	1971(昭46)年 9月	民商法雑誌 64巻6号	
18	地方公共団体との取引 ―最判昭和41・6・21民集20・5・1052	単　著	1972(昭47)年 12月	『銀行取引判例百選（新版）』 (有斐閣)	
19	即時取得と法人の善意・無過失 ―最判昭和47・11・21民集26・9・1657	単　著	1973(昭48)年 8月	民商法雑誌 68巻5号	
20	所有権の濫用 ―最判昭和40・3・9民集19・2・233	単　著 (→①)	1981(昭56)年 8月	『新版・判例演習民法1・総則』 (有斐閣)	
21	地上建物を違法に解体した地主の損害金請求と権利濫用 ―最判昭和57・10・19判時1086・92	単　著	1983(昭58)年 7月	民商法雑誌 88巻4号	

Ⅳ　小 論 文					
1	法律学と経済学との間	単　著 (→②)	1955(昭30)年 5月	九州大学法律研究会 「法律学研究」 9号	
2	法哲学というもの	単　著 (→②)	1956(昭31)年 5月	九州大学法律研究会 「法律学研究」 11号	
3	法社会学について	単　著	1962(昭37)年 5月	九州大学法律研究会 「法律学研究」 28号	
4	土地所有権への国家介入に関する感想	単　著 (→②)	1966(昭41)年 5月	九州大学法律研究会 「法律学研究」 37・38合併号	
5	「民法学の発展」ということ	単　著	1967(昭42)年 1月	随想注釈民法第6巻	
6	法律の社会的意味を考える可能性	単　著 (→②)	1977(昭52)年 4月	法学セミナー増刊 『法学入門』 (日本評論社)	
7	市民法の見直し	単　著 (→②)	1983(昭58)年 8月	判例タイムズ 498号	
8	民法研究の途上で	単　著 (→②)	1988(昭63)年 7月	久留米大学法学 別巻1号	
9	戦後の「二大論争」と民科	単　著 (→②)	1996(平8)年 10月	民科法律部会 「法の科学」25 記念増刊号 『民科法律部会の五〇年』 (日本評論社)	

10	ヘーゲルとドイツ・ロマン主義――民法研究の途上で㈡	単　著 (→②)	1999(平11)年 7月	久留米大学法学 別巻10号	
	Ⅴ　書　　評				
1	川島武宜著「イデオロギーとしての家族制度」	単　著	1957(昭32)年 10月	法政研究 24巻2号	
2	資本主義民法研究会著 「民法講義・民法総則」	単　著	1962(昭37)年 12月	福島大学・商学論集 31巻3号	
3	甲斐道太郎著「土地所有権の近代化」	単　著	1968(昭43)年 3月	民商法雑誌 57巻6号	
4	潮見俊隆・渡辺洋三編 「法社会学の現代的課題」	単　著	1972(昭47)年 3月	日本法社会学会 「法社会学」 24号 (有斐閣)	
5	小川浩三著「普通法学における causa 論の一考察」	単　著	1980(昭55)年 3月	法制史学会 「法制史研究」 30号	
6	石田喜久夫著「現代の契約法」	単　著	1983(昭58)年 2月	法律時報 55巻2号 (日本評論社)	
	Ⅵ　翻　　訳				
1	ヘック 「法解釈と利益法学」 (1-6)	共　訳	1976(昭51)年 3月～ 1978(昭53)年 1月	法政研究 42巻4号、43巻2号、43巻3-4合併号、44巻1号、44巻2号、44巻3号	「法学理論研究会」での討議を参照し、共訳者各分担部分を各自の責任で翻訳。分担部分明記。参加者は、原島重義、吉村徳重、川上宏二郎、河野正憲など7名。

2	エールリッヒ「法的論理」(1-9)	共　訳	1976(昭51)年12月～1980(昭55)年12月	西南学院大学法学論集 9巻2号、3-4合併号、10巻1号、11巻1号、12巻1号、2号、3号、4号、13巻3号	「法学理論研究会」での討議を参照し、共訳者各自の分担部分を明記し、各自の責任で訳出。参加者は、原島重義、吉村徳重、川上宏二郎、河野正憲、坂口裕英、有川哲夫など14名。
3	エールリッヒ「自由な法発見と自由法学」(1-2)	共　訳	1982(昭57)年1月～1982(昭57)年3月	西南学院大学法学論集 14巻3号、4号	「法学理論研究会」での同一方法による成果。参加者は、原島重義、吉村徳重など16名。
4	エールリッヒ「社会学と法律学」	共　訳	1982(昭57)年6月	西南学院大学法学論集 15巻1号	「法学理論研究会」での同一方法による成果。翻訳者は、原島重義、采女博文、大久保憲章、児玉寛など5名。
5	エールリッヒ「法規に基づく裁判官の法発見」(1-3)	共　訳	1982(昭57)年10月～1983(昭58)年3月	西南学院大学法学論集 15巻2号、3号、4号	「法学理論研究会」での同一方法による成果。分担者は、原野重義、吉村徳重、眞鍋毅など13名。
	Ⅶ　事典・項目解説				
1	遺失物、加工、混和、債務約束・債務承認、添附、動産抵当、農業動産信用法、附合、埋蔵物	単　著	1960(昭35)年6月、12月	末川博編集代表『民事法学事典上・下』(有斐閣)	
2	「不動産を買った場合、木・庭石・塁・建具などの従物は」など7項目の解説	単　著	1969(昭44)年1月 1972(昭47)年に再訂版	『不動産売買の法律相談』(有斐閣)	

3	「物権の意義」など9項目の解説	単　著	1971(昭46)年11月	『ワークブック民法』(有斐閣)	
Ⅷ　座 談 会					
1	法曹一元をめぐって		1964(昭39)年8月	法政研究31巻1号	出席者：舟橋淳一、井上正治、原島重義、丹宗昭信など8名。
2	民法学の課題		1967(昭42)年3月、4月	法律時報39巻3号、4号	出席者：乾昭三、甲斐道太郎、利谷信義、原島重義、星野英一、水本浩
3	末川博博士の民法学		1977(昭52)年5月	法律時報49巻6号	出席者：石田喜久夫、乾昭三、甲斐道太郎、中川淳、西原道雄、原島重義
4	日弁連第22回人権擁護大会シンポジウム：事前差止訴訟の現状と課題		1980(昭55)年2月	法律時報52巻2号	助言者：原島重義、近藤昭三、久保井一匡、川口嘉弘、豊田誠
5	不動産物権変動の法理──借地権の公示と対抗力、通行権について、入会権と登記、明認方法、不動産物権変動と刑事責任		1980(昭55)年5月～1981(昭56)年9月	ジュリスト715, 716, 717, 720, 723, 727, 732, 739, 744, 746, 748のち、ジュリスト増刊(1983(昭58)年1月)に総合再録	参加者：五十嵐清、幾代通、石田喜久夫、甲斐道太郎、川井健、沢井裕、篠塚昭次、谷口知平、原島重義、広中俊雄、好美清光など21名。
Ⅸ　学 会 報 告					
1	「無因性概念」の一考察──サヴィニー、ベールの理論的系譜の側面から	単　独	1957(昭32)年4月	日本私法学会第19回大会(中央大学)	日本私法学会での報告。内容は、前掲Ⅱ3の論文参照。

2	民法における「公共の福祉」概念	単　独	1967(昭42)年10月	日本法社会学会第39回学術大会(関西学院大学)	シンポジウム「公共の福祉」における報告。 内容は前掲Ⅱ25の論文参照。
3	約款と「市民法」論	単　独	1983(昭58)年10月	民科法律部会1983年度学術総会(関西学院大学)	シンポジウム「現代実定法学の課題――市民法論を中心として」における報告。 内容は、前掲Ⅱ40の論文参照。
4	権利論の一側面――民法学から	単　独	1984(昭59)年11月	日本法哲学会1984年度学術総会(上智大学)	シンポジウム「権利論」での報告。 内容は、前掲Ⅱ43の論文参照。

* 本目録は、久留米法学第28・29合併号（1996年）に掲載された研究業績一覧に編者がその後の業績を追加し、加筆訂正したものである。著書・論文の概要部分は、著者自身によるものである。

** 「単・共著の別」欄の丸囲み数字は、該論稿を収録した著者の自撰論文集『民法の理論的研究』〔①〕、『民法学における思想の問題』〔②〕（創文社から2006年度下期刊行予定）の別を指す。

*** 本目録以外で上記①②の論文集に収められた最近の論稿については、その「初出一覧」を参照されたい。

人名索引

あ 行

アウグストゥス（Augustus） *505*
赤松美登里（Akamatsu Midori） *690*
アッヘンヴァール（Achenwall, Gottfried） *171, 183*
吾妻光俊（Azuma Mitsutoshi） *564, 565, 567, 568,*
アドルノ（Adorno, Theodor Wiesengrund） *614, 615*
新井敦志（Arai Atsushi） *567*
アラリック二世（Alarich II） *138*
アリストテレス（Aristoteles） *164, 258*
アルチャート（Alciato, Andrea） *258*
アルント（Arndt, Ernst Moritz） *287*
イェーリング（Jhering, Rudolf von） *270, 271, 423, 424, 426–428, 431, 616, 622*
石田喜久夫（Ishida Kikuo） *684*
石田 雄（Ishida Takeshi） *573*
磯谷幸次郎（Isogai Kojiro） *544*
磯村 哲（Isomura Tetsu） *101*
井野英一（Ino Eiichi） *537, 547*
今村仁司（Imamura Hitoshi） *46–49*
ヴィーアッカー（Wieacker, Franz） *146, 149, 616*
ヴィトゲンシュタイン（Wittgenstein, Ludwig） *614*
ヴィントシャイト（Windscheid, Bernhard） *401, 403–415, 423, 427–433, 438, 616*
ヴェーゼンベルク（Wesenberg, Gerhard） *192, 627*
ヴェーバー（Weber, Max） *155, 695, 700*
ヴェスターマン（Westermann, Harry） *704*
ヴェンク（Wenck, Karl Friedrich Christian） *212, 233*
ヴォルテール（Voltaire） *617*
ヴォルフ（Wolff, Christian） *161, 167, 175, 177, 645*
ヴォルフ（Wolf, Friedrich August） *639*
潮見俊隆（Ushiomi Toshitaka） *684*
内田義彦（Uchida Yoshihiko） *46*
ウルピアーヌス（Ulpianus, Domitius） *472, 495, 498–503, 506, 513, 514, 516–519, 522, 523*
エールリッヒ（Ehrlich, Eugen） *622, 683, 695*
エラスムス（Erasmus, Desiderius） *146*
エルファス（Elvers, Christian Friedrich） *213, 233–245*
エンゲルス（Engels, Friedrich） *84*
大倉鈕蔵（Okura Chuzo） *544*
岡田庄作（Okada Shosaku） *544*
小川浩三（Ogawa Kozo） *684*
甲斐道太郎（Kai Michitaro） *684*

か 行

カエサル（Caesar, Gaius Julius） *138*
加藤一郎（Kato Ichiro） *110, 112, 113*
神谷健夫（Kamiya Takeo） *537, 547*
カムバセレス（Cambacérès, Jean-

Jacques Régis de) *617*
嘉山幹一（Kayama Kanichi） *544*
カラカラ（Caracalla, Marcus Aurelius） *460*
ガリレオ（Galilei, Galileo） *161, 164*
カルプツォフ（Carpzov, Benedikt） *263*
河合伸一（Kawai Shinichi） *8, 575, 576*
川島武宜（Kawashima Takeyoshi） *43, 71–73, 77, 94–96, 105–115, 122, 400, 415, 684, 696*
カン・チョルファン（姜哲煥：Kang, Chul Hwan） *64*
カント（Kant, Immanuel） *39, 40, 58–61, 63, 64, 171, 178, 179, 183, 245, 246, 272, 617, 618, 620, 622, 632, 643, 644, 650, 663–666, 691*
カントロヴィッツ（Kantorowicz, Hermann） *192*
キケロ（Cicero , Marcus Tullius） *503*
喜多了祐（Kita Ryoyu） *698*
キュージャス（Cujas, Jacques） *139*
キルヒマン（Kirchmann, Julius Hermann von） *642*
クリーヒバウム（Kriechbaum, Maximiliane） *255, 258, 259*
グリム（Grimm, Jacob） *192, 277, 280, 637*
来栖三郎（Kurusu Saburo） *104, 105, 109, 110, 113–115, 122, 691*
グルンヅ（Grunds, Friedrich） *278*
グントリング（Gundling, Nicolaus Hieronymus） *158*
ゲーテ（Goethe, Johann Wolfgang von） *206, 209, 261*
ゲッシェン（Göschen, Johann Friedrich Ludwig） *340*
ケメラー（Caemmerer, Ernst von） *696*
ゲンスラー（Gensler, Johann Caspar） *638*
ゲンナー（Gönner, Nikolaus Thaddäus） *658*
コーイング（Coing, Helmut） *145*
古在由重（Kozai Yoshishige） *42*
コッツェブー（Kotzebue, August von） *287*
コナン（Connan, François de） *139*
コンスタンティーヌス（Constantinus） *264, 265*

さ 行

サヴィニー（Savigny, Friedrich Carl von） *156, 157, 192–199, 205, 240, 246–250, 252, 253, 258, 260, 261, 265–269, 271–273, 277–299, 406–408, 411, 613–617, 621–625, 627–668, 682, 691, 692, 697, 702, 703*
佐藤藤佐（Sato Tosuke） *555*
サビーヌス（Sabinus, Massurius） *505, 513*
ザント（Sand, Karl Ludwig） *287*
シェリング（Schelling, Friedrich Wilhelm） *653, 664, 668*
シュヴァイツァー（Schweizer） *638*
シュトラウス（Strauss, Leo） *614*
シュトリューク（Stryk, Samuel） *264*
シュペーマン（Spaemann, Robert） *614*
シュミット（Schmitt, Carl） *614*
シュミット（Schmitt, Gottfried von） *582, 583, 585, 586, 589, 600, 603, 604, 606–608*
シュライエルマッハ（Schleiermacher, Friedrich Ernst Daniel） *639*
シュレーゲル（Schlegel, Friedrich von） *639, 653*

シュレーダー（Schröder, Jan） *198*
ジョージ二世（George II Augustus） *157*
ショット（Schott, Claudieter） *248, 255–258, 263–266*
ジンテニス（Sintenis, Carl Friedrich Ferdinand） *340, 341*
末川 博（Suekawa Hiroshi） *682, 702*
末弘厳太郎（Suehiro Izutaro） *99, 101–104, 108, 109, 112, 113, 122, 696, 702*
スカエウォラ（Scaevola, Quintus Cervidius） *472*
住吉雅美（Sumiyoshi Masami） *40*
セプティミウス・セウェールス（Septimius Severus） *460*
セルトー（Certeau, Michel de） *41*
ゾイフェルト（Seufert, Günther） *698*
ゾイフェルト（Seuffert, Johann Adam） *227*

た 行

棚橋愛七（Tanahashi Aishichi） *544*
チャンドラー（Chandler, David P.） *64*
ヂュムーラン（→デュムラン）
ツァイラー（Zeiller, Franz von） *617*
ツァジウス（Zasius, Ulrich） *146, 148*
ツァハリアエ（Zachariae, Karl Salomo） *213*
ツィーグラー（Ziegler, Casper） *264–267*
ツイッペリウス（Zippelius, Reinhold） *626*
ツィンメルン（Zimmern, Siegmund Wilhelm） *227*
ティーメ（Thieme, Hans） *175, 188, 278, 290, 292, 293*
ディオクレティアーヌス（Diocletianus） *501*
ティボー（Thibaut, Anton Friedrich Justus） *175, 179, 183, 190, 191, 247–249, 283, 290, 292, 293, 617, 622, 637, 638, 649, 650, 656*
テェール（Thöl, Heinrich） *270*
テオドシウス（Theodosius） *138*
デカルト（Descartes, René） *161, 164*
デュムラン（Dumoulin, Charles） *141*
デリダ（Derrida, Jacques） *40, 41, 614*
ドノー（ドネルス）（Doneau（Donellus）, Hugues（Hugo）） *139, 258–261*
トマジウス（Thomasius, Christian） *171, 187*
富井政章（Tomii Masaakira） *337, 338, 383, 548*
ドロステ（Droste-Hülshoff, Clemens August von） *212*

な 行

中尾芳助（Nakao Yoshisuke） *545*
中川善之助（Nakagawa Zennosuke） *566–568, 570*
中西用徳 *545*
中松纓子（Nakamatsu Eiko） *319*
ニーチェ（Nietzsche, Friedrich Wilhelm） *614*
西 周（Nishi Amane） *163*
西川一男（Nischikawa Kazuo） *545*
ニブール（Niebuhr, Barthold Georg） *287*
ネッテルブラット（Nettelbladt, Daniel） *161, 167, 175, 178*
ネル（Nörr, Dieter） *271*

は 行

ハーバーマス（Habermas, Jürgen） *46, 614–616, 648, 665, 667*

バウアー（Bauer, Anton） *213, 234, 235, 239*
バウアー（Baur, Fritz） *704*
パウルス（Paulus, Julius） *472, 513*
バタイユ（Bataille, Georges） *614*
鳩山秀夫（Hatoyama Hideo） *696*
ハドリアーヌス（Hadrianus） *458*
原島重義（Harashima Shigeyoshi） *39, 69–71, 73, 83, 99, 240, 246, 248, 250, 269, 306, 422, 441, 442, 613, 693, 696*
バルドゥス（Baldus de Ubaldis） *255, 259, 615*
バルトルス（Bartolus de Saxoferrato） *146, 255, 615*
バング（Bang, Johann Heinrich Christian） *294*
ピウス（Pius, Antoninus） *460*
ビゴー・プレアムヌー（Bigot-Préameneu, Felix Julian Jean） *301*
ヒッペル（Hippel, Theodor Gottlieb von） *622*
ヒューム（Hume, David） *617, 632*
ピュッター（Pütter, Johann Stephan） *156, 161, 162, 164, 167, 169–171, 174, 176, 178, 181–183, 185–190, 193, 195, 198*
平井宜雄（Hirai Yoshio） *112–114, 122, 132*
平田清明（Hirata Kiyoaki） *42, 46*
ファベル（Faber, Antonius） *264*
ファルク（Falk, Ulrich） *616*
フィッヒァルト（Fichard, Johann） *148*
フィヒテ（Fichte, Johann Gottlieb） *653, 664*
フーコー（Foucault, Michel） *614*
フーゴー（Hugo, Gustav） *157, 179, 183, 187, 191–197, 277, 279, 281–285, 296, 303, 304, 617, 622*
フーフェラント（Hufeland, Gottlieb） *617*
プーフェンドルフ（Pufendorf, Samuel） *174, 177*
フォイエルバッハ（Feuerbach, Paul Johann Anselm von） *617, 618, 622, 652*
福地俊雄（Fukuchi Toshio） *319*
舟橋諄一（Funahashi Junichi） *696*
プフタ（Puchta, Georg Friedrich） *431–433, 616, 622, 645*
プラケンティーヌス（Placentinus） *139*
フリードリッヒ・ヴィルヘルム四世（Friedrich Wilhelm IV） *652*
フリートリッヒ・バルバロッサ（Friedrich Barbarossa） *143*
ブルンナー（Brunner, Otto） *173*
ブレンターノ（Brentano, Clemens） *628*
ヘーゲル（Hegel, Georg Wilhelm Friedrich） *39, 40, 44–46, 49–56, 58, 59, 61, 63, 64, 246, 616, 624, 653, 664, 666, 684, 691*
ベーコン（Bacon, Francis） *164*
ベーゼラー（Beseler, Georg） *637*
ペータース（Peters, Casjen） *427, 428*
ベール（Bähr, Otto） *676, 696*
ベッカリア（Beccaria, Cesare） *617, 618*
ヘック（Heck, Philipp von） *684, 695, 704*
ヘップナー（Höpfner, Ludwig Julius Friedrich） *177*
ベトマン・ホルヴェク（Bethmann-Hollweg, Moritz August von） *213, 656*
ヘルツル（Hölzl, Franz Joseph） *304*
ベルナー（Berner, Albert Friedrich） *652*
ベルマン（Bellmann, Franz Friedrich） *257*
ベン（Benn, Gottfried） *614*
ヘンケル（Henckel, Wolfram） *429*

ベンサム（Bentham, Jeremy） *617*
ボアソナード（Boissonade de Fontarabie, Gustave Emile） *337*
ボーマノアール（Beaumanoir, Philippe de Rémi） *140*
星野英一（Hoshino Eiichi） *43, 44, 50, 52, 111–113*
堀田馬三（Hotta Umazo） *544, 545*
ホッブズ（Hobbes, Thomas） *177*
穂積陳重（Hozumi Nobushige） *530–532, 548*
ホノリウス三世（Honorius III） *139*
ポリタリス（Portalis, Jaen-Etienne Marie） *617*
ホルツシューハー（Holzschuher, Rudolph Freiherr von） *340, 341*
ポンポーニウス（Pomponius） *498*

ま 行

前田直之助（Maeda Naonosuke） *537, 547*
牧野英一（Makino Eiichi） *696*
マキャヴェリ（Machiavelli, Niccolò） *632*
マクシミアーヌス（Maximianus） *501*
マツァカネ（Mazzacane, Aldo） *627*
マルクス（Marx, Karl） *40, 42, 44–52, 70, 71, 83, 84, 245, 246, 622, 624*
マルチュケ（Marutschke, Hans Peter） *693*
丸山眞男（Maruyama Masao） *39, 245, 246*
ミッターマイアー（Mittermaier, Karl Joseph Anton） *638, 656*
三橋久美（Mitsuhashi Hisayoshi） *537, 547*
三宅高時 *544*
ミューレンブルフ（Mühlenbruch, Christian Friedrich） *213, 235–237, 239, 340*
ミュンヒハウゼン（Münchhausen, Gerlach Adolf） *157–160*
ムーター（Muther, Theodor） *408*
メーダー（Meder, Stephan） *252, 268*
モルゲンベッサー（Morgenbesser, Ernst Gottlob） *622*
モンテスキュー（Montesquieu, Charles Louis de Secondat） *175, 637*

や 行

ヤーコプス（Jakobs, Horst Heinrich） *306*
ヤコビ（Jacobi, Ernst） *702*
柳川勝二（Yanagawa Katsuji） *537, 544, 545, 547*
山口 定（Yamaguchi Yasushi） *40–46, 48, 50, 52*
山中康雄（Yamanaka Yasuo） *69–71, 74–77, 79–88, 690, 691*
ユースティーニアーヌス（Justinianus） *185, 186, 196, 217, 269, 270, 272, 279–284, 292, 299, 301, 306, 462, 491, 495, 635*
ユーリアーヌス（Julianus, Salvius） *471, 504*
横田國臣（Yokota Kuniomi） *544*
横田秀雄（Yokota Hideo） *544, 545*
ヨナス（Jonas, Hans） *614*

ら 行

ラートブルフ（Radbruch, Gustav） *253*
ラーレンツ（Larenz, Karl） *616, 621, 626*
ライテマイアー（Reitemeier, Johann Friedrich） *157, 176, 187*
ライプニッツ（Leibniz, Gottfried Wilhelm） *164–167, 170, 645*

ラベオー(Labeo, Marcus Antistius)　*505, 522, 523*
リーベ（Liebe, Friedrich August Gottlob von）　*271*
リヴィヌス(Rivinus, Andreas Florens)　*257*
リオタール（Lyotard, Jean-François）　*614*
リムメルシュパッヒャー(Rimmelspacher, Bruno)　*427, 428*
リュッケルト(Rückert, Joachim)　*260, 261, 289*
ルーマン（Luhmann, Niklas）　*648*
ルカーチ（Lukács, Georg）　*700*
ルンデ（Runde, Justus Friedrich）　*188*
レーニン（Lenin, Vladimir）　*47, 48*
レーネル（Lenel, Otto）　*499*
ロート（Roth, Paul）　*601–604, 607*
ロールズ（Rawls, John）　*40*
ロタール三世（Lothar III, von Supplinburg）　*143*

わ 行

我妻 栄（Wagatsuma Sakae）　*102–104, 106, 109, 111, 113, 115, 122, 696*
渡辺洋三（Watanabe Yozo）　*684*

市民法学の歴史的・思想的展開
——原島重義先生傘寿——

2006（平成18）年 8 月25日　第 1 版第 1 刷発行
5571-0101 P736, ¥19000, 012-060-005
編　者　河内　宏　大久保憲章
采女博文　児玉　寛
川角由和　田中教雄
発行者　今　井　貴
発行所　株式会社 信　山　社
〒113-0033 東京都文京区本郷6-2-9-102
Tel 03-3818-1019 Fax 03-3818-0344
info@shinzansha.co.jp
出版契約 No. 5571-0101　Printed in Japan

印刷・製本／松澤印刷・大三製本　©編集管理 信山社 禁複写
ISBN4-7972-5571-4 C3332　分類324.025-a001
5571-0101-012-060-005